감정
평가사 1차

민법

기출문제집(+최종모의고사)

SD에듀
㈜시대고시기획

Always **with you**

사람의 인연은 길에서 우연하게 만나거나 함께 살아가는 것만을 의미하지는 않습니다.
책을 펴내는 출판사와 그 책을 읽는 독자의 만남도 소중한 인연입니다.
SD에듀는 항상 독자의 마음을 헤아리기 위해 노력하고 있습니다.
늘 독자와 함께하겠습니다.

기출문제를 효과적으로 학습할 수 있도록 구성한 도서!

감정평가란 부동산, 동산을 포함하여 토지, 건물, 기계기구, 항공기, 선박, 유가증권, 영업권과 같은 유·무형의 재산에 대한 경제적 가치를 판정하여 그 결과를 가액으로 표시하는 행위를 뜻합니다. 이러한 평가를 하기위해서는 변해가는 경제상황 및 이에 기반한 다양한 이론과 법령을 알아야 하며, 그 분량이 매우 많습니다.

큐넷에 공지된 감정평가사 통계자료를 보면, 1차 시험 지원자는 계속적으로 증가하고 있으며, 특히 최근의증가 폭이 눈에 크게 띕니다. 2023년 1차 시험 지원자는 6,000명을 넘어섰고 2024년 지원자는 약 7,000명인 것으로 잠정 집계되었습니다. 시행처는 최근 시험의 난이도를 높여 합격자 수를 조절하려는 경향을 보이고 있으며 이를 입증하듯, 제35회 1차 시험에서는 전년도보다 난이도가 대폭 상승, 고득점자가 크게 줄어들 것이라는 예상이 대부분입니다.

이렇게 감정평가사 시험에 대한 부담감이 가중되고는 있지만, 전략적 학습방법을 취한다면 1차시험에서 과락을 피하고 합격 평균점수인 60점 이상을 취득하는 것이 매우 어려운 일은 아닙니다. 전략적 학습이란 결국기본에 충실한 학습이며, 이를 위하여 기출문제를 분석하여 중요내용을 파악하는 것보다 더 효과적인 방법은 없습니다. 『2025 SD에듀 감정평가사 1차 민법 기출문제집(+최종모의고사)』는 이러한 시험 여건 속에서기출문제를 통해 가장 확실한 1차 합격 방법을 제시하고자 출간되었습니다.

이 책의 특징은 다음과 같습니다.
. . . .

첫째 ▌ 감정평가사 민법 10개년 (2024~2015년) 기출문제를 수록하여 출제경향을 제대로 파악할 수 있도록 하였습니다.

둘째 ▌ 복수정답 또는 전원합의체 판례변경으로 기출문제에 변경이 필요한 경우, 문제편에 〈문제 변형〉 표시를 하였습니다.

셋째 ▌ 기출문제의 핵심을 파악할 수 있도록 판례와 이론을 일목요연하게 서술하였고, 〈더 알아보기〉와 관련조문을 통해 효과적 학습을 할 수 있도록 구성하였습니다.

넷째 ▌ 마지막 실력 점검과 실전 연습을 위해 최종모의고사 2회분을 수록하였습니다.

. . . .

감정평가사 시험을 준비하는 수험생 여러분께 본 도서가 합격을 위한 디딤돌이 될 수 있기를 바랍니다.

편저자 드림

감정평가사 자격시험 안내

⊘ 감정평가

감정평가란 부동산, 동산을 포함하여 토지, 건물, 기계기구, 항공기, 선박, 유가증권, 영업권과 같은 유·무형의 재산에 대한 경제적 가치를 판정하여 그 결과를 가액으로 표시하는 것

❶ 정부에서 매년 고시하는 공시지가와 관련된 표준지의 조사·평가
❷ 기업체 등의 의뢰와 관련된 자산의 재평가
❸ 금융기관, 보험회사, 신탁회사의 의뢰와 관련된 토지 및 동산에 대한 평가
❹ 주택단지나 공업단지 조성 및 도로개설 등과 같은 공공사업 수행

⊘ 시험과목 및 방법

시험구분	교시	시험과목	입실완료	시험시간	시험방법
제1차 시험	1교시	❶ 민법(총칙, 물권) ❷ 경제학원론 ❸ 부동산학원론	09:00	09:30~11:30(120분)	과목별 40문항 (객관식)
	2교시	❹ 감정평가관계법규 ❺ 회계학	11:50	12:00~13:20(80분)	
	※ 제1차 시험 영어 과목은 영어시험성적으로 대체(영어성적 기준점수는 큐넷 홈페이지 감정평가사 시행계획 공고 참고)				
제2차 시험	1교시	감정평가실무	09:00	09:30~11:10(100분)	과목별 4문항 (주관식)
	중식시간 11:10~12:10(60분)				
	2교시	감정평가이론	12:10	12:30~14:10(100분)	
	휴식시간 14:10~14:30(20분)				
	3교시	감정평가 및 보상법규	14:30	14:40~16:20(100분)	

※ 시험과 관련하여 법률, 회계처리기준 등을 적용하여 정답을 구하여야 하는 문제는 시험시행일 현재 시행 중인 법률, 회계처리기준 등을 적용하여 그 정답을 구하여야 함
※ 회계학 과목의 경우 한국채택국제회계기준(K-IFRS)만 적용하여 출제
※ 장애인 등 응시 편의 제공으로 시험시간 연장 시 수험인원과 효율적인 시험 집행을 고려하여 시행기관에서 휴식 및 중식 시간을 조정할 수 있음

⊘ 합격기준

구분	내용
제1차 시험	영어 과목을 제외한 나머지 시험과목에서 과목당 100점을 만점으로 하여 모든 과목 40점 이상이고, 전(全) 과목 평균 60점 이상인 사람
제2차 시험	❶ 과목당 100점을 만점으로 하여 모든 과목 40점 이상, 전(全) 과목 평균 60점 이상을 득점한 사람 ❷ 최소합격인원에 미달하는 경우 최소합격인원의 범위에서 모든 과목 40점 이상을 득점한 사람 중에서 전(全) 과목 평균점수가 높은 순으로 합격자를 결정

※ 동점자로 인하여 최소합격인원을 초과하는 경우에는 동점자 모두를 합격자로 결정. 이 경우 동점자의 점수는 소수점 이하 둘째자리까지만 계산하며, 반올림은 하지 아니함

수험인원 및 합격자현황

구분		2019년(30회)	2020년(31회)	2021년(32회)	2022년(33회)	2023년(34회)
1차	대상	2,130명	2,535명	4,019명	4,509명	6,484명
	응시	1,766명	2,028명	3,176명	3,642명	5,515명
	응시율	82.91%	80%	79.02%	80.77%	85.06%
	합격	782명	472명	1,171명	877명	1,773명
	합격률	44.28%	23.27%	36.87%	24.08%	32.15%
2차	대상	1,512명	1,419명	1,905명	2,227명	2,655명
	응시	1,204명	1,124명	1,531명	1,803명	2,377명
	응시율	79.63%	79.21%	80.37%	80.96%	89.53%
	합격	181명	184명	203명	202명	204명
	합격률	15.03%	16.37%	13.26%	11.20%	8.58%

1차 민법 출제리포트

구분		2020년 (31회)	2021년 (32회)	2022년 (33회)	2023년 (34회)	2024년 (35회)	전체 통계	
							합계	비율
민법총칙	민법 일반	1	1	1	1	1	5	2.5%
	사권의 일반이론	–	1	1	2	1	5	2.5%
	권리의 주체	4	5	5	4	5	23	11.5%
	권리의 객체	1	1	1	1	1	5	2.5%
	법률행위	3	2	2	1	1	9	4.5%
	의사표시	4	4	3	3	3	17	8.5%
	대리제도	2	2	2	2	3	11	5.5%
	무효와 취소	–	1	2	3	2	8	4%
	조건과 기한	1	1	1	1	1	5	2.5%
	기간	1	–	–	–	–	1	0.5%
	소멸시효	3	2	2	2	2	11	5.5%
	소계	20	20	20	20	20	100	50%
물권법	물권법총론	2	–	1	1	2	6	3%
	물권변동	3	2	1	2	3	11	5.5%
	점유권	2	2	1	3	1	9	4.5%
	소유권	6	8	6	4	6	30	15%
	용익물권	3	4	4	4	3	18	9%
	담보물권	4	4	7	6	5	26	13%
	소계	20	20	20	20	20	100	50%
총계		40	40	40	40	40	200	100%

이 책의 구성과 특징

2024년 포함 10개년 기출문제 수록

감정평가사 민법 10개년 (2024~2015년) 기출문제를 수록하여 출제경향을 파악할 수 있도록 하였습니다.

CHAPTER 01 최신기출
2024년 제35회 기출문제

01 민법의 법원(法源)에 관한 설명으로 옳지 않은 것은? (다툼이 있으면 판례에 따름)
① 민사에 관한 헌법재판소의 결정은 민법의 법원이 될 수 있다.
② 사적자치가 인정되는 분야의 제정법이 주로 임의규정인 경우, 사실인 관습은 법률행위 해석기준이 될 수 있다.
③ 법원(法院)은 판례변경을 통해 기존 관습법의 효력을 부정할 수 있다.
④ 관습법은 사회 구성원의 법적 확신으로 성립된 것이므로 제정법과 배치되는 경우에는 관습법이 우선한다.
⑤ 법원(法院)은 관습법에 관한 당사자의 주장이 없더라도 직권으로 그 존재를 확정할 수 있다.

02 신의성실의 원칙에 관한 설명으로 옳지 않은 것은? (
① 숙박계약상 숙박업자는 부숙객의 안전을 배려하여야
② 입원계약상 병원은 입원환자에 대하여 휴대품 도난 병
   보호의무가 있다.
③ 기획여행계약상 여행업자는 여행객의 신체나 재산의
④ 계약성립의 기초가 되지 않은 사정의 변경으로 일방
   수 없게 되어 손해를 입은 경우, 그 계약의 효력을 그
   에 반한다.
⑤ 토지거래허가구역 내의 토지에 관해 허가를 받지 않고
   그 계약의 무효를 주장하는 것은 특별한 사정이 없

2 감정평가사 1차 민법 기출문제집(+ 최종모의고사)

---

12 착오에 관한 설명으로 옳지 않은 것은? (다툼이 있으면 판례에 따름)
① 매도인이 매매대금 미지급을 이유로 매매계약을 해제한 후에도 매수인은 착오를 이유로 아를 취소할 수 있다.
② 보험회사의 설명의무 위반으로 보험계약의 중요사항을 제대로 이해하지 못하고 착오에 빠져 계약을 체결한 고객은 그 계약을 취소할 수 있다.
③ 계약서에 X토지를 목적물로 기재한 때에도 Y토지에 대하여 의사의 합치가 있었다면 Y토지를 목적으로 하는 계약이 성립한다.
④ 착오에 관한 민법규정은 법률의 착오에 적용되지 않는다.
⑤ 취소의 의사표시는 취소자가 그 착오를 이유로 자신의 법률행위의 효력을 처음부터 없애려는 의사가 드러나면 충분하다.

13 甲은 乙의 기망으로 그 소유의 X토지를 丙에게 팔았고, 丙은 그의 채권자 丁에게 X토지에 근저당권을 설정하였다. 甲은 기망행위를 이유로 매매계약을 취소하려고 한다. 이에 관한 설명으로 옳지 않은 것은? (다툼이 있으면 판례에 따름)
① 甲은 丙이 그의 잘못없이 [문제 변형] 는 매매계약을 취소할 수 없다.
② 丙의 악의 또는 과실은 甲이 증명하여야 한다.
③ 甲은 매매계약을 취소하지 않고 乙에게 불법행위책임을 물을 수 있다.
④ 丁의 선의는 추정된다.
⑤ 매매계약을 취소한 甲은, 丁이 선의이지만 과실이 있으면 근저당권설정등기의 말소를 청구할 수 있다.

14 의사표시의 효력발생시기에 관한 설명으로 옳지 않은 것은? (다툼이 있으면 판례에 따름)
① 상대방 있는 의사표시는 상대방에게 도달한 때에 그 효력이 생긴다.
② 표의자가 의사표시의 통지를 발송한 후 제한능력자가 되어도 그 의사표시의 효력에 영향을 받지 아니한다.
③ 상대방이 현실적으로 통지를 수령하거나 그 내용을 안 때에 도달한 것으로 본다.
④ 상대방이 정당한 사유 없이 통지의 수령을 거절한 경우, 상대방이 그 통지의 내용을 알 수 있는 객관적 상태에 놓여 있는 때에 의사표시의 효력이 생긴다.
⑤ 등기우편으로 발송된 경우, 상당한 기간 내에 도달하였다고 추정된다.

34 감정평가사 1차 민법 기출문제집(+ 최종모의고사)

문제 변형 표시

복수정답 또는 전합 판례변경으로 기출문제에 변경이 필요한 경우, 문제편에 **문제 변형** 표시를 하였습니다.

일목요연한 해설

기출문제의 핵심을 파악할 수 있도록 판례와 이론을 일목요연 하게 서술하였고, 더 알아보기 와 관련조문을 통해 효과적 학습을 할 수 있도록 구성하였습니다.

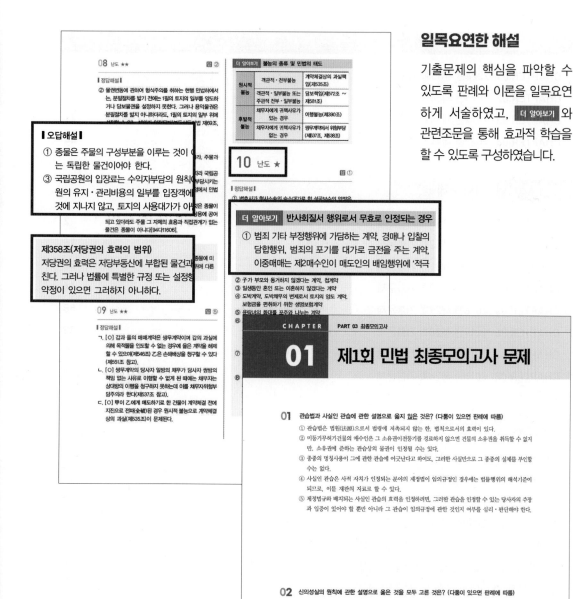

최종모의고사

마지막 실력 점검과 실전 연습을 위해 최종모의고사 2회분을 수록 하였습니다.

이 책의 **차례**

최신기출

01 민법의 법원(法源)에 관한 설명으로 옳지 <u>않은</u> 것은? (다툼이 있으면 판례에 따름)

① 민사에 관한 헌법재판소의 결정은 민법의 법원이 될 수 있다.

② 사적자치가 인정되는 분야의 제정법이 주로 임의규정인 경우, 사실인 관습은 법률행위 해석기준이 될 수 있다.

③ 법원(法院)은 판례변경을 통해 기존 관습법의 효력을 부정할 수 있다.

④ 관습법은 사회 구성원의 법적 확신으로 성립된 것이므로 제정법과 배치되는 경우에는 관습법이 우선한다.

⑤ 법원(法院)은 관습법에 관한 당사자의 주장이 없더라도 직권으로 그 존재를 확정할 수 있다.

02 신의성실의 원칙에 관한 설명으로 옳지 <u>않은</u> 것은? (다툼이 있으면 판례에 따름)

① 숙박계약상 숙박업자는 투숙객의 안전을 배려하여야 할 신의칙상 보호의무를 부담한다.

② 입원계약상 병원은 입원환자에 대하여 휴대품 도난 방지를 위하여 필요한 적절한 조치를 할 신의칙상 보호의무가 있다.

③ 기획여행계약상 여행업자는 여행객의 신체나 재산의 안전을 배려할 신의칙상 보호의무를 부담한다.

④ 계약성립의 기초가 되지 않은 사정의 변경으로 일방당사자가 계약 당시 의도한 계약 목적을 달성할 수 없게 되어 손해를 입은 경우, 그 계약의 효력을 그대로 유지하는 것은 특별한 사정이 없는 한 신의칙에 반한다.

⑤ 토지거래허가구역 내의 토지에 관해 허가를 받지 않고 매매계약을 체결한 자가 허가가 없음을 이유로 그 계약의 무효를 주장하는 것은 특별한 사정이 없는 한 신의칙에 반하지 않는다.

03 의사무능력자 甲은 乙은행으로부터 5천만 원을 차용하는 대출거래약정을 체결하면서 그 담보로 자신의 X부동산에 근저당권을 설정하고 乙 명의로 그 설정등기를 마쳐주었다. 이에 관한 설명으로 옳은 것을 모두 고른 것은? (다툼이 있으면 판례에 따름)

> ㄱ. 甲과 乙이 체결한 대출거래약정 및 근저당권설정계약은 무효이다.
> ㄴ. 甲은 그 선의·악의를 묻지 않고 乙에 대하여 현존이익을 반환할 책임이 있다.
> ㄷ. 만약 甲이 乙로부터 대출받은 금원을 곧바로 丙에게 다시 대여하였다면, 乙은 甲에게 丙에 대한 부당이득 반환채권의 양도를 구할 수 있다.

① ㄱ
② ㄴ
③ ㄷ
④ ㄱ, ㄴ
⑤ ㄱ, ㄴ, ㄷ

04 제한능력자에 관한 설명으로 옳은 것은?

① 미성년자가 법정대리인으로부터 허락을 얻은 특정한 영업에 관해서는 법정대리인의 대리권이 소멸한다.
② 제한능력을 이유로 하는 취소는 특별한 사정이 없는 한 선의의 제3자에게 대항할 수 없다.
③ 제한능력자의 단독행위는 유효한 추인이 있은 후에도 상대방이 거절할 수 있다.
④ 가정법원은 취소할 수 없는 피성년후견인의 법률행위의 범위를 정할 수 없다.
⑤ 가정법원은 정신적 제약으로 특정한 사무에 관해 후원이 필요한 사람에 대해서는 본인의 의사에 반하더라도 특정후견 심판을 할 수 있다.

05 비법인사단 A의 유일한 대표자 甲은 乙에게 대표자로서의 모든 권한을 포괄적으로 위임하고 자신은 이사의 직무를 집행하지 않았다. 이에 관한 설명으로 옳은 것을 모두 고른 것은? (다툼이 있으면 판례에 따름)

> ㄱ. 甲의 행위는 이사의 직무상 선량한 관리자의 주의의무를 위반한 행위이다.
> ㄴ. 乙이 A의 사실상 대표자로서 丙과 금전소비대차계약을 체결한 경우, 그 계약의 효력은 원칙적으로 A에게 미친다.
> ㄷ. 乙이 A의 사실상 대표자로서 사무를 집행하면서 그 직무에 관한 불법행위로 丁에게 손해를 입힌 경우, A는 丁에 대하여 법인의 불법행위로 인한 손해배상책임을 부담한다.

① ㄱ
② ㄴ
③ ㄱ, ㄷ
④ ㄴ, ㄷ
⑤ ㄱ, ㄴ, ㄷ

06 사단법인 A의 대표이사 甲이 A를 대표하여 乙과 금전소비대차계약을 체결하였다. 이에 관한 설명으로 옳지 <u>않은</u> 것은? (다툼이 있으면 판례에 따름)

① 甲이 A를 위하여 적법한 대표권 범위 내에서 계약을 체결한 경우, 그 계약의 효력은 A에게 미친다.

② 甲이 자신의 사익을 도모할 목적으로 대표권 범위 내에서 계약을 체결한 경우, 乙이 이 사실에 대해 알았다면 계약은 A에 대하여 효력이 없다.

③ A의 정관에 甲이 금전소비대차계약을 체결할 수 없다는 규정이 있었지만 이를 등기하지 않은 경우, 乙이 이 사실에 대해 알았다면 A는 그 정관 규정으로 乙에게 대항할 수 있다.

④ A의 乙에 대한 계약상 채무불이행책임 여부를 판단하는 경우, 원칙적으로 A의 고의·과실은 甲을 기준으로 결정한다.

⑤ 만약 계약의 체결이 甲과 A의 이해가 상반하는 사항인 경우, 甲은 계약체결에 대해 대표권이 없다.

07 민법상 사단법인에 관한 설명으로 옳지 <u>않은</u> 것은? (다툼이 있으면 판례에 따름)

① 설립자가 법인의 해산사유를 정하는 경우에는 정관에 그 사유를 기재하여야 한다.

② 사원총회 결의에 의한 정관의 해석은 정관의 규범적 의미와 다르더라도 법인의 구성원을 구속하는 효력이 있다.

③ 사원의 지위는 정관에 달리 정함이 없으면 양도할 수 없다.

④ 정관에 이사의 해임사유에 관한 규정이 있는 경우, 법인은 특별한 사정이 없는 한 정관에서 정하지 않은 사유로 이사를 해임할 수 없다.

⑤ 법원의 직무집행정지 가처분결정에 의해 권한이 정지된 대표이사가 그 정지기간 중 체결한 계약은 그 후 가처분신청이 취하되었더라도 무효이다.

08 권리의 객체에 관한 설명으로 옳지 <u>않은</u> 것은? (다툼이 있으면 판례에 따름)

① 토지의 개수는 「공간정보의 구축 및 관리 등에 관한 법률」에 의한 지적공부상 토지의 필수(筆數)를 표준으로 결정된다.

② 1필의 토지의 일부가 「공간정보의 구축 및 관리 등에 관한 법률」상 분할절차 없이 분필등기가 된 경우, 그 분필등기가 표상하는 부분에 대한 등기부취득시효가 인정될 수 있다.

③ 주물에 대한 점유취득시효의 효력은 점유하지 않은 종물에 미치지 않는다.

④ 주물의 상용에 제공된 X동산이 타인 소유이더라도 주물에 대한 경매의 매수인이 선의취득 요건을 구비하는 경우, 그 매수인은 X의 소유권을 취득할 수 있다.

⑤ 명인방법을 갖춘 미분리과실은 독립한 물건으로서 거래의 객체가 될 수 있다.

09 불공정한 법률행위에 관한 설명으로 옳지 <u>않은</u> 것은? (다툼이 있으면 판례에 따름)

① 불공정한 법률행위에 해당하는지는 원칙적으로 법률행위 시를 기준으로 판단한다.

② 대리인에 의한 법률행위의 경우, 궁박 상태의 여부는 본인을 기준으로 판단한다.

③ 경매에는 불공정한 법률행위에 관한 민법 제104조가 적용되지 않는다.

④ 불공정한 법률행위는 추인으로 유효로 될 수 없지만 법정추인은 인정된다.

⑤ 불공정한 법률행위는 이를 기초로 새로운 이해관계를 맺은 선의의 제3자에 대해서도 무효이다.

10 의사표시에 관한 설명으로 옳지 <u>않은</u> 것은? (다툼이 있으면 판례에 따름)

① 의사표시자가 통지를 발송한 후 사망하더라도 그 의사표시의 효력에 영향을 미치지 않는다.

② 통정허위표시의 경우, 통정의 동기나 목적은 허위표시의 성립에 영향이 없다.

③ 통정허위표시로 무효인 경우, 당사자는 가장행위의 채무불이행이 있더라도 이를 이유로 하는 손해배상을 청구할 수 없다.

④ 착오로 인하여 표의자가 경제적 불이익을 입지 않는 경우에는 특별한 사정이 없는 한 중요부분의 착오라고 할 수 없다.

⑤ 상대방이 표의자의 착오를 알고 이용하였더라도 착오가 표의자의 중대한 과실로 인한 경우에는 표의자는 착오를 이유로 그 의사표시를 취소할 수 없다.

11 사기·강박에 의한 의사표시에 관한 설명으로 옳은 것은? (다툼이 있으면 판례에 따름)

① 피기망자에게 손해를 가할 의사는 사기에 의한 의사표시의 성립요건이다.

② 상대방이 불법으로 어떤 해악을 고지하였다면, 표의자가 이로 말미암아 공포심을 느끼지 않았더라도 강박에 의한 의사표시에 해당한다.

③ 상대방의 대리인이 한 사기는 제3자의 사기에 해당한다.

④ 단순히 상대방의 피용자에 지나지 않는 사람이 한 강박은 제3자의 강박에 해당하지 않는다.

⑤ 매도인을 기망하여 부동산을 매수한 자로부터 그 부동산을 다시 매수한 제3자는 특별한 사정이 없는 한 선의로 추정된다.

12 甲은 乙의 임의대리인이다. 이에 관한 설명으로 옳은 것은? (다툼이 있으면 판례에 따름)

① 甲이 乙로부터 매매계약체결의 대리권을 수여받아 매매계약을 체결하였더라도 특별한 사정이 없는 한 甲은 그 계약에서 정한 중도금과 잔금을 수령할 권한은 없다.

② 甲이 乙로부터 금전소비대차 계약을 체결할 대리권을 수여받은 경우, 특별한 사정이 없는 한 甲은 그 계약을 해제할 권한도 가진다.

③ 乙이 사망하더라도 특별한 사정이 없는 한 甲의 대리권은 소멸하지 않는다.

④ 미성년자인 甲이 乙로부터 매매계약체결의 대리권을 수여받아 매매계약을 체결한 경우, 乙은 甲이 체결한 매매계약을 甲이 미성년자임을 이유로 취소할 수 없다.

⑤ 甲이 부득이한 사유로 丙을 복대리인으로 선임한 경우, 丙은 甲의 대리인이다.

13 표현대리에 관한 설명으로 옳지 <u>않은</u> 것은? (다툼이 있으면 판례에 따름)

① 표현대리행위가 성립하는 경우, 상대방에게 과실이 있더라도 과실상계의 법리를 유추적용하여 본인의 책임을 경감할 수 없다.

② 상대방의 유권대리 주장에는 표현대리의 주장이 포함되는 것은 아니므로 이 경우 법원은 표현대리의 성립여부까지 판단해야 하는 것은 아니다.

③ 민법 제126조의 권한을 넘은 표현대리 규정은 법정대리에도 적용된다.

④ 복대리인의 대리행위에 대해서는 표현대리가 성립할 수 없다.

⑤ 수권행위가 무효인 경우, 민법 제129조의 대리권 소멸 후의 표현대리가 적용되지 않는다.

14 乙은 대리권 없이 甲을 위하여 甲 소유의 X토지를 丙에게 매도하였다. 이에 관한 설명으로 옳지 <u>않은</u> 것은? (다툼이 있으면 판례에 따름)

① 乙이 丙으로부터 받은 매매대금을 甲이 수령한 경우, 특별한 사정이 없는 한 甲은 위 매매계약을 추인한 것으로 본다.

② 甲이 乙을 상대로 위 매매계약의 추인을 한 경우, 그 사실을 丙이 안 때에는 甲은 丙에게 추인의 효력을 주장할 수 있다.

③ 甲을 단독상속한 乙이 자신의 매매행위가 무효임을 주장하는 것은 신의칙에 반하여 허용되지 않는다.

④ 丙이 甲에게 기간을 정하여 그 추인 여부의 확답을 최고하였으나 甲이 기간 내에 확답을 발송하지 않으면 추인은 거절한 것으로 본다.

⑤ 甲이 추인을 하더라도 丙은 乙을 상대로 무권대리인의 책임에 따른 손해배상을 청구할 수 있다.

15 甲은 토지거래허가구역 내에 있는 자신의 X토지에 대해 허가를 받을 것을 전제로 乙에게 매도하는 계약을 체결하였으나 아직 허가는 받지 않은 상태이다. 이에 관한 설명으로 옳지 <u>않은</u> 것은? (다툼이 있으면 판례에 따름)

① 乙은 甲에게 계약의 이행을 청구할 수 없다.

② 甲이 토지거래허가신청절차에 협력하지 않는 경우, 乙은 이를 이유로 계약을 해제할 수 있다.

③ 토지거래허가구역 지정이 해제된 경우, 특별한 사정이 없는 한 위 매매계약은 확정적으로 유효하다.

④ 甲과 乙이 토지거래허가를 받으면 위 매매계약은 소급해서 유효로 되므로 허가 후에 새로 매매계약을 체결할 필요는 없다.

⑤ 甲의 사기에 의하여 위 매매계약이 체결된 경우, 乙은 토지거래허가를 신청하기 전이라도 甲의 사기를 이유로 매매계약을 취소할 수 있다.

16 취소에 관한 설명으로 옳지 <u>않은</u> 것은? (다툼이 있으면 판례에 따름)

① 매도인에 의해 매매계약이 적법하게 해제된 후에는 매수인은 그 매매계약을 착오를 이유로 취소할 수 없다.

② 법률행위의 취소를 전제로 한 이행거절 가운데는 특별한 사정이 없는 한 취소의 의사표시가 포함된 것으로 볼 수 있다.

③ 취소할 수 있는 법률행위가 일단 취소된 후에는 취소할 수 있는 법률행위의 추인에 의하여 이를 다시 확정적으로 유효하게 할 수는 없다.

④ 취소권은 추인할 수 있는 날로부터 3년내에 법률행위를 한 날로부터 10년내에 행사하여야 한다.

⑤ 취소할 수 있는 법률행위의 취소권의 행사기간은 제척기간이다.

17 조건과 기한에 관한 설명으로 옳지 <u>않은</u> 것은?

① 기성조건이 정지조건이면 조건 없는 법률행위가 된다.

② 불능조건이 해제조건이면 조건 없는 법률행위가 된다.

③ 불법조건은 그 조건만이 무효가 되고 그 법률행위는 조건 없는 법률행위로 된다.

④ 기한은 당사자의 특약에 의해서도 소급효를 인정할 수 없다.

⑤ 기한은 원칙적으로 채무자의 이익을 위한 것으로 추정한다.

18 소멸시효의 기산점이 잘못 연결된 것은? (다툼이 있으면 판례에 따름)

① 불확정기한부 채권 – 기한이 객관적으로 도래한 때
② 부당이득반환청구권 – 기한의 도래를 안 때
③ 정지조건부 권리 – 조건이 성취된 때
④ 부작위를 목적으로 하는 채권 – 위반행위를 한 때
⑤ 선택채권 – 선택권을 행사할 수 있을 때

19 소멸시효의 중단에 관한 설명으로 옳지 <u>않은</u> 것은? (다툼이 있으면 판례에 따름)

① 응소행위로 인한 시효중단의 효력은 원고가 소를 제기한 때에 발생한다.
② 물상보증인이 제기한 저당권설정등기 말소등기청구의 소에 응소한 채권자 겸 저당권자의 행위는 시효중단사유가 아니다.
③ 재판상의 청구로 중단된 시효는 재판이 확정된 때부터 새로이 진행한다.
④ 가압류에 의한 시효중단의 효력은 가압류신청을 한 때에 소급한다.
⑤ 채권의 양수인이 채권양도의 대항요건을 갖추지 못한 상태에서 채무자를 상대로 재판상의 청구를 하는 것은 소멸시효 중단사유에 해당한다.

20 통정허위표시의 무효를 이유로 대항할 수 없는 '제3자'에 해당하지 <u>않는</u> 자는? (다툼이 있으면 판례에 따름)

① 가장소비대차의 계약상의 지위를 이전 받은 자
② 가장매매의 목적물에 대하여 저당권을 취득한 자
③ 가장의 금전소비대차에 기한 대여금채권을 가압류한 자
④ 가장매매에 의한 매수인으로부터 목적 부동산을 매수하여 소유권이전등기를 마친 자
⑤ 가장의 전세권설정계약에 기하여 등기가 마쳐진 전세권에 관하여 저당권을 취득한 자

21 물권에 관한 설명으로 옳지 <u>않은</u> 것은? (다툼이 있으면 판례에 따름)

① 적법한 분할절차를 거치지 않은 채 토지 중 일부만에 관하여 소유권보존등기를 할 수 없다.

② 온천에 관한 권리는 관습법상의 물권이 아니다.

③ 1필 토지의 일부도 점유취득시효의 대상이 될 수 있다.

④ 부속건물로 등기된 창고건물은 분할등기 없이 원채인 주택과 분리하여 경매로 매각될 수 있다.

⑤ 지상권은 저당권의 객체가 될 수 있다.

22 甲이 乙 소유 X토지에 권원없이 Y건물을 신축하여 소유하고 있다. 이에 관한 설명으로 옳은 것은? (다툼이 있으면 판례에 따름)

① 乙은 Y를 관리하는 甲의 직원 A에게 X의 반환청구를 할 수 있다.

② 甲이 법인인 경우 乙은 甲의 대표이사 B 개인에게 X의 반환청구를 할 수 있다.

③ 乙이 甲에게 X의 반환청구를 하여 승소한 경우, 乙은 甲에게 Y에서 퇴거할 것을 청구할 수 있다.

④ 미등기인 Y를 丙이 매수하여 인도받았다면 乙은 丙을 상대로 건물철거 청구를 할 수 있다.

⑤ 乙은 甲에 대한 X의 반환청구권을 유보하고 X의 소유권을 丁에게 양도할 수 있다.

23 등기에 의하여 추정되지 <u>않는</u> 것은? (다툼이 있으면 판례에 따름)

① 환매특약등기 - 특약의 진정성립

② 대리인에 의한 소유권이전등기 - 적법한 대리행위의 존재

③ 저당권등기 - 피담보채권의 존재

④ 부적법하게 말소된 등기 - 말소된 등기상 권리의 존재

⑤ 토지등기부의 표제부 - 등기부상 면적의 존재

24 甲이 乙 소유 X도자기에 관해 무단으로 丙에게 질권을 설정해 주었고, 丙은 질권의 선의취득을 주장하고 있다. 이에 관한 설명으로 옳지 않은 것은? (다툼이 있으면 판례에 따름)

① 丙은 평온·공연하게 X의 점유를 취득하였어야 한다.

② 丙은 甲이 소유자가 아니라는 사실에 대하여 그 자신이 선의이고 무과실이라는 사실을 증명하여야 한다.

③ 丙이 甲과 질권설정계약을 체결할 당시 선의였다면 질물의 인도를 받을 때 악의라도 丙의 선의취득은 인정된다.

④ 丙이 X에 대하여 甲이 직접점유를 취득하는 형태로 점유를 취득한 경우, 丙의 선의취득은 인정되지 아니한다.

⑤ 만약 甲이 미성년자임을 이유로 丙과의 질권설정계약을 취소하면 丙은 선의취득을 할 수 없다.

25 점유자와 회복자의 관계에 관한 설명으로 옳은 것은? (다툼이 있으면 판례에 따름)

① 지상권자는 선의점유자라도 자주점유자가 아니므로 과실수취권이 인정되지 아니한다.

② 타주점유자가 점유물을 반환하는 경우, 점유자는 특별한 사정이 없는 한 회복자에 대하여 점유물을 보존하기 위하여 지출한 금액의 상환을 청구할 수 있다.

③ 악의의 점유자는 과실(過失)없이 과실(果實)을 수취하지 못한 경우에도 그 대가를 보상하여야 한다.

④ 점유물이 점유자의 책임있는 사유로 멸실된 경우, 선의의 타주점유자는 이익이 현존하는 한도에서 배상하여야 한다.

⑤ 점유자가 점유물에 유익비를 지출한 경우, 특별한 사정이 없는 한 점유자는 회복자에 대하여 그 가액의 증가가 현존한 경우에 한하여 점유자의 선택에 좇아 그 지출금액이나 증가액의 상환을 청구할 수 있다.

26 상린관계에 관한 설명으로 옳지 않은 것은?

① 경계에 설치된 담이 공유인 경우, 공유자는 그 분할을 청구할 수 있다.

② 인접하여 토지를 소유한 자는 다른 관습이 없으면 공동비용으로 통상의 경계표나 담을 설치할 수 있다.

③ 경계표 설치를 위한 측량비용은 다른 관습이 없으면 토지의 면적에 비례하여 부담한다.

④ 인접지의 수목뿌리가 경계를 넘은 경우, 토지소유자는 임의로 그 뿌리를 제거할 수 있다.

⑤ 건물을 축조함에는 특별한 관습 또는 약정이 없으면 경계로부터 반미터 이상의 거리를 두어야 한다.

27 시효취득의 대상이 <u>아닌</u> 것은? (다툼이 있으면 판례에 따름)

① 지상권

② 저당권

③ 소유권

④ 계속되고 표현된 지역권

⑤ 동산질권

28 부합에 관한 설명으로 옳지 <u>않은</u> 것은? (다툼이 있으면 판례에 따름)

① 부동산에 부합되어 동산의 소유권이 소멸한 때에는 그 동산을 목적으로 한 다른 권리도 소멸한다.

② 부합한 동산 간의 주종을 구별할 수 없는 때에는 특약이 없는 한 동산의 소유자는 부합당시 가액의 비율로 합성물을 공유한다.

③ X토지 소유자의 승낙없이 토지임차인의 승낙만 받아 제3자가 X에 수목을 심은 경우, 그 수목은 X에 부합하지 않으므로 제3자가 식재한 수목임을 알지 못하는 X의 양수인은 그 수목을 벌채할 수 없다.

④ 타인의 권원에 기하여 부동산에 부합된 물건이 부동산의 구성부분이 된 경우, 부동산의 소유자는 방해배제청구권에 기하여 부합물의 철거를 청구할 수 없다.

⑤ 건물의 증축부분이 축조 당시 독립한 권리의 객체성을 상실하여 본건물에 부합된 후 구조의 변경 등으로 독립한 권리의 객체성을 취득하게 된 때에는 본건물과 독립하여 거래의 대상이 될 수 있다.

29 물권의 소멸에 관한 설명으로 옳지 <u>않은</u> 것은? (다툼이 있으면 판례에 따름)

① X토지에 甲이 1번 저당권, 乙이 2번 저당권을 취득하고, 丙이 X토지를 가압류한 후 乙이 X토지를 매수하여 소유권을 취득한 경우 乙의 저당권은 혼동으로 소멸하지 않는다.

② 유치권자가 유치권 성립 후에 이를 포기하는 의사표시를 한 경우에도 점유를 반환하여야 유치권은 소멸한다.

③ 점유권과 소유권은 혼동으로 소멸하지 아니한다.

④ 지역권은 20년간 행사하지 않으면 시효로 소멸한다.

⑤ 후순위 저당권이 존재하는 주택을 대항력을 갖춘 임차인이 경매절차에서 매수한 경우, 임차권은 혼동으로 소멸한다.

30 甲은 그 소유 X토지에 대한 배타적 사용·수익권을 포기하고 타인(사인, 국가 등 일반 공중)의 통행을 위한 용도로 제공하였다. 이에 관한 설명으로 옳지 <u>않은</u> 것은? (다툼이 있으면 판례에 따름)

① 甲은 그 타인에 대하여 X의 인도청구를 할 수 없다.

② 甲이 X에 대한 소유권을 보유한 채 사용·수익권을 대세적·영구적으로 포기하는 것은 허용되지 않는다.

③ 甲은 일반 공중의 통행을 방해하지 않는 범위에서 X를 처분할 수 있다.

④ 甲의 상속인의 X에 대한 배타적 사용·수익권도 제한된다.

⑤ 만약 甲이 X를 일반 공중의 통행목적이 아니라 지상건물의 소유자만을 위하여 배타적 사용·수익권을 포기한 경우, 특별한 사정이 없는 한 X의 매수인의 배타적 사용·수익권 행사는 제한된다.

31 X토지를 3분의 1씩 공유하는 甲, 乙, 丙의 법률관계에 관한 설명으로 옳은 것은? (다툼이 있으면 판례에 따름)

① 甲이 乙과 丙의 동의 없이 X토지 중 3분의 1을 배타적으로 사용하는 경우, 乙은 방해배제를 청구할 수 없다.

② 甲과 乙이 협의하여 X토지를 매도하면 그 효력은 丙의 지분에도 미친다.

③ 丁이 X토지의 점유를 무단으로 침해하고 있는 경우, 甲은 X토지 중 자신의 지분에 한하여 반환을 청구할 수 있다.

④ 甲이 자신의 지분을 포기하더라도 乙과 丙이 이전등기를 하여야 甲의 지분을 취득한다.

⑤ 丙이 1년 이상 X토지의 관리비용을 부담하지 않은 경우, 甲과 乙은 丙의 지분을 무상으로 취득할 수 있다.

32 X토지를 3분의 1씩 공유하는 甲, 乙, 丙의 공유물분할에 관한 설명으로 옳지 <u>않은</u> 것은? (다툼이 있으면 판례에 따름)

① 甲은 乙과 丙의 동의를 얻지 않고서 공유물의 분할을 청구할 수 있다.

② 甲, 乙, 丙이 3년간 공유물을 분할하지 않기로 합의한 것은 유효하다.

③ 공유물분할의 소에서 법원은 X를 甲의 단독소유로 하고 乙과 丙에게 지분에 대한 합리적인 가액을 지급하도록 할 수 있다.

④ 甲의 지분 위에 설정된 근저당권은 공유물분할이 되어도 특단의 합의가 없는 한 X 전부에 관하여 종전의 지분대로 존속한다.

⑤ 甲, 乙, 丙 사이에 공유물분할에 관한 협의가 성립하였으나 분할협의에 따른 지분이전 등기에 협조하지 않으면 공유물분할의 소를 제기할 수 있다.

33 지상권에 관한 설명으로 옳지 <u>않은</u> 것은? (다툼이 있으면 판례에 따름)

① 저당물의 담보가치를 유지하기 위해 설정된 지상권은 피담보채권이 소멸하면 함께 소멸한다.

② 기존 건물의 사용을 목적으로 설정된 지상권은 그 존속기간을 30년 미만으로 정할 수 있다.

③ 수목의 소유를 목적으로 하는 지상권이 존속기간의 만료로 소멸한 경우, 특약이 없는 한 지상권자가 존속기간 중 심은 수목의 소유권은 지상권설정자에게 귀속된다.

④ 양도가 금지된 지상권의 양수인은 양수한 지상권으로 지상권설정자에게 대항할 수 있다.

⑤ 토지양수인이 지상권자의 지료 지급이 2년 이상 연체되었음을 이유로 지상권소멸청구를 하는 경우, 종전 토지소유자에 대한 연체기간의 합산을 주장할 수 없다.

34 토지전세권에 관한 설명으로 옳은 것을 모두 고른 것은? (다툼이 있으면 판례에 따름)

> ㄱ. 전세권의 존속기간이 만료하면 전세권의 용익물권적 권능은 전세권설정등기의 말소 없이도 당연히 소멸한다.
> ㄴ. 전세금의 지급은 전세권의 성립요소가 되는 것이므로 기존의 채권으로 전세금 지급을 대신할 수 없다.
> ㄷ. 전세권 존속기간이 시작되기 전에 마친 전세권설정등기도 특별한 사정이 없는 한 유효한 것으로 추정된다.
> ㄹ. 당사자가 채권담보의 목적으로 전세권을 설정하였으나 설정과 동시에 목적물을 인도하지 않았다면, 장차 전세권자가 목적물을 사용·수익하기로 하였더라도 그 전세권은 무효이다.

① ㄱ, ㄴ   ② ㄱ, ㄷ

③ ㄱ, ㄹ   ④ ㄴ, ㄹ

⑤ ㄷ, ㄹ

35 유치권에 관한 설명으로 옳은 것은? (다툼이 있으면 판례에 따름)

① 피담보채권이 존재한다면 타인의 물건에 대한 점유가 불법행위로 인한 것인 때에도 유치권이 성립한다.

② 유치권자가 유치물 소유자의 승낙 없이 유치물을 임대한 경우, 특별한 사정이 없는 한 유치물의 소유자는 유치권의 소멸을 청구할 수 없다.

③ 목적물에 대한 점유를 상실한 경우, 유치권자가 점유회수의 소를 제기하여 점유를 회복할 수 있다는 것만으로는 유치권이 인정되지 않는다.

④ 채무자를 직접점유자로 하여 채권자가 간접점유를 하였더라도 채권자는 유효하게 유치권을 취득할 수 있다.

⑤ 저당물의 제3취득자가 저당물의 개량을 위하여 유익비를 지출한 때에는 민법 제367조에 의한 비용상환청구권을 피담보채권으로 삼아 유치권을 행사할 수 있다.

36 유치권이 유효하게 성립할 수 있는 경우는? (다툼이 있으면 판례에 따름)

① 주택수선공사를 한 수급인이 공사대금채권을 담보하기 위하여 주택을 점유한 경우
② 임대인이 지급하기로 약정한 권리금의 반환청구권을 담보하기 위하여 임차인이 상가건물을 점유한 경우
③ 매도인이 매수인에 대한 매매대금채권을 담보하기 위하여 매매목적물을 점유한 경우
④ 주택신축을 위하여 수급인에게 공급한 건축자재에 대한 대금채권을 담보하기 위하여 그 공급자가 주택을 점유한 경우
⑤ 임차인이 임차보증금반환채권을 담보하기 위하여 임차목적물을 점유한 경우

37 질권에 관한 설명으로 옳지 <u>않은</u> 것은?

① 질물보다 다른 재산이 먼저 경매된 경우, 질권자는 그 매각대금으로부터 배당을 받을 수 없다.
② 질권자가 채권 일부를 변제받았더라도 질물 전부에 대하여 그 권리를 행사할 수 있다.
③ 질물이 멸실된 경우에도 그로 인하여 질권설정자가 받을 금전을 압류하면 질권의 효력이 그 금전에 미친다.
④ 정당한 이유 있는 때에는 질권자는 채무자 및 질권설정자에게 통지하고 감정자의 평가에 의하여 질물로 직접 변제에 충당할 것을 법원에 청구할 수 있다.
⑤ 질권자는 그 권리의 범위 내에서 자기의 책임으로 질물을 전질할 수 있다.

38 저당권의 효력이 미치는 범위에 관한 설명으로 옳지 <u>않은</u> 것은? (다툼이 있으면 판례에 따름)

① 담보권 실행을 위하여 저당부동산을 압류한 경우, 저당부동산의 압류 이후 발생한 차임채권에는 저당권의 효력이 미친다.
② 주물 그 자체의 효용과는 직접 관계없지만 주물 소유자의 상용에 공여되고 있는 물건이 경매목적물로 평가되었다면 경매의 매수인이 소유권을 취득한다.
③ 구분건물의 전유부분에 대한 저당권의 효력은 특별한 사정이 없는 한 대지사용권에도 미친다.
④ 기존건물에 부합된 증축부분이 기존건물에 대한 경매절차에서 경매목적물로 평가되지 아니하였더라도 경매의 매수인이 증축부분의 소유권을 취득한다.
⑤ 특약이 없는 한 건물에 대한 저당권의 효력은 건물의 소유를 목적으로 하는 지상권에도 미친다.

39 법정지상권이 성립하는 경우를 모두 고른 것은? (특별한 사정은 없고, 다툼이 있으면 판례에 따름)

> ㄱ. X토지에 저당권을 설정한 甲이 저당권자 乙의 동의를 얻어 Y건물을 신축하였으나 저당권 실행 경매에서 丙이 X토지의 소유권을 취득한 경우
> ㄴ. 甲 소유의 X토지와 그 지상건물에 공동저당권이 설정된 후 지상건물을 철거하고 Y건물을 신축하였고 저당권의 실행으로 X토지의 소유자가 달라진 경우
> ㄷ. X토지를 소유하는 甲이 乙과 함께 그 지상에 Y건물을 신축·공유하던 중 X토지에 저당권을 설정하였고 저당권 실행 경매에서 丙이 X토지의 소유권을 취득한 경우

① ㄱ
② ㄷ
③ ㄱ, ㄴ
④ ㄴ, ㄷ
⑤ ㄱ, ㄴ, ㄷ

40 甲은 乙에 대한 3억 원의 채권을 담보하기 위하여 乙 소유 X토지와 丙 소유 Y토지에 대하여 각각 1번 공동저당권을 취득하였고, 丁은 X에 대하여 피담보채권액 2억 원의 2번 저당권을 취득하였다. 그 후, 甲이 Y에 대한 경매를 신청하여 매각대금 2억 원을 배당받은 후 X에 대한 경매를 신청하여 X가 3억 원에 매각된 경우, 丁이 X의 매각대금에서 배당받을 수 있는 금액은? (경매비용·이자 등은 고려하지 않으며, 다툼이 있으면 판례에 따름)

① 0원
② 5천만 원
③ 1억 원
④ 1억 5천만 원
⑤ 2억 원

01 민법의 법원(法源)에 관한 설명으로 옳은 것은? (다툼이 있으면 판례에 따름)

① 민법 제1조에서 민법의 법원으로 규정한 '민사에 관한 법률'은 민법전만을 의미한다.
② 민법 제1조에서 민법의 법원으로 규정한 '관습법'에는 사실인 관습이 포함된다.
③ 대법원이 정한 「공탁규칙」은 민법의 법원이 될 수 없다.
④ 헌법에 의하여 체결·공포된 국제조약은 그것이 민사에 관한 것이더라도 민법의 법원이 될 수 없다.
⑤ 미등기무허가 건물의 양수인에게는 소유권에 준하는 관습법상의 물권이 인정되지 않는다.

02 제한능력에 관한 설명으로 옳지 <u>않은</u> 것은? (다툼이 있으면 판례에 따름)

① 성년후견인은 여러 명을 둘 수 있다.
② 가정법원은 본인의 청구에 의하여 취소할 수 없는 피성년후견인의 법률행위의 범위를 변경할 수 있다.
③ 가정법원이 피성년후견인에 대하여 한정후견개시의 심판을 할 때에는 종전의 성년후견의 종료 심판을 하여야 한다.
④ 한정후견의 개시를 청구한 사건에서 의사의 감정 결과 성년후견 개시의 요건을 충족하고 있다면 법원은 본인의 의사를 고려하지 않고 성년후견을 개시할 수 있다.
⑤ 특정후견의 심판이 있은 후에 피특정후견인이 특정후견인의 동의 없이 재산상의 법률행위를 하더라도 이는 취소의 대상이 되지 않는다.

03 부재자의 재산관리에 관한 설명으로 옳지 <u>않은</u> 것은? (다툼이 있으면 판례에 따름)

① 부재자로부터 재산처분권한을 수여받은 재산관리인은 그 재산을 처분함에 있어 법원의 허가를 받을 필요가 없다.
② 부재자가 재산관리인을 정하지 않은 경우, 부재자의 채권자는 재산관리에 필요한 처분을 명할 것을 법원에 청구할 수 있다.
③ 법원이 선임한 재산관리인은 법원의 허가 없이 부재자의 재산에 대한 차임을 청구할 수 있다.
④ 재산관리인의 처분행위에 대한 법원의 허가는 이미 행한 처분행위를 추인하는 방법으로 할 수 있다.
⑤ 부재자가 사망한 사실이 확인되면 부재자 재산관리인 선임결정이 취소되지 않더라도 관리인의 권한은 당연히 소멸한다.

04 민법상 법인의 정관에 관한 설명으로 옳은 것은? (다툼이 있으면 판례에 따름)

① 감사의 임면에 관한 사항은 정관의 필요적 기재사항이다.
② 정관의 임의적 기재사항은 정관에 기재되더라도 정관의 변경절차 없이 변경할 수 있다.
③ 정관변경의 의결정족수가 충족되면 주무관청의 허가가 없어도 정관변경의 효력이 생긴다.
④ 재단법인이 기본재산을 편입하는 행위는 주무관청의 허가를 받지 않아도 유효하다.
⑤ 재단법인의 기본재산에 관한 저당권 설정행위는 특별한 사정이 없는 한 주무관청의 허가를 얻을 필요가 없다.

05 비법인사단에 관한 설명으로 옳지 <u>않은</u> 것은? (다툼이 있으면 판례에 따름)

① 비법인사단의 대표자는 자신의 업무를 타인에게 포괄적으로 위임할 수 있다.
② 정관이나 규약에 달리 정함이 없는 한, 사원총회의 결의를 거치지 않은 총유물의 관리행위는 무효이다.
③ 고유한 의미의 종중은 종중원의 신분이나 지위를 박탈할 수 없고, 종중원도 종중을 탈퇴할 수 없다.
④ 고유한 의미의 종중은 자연발생적 종족단체이므로 특별한 조직행위나 성문의 규약을 필요로 하지 않는다.
⑤ 비법인사단의 사원이 집합체로서 물건을 소유할 때에는 총유로 한다.

06 형성권으로만 모두 연결된 것은?

① 저당권 – 취소권 – 동의권
② 상계권 – 준물권 – 예약완결권
③ 해제권 – 취소권 – 지상물매수청구권
④ 추인권 – 해지권 – 물권적 청구권
⑤ 해지권 – 부양청구권 – 부속물매수청구권

07 민법상 법인의 기관에 관한 설명으로 옳은 것은? (다툼이 있으면 판례에 따름)

① 이사의 변경등기는 대항요건이 아니라 효력발생요건이다.
② 이사가 수인인 경우, 특별한 사정이 없는 한 법인의 사무에 관하여 이사는 공동으로 법인을 대표한다.
③ 사단법인의 정관 변경에 관한 사원총회의 권한은 정관에 의해 박탈할 수 있다.
④ 이사회에서 법인과 어느 이사와의 관계사항을 의결하는 경우, 그 이사는 의사정족수 산정의 기초가 되는 이사의 수에 포함된다.
⑤ 법인의 대표권 제한에 관한 사항이 등기되지 않았더라도 법인은 대표권 제한에 대해 악의인 제3자에게 대항할 수 있다.

08 물건에 관한 설명으로 옳지 <u>않은</u> 것은? (다툼이 있으면 판례에 따름)

① 주물의 구성부분은 종물이 될 수 없다.

② 1필의 토지의 일부는 분필절차를 거치지 않는 한 용익물권의 객체가 될 수 없다.

③ 국립공원의 입장료는 법정과실이 아니다.

④ 주물과 장소적 밀접성이 인정되더라도 주물 그 자체의 효용과 직접 관계가 없는 물건은 종물이 아니다.

⑤ 저당권 설정행위에 "저당권의 효력이 종물에 미치지 않는다."는 약정이 있는 경우, 이를 등기하지 않으면 그 약정으로써 제3자에게 대항할 수 없다.

09 법률행위의 목적에 관한 설명으로 옳은 것을 모두 고른 것은?

> ㄱ. 甲이 乙에게 매도한 건물이 계약체결 후 甲의 방화로 전소하여 그에게 이전할 수 없게 된 경우, 甲의 손해배상책임이 문제될 수 있다.
> ㄴ. 甲이 乙에게 매도한 토지가 계약체결 후 재결수용으로 인하여 乙에게 이전 할 수 없게 된 경우, 위험부담이 문제될 수 있다.
> ㄷ. 甲이 乙에게 매도하기로 한 건물이 계약체결 전에 지진으로 전파(全破)된 경우, 계약체결상의 과실책임이 문제될 수 있다.

① ㄴ

② ㄱ, ㄴ

③ ㄱ, ㄷ

④ ㄴ, ㄷ

⑤ ㄱ, ㄴ, ㄷ

10 반사회적 법률행위로서 무효가 <u>아닌</u> 것은? (다툼이 있으면 판례에 따름)

① 변호사가 민사소송의 승소대가로 성공보수를 받기로 한 약정

② 도박자금에 제공할 목적으로 금전을 대여하는 행위

③ 수증자가 부동산 매도인의 배임행위에 적극 가담하여 체결한 부동산 증여계약

④ 마약대금채무의 변제로서 토지를 양도하기로 한 계약

⑤ 처음부터 보험사고를 가장하여 오로지 보험금을 취득할 목적으로 체결한 생명보험계약

11 통정허위표시에 관한 설명으로 옳은 것은? (다툼이 있으면 판례에 따름)

① 통정허위표시에 의한 급부는 특별한 사정이 없는 한 불법원인급여이다.

② 대리인이 대리권의 범위 안에서 현명하여 상대방과 통정허위표시를 한 경우, 본인이 선의라면 특별한 사정이 없는 한 그는 허위표시의 유효를 주장할 수 있다.

③ 가장행위인 매매계약이 무효라면 은닉행위인 증여계약도 당연히 무효이다.

④ 통정허위표시의 무효로부터 보호되는 선의의 제3자는 통정허위표시를 알지 못한 것에 대해 과실이 없어야 한다.

⑤ 가장매매계약의 매수인과 직접 이해관계를 맺은 제3자가 악의라 하더라도 그와 다시 법률상 이해관계를 맺은 전득자가 선의라면 가장매매계약의 무효로써 전득자에게 대항할 수 없다.

12 착오로 인한 의사표시에 관한 설명으로 옳지 <u>않은</u> 것은? (다툼이 있으면 판례에 따름)

① 매도인의 하자담보책임이 성립하더라도 착오를 이유로 한 매수인의 취소권은 배제되지 않는다.

② 계약 당시를 기준으로 하여 장래의 미필적 사실의 발생에 대한 기대나 예상이 빗나간 경우, 착오취소는 인정되지 않는다.

③ 동기의 착오는 동기가 표시되어 해석상 법률행위의 내용으로 된 경우에 한해서만 유일하게 고려된다.

④ 매매계약에서 매수인이 목적물의 시가에 관해 착오를 하였더라도 이는 원칙적으로 중요부분의 착오에 해당하지 않는다.

⑤ 상대방이 표의자의 착오를 알면서 이용하였다면 표의자의 착오에 중대한 과실이 있더라도 착오취소가 인정된다.

13 의사표시의 효력발생에 관한 설명으로 옳지 <u>않은</u> 것은? (다툼이 있으면 판례에 따름)

① 의사표시의 발신 후 표의자가 사망하였다면, 그 의사표시는 상대방에게 도달하더라도 무효이다.

② 의사표시의 효력발생시기에 관해 도달주의를 규정하고 있는 민법 제111조는 임의규정이다.

③ 상대방이 정당한 사유 없이 의사표시의 수령을 거절하더라도 상대방이 그 의사표시의 내용을 알 수 있는 객관적 상태에 놓여 있다면 그 의사표시는 효력이 있다.

④ 재단법인 설립행위의 효력발생을 위해서는 의사표시의 도달이 요구되지 않는다.

⑤ 미성년자는 그 행위능력이 제한되고 있는 범위에서 수령무능력자이다.

14 법률행위의 대리에 관한 설명으로 옳지 <u>않은</u> 것은? (다툼이 있으면 판례에 따름)

① 무권대리인의 상대방에 대한 책임은 대리권의 흠결에 관하여 대리인에게 귀책사유가 있는 경우에만 인정된다.

② 민법 제124조에서 금지하는 자기계약이 행해졌다면 그 계약은 유동적 무효이다.

③ 행위능력자인 임의대리인이 성년후견개시 심판을 받아 제한능력자가 되면 그의 대리권은 소멸한다.

④ 대리인이 수인인 경우, 법률 또는 수권행위에서 다른 정함이 없으면 각자가 본인을 대리한다.

⑤ 상대방 없는 단독행위의 무권대리는 특별한 사정이 없는 한 확정적 무효이다.

15 복대리에 관한 설명으로 옳은 것은? (다툼이 있으면 판례에 따름)

① 복대리인은 대리인의 대리인이다.

② 복대리인은 본인에 대해 어떠한 권리·의무도 부담하지 않는다.

③ 복대리인이 선임되면 복대리인의 대리권 범위 내에서 대리인의 대리권은 잠정적으로 소멸한다.

④ 대리인이 복대리인을 선임한 후 사망하더라도 특별한 사정이 없는 한 그 복대리권은 소멸하지 않는다.

⑤ 복임권 없는 대리인에 의해 선임된 복대리인의 대리행위에 대해서도 권한을 넘은 표현대리에 관한 규정이 적용될 수 있다.

16 법률행위의 무효에 관한 설명으로 옳지 <u>않은</u> 것은? (다툼이 있으면 판례에 따름)

① 무권대리행위에 대한 본인의 추인은 다른 의사표시가 없는 한 소급효를 가진다.

② 법률행위의 일부분이 무효일 때, 그 나머지 부분의 유효성을 판단함에 있어 나머지 부분을 유효로 하려는 당사자의 가정적 의사를 고려하여야 한다.

③ 토지거래허가구역 내의 토지를 매매한 당사자가 계약체결시부터 허가를 잠탈할 의도였더라도, 그 후 해당 토지에 대한 허가구역 지정이 해제되었다면 위 매매계약은 유효가 된다.

④ 무효인 법률행위를 추인에 의하여 새로운 법률행위로 보기 위해서는 당사자가 그 무효를 알고서 추인하여야 한다.

⑤ 처분권자는 명문의 규정이 없더라도 처분권 없는 자의 처분행위를 추인하여 이를 유효하게 할 수 있다.

17 법률행위의 취소에 관한 설명으로 옳지 <u>않은</u> 것은? (다툼이 있으면 판례에 따름)

① 취소권의 단기제척기간은 취소할 수 있는 날로부터 3년이다.

② 취소권의 행사시 반드시 취소원인의 진술이 함께 행해져야 하는 것은 아니다.

③ 취소할 수 있는 법률행위의 상대방이 그 행위로 취득한 특정의 권리를 양도한 경우, 양수인이 아닌 원래의 상대방에게 취소의 의사표시를 하여야 한다.

④ 노무자의 노무가 일정 기간 제공된 후 행해진 고용계약의 취소에는 소급효가 인정되지 않는다.

⑤ 매도인이 매매계약을 적법하게 해제한 후에도 매수인은 그 매매계약을 착오를 이유로 취소할 수 있다.

18 법률행위 부관인 조건에 관한 설명으로 옳지 <u>않은</u> 것은? (다툼이 있으면 판례에 따름)

① 물권행위에는 조건을 붙일 수 없다.

② 조건이 되기 위해서는 법률이 요구하는 것이 아니라 당사자가 임의로 부가한 것이어야 한다.

③ 조건의 성취를 의제하는 효과를 발생시키는 조건성취 방해행위에는 과실에 의한 행위도 포함된다.

④ 부첩(夫妾)관계의 종료를 해제조건으로 하는 부동산 증여계약은 해제조건뿐만 아니라 증여계약도 무효이다.

⑤ 당사자의 특별한 의사표시가 없는 한 정지조건이든 해제조건이든 그 성취의 효력은 소급하지 않는다.

19 소멸시효에 관한 설명으로 옳지 <u>않은</u> 것은? (다툼이 있으면 판례에 따름)

① 손해배상청구권에 대해 법률이 제척기간을 규정하고 있더라도 그 청구권은 소멸시효에 걸린다.

② 동시이행의 항변권이 붙어 있는 채권은 그 항변권이 소멸한 때로부터 소멸시효가 기산한다.

③ 채권양도 후 대항요건을 갖추지 못한 상태에서 양수인이 채무자를 상대로 소를 제기하면 양도된 채권의 소멸시효는 중단된다.

④ 비법인사단이 채무를 승인하여 소멸시효를 중단시키는 것은 사원총회의 결의를 요하는 총유물의 관리·처분행위가 아니다.

⑤ 채권의 소멸시효 완성 후 채무자가 채권자에게 그 담보를 위해 저당권을 설정해 줌으로써 소멸시효의 이익을 포기했다면 그 효력은 그 후 저당부동산을 취득한 제3자에게도 미친다.

20 甲의 乙에 대한 채권의 소멸시효 완성을 독자적으로 원용할 수 있는 자를 모두 고른 것은? (다툼이 있으면 판례에 따름)

> ㄱ. 甲이 乙에 대한 채권을 보전하기 위하여 행사한 채권자취소권의 상대방이 된 수익자
> ㄴ. 乙의 일반채권자
> ㄷ. 甲의 乙에 대한 채권을 담보하기 위한 유치권이 성립된 부동산의 매수인
> ㄹ. 甲의 乙에 대한 채권을 담보하기 위해 저당권이 설정된 경우, 그 후순위 저당권자

① ㄱ, ㄴ
② ㄱ, ㄷ
③ ㄴ, ㄹ
④ ㄱ, ㄷ, ㄹ
⑤ ㄴ, ㄷ, ㄹ

21 물권의 객체에 관한 설명으로 옳은 것은? (다툼이 있으면 판례에 따름)

① 지상권은 물건이 아니므로 저당권의 객체가 될 수 없다.
② 법률상 공시방법이 인정되지 않는 유동집합물이라도 특정성이 있으면 이를 양도담보의 목적으로 할 수 있다.
③ 저당권과 질권은 서로 다른 물권이므로 하나의 물건에 관하여 동시에 성립할 수 있다.
④ 토지소유권은 토지의 상하에 미치므로 지상공간의 일부만을 대상으로 하는 구분지상권은 원칙적으로 허용되지 않는다.
⑤ 기술적인 착오 없이 작성된 지적도에서의 경계가 현실의 경계와 다르다면, 토지소유권의 범위는 원칙적으로 현실의 경계를 기준으로 확정하여야 한다.

22 법률에서 정하는 요건이 충족되면 당연히 성립하는 법정담보물권에 해당하는 것은?

① 유치권
② 채권질권
③ 법정지상권
④ 전세권저당권
⑤ 동산·채권 등의 담보에 관한 법률에 따른 동산담보권

23 등기의 유효요건에 관한 설명으로 옳지 <u>않은</u> 것은? (다툼이 있으면 판례에 따름)

① 물권에 관한 등기가 원인 없이 말소되더라도 특별한 사정이 없는 한 그 물권의 효력에는 영향을 미치지 않는다.

② 미등기건물의 승계취득자가 원시취득자와의 합의에 따라 직접 소유권보존등기를 마친 경우, 그 등기는 실체관계에 부합하는 등기로서 유효하다.

③ 멸실된 건물의 보존등기를 멸실 후에 신축된 건물의 보존등기로 유용할 수 없다.

④ 중복된 소유권보존등기의 등기명의인이 동일인이 아닌 경우, 선등기가 원인무효가 아닌 한 후등기는 무효이다.

⑤ 토지거래허가구역 내의 토지에 대한 최초매도인과 최후매수인 사이의 중간생략등기에 관한 합의만 있더라도, 그에 따라 이루어진 중간생략등기는 실체관계에 부합하는 등기로서 유효하다.

24 등기를 마치지 않더라도 물권변동의 효력이 발생하는 경우는? (다툼이 있으면 판례에 따름)

① 지상권설정계약에 따른 지상권의 취득

② 피담보채권의 시효소멸에 따른 저당권의 소멸

③ 공익사업에 필요한 토지에 관하여 토지소유자와 관계인 사이의 협의에 의한 토지소유권의 취득

④ 공유토지의 현물분할에 관한 조정조서의 작성에 따른 공유관계의 소멸

⑤ 당사자 사이의 법률행위를 원인으로 한 소유권이전등기절차 이행의 소에서의 승소판결에 따른 소유권의 취득

25 동산의 선의취득에 관한 설명으로 옳지 <u>않은</u> 것은? (다툼이 있으면 판례에 따름)

① 등기나 등록에 의하여 공시되는 동산은 원칙적으로 선의취득의 대상이 될 수 없다.

② 선의취득이 성립하기 위해서는 양도인이 무권리자라고 하는 점을 제외하고는 아무런 흠이 없는 거래행위이어야 한다.

③ 양도인이 제3자에 대한 반환청구권을 양수인에게 양도하고 지명채권 양도의 대항요건을 갖춘 경우, 선의취득에 필요한 점유의 취득 요건을 충족한다.

④ 동산질권의 선의취득을 저지하기 위해서는 취득자의 점유취득이 과실에 의한 것임을 동산의 소유자가 증명하여야 한다.

⑤ 양수인이 도품을 공개시장에서 선의·무과실로 매수한 경우, 피해자는 양수인이 지급한 대가를 변상하고 그 물건의 반환을 청구할 수 있다.

26 자주점유에 관한 설명으로 옳지 <u>않은</u> 것은? (다툼이 있으면 판례에 따름)

① 점유매개자의 점유는 타주점유에 해당한다.

② 부동산의 매매 당시에는 그 무효를 알지 못하였으나 이후 매매가 무효임이 밝혀지더라도 특별한 사정이 없는 한, 매수인의 점유는 여전히 자주점유이다.

③ 양자간 등기명의신탁에 있어서 부동산 명의수탁자의 상속인에 의한 점유는 특별한 사정이 없는 한, 자주점유에 해당하지 않는다.

④ 공유토지 전부를 공유자 1인이 점유하고 있는 경우, 특별한 사정이 없는 한 다른 공유자의 지분비율 범위에 대해서는 타주점유에 해당한다.

⑤ 자주점유의 판단기준인 소유의 의사 유무는 점유취득의 원인이 된 권원의 성질이 아니라 점유자의 내심의 의사에 따라 결정된다.

27 점유자와 회복자의 관계에 관한 설명으로 옳은 것은? (다툼이 있으면 판례에 따름)

① 선의의 점유자라도 점유물의 사용으로 인한 이익은 회복자에게 반환하여야 한다.

② 임차인이 지출한 유익비는 임대인이 아닌 점유회복자에 대해서도 민법 제203조 제2항에 근거하여 상환을 청구할 수 있다.

③ 과실수취권 있는 선의의 점유자란 과실수취권을 포함하는 본권을 가진다고 오신할 만한 정당한 근거가 있는 점유자를 가리킨다.

④ 선의점유자에 대해서는 점유에 있어서의 과실(過失) 유무를 불문하고 불법행위를 이유로 한 손해배상 책임이 배제된다.

⑤ 점유물이 타주점유자의 책임 있는 사유로 멸실된 경우, 그가 선의의 점유자라면 현존이익의 범위에서 손해배상책임을 진다.

28 상린관계에 관한 설명으로 옳지 <u>않은</u> 것은? (다툼이 있으면 판례에 따름)

① 인접하는 토지를 소유한 자들이 공동비용으로 통상의 경계표를 설치하는 경우, 다른 관습이 없으면 측량비용은 토지의 면적에 비례하여 부담한다.

② 지상권자 상호간에도 상린관계에 관한 규정이 준용된다.

③ 주위토지통행권은 장래의 이용을 위하여 인정될 수 있으므로, 그 범위와 관련하여 장래의 이용상황까지 미리 대비하여 통행로를 정할 수 있다.

④ 건물을 축조함에는 특별한 관습이 없으면 경계로부터 반미터 이상의 거리를 두어야 한다.

⑤ 경계에 설치된 경계표나 담은 특별한 사정이 없는 한, 상린자의 공유로 추정한다.

29 부동산의 점유취득시효에 관한 설명으로 옳지 <u>않은</u> 것은? (다툼이 있으면 판례에 따름)

① 집합건물의 공용부분은 취득시효에 의한 소유권 취득의 대상이 될 수 없다.

② 시효완성을 이유로 한 소유권취득의 효력은 점유를 개시한 때로 소급하지 않으며 등기를 함으로써 장래를 향하여 발생한다.

③ 점유자가 점유 개시 당시에 소유권 취득의 원인이 될 수 있는 법률행위가 없다는 사실을 알면서 타인 소유의 토지를 무단점유한 것이 증명된 경우, 그 토지 소유권의 시효취득은 인정되지 않는다.

④ 시효완성자는 취득시효의 기산점과 관련하여 점유기간을 통틀어 등기명의인이 동일한 경우에는 임의 의 시점을 기산점으로 할 수 있다.

⑤ 시효이익의 포기는 특별한 사정이 없는 한, 시효취득자가 취득시효완성 당시의 진정한 소유자에 대하 여 하여야 한다.

30 부합에 관한 설명으로 옳지 <u>않은</u> 것은? (다툼이 있으면 판례에 따름)

① 부동산에의 부합 이외에 동산 상호 간의 부합도 인정된다.

② 동산 이외에 부동산은 부합물이 될 수 없다.

③ 동일인 소유의 부동산과 동산 상호 간에는 원칙적으로 부합이 인정되지 않는다.

④ 분리가 가능하지만 분리할 경우 상호 부착되거나 결합된 물건의 경제적 가치가 심하게 손상되는 경우 에도 부합이 인정된다.

⑤ 부동산의 소유자는 원칙적으로 그 부동산에 부합한 물건의 소유권을 취득한다.

31 공동소유에 관한 설명으로 옳지 <u>않은</u> 것은? (다툼이 있으면 판례에 따름)

① 공유자는 다른 공유자의 동의없이 공유물을 처분하거나 변경하지 못한다.

② 합유는 수인이 조합체로서 물건을 소유하는 형태이고, 조합원은 자신의 지분을 조합원 전원의 동의없 이 처분할 수 없다.

③ 합유물에 대한 보존행위는 합유자 전원의 동의를 요하지 않는다.

④ 구조상·이용상 독립성이 있는 건물부분이라 하더라도 구분소유적 공유관계는 성립할 수 없다.

⑤ 공유물분할 금지약정은 갱신할 수 있다.

32 부동산 실권리자명의 등기에 관한 법률에 대한 설명으로 옳은 것은? (다툼이 있으면 판례에 따름)

① 명의신탁자에게 법률효과를 직접 귀속시킬 의도의 매매계약을 체결한 사정이 인정되더라도, 부동산매매계약서에 명의수탁자가 매수인으로 기재되어 있다면 계약명의신탁으로 보아야 한다.

② 부동산소유권 또는 그 공유지분은 명의신탁 대상이 되지만, 용익물권은 명의신탁의 대상이 될 수 없다.

③ 탈법적 목적이 없는 종중재산의 명의신탁에 있어서 종중은 명의신탁재산에 대한 불법점유자 내지 불법등기명의자에 대하여 직접 그 인도 또는 등기말소를 청구할 수 있다.

④ 탈법적 목적이 없더라도 사실혼 배우자간의 명의신탁은 무효이다.

⑤ 계약당사자인 매수인이 명의수탁자라는 사정을 매도인이 알지 못하였더라도, 매매로 인한 물권변동은 무효이다.

33 지상권에 관한 설명으로 옳은 것은? (다툼이 있으면 판례에 따름)

① 건물의 소유를 목적으로 하는 지상권의 양도는 토지소유자의 동의를 요한다.

② 지료합의가 없는 지상권 설정계약은 무효이다.

③ 수목의 소유를 목적으로 하는 지상권의 최단존속기간은 10년이다.

④ 지상권이 설정된 토지의 소유자는 그 지상권자의 승낙 없이 그 토지 위에 구분지상권을 설정할 수 있다.

⑤ 「장사 등에 관한 법률」 시행 이전에 설치된 분묘에 관한 분묘기지권의 시효취득은 법적 규범으로 유지되고 있다.

34 지역권에 관한 설명으로 옳지 <u>않은</u> 것은? (다툼이 있으면 판례에 따름)

① 지역권은 요역지의 사용가치를 높이기 위해 승역지를 이용하는 것을 내용으로 하는 물권이다.

② 요역지와 승역지는 서로 인접한 토지가 아니어도 된다.

③ 요역지 공유자 중 1인에 대한 지역권 소멸시효의 정지는 다른 공유자를 위하여도 효력이 있다.

④ 지역권자는 승역지의 점유침탈이 있는 경우, 지역권에 기하여 승역지 반환청구권을 행사할 수 있다.

⑤ 지역권은 계속되고 표현된 것에 한하여 시효취득할 수 있다.

35 전세권에 관한 설명으로 옳은 것은? (다툼이 있으면 판례에 따름)

① 건물 일부의 전세권자는 나머지 건물 부분에 대해서도 경매신청권이 있다.

② 전세권 설정계약의 당사자는 전세권의 사용·수익권능을 배제하고 채권담보만을 위한 전세권을 설정할 수 있다.

③ 전세권설정시 전세금 지급은 전세권 성립의 요소이다.

④ 전세권자는 특별한 사정이 없는 한 전세권의 존속기간 내에서 전세목적물을 타인에게 전전세 할 수 없다.

⑤ 전세권이 소멸된 경우, 전세권자의 전세목적물의 인도는 전세금의 반환보다 선이행되어야 한다.

36 유치권에 관한 설명으로 옳지 <u>않은</u> 것은? (다툼이 있으면 판례에 따름)

① 유치물의 소유자가 변동된 후 유치권자가 유치물에 관하여 새로이 유익비를 지급하여 가격증가가 현존하는 경우, 유치권자는 그 유익비를 피보전채권으로 하여서도 유치권을 행사할 수 있다.

② 다세대주택의 창호공사를 완성한 하수급인이 공사대금채권 잔액을 변제받기 위하여 그 중 한 세대를 점유하는 유치권 행사는 인정되지 않는다.

③ 수급인의 재료와 노력으로 건물을 신축한 경우, 특별한 사정이 없는 한 그 건물에 대한 수급인의 유치권은 인정되지 않는다.

④ 유치권의 목적이 될 수 있는 것은 동산, 부동산 그리고 유가증권이다.

⑤ 유치권자가 유치물에 대한 보존행위로서 목적물을 사용하는 것은 적법하다.

37 질권에 관한 설명으로 옳지 <u>않은</u> 것은? (다툼이 있으면 판례에 따름)

① 점유개정에 의한 동산질권설정은 인정되지 않는다.

② 질권자는 채권 전부를 변제받을 때까지 질물 전부에 대하여 그 권리를 행사할 수 있다.

③ 질물이 공용징수된 경우, 질권자는 질권설정자가 받을 수용보상금에 대하여도 질권을 행사할 수 있다.

④ 전질은 질물소유자인 질권설정자의 승낙이 있어도 허용되지 않는다.

⑤ 부동산의 사용, 수익을 내용으로 하는 질권은 물권법정주의에 반한다.

38 저당권에 관한 설명으로 옳지 <u>않은</u> 것은? (다툼이 있으면 판례에 따름)

① 채권자와 제3자가 불가분적 채권자의 관계에 있다고 볼 수 있는 경우에는 그 제3자 명의의 저당권등기도 유효하다.

② 근저당권설정자가 적법하게 기본계약을 해지하면 피담보채권은 확정된다.

③ 무효인 저당권등기의 유용은 그 유용의 합의 전에 등기상 이해관계가 있는 제3자가 없어야 한다.

④ 저당부동산의 제3취득자는 부동산의 개량을 위해 지출한 유익비를 그 부동산의 경매대가에서 우선변제받을 수 없다.

⑤ 저당권자가 저당부동산을 압류한 이후에는 저당권설정자의 저당부동산에 관한 차임채권에도 저당권의 효력이 미친다.

39 乙 명의의 저당권이 설정되어 있는 甲 소유의 X토지 위에 Y건물이 신축된 후, 乙의 저당권이 실행된 경우에 관한 설명으로 옳은 것을 모두 고른 것은? (다툼이 있으면 판례에 따름)

> ㄱ. 甲이 Y건물을 신축한 경우, 乙은 Y건물에 대한 경매도 함께 신청할 수 있으나 Y건물의 경매대가에서 우선변제를 받을 수는 없다.
> ㄴ. Y건물을 甲이 건축하였으나 경매 당시 제3자 소유로 된 경우, 乙은 Y건물에 대한 경매도 함께 신청할 수 있다.
> ㄷ. Y건물이 X토지의 지상권자인 丙에 의해 건축되었다가 甲이 Y건물의 소유권을 취득하였다면 乙은 Y건물에 대한 경매도 함께 신청할 수 있다.

① ㄴ
② ㄱ, ㄴ
③ ㄱ, ㄷ
④ ㄴ, ㄷ
⑤ ㄱ, ㄴ, ㄷ

40 법정지상권의 성립에 관한 설명으로 옳지 <u>않은</u> 것은? (다툼이 있으면 판례에 따름)

① 토지에 저당권이 설정된 후에 저당권자의 동의를 얻어 건물이 신축된 경우라도 법정지상권은 성립한다.

② 토지의 정착물로 볼 수 없는 가설 건축물의 소유를 위한 법정지상권은 성립하지 않는다.

③ 무허가건물이나 미등기건물을 위해서도 관습법상의 법정지상권이 인정될 수 있다.

④ 토지공유자 중 1인이 다른 공유자의 동의를 얻어 그 지상에 건물을 소유하면서 자신의 토지지분에 저당권을 설정한 후 그 실행경매로 인하여 그 공유지분권자와 건물소유자가 달라진 경우에는 법정지상권이 성립하지 않는다.

⑤ 동일인 소유의 토지와 건물 중 건물에 전세권이 설정된 후 토지소유자가 바뀐 경우, 건물소유자가 그 토지에 대하여 지상권을 취득한 것으로 본다.

01	02	03	04	05	06	07	08	09	10	11	12	13	14	15	16	17	18	19	20
④	④	⑤	①	③	③	②	②	④	⑤	⑤	④	④	⑤	②	①	③	②	①	①
21	22	23	24	25	26	27	28	29	30	31	32	33	34	35	36	37	38	39	40
④	④	⑤	③	②	①	③	③	②	⑤	④	⑤	③	②	③	①	①	②	②	①

01 난도 ★ 답 ④

┃정답해설┃

④ 관습법이란 사회의 거듭된 관행으로 생성한 사회생활규범이 사회의 법적 확신과 인식에 의하여 법적 규범으로 승인·강행되기에 이르는 것을 말하고, 관습법은 바로 법원으로서 법령과 같은 효력을 갖는 관습으로서 '법령에 저촉되지 않는 한' 법칙으로서의 효력이 있다[80다3231].

┃오답해설┃

① 헌법재판소의 결정은 법원 기타 국가기관과 지방자치단체를 기속하므로(헌재법 제47조, 제67조, 제75조), 그 결정내용이 민사에 관한 것인 한 민법의 법원으로 된다.

② 사실인 관습은 사적 자치가 인정되는 분야 즉 그 분야의 제정법이 주로 임의규정일 경우에는 법률행위의 해석기준으로서 또는 의사를 보충하는 기능으로서 이를 재판의 자료로 할 수 있을 것이나 이 이외의 즉 그 분야의 제정법이 주로 강행규정일 경우에는 그 강행규정 자체에 결함이 있거나 강행규정 스스로가 관습에 따르도록 위임한 경우 등 이외에는 법적 효력을 부여할 수 없다[80다3231].

③ 2002다1178 전합 참고

⑤ 80다3231

02 난도 ★★ 답 ④

┃정답해설┃

④ 이른바 사정변경으로 인한 계약해제는, 계약성립 당시 당사자가 예견할 수 없었던 현저한 사정의 변경이 발생하였고 그러한 사정의 변경이 해제권을 취득하는 당사자에게 책임 없는 사유로 생긴 것으로서, 계약내용대로의 구속력을 인정한다면 신의칙에 현저히 반하는 결과가 생기는 경우에 계약준수 원칙의 예외로서 인정되는 것이고, 여기에서 말하는 사정이라 함은 계약의 기초가 되었던 객관적인 사정으로서, 일방당사자의 주관적 또는 개인적인 사정을 의미하는 것은 아니다. 또한, 계약의 성립에 기초가 되지 아니한 사정이 그 후 변경되어 일방당사자가 계약 당시 의도한 계약목적을 달성할 수 없게 됨으로써 손해를 입게 되었다 하더라도 특별한 사정이 없는 한 그 계약내용의 효력을 그대로 유지하는 것이 신의칙에 반한다고 볼 수도 없다[2004다31302].

┃오답해설┃

① 96다47302

② 2002다63275

③ 2011다1330

⑤ 토지거래허가를 받지 아니하여 유동적 무효상태에 있는 계약이라고 하더라도 일단 거래허가신청을 하여 불허되었다면 특별한 사정이 없는 한, 불허된 때로부터는 그 거래계약은 확정적으로 무효가 된다고 보아야 할 것이고, 거래허가신청을 하지 아니하여 유동적 무효인 상태에 있던 거래계약이 확정적으로 무효가 된 경우에는 거래계약이 확정적으로 무효로 됨에 있어서 귀책사유가 있는 자라고 하더라도 그 계약의 무효를 주장하는 것이 신의칙에 반한다고 할 수는 없다고 할 것이다(이 경우 상대방은 그로 인한 손해의 배상을 청구할 수는 있다)[94다51789].

∥ 정답해설 ∥

ㄱ. [O] 의사능력이 없는 甲이 한 법률행위는 무효이다.

ㄴ. [O] 무능력자의 책임을 제한하는 제141조 단서 규정이 의사능력의 흠결을 이유로 법률행위가 무효가 되는 경우에도 유추적용된다[2008다58367 참고].

ㄷ. [O] 의사무능력자가 자신이 소유하는 부동산에 근저당권을 설정해 주고 금융기관으로부터 금원을 대출받아 이를 제3자에게 대여한 경우, 대출로써 받은 이익이 위 제3자에 대한 대여금채권 또는 부당이득반환채권의 형태로 현존하므로, 금융기관은 대출거래약정 등의 무효에 따른 원상회복으로서 위 대출금 자체의 반환을 구할 수는 없더라도 현존 이익인 위 채권의 양도를 구할 수 있다[2008다58367].

∥ 정답해설 ∥

① 법정대리인이 영업을 허락함에는 반드시 영업의 종류를 특정하여야 하며, 그 영업에 관한 행위에 대하여는 성년자와 동일한 행위능력이 인정된다(제8조 제1항). 따라서 그 영업에 관하여는 법정대리인의 동의권과 대리권이 모두 소멸한다. 한편 미성년자는 허락된 영업에 관하여는 소송능력도 갖게 된다.

∥ 오답해설 ∥

② 제한능력자가 속임수를 써서 법률행위를 하는 경우에 상대방은 사기에 의한 의사표시임을 이유로 그 법률행위를 취소하거나(제110조) 또는 불법행위를 이유로 손해배상을 청구할 수도 있으나(제750조), 법은 더 나아가 보호가치 없는 제한능력자로부터 취소권을 박탈함으로써 상대방이 당초 예기한 대로의 효과를 발생케 하여 거래의 안전과 상대방을 보호하고 있다(제17조).

③ 제한능력자의 단독행위는 추인이 있을 때까지 상대방이 거절할 수 있다(제16조).

④ 가정법원은 피성년후견인이 단독으로 할 수 있는 법률행위의 범위를 정할 수 있고(제10조 제2항), 일정한 자의 청구에 의하여 그 범위를 변경할 수 있다(제10조 제3항).

⑤ 특정후견은 본인의 의사에 반하여 할 수 없다(제14조의2 제2항).

∥ 정답해설 ∥

ㄱ. [O] 대표이사가 대표이사로서의 업무 일체를 다른 이사 등에게 위임하고, 대표이사로서의 직무를 전혀 집행하지 않는 것은 그 자체가 이사의 직무상 충실 및 선관의무를 위반하는 행위에 해당한다[2002다70044].

ㄷ. [O] [1] 민법 제35조 제1항은 "법인은 이사 기타 대표자가 그 직무에 관하여 타인에게 가한 손해를 배상할 책임이 있다"라고 정한다. 여기서 '법인의 대표자'에는 그 명칭이나 직위 여하, 또는 대표자로 등기되었는지 여부를 불문하고 당해 법인을 실질적으로 운영하면서 법인을 사실상 대표하여 법인의 사무를 집행하는 사람을 포함한다고 해석함이 상당하다. [2] 甲 주택조합의 대표자가 乙에게 대표자의 모든 권한을 포괄적으로 위임하여 乙이 그 조합의 사무를 집행하던 중 불법행위로 타인에게 손해를 발생시킨 데 대하여 불법행위 피해자가 甲 주택조합을 상대로 민법 제35조에서 정한 법인의 불법행위책임에 따른 손해배상청구를 한 사안에서, …(중략)… 乙은 甲 주택조합을 실질적으로 운영하면서 법인을 사실상 대표하여 법인의 사무를 집행하는 사람으로서 민법 제35조에서 정한 '대표자'에 해당한다고 보아야 함에도, 乙이 甲 주택조합의 적법한 대표자 또는 대표기관이라고 볼 수 없다는 이유로 甲 주택조합에 대한 법인의 불법행위에 따른 손해배상청구를 배척한 원심판결에는 법리오해의 위법이 있다고 한 사례[2008다15438].

∥ 오답해설 ∥

ㄴ. [×] 비법인사단에 대하여는 사단법인에 관한 민법 규정 가운데 법인격을 전제로 하는 것을 제외하고는 이를 유추적용하여야 하는데, 제62조에 비추어 보면 비법인사단의 대표자는 정관 또는 총회의 결의로 금지하지 아니한 사항에 한하여 타인으로 하여금 특정한 행위를 대리하게 할 수 있을 뿐 비법인사단의 제반 업무처리를 포괄적으로 위임할 수는 없으므로 비법인사단 대표자가 행한 타인에 대한 업무의 포괄적 위임과 그에 따른 포괄적 수임인의 대행행위는 제62조를 위반한 것이어서 비법인사단에 대하여 그 효력이 미치지 않는다[2008다15438].

06 난도 ★★　　　답 ③

┃정답해설┃

③ 이사의 대표권 제한에 대한 정관의 기재는 효력요건이고 등기는 대항요건이다. 이사의 대표권에 대한 제한은 등기하지 아니하면 제3자에게 대항하지 못하는데(제60조) 학설로는 악의의 제3자는 공평의 원칙상 보호할 필요가 없다는 제한설과 문리해석상 선·악의를 불문하고 대항할 수 있다는 무제한설의 대립이 있다. 판례는「대표권의 제한에 관한 규정은 이를 등기하지 않을 경우 상대방의 선·악의를 불문하고 상대방에게 대표권 제한으로 대항할 수 없다」는 입장이다(무제한설)[91다24564 참고].

┃오답해설┃

① 법인이 대표기관을 통하여 법률행위를 한 때에는 대리에 관한 규정이 준용되므로 적법한 대표권을 가진 자와 맺은 법률행위의 효과는 대표자 개인이 아니라 본인인 법인에 귀속하고, 마찬가지로 그러한 법률행위상의 의무를 위반하여 발생한 채무불이행으로 인한 손해배상책임도 대표기관 개인이 아닌 법인만이 책임의 귀속주체가 되는 것이 원칙이다[2017다53265].

② 대표이사가 대표권의 범위 내에서 한 행위라도 회사의 영리목적과 관계없이 자기 또는 제3자의 이익을 도모할 목적으로 그 권한을 남용한 것이고, 그 행위의 상대방이 대표이사의 진의를 알았거나 알 수 있었을 때에는 회사에 대하여 무효가 된다[2005다3649].

④ 2017다53265 참고

⑤ 법인과 이사의 이익이 상반하는 사항에 관하여는 이사는 대표권이 없다. 이 경우에는 전조의 규정에 의하여 특별대리인을 선임하여야 한다(제64조).

07 난도 ★　　　답 ②

┃정답해설┃

② 사단법인의 정관은 이를 작성한 사원뿐만 아니라 그 후에 가입한 사원이나 사단법인의 기관 등도 구속하는 점에 비추어 보면 그 법적 성질은 계약이 아니라 자치법규로 보는 것이 타당하므로, 이는 어디까지나 객관적인 기준에 따라 그 규범적인 의미 내용을 확정하는 법규해석의 방법으로 해석되어야 하는 것이지, 작성자의 주관이나 해석 당시의 사원의 다수결에 의한 방법으로 자의적으로 해석될 수는 없다 할 것이어서, 어느 시점의 사단법인의 사원들이 정관의 규범적인 의미 내용과 다른 해석을 사원총회의 결의라는 방법으로 표명하였다 하더라도 그 결의에 의한 해석은 그 사단법인의 구성원인 사원들이나 법원을 구속하는 효력이 없다[99다12437].

┃오답해설┃

① 제40조 제7호

③ 제56조

④ 법인의 정관에 이사의 해임사유에 관한 규정이 있는 경우 법인으로서는 이사의 중대한 의무위반 또는 정상적인 사무집행 불능 등의 특별한 사정이 없는 이상, 정관에서 정하지 아니한 사유로 이사를 해임할 수 없다[2011다41741].

⑤ 법원의 직무집행정지 가처분결정에 의해 회사를 대표할 권한이 정지된 대표이사가 그 정지기간 중에 체결한 계약은 절대적으로 무효이고, 그 후 가처분신청의 취하에 의하여 보전집행이 취소되었다 하더라도 집행의 효력은 장래를 향하여 소멸할 뿐 소급적으로 소멸하는 것은 아니라 할 것이므로, 가처분신청이 취하되었다 하여 무효인 계약이 유효하게 되지는 않는다[2008다4537].

08 난도 ★★★　　　답 ②

┃정답해설┃

② 등기부상만으로 어떤 토지 중 일부가 분할되고 그 분할된 토지에 대하여 지번과 지적이 부여되어 등기되어 있어도 지적공부 소관청에 의한 지번, 지적, 지목, 경계확정 등의 분필절차를 거친 바가 없다면 그 등기가 표상하는 목적물은 특정되었다고 할 수는 없으니, 그 등기부에 소유자로 등기된 자가 그 등기부에 기재된 면적에 해당하는 만큼의 토지를 특정하여 점유하였다고 하더라도, 그 등기는 그가 점유하는 토지부분을 표상하는 등기로 볼 수 없어 그 점유자는 등기부취득시효의 요건인 '부동산의 소유자로 등기한 자'에 해당하지 아니하므로 그가 점유하는 부분에 대하여 등기부시효취득을 할 수는 없다[94다4615].

┃오답해설┃

① 94다4615

③ 종물은 주물의 구성부분이 아닌 독립한 물건이므로 주물만을 점유한 경우 종물에 대해서는 취득시효에 의한 소유권 취득이 인정되지 않는다.

④ 2007다36933, 36940 참고

⑤ 미분리 과실도 명인방법이라는 공시방법을 갖춘 때에는 독립한 물건으로서 거래의 목적이 될 수 있다.

09 난도 ★

답 ④

┃정답해설┃

④ 불공정한 법률행위는 요건이 구비되면 그 행위는 무효이고, 추인에 의해서도 그 법률행위가 유효로 될 수 없다[94다10900].

┃오답해설┃

① 현저한 불공정의 판단기준시점은 법률행위시이다(통설·판례).
② 매도인의 대리인이 매매한 경우에 있어서 그 매매가 불공정한 법률행위인가를 판단함에는 매도인의 경솔, 무경험은 그 대리인을 기준으로 하여 판단하여야 하고, 궁박상태에 있었는지의 여부는 매도인 본인의 입장에서 판단되어야 한다[71다2255].
③ 경매에 있어서는 불공정한 법률행위에 관한 제104조가 적용될 여지가 없다[80마77].
⑤ 불공정한 법률행위는 절대적 무효이므로 선의의 제3자에게도 무효를 주장할 수 있다. 또한 무효행위의 추인에 의하여 유효로 될 수 없고, 법정추인이 적용될 여지도 없다는 것이 판례의 태도이다[94다10900 참고].

10 난도 ★

답 ⑤

┃정답해설┃

⑤ 민법 제109조 제1항 단서는 표의자의 상대방의 이익을 보호하기 위한 것이므로, 상대방이 표의자의 착오를 알면서 이를 이용한 경우라면 표의자에게 중대한 과실이 있더라도 표의자는 그 의사표시를 취소할 수 있다[2013다49794].

┃오답해설┃

① 제111조
② 통정허위표시는 제3자를 속이려는 동기나 목적은 묻지 않는다.
③ 무효인 법률행위는 그 법률행위가 성립한 당초부터 당연히 효력이 발생하지 않는 것이므로, 무효인 법률행위에 따른 법률효과를 침해하는 것처럼 보이는 위법행위나 채무불이행이 있다고 하여도 법률효과의 침해에 따른 손해는 없는 것이므로 그 손해배상을 청구할 수는 없다[2002다72125].
④ 착오로 인하여 표의자가 어떤 경제적 불이익을 입은 것이 아닌 때 그 착오로 인하여 표의자가 무슨 경제적인 불이익을 입은 것이 아니라고 한다면 이를 법률행위 내용의 중요부분의 착오라고 할 수 없다[98다47924 참고].

11 난도 ★

답 ⑤

┃정답해설┃

⑤ 사기의 의사표시로 인한 매수인으로부터 부동산의 권리를 취득한 제3자는 특별한 사정이 없는 한 선의로 추정할 것이므로 사기로 인하여 의사표시를 한 부동산의 양도인이 제3자에 대하여 사기에 의한 의사표시의 취소를 주장하려면 제3자의 악의를 입증할 필요가 있다고 할 것이다[70다2155].

┃오답해설┃

① 사기죄는 타인을 기망하여 그로 인한 하자 있는 의사에 기하여 재물의 교부를 받거나 재산상의 이득을 취득할 때 성립하고, 사기죄의 요건으로서의 기망은 널리 재산상의 거래관계에 있어서 서로 지켜야 할 신의와 성실의 의무를 저버리는 모든 적극적 또는 소극적 행위를 말하며, 사기죄의 성립에 있어서 피해자에게 손해를 가하려는 목적을 필요로 하지는 않지만 적어도 타인의 재물 또는 이익을 침해한다는 의사와 피기망자로 하여금 어떠한 처분을 하게 한다는 의사는 있어야 한다[97도3054].
② 강박에 의한 의사표시라고 하려면 상대방이 불법으로 어떤 해악을 고지함으로 말미암아 공포를 느끼고 의사표시를 한 것이어야 한다[2002다73708].
③ 대리인은 상대방과 동일시 할 수 있는 자로 제3자에 해당하지 않는다.
④ 의사표시의 상대방이 아닌 자로서 기망행위를 하였으나 민법 제110조 제2항에서 정한 제3자에 해당되지 아니한다고 볼 수 있는 자란 그 의사표시에 관한 상대방의 대리인 등 상대방과 동일시할 수 있는 자만을 의미하고, 단순히 상대방의 피용자이거나 상대방이 사용자책임을 져야 할 관계에 있는 피용자에 지나지 않는 자는 상대방과 동일시할 수는 없어 이 규정에서 말하는 제3자에 해당한다[96다41496].

12 난도 ★
답 ④

▌정답해설▌

④ 대리인은 행위능력자임을 요하지 않는다(제117조). 따라서 대리인이 제한능력자라는 점을 들어 본인은 그의 대리행위를 취소하지 못한다.

▌오답해설▌

① 부동산의 소유자로부터 매매계약을 체결할 대리권을 수여받은 대리인은 특별한 다른 사정이 없는 한 그 매매계약에서 약정한 바에 따라 중도금이나 잔금을 수령할 수도 있다고 보아야 하고, 매매계약의 체결과 이행에 관하여 포괄적으로 대리권을 수여받은 대리인은 특별한 다른 사정이 없는 한 상대방에 대하여 약정된 매매대금지급기일을 연기하여 줄 권한도 가진다고 보아야 할 것이다[91다43107].
② 임의대리권은 그것을 수여하는 본인의 행위, 즉 수권행위에 의하여 발생하는 것이므로 어느 행위가 대리권 범위 내의 행위인지 여부는 개별적인 수권행위의 내용이나 그 해석에 의하여 판단하여야 할 것인바, 통상 사채알선업자가 전주(錢主)를 위하여 금전소비대차계약과 그 담보를 위한 담보권설정계약을 체결할 대리권을 수여받은 것으로 인정되는 경우라 하더라도 특별한 사정이 없는 한 일단 금전소비대차계약과 그 담보를 위한 담보권설정계약이 체결된 후에 이를 해제할 권한까지 당연히 가지고 있다고 볼 수는 없다[97다23372].
③ 본인의 사망은 대리권 소멸사유이다(제127조 제1호).
⑤ 복대리인은 대리인이「대리인 자신의 이름」으로 선임한「본인의 대리인」이다.

13 난도 ★
답 ④

▌정답해설▌

④ 복대리인은 복대리행위를 함에 있어서 본인을 위한다는 표시를 하여야 하며(제114조 제1항), 표현대리규정도 복대리행위에 적용될 수 있다.

▌오답해설▌

① 표현대리가 성립하는 경우에 그 본인은 표현대리행위에 의하여 전적인 책임을 져야 하고, 상대방에게 과실이 있다고 하더라도 과실상계의 법리를 유추적용하여 본인의 책임을 경감할 수 없다[95다49554].

② 유권대리에 있어서는 본인이 대리인에게 수여한 대리권의 효력에 의하여 법률효과가 발생하는 반면 표현대리에 있어서는 대리권이 없음에도 불구하고 법률이 특히 거래상대방 보호와 거래안전유지를 위하여 본래 무효인 무권대리행위의 효과를 본인에게 미치게 한 것으로서 표현대리가 성립된다고 하여 무권대리의 성질이 유권대리로 전환되는 것은 아니므로, 양자의 구성요건 해당사실 즉 주요사실은 다르다고 볼 수 밖에 없으니 유권대리에 관한 주장 속에 무권대리에 속하는 표현대리의 주장이 포함되어 있다고 볼 수 없다[83다카1489].
③ 제126조의 표현대리는 임의대리와 법정대리에 모두 적용된다(통설·판례).
⑤ 수권행위가 무효인 경우처럼 처음부터 전혀 대리권이 없는 경우에는 제129조가 적용될 수 없다.

14 난도 ★
답 ⑤

▌정답해설▌

⑤ 甲이 추인하는 경우 무권대리 행위는 소급적으로 유효하므로 丙은 乙을 상대로 무권대리인의 책임에 따른 손해배상을 청구할 수 없다(제133조 참고).

▌오답해설▌

① 63다64
② 무권대리인에게 한 추인의 의사표시는 상대방이 알 때까지는 상대방에게 대항할 수 없다(제132조). 민법 제132조는 본인이 무권대리인에게 무권대리행위를 추인한 경우에 상대방이 이를 알지 못하는 동안에는 본인은 상대방에게 추인의 효과를 주장하지 못한다는 취지이므로 상대방은 그때까지 민법 제134조에 의한 철회를 할 수 있고, 또 무권대리인에게 추인이 있었음을 주장할 수도 있다.
③ 무권대리인이 본인을 상속한 경우 무권대리인의 지위와 본인의 지위는 분리하여 병존한다. 그러나 신의칙상 추인을 거절할 수 없다[94다20617].
④ 제131조

15 난도 ★★

답 ②

▌정답해설▌

② 유동적 무효의 상태에 있는 거래계약의 당사자는 상대방이 그 거래계약의 효력이 완성되도록 협력할 의무를 이행하지 아니하였음을 들어 일방적으로 유동적 무효의 상태에 있는 거래계약 자체를 해제할 수 없다[98다40459 전합].

▌오답해설▌

① 허가를 받을 것을 전제로 한 거래계약은 허가받기 전의 상태에서는 거래계약의 채권적 효력도 전혀 발생하지 않으므로 권리의 이전 또는 설정에 관한 어떠한 내용의 이행청구도 할 수 없고, 그러한 거래계약의 당사자로서는 허가받기 전의 상태에서 상대방의 거래계약상 채무불이행을 이유로 거래계약을 해제하거나 그로 인한 손해배상을 청구할 수 없다[97다4357, 4364].

③ 2002다12635

④ 90다12243 전합

⑤ 97다36118

16 난도 ★

답 ①

▌정답해설▌

① 매도인이 매수인의 중도금 지급 채무불이행을 이유로 매매계약을 적법하게 해제한 후라도 매수인으로서는 상대방이 한 계약해제의 효과로서 발생하는 손해배상책임을 지거나 매매계약에 따른 계약금의 반환을 받을 수 없는 불이익을 면하기 위하여 착오를 이유로 한 취소권을 행사하여 위 매매계약 전체를 무효로 돌리게 할 수 있다[91다11308].

▌오답해설▌

② 93다13162

③ 취소한 법률행위는 처음부터 무효인 것으로 간주되므로 취소할 수 있는 법률행위가 일단 취소된 이상 그 후에는 취소할 수 있는 법률행위의 추인에 의하여 다시 확정적으로 유효하게 할 수는 없고, 다만 무효인 법률행위의 추인의 요건과 효력으로서 추인할 수는 있으나, 무효행위의 추인은 그 무효 원인이 소멸한 후에 하여야 그 효력이 있고, 결국 무효원인이 소멸한 후란 것은 당초의 의사표시의 성립 과정에 존재하였던 취소의 원인이 종료된 후, 즉 강박 상태에서 벗어난 후라고 보아야 한다[95다38240].

④ 제146조

⑤ 취소권은 원칙적으로 형성권이므로 이 기간은 제척기간에 해당한다.

17 난도 ★

답 ③

▌정답해설▌

③ 선량한 풍속 기타 사회질서에 위반하는 조건으로써 불법조건뿐만 아니라 그 법률행위 전부가 무효이고, 조건 없는 법률행위가 되는 것이 아니다. 조건부 법률행위에 있어 조건의 내용 자체가 불법적인 것이어서 무효일 경우 또는 조건을 붙이는 것이 허용되지 아니하는 법률행위에 조건을 붙인 경우 그 조건만을 분리하여 무효로 할 수는 없고 그 법률행위 전부가 무효로 된다[2005마541].

18 난도 ★

답 ②

▌정답해설▌

② 부당이득반환청구권 – 채권성립시부터

더 알아보기	각종 권리의 기산점
권리	**소멸시효의 기산점**
확정기한부 채무	기한이 도래한 때가 소멸시효의 기산점이다. 따라서 이행기가 도래한 후 채권자와 채무자가 기한을 유예하기로 합의한 경우 그 유예된 때로 이행기가 변경되어 소멸시효는 변경된 이행기가 도래한 때부터 다시 진행한다. 이 경우 유예의 합의는 명시적으로뿐만 아니라 묵시적으로도 가능하다[2016다274904].
불확정기한부 채무	기한이 객관적으로 도래한 때가 소멸시효의 기산점이다. 따라서 채무자가 기한 도래의 사실을 알고 있었는지 여부는 문제되지 않는다.
기한의 정함이 없는 채무	• 채권의 성립시부터 소멸시효가 진행 • 부당이득반환청구권 – 채권성립시부터 • 의사의 치료 채권 – 각 진료가 종료될 때부터

동시이행의 항변권이 붙은 권리	이행기가 도래한 때부터 소멸시효가 진행
기한이익 상실 특약이 있는 경우	• 정지조건부 기한이익상실의 특약 – 사유발생시(정지조건이 성취된 때) • 형성권적 기한이익상실의 특약 – 본래의 변제기
부작위채권	위반행위가 있은 때부터
선택채권	선택권 행사 가능 시
채무불이행에 기한 손해배상청구권	채무불이행이 발생한 때 : 소유권이전등기 말소등기의무의 이행불능으로 인한 전보배상청구권의 소멸시효는 말소등기의무가 이행불능 상태에 돌아간 때로부터 진행[2005다29474]
대상청구권	원칙 : 이행불능 시
불법행위에 기한 손해배상청구권	• 손해 및 가해자를 안 때(제766조 제1항) • 불법행위가 있은 때(제766조 제2항)
계속적 물품공급계약에서 발생한 외상대금채권	각 외상대금채권이 발생한 때로부터 개별적으로 진행
의사의 치료비채권	특약이 없는 한 개개의 진료가 종료될 때마다 각각의 당해 진료에 필요한 비용의 이행기가 도래하여 그에 대한 소멸시효가 진행[2001다52568]

19 난도 ★★★

답 ①

┃정답해설┃

① 응소행위로 인한 시효중단의 효력은 피고가 현실적으로 권리를 행사하여 응소한 때에 발생하지만, 권리자인 피고가 응소하여 권리를 주장하였으나 소가 각하되거나 취하되는 등의 사유로 본안에서 권리주장에 관한 판단 없이 소송이 종료된 경우에는 제170조 제2항을 유추적용하여 그때부터 6월 이내에 재판상의 청구 등 다른 시효중단 조치를 취한 경우에 한하여 응소 시에 소급하여 시효중단의 효력이 있다고 보아야 한다[2011다78606].

┃오답해설┃

② 타인의 채무를 담보하기 위하여 자기의 물건에 담보권을 설정한 물상보증인은 채권자에 대하여 물적 유한책임을 지고 있어 그 피담보채권의 소멸에 의하여 직접 이익을 받는 관계에 있으므로 소멸시효의 완성을 주장할 수 있는 것이지만, 채권자에 대하여는 아무런 채무도 부담하고 있지 아니하므로, 물상보증인이 그 피담보채무의 부존재 또는 소멸을 이유로 제기한 저당권설정등기 말소등기절차이행청구소송에서 채권자 겸 저당권자가 청구기각의 판결을 구하고 피담보채권의 존재를 주장하였다고 하더라도 이로써 직접 채무자에 대하여 재판상 청구를 한 것으로 볼 수는 없는 것이므로 피담보채권의 소멸시효에 관하여 규정한 민법 제168조 제1호 소정의 '청구'에 해당하지 아니한다[2003다30890].

③ 제178조 제2항

④ 가압류를 시효중단사유로 규정한 이유는 가압류에 의하여 채권자가 권리를 행사하였다고 할 수 있기 때문이다. 가압류채권자의 권리행사는 가압류를 신청한 때에 시작되므로, 이 점에서도 가압류에 의한 시효중단의 효력은 가압류신청을 한 때에 소급한다[2016다35451].

⑤ 2005다41818

20 난도 ★

답 ①

┃정답해설┃

① 구 상호신용금고법(1998.1.13. 법률 제5501호로 개정되어 2000.1.28. 법률 제6203호로 개정되기 전의 것) 소정의 계약이전은 금융거래에서 발생한 계약상의 지위가 이전되는 사법상의 법률효과를 가져오는 것이므로, 원심이, 소외 금고로부터 이 사건 대출금 채권에 대하여 계약이전을 받은 피고는 소외 금고의 계약상 지위를 이전받은 자이어서 원고와 소외 금고 사이의 위 통정허위표시에 따라 형성된 법률관계를 기초로 하여 새로운 법률상 이해관계를 가지게 된 민법 제108조 제2항의 제3자에 해당하지 않는다고 판단한 것은 정당하고, 거기에 상고이유의 주장과 같은 통정허위표시의 효력 및 계약이전에 관한 법리오해 등의 위법이 없다[2002다31537].

- 채권의 가장양도에 있어서의 주채무자[82다594 참고]
- 저당권의 가장포기시 기존의 후순위저당권자
- 가장매매에 의한 손해배상청구권의 양수인(통설)
- 채권의 가장양수인으로부터 추심을 위한 채권양도를 받은 자
- 제3자를 위한 계약의 수익자
- 가장소비대차의 계약상 지위를 이전받은 자

21 난도 ★   답 ④

┃정답해설┃

④ 경매대상건물인 1동의 주택 및 창고와 부속건물 4동이 한 개의 건물로 등기되어 있고 미등기인 창고 2동이 있는데 부속건물 중 3동만을 따로 떼어 경락허가한 것은 일물일권주의에 위반된다[90마679].

┃오답해설┃

① 일물일권주의(一物一權主義)의 원칙상, 물건의 일부분, 구성부분에는 물권이 성립할 수 없는 것이어서 구분 또는 분할의 절차를 거치지 아니한 채 하나의 부동산 중 일부분만에 관하여 따로 소유권보존등기를 경료하거나, 하나의 부동산에 관하여 경료된 소유권보존등기 중 일부분에 관한 등기만을 따로 말소하는 것은 허용되지 아니한다[2000다39582].

② 온천에 관한 권리는 관습상의 물권이나 준물권이라 할 수 없고 온천수는 공용수 또는 생활상 필요한 용수에 해당되지 않는다[72다1243].

③ 1필의 토지의 일부 부분이 다른 부분과 구분되어 시효취득자의 점유에 속한다는 것을 인식하기에 족한 객관적인 징표가 계속하여 존재하는 경우에는 그 일부 부분에 대한 시효취득을 인정할 수 있다[95다24654].

⑤ 민법이 인정하는 저당권의 객체는 부동산 및 부동산물권(지상권, 전세권)이다.

22 난도 ★★   답 ④

┃정답해설┃

④ 건물철거는 그 소유권의 종국적 처분에 해당하는 사실행위이므로 원칙으로는 그 소유자(등기명의자)에게만 그 철거처분권이 있다고 할 것이나 그 건물을 매수하여 점유하고 있는 자는 등기부상 아직 소유자로서의 등기명의가 없다 하더라도 그 권리의 범위 내에서 그 점유중인 건물에 대하여 법률상 또는 사실상 처분을 할 수 있는 지위에 있고 그 건물이 건립되어 있어 불법으로 점유를 당하고 있는 토지소유자는 위와 같은 지위에 있는 건물 점유자에게 그 철거를 구할 수 있다[86다카1751].

┃오답해설┃

① 점유보조자는 점유자가 아니므로 소유물반환청구권의 상대방이 될 수 없다. 즉, 주식회사의 직원으로서 회사의 사무실로 사용하고 있는 건물부분에 대한 점유보조자에 불과할 뿐 독립한 점유주체가 아닌 피고들은, 회사를 상대로 한 명도소송의 확정판결에 따른 집행력이 미치는 것은 별론으로 하고, 소유물반환청구의 성질을 가지는 퇴거청구의 독립한 상대방이 될 수는 없다[2001다13983].

② 주식회사의 대표이사가 업무집행을 하면서 고의 또는 과실에 의한 위법행위로 타인에게 손해를 가한 경우 주식회사는 상법 제389조 제3항, 제210조에 의하여 제3자에게 손해배상책임을 부담하게 되고, 대표이사도 민법 제750조 또는 상법 제389조 제3항, 제210조에 의하여 주식회사와 연대하여 불법행위책임을 부담하게 된다. 따라서 주식회사의 대표이사가 업무집행과 관련하여 정당한 권한 없이 직원으로 하여금 타인의 부동산을 지배·관리하게 하는 등으로 소유자의 사용수익권을 침해하고 있는 경우, 부동산의 점유자는 회사일 뿐이고 대표이사 개인은 독자적인 점유자는 아니기 때문에 부동산에 대한 인도청구 등의 상대방은 될 수 없다고 하더라도, 고의 또는 과실로 부동산에 대한 불법적인 점유상태를 형성·유지한 위법행위로 인한 손해배상책임은 회사와 별도로 부담한다고 보아야 한다. 대표이사 개인이 부동산에 대한 점유자가 아니라는 것과 업무집행으로 인하여 회사의 불법점유 상태를 야기하는 등으로 직접 불법행위를 한 행위자로서 손해배상책임을 지는 것은 별개라고 보아야 하기 때문이다[2011다50165].

③ 건물의 소유자가 그 건물의 소유를 통하여 타인 소유의 토지를 점유하고 있다고 하더라도 그 토지 소유자로서는 그 건물의 철거와 그 대지 부분의 인도를 청구할 수 있을 뿐, 자기 소유의 건물을 점유하고 있는 자에 대하여 그 건물에서 퇴거할 것을 청구할 수는 없다[98다57457, 57464].

⑤ 소유권에 기한 물상청구권을 소유권과 분리하여 이를 소유권 없는 전소유자에게 유보하여 행사시킬 수는 없는 것이므로 소유권을 상실한 전소유자는 제3자인 불법점유자에 대하여 소유권에 기한 물권적 청구권에 의한 방해배제를 구할 수 없다[80다7].

23 난도 ★　　　답 ⑤

▌정답해설▌

⑤ 등기의 추정력이란 어떤 등기가 있으면 그 등기가 표상하는 실체적 권리관계가 존재하는 것으로 추정하는 효력을 말한다. 이러한 등기의 추정력은 권리의 등기에 인정되며, 표제부의 등기에는 인정되지 않는다.

24 난도 ★★　　　답 ③

▌정답해설▌

③ 제249조가 규정하는 선의・무과실의 기준시점은 물권행위가 완성되는 때인 것이므로 물권적 합의가 동산의 인도보다 먼저 행하여지면 인도된 때를, 인도가 물권적 합의보다 먼저 행하여지면 물권적 합의가 이루어진 때를 기준으로 해야 한다[91다70].

▌오답해설▌

① 제249조, 제343조
② 동산질권과 관련하여 판례「동산질권을 선의취득하기 위하여는 질권자가 평온, 공연하게 선의이며 과실 없이 질권의 목적동산을 취득하여야 하고, 그 취득자의 선의, 무과실은 동산질권자가 입증하여야 한다.」[80다2910]에 따르면 옳은 지문이나, 민법 제197조 제1항에 의하면 점유자의 선의・평온・공연은 추정되므로, 丙은 자신이 무과실이라는 점만 증명하면 되고 선의인 부분까지는 증명할 필요가 없어 틀린 지문이 된다. 다소 논란이 있을 수 있는 지문이다. 확정답안이 나오기 전, 가답안에서는 ②를 옳은 지문으로 보았다.
④ 판례는 점유개정에 의한 점유취득만으로는 선의취득의 요건을 충족할 수 없다는 입장이다[77다1872].
⑤ 양도인이 무권리자(처분권이 없다)라는 것을 제외하고 거래행위 자체는 유효하여야 한다. 따라서 거래행위가 무효이거나 당사자에게 제한능력, 착오, 사기・강박 등의 사유가 있어 취소 또는 무효가 된 경우에는 선의취득이 성립하지 않는다.

25 난도 ★　　　답 ②

▌정답해설▌

② 비용상환청구권은 점유자의 선의・악의 및 자주점유・타주점유를 불문하고 인정되는데, 이는 적법한 점유를 요건으로 하는 유치권(제320조 제2항)과 비교된다.

▌오답해설▌

① 과실수취권자는 원칙적으로 원물의 소유자이나 이에 한정하지 않는다. 즉 선의의 점유자(제201조 제1항), 지상권자(제279조), 전세권자(제303조), 목적물을 인도하지 않은 매도인(제587조 제1문), 임차인(제618조) 등도 수취권을 가진다.
③ 악의의 점유자가 수취한 과실을 소비하였거나 과실로 인하여 훼손 또는 수취하지 못한 경우 그 과실의 대가를 보상하여야 한다(제201조 제2항 후단).
④ 점유물이 점유자의 책임있는 사유로 인하여 멸실 또는 훼손한 때에는 악의의 점유자는 그 손해의 전부를 배상하여야 한다. 소유의 의사가 없는 점유자는 선의인 경우에도 손해의 전부를 배상하여야 한다(제202조).
⑤ 점유자가 점유물을 개량하기 위하여 지출한 금액 기타 유익비에 관하여는 그 가액의 증가가 현존한 경우에 한하여 회복자의 선택에 좇아 그 지출금액이나 증가액의 상환을 청구할 수 있다(제203조 제2항).

26 난도 ★　　　답 ①

▌정답해설▌

① 경계에 설치된 경계표・담・구거 등(제239조)에 대해서는 분할이 인정되지 않는다(제268조 제3항).

▌오답해설▌

② 제237조 제1항
③ 제237조 제2항
④ 제240조 제3항
⑤ 제242조 제1항

27 난도 ★ 답 ②

28 난도 ★★★ 답 ③

┃정답해설┃

③ 민법 제256조는 부동산의 소유자는 그 부동산에 부합한 물건의 소유권을 취득한다. 그러나 타인의 권원에 의하여 부속된 것은 그러하지 아니한다라고 규정하고 있는데 위 규정단서에서 말하는 「권원」이라 함은 지상권, 전세권, 임차권 등과 같이 타인의 부동산에 자기의 동산을 부속시켜서 그 부동산을 이용할 수 있는 권리를 뜻한다 할 것이므로 그와 같은 권원이 없는 자가 토지소유자의 승낙을 받음이 없이 그 임차인의 승낙만을 받아 그 부동산 위에 나무를 심었다면 특별한 사정이 없는 한 토지소유자에 대하여 그 나무의 소유권을 주장할 수 없다고 하여야 할 것이다[88다카9067].

┃오답해설┃

① 제260조 제1항
② 제257조
④ 부동산에 부합된 물건이 사실상 분리복구가 불가능하여 거래상 독립한 권리의 객체성을 상실하고 그 부동산과 일체를 이루는 부동산의 구성부분이 된 경우에는 타인이 권원에 의하여 이를 부합시켰더라도 그 물건의 소유권은 부동산의 소유자에게 귀속되어 부동산의 소유자는 방해배제청구권에 기하여 부합물의 철거를 청구할 수 없다[2018다264307].
⑤ 일반적으로 건물의 증축부분이 축조 당시는 본건물의 구성부분이 됨으로써 독립한 권리의 객체성을 상실하여 본건물에 부합되었다고 할지라도 그 후 구조의 변경등으로 독립한 권리의 객체성을 취득하게 된 때에는 본건물과 독립하여 거래의 대상이 될 수 있다[81다519].

29 난도 ★★★ 답 ②

┃정답해설┃

② 유치권자는 유치권을 사전에도 포기할 수 있고 사후에도 포기할 수 있는데 사후 포기의 경우 곧바로 유치권이 소멸한다[2014다52087].

┃오답해설┃

① 제한물권이 제3자의 권리의 목적인 때(제191조 제1항 단서) 또는 본인이나 제3자의 이익을 위해서 존속할 필요가 있는 때에는 혼동으로 소멸하지 않는다.
③ 점유권은 성질상 혼동으로 소멸하지 않는다(제191조 제3항). 즉, 점유권은 사실상의 지배를, 소유권은 법률상의 지배를 내용으로 하는 것이므로, 양립할 수 있다.
④ 지역권은 20년간 행사하지 않으면 소멸시효가 완성된다(제162조 제2항).
⑤ 임차주택의 양수인에게 대항할 수 있는 주택임차인이 당해 임차주택을 경락받아 그 대금을 납부함으로써 임차주택의 소유권을 취득한 때에는, 그 주택임차인은 임대인의 지위를 승계하는 결과, 그 임대차계약에 기한 채권이 혼동으로 인하여 소멸하게 되므로 그 임대차는 종료된 상태가 된다[97다28650].

30 난도 ★★★ 답 ⑤

┃정답해설┃

⑤ 토지소유자의 독점적·배타적인 사용·수익권 행사의 제한은 해당 토지가 일반 공중의 이용에 제공됨으로 인한 공공의 이익을 전제로 하는 것이므로, 토지소유자가 공공의 목적을 위해 그 토지를 제공할 당시의 객관적인 토지이용현황이 유지되는 한도 내에서만 존속한다고 보아야 한다[2016다264556 전합].

┃오답해설┃

①·② 토지 소유자는 그 타인을 상대로 부당이득반환을 청구할 수 없고, 토지의 인도 등을 구할 수도 없다. 다만 소유권의 핵심적 권능에 속하는 사용·수익 권능의 대세적·영구적인 포기는 물권법정주의에 반하여 허용할 수 없다[2016다264556 전합].
③ 토지 소유자는 일반 공중의 통행 등 이용을 방해하지 않는 범위 내에서는 그 토지를 처분하거나 사용·수익할 권능을 상실하지 않는다[2016다264556 전합].

④ 상속인은 피상속인의 일신에 전속한 것이 아닌 한 상속이 개시된 때로부터 피상속인의 재산에 관한 포괄적 권리·의무를 승계하므로(민법 제1005조), 피상속인이 사망 전에 그 소유 토지를 일반 공중의 이용에 제공하여 독점적·배타적인 사용·수익권을 포기한 것으로 볼 수 있고 그 토지가 상속재산에 해당하는 경우에는, 피상속인의 사망 후 그 토지에 대한 상속인의 독점적·배타적인 사용·수익권의 행사 역시 제한된다고 보아야 한다[2016다264556 전합].

31 난도 ★★
정답 ④

▌정답해설▌

④ 제267조는 "공유자가 그 지분을 포기하거나 상속인 없이 사망한 때에는 그 지분은 다른 공유자에게 각 지분의 비율로 귀속한다."라고 규정하고 있다. 여기서 공유지분의 포기는 법률행위로서 상대방 있는 단독행위에 해당하므로, 부동산 공유자의 공유지분 포기의 의사표시가 다른 공유자에게 도달하더라도 이로써 곧바로 공유지분 포기에 따른 물권변동의 효력이 발생하는 것은 아니고, 다른 공유자는 자신에게 귀속될 공유지분에 관하여 소유권이전등기청구권을 취득하며, 이후 제186조에 의하여 등기를 하여야 공유지분 포기에 따른 물권변동의 효력이 발생한다[2015다52978].

▌오답해설▌

① 공유물의 소수지분권자가 다른 공유자와 협의 없이 공유물의 전부 또는 일부를 독점적으로 점유·사용하고 있는 경우 다른 소수지분권자는 공유물의 보존행위로서 그 인도를 청구할 수는 없고, 다만 자신의 지분권에 기초하여 공유물에 대한 방해 상태를 제거하거나 공동 점유를 방해하는 행위의 금지 등을 청구할 수 있다고 보아야 한다[2018다287522 전합].

② 공유자는 다른 공유자의 동의 없이 공유물을 처분하거나 변경하지 못한다(제264조).

③ 공유물의 소수지분권자인 피고가 다른 공유자와 협의하지 않고 공유물의 전부 또는 일부를 독점적으로 점유하는 경우 다른 소수지분권자인 원고가 피고를 상대로 공유물의 인도를 청구할 수는 없다[2018다287522 전합].

⑤ 공유자가 1년 이상 전항의 의무이행을 지체한 때에는 다른 공유자는 상당한 가액으로 지분을 매수할 수 있다(제266조 제2항).

32 난도 ★★
정답 ⑤

▌정답해설▌

⑤ 공유물분할은 협의분할을 원칙으로 하고 협의가 성립되지 아니한 때에는 재판상 분할을 청구할 수 있으므로 공유자 사이에 이미 분할에 관한 협의가 성립된 경우에는 일부 공유자가 분할에 따른 이전등기에 협조하지 않거나 분할에 관하여 다툼이 있더라도 그 분할된 부분에 대한 소유권이전등기를 청구하든가 소유권확인을 구함은 별문제이나 또다시 소로써 그 분할을 청구하거나 이미 제기한 공유물분할의 소를 유지함은 허용되지 않는다[94다30348].

▌오답해설▌

① 공유자는 분할금지특약이 없는 한 원칙적으로 언제든지 공유물의 분할을 청구하여 공유관계를 해소할 수 있다(제268조).

② 공유자는 공유물의 분할을 청구할 수 있다. 그러나 5년 내의 기간으로 분할하지 아니할 것을 약정할 수 있다(제268조 제1항).

③ 판례는 공유물을 공유자 중의 1인의 단독소유 또는 수인의 공유로 하되, 현물을 소유하게 되는 공유자로 하여금 다른 공유자에 대하여 그 지분의 적정하고 합리적인 가격을 배상시키는 방법에 의한 분할도 현물분할의 하나로 인정하고 있다[2004다30583].

④ 甲, 乙의 공유인 부동산 중 甲의 지분 위에 설정된 근저당권 등 담보물권은 특단의 합의가 없는 한 공유물분할이 된 뒤에도 종전의 지분비율대로 공유물 전부의 위에 그대로 존속하고 근저당권설정자인 甲 앞으로 분할된 부분에 당연히 집중되는 것은 아니므로, 甲과 담보권자 사이에 공유물분할로 甲의 단독소유로 된 토지부분 중 원래의 乙지분부분을 근저당권의 목적물에 포함시키기로 합의하였다고 하여도 이런 합의가 乙의 단독소유로된 토지부분 중 甲지분부분에 대한 피담보채권을 소멸시키기로 하는 합의까지 내포한 것이라고는 할 수 없다[88다카24868].

┃정답해설┃

③ 지상권이 소멸한 경우에 건물 기타 공작물이나 수목이 현존한 때에는 지상권자는 계약의 갱신을 청구할 수 있으며, 지상권설정자가 계약의 갱신을 원하지 아니하는 때에는 지상권자는 상당한 가액으로 공작물이나 수목의 매수를 청구할 수 있다(제283조 참고). 지상권의 존속기간 만료로 인한 지상권자의 갱신청구를 거절할 경우, 지상권자가 지상물매수청구권을 행사함으로써 소유권이 지상권설정자에게 귀속될 수 있게 된다.

┃오답해설┃

① 근저당권 등 담보권 설정의 당사자들이 그 목적이 된 토지 위에 차후 용익권이 설정되거나 건물 또는 공작물이 축조·설치되는 등으로써 그 목적물의 담보가치가 저감하는 것을 막는 것을 주요한 목적으로 하여 채권자 앞으로 아울러 지상권을 설정하였다면, 그 피담보채권이 변제 등으로 만족을 얻어 소멸한 경우는 물론이고 시효소멸한 경우에도 그 지상권은 피담보채권에 부종하여 소멸한다[2011다6342].

② 최단 존속기간에 관한 규정은 지상권자가 그 소유의 건물 등을 건축하거나 수목을 식재하여 토지를 이용할 목적으로 지상권을 설정한 경우에만 그 적용이 있다[95다49318]. 따라서 기존 건물의 사용을 목적으로 지상권을 설정한 때에는 최단 존속기간에 관한 제280조 제1항 제1호가 적용되지 않는다.

④ 지상권의 양도성은 민법 제282조, 제289조에 의하여 절대적으로 보장되고 있으므로 소유자의 의사에 반하여도 자유롭게 타인에게 양도할 수 있다.

⑤ 민법 제287조가 토지소유자에게 지상권소멸청구권을 부여하고 있는 이유는 지상권은 성질상 그 존속기간 동안은 당연히 존속하는 것을 원칙으로 하는 것이나, 지상권자가 2년 이상의 지료를 연체하는 때에는 토지소유자로 하여금 지상권의 소멸을 청구할 수 있도록 함으로써 토지소유자의 이익을 보호하려는 취지에서 나온 것이라고 할 것이므로, 지상권자가 그 권리의 목적이 된 토지의 특정한 소유자에 대하여 2년분 이상의 지료를 지불하지 아니한 경우에 그 특정의 소유자는 선택에 따라 지상권의 소멸을 청구할 수 있으나, 지상권자의 지료 지급 연체가 토지소유권의 양도 전후에 걸쳐 이루어진 경우 토지 양수인에 대한 연체기간이 2년이 되지 않는다면 양수인은 지상권소멸청구를 할 수 없다[99다17142].

┃정답해설┃

ㄱ. [O] 전세권설정등기를 마친 민법상의 전세권은 그 성질상 용익물권적 성격과 담보물권적 성격을 겸비한 것으로서, 전세권의 존속기간이 만료되면 전세권의 용익물권적 권능은 전세권설정등기의 말소 없이도 당연히 소멸하고 단지 전세금반환채권을 담보하는 담보물권적 권능의 범위 내에서 전세금의 반환시까지 그 전세권설정등기의 효력이 존속하고 있다 할 것이다[2003다35659].

ㄷ. [O] 전세권자는 전세금을 지급하고 타인의 부동산을 점유하여 그 부동산의 용도에 좇아 사용·수익하며, 그 부동산 전부에 대하여 후순위권리자 기타 채권자보다 전세금의 우선변제를 받을 권리가 있다(민법 제303조 제1항). 이처럼 전세권이 용익물권적인 성격과 담보물권적인 성격을 모두 갖추고 있는 점에 비추어 전세권 존속기간이 시작되기 전에 마친 전세권설정등기도 특별한 사정이 없는 한 유효한 것으로 추정된다[2017마1093].

┃오답해설┃

ㄴ. [×] 전세금의 지급은 전세권 성립의 요소가 되는 것이지만 그렇다고 하여 전세금의 지급이 반드시 현실적으로 수수되어야만 하는 것은 아니고 기존의 채권으로 전세금의 지급에 갈음할 수도 있다[94다18508].

ㄹ. [×] 당사자가 주로 채권담보의 목적으로 전세권을 설정하였고, 그 설정과 동시에 목적물을 인도하지 않은 경우라 하더라도 장차 전세권자가 목적물을 사용·수익하는 것을 완전히 배제하는 것이 아니라면 그 전세권의 효력을 부인할 수는 없다[94다18508].

┃정답해설┃

③ 甲 주식회사가 건물신축 공사대금 일부를 지급받지 못하자 건물을 점유하면서 유치권을 행사해 왔는데, 그 후 乙이 경매절차에서 건물 중 일부 상가를 매수하여 소유권이전등기를 마친 다음 甲 회사의 점유를 침탈하여 丙에게 임대한 사안에서, 乙의 점유침탈로 甲 회사가 점유를 상실한 이상 유치권은 소멸하고, 甲 회사가 점유회수의 소를 제기하여 승소판결을 받아 점유를 회복하면 점유를 상실하지 않았던 것으로 되어 유치권이 되살아나지만, 위와 같은 방법으로 점유를 회복하기 전에는 유치권이 되살아나는 것이 아님에도, 甲 회사가 상가에 대한

점유를 회복하였는지를 심리하지 아니한 채 점유회수의 소를 제기하여 점유를 회복할 수 있다는 사정만으로 甲 회사의 유치권이 소멸하지 않았다고 본 원심판결에 점유 상실로 인한 유치권 소멸에 관한 법리오해의 위법이 있다[2011다72189].

▍오답해설 ▍

① 점유가 불법행위로 인한 경우에는 유치권이 성립하지 않는다(제320조 제2항).

② 유치권에는 적극적인 사용·수익권이 인정되지 않는다. 따라서 유치권자는 원칙적으로 유치물의 사용·대여 또는 담보제공 등 이용행위를 할 수 없다.

④ 유치권자의 점유는 원칙적으로 직접점유이든 간접점유이든 묻지 않으나, 직접점유자가 채무자인 경우에는 유치권의 요건으로서 점유에 해당하지 않는다[2007다27236].

⑤ 민법 제367조는 저당물의 제3취득자가 그 부동산의 보존, 개량을 위하여 필요비 또는 유익비를 지출한 때에는 제203조 제1항, 제2항의 규정에 의하여 저당물의 경매대가에서 우선상환을 받을 수 있다고 규정하고 있다. 이는 저당권이 설정되어 있는 부동산의 제3취득자가 저당부동산에 관하여 지출한 필요비, 유익비는 부동산 가치의 유지·증가를 위하여 지출된 일종의 공익비용이므로 저당부동산의 환가대금에서 부담하여야 할 성질의 비용이고 더욱이 제3취득자는 경매의 결과 그 권리를 상실하게 되므로 특별히 경매로 인한 매각대금에서 우선적으로 상환을 받도록 한 것이다. 저당부동산의 소유권을 취득한 자도 민법 제367조의 제3취득자에 해당한다. 제3취득자가 민법 제367조에 의하여 우선상환을 받으려면 저당부동산의 경매절차에서 배당요구의 종기까지 배당요구를 하여야 한다(민사집행법 제268조, 제88조). 위와 같이 민법 제367조에 의한 우선상환은 제3취득자가 경매절차에서 배당받는 방법으로 민법 제203조 제1항, 제2항에서 규정한 비용에 관하여 경매절차의 매각대금에서 우선변제받을 수 있다는 것이지 이를 근거로 제3취득자가 직접 저당권설정자, 저당권자 또는 경매절차 매수인 등에 대하여 비용상환을 청구할 수 있는 권리가 인정될 수 없다. 따라서 제3취득자는 민법 제367조에 의한 비용상환청구권을 피담보채권으로 주장하면서 유치권을 행사할 수 없다[2022다265093].

36 난도 ★   답 ①

▍정답해설 ▍

① 주택건물의 신축공사를 한 수급인이 그 건물을 점유하고 있고 또 그 건물에 관하여 생긴 공사금 채권이 있다면, 수급인은 그 채권을 변제받을 때까지 건물을 유치할 권리가 있다고 할 것이고, 이러한 유치권은 수급인이 점유를 상실하거나 피담보채무가 변제되는 등 특단의 사정이 없는 한 소멸되지 않는다[95다16202].

▍오답해설 ▍

② 임대인과 임차인 사이에 건물명도시 권리금을 반환하기로 하는 약정이 있었다 하더라도 그와 같은 권리금 반환청구권은 건물에 관하여 생긴 채권이라 할 수 없으므로 그와 같은 채권을 가지고 건물에 대한 유치권을 행사할 수 없다[93다62119].

③ 부동산 매도인이 매매대금을 다 지급받지 아니한 상태에서 매수인에게 소유권이전등기를 마쳐주어 목적물의 소유권을 매수인에게 이전한 경우에는, 매도인의 목적물인도의무에 관하여 동시이행의 항변권 외에 물권적 권리인 유치권까지 인정할 것은 아니다. 왜냐하면 법률행위로 인한 부동산물권변동의 요건으로 등기를 요구함으로써 물권관계의 명확화 및 거래의 안전·원활을 꾀하는 우리 민법의 기본정신에 비추어 볼 때, 만일 이를 인정한다면 매도인은 등기에 의하여 매수인에게 소유권을 이전하였음에도 매수인 또는 그의 처분에 기하여 소유권을 취득한 제3자에 대하여 소유권에 속하는 대세적인 점유의 권능을 여전히 보유하게 되는 결과가 되어 부당하기 때문이다[2011마2380].

④ 건축자재대금채권은 매매계약에 따른 매매대금채권에 불과할 뿐 건물 자체에 관하여 생긴 채권이라고 할 수는 없어 유치권을 행사할 수 없다[2011다96208].

⑤ 건물의 임대차에 있어서 임차인의 임대인에게 지급한 임차보증금반환청구권이나 임대인이 건물시설을 아니하기 때문에 임차인에게 건물을 임차목적대로 사용 못한 것을 이유로 하는 손해배상청구권은 모두 제320조 소정 소위 그 건물에 관하여 생긴 채권이라 할 수 없다[75다1305].

37 난도 ★

답 ①

┃정답해설┃

① 제340조 제2항

> **제340조(질물이외의 재산으로부터의 변제)**
> ① 질권자는 질물에 의하여 변제를 받지 못한 부분의 채권에 한하여 채무자의 다른 재산으로부터 변제를 받을 수 있다.
> ② 전항의 규정은 질물보다 먼저 다른 재산에 관한 배당을 실시하는 경우에는 적용하지 아니한다. 그러나 다른 채권자는 질권자에게 그 배당금액의 공탁을 청구할 수 있다.

┃오답해설┃

② 질권은 피담보채권 전부에 관하여 목적물 전부 위에 그 효력이 미친다.
③ 제342조
④ 제338조 제2항
⑤ 제336조

38 난도 ★★

답 ②

┃정답해설┃

② 저당권의 효력이 미치는 저당부동산의 종물이라 함은 민법 제100조가 규정하는 종물과 같은 의미로서, 어느 건물이 주된 건물의 종물이기 위하여는 주물의 상용에 이바지되어야 하는 관계가 있어야 하는바, 여기에서 주물의 상용에 이바지한다 함은 주물 그 자체의 경제적 효용을 다하게 하는 것을 말하는 것이며, 주물의 소유자나 이용자의 상용에 공여되고 있더라도 주물 그 자체의 효용과는 직접 관계 없는 물건은 종물이 아니다[94다11606].

┃오답해설┃

① 민법 제359조 전문은 "저당권의 효력은 저당부동산에 대한 압류가 있은 후에 저당권설정자가 그 부동산으로부터 수취한 과실 또는 수취할 수 있는 과실에 미친다."라고 규정하고 있는데, 위 규정상 '과실'에는 천연과실뿐만 아니라 법정과실도 포함되므로, 저당부동산에 대한 압류가 있으면 압류 이후의 저당권설정자의 저당부동산에 관한 차임채권 등에도 저당권의 효력이 미친다[2015다230020].
③ 구분건물의 전유부분만에 관하여 설정된 저당권의 효력은 대지사용권의 분리처분이 가능하도록 규약으로 정하는 등의 특별한 사정이 없는 한 그 전유부분의 소유자가 사후에라도 대지사용권을 취득함으로써 전유부분과 대지권이 동일 소유자의 소유에 속하게 되었다면, 그 대지사용권에까지 미치고 여기의 대지사용권에는 지상권 등 용익권 이외에 대지소유권도 포함된다[94다12722].
④ 건물의 증축부분이 기존건물에 부합하여 기존건물과 분리하여서는 별개의 독립물로서의 효용을 갖지 못하는 이상 기존건물에 대한 근저당권은 민법 제358조에 의하여 부합된 증축부분에도 효력이 미치는 것이므로 기존건물에 대한 경매절차에서 경매목적물로 평가되지 아니하였다고 할지라도 경락인은 부합된 증축부분의 소유권을 취득한다[92다26772].
⑤ 저당권의 효력이 저당부동산에 부합된 물건과 종물에 미친다는 민법 제358조 본문을 유추하여 보면 건물에 대한 저당권의 효력은 그 건물에 종된 권리인 건물의 소유를 목적으로 하는 지상권에도 미치게 되므로, 건물에 대한 저당권이 실행되어 경락인이 그 건물의 소유권을 취득하였다면 경락 후 건물을 철거한다는 등의 매각조건에서 경매되었다는 등 특별한 사정이 없는 한, 경락인은 건물소유를 위한 지상권도 민법 제187조의 규정에 따라 등기 없이 당연히 취득하게 되고, 한편 이 경우에 경락인이 건물을 제3자에게 양도한 때에는, 특별한 사정이 없는 한 민법 제100조 제2항의 유추적용에 의하여 건물과 함께 종된 권리인 지상권도 양도하기로 한 것으로 봄이 상당하다[95다52864].

▮정답해설▮

ㄷ. [O] 건물공유자의 1인이 그 건물의 부지인 토지를 단독으로 소유하면서 그 토지에 관하여만 저당권을 설정하였다가 위 저당권에 의한 경매로 인하여 토지의 소유자가 달라진 경우, 건물공유자들은 민법 제366조에 의하여 토지 전부에 관하여 건물의 존속을 위한 법정지상권을 취득한다고 보아야 한다[2010다67159].

▮오답해설▮

ㄱ. [×] 토지에 관하여 저당권이 설정될 당시 그 지상에 토지소유자에 의한 건물의 건축이 개시되기 이전이었다면, 건물이 없는 토지에 관하여 저당권이 설정될 당시 근저당권자가 토지소유자에 의한 건물의 건축에 동의하였다고 하더라도 그러한 사정은 주관적 사항이고 공시할 수도 없는 것이어서 토지를 낙찰받는 제3자로서는 알 수 없는 것이므로 그와 같은 사정을 들어 법정지상권의 성립을 인정한다면 토지 소유권을 취득하려는 제3자의 법적 안정성을 해하는 등 법률관계가 매우 불명확하게 되므로 법정지상권이 성립되지 않는다[2000다14934, 14941].

ㄴ. [×] 동일인의 소유에 속하는 토지 및 그 지상 건물에 관하여 공동저당권이 설정된 후 그 지상 건물이 철거되고 새로 건물이 신축된 경우에는 그 신축건물의 소유자가 토지의 소유자와 동일하고 토지의 저당권자에게 신축건물에 관하여 토지의 저당권과 동일한 순위의 공동저당권을 설정해 주는 등 특별한 사정이 없는 한 저당물의 경매로 인하여 토지와 그 신축건물이 다른 소유자에 속하게 되더라도 그 신축건물을 위한 법정지상권은 성립하지 않는다[98다43601 전합].

▮정답해설▮

① 물상보증인이 포함된 이시배당의 문제로 배당순위는 1번 공동저당권자 甲, 물상보증인 丙, 채무자 물건의 후순위 저당권자 丁의 순서이다. 사례에서 공동저당권자인 甲이 물상보증인 소유 부동산에서 먼저 2억 원을 배당받았고 채무자 소유 X토지의 경매시 甲은 나머지 1억 원을 배당받으며, 물상보증인인 丙은 2억 원을 변제자대위취득하므로 후순위저당권자인 丁은 매각대금에서 배당받을 수 있는 것이 없다.

더 알아보기ㅣ 관련판례

- **채무자 소유의 부동산이 먼저 경매된 경우**

공동저당의 목적인 채무자 소유의 부동산과 물상보증인 소유의 부동산 중 채무자 소유의 부동산에 대하여 먼저 경매가 이루어져 그 경매대금의 교부에 의하여 1번 공동저당권자가 변제를 받더라도 채무자 소유의 부동산에 대한 후순위 저당권자는 제368조 제2항 후단에 의하여 1번 공동저당권자를 대위하여 물상보증인 소유의 부동산에 대하여 저당권을 행사할 수 없다. 그리고 이러한 법리는 채무자 소유의 부동산에 후순위저당권이 설정된 후에 물상보증인 소유의 부동산이 추가로 공동저당의 목적으로 된 경우에도 마찬가지로 적용된다[2013다207996].

- **물상보증인 소유의 부동산이 먼저 경매된 경우**

공동저당에 제공된 채무자 소유의 부동산과 물상보증인 소유의 부동산 가운데 물상보증인 소유의 부동산이 먼저 경매되어 매각대금에서 선순위공동저당권자가 변제를 받은 때에는 물상보증인은 채무자에 대하여 구상권을 취득함과 동시에 변제자대위에 의하여 채무자 소유의 부동산에 대한 선순위공동저당권을 대위취득한다. 물상보증인 소유의 부동산에 대한 후순위저당권자는 물상보증인이 대위취득한 채무자 소유의 부동산에 대한 선순위공동저당권에 대하여 물상대위를 할 수 있다. 이 경우에 채무자는 물상보증인에 대한 반대채권이 있더라도 특별한 사정이 없는 한 물상보증인의 구상금 채권과 상계함으로써 물상보증인 소유의 부동산에 대한 후순위저당권자에게 대항할 수 없다. 채무자는 선순위공동저당권자가 물상보증인 소유의 부동산에 대해 먼저 경매를 신청한 경우에 비로소 상계할 것을 기대할 수 있는데, 이처럼 우연한 사정에 의하여 좌우되는 상계에 대한 기대가 물상보증인 소유의 부동산에 대한 후순위저당권자가 가지는 법적 지위에 우선할 수 없다[2014다221777, 2014다221784].

01	02	03	04	05	06	07	08	09	10	11	12	13	14	15	16	17	18	19	20
⑤	④	⑤	⑤	①	③	④	②	⑤	①	⑤	③	①	①	⑤	③	①	①	②	②
21	22	23	24	25	26	27	28	29	30	31	32	33	34	35	36	37	38	39	40
②	①	⑤	②	④	⑤	③	③	②	②	④	④	⑤	④	③	②	④	④	③	①

01 난도 ★★　　　　　　　　　　답 ⑤

┃정답해설┃

⑤ 미등기 무허가건물의 양수인이라 할지라도 그 소유권이 전등기를 경료받지 않는 한 그 건물에 대한 소유권을 취득할 수 없고, 그러한 상태의 건물 양수인에게 소유권에 준하는 관습상의 물권이 있다고 볼 수도 없으므로, 건물을 신축하여 그 소유권을 원시취득한 자로부터 그 건물을 매수하였으나 아직 소유권이전등기를 갖추지 못한 자는 그 건물의 불법점거자에 대하여 직접 자신의 소유권 등에 기하여 명도를 청구할 수는 없다[2007다11347].

┃오답해설┃

① 민법 제1조의 법률은 형식적 의미의 법률만을 의미하는 것이 아니라 모든 법규범, 즉 성문법을 통칭한다.
② 민법 제1조에서 민법의 법원으로 규정한 '관습법'에는 사실인 관습이 포함되지 않는다. 사실인 관습은 법령으로서의 효력이 없는 단순한 관행으로서 법률행위의 당사자의 의사를 보충함에 그치는 것이다.
③ 성문민법에는 법률·명령·대법원규칙·조약·자치법이 있다. 대법원은 법률에 저촉되지 않는 범위 안에서 소송에 관한 절차, 법원의 내부규칙과 사무처리에 관한 규칙을 제정할 수 있는데(헌법 제108조), 이러한 대법원규칙이 민사에 관한 것이라면 민법의 법원이 된다.

02 난도 ★★　　　　　　　　　　답 ④

┃정답해설┃

④ 성년후견이나 한정후견에 관한 심판 절차는 가사소송법 제2조 제1항 제2호 (가)목에서 정한 가사비송사건으로서, 가정법원이 당사자의 주장에 구애받지 않고 후견적 입장에서 합목적적으로 결정할 수 있다. 이때 성년후견이든 한정후견이든 본인의 의사를 고려하여 개시 여부를 결정한다는 점은 마찬가지이다(민법 제9조 제2항, 제12조 제2항). 위와 같은 규정 내용이나 입법 목적 등을 종합하면, 성년후견이나 한정후견 개시의 청구가 있는 경우 가정법원은 청구 취지와 원인, 본인의 의사, 성년후견 제도와 한정후견 제도의 목적 등을 고려하여 어느 쪽의 보호를 주는 것이 적절한지를 결정하고, 그에 따라 필요하다고 판단하는 절차를 결정해야 한다. 따라서 한정후견의 개시를 청구한 사건에서 의사의 감정 결과 등에 비추어 성년후견 개시의 요건을 충족하고 본인도 성년후견의 개시를 희망한다면 법원이 성년후견을 개시할 수 있고, 성년후견 개시를 청구하고 있더라도 필요하다면 한정후견을 개시할 수 있다고 보아야 한다[2020스596].

┃오답해설┃

① 제930조 제2항
② 제10조 제3항
③ 제14조의3
⑤ 가정법원은 피특정후견인의 후원을 위하여 필요하다고 인정되면 기간이나 범위를 정하여 특정후견인에게 대리권을 수여하는 심판을 할 수 있고(제959조의11 제1항), 특정후견인은 그 범위에서 대리권을 가질 뿐이다. 피특정후견인은 행위능력이 제한되지 않으므로 특정후견인은 동의권 및 취소권을 가지지 않는다.

03 난도 ★★
답 ⑤

▌정답해설▌

⑤ 법원에 의하여 부재자의 재산관리인에 선임된 자는 그 부재자의 사망이 확인된 후라 할지라도 위 선임결정이 취소되지 않는 한 그 관리인으로서의 권한이 소멸되는 것이 아니다[71다189].

▌오답해설▌

① 72다2136
② 제22조 제1항
③ 법원이 선임한 재산관리인은 법정대리인의 지위를 갖으므로 보존행위, 관리행위는 단독으로 자유롭게 할 수 있다(제25조, 제118조). 건물임차인에 대한 차임청구는 보존행위라 할 것이므로 법원의 허가를 요하지 않는다.
④ 부재자의 재산관리인에 의한 부재자소유 부동산매각행위의 추인행위가 법원의 허가를 얻기 전이어서 권한없이 행하여진 것이라고 하더라도, 법원의 재산관리인의 초과행위 결정의 효력은 그 허가받은 재산에 대한 장래의 처분행위 뿐만 아니라 기왕의 처분행위를 추인하는 행위로도 할 수 있는 것이므로 그 후 법원의 허가를 얻어 소유권이전등기절차를 경료케 한 행위에 의하여 종전에 권한없이 한 처분행위를 추인한 것이라 할 것이다[80다1872].

04 난도 ★★
답 ⑤

▌정답해설▌

⑤ 민법상 재단법인의 기본재산에 관한 저당권 설정행위는 특별한 사정이 없는 한 정관의 기재사항을 변경하여야 하는 경우에 해당하지 않으므로, 그에 관하여는 주무관청의 허가를 얻을 필요가 없다[2017마565].

▌오답해설▌

① 제40조, 제43조 참고

> **제40조(사단법인의 정관)**
> 사단법인의 설립자는 다음 각 호의 사항을 기재한 정관을 작성하여 기명날인하여야 한다.
> 1. 목적
> 2. 명칭
> 3. 사무소의 소재지
> 4. 자산에 관한 규정
> 5. 이사의 임면에 관한 규정
> 6. 사원 자격의 득실에 관한 규정
> 7. 존립시기나 해산사유를 정하는 때에는 그 시기 또는 사유

> **제43조(재단법인의 정관)**
> 재단법인의 설립자는 일정한 재산을 출연하고 제40조 제1호 내지 제5호의 사항을 기재한 정관을 작성하여 기명날인하여야 한다.

② 임의적 기재사항에는 제한이 없으며, 다만, 임의적 기재사항이라도 일단정관에 기재되면 필요적 기재사항과 효력상 차이가 없으며, 따라서 그것을 변경할 때에는 정관변경절차에 의하여야 한다.
③ 정관의 변경이란 법인이 동일성을 유지하면서 그 조직을 변경하는 것을 말한다. 정관변경은 사단법인이든 재단법인이든 주무관청의 허가가 효력요건이다(제42조 제2항).
④ 재단법인의 기본재산편입행위는 기부행위의 변경에 속하는 사항이므로 주무관청의 인가가 있어야 그 효력이 발생한다[78다1038].

05 난도 ★
답 ①

▌정답해설▌

① 비법인사단에 대하여는 사단법인에 관한 민법 규정 가운데서 법인격을 전제로 하는 것을 제외하고는 이를 유추적용하여야 할 것인바, 민법 제62조의 규정에 비추어 보면 비법인사단의 대표자는 정관 또는 총회의 결의로 금지하지 아니한 사항에 한하여 타인으로 하여금 특정한 행위를 대리하게 할 수 있을 뿐 비법인사단의 제반 업무처리를 포괄적으로 위임할 수는 없다 할 것이므로, 비법인사단 대표자가 행한 타인에 대한 업무의 포괄적 위임과 그에 따른 포괄적 수임인의 대행행위는 민법 제62조의 규정에 위반된 것이어서 비법인사단에 대하여는 그 효력이 미치지 아니한다[94다18522].

▌오답해설▌

② 2002다64780
③ 80다1194
④ 91다2946
⑤ 제275조 제1항

▍정답해설▍

③ 해제권 – 취소권 – 지상물매수청구권은 모두 형성권에 해당한다.

더 알아보기	권리의 작용(효력)에 따른 분류
지배권	• 권리의 객체를 직접 지배할 수 있는 권리 • 물권뿐만 아니라 무체재산권, 친권, 인격권 등이 이에 해당
청구권	• 특정인이 다른 특정인에 대하여 일정한 행위를 요구할 수 있는 권리로 채권이 대표적임
항변권	• 상대방의 청구권은 인정하나, 그 작용만을 저지하는 권리 • 연기적 항변권 : 상대방의 권리행사를 일시적으로 저지하는 권리로, 동시이행항변권, 보증인의 최고·검색의 항변권이 이에 해당 • 영구적 항변권 : 상대방의 권리행사를 영구적으로 저지하는 권리로, 한정상속인의 한정승인의 항변권 등이 이에 해당
형성권	• 권리자의 일방적인 의사표시에 의하여 곧바로 법률관계의 변동(발생, 변경, 소멸)이 발생하는 권리 • 형성권에는 권리에 대응하는 의무가 없음 • 형성권은 조건에 친하지 않으나, 예외적으로 정지조건부 해제는 유효[92다5928] • 형성권 행사의 의사표시는 철회를 할 수 없는 것이 원칙 권리자의 일방적 의사표시만으로 효과가 발생하는 형성권(대부분) • 동의권(제5조, 제13조), 취소권(제140조 이하), 추인권(제143조 이하) • 계약의 해지·해제권(제543조) • 상계권(제492조) • 일방예약의 완결권(제564조) • 약혼해제권(제805조) • 상속포기권(제1041조) 법원의 확정판결이 있어야만 법률효과가 발생하는 형성권 • 채권자취소권(제406조) • 친생부인권(제846조) 등 성질이 형성권임에도 불구하고 청구권으로 불리는 것 • 공유물분할청구권(제268조) • 지상물매수청구권(제283조 제2항, 제643조, 제644조, 제285조 제2항) • 부속물매수청구권(제316조 제2항, 제646조, 제647조) • 지료(제286조)·전세금(제312조의2)·차임(제628조)의 증감청구권 등

▍정답해설▍

④ 민법 제74조는 사단법인과 어느 사원과의 관계사항을 의결하는 경우 그 사원은 의결권이 없다고 규정하고 있으므로, 민법 제74조의 유추해석상 민법상 법인의 이사회에서 법인과 어느 이사와의 관계사항을 의결하는 경우에는 그 이사는 의결권이 없다. 이때 의결권이 없다는 의미는 상법 제368조 제4항, 제371조 제2항의 유추해석상 이해관계 있는 이사는 이사회에서 의결권을 행사할 수는 없으나 의사정족수 산정의 기초가 되는 이사의 수에는 포함되고, 다만 결의 성립에 필요한 출석이사에는 산입되지 아니한다고 풀이함이 상당하다[2008다1521].

▍오답해설▍

① 이사의 변경등기는 대항요건이다(제54조 참고).

제54조(설립등기 이외의 등기의 효력과 등기사항의 공고)
① 설립등기 이외의 본절의 등기사항은 그 등기 후가 아니면 제삼자에게 대항하지 못한다.

② 이사가 수인인 경우에는 정관에 다른 규정이 없으면 법인의 사무집행은 이사의 과반수로써 결정한다(제58조 제2항).

③ 정관변경(제42조)과 임의해산(제77조 제2항, 제78조)은 총회의 전권사항으로서 정관에 의해서도 박탈할 수 없다. 단, 정관으로 정족수를 달리 정할 수는 있다.

⑤ 법인의 정관에 법인 대표권의 제한에 관한 규정이 있으나 그와 같은 취지가 등기되어 있지 않다면 법인은 그와 같은 정관의 규정에 대하여 선의냐 악의냐에 관계없이 제3자에 대하여 대항할 수 없다[91다24564].

08 난도 ★★ 답 ②

▎정답해설▎

② 물권변동에 관하여 형식주의를 취하는 현행 민법하에서는, 분필절차를 밟기 전에는 1필의 토지의 일부를 양도하거나 담보물권을 설정하지 못한다. 그러나 용익물권은 분필절차를 밟지 아니하더라도, 1필의 토지의 일부 위에 설정할 수 있는 예외가 인정된다(부동산등기법 제69조, 제70조, 제72조).

▎오답해설▎

① 종물은 주물의 구성부분을 이루는 것이 아니라, 주물과는 독립한 물건이어야 한다.
③ 국립공원의 입장료는 수익자부담의 원칙에 따라 국립공원의 유지·관리비용의 일부를 입장객에게 부담시키는 것에 지나지 않고, 토지의 사용대가가 아닌 점에서 민법상의 과실은 아니다[2000다27749].
④ 일시적으로 어떤 물건의 효용을 돕고 있는 것은 종물이 아니다. 그리고 주물의 소유자나 이용자의 상용에 공여되고 있더라도 주물 그 자체의 효용과 직접관계가 없는 물건은 종물이 아니다[94다11606].
⑤ 제358조 참고

> **제358조(저당권의 효력의 범위)**
> 저당권의 효력은 저당부동산에 부합된 물건과 종물에 미친다. 그러나 법률에 특별한 규정 또는 설정행위에 다른 약정이 있으면 그러하지 아니하다.

09 난도 ★★ 답 ⑤

▎정답해설▎

ㄱ. [O] 갑과 을의 매매계약은 쌍무계약이며 갑의 과실에 의해 목적물을 인도할 수 없는 경우에 을은 계약을 해제할 수 있으며(제546조) 乙은 손해배상을 청구할 수 있다(제551조 참고).
ㄴ. [O] 쌍무계약의 당사자 일방의 채무가 당사자 쌍방의 책임 없는 사유로 이행할 수 없게 된 때에는 채무자는 상대방의 이행을 청구하지 못하는데 이를 채무자위험부담주의라 한다(제537조 참고).
ㄷ. [O] 甲이 乙에게 매도하기로 한 건물이 계약체결 전에 지진으로 전파(全破)된 경우 원시적 불능으로 계약체결상의 과실(제535조)이 문제된다.

원시적 불능	객관적·전부불능	계약체결상의 과실책임(제535조)
	객관적·일부불능 또는 주관적 전부·일부불능	담보책임(제572조 ~ 제581조)
후발적 불능	채무자에게 귀책사유가 있는 경우	이행불능(제390조)
	채무자에게 귀책사유가 없는 경우	쌍무계약에서 위험부담(제537조, 제538조)

10 난도 ★   답 ①

▎정답해설▎

① 변호사가 형사소송의 승소대가로 한 성공보수의 약정은 민법 제103조 위반으로 무효이다[2015다200111 전합]. 그러나 민사소송의 승소대가로 한 성공보수의 약정은 무효가 아니다.

더 알아보기 **반사회질서 행위로서 무효로 인정되는 경우**

• 범죄 기타 부정행위에 가담하는 계약, 경매나 입찰의 담합행위, 범죄의 포기를 대가로 금전을 주는 계약, 이중매매는 제2매수인이 매도인의 배임행위에 '적극가담'하는 경우
• 子가 부모와 동거하지 않겠다는 계약, 첩계약
• 일생동안 혼인 또는 이혼하지 않겠다는 계약
• 도박계약, 도박채무의 변제로서 토지의 양도 계약, 보험금을 편취하기 위한 생명보험계약
• 윤락녀의 화대를 포주와 나누는 계약
• 소송의 일방 당사자를 위하여 진실의 증언을 하고 승소 시 소송가액의 일정액을 배분받기로 하는 계약은 사회적으로 용인될 수 있는 한도를 초과한 급부 제공부분은 무효
• 부부관계의 종료를 해제조건으로 하는 증여계약의 경우에는 조건만이 무효가 되는 것이 아니라 법률행위자체가 무효
• 혼인관계가 존속 중인 사실을 알면서 남의 첩이 되어 부첩행위를 계속한 경우에는 본처의 사전승인이 있었다 하더라도 장래의 부첩관계의 사전승인이라는 것은 선량한 풍속에 위배되는 행위이므로 본처에 대하여 불법행위가 성립

11 난도 ★★　　　　　　답 ⑤

┃정답해설┃

⑤ 통정허위표시의 제3자가 악의라도 그 전득자가 통정허위표시에 대하여 선의인 때에는 전득자에게 허위표시의 무효를 주장할 수 없다[2012다49292].

┃오답해설┃

① 통정허위표시가 곧바로 불법원인급여가 되는 것은 아니다. 허위표시 자체는 불법이 아니므로 불법원인급여 규정인 제746조가 적용되지 않는다.
② 대리인의 허위표시에서의 본인은 통정허위표시에서 대항할 수 없는 제3자에 해당하지 않는다.
③ 가장행위인 매매가 무효이더라도 은닉행위인 증여는 유효하다[93다12930].
④ 제3자는 선의이면 족하고 무과실은 요건이 아니다[2003다70041].

12 난도 ★★　　　　　　답 ③

┃정답해설┃

③ 동기의 착오가 법률행위의 내용의 중요 부분의 착오에 해당함을 이유로 표의자가 법률행위를 취소하려면 그 동기를 당해 의사표시의 내용으로 삼을 것을 상대방에게 표시하고 의사표시의 해석상 법률행위의 내용으로 되어 있다고 인정되면 충분하고 당사자들 사이에 별도로 그 동기를 의사표시의 내용으로 삼기로 하는 합의까지 이루어질 필요는 없지만, 그 법률행위의 내용의 착오는 보통 일반인이 표의자의 입장에 섰더라면 그와 같은 의사표시를 하지 아니하였으리라고 여겨질 정도로 그 착오가 중요한 부분에 관한 것이어야 한다[97다26210].

┃오답해설┃

① 2015다78703
② 2016다12175
④ 부동산 매매에 있어서 시가에 관한 착오는 부동산을 매매하려는 의사를 결정함에 있어 동기의 착오에 불과할 뿐 법률행위의 중요부분에 관한 착오라고 할 수 없다[92다29337].
⑤ 민법 제109조 제항 단서는 의사표시의 착오가 표의자의 중대한 과실로 인한 때에는 그 의사표시를 취소하지 못한다고 규정하고 있는데, 위 단서 규정은 표의자의 상대방의 이익을 보호하기 위한 것이므로, 상대방이 표의자의 착오를 알고 이를 이용한 경우에는 착오가 표의자의 중대한 과실로 인한 것이라고 하더라도 표의자는 의사표시를 취소할 수 있다[2013다49794].

13 난도 ★　　　　　　답 ①

┃정답해설┃

① 의사표시 발신 후의 사정변경(표의자의 사망 또는 행위능력의 상실)은 의사표시에 영향을 미치지 않는다(제111조 제2항).

┃오답해설┃

② 도달주의 원칙을 규정한 제111조는 임의규정이다.
③ 상대방이 정당한 사유 없이 통지의 수령을 거절한 경우에도 상대방이 통지의 내용을 알 수 있는 객관적 상태에 놓여 있는 때에는 의사표시의 효력이 발생한다[2008다19973].
④ 재단법인의 설립행위는 '재산의 출연과 정관의 작성'으로 이루어져 있다. 이러한 재단법인의 설립행위는 재단에 법인격취득의 효과를 발생시키려는 의사표시를 요소로 하는 '상대방 없는 단독행위'에 해당한다[98다9045].

14 난도 ★★　　　　　　답 ①

┃정답해설┃

① 민법 제135조 제1항은 "타인의 대리인으로 계약을 한 자가 그 대리권을 증명하지 못하고 또 본인의 추인을 얻지 못한 때에는 상대방의 선택에 좇아 계약의 이행 또는 손해배상의 책임이 있다."고 규정하고 있다. 위 규정에 따른 무권대리인의 상대방에 대한 책임은 무과실책임으로서 대리권의 흠결에 관하여 대리인에게 과실 등의 귀책사유가 있어야만 인정되는 것이 아니고, 무권대리행위가 제3자의 기망이나 문서위조 등 위법행위로 야기되었다고 하더라도 책임은 부정되지 아니한다[2013다13038].

┃오답해설┃

② 본인의 허락이 있는 경우는 제124조의 자기계약이 가능하다(제124조 본문). 따라서 제124조의 자기계약은 유동적 무효라고 볼 수 있다.
③ 대리인의 사망, 성년후견의 개시 또는 파산은 대리권의 소멸사유에 해당한다(제127조 제2호).
④ 대리인이 수인인 경우에 원칙적으로 대리인 각자가 본인을 대리한다. 즉 각자대리가 원칙이다(제119조 본문).
⑤ 유언, 재단법인의 설립행위, 권리의 포기 등의 상대방 없는 단독행위는 능동대리 및 수동대리를 묻지 않고 언제나 무효이다. 본인의 추인이 있더라도 무효이다.

15 난도 ★★　　　답 ⑤

┃정답해설┃

⑤ 표현대리의 법리는 거래의 안전을 위하여 어떠한 외관적 사실을 야기한 데 원인을 준 자는 그 외관적 사실을 믿음에 정당한 사유가 있다고 인정되는 자에 대하여는 책임이 있다는 일반적인 권리외관 이론에 그 기초를 두고 있는 것인 점에 비추어 볼 때, 대리인이 대리권 소멸 후 직접 상대방과 사이에 대리행위를 하는 경우는 물론 대리인이 대리권 소멸 후 복대리인을 선임하여 복대리인으로 하여금 상대방과 사이에 대리행위를 하도록 한 경우에도, 상대방이 대리권 소멸 사실을 알지 못하여 복대리인에게 적법한 대리권이 있는 것으로 믿었고 그와 같이 믿은 데 과실이 없다면 민법 제129조에 의한 표현대리가 성립할 수 있다[97다55317].

┃오답해설┃

① 복대리인은 대리인이 「대리인 자신의 이름」으로 선임한 「본인의 대리인」이다.

② 제123조 제2항에 의하여 본인과 대리인 사이의 내부적 법률관계가 본인과 복대리인 간의 내부적 기초적 법률관계로 의제된다(통설).

③ 복대리인의 선임으로 대리인의 대리권은 소멸하지 않으며, 대리인과 복대리인은 모두 본인을 대리한다.

④ 복대리권은 대리권을 초과할 수 없으며, 대리권이 소멸하면 복대리권도 소멸한다.

16 난도 ★★　　　답 ③

┃정답해설┃

③ 구 국토의 계획 및 이용에 관한 법률(2007.7.27. 법률 제8564호로 개정되기 전의 것, 이하 '법'이라 한다)에서 정한 토지거래계약 허가구역 내 토지에 관하여 허가를 배제하거나 잠탈하는 내용으로 매매계약이 체결된 경우에는 법 제118조 제6항에 따라 그 계약은 체결된 때부터 확정적으로 무효이다. 이러한 '허가의 배제나 잠탈 행위'에는 토지거래허가가 필요한 계약을 허가가 필요하지 않은 것에 해당하도록 계약서를 허위로 작성하는 행위뿐만 아니라, 정상적으로는 토지거래허가를 받을 수 없는 계약을 허가를 받을 수 있도록 계약서를 허위로 작성하는 행위도 포함된다[2011도614].

┃오답해설┃

① 추인은 다른 의사표시가 없는 때에는 계약 시에 소급하여 그 효력이 생긴다. 그러나 제3자의 권리를 해하지 못한다(제133조).

② 법률행위의 일부분이 무효인 때에는 그 전부를 무효로 한다. 그러나 그 무효부분이 없더라도 법률행위를 하였을 것이라고 인정될 때에는 나머지 부분은 무효가 되지 아니한다(제137조).

④ 민법은 원칙적으로 추인을 금지하되(제139조 본문), 예외적으로 당사자가 그 무효임을 알고 추인한 때에는 새로운 법률행위를 한 것으로 간주하고 있다(제139조 단서).

⑤ 처분권한 없는 자의 처분행위는 원칙적으로 무효이다. 다만 권리자의 추인이나 동산의 경우라면 선의취득 또는 제3자 보호규정(제107조 제2항 ~ 제110조 제3항, 제548조 제1항 단서)에 의해 예외적으로 유효일 수 있다.

17 난도 ★★　　　답 ①

┃정답해설┃

① 민법 제146조는 취소권은 추인할 수 있는 날로부터 3년 내에 행사하여야 한다고 규정하고 있는바, 이때의 3년이라는 기간은 일반소멸시효기간이 아니라 제척기간으로서 제척기간이 도과하였는지 여부는 당사자의 주장에 관계없이 법원이 당연히 조사하여 고려하여야 할 사항이다[96다25371].

┃오답해설┃

② 취소의 의사표시란 반드시 명시적이어야 하는 것은 아니고, 취소자가 그 착오를 이유로 자신의 법률행위의 효력을 처음부터 배제하려고 한다는 의사가 드러나면 족한 것이며, 취소원인의 진술 없이도 취소의 의사표시는 유효한 것이다[2004다43824].

③ 취소할 수 있는 행위의 상대방이 그 행위로 취득한 권리를 양도한 경우에 그 취소의 상대방은 양수인이 아니라 원래의 상대방이다.

④ 근로계약, 조합계약과 같은 계속적인 계약관계는 소급효가 부인된다(통설).

⑤ 매도인이 매수인의 중도금 지급 채무불이행을 이유로 매매계약을 적법하게 해제한 후라도 매수인으로서는 상대방이 한 계약해제의 효과로서 발생하는 손해배상책임을 지거나 매매계약에 따른 계약금의 반환을 받을 수 없는 불이익을 면하기 위하여 착오를 이유로 한 취소권을 행사하여 위 매매계약 전체를 무효로 돌리게 할 수 있다[91다11308].

┃정답해설┃

① 물권법정주의에 위반되지 않는 한 물권행위의 내용에 관해 제한이 없으므로 물권행위에도 조건·기한을 붙일 수 있다.

┃오답해설┃

② 조건은 당사자가 임의로 부가한 것이어야 한다. 따라서 법정조건은 조건이 아니다.

③ 상대방이 하도급 받은 부분에 대한 공사를 완공하여 준공필증을 제출하는 것을 정지조건으로 하여 공사대금채무를 부담하거나 위 채무를 보증한 사람은 위 조건의 성취로 인하여 불이익을 받을 당사자의 지위에 있다고 할 것이므로, 이들이 위 공사에 필요한 시설을 해주지 않았을 뿐만 아니라 공사장에의 출입을 통제함으로써 위 상대방으로 하여금 나머지 공사를 수행할 수 없게 하였다면, 그것이 고의에 의한 경우만이 아니라 과실에 의한 경우에도 신의성실에 반하여 조건의 성취를 방해한 때에 해당한다고 할 것이므로, 그 상대방은 민법 제150조 제1항의 규정에 의하여 위 공사대금채무자 및 보증인에 대하여 그 조건이 성취된 것으로 주장할 수 있다[98다42356].

④ 부첩관계인 부부생활의 종료를 해제조건으로 하는 증여계약은 그 조건만이 무효인 것이 아니라 증여계약 자체가 무효이다[66다530].

┃정답해설┃

② 동시이행의 항변권이 붙어 있는 권리는 이행기가 도래한 때부터 소멸시효가 진행된다. 「부동산에 대한 매매대금채권이 소유권이전등기청구권과 동시이행의 관계에 있다고 할지라도 매도인은 매매대금의 지급기일 이후 언제라도 그 대금의 지급을 청구할 수 있는 것이며, 다만 매수인은 매도인으로부터 그 이전등기에 관한 이행의 제공을 받기까지 그 지급을 거절할 수 있는데 지나지 아니하므로 매매대금 청구권은 그 지급기일 이후 시효의 진행에 걸린다」[90다9797].

┃오답해설┃

① 매도인에 대한 하자담보에 기한 손해배상청구권에 대하여는 민법 제582조의 제척기간이 적용되고, 이는 법률관계의 조속한 안정을 도모하고자 하는 데에 취지가 있다. 그런데 하자담보에 기한 매수인의 손해배상청구권은 권리의 내용·성질 및 취지에 비추어 민법 제162조 제1항의 채권 소멸시효의 규정이 적용되고, 민법 제582조의 제척기간 규정으로 인하여 소멸시효 규정의 적용이 배제된다고 볼 수 없으며, 이때 다른 특별한 사정이 없는 한 무엇보다도 매수인이 매매 목적물을 인도받은 때부터 소멸시효가 진행한다고 해석함이 타당하다[2011다10266].

③ 2005다41818

④ 2004다60072 전합

⑤ 소멸시효 이익의 포기는 상대적 효과가 있을 뿐이어서 다른 사람에게는 영향을 미치지 아니함이 원칙이나, 소멸시효 이익의 포기 당시에는 권리의 소멸에 의하여 직접 이익을 받을 수 있는 이해관계를 맺은 적이 없다가 나중에 시효이익을 이미 포기한 자와의 법률관계를 통하여 비로소 시효이익을 원용할 이해관계를 형성한 자는 이미 이루어진 시효이익 포기의 효력을 부정할 수 없다. 왜냐하면, 시효이익의 포기에 대하여 상대적인 효과만을 부여하는 이유는 포기 당시에 시효이익을 원용할 다수의 이해관계인이 존재하는 경우 그들의 의사와는 무관하게 채무자 등 어느 일방의 포기 의사만으로 시효이익을 원용할 권리를 박탈당하게 되는 부당한 결과의 발생을 막으려는 데 있는 것이지, 시효이익을 이미 포기한 자와의 법률관계를 통하여 비로소 시효이익을 원용할 이해관계를 형성한 자에게 이미 이루어진 시효이익 포기의 효력을 부정할 수 있게 하여 시효완성을 둘러싼 법률관계를 사후에 불안정하게 만들자는 데 있는 것은 아니기 때문이다[2015다200227].

20 난도 ★★★   답 ②

▌정답해설▌

ㄱ. [O] 사해행위취소소송의 상대방이 된 사해행위의 수익자도 사해행위가 취소되면 사해행위에 의하여 얻은 이익을 상실하고 사해행위취소권을 행사하는 채권자의 채권이 소멸하면 그와 같은 이익의 상실을 면하는 지위에 있으므로, 그 채권의 소멸에 의하여 직접 이익을 받는 자에 해당한다[2007다54849].

ㄷ. [O] 유치권이 성립된 부동산의 매수인은 피담보채권의 소멸시효가 완성되면 시효로 인하여 채무가 소멸되는 결과 직접적인 이익을 받는 자에 해당하므로 소멸시효의 완성을 원용할 수 있는 지위에 있다[2009다39530].

▌오답해설▌

ㄴ. [×] 소멸시효가 완성된 경우 채무자에 대한 일반채권자는 채권자의 지위에서 독자적으로 소멸시효의 주장을 할 수는 없지만 자기의 채권을 보전하기 위하여 필요한 한도 내에서 채무자를 대위하여 소멸시효 주장을 할 수 있으므로 채무자가 배당절차에서 이의를 제기하지 아니하였다고 하더라도 채무자의 다른 채권자가 이의를 제기하고 채무자를 대위하여 소멸시효 완성의 주장을 원용하였다면, 시효의 이익을 묵시적으로 포기한 것으로 볼 수 없다[2014다32458].

ㄹ. [×] 후순위저당권자는 목적부동산의 가격으로부터 선순위저당권에 의해서 담보되는 채권액을 공제한 가액에 관하여만 우선변제를 받는 지위에 있다. 다만, 선순위저당권의 피담보채권이 소멸하면, 후순위저당권자의 저당권의 순위가 상승하여, 이것에 의하여 피담보채권에 대한 배당금액이 증가할 수 있을 뿐이다. 그러나, 이러한 배당금액의 증가는 저당권의 순위의 상승에 의해서 초래되는 반사적인 이익에 지나지 않는다.

21 난도 ★★   답 ②

▌정답해설▌

② 일반적으로 일단의 증감 변동하는 동산을 하나의 물건으로 보아 이를 채권담보의 목적으로 삼으려는 이른바 집합물에 대한 양도담보설정계약체결도 가능하며 이 경우 그 목적 동산이 담보설정자의 다른 물건과 구별될 수 있도록 그 종류, 장소 또는 수량지정 등의 방법에 의하여 특정되어 있으면 그 전부를 하나의 재산권으로 보아 이에 유효한 담보권의 설정이 된 것으로 볼 수 있다[88다카20224].

▌오답해설▌

① 민법이 인정하는 저당권의 객체는 부동산 및 부동산물권(지상권, 전세권)이다.

③ 일물일권주의의 원칙상 동시에 성립할 수 없다.

④ 제289조의2 제1항 참고

⑤ 어떤 토지가 지적공부에 1필지의 토지로 등록되면 토지의 소재, 지번, 지목, 지적 및 경계는 다른 특별한 사정이 없는 한 이 등록으로써 특정되고 소유권의 범위는 현실의 경계와 관계없이 공부의 경계에 의하여 확정되는 것이 원칙이지만, 지적도를 작성하면서 기점을 잘못 선택하는 등 기술적인 착오로 말미암아 지적도의 경계선이 진실한 경계선과 다르게 작성되었다는 등과 같은 특별한 사정이 있는 경우에는 토지의 경계는 실제의 경계에 의하여야 한다[2012다87898].

22 난도 ★   답 ①

▌정답해설▌

① 유치권은 일정한 요건이 존재하는 경우에 법률상 당연히 인정되는 권리이다. 이 점에서 약정담보물권인 질권 및 저당권과 다르다.

더 알아보기   **유치권, 저당권, 질권 비교**

구분	유치권	저당권	질권
성립	• 법정담보물권(제320조)	• 약정담보물권 • 설정계약 + 등기(제186조)	• 약정담보물권 • 설정계약 + 인도(제330조)
목적물	• 물건(동산·부동산) • 유가증권(제320조 제1항)	• 부동산(제356조 - 동산 제외)	• 동산(제329조 - 부동산 제외) • 재산권(제345조)
본질적 효력	• 유치적 효력(제320조 제1항) • 점유요건 必要	• 우선변제효(제356조) • 점유요건 不要	• 유치적 효력(제335조), 우선변제효(제329조) • 점유요건 必要

23 난도 ★★   답 ⑤

정답해설

⑤ 토지거래허가구역 내의 토지가 토지거래허가가 없이 소유자인 최초 매도인으로부터 중간 매수인에게, 다시 중간 매수인으로부터 최종 매수인에게 순차로 매도되었다면 각 매매계약의 당사자는 각각의 매매계약에 관하여 토지거래허가를 받아야 하며, 위 당사자들 사이에 최초의 매도인이 최종 매수인 앞으로 직접 소유권이전등기를 경료하기로 하는 중간생략등기의 합의가 있었다고 하더라도 이러한 중간생략등기의 합의란 부동산이 전전 매도된 경우 각 매매계약이 유효하게 성립함을 전제로 그 이행의 편의상 최초의 매도인으로부터 최종의 매수인 앞으로 소유권이전등기를 경료하기로 한다는 당사자 사이의 합의에 불과할 뿐, 그러한 합의가 있었다고 하여 최초의 매도인과 최종의 매수인 사이에 매매계약이 체결되었다는 것을 의미하는 것은 아니므로 최초의 매도인과 최종 매수인 사이에 매매계약이 체결되었다고 볼 수 없고, 설사 최종 매수인이 자신과 최초 매도인을 매매 당사자로 하는 토지거래허가를 받아 자신 앞으로 소유권이전등기를 경료하였다고 하더라도 이는 적법한 토지거래허가가 없이 경료된 등기로서 무효이다[97다33218].

오답해설

① 등기는 물권의 효력발생 요건이고 효력존속요건은 아니므로 물권에 관한 등기가 원인없이 말소된 경우에도 그 물권의 효력에는 아무런 영향을 미치지 않는다[87다카1232].

② 미등기건물을 등기할 때에는 소유권을 원시취득한 자 앞으로 소유권보존등기를 한 다음 이를 양수한 자 앞으로 이전등기를 함이 원칙이라 할 것이나, 원시취득자와 승계취득자 사이의 합치된 의사에 따라 그 주차장에 관하여 승계취득자 앞으로 직접 소유권보존등기를 경료하게 되었다면, 그 소유권보존등기는 실체적 권리관계에 부합되어 적법한 등기로서의 효력을 가진다[94다44675].

③ 80다441

④ 2007다63690

24 난도 ★   답 ②

정답해설

② 저당권으로 담보한 채권이 시효의 완성 기타 사유로 인하여 소멸한 때에는 저당권도 소멸한다(제369조).

오답해설

① · ③ · ④ 부동산에 관한 법률행위로 인한 물권의 득실변경은 등기하여야 그 효력이 생긴다(제186조).

⑤ 민법 제187조의 판결은 형성판결을 의미하므로, 매매를 원인으로 한 소유권이전등기절차이행판결이 확정된 경우에는, 매수인 명의로 등기가 된 때에 비로소 소유권이전의 효력이 생긴다(제186조).

25 난도 ★★   답 ④

정답해설

④ 동산질권을 선의취득하기 위하여는 질권자가 평온, 공연하게 선의이며 과실없이 질권의 목적동산을 취득하여야 하고, 그 취득자의 선의, 무과실은 동산질권자가 입증하여야 한다[80다2910].

오답해설

① 선박, 자동차, 항공기, 건설기계와 같이 등기 · 등록을 갖춘 동산은 성질상 동산이지만, 법률상 부동산과 같이 취급되므로 선의취득의 대상이 될 수 없다.

② 선의취득은 거래의 안전을 보호한다는 제도이므로 거래행위가 있어야 한다. 따라서 상속에 의한 포괄승계나 사실행위에 의한 원시취득에 대해서는 선의취득제도가 적용되지 않는다.

③ 양도인이 소유자로부터 보관을 위탁받은 동산을 제3자에게 보관시킨 경우에 양도인이 그 제3자에 대한 반환청구권을 양수인에게 양도하고 지명채권양도의 대항요건을 갖추었을 때에는 동산의 선의취득에 필요한 점유의 취득 요건을 충족한다[97다48906].

⑤ 제251조

26 난도 ★   답 ⑤

┃정답해설┃

⑤ 자주점유는 내심의 의사로 판단해야 한다는 주관설도 있으나, 통설은 객관설을 취하여 점유취득의 원인이 된 권원의 성질에 따라 결정된다는 입장이다. 판례들은 자주점유는 점유자의 내심의 의사에 따라 결정되는 것이 아니라 점유취득의 원인이 된 권원의 성질이나 점유와 관계가 있는 모든 사정에 의하여 외형적·객관적으로 결정된다[98다29834]는 입장이다.

┃오답해설┃

① 점유매개자는 물건을 직접 점유하고 있어야 하며 이 직접점유는 타주점유이다.

② 부동산을 매수하여 이를 점유하게 된 자는 그 매매가 무효가 된다는 사정이 있음을 알았다는 등의 특단의 사정이 없는 한 그 점유의 시초에 소유의 의사로 점유한 것이라고 할 것이며, 가사 후일에 그 매도자에게 처분권이 없었다는 등의 이유로 그 매매가 무효로 되어 진실한 소유자에 대한 관계에서 그 점유가 결과적으로는 불법으로 되었다고 하더라도 매수자의 소유권취득의 의사로 한 위와 같은 점유의 성질은 변하지 않는다고 할 것이다[94다25513].

③ 2008다16899

④ 공유 부동산은 공유자 한 사람이 전부를 점유하고 있다고 하여도, 다른 특별한 사정이 없는 한 권원의 성질상 다른 공유자의 지분비율의 범위 내에서는 타주점유이다[95다51861].

27 난도 ★★   답 ③

┃정답해설┃

③ 민법 제201조 제1항은 "선의의 점유자는 점유물의 과실을 취득한다."라고 규정하고 있는바, 여기서 선의의 점유자라 함은 과실수취권을 포함하는 권원이 있다고 오신한 점유자를 말하고, 다만 그와 같은 오신을 함에는 오신할 만한 정당한 근거가 있어야 한다[99다63350].

┃오답해설┃

① 선의의 점유자는 점유물의 과실을 취득한다(제201조 제1항).

② 유익비 비용상환청구의 상대방은 소유물반환청구권을 행사하는 현재의 소유자인 회복자이다. 다만, 점유자의 비용지출 후에 소유자가 변경된 경우에는 신소유자가 구소유자의 반환범위에 속하는 것을 포함하여 함께 책임을 진다[65다598, 599].

④ 선의의 점유자도 과실취득권이 있다 하여 불법행위로 인한 손해배상책임이 배제되는 것은 아니다[66다994].

⑤ 소유의 의사가 없는 점유자는 선의인 경우에도 손해의 전부를 배상하여야 한다(제202조 참고).

28 난도 ★   답 ③

┃정답해설┃

③ 건축 관련 법령에 정한 도로 폭에 관한 규정만으로 당연히 피포위지 소유자에게 반사적 이익으로서 건축 관련 법령에 정하는 도로의 폭이나 면적 등과 일치하는 주위토지통행권이 생기는 것은 아니고, 다만 법령의 규제내용도 참작사유로 삼아 피포위지 소유자의 건축물 건축을 위한 통행로의 필요도와 그 주위토지 소유자가 입게 되는 손해의 정도를 비교형량하여 주위토지통행권의 적정한 범위를 결정하여야 한다. 그리고 그 통행권의 범위는 현재의 토지의 용법에 따른 이용의 범위에서 인정할 수 있을 뿐, 장래의 이용상황까지 미리 대비하여 정할 것은 아니다[2005다30993].

┃오답해설┃

① 제237조 제2항

② 제319조

④ 제242조 제1항

⑤ 제239조

29 난도 ★ 답 ②

┃정답해설┃

② 시효완성을 이유로 한 소유권취득의 효력은 점유를 개시한 때로 소급한다(제247조 제1항).

┃오답해설┃

① 집합건물의 공용부분이 취득시효에 의한 소유권 취득의 대상이 될 수 없다[2016다32841].

③ 점유자가 점유 개시 당시에 소유권 취득의 원인이 될 수 있는 법률행위 기타 법률요건이 없이 그와 같은 법률요건이 없다는 사실을 잘 알면서 타인 소유의 부동산을 무단점유한 것임이 입증된 경우, 특별한 사정이 없는 한 점유자는 타인의 소유권을 배척하고 점유할 의사를 갖고 있지 않다고 보아야 할 것이므로 이로써 소유의 의사가 있는 점유라는 추정은 깨어졌다고 할 것이다[95다28625].

④ 97다34037

⑤ 94다40734

30 난도 ★ 답 ②

┃정답해설┃

② 부합되는 물건(피부합물)은 부동산이어야 하나, 부합하는 물건(부합물)이 동산에 한정되는지 학설의 다툼이 있으나, 판례는 부동산도 가능하다는 입장이다[4294민상445, 90다11967].

┃오답해설┃

① 제256조, 제257조

③ 부합이란 소유자를 각기 달리하는 수 개의 물건이 결합하여 한 개의 물건으로 되는 것을 말한다.

④ 부합의 정도는 훼손하지 않으면 분리할 수 없거나 분리에 과다한 비용을 요하는 경우는 물론, 분리하면 경제적 가치가 심히 감소되는 정도에 이르러야 한다.

⑤ 제256조

31 난도 ★★ 답 ④

┃정답해설┃

④ 1동의 건물 중 위치 및 면적이 특정되고 구조상·이용상 독립성이 있는 일부분씩을 2인 이상이 구분소유하기로 하는 약정을 하고 등기만은 편의상 각 구분소유의 면적에 해당하는 비율로 공유지분등기를 하여 놓은 경우, 구분소유자들 사이에 공유지분등기의 상호명의신탁관계 내지 건물에 대한 구분소유적 공유관계가 성립한다[2011다42430].

┃오답해설┃

① 제264조

> **제264조(공유물의 처분, 변경)**
> 공유자는 다른 공유자의 동의없이 공유물을 처분하거나 변경하지 못한다.

②·③ 제272조

> **제272조(합유물의 처분, 변경과 보존)**
> 합유물을 처분 또는 변경함에는 합유자 전원의 동의가 있어야 한다. 그러나 보존행위는 각자가 할 수 있다.

⑤ 제268조 제2항

> **제268조(공유물의 분할청구)**
> ① 공유자는 공유물의 분할을 청구할 수 있다. 그러나 5년내의 기간으로 분할하지 아니할 것을 약정할 수 있다.
> ② 전항의 계약을 갱신한 때에는 그 기간은 갱신한 날로부터 5년을 넘지 못한다.
> ③ 전 2항의 규정은 제215조, 제239조의 공유물에는 적용하지 아니한다.

┃정답해설┃

④ 부동산 실권리자명의 등기에 관한 법률 제5조에 의하여 부과되는 과징금에 대한 특례를 규정한 같은 법 제8조 제2호 소정의 '배우자'에는 사실혼 관계에 있는 배우자는 포함되지 아니한다[99두35].

┃오답해설┃

① 명의신탁약정이 3자간 등기명의신탁인지 아니면 계약명의신탁인지의 구별은 계약당사자가 누구인가를 확정하는 문제로 귀결되는데, 계약명의자가 명의수탁자로 되어 있다 하더라도 계약당사자를 명의신탁자로 볼 수 있다면 이는 3자간 등기명의신탁이 된다. 따라서 계약명의자인 명의수탁자가 아니라 명의신탁자에게 계약에 따른 법률효과를 직접 귀속시킬 의도로 계약을 체결한 사정이 인정된다면 명의신탁자가 계약당사자이고, 이 경우의 명의신탁관계는 3자간 등기명의신탁으로 보아야 한다[2019다300422].

② 부동산실명법은 '부동산에 관한 소유권이나 그 밖의 물권'(제2조 제1호 본문)이라 규정하고 있으므로 부동산 소유권 이외에 지상권, 지역권, 전세권 등 용익물권과 저당권 등 담보물권도 적용대상이 된다.

③ 재산을 타인에게 신탁한 경우 대외적인 관계에 있어서는 수탁자만이 소유권자로서 그 재산에 대한 제3자의 침해에 대하여 배제를 구할 수 있으며, 신탁자는 수탁자를 대위하여 수탁자의 권리를 행사할 수 있을 뿐 직접 제3자에게 신탁재산에 대한 침해의 배제를 구할 수 없다[77다1079 전합].

⑤ 부동산 실권리자명의 등기에 관한 법률 제4조에 따르면 부동산에 관한 명의신탁약정과 그에 따른 부동산 물권변동은 무효이고, 다만 부동산에 관한 물권을 취득하기 위한 계약에서 명의수탁자가 어느 한쪽 당사자가 되고 상대방 당사자는 명의신탁약정이 있다는 사실을 알지 못한 경우[매도인이 선의인 계약명의신탁(註)] 명의수탁자는 부동산의 완전한 소유권을 취득하되 명의신탁자에 대하여 부당이득반환 의무를 부담하게 될 뿐이다[2000다21123, 2017다246180].

┃정답해설┃

⑤ 타인 소유의 토지에 분묘를 설치한 경우에 20년간 평온, 공연하게 분묘의 기지를 점유하면 지상권과 유사한 관습상의 물권인 분묘기지권을 시효로 취득한다는 점은 오랜 세월 동안 지속되어 온 관습 또는 관행으로서 법적 규범으로 승인되어 왔고, 이러한 법적 규범이 장사법(법률 제6158호) 시행일인 2001.1.13. 이전에 설치된 분묘에 관하여 현재까지 유지되고 있다고 보아야 한다[2013다17292].

┃오답해설┃

① 지상권은 직접 그 객체인 토지를 지배하는 물권이다. 따라서 토지소유자의 변경은 지상권의 운명에 영향을 주지 아니한다. 지상권의 양도·지상권 목적 토지의 임대에 토지소유자의 동의를 요하지 않는다(제282조).

② 지료의 지급은 지상권의 성립요소가 아니다(제279조).

③ 수목의 소유를 목적으로 하는 때에는 30년이다(제280조 제1항 제1호).

④ 지상권이 설정된 토지의 소유자는 지상권자의 동의 없이 구분지상권을 설정할 수 없다(제289조의2 제2항).

┃정답해설┃

④ 지역권자는 승역지를 점유하지 않고 사용을 할 뿐이므로 승역지의 점유가 침탈되더라도 반환청구권을 갖지는 않는다. 다만 방해제거청구권과 방해예방청구권은 인정된다(이러한 사실은 저당권자와 마찬가지이고 지상권자, 전세권자, 질권자와는 다른 점이다).

┃오답해설┃

① 지역권이란 일정한 목적을 위하여 타인의 토지를 자기의 토지의 편익에 이용하는 용익물권이다(제291조).

② 요역지와 승역지는 서로 인접할 필요가 없다.

③ 제296조

⑤ 제294조

35 난도 ★★　　　　　　　　　답 ③

┃정답해설┃

③ 전세금의 지급은 전세권 성립의 요소가 되는 것이지만 그렇다고 하여 전세금의 지급이 반드시 현실적으로 수수되어야만 하는 것은 아니고 기존의 채권으로 전세금의 지급에 갈음할 수도 있다[94다18508].

┃오답해설┃

① 건물의 일부에 대하여 전세권이 설정되어 있는 경우 그 전세권자는 민법 제303조 제1항, 제318조의 규정에 의하여 그 건물 전부에 대하여 후순위 권리자 기타 채권자보다 전세금의 우선변제를 받을 권리가 있고, 전세권설정자가 전세금의 반환을 지체한 때에는 전세권의 목적물의 경매를 청구할 수 있다 할 것이나, 전세권의 목적물이 아닌 나머지 건물부분에 대하여는 우선변제권은 별론으로 하고 경매신청권은 없다[91마256, 91마257].

② 전세권 설정의 동기와 경위, 전세권 설정으로 달성하려는 목적, 채권의 발생 원인과 목적물의 관계, 전세권자의 사용·수익 여부와 그 가능성, 당사자의 진정한 의사 등에 비추어 전세권설정계약의 당사자가 전세권의 핵심인 사용·수익 권능을 배제하고 채권담보만을 위해 전세권을 설정하였다면, 법률이 정하지 않은 새로운 내용의 전세권을 창설하는 것으로서 물권법정주의에 반하여 허용되지 않고 이러한 전세권설정등기는 무효라고 보아야 한다[2018다40235].

④ 전세권자는 전세권을 타인에게 양도 또는 담보로 제공할 수 있고 그 존속기간 내에서 그 목적물을 타인에게 전전세 또는 임대할 수 있다. 그러나 설정행위로 이를 금지한 때에는 그러하지 아니하다(제306조).

⑤ 전세권이 소멸한 때에는 전세권설정자는 전세권자로부터 그 목적물의 인도 및 전세권설정등기의 말소등기에 필요한 서류의 교부를 받는 동시에 전세금을 반환하여야 한다(제317조).

36 난도 ★★　　　　　　　　　답 ②

┃정답해설┃

② 다세대주택의 창호 등의 공사를 완성한 하수급인이 공사대금채권 잔액을 변제받기 위하여 위 다세대주택 중 한 세대를 점유하여 유치권을 행사하는 경우, 그 유치권은 위 한 세대에 대하여 시행한 공사대금만이 아니라 다세대주택 전체에 대하여 시행한 공사대금채권의 잔액 전부를 피담보채권으로 하여 성립한다[2005다16942].

┃오답해설┃

① 71다2414

③ 유치권은 타물권인 점에 비추어 볼 때 수급인의 재료와 노력으로 건축되었고 독립한 건물에 해당되는 기성부분은 수급인의 소유라 할 것이므로 수급인은 공사대금을 지급받을 때까지 이에 대하여 유치권을 가질 수 없다[91다14116].

④ 유치권의 객체는 타인의 물건 또는 유가증권이다(제320조 제1항). 객체인 물건에는 동산 또는 부동산이 포함된다.

⑤ 유치권자는 채무자의 승낙없이 유치물의 사용, 대여 또는 담보제공을 하지 못한다. 그러나 유치물의 보존에 필요한 사용은 그러하지 아니하다(제324조 제2항).

37 난도 ★★　　　　　　　　　답 ④

┃정답해설┃

④ 전질이란 질권자가 자기의 채무를 담보하기 위하여 질물 위에 다시 제2의 질권을 설정하는 것을 말한다. 우리 민법은 책임전질(제336조)과 승낙전질(제343조, 제324조 제2항)의 두 형태를 인정하고 있다(다수설).

┃오답해설┃

① 질권자는 설정자로 하여금 질물의 점유를 하게 하지 못한다(제332조).

② 질권은 피담보채권 전부에 관하여 목적물 전부 위에 그 효력이 미친다.

③ 질권은 질물의 멸실, 훼손 또는 공용징수로 인하여 질권설정자가 받을 금전 기타 물건에 대하여도 이를 행사할 수 있다(제342조).

⑤ 질권자는 피담보채권 전부를 변제받을 때까지 질물을 유치할 수 있다(제335조). 물권법정주의의 원칙상 질권은 유치적 효력만 인정될 뿐 사용·수익권은 인정되지 않는다.

┃정답해설┃

④ 저당물의 제3취득자가 그 부동산의 보존, 개량을 위하여 필요비 또는 유익비를 지출한 때에는 제203조 제1항, 제2항의 규정에 의하여 저당물의 경매대가에서 우선상환을 받을 수 있다(제367조).

┃오답해설┃

① 99다48948 전합
② 근저당권의 존속기간이나 결산기를 정하지 않은 때에는 피담보채무의 확정방법에 관한 다른 약정이 있으면 그에 따르고, 이러한 약정이 없는 경우라면 근저당권설정자가 근저당권자를 상대로 언제든지 계약 해지의 의사표시를 함으로써 피담보채무를 확정시킬 수 있다[2015다65042].
③ 실질관계의 소멸로 무효로 된 등기의 유용은 그 등기를 유용하기로 하는 합의가 이루어지기 전에 등기상 이해관계가 있는 제3자가 생기지 않은 경우에 한하여 허용된다[87다카425].
⑤ 민법 제359조 전문은 "저당권의 효력은 저당부동산에 대한 압류가 있은 후에 저당권설정자가 그 부동산으로부터 수취한 과실 또는 수취할 수 있는 과실에 미친다."라고 규정하고 있는데, 위 규정상 '과실'에는 천연과실뿐만 아니라 법정과실도 포함되므로, 저당부동산에 대한 압류가 있으면 압류 이후의 저당권설정자의 저당부동산에 관한 차임채권 등에도 저당권의 효력이 미친다[2015다230020].

┃정답해설┃

ㄱ. [○] 토지를 목적으로 저당권을 설정한 후 그 설정자가 그 토지에 건물을 축조한 때에는 저당권자는 토지와 함께 그 건물에 대하여도 경매를 청구할 수 있다. 그러나 그 건물의 경매대가에 대하여는 우선변제를 받을 권리가 없다(제365조).
ㄷ. [○] 저당지상의 건물에 대한 일괄경매청구권은 저당권설정자가 건물을 축조한 경우뿐만 아니라 저당권설정자로부터 저당토지에 대한 용익권을 설정받은 자가 그 토지에 건물을 축조한 경우라도 그 후 저당권설정자가 그 건물의 소유권을 취득한 경우에는 저당권자는 토지와 함께 그 건물에 대하여 경매를 청구할 수 있다[2003다3850].

┃오답해설┃

ㄴ. [×] 저당권설정자가 건물축조 후 이를 제3자에게 양도한 경우에도 일괄경매청구권은 성립하지 않는다[99마146].

┃정답해설┃

① 토지에 관하여 저당권이 설정될 당시 그 지상에 토지소유자에 의한 건물의 건축이 개시되기 이전이었다면, 건물이 없는 토지에 관하여 저당권이 설정될 당시 근저당권자가 토지소유자에 의한 건물의 건축에 동의하였다고 하더라도 그러한 사정은 주관적 사항이고 공시할 수도 없는 것이어서 토지를 낙찰받는 제3자로서는 알 수 없는 것이므로 그와 같은 사정을 들어 법정지상권의 성립을 인정한다면 토지소유권을 취득하려는 제3자의 법적 안정성을 해하는 등 법률관계가 매우 불명확하게 되므로 법정지상권이 성립되지 않는다[2003다26051].

┃오답해설┃

② 가설건축물은 특별한 사정이 없는 한 독립된 부동산으로서 건물의 요건을 갖추지 못하여 법정지상권이 성립하지 않는다[2020다224821].
③ 87다카2404
④ 2011다73038
⑤ 2006다14684

무언가를 시작하는 방법은

말하는 것을 멈추고, 행동을 하는 것이다

- 월트 디즈니 -

PART 01

기출문제

※ 복수정답. 또는 개정법령 반영으로 인해 기출문제를 변형한 경우 문제 변형 표시를 하였습니다.

01 2022년 제33회 기출문제

01 민법의 법원(法源)에 관한 설명으로 옳은 것을 모두 고른 것은? (다툼이 있으면 판례에 따름)

> ㄱ. 헌법에 의해 체결·공포된 민사에 관한 조약은 민법의 법원이 되지 않는다.
> ㄴ. 관습법이 되기 위해서는 사회구성원의 법적 확신이 필요하다.
> ㄷ. 관습법은 법령에 저촉되지 않는 한 법칙으로서의 효력이 있다.

① ㄱ
② ㄴ
③ ㄱ, ㄷ
④ ㄴ, ㄷ
⑤ ㄱ, ㄴ, ㄷ

02 신의칙에 관한 설명으로 옳은 것을 모두 고른 것은? (다툼이 있으면 판례에 따름)

> ㄱ. 법원은 당사자의 주장이 없으면 직권으로 신의칙 위반 여부를 판단할 수 없다.
> ㄴ. 무권대리인이 무권대리행위 후 단독으로 본인의 지위를 상속한 경우, 본인의 지위에서 그 무권대리행위의 추인을 거절하는 것은 신의칙에 반한다.
> ㄷ. 부동산거래에서 신의칙상 고지의무의 대상은 직접적인 법령의 규정뿐만 아니라 계약상, 관습상 또는 조리상의 일반원칙에 의해서도 인정될 수 있다.

① ㄱ
② ㄴ
③ ㄱ, ㄷ
④ ㄴ, ㄷ
⑤ ㄱ, ㄴ, ㄷ

03 미성년자 甲과 그의 유일한 법정대리인인 乙에 관한 설명으로 옳은 것은? (다툼이 있으면 판례에 따름)

① 甲이 그 소유 물건에 대한 매매계약을 체결한 후에 미성년인 상태에서 매매대금의 이행을 청구하여 대금을 모두 지급받았다면 乙은 그 매매계약을 취소할 수 없다.

② 乙이 甲에게 특정한 영업에 관한 허락을 한 경우에도 乙은 그 영업에 관하여 여전히 甲을 대리할 수 있다.

③ 甲이 乙의 동의 없이 타인의 적법한 대리인으로서 법률행위를 했더라도 乙은 甲의 제한능력을 이유로 그 법률행위를 취소할 수 있다.

④ 甲이 乙의 동의 없이 신용구매계약을 체결한 이후에 乙의 동의 없음을 이유로 그 계약을 취소하는 것은 신의칙에 반한다.

⑤ 乙이 재산의 범위를 정하여 甲에게 처분을 허락한 경우, 甲이 그에 관한 법률행위를 하기 전에는 乙은 그 허락을 취소할 수 있다.

04 부재와 실종에 관한 설명으로 옳은 것은? (다툼이 있으면 판례에 따름)

① 부재자재산관리인의 권한초과행위에 대한 법원의 허가는 과거의 처분행위를 추인하는 방법으로는 할 수 없다.

② 법원은 선임한 재산관리인에 대하여 부재자의 재산으로 상당한 보수를 지급할 수 있다.

③ 후순위상속인도 실종선고를 청구할 수 있는 이해관계인에 포함된다.

④ 동일인에 대하여 2차례의 실종선고가 내려져 있는 경우, 뒤에 내려진 실종선고를 기초로 상속관계가 인정된다.

⑤ 실종선고를 받은 자가 실종기간 동안 생존했던 사실이 확인된 경우, 실종선고의 취소 없이도 이미 개시된 상속은 부정된다.

05 민법상 법인에 관한 설명으로 옳지 않은 것은? (다툼이 있으면 판례에 따름)

① 재단법인의 정관변경은 그 정관에서 정한 방법에 따른 경우에도 주무관청의 허가를 얻지 않으면 효력이 없다.

② 사단법인과 어느 사원과의 관계사항을 의결하는 경우에는 원칙적으로 그 사원은 결의권이 없다.

③ 사단법인의 사원자격의 득실에 관한 규정은 정관의 필요적 기재사항이다.

④ 민법상 법인의 청산절차에 관한 규정에 반하는 합의에 의한 잔여재산 처분행위는 특별한 사정이 없는 한 무효이다.

⑤ 청산 중 법인의 청산인은 채권신고기간 내에는 채권자에 대하여 변제할 수 없으므로 법인은 그 기간동안 지연배상 책임을 면한다.

06 甲 사단법인의 대표이사 乙이 외관상 그 직무에 관한 행위로 丙에게 불법행위를 한 경우에 관한 설명으로 옳지 <u>않은</u> 것은? (다툼이 있으면 판례에 따름)

① 乙의 불법행위로 인해 甲이 丙에 대해 손해배상책임을 지는 경우에도 乙은 丙에 대한 자기의 손해배상책임을 면하지 못한다.

② 甲의 손해배상책임 원인이 乙의 고의적인 불법행위인 경우에는 丙에게 과실이 있더라도 과실상계의 법리가 적용될 수 없다.

③ 丙이 乙의 행위가 실제로는 직무에 관한 행위에 해당하지 않는다는 사실을 알았거나 중대한 과실로 알지 못한 경우에는 甲에게 손해배상책임을 물을 수 없다.

④ 甲의 사원 丁이 乙의 불법행위에 가담한 경우, 丁도 乙과 연대하여 丙에 대하여 손해배상책임을 진다.

⑤ 甲이 비법인사단인 경우라 하더라도 甲은 乙의 불법행위로 인한 丙의 손해를 배상할 책임이 있다.

07 甲 사단법인이 3인의 이사(乙, 丙, 丁)를 두고 있는 경우에 관한 설명으로 옳지 <u>않은</u> 것은? (다툼이 있으면 판례에 따름)

① 乙, 丙, 丁은 甲의 사무에 관하여 원칙적으로 각자 甲을 대표한다.

② 甲의 대내적 사무집행은 정관에 다른 규정이 없으면 乙, 丙, 丁의 과반수로써 결정한다.

③ 甲의 정관에 乙의 대표권 제한에 관한 규정이 있더라도 이를 등기하지 않으면 그와 같은 정관의 규정에 대해 악의인 제3자에 대해서도 대항할 수 없다.

④ 丙이 제3자에게 甲의 제반 사무를 포괄 위임한 경우, 그에 따른 제3자의 사무대행행위는 원칙적으로 甲에게 효력이 없다.

⑤ 甲의 토지를 丁이 매수하기로 한 경우, 이 사항에 관하여 丁은 대표권이 없으므로 법원은 이해관계인이나 검사의 청구에 의하여 임시이사를 선임하여야 한다.

08 반사회질서의 법률행위로서 무효가 <u>아닌</u> 것은? (다툼이 있으면 판례에 따름)

① 반사회질서적인 조건이 붙은 법률행위

② 상대방에게 표시된 동기가 반사회질서적인 법률행위

③ 부첩(夫妾)관계의 종료를 해제조건으로 하는 증여계약

④ 오로지 보험사고를 가장하여 보험금을 취득할 목적으로 체결한 생명보험계약

⑤ 주택매매계약에서 양도소득세를 면탈할 목적으로 소유권이전등기를 일정 기간 후에 이전받기로 한 특약

09 불공정한 법률행위에 관한 설명으로 옳지 <u>않은</u> 것은? (다툼이 있으면 판례에 따름)

① 급부와 반대급부 사이의 현저한 불균형은 그 무효를 주장하는 자가 증명해야 한다.

② 무경험은 어느 특정 영역에서의 경험부족이 아니라 거래일반에 대한 경험부족을 의미한다.

③ 대리인에 의한 법률행위의 경우, 궁박 상태에 있었는지 여부는 본인을 기준으로 판단한다.

④ 불공정한 법률행위로서 무효인 경우, 원칙적으로 추인에 의하여 유효로 될 수 없다.

⑤ 경매절차에서 매각대금이 시가보다 현저히 저렴한 경우, 그 경매는 불공정한 법률행위로서 무효이다.

10 물건에 관한 설명으로 옳지 <u>않은</u> 것은? (다툼이 있으면 판례에 따름)

① 주물에 대한 압류의 효력은 특별한 사정이 없는 한 종물에는 미치지 않는다.

② 사람의 유골은 매장·관리의 대상이 될 수 있는 유체물이다.

③ 전기 기타 관리할 수 있는 자연력은 물건이다.

④ 법정과실은 수취할 권리의 존속기간 일수의 비율로 취득함이 원칙이다.

⑤ 주물만 처분하고 종물은 처분하지 않기로 하는 특약은 유효하다.

11 착오에 의한 의사표시에 관한 설명으로 옳지 <u>않은</u> 것은? (다툼이 있으면 판례에 따름)

① 대리인이 의사표시를 한 경우, 착오의 유무는 본인을 표준으로 판단하여야 한다.

② 착오가 표의자의 중대한 과실로 인한 때에는 표의자는 특별한 사정이 없는 한 그 의사표시를 취소할 수 없다.

③ 착오로 인하여 표의자가 경제적인 불이익을 입지 않았다면 법률행위 내용의 중요부분의 착오라 할 수 없다.

④ 상대방이 표의자의 진의에 동의한 경우, 표의자는 착오를 이유로 그 의사표시를 취소할 수 없다.

⑤ 착오를 이유로 의사표시를 취소하는 자는 착오가 없었더라면 의사표시를 하지 않았을 것이라는 점을 증명하여야 한다.

12 사기·강박에 의한 의사표시에 관한 설명으로 옳지 <u>않은</u> 것은? (다툼이 있으면 판례에 따름)

① 상대방의 기망행위로 의사결정의 동기에 관하여 착오를 일으켜 법률행위를 한 경우, 사기를 이유로 그 의사표시를 취소할 수 있다.

② 상대방이 불법적인 해악의 고지 없이 각서에 서명날인할 것을 강력히 요구하는 것만으로는 강박이 되지 않는다.

③ 부작위에 의한 기망행위로도 사기에 의한 의사표시가 성립할 수 있다.

④ 제3자에 의한 사기행위로 계약을 체결한 경우, 표의자는 먼저 그 계약을 취소하여야 제3자에 대하여 불법행위로 인한 손해배상을 청구할 수 있다.

⑤ 매수인이 매도인을 기망하여 부동산을 매수한 후 제3자에게 저당권을 설정해 준 경우, 특별한 사정이 없는 한 제3자는 매수인의 기망사실에 대하여 선의로 추정된다.

13 상대방 있는 의사표시의 효력발생에 관한 설명으로 옳은 것은? (다툼이 있으면 판례에 따름)

① 의사표시의 도달은 표의자의 상대방이 이를 현실적으로 수령하거나 그 통지의 내용을 알았을 것을 요한다.

② 제한능력자는 원칙적으로 의사표시의 수령무능력자이다.

③ 보통우편의 방법으로 발송된 의사표시는 상당기간 내에 도달하였다고 추정된다.

④ 표의자가 의사표시를 발송한 후 사망한 경우, 그 의사표시는 효력을 잃는다.

⑤ 표의자가 과실로 상대방을 알지 못하는 경우에는 민사소송법 공시송달 규정에 의하여 의사표시의 효력을 발생시킬 수 있다.

14 복대리에 관한 설명으로 옳지 <u>않은</u> 것은? (다툼이 있으면 판례에 따름)

① 대리권이 소멸하면 특별한 사정이 없는 한 복대리권도 소멸한다.

② 복대리인의 대리권은 대리인의 대리권의 범위보다 넓을 수 없다.

③ 복대리인의 대리행위에 대해서는 표현대리가 성립할 수 없다.

④ 법정대리인은 그 책임으로 복대리인을 선임할 수 있다.

⑤ 임의대리인은 본인의 승낙이 있거나 부득이한 사유있는 때가 아니면 복대리인을 선임하지 못한다.

15 甲으로부터 대리권을 수여받지 않은 甲의 처(妻) 乙은, 자신의 오빠 A가 丙에게 부담하는 고가의 외제 자동차 할부대금채무에 대하여 甲의 대리인이라고 하면서 甲을 연대보증인으로 하는 계약을 丙과 체결 하였다. 이에 관한 설명으로 옳은 것은? (다툼이 있으면 판례에 따름)

① 甲이 乙의 무권대리행위를 추인하기 위해서는 乙의 동의를 얻어야 한다.

② 甲이 자동차할부대금 보증채무액 중 절반만 보증하겠다고 한 경우, 丙의 동의가 없으면 원칙적으로 무권대리행위의 추인으로서 효력이 없다.

③ 乙의 대리행위는 일상가사대리권을 기본대리권으로 하는 권한을 넘은 표현대리가 성립한다.

④ 계약 당시 乙이 무권대리인임을 알지 못하였던 丙이 할부대금보증계약을 철회한 후에도 甲은 乙의 무권대리행위를 추인할 수 있다.

⑤ 계약 당시 乙이 무권대리인임을 알았던 丙은 甲에게 乙의 무권대리행위의 추인 여부의 확답을 최고 할 수 없다.

16 법률행위의 무효에 관한 설명으로 옳지 <u>않은</u> 것은? (다툼이 있으면 판례에 따름)

① 매매계약이 약정된 매매대금의 과다로 인하여 불공정한 법률행위에 해당하는 경우, 무효행위의 전환 에 관한 민법 제138조가 적용될 수 있다.

② 취소할 수 있는 법률행위를 취소한 후에도 무효인 법률행위의 추인의 요건과 효력으로서 추인할 수 있다.

③ 법률행위의 일부무효에 관한 민법 제137조는 임의규정이다.

④ 집합채권의 양도가 양도금지특약을 위반하여 무효인 경우, 채무자는 집합채권의 일부개별 채권을 특 정하여 추인할 수 없다.

⑤ 무효인 가등기를 유효한 등기로 전용하기로 한 약정은 특별한 사정이 없는 한 그때부터 유효하고 이로 써 그 가등기가 소급하여 유효한 등기로 전환될 수 없다.

17 법률행위의 취소에 관한 설명으로 옳지 <u>않은</u> 것은? (다툼이 있으면 판례에 따름)

① 취소할 수 있는 미성년자의 법률행위를 친권자가 추인하는 경우, 그 취소의 원인이 소멸한 후에 하여야 만 효력이 있다.

② 제한능력자가 그 의사표시를 취소한 경우, 제한능력자는 그 행위로 인하여 받은 이익이 현존하는 한도 에서 상환(償還)할 책임이 있다.

③ 강박에 의하여 의사표시를 한 자의 포괄승계인은 그 의사표시를 취소할 수 있다.

④ 취소권은 추인할 수 있는 날로부터 3년 내에, 법률행위를 한 날로부터 10년 내에 행사하여야 한다.

⑤ 의사표시의 취소는 취소기간 내에 소를 제기하는 방법으로만 행사하여야 하는 것은 아니다.

18 법률행위의 조건에 관한 설명으로 옳지 <u>않은</u> 것은?

① 조건의 성취로 인하여 이익을 받을 당사자가 신의성실에 반하여 조건을 성취시킨 때에는 상대방은 그 조건이 성취하지 아니한 것으로 주장할 수 있다.

② 법률행위 당시 이미 성취된 조건을 해제조건으로 하는 법률행위는 조건 없는 법률행위이다.

③ 정지조건이 있는 법률행위는 특별한 사정이 없는 한 조건이 성취한 때로부터 그 효력이 생긴다.

④ 조건 있는 법률행위의 당사자는 조건의 성부가 미정한 동안에 조건의 성취로 인하여 생길 상대방의 이익을 해하지 못한다.

⑤ 조건의 성취가 미정인 권리도 일반규정에 의하여 담보로 할 수 있다.

19 소멸시효의 기산점이 옳게 연결되지 <u>않은</u> 것은? (다툼이 있으면 판례에 따름)

① 부작위를 목적으로 하는 채권 – 위반행위시

② 동시이행의 항변권이 붙어 있는 채권 – 이행기 도래시

③ 이행불능으로 인한 손해배상청구권 – 이행불능시

④ 甲이 자기 소유의 건물 매도시 그 이익을 乙과 분배하기로 약정한 경우 乙의 이익금 분배청구권 – 분배약정시

⑤ 기한이 있는 채권의 이행기가 도래한 후 채권자와 채무자가 기한을 유예하기로 합의한 경우 그 채권 – 변경된 이행기 도래시

20 소멸시효의 중단과 정지에 관한 설명으로 옳지 <u>않은</u> 것은?

① 시효의 중단은 원칙적으로 당사자 및 그 승계인 간에만 효력이 있다.

② 파산절차참가는 채권자가 이를 취소하거나 그 청구가 각하된 때에는 시효중단의 효력이 없다.

③ 부재자재산관리인은 법원의 허가 없이 부재자를 대리하여 상대방의 채권의 소멸시효를 중단시키는 채무의 승인을 할 수 없다.

④ 천재 기타 사변으로 인하여 소멸시효를 중단할 수 없을 때에는 그 사유가 종료한 때로부터 1월 내에는 시효가 완성하지 아니한다.

⑤ 부부 중 한쪽이 다른 쪽에 대하여 가지는 권리는 혼인관계가 종료된 때부터 6개월 내에는 소멸시효가 완성되지 아니한다.

21 부동산등기에 관한 설명으로 옳지 <u>않은</u> 것은? (다툼이 있으면 판례에 따름)

① 가등기된 권리의 이전등기는 가등기에 대한 부기등기의 형식으로 할 수 있다.

② 근저당권등기가 원인 없이 말소된 경우, 그 회복등기가 마쳐지기 전이라도 말소된 등기의 등기명의인은 적법한 권리자로 추정된다.

③ 청구권보전을 위한 가등기에 기하여 본등기가 경료되면 본등기에 의한 물권변동의 효력은 가등기한 때로 소급하여 발생한다.

④ 소유권이전등기의 원인으로 주장된 계약서가 진정하지 않은 것으로 증명되었다면 그 등기의 적법추정은 복멸된다.

⑤ 동일 부동산에 관하여 등기명의인을 달리하여 중복된 소유권보존등기가 경료된 경우, 선행보존등기가 원인무효가 아닌 한 후행보존등기는 실체관계에 부합하더라도 무효이다.

22 물권적 청구권에 관한 설명으로 옳지 <u>않은</u> 것은? (다툼이 있으면 판례에 따름)

① 지역권자는 지역권을 방해하는 자에 대하여 방해의 제거를 청구할 수 있다.

② 간접점유자는 제3자의 점유침해에 대하여 물권적 청구권을 행사할 수 있다.

③ 직접점유자가 임의로 점유를 타인에게 양도한 경우에는 그 점유이전이 간접점유자의 의사에 반하더라도 간접점유자의 점유가 침탈된 경우에 해당하지 않는다.

④ 부동산 양도담보의 피담보채무가 전부 변제되었음을 이유로 양도담보권설정자가 행사하는 소유권이전등기말소청구권은 소멸시효에 걸린다.

⑤ 민법 제205조 제2항이 정한 점유물방해제거청구권의 행사를 위한 '1년의 제척기간'은 출소기간이다.

23 甲이 20년간 소유의 의사로 평온, 공연하게 乙소유의 X토지를 점유한 경우에 관한 설명으로 옳은 것을 모두 고른 것은? (다툼이 있으면 판례에 따름)

ㄱ. X토지가 미등기 상태라면 甲은 등기 없이도 X토지의 소유권을 취득한다.

ㄴ. 乙은 甲에 대하여 점유로 인한 부당이득반환청구를 할 수 있다.

ㄷ. 乙이 丙에게 X토지를 유효하게 명의신탁한 후 丙이 甲에 대해 소유자로서의 권리를 행사하는 경우, 특별한 사정이 없는 한 甲은 점유취득시효의 완성을 이유로 이를 저지할 수 있다.

---

① ㄱ

② ㄷ

③ ㄱ, ㄴ

④ ㄴ, ㄷ

⑤ ㄱ, ㄴ, ㄷ

24 첨부에 관한 설명으로 옳지 <u>않은</u> 것은? (다툼이 있으면 판례에 따름)

① 주종을 구별할 수 있는 동산들이 부합하여 분리에 과다한 비용을 요할 경우, 그 합성물의 소유권은 주된 동산의 소유자에게 속한다.

② 타인이 권원에 의하여 부동산에 부속시킨 동산이 그 부동산과 분리되면 경제적 가치가 없는 경우, 그 동산의 소유권은 부동산 소유자에게 속한다.

③ 양도담보의 목적인 주된 동산에 甲소유의 동산이 부합되어 甲이 그 소유권을 상실하는 손해를 입은 경우, 특별한 사정이 없는 한 甲은 양도담보권자를 상대로 보상을 청구할 수 있다.

④ 타인의 동산에 가공한 경우, 가공으로 인한 가액의 증가가 원재료의 가액보다 현저히 다액인 때에는 가공자의 소유로 한다.

⑤ 건물의 증축 부분이 기존 건물에 부합하여 기존 건물과 분리해서는 별개의 독립물로서의 효용을 갖지 못하는 경우, 기존 건물에 대한 경매절차에서 경매목적물로 평가되지 않았더라도 매수인은 부합된 증축 부분의 소유권을 취득한다.

25 선의취득에 관한 설명으로 옳지 <u>않은</u> 것은? (다툼이 있으면 판례에 따름)

① 경매에 의해서는 동산을 선의취득할 수 없다.

② 점유개정에 의한 인도로는 선의취득이 인정되지 않는다.

③ 동산질권도 선의취득할 수 있다.

④ 선의취득자는 임의로 선의취득의 효과를 거부하고 종전 소유자에게 동산을 반환받아 갈 것을 요구할 수 없다.

⑤ 점유보조자가 횡령한 물건은 민법 제250조의 도품·유실물에 해당하지 않는다.

26 주위토지통행권에 관한 설명으로 옳지 <u>않은</u> 것은? (다툼이 있으면 판례에 따름)

① 토지의 분할로 주위토지통행권이 인정되는 경우, 통행권자는 분할당사자인 통행지 소유자의 손해를 보상하여야 한다.

② 통행지 소유자는 통행지를 배타적으로 점유하고 있는 주위토지통행권자에 대해 통행지의 인도를 청구할 수 있다.

③ 주위토지통행권은 법정의 요건을 충족하면 당연히 성립하고 요건이 없어지면 당연히 소멸한다.

④ 주위토지통행권에 기한 통행에 방해가 되는 축조물을 설치한 통행지 소유자는 그 철거의무를 부담한다.

⑤ 주위토지통행권의 범위는 현재의 토지의 용법에 따른 이용의 범위에서 인정된다.

27 점유에 관한 설명으로 옳은 것은? (다툼이 있으면 판례에 따름)

① 미등기건물의 양수인은 그 건물에 관한 사실상의 처분권을 보유하더라도 건물부지를 점유하고 있다고 볼 수 없다.

② 건물 공유자 중 일부만이 당해 건물을 점유하고 있는 경우, 그 건물의 부지는 건물 공유자 전원이 공동으로 점유하는 것으로 볼 수 있다.

③ 점유자의 권리적법추정 규정(민법 제200조)은 특별한 사정이 없는 한 등기된 부동산에도 적용된다.

④ 선의의 점유자라도 본권에 관한 소에 패소한 때에는 그 패소판결이 확정된 때로부터 악의의 점유자로 본다.

⑤ 진정한 소유자가 점유자를 상대로 소유권이전등기의 말소청구소송을 제기하여 점유자의 패소로 확정된 경우, 그 소가 제기된 때부터 점유자의 점유는 타주점유로 전환된다.

28 甲, 乙, 丙은 X토지를 각각 7분의 1, 7분의 2, 7분의 4의 지분으로 공유하고 있다. 이에 관한 설명으로 옳지 <u>않은</u> 것은? (다툼이 있으면 판례에 따름)

① 甲이, 乙, 丙과의 협의 없이 X토지 전부를 독점적으로 점유하는 경우, 乙은 甲에 대하여 공유물의 보존행위로서 X토지의 인도를 청구할 수 없다.

② 丁이 X토지 전부를 불법으로 점유하는 경우, 甲은 단독으로 X토지 전부의 인도를 청구할 수 있다.

③ 丙이 甲, 乙과의 협의 없이 X토지 전부를 戊에게 임대한 경우, 甲은 戊에게 차임 상당액의 7분의 1을 부당이득으로 반환할 것을 청구할 수 있다.

④ 甲, 乙, 丙 사이의 X토지 사용·수익에 관한 특약이 공유지분권의 본질적 부분을 침해하지 않는 경우라면 그 특약을 丙의 특정승계인에게 승계될 수 있다.

⑤ 甲은 특별한 사정이 없는 한 乙, 丙의 동의 없이 X토지에 관한 자신의 지분을 처분할 수 있다.

29 공유물 분할에 관한 설명으로 옳지 <u>않은</u> 것은? (다툼이 있으면 판례에 따름)

① 공유물분할청구권은 형성권에 해당한다.

② 공유관계가 존속하는 한 공유물분할청구권만이 독립하여 시효로 소멸될 수 없다.

③ 부동산의 일부 공유지분 위에 저당권이 설정된 후 그 공유부동산이 현물분할된 경우, 저당권은 원칙적으로 저당권설정자에게 분할된 부분에 집중된다.

④ 공유물분할 청구의 소에서 법원은 원칙적으로 공유물분할을 청구하는 원고가 구하는 방법에 구애받지 않고 재량에 따라 합리적 방법으로 분할을 명할 수 있다.

⑤ 공유자는 특별한 사정이 없는 한 언제든지 공유물의 분할을 청구할 수 있다.

30 관습상의 법정지상권에 관한 설명으로 옳지 <u>않은</u> 것은? (다툼이 있으면 판례에 따름)

① 토지 또는 그 지상 건물의 소유권이 강제경매절차로 인하여 매수인에게 이전된 경우, 매수인의 매각 대금 완납시를 기준으로 토지와 그 지상 건물이 동일인 소유에 속하였는지 여부를 판단하여야 한다.

② 관습상의 법정지상권이 성립하였으나 건물 소유자가 토지 소유자와 건물의 소유를 목적으로 하는 토지 임대차계약을 체결한 경우, 그 관습상의 법정지상권은 포기된 것으로 보아야 한다.

③ 관습상의 법정지상권은 이를 취득할 당시의 토지소유자로부터 토지소유권을 취득한 제3자에게 등기없 이 주장될 수 있다.

④ 관습상의 법정지상권이 성립한 후에 건물이 증축된 경우, 그 법정지상권의 범위는 구 건물을 기준으로 그 유지·사용을 위하여 일반적으로 필요한 범위 내의 대지 부분에 한정된다.

⑤ 관습상의 법정지상권 발생을 배제하는 특약의 존재에 관한 주장·증명책임은 그 특약의 존재를 주장하 는 측에 있다.

31 지역권에 관한 설명으로 옳지 <u>않은</u> 것은? (다툼이 있으면 판례에 따름)

① 통행지역권의 점유취득시효는 승역지 위에 도로를 설치하여 늘 사용하는 객관적 상태를 전제로 한다.

② 요역지의 공유자 중 1인이 지역권을 취득한 때에는 다른 공유자도 이를 취득한다.

③ 요역지의 공유자 중 1인에 의한 지역권소멸시효의 중단은 다른 공유자에게는 효력이 없다.

④ 점유로 인한 지역권 취득기간의 중단은 지역권을 행사하는 모든 공유자에 대한 사유가 아니면 그 효력 이 없다.

⑤ 통행지역권을 시효취득한 요역지 소유자는 특별한 사정이 없는 한 승역지에 대한 도로 설치 및 사용에 의하여 승역지 소유자가 입은 손해를 보상해야 한다.

32 전세권에 관한 설명으로 옳지 <u>않은</u> 것은? (다툼이 있으면 판례에 따름)

① 전세금의 지급은 전세권 성립의 요소이다.

② 기존채권으로 전세금의 지급에 갈음할 수 있다.

③ 농경지를 전세권의 목적으로 할 수 있다.

④ 전세금이 경제사정의 변동으로 인하여 상당하지 아니하게 된 때에는 당사자는 장래에 대하여 그 증감 을 청구할 수 있다.

⑤ 전세권의 목적물의 전부 또는 일부가 전세권자에 책임있는 사유로 인하여 멸실된 경우, 전세권설정자 는 전세권이 소멸된 후 전세금으로써 손해의 배상에 충당할 수 있다.

33 전세권에 관한 설명으로 옳지 <u>않은</u> 것은? (다툼이 있으면 판례에 따름)

① 타인의 토지에 있는 건물에 전세권을 설정한 때에는 전세권의 효력은 그 건물의 소유를 목적으로 한 지상권에 미친다.

② 건물전세권설정자가 건물의 존립을 위한 토지사용권을 가지지 못하여 그가 토지소유자의 건물철거 등 청구에 대항할 수 없는 경우, 전세권자는 토지소유자의 권리행사에 대항할 수 없다.

③ 지상권을 가지는 건물소유자가 그 건물에 전세권을 설정하였으나 그가 2년 이상의 지료를 지급하지 아니하였음을 이유로 지상권설정자가 지상권의 소멸을 청구한 경우, 전세권자의 동의가 없다면 지상권은 소멸되지 않는다.

④ 대지와 건물이 동일한 소유자에 속한 경우에 건물에 전세권을 설정한 때에는 그 대지소유권의 특별승계인은 전세권설정자에 대하여 지상권을 설정한 것으로 본다.

⑤ 건물에 대한 전세권의 존속기간을 1년 미만으로 정한 때에는 이를 1년으로 한다.

34 민사유치권자 甲에 관한 설명으로 옳지 <u>않은</u> 것은?

① 甲이 수취한 유치물의 과실은 먼저 피담보채권의 원본에 충당하고 그 잉여가 있으면 이자에 충당한다.

② 甲은 피담보채권의 변제를 받기 위하여 유치물을 경매할 수 있다.

③ 甲이 유치권을 행사하더라도 피담보채권의 소멸시효의 진행에는 영향을 미치지 않는다.

④ 甲은 채무자의 승낙이 없더라도 유치물의 보존에 필요한 사용은 할 수 있다.

⑤ 甲은 피담보채권 전부의 변제를 받을 때까지 유치물 전부에 대하여 그 권리를 행사할 수 있다.

35 민사유치권에 관한 설명으로 옳은 것은? (다툼이 있으면 판례에 따름)

① 유치권 배제 특약이 있더라도 다른 법정요건이 모두 충족되면 유치권이 성립한다.

② 채무자는 상당한 담보를 제공하고 유치권의 소멸을 청구할 수 있다.

③ 원칙적으로 유치권은 채권자 자신 소유 물건에 대해서도 성립한다.

④ 채권자가 채무자를 직접점유자로 하여 간접점유하는 경우, 채권자의 점유는 유치권의 요건으로서의 점유에 해당한다.

⑤ 채권자의 점유가 불법행위로 인한 경우에도 유치권이 성립한다.

36 민사동산질권에 관한 설명으로 옳지 <u>않은</u> 것은?

① 질권자는 피담보채권의 변제를 받기 위하여 질물을 경매할 수 있고, 그 매각대금으로부터 일반채권자와 동일한 순위로 변제받는다.

② 질권은 양도할 수 없는 물건을 목적으로 하지 못한다.

③ 질권은 다른 약정이 없는 한 원본, 이자, 위약금, 질권실행의 비용, 질물보존의 비용 및 채무불이행 또는 질물의 하자로 인한 손해배상의 채권을 담보한다.

④ 질권자는 피담보채권의 변제를 받을 때까지 질물을 유치할 수 있으나 자기보다 우선권이 있는 채권자에게 대항하지 못한다.

⑤ 수개의 채권을 담보하기 위하여 동일한 동산에 수개의 질권을 설정한 때에는 그 순위는 설정의 선후에 의한다.

37 민법 제365조의 일괄경매청구권에 관한 설명으로 옳은 것을 모두 고른 것은? (다툼이 있으면 판례에 따름)

> ㄱ. 토지에 저당권을 설정한 후 그 설정자가 그 토지에 건물을 축조하여 저당권자가 토지와 함께 그 건물에 대하여도 경매를 청구하는 경우, 저당권자는 그 건물의 경매대가에 대해서도 우선변제를 받을 권리가 있다.
>
> ㄴ. 저당권설정자로부터 저당토지에 대한 용익권을 설정받은 자가 그 토지에 건물을 축조한 후 저당권설정자가 그 건물의 소유권을 취득한 경우, 저당권자는 토지와 건물을 일괄하여 경매를 청구할 수 있다.
>
> ㄷ. 토지에 저당권을 설정한 후 그 설정자가 그 토지에 축조한 건물의 소유권이 제3자에게 이전된 경우, 저당권자는 토지와 건물을 일괄하여 경매를 청구할 수 없다.

① ㄱ

② ㄴ

③ ㄷ

④ ㄴ, ㄷ

⑤ ㄱ, ㄴ, ㄷ

38 민법 제366조의 법정지상권에 관한 설명으로 옳은 것을 모두 고른 것은? (다툼이 있으면 판례에 따름)

> ㄱ. 미등기건물의 소유를 위해서도 법정지상권이 성립할 수 있다.
> ㄴ. 당사자 사이에 지료에 관하여 협의한 사실이나 법원에 의하여 지료가 결정된 사실이 없다면, 법정지상권자가 지료를 지급하지 않았다고 하더라도 지료 지급을 지체한 것으로 볼 수 없다.
> ㄷ. 건물소유를 위한 법정지상권을 취득한 사람으로부터 경매에 의해 건물소유권을 이전받은 매수인은 특별한 사정이 없는 한 건물의 매수취득과 함께 위 지상권도 당연히 취득한다.

① ㄱ
② ㄴ
③ ㄱ, ㄷ
④ ㄴ, ㄷ
⑤ ㄱ, ㄴ, ㄷ

39 근저당권에 관한 설명으로 옳지 않은 것은? (다툼이 있으면 판례에 따름)

① 근저당권의 존속기간이나 결산기를 정한 경우, 원칙적으로 결산기가 도래하거나 존속기간이 만료한 때에 그 피담보채무가 확정된다.

② 근저당권의 존속기간이나 결산기를 정하지 않고 피담보채권의 확정방법에 관한 다른 약정이 없는 경우, 근저당권설정자는 근저당권자를 상대로 언제든지 계약 해지의 의사표시를 하여 피담보채무를 확정시킬 수 있다.

③ 근저당권자가 피담보채무의 불이행을 이유로 경매신청을 한 경우, 경매신청시에 근저당권의 피담보채권액이 확정된다.

④ 후순위 근저당권자가 경매를 신청한 경우, 선순위 근저당권의 피담보채권은 매수인이 매각대금을 완납한 때에 확정된다.

⑤ 공동근저당권자가 저당목적 부동산 중 일부 부동산에 대하여 제3자가 신청한 경매절차에 소극적으로 참가하여 우선배당을 받은 경우, 특별한 사정이 없는 한 나머지 저당목적 부동산에 관한 근저당권의 피담보채권도 확정된다.

40 저당권에 관한 설명으로 옳지 않은 것은? (다툼이 있으면 판례에 따름)

① 저당권은 그 담보한 채권과 분리하여 타인에게 양도하거나 다른 채권의 담보로 하지 못한다.

② 저당물의 소유권을 취득한 제3자는 그 저당물에 관한 저당권 실행의 경매절차에서 경매인이 될 수 있다.

③ 특별한 사정이 없는 한 건물에 대한 저당권의 효력은 그 건물에 종된 권리인 건물의 소유를 목적으로 하는 지상권에도 미친다.

④ 전세권을 목적으로 한 저당권이 설정된 후 전세권이 존속기간 만료로 소멸된 경우, 저당권자는 전세금반환채권에 대하여 물상대위권을 행사할 수 있다.

⑤ 저당목적물의 변형물인 물건에 대하여 이미 제3자가 압류하여 그 물건이 특정된 경우에도 저당권자는 스스로 이를 압류하여야 물상대위권을 행사할 수 있다.

02 2021년 제32회 기출문제

01 관습법과 사실인 관습에 관한 설명으로 옳지 **않은** 것은? (다툼이 있으면 판례에 따름)

① 관습법은 성문법에 대하여 보충적 효력을 갖는다.

② 공동선조와 성과 본을 같이하는 미성년자인 후손은 종중의 구성원이 될 수 없다.

③ 관습법이 성립한 후 사회구성원들이 그러한 관행의 법적 구속력에 더 이상 법적 확신을 갖지 않게 된 경우, 그 관습법은 법적 규범으로서의 효력이 없다.

④ 사실인 관습은 법령으로서의 효력이 없고, 법률행위 당사자의 의사를 보충함에 그친다.

⑤ 미등기 무허가건물의 매수인은 그 소유권이전등기를 마치지 않아도 소유권에 준하는 관습상의 물권을 취득한다.

02 신의성실의 원칙에 관한 설명으로 옳은 것을 모두 고른 것은? (다툼이 있으면 판례에 따름)

> ㄱ. 회사의 이사가 회사의 확정채무를 보증한 경우에는 그 직을 사임하더라도 사정변경을 이유로 그 보증계약을 해지할 수 없다.
> ㄴ. 소멸시효 완성 전에 채무자가 시효중단을 현저히 곤란하게 하여 채권자가 아무런 조치를 취할 수 없었던 경우, 그 채무자가 시효완성을 주장하는 것은 신의칙 상 허용되지 않는다.
> ㄷ. 강행법규를 위반한 자가 스스로 강행법규 위반을 이유로 약정의 무효를 주장하는 것은 특별한 사정이 없는 한 신의칙에 반한다.

① ㄱ   ② ㄷ
③ ㄱ, ㄴ   ④ ㄴ, ㄷ
⑤ ㄱ, ㄴ, ㄷ

03 제한능력에 관한 설명으로 옳지 <u>않은</u> 것은?

① 가정법원은 한정후견개시의 심판을 할 때 본인의 의사를 고려하지 않아도 된다.

② 가정법원은 취소할 수 없는 피성년후견인의 법률행위의 범위를 정할 수 있으나, 성년후견인의 청구에 의하여 이를 변경할 수 있다.

③ 성년후견인은 일상생활에 필요하고 그 대가가 과도하지 않은 피성년후견인의 법률행위를 취소할 수 없다.

④ 가정법원은 성년후견개시의 심판을 할 때 본인의 의사를 고려하여야 한다.

⑤ 피성년후견인이 성년후견인의 동의를 얻어 재산상의 법률행위를 한 경우에도 성년후견인은 이를 취소할 수 있다.

04 실종선고에 관한 설명으로 옳지 <u>않은</u> 것은? (다툼이 있으면 판례에 따름)

① 가족관계등록부상 이미 사망으로 기재되어 있는 자에 대해서는 원칙적으로 실종선고를 할 수 없다.

② 실종선고를 받아 사망으로 간주된 자는 실종선고가 취소되지 않는 한 반증을 통해 그 효력을 번복할 수 없다.

③ 실종선고 후 그 취소 전에 선의로 한 행위의 효력은 실종선고의 취소에 의해 영향을 받지 않는다.

④ 실종선고의 취소에는 공시최고를 요하지 않는다.

⑤ 실종자를 당사자로 한 판결이 확정된 후에 실종선고가 확정되어 그 사망간주의 시점이 소 제기 전으로 소급하는 경우, 특별한 사정이 없는 한 그 판결은 당사자능력이 없는 사람을 상대로 한 판결로서 무효가 된다.

05 법인에 관한 설명으로 옳지 <u>않은</u> 것은? (다툼이 있으면 판례에 따름)

① 사단법인 이사의 대표권 제한은 이를 등기하지 않으면 악의의 제3자에게도 대항하지 못한다.

② 재단법인의 정관변경은 그 변경방법을 정관에서 정한 때에도 주무관청의 허가를 얻지 않으면 그 효력이 없다.

③ 재단법인의 기본재산에 관한 근저당권 설정행위는 특별한 사정이 없는 한 주무관청의 허가를 얻을 필요가 없다.

④ 재단법인의 기본재산 변경 시, 그로 인하여 기본재산이 새로이 편입되는 경우에는 주무관청의 허가를 얻을 필요가 없다.

⑤ 법인에 대한 청산종결등기가 경료된 경우에도 청산사무가 종결되지 않는 한 그 범위 내에서는 청산법인으로서 존속한다.

06 법인의 불법행위책임에 관한 설명으로 옳은 것은? (다툼이 있으면 판례에 따름)

① 외형상 직무행위로 인정되는 대표자의 권한 남용행위에 대해서도 법인의 불법행위책임이 인정될 수 있다.

② 등기된 대표자의 행위로 인하여 타인에게 손해를 가한 경우에만 법인의 불법행위책임이 성립할 수 있다.

③ 대표자의 행위가 직무에 관한 행위에 해당하지 않음을 피해자 자신이 중대한 과실로 알지 못한 경우, 법인의 불법행위책임이 인정된다.

④ 대표권 없는 이사가 그 직무와 관련하여 타인에게 손해를 가한 경우, 법인의 불법행위 책임이 성립한다.

⑤ 법인의 불법행위책임이 성립하는 경우 그 대표기관은 손해배상책임이 없다.

07 비법인사단에 관한 설명으로 옳은 것은? (다툼이 있으면 판례에 따름)

① 비법인사단의 대표자는 자신의 업무를 타인에게 포괄적으로 위임할 수 있다.

② 여성은 종중구성원이 되지만, 종중총회의 소집권을 가지는 연고항존자가 될 수는 없다.

③ 이사의 선임에 관한 민법 제63조는 비법인사단에 유추적용될 수 없다.

④ 교회는 비법인사단이므로 그 합병과 분열이 인정된다.

⑤ 비법인사단의 대표자가 총회의 결의를 거치지 않고 총유물을 권한 없이 처분한 경우에는 권한을 넘은 표현대리에 관한 민법 제126조가 준용되지 않는다.

08 물건에 관한 설명으로 옳지 <u>않은</u> 것은? (다툼이 있으면 판례에 따름)

① 주물 소유자의 사용에 공여되는 물건이라도 주물 자체의 효용과 직접 관계가 없으면 종물이 아니다.

② 「입목에 관한 법률」에 의하여 소유권보존등기를 한 수목의 집단은 저당권의 객체가 된다.

③ 종물과 주물의 관계에 관한 법리는 권리 상호간에도 적용될 수 있다.

④ 분필절차를 거치지 않은 1필의 토지의 일부에 대해서도 저당권을 설정할 수 있다.

⑤ 저당권의 효력은 저당부동산의 종물에 미치므로 경매를 통하여 저당부동산의 소유권을 취득한 자는 특별한 사정이 없는 한 종물의 소유권을 취득한다.

09 반사회적 법률행위에 관한 설명으로 옳지 <u>않은</u> 것은? (다툼이 있으면 판례에 따름)

① 어느 법률행위가 사회질서에 반하는지 여부는 특별한 사정이 없는 한 법률행위 당시를 기준으로 판단해야 한다.

② 강제집행을 면할 목적으로 부동산에 허위의 근저당권을 설정하는 행위는 특별한 사정이 없는 한 반사회적 법률행위라고 볼 수 없다.

③ 대리인이 매도인의 배임행위에 적극 가담하여 이루어진 부동산의 이중매매의 경우, 본인인 매수인이 그러한 사정을 몰랐다면 반사회적 법률행위가 되지 않는다.

④ 법률행위의 성립과정에서 단지 강박이라는 불법적 방법이 사용된 것에 불과한 때에는 반사회적 법률행위로 볼 수 없다.

⑤ 반사회적 법률행위임을 이유로 하는 무효는 선의의 제3자에게 대항할 수 있다.

10 물건의 승계취득에 해당하는 것은? (다툼이 있으면 판례에 따름)

① 무주물 선점에 의한 소유권 취득

② 상속에 의한 소유권 취득

③ 환지처분에 의한 국가의 소유권 취득

④ 건물 신축에 의한 소유권 취득

⑤ 공용징수에 의한 토지 소유권 취득

11 통정허위표시에 의하여 외형상 형성된 법률관계를 기초로 하여 '새로운 법률상 이해관계를 맺은 제3자'에 해당하지 <u>않는</u> 자는? (다툼이 있으면 판례에 따름)

① 가장전세권에 관하여 저당권을 취득한 자

② 가장소비대차에 기한 대여금채권을 양수한 자

③ 가장저당권 설정행위에 기한 저당권의 실행에 의하여 목적부동산을 경락받은 자

④ 가장의 채권양도 후 채무가 변제되지 않고 있는 동안 채권양도가 허위임이 밝혀진 경우에 있어서의 채무자

⑤ 가장소비대차의 대주(貸主)가 파산한 경우, 파산자와는 독립한 지위에서 파산채권자 전체의 공동의 이익을 위하여 직무를 행하게 된 파산관재인

12 착오에 의한 의사표시에 관한 설명으로 옳지 <u>않은</u> 것은? (다툼이 있으면 판례에 따름)

① 토지매매에 있어서 특별한 사정이 없는 한, 매수인이 측량을 통하여 매매목적물이 지적도상의 그것과 정확히 일치하는지 확인하지 않은 경우 중대한 과실이 인정된다.

② 상대방이 표의자의 진의에 동의한 경우 표의자는 착오를 이유로 의사표시를 취소할 수 없다.

③ 상대방에 의해 유발된 동기의 착오는 동기가 표시되지 않았더라도 중요부분의 착오가 될 수 있다.

④ 상대방이 표의자의 착오를 알면서 이용한 경우에는 착오가 표의자의 중대한 과실로 인한 것이더라도 표의자는 착오에 의한 의사표시를 취소할 수 있다.

⑤ 제3자의 기망행위에 의해 표시상의 착오에 빠진 경우에 사기가 아닌 착오를 이유로 의사표시를 취소할 수 있다.

13 사기·강박에 의한 의사표시에 관한 설명으로 옳은 것은? (다툼이 있으면 판례에 따름)

① 교환계약의 당사자가 자기 소유 목적물의 시가를 묵비하였다면 특별한 사정이 없는 한, 위법한 기망행위가 성립한다.

② 강박에 의해 자유로운 의사결정의 여지가 완전히 박탈되어 그 외형만 있는 법률행위라고 하더라도 이를 무효라고 할 수는 없다.

③ 토지거래허가를 받지 않아 유동적 무효 상태에 있는 법률행위라도 사기에 의한 의사표시의 요건이 충족된 경우 사기를 이유로 취소할 수 있다.

④ 대리인의 기망행위로 계약을 체결한 상대방은 본인이 대리인의 기망행위에 대해 선의·무과실이면 계약을 취소할 수 없다.

⑤ 강박행위의 목적이 정당한 경우에는 비록 그 수단이 부당하다고 하더라도 위법성이 인정될 여지가 없다.

14 의사표시의 효력발생에 관한 설명으로 옳지 <u>않은</u> 것은? (다툼이 있으면 판례에 따름)

① 도달주의의 원칙은 채권양도의 통지와 같은 준법률행위에도 유추적용될 수 있다.

② 의사표시의 부도달 또는 연착으로 인한 불이익은 특별한 사정이 없는 한 표의자가 이를 부담한다.

③ 의사표시자가 그 통지를 발송한 후 제한능력자가 되었다면 특별한 사정이 없는 한 그 의사표시는 취소할 수 있다.

④ 수령무능력자에게 의사표시를 한 경우, 특별한 사정이 없는 한 표의자는 그 의사표시로써 수령무능력자에게 대항할 수 없다.

⑤ 상대방이 정당한 사유 없이 의사표시 통지의 수령을 거절한 경우, 상대방이 그 통지의 내용을 알 수 있는 객관적 상태에 놓여 있는 때에 의사표시의 효력이 생기는 것으로 보아야 한다.

15 복대리에 관한 설명으로 옳은 것은? (다툼이 있으면 판례에 따름)

① 복대리인은 제3자에 대하여 대리인과 동일한 권리의무가 있다.

② 본인의 묵시적 승낙에 기초한 임의대리인의 복임권행사는 허용되지 않는다.

③ 임의대리인이 본인의 명시적 승낙을 얻어 복대리인을 선임한 때에는 본인에 대하여 그 선임감독에 관한 책임이 없다.

④ 법정대리인이 그 자신의 이름으로 선임한 복대리인은 법정대리인의 대리인이다.

⑤ 복대리인의 대리행위에 대해서는 표현대리가 성립할 수 없다.

16 표현대리에 관한 설명으로 옳지 <u>않은</u> 것을 모두 고른 것은? (다툼이 있으면 판례에 따름)

> ㄱ. 대리권 소멸 후의 표현대리에 관한 규정은 임의대리에만 적용된다.
> ㄴ. 표현대리를 주장할 때에는 무권대리인과 표현대리에 해당하는 무권대리 행위를 특정하여 주장하여야 한다.
> ㄷ. 강행법규를 위반하여 무효인 법률행위라 하더라도 표현대리의 법리는 준용될 수 있다.
> ㄹ. 표현대리가 성립하는 경우에도 상대방에게 과실이 있다면 과실상계의 법리를 유추적용하여 본인의 책임을 경감할 수 있다.

① ㄱ, ㄴ

② ㄴ, ㄷ

③ ㄱ, ㄴ, ㄷ

④ ㄱ, ㄷ, ㄹ

⑤ ㄴ, ㄷ, ㄹ

17 소급효가 원칙적으로 인정되지 <u>않는</u> 것은? (다툼이 있으면 판례에 따름)

① 무권대리인이 체결한 계약에 대한 추인의 효과

② 기한부 법률행위에서의 기한도래의 효과

③ 토지거래 허가구역 내의 토지거래계약에 대한 허가의 효과

④ 소멸시효 완성의 효과

⑤ 법률행위 취소의 효과

18 법률행위의 조건과 기한에 관한 설명으로 옳은 것은? (다툼이 있으면 판례에 따름)

① 법정조건도 법률행위의 부관으로서 조건에 해당한다.

② 채무면제와 같은 단독행위에는 조건을 붙일 수 없다.

③ 기한은 특별한 사정이 없는 한 채권자의 이익을 위한 것으로 추정한다.

④ 조건에 친하지 않은 법률행위에 불법조건을 붙이면 조건 없는 법률행위로 전환된다.

⑤ 불확정한 사실의 발생을 기한으로 한 경우, 특별한 사정이 없는 한 그 사실의 발생이 불가능한 것으로 확정된 때에도 기한이 도래한 것으로 본다.

19 소멸시효의 기산점에 관한 설명으로 옳지 <u>않은</u> 것은? (다툼이 있으면 판례에 따름)

① 정지조건부 권리는 조건이 성취되지 않은 동안에는 소멸시효가 진행되지 않는다.

② 이행기한을 정하지 않은 채권은 채권자의 이행최고가 있은 날로부터 소멸시효가 진행한다.

③ 채무불이행으로 인한 손해배상청구권은 채무불이행시로부터 소멸시효가 진행한다.

④ 동시이행의 항변권이 붙은 채권은 그 이행기로부터 소멸시효가 진행한다.

⑤ 무권대리인에 대한 상대방의 계약이행청구권이나 손해배상청구권은 그 선택권을 행사할 수 있을 때부터 소멸시효가 진행한다.

20 소멸시효에 관한 설명으로 옳지 <u>않은</u> 것은? (다툼이 있으면 판례에 따름)

① 소멸시효는 법률행위에 의하여 이를 배제하거나 연장할 수 없다.

② 시효의 중단은 원칙적으로 당사자 및 그 승계인 사이에서만 효력이 있다.

③ 소멸시효 중단사유로서의 채무승인은 채무가 있음을 알고 있다는 뜻의 의사표시이므로 효과의사가 필요하다.

④ 소멸시효의 이익은 시효가 완성되기 전에 미리 포기하지 못한다.

⑤ 소멸시효 완성 후 채무자는 시효완성의 사실을 알고 그 채무를 묵시적으로 승인함으로써 시효의 이익을 포기할 수 있다.

21 부동산등기에 관한 설명으로 옳지 <u>않은</u> 것은? (다툼이 있으면 판례에 따름)

① 전부 멸실한 건물의 보존등기를 신축한 건물의 보존등기로 유용하는 것은 허용된다.

② 물권에 관한 등기가 원인 없이 말소되었더라도 특별한 사정이 없는 한 그 물권의 효력에는 아무런 영향을 미치지 않는다.

③ 소유권이전청구권 보전의 가등기가 있더라도 소유권이전등기를 청구할 어떤 법률관계가 있다고 추정되지 않는다.

④ 가등기권리자가 가등기에 기한 소유권이전의 본등기를 한 경우에는 등기공무원은 그 가등기 후에 한 제3자 명의의 소유권이전등기를 직권으로 말소하여야 한다.

⑤ 소유권이전등기가 마쳐지면 그 등기명의자는 제3자는 물론이고 전소유자에 대해서도 적법한 등기원인에 의하여 소유권을 취득한 것으로 추정된다.

22 점유자와 회복자의 관계에 관한 설명으로 옳은 것은? (다툼이 있으면 판례에 따름)

① 선의의 점유자가 취득하는 과실에 점유물의 사용이익은 포함되지 않는다.

② 유치권자에게는 원칙적으로 수익목적의 과실수취권이 인정된다.

③ 점유물이 점유자의 귀책사유로 훼손된 경우, 선의의 점유자는 소유의 의사가 없더라도 이익이 현존하는 한도에서 배상책임이 있다.

④ 회복자로부터 점유물의 반환을 청구 받은 점유자는 유익비의 상환을 청구할 수 있다.

⑤ 점유물의 소유자가 변경된 경우, 점유자는 유익비 지출 당시의 전 소유자에게 비용의 상환을 청구해야 한다.

23 총유에 관한 설명으로 옳지 <u>않은</u> 것은? (다툼이 있으면 판례에 따름)

① 비법인사단이 총유물에 관한 매매계약을 체결하는 행위는 총유물의 처분행위가 아니다.

② 비법인사단이 타인 간의 금전채무를 보증하는 행위는 총유물의 관리 · 처분행위가 아니다.

③ 총유물의 보존행위는 특별한 사정이 없는 한 구성원이 단독으로 결정할 수 없다.

④ 비법인사단의 대표자는 총유재산에 관한 소송에서 단독으로 당사자가 될 수 없다.

⑤ 비법인사단인 주택조합이 주체가 되어 신축 완공한 건물로서 일반에게 분양되는 부분은 조합원 전원의 총유에 속한다.

24 점유에 관한 설명으로 옳지 <u>않은</u> 것은? (다툼이 있으면 판례에 따름)

① 점유매개자의 점유를 통한 간접점유에 의해서도 점유에 의한 시효취득이 가능하다.

② 사기의 의사표시에 의해 건물을 명도해 준 자는 점유회수의 소권을 행사할 수 없다.

③ 미등기건물을 양수하여 건물에 관한 사실상의 처분권을 보유한 양수인은 그 건물부지의 점유자이다.

④ 간접점유의 요건이 되는 점유매개관계는 법률행위가 아닌 법령의 규정에 의해서는 설정될 수 없다.

⑤ 상속에 의하여 점유권을 취득한 상속인은 새로운 권원에 의하여 자기 고유의 점유를 개시하지 않는 한 피상속인의 점유를 떠나 자기만의 점유를 주장할 수 없다.

25 선의취득에 관한 설명으로 옳은 것은? (다툼이 있으면 판례에 따름)

① 선의취득에 관한 민법 제249조는 저당권의 취득에도 적용된다.

② 동산의 선의취득에 필요한 점유의 취득은 현실의 인도뿐만 아니라 점유개정에 의해서도 가능하다.

③ 선의취득의 요건인 선의·무과실의 판단은 동산의 인도 여부와 관계없이 물권적 합의가 이루어진 때를 기준으로 한다.

④ 도품·유실물에 관한 민법 제251조는 선의취득자에게 그가 지급한 대가의 변상시까지 취득물의 반환청구를 거부할 수 있는 항변권만을 인정한다는 취지이다.

⑤ 제3자에 대한 목적물반환청구권을 양수인에게 양도하고 지명채권 양도의 대항요건을 갖추면 동산의 선의취득에 필요한 점유의 취득요건을 충족한다.

26 구분소유적 공유관계에 관한 설명으로 옳지 <u>않은</u> 것은? (다툼이 있으면 판례에 따름)

① 구분소유적 공유관계의 해소는 상호명의신탁의 해지에 의한다.

② 당사자 내부에 있어서는 각자가 특정매수한 부분은 각자의 단독 소유가 된다.

③ 구분소유적 공유지분을 매수한 자는 당연히 구분소유적 공유관계를 승계한다.

④ 제3자의 방해행위가 있으면 공유자는 자기의 구분소유 부분뿐만 아니라 전체 토지에 대하여 공유물의 보존행위로서 그 배제를 구할 수 있다.

⑤ 구분소유적 공유관계는 어떤 토지에 관하여 그 위치와 면적을 특정하여 여러 사람이 구분소유하기로 하는 약정이 있어야만 적법하게 성립할 수 있다.

27 부동산 취득시효에 관한 설명으로 옳지 <u>않은</u> 것은? (다툼이 있으면 판례에 따름)

① 무과실은 점유취득시효의 요건이 아니다.

② 성명불상자의 소유물도 시효취득의 대상이 된다.

③ 점유취득시효가 완성된 후에는 취득시효 완성의 이익을 포기할 수 있다.

④ 행정재산은 시효취득의 대상이 아니다.

⑤ 압류는 점유취득시효의 중단사유이다.

28 甲은 자선의 X토지를 乙에게 매도하였고, 乙은 X 토지를 丙에게 전매하였다. 다음 설명으로 옳지 <u>않은</u> 것을 모두 고른 것은? (다툼이 있으면 판례에 따름)

> ㄱ. 甲, 乙, 丙 사이에 중간생략등기에 관한 합의가 있다면, 甲의 乙에 대한 소유권이전등기의무는 소멸한다.
> ㄴ. 乙의 甲에 대한 소유권이전등기청구권의 양도는 甲에 대한 통지만으로 대항력이 생긴다.
> ㄷ. 甲, 乙, 丙 사이에 중간생략등기에 관한 합의가 없다면, 중간생략등기가 이루어져서 실체관계에 부합하더라도 그 등기는 무효이다.
> ㄹ. 甲, 乙, 丙 사이에 중간생략등기에 관한 합의가 있은 후 甲·乙 간의 특약으로 매매대금을 인상한 경우, 甲은 인상된 매매대금의 미지급을 이유로 丙에 대한 소유권이전등기의무의 이행을 거절할 수 있다.

① ㄱ, ㄴ   ② ㄴ, ㄷ

③ ㄷ, ㄹ   ④ ㄱ, ㄴ, ㄷ

⑤ ㄴ, ㄷ, ㄹ

29 공유관계에 관한 설명으로 옳지 <u>않은</u> 것은? (다툼이 있으면 판례에 따름)

① 부동산 공유자의 공유지분 포기의 의사표시가 다른 공유자에게 도달하더라도 이로써 곧바로 공유지분 포기에 따른 물권변동의 효력이 발생하는 것은 아니다.

② 소수지분권자는 공유물의 전부를 협의 없이 점유하는 다른 소수지분권자에게 공유물의 인도를 청구할 수 있다.

③ 과반수 지분권자는 공유물의 관리에 관한 사항을 단독으로 결정할 수 있다.

④ 토지공유자 사이에서는 지분비율로 공유물의 관리비용을 부담한다.

⑤ 공유자는 특별한 사정이 없는 한 언제든지 공유물의 분할을 청구할 수 있다.

30 공유물분할에 관한 설명으로 옳지 <u>않은</u> 것은? (다툼이 있으면 판례에 따름)

① 공유물분할의 효과는 원칙적으로 소급하지 않는다.
② 재판에 의한 공유물분할은 현물분할이 원칙이다.
③ 공유관계가 존속하는 한, 공유물분할청구권만이 독립하여 시효로 소멸하지는 않는다.
④ 공유토지를 현물분할하는 경우에 반드시 공유지분의 비율대로 토지 면적을 분할해야 하는 것은 아니다.
⑤ 공유물분할의 조정절차에서 공유자 사이에 현물분할의 협의가 성립하여 조정조서가 작성된 때에는 그 즉시 공유관계가 소멸한다.

31 부동산 실권리자명의 등기에 관한 법률상 명의신탁에 관한 설명으로 옳은 것은? (다툼이 있으면 판례에 따름)

① 투기·탈세 등의 방지라는 법의 목적상 명의신탁은 그 자체로 선량한 풍속 기타 사회질서에 위반된다.
② 명의신탁이 무효인 경우, 신탁자와 수탁자가 혼인하면 명의신탁약정이 체결된 때로부터 위 명의신탁은 유효하게 된다.
③ 부동산명의신탁약정의 무효는 수탁자로부터 그 부동산을 취득한 악의의 제3자에게 대항할 수 있다.
④ 농지법에 따른 제한을 피하기 위하여 명의신탁을 한 경우에도 그에 따른 수탁자 명의의 소유권이전등기가 불법원인급여라고 할 수 없다.
⑤ 조세포탈 등의 목적 없이 종교단체장의 명의로 그 종교단체 보유 부동산의 소유권을 등기한 경우, 그 단체와 단체장 간의 명의신탁약정은 유효하다.

32 甲은 乙에 대한 채권을 담보하기 위하여 乙 소유의 X토지에 관하여 저당권을 취득하였다. 그 후 X의 담보가치 하락을 막기 위하여 乙의 X에 대한 사용·수익권을 배제하지 않는 지상권을 함께 취득하였다. 이에 관한 설명으로 옳지 <u>않은</u> 것은? (다툼이 있으면 판례에 따름)

① 甲의 지상권의 피담보채무는 존재하지 않는다.
② 甲의 채권이 시효로 소멸하면 지상권도 소멸한다.
③ 甲의 채권이 변제 등으로 만족을 얻어 소멸하면 지상권도 소멸한다.
④ 제3자가 甲에게 대항할 수 있는 권원 없이 X 위에 건물을 신축하는 경우, 甲은 그 축조의 중지를 요구할 수 있다.
⑤ 제3자가 X를 점유·사용하는 경우, 甲은 지상권의 침해를 이유로 손해배상을 청구할 수 있다.

33 분묘기지권에 관한 설명으로 옳지 <u>않은</u> 것은? (다툼이 있으면 판례에 따름)

① 분묘기지권을 시효취득하는 경우에는 특약이 없는 한 지료를 지급할 필요가 없다.

② 「장사 등에 관한 법률」이 시행된 후 설치된 분묘에 대해서는 더 이상 시효취득이 인정되지 않는다.

③ 분묘기지권의 시효취득을 인정하는 종전의 관습법은 법적 규범으로서의 효력을 상실하였다.

④ 분묘기지권이 인정되는 분묘를 다른 곳에 이장하면 그 분묘기지권은 소멸한다.

⑤ 분묘가 일시적으로 멸실되어도 유골이 존재하여 분묘의 원상회복이 가능하다면 분묘기지권은 존속한다.

34 전세권에 관한 설명으로 옳은 것은? (다툼이 있으면 판례에 따름)

① 전세권이 성립한 후 목적물의 소유권이 이전되더라도 전세금반환채무가 당연히 신소유자에게 이전되는 것은 아니다.

② 전세권의 존속기간이 시작되기 전에 마친 전세권설정등기는 특별한 사정이 없는 한 그 기간이 시작되기 전에는 무효이다.

③ 전세권을 설정하는 때에는 전세금이 반드시 현실적으로 수수되어야 한다.

④ 건물의 일부에 전세권이 설정된 경우 전세권의 목적물이 아닌 나머지 부분에 대해서도 경매를 신청할 수 있다.

⑤ 전세권자가 통상의 필요비를 지출한 경우 그 비용의 상환을 청구하지 못한다.

35 2020년 5월 신탁자 甲과 그의 친구인 수탁자 乙이 X부동산에 대하여 명의신탁약정을 한 후, 乙이 직접 계약당사자가 되어 丙으로부터 X를 매수하고 소유권이전등기를 마쳤다. 다음 설명으로 옳지 <u>않은</u> 것은? (다툼이 있으면 판례에 따름)

① 甲과 乙 사이의 명의신탁약정은 무효이다.

② 丙이 甲·乙 사이의 명의신탁약정 사실을 몰랐다면 乙은 X의 소유권을 취득한다.

③ 丙이 甲·乙 사이의 명의신탁약정 사실을 알았는지 여부는 소유권이전등기가 마쳐진 때를 기준으로 판단하여야 한다.

④ 乙이 X의 소유자가 된 경우 甲으로부터 제공받은 매수자금 상당액을 甲에게 부당이득으로 반환하여야 한다.

⑤ 丙이 甲·乙 사이의 명의신탁약정 사실을 안 경우에도 乙이 그 사정을 모르는 丁에게 X를 매도하여 소유권이전등기를 마쳤다면 丁은 X의 소유권을 취득한다.

36 유치권에 관한 설명으로 옳지 <u>않은</u> 것은? (다툼이 있으면 판례에 따름)

① 건물의 임차인이 임대인에게 지급한 임차보증금반환채권은 그 건물에 관하여 생긴 채권이 아니다.

② 임대인이 건물시설을 하지 않아 임차인이 건물을 임차목적대로 사용하지 못하였음을 이유로 하는 손해배상청구권은 그 건물에 관하여 생긴 채권이다.

③ 수급인의 재료와 노력으로 건축되었고 독립한 건물에 해당되는 기성부분에 대하여는 특별한 사정이 없는 한 수급인은 유치권을 가질 수 없다.

④ 채권자가 채무자를 직접점유자로 하여 간접점유하는 경우에는 유치권이 성립하지 않는다.

⑤ 유치권자가 점유침탈로 유치물의 점유를 상실한 경우, 유치권은 원칙적으로 소멸한다.

37 질권에 관한 설명으로 옳지 <u>않은</u> 것은? (다툼이 있으면 판례에 따름)

① 양도할 수 없는 물건은 질권의 목적이 되지 못한다.

② 질권자는 채권의 변제를 받기 위하여 질물을 경매할 수 있다.

③ 채권질권의 효력은 질권의 목적이 된 채권 외에 그 채권의 지연손해금에는 미치지 않는다.

④ 질권의 목적인 채권의 양도행위는 질권자의 이익을 해하는 변경에 해당되지 않으므로 질권자의 동의를 요하지 않는다.

⑤ 수개의 채권을 담보하기 위하여 동일한 동산에 수개의 질권을 설정한 경우, 그 순위는 설정의 선후에 의한다.

38 저당권에 관한 설명으로 옳지 <u>않은</u> 것은? (다툼이 있으면 판례에 따름)

① 저당부동산에 대한 압류 후에는 저당권설정자의 저당부동산에 관한 차임채권에도 저당권의 효력이 미친다.

② 저당목적물의 변형물에 대하여 이미 제3자가 압류하였더라도 저당권자가 스스로 이를 압류하지 않으면 물상대위권을 행사할 수 없다.

③ 저당권은 그 담보한 채권과 분리하여 타인에게 양도하거나 다른 채권의 담보로 하지 못한다.

④ 저당권의 효력은 원칙적으로 저당부동산에 부합된 물건에 미친다.

⑤ 저당부동산에 대하여 지상권을 취득한 제3자는 저당권자에게 그 부동산으로 담보된 채권을 변제하고 저당권의 소멸을 청구할 수 있다.

39 甲은 乙에 대한 2억 원의 채권을 담보하기 위하여 乙 소유 X토지와 Y건물에 대하여 각각 1번 공동저당권을 취득하였다. 그 후 丙은 乙에 대한 1억 6천만 원의 채권을 담보하기 위하여 X에 대하여 2번 저당권을, 丁은 乙에 대한 7천만 원의 채권을 담보하기 위하여 Y에 대하여 2번 저당권을 취득하였다. 그 후 丙이 경매를 신청하여 X가 3억 원에 매각되어 배당이 완료되었고, 다시 丁이 경매를 신청하여 Y가 1억 원에 매각되었다. 丁이 Y의 매각대금에서 배당받을 수 있는 금액은? (단, 경매비용·이자 등은 고려하지 않으며, 다툼이 있으면 판례에 따름)

① 0원   ② 3,500만 원
③ 4,000만 원   ④ 5,000만 원
⑤ 7,000만 원

40 전세권을 목적으로 하는 지당권에 관한 설명으로 옳지 <u>않은</u> 것은? (다툼이 있으면 판례에 따름)

① 저당권설정자는 저당권자의 동의 없이 전세권을 소멸하게 하는 행위를 하지 못한다.
② 전세권의 존속기간이 만료된 경우 저당권자는 전세권 자체에 대해 저당권을 실행할 수 있다.
③ 전세권의 존속기간이 만료되면 저당권자는 전세금반환채권에 대하여 물상대위할 수 있다.
④ 전세금반환채권은 저당권의 목적물이 아니다.
⑤ 전세권이 기간만료로 소멸한 경우 전세권설정자는 원칙적으로 전세권자에 대하여만 전세금반환의무를 부담한다.

03 2020년 제31회 기출문제

01 법원(法源)에 관한 설명으로 옳지 <u>않은</u> 것은? (다툼이 있으면 판례에 따름)

① 사회구성원이 관습법으로 승인된 관행의 법적 구속력을 확신하지 않게 된 때에는 그 관습법은 효력을 잃는다.

② 헌법의 기본권은 특별한 사정이 없으면 사법관계에 직접 적용된다.

③ 법원은 당사자의 주장·증명을 기다림이 없이 관습법을 직권으로 조사·확정하여야 한다.

④ 우리나라가 가입한 국제조약은 일반적으로 민법이나 상법 또는 국제사법보다 우선적으로 적용된다.

⑤ 관습법은 법령에 저촉되지 아니하는 한 법칙으로서의 효력이 있다.

02 권리주체에 관한 설명으로 옳지 <u>않은</u> 것은? (다툼이 있으면 판례에 따름)

① 의사능력은 자신의 행위의 의미와 결과를 합리적으로 판단할 수 있는 정신적 능력으로 구체적인 법률행위와 관련하여 개별적으로 판단되어야 한다.

② 어떤 법률행위가 일상적인 의미만으로 알기 어려운 특별한 법률적 의미나 효과를 가진 경우, 이를 이해할 수 있을 때 의사능력이 인정된다.

③ 현행 민법은 태아의 권리능력에 관하여 일반적 보호주의를 취한다.

④ 태아의 상태에서는 법정대리인이 있을 수 없고, 법정대리인에 의한 수증행위도 할 수 없다.

⑤ 피상속인과 그의 직계비속 또는 형제자매가 동시에 사망한 것으로 추정되는 경우에도 대습상속이 인정된다.

03 미성년자의 행위능력에 관한 설명으로 옳은 것은? (다툼이 있으면 판례에 따름)

① 행위능력제도는 자기책임의 원칙을 구현하여 거래의 안전을 도모하기 위한 것이다.

② 미성년자가 그 소유의 부동산을 그의 친권자에게 증여하고 소유권이전등기를 마친 경우, 다른 사정이 없으면 적법한 절차를 거친 등기로 추정된다.

③ 친권자는 그의 미성년 자(子)의 이름으로 체결한 계약을 자(子)가 미성년임을 이유로 취소할 수 있다.

④ 친권자가 그의 친구의 제3자에 대한 채무를 담보하기 위하여 미성년자(子) 소유의 부동산에 담보를 설정하는 행위는 이해상반행위이다.

⑤ 미성년자가 타인을 대리할 때에는 법정대리인의 동의를 얻어야 한다.

04 부재자의 재산관리에 관한 설명으로 옳지 않은 것은? (다툼이 있으면 판례에 따름)

① 부재자가 스스로 위임한 재산관리인에게 재산처분권까지 준 경우에도 그 재산관리인은 재산처분에 법원의 허가를 얻어야 한다.

② 재산관리인의 권한초과행위에 대한 법원의 허가결정은 기왕의 처분행위를 추인하는 방법으로도 할 수 있다.

③ 재산관리인이 소송절차를 진행하던 중 부재자에 대한 실종선고가 확정되면 그 재산관리인의 지위도 종료한다.

④ 생사불명의 부재자를 위하여 법원이 선임한 재산관리인은 그가 부재자의 사망을 확인한 때에도 선임결정이 취소되지 않으면 계속 권한을 행사할 수 있다.

⑤ 생사불명의 부재자에 대하여 실종이 선고되더라도 법원이 선임한 재산관리인의 처분행위에 근거한 등기는 그 선임결정이 취소되지 않으면 적법하게 마친 것으로 추정된다.

05 법인에 관한 설명으로 옳지 않은 것은? (다툼이 있으면 판례에 따름)

① 법인의 대표기관이 법인을 위하여 계약을 체결한 경우, 다른 사정이 없으면 그 성립의 효과는 직접 법인에 미치고 계약을 위반한 때에는 법인이 손해를 배상할 책임이 있다.

② 단체의 실체를 갖추어 법인 아닌 사단으로 성립하기 전에 설립주체인 개인이 취득한 권리·의무는 바로 법인 아닌 사단에 귀속된다.

③ 법인 아닌 사단은 대표권제한을 등기할 수 없으므로 거래상대방이 사원총회가 대표권 제한을 결의한 사실을 몰랐고 모른데 잘못이 없으면, 제한을 넘는 이사의 거래행위는 유효하다.

④ 민법에서 법인과 그 기관인 이사의 관계는 위임인과 수임인의 법률관계와 같다.

⑤ 사단법인의 하부조직 중 하나라 하더라도 스스로 단체의 실체를 갖추고 독자활동을 한다면 독립된 법인 아닌 사단으로 볼 수 있다.

06 법인에 관한 설명으로 옳지 <u>않은</u> 것은? (다툼이 있으면 판례에 따름)

① 법인은 설립등기를 함으로써 성립한다.

② 어느 사단법인과 다른 사단법인의 동일 여부는, 다른 사정이 없으면 사원의 동일 여부를 기준으로 결정된다.

③ 법인의 대표자는 그 명칭이나 직위 여하가 아니라 법인등기를 기준으로 엄격하게 확정하여야 한다.

④ 행위의 외형상 직무행위로 인정할 수 있으면, 대표자 개인의 이익을 위한 것이거나 법령에 위반한 것이라도 직무에 관한 행위이다.

⑤ 대표자의 행위가 직무에 관한 것이 아님을 알았거나 중대한 과실로 모른 피해자는 법인에 손해배상 책임을 물을 수 없다.

07 물건에 관한 설명으로 옳지 <u>않은</u> 것은? (다툼이 있으면 판례에 따름)

① 종물은 주물소유자의 상용에 공여된 물건을 말한다.

② 주물과 다른 사람의 소유에 속하는 물건은 종물이 될 수 없다.

③ 주물과 종물의 관계에 관한 법리는 권리 상호간에도 적용된다.

④ 저당권의 효력이 종물에 미친다는 규정은 종물은 주물의 처분에 따른다는 것과 이론적 기초를 같이 한다.

⑤ 토지의 개수는 지적공부의 등록단위가 되는 필(筆)을 표준으로 한다.

08 강행규정에 위반되어 그 효력이 인정되지 <u>않는</u> 것을 모두 고른 것은? (다툼이 있으면 판례에 따름)

> ㄱ. 제3자가 타인의 동의를 받지 않고 타인을 보험계약자 및 피보험자로 하여 체결한 생명보험계약
> ㄴ. 건물의 임차인이 비용을 지출하여 개조한 부분에 대한 원상회복의무를 면하는 대신 그 개조비용의 상환청구권을 포기하기로 하는 약정
> ㄷ. 사단법인의 사원의 지위를 양도·상속할 수 있다는 규약
> ㄹ. 승소를 시켜주면 소송물의 일부를 양도하겠다는 민사소송의 당사자와 변호사 아닌 자 사이의 약정

① ㄱ, ㄴ　　　　　　　　　　　② ㄱ, ㄷ

③ ㄱ, ㄹ　　　　　　　　　　　④ ㄴ, ㄷ

⑤ ㄷ, ㄹ

09 불공정한 법률행위에 관한 설명으로 옳은 것은? (다툼이 있으면 판례에 따름)

① 불공정한 법률행위로 무효가 된 행위의 전환은 인정되지 않는다.

② 불공정한 법률행위라도 당사자가 무효임을 알고 추인한 경우 유효로 될 수 있다.

③ 불공정한 법률행위에 해당하는지 여부는 그 행위를 한 때를 기준으로 판단한다.

④ 불공정한 법률행위의 요건을 갖추지 못한 법률행위는 반사회질서행위가 될 수 없다.

⑤ 증여와 같이 아무런 대가관계 없이 당사자 일방이 상대방에게 일방적인 급부를 하는 행위도 불공정한 법률행위가 될 수 있다.

10 대리에 관한 설명으로 옳지 않은 것은? (다툼이 있으면 판례에 따름)

① 계약체결의 권한을 수여받은 대리인은 체결한 계약을 처분할 권한이 있다.

② 본인이 이의제기 없이 무권대리행위를 장시간 방치한 것을 추인으로 볼 수는 없다.

③ 매매계약의 체결과 이행에 관한 대리권을 가진 대리인은, 특별한 사정이 없으면 매수인의 대금지급기일을 연기할 수 있는 권한을 가진다.

④ 본인이 사회통념상 대리권을 추단할 수 있는 직함이나 명칭 등의 사용을 승낙한 경우, 수권행위가 있는 것으로 볼 수 있다.

⑤ 무권대리행위가 제3자의 위법행위로 야기된 경우에도, 본인이 추인하지 않으면 무권대리인은 계약을 이행하거나 손해를 배상하여야 한다.

11 18세의 甲은 乙의 대리인을 사칭하여 그가 보관하던 乙의 노트북을 그 사정을 모르는 丙에게 팔았다. 이에 관한 설명으로 옳지 않은 것은? (다툼이 있으면 판례에 따름)

① 乙이 丙에게 매매계약을 추인한 때에는 매매계약은 확정적으로 효력이 생긴다.

② 乙이 甲에게 추인한 때에도 그 사실을 모르는 丙은 매매계약을 철회할 수 있다.

③ 乙이 추인하지 않으면, 甲은 자신의 선택으로 丙에게 매매계약을 이행하거나 손해를 배상하여야 한다.

④ 丙이 甲에게 대리권이 없음을 알았더라도 丙은 乙에게 추인 여부의 확답을 최고할 수 있다.

⑤ 乙이 추인한 때에는 甲은 자신이 미성년자임을 이유로 매매계약을 취소하지 못한다.

12 착오에 관한 설명으로 옳지 <u>않은</u> 것은? (다툼이 있으면 판례에 따름)

① 매도인이 매매대금 미지급을 이유로 매매계약을 해제한 후에도 매수인은 착오를 이유로 이를 취소할 수 있다.

② 보험회사의 설명의무 위반으로 보험계약의 중요사항을 제대로 이해하지 못하고 착오에 빠져 계약을 체결한 고객은 그 계약을 취소할 수 있다.

③ 계약서에 X토지를 목적물로 기재한 때에도 Y토지에 대하여 의사의 합치가 있었다면 Y토지를 목적으로 하는 계약이 성립한다.

④ 착오에 관한 민법규정은 법률의 착오에 적용되지 않는다.

⑤ 취소의 의사표시는 취소자가 그 착오를 이유로 자신의 법률행위의 효력을 처음부터 없애려는 의사가 드러나면 충분하다.

13 甲은 乙의 기망으로 그 소유의 X토지를 丙에게 팔았고, 丙은 그의 채권자 丁에게 X토지에 근저당권을 설정하였다. 甲은 기망행위를 이유로 매매계약을 취소하려고 한다. 이에 관한 설명으로 옳지 <u>않은</u> 것은? (다툼이 있으면 판례에 따름) 문제 변형

① 甲은 丙이 그의 잘못없이 기망사실을 몰랐을 때에는 매매계약을 취소할 수 없다.

② 丙의 악의 또는 과실은 甲이 증명하여야 한다.

③ 甲은 매매계약을 취소하지 않고 乙에게 불법행위책임을 물을 수 있다.

④ 丁의 선의는 추정된다.

⑤ 매매계약을 취소한 甲은, 丁이 선의이지만 과실이 있으면 근저당권설정등기의 말소를 청구할 수 있다.

14 의사표시의 효력발생시기에 관한 설명으로 옳지 <u>않은</u> 것은? (다툼이 있으면 판례에 따름)

① 상대방 있는 의사표시는 상대방에게 도달한 때에 그 효력이 생긴다.

② 표의자가 의사표시의 통지를 발송한 후 제한능력자가 되어도 그 의사표시의 효력은 영향을 받지 아니한다.

③ 상대방이 현실적으로 통지를 수령하거나 그 내용을 안 때에 도달한 것으로 본다.

④ 상대방이 정당한 사유 없이 통지의 수령을 거절한 경우, 상대방이 그 통지의 내용을 알 수 있는 객관적 상태에 놓여 있는 때에 의사표시의 효력이 생긴다.

⑤ 등기우편으로 발송된 경우, 상당한 기간 내에 도달하였다고 추정된다.

15 법률행위의 효력에 관한 설명으로 옳은 것을 모두 고른 것은? (다툼이 있으면 판례에 따름)

> ㄱ. 매매계약을 체결하면서 양도소득세를 면탈할 의도로 소유권이전등기를 일정기간 유보하는 약정은 반사회질서행위로 볼 수 없다.
> ㄴ. 경매목적물과 매각대금이 현저하게 공정을 잃은 경우에도 그 경매는 불공정한 법률행위에 해당하지 않는다.
> ㄷ. 도박에 쓸 것을 알면서 빌려준 금전을 담보하기 위하여 저당권을 설정한 사람은 저당권설정등기의 말소를 청구할 수 있다.

① ㄱ
② ㄴ
③ ㄱ, ㄷ
④ ㄴ, ㄷ
⑤ ㄱ, ㄴ, ㄷ

16 형성권에 관한 설명으로 옳은 것을 모두 고른 것은? (다툼이 있으면 판례에 따름)

> ㄱ. 형성권의 행사는 상대방에 대한 일방적 의사표시로 한다.
> ㄴ. 다른 사정이 없으면, 형성권의 행사에 조건 또는 기한을 붙이지 못한다.
> ㄷ. 다른 사정이 없으면, 형성권은 그 일부를 행사할 수 있다.
> ㄹ. 다른 사정이 없으면, 형성권은 제척기간의 적용을 받는다.

① ㄱ, ㄴ, ㄷ
② ㄱ, ㄴ, ㄹ
③ ㄱ, ㄷ, ㄹ
④ ㄴ, ㄷ, ㄹ
⑤ ㄱ, ㄴ, ㄷ, ㄹ

17 조건과 기한에 관한 설명으로 옳지 <u>않은</u> 것은? (다툼이 있으면 판례에 따름)

① 법률행위의 조건은 그 조건의 존재를 주장하는 사람이 증명하여야 한다.
② 정지조건부 법률행위에서 조건이 성취된 사실은 조건의 성취로 권리를 취득하는 사람이 증명하여야 한다.
③ 불능조건이 정지조건인 경우 그 법률행위는 무효이다.
④ 조건의 성취로 불이익을 받을 당사자가 신의성실에 반하여 조건의 성취를 방해한 경우, 처음부터 조건 없는 법률행위로 본다.
⑤ 기한이익 상실의 약정은 특별한 사정이 없으면 형성권적 기한이익 상실의 약정으로 추정한다.

18 소멸시효에 관한 설명으로 옳지 <u>않은</u> 것은? (다툼이 있으면 판례에 따름)

① 인도받은 부동산을 소유권이전등기를 하지 않고 제3자에게 처분·인도한 매수인의 등기청구권은 소멸시효에 걸리지 않는다.

② 채무불이행으로 인한 손해배상청구권의 소멸시효는 손해배상을 청구한 때부터 진행한다.

③ 채권자가 보증인을 상대로 이행을 청구하는 소를 제기한 때에도 주채무의 소멸시효가 완성하면 보증인은 주채무가 시효로 소멸되었음을 주장할 수 있다.

④ 재산권이전청구권과 동시이행관계에 있는 매매대금채권의 소멸시효는 지급기일부터 진행한다.

⑤ 등기 없는 점유취득시효가 완성하였으나 등기하지 않은 토지점유자가 토지의 점유를 잃은 경우, 그로부터 10년이 지나면 등기청구권은 소멸한다.

19 소멸시효와 등기 없는 취득시효에 관한 설명으로 옳은 것은? (다툼이 있으면 판례에 따름)

① 취득시효기간 동안 계속하여 등기명의인이 동일한 때에도 반드시 점유를 개시한 때를 기산점으로 하여야 한다.

② 점유자가 전(前)점유자의 점유를 아울러 주장할 때에는 그 점유의 개시시기를 어느 점유자의 점유기간 중 임의의 시점으로 선택할 수 있다.

③ 채권의 소멸시효가 완성하면 그 채무자의 다른 채권자는 직접 그 완성을 원용할 수 있다.

④ 압류 또는 가압류는 소멸시효와 취득시효의 중단사유이다.

⑤ 취득시효의 중단사유는 종래의 점유상태의 계속을 파괴하는 것으로 인정될 수 있는 것이어야 한다.

20 소멸시효이익의 포기에 관한 설명으로 옳지 <u>않은</u> 것은? (다툼이 있으면 판례에 따름)

① 시효이익은 미리 포기하지 못한다.

② 금전채무에 대한 시효이익의 포기는 채무 전부에 대하여 하여야 한다.

③ 시효이익을 포기한 때부터 새로이 소멸시효가 진행한다.

④ 시효이익의 포기는 철회하지 못한다.

⑤ 채권의 시효이익을 포기한 경우, 이는 채권자와 채무자의 관계에서만 효력이 생긴다.

21 물권에 관한 설명으로 옳지 <u>않은</u> 것은? (다툼이 있으면 판례에 따름)

① 특별한 사정이 없으면, 물건의 일부는 물권의 객체가 될 수 없다.

② 권원 없이 타인의 토지에 심은 수목은 독립한 물권의 객체가 될 수 없다.

③ 종류, 장소 또는 수량지정 등의 방법으로 특정할 수 있으면 수량이 변동하는 동산의 집합도 하나의 물권의 객체가 될 수 있다.

④ 소유권을 비롯한 물권은 소멸시효의 적용을 받지 않는다.

⑤ 소유권을 상실한 전(前)소유자는 물권적 청구권을 행사할 수 없다.

22 부동산 물권변동에 관한 설명으로 옳지 <u>않은</u> 것은? (다툼이 있으면 판례에 따름)

① 소유권이전등기를 마친 등기명의인은 제3자에 대하여 적법한 등기원인으로 소유권을 취득한 것으로 추정되지만 그 전(前)소유자에 대하여는 그렇지 않다.

② 미등기건물의 원시취득자는 그 승계인과 합의하여 승계인 명의로 소유권보존등기를 하여 건물소유권을 이전할 수 있다.

③ 등기는 물권의 존속요건이 아니므로 등기가 원인 없이 말소되더라도 그 권리는 소멸하지 않는다

④ 미등기건물의 소유자가 건물을 그 대지와 함께 팔고 대지에 관한 소유권이전등기를 마친 때에는 매도인에게 관습법상 법정지상권이 인정되지 않는다.

⑤ 저당권설정등기가 원인 없이 말소된 때에도 그 부동산이 경매되어 매수인이 매각대금을 납부하면 원인 없이 말소된 저당권은 소멸한다.

23 물권적 청구권에 관한 설명으로 옳지 <u>않은</u> 것은? (다툼이 있으면 판례에 따름)

① 물권적 청구권은 물권과 분리하여 양도하지 못한다.

② 물권적 청구권을 보전하기 위하여 가등기를 할 수 있다.

③ 미등기건물을 매수한 사람은 소유권이전등기를 갖출 때까지 그 건물의 불법점유자에게 직접 자신의 소유권에 기하여 인도를 청구하지 못한다.

④ 토지소유자는 권원 없이 그의 토지에 건물을 신축·소유한 사람으로부터 건물을 매수하여 그 권리의 범위에서 점유하는 사람에게 건물의 철거를 청구할 수 있다.

⑤ 소유권에 기한 말소등기청구권은 소멸시효의 적용을 받지 않는다.

24 등기에 관한 설명으로 옳지 <u>않은</u> 것은? (다툼이 있으면 판례에 따름)

① 경정등기는 원시적으로 진실한 권리관계와 등기가 일부 어긋나는 경우 이를 바로잡는 등기이다.

② 소유자만이 진정명의회복을 위한 소유권이전등기를 청구할 수 있다.

③ 진정명의회복을 위한 소유권이전등기청구의 상대방은 현재의 등기명의인이다.

④ 증여로 부동산을 취득하였으나 등기원인을 매매로 기재하였다면 그 등기는 무효등기이다.

⑤ 그 이유가 무엇이든 당사자가 자발적으로 말소등기한 경우 말소회복등기를 할 수 없다.

25 甲소유의 X토지에 乙 명의로 소유권이전청구권을 보전하기 위한 가등기를 한 경우에 관한 설명으로 옳은 것은? (다툼이 있으면 판례에 따름)

① 乙은 부기등기의 형식으로는 가등기된 소유권이전청구권을 양도하지 못한다.

② 가등기가 있으면 乙이 甲에게 소유권이전을 청구할 법률관계가 있다고 추정된다.

③ 乙이 가등기에 기하여 본등기를 하면 乙은 가등기한 때부터 X토지의 소유권을 취득한다.

④ 가등기 후에 甲이 그의 채권자 丙에게 저당권을 설정한 경우, 가등기에 기하여 본등기를 마친 乙은 丙에 대하여 물상보증인의 지위를 가진다.

⑤ 乙이 별도의 원인으로 X토지의 소유권을 취득한 때에는, 특별한 사정이 없으면 가등기로 보전된 소유권이전청구권은 소멸하지 않는다.

26 선의취득에 관한 설명으로 옳지 <u>않은</u> 것은? (다툼이 있으면 판례에 따름)

① 점유권과 유치권은 선의취득할 수 없다.

② 점유개정의 방법으로 양도담보를 설정한 동산소유자가 다시 제3자와 양도담보설정계약을 맺고 그 동산을 점유개정으로 인도한 경우, 제3자는 양도담보권을 선의취득하지 못한다.

③ 인도가 물권적 합의보다 먼저 이루어진 경우, 선의·무과실의 판단은 인도를 기준으로 한다.

④ 선의취득자는 임의로 소유권취득을 거부하지 못한다.

⑤ 선의취득자는 권리를 잃은 전(前)소유자에게 부당이득을 반환할 의무가 없다.

27 점유에 관한 설명으로 옳지 <u>않은</u> 것은? (다툼이 있으면 판례에 따름)

① 점유매개자의 점유는 자주점유이다.

② 점유는 사실상 지배로 성립한다.

③ 다른 사정이 없으면, 건물의 소유자가 그 부지를 점유하는 것으로 보아야 한다.

④ 점유매개관계가 소멸하면 간접점유자는 직접점유자에게 점유물의 반환을 청구할 수 있다.

⑤ 점유자는 소유의 의사로 점유한 것으로 추정한다.

28 점유자와 회복자의 관계에 관한 설명으로 옳지 <u>않은</u> 것은?

① 선의의 점유자는 점유물의 과실을 취득한다.

② 과실의 수취에 관하여 점유자의 선·악의는 과실이 원물에서 분리되는 때를 기준으로 판단한다.

③ 악의의 점유자는 그가 소비한 과실의 대가를 보상하여야 한다.

④ 그의 책임있는 사유로 점유물을 멸실·훼손한 선의의 타주점유자는 손해 전부를 배상하여야 한다.

⑤ 과실을 취득한 점유자는 그가 지출한 비용 전부를 청구할 수 있다.

29 소유권에 관한 설명으로 옳지 <u>않은</u> 것은? (다툼이 있으면 판례에 따름)

① 매도인은 매매계약의 이행으로 토지를 인도받았으나 소유권이전등기를 하지 않고 점유·사용하는 매수인에게 부당이득의 반환을 청구할 수 있다.

② 토지의 경계는 지적공부에 의하여 확정된다.

③ 토지가 포락되어 사회통념상 원상복구가 어려워 토지로서의 효용을 상실한 때에는 그 토지의 소유권이 소멸한다.

④ 도급계약에서 신축집합건물의 소유권을 수인의 도급인에게 귀속할 것을 약정한 경우 그 건물의 각 전유부분의 소유관계는 공동도급인의 약정에 의한다.

⑤ 소유권에 기한 방해배제청구권에서 '방해'는 현재 지속되고 있는 침해를 의미한다.

30 甲이 乙 명의의 X토지에 대하여 점유취득시효기간을 완성한 경우에 관한 설명으로 옳지 <u>않은</u> 것을 모두 고른 것은? (다툼이 있으면 판례에 따름)

> ㄱ. 甲이 乙에게 X토지의 소유권이전등기를 청구한 후 乙이 그 토지를 丙에게 처분한 경우, 이는 乙이 자신의 소유권을 행사한 것이므로 乙은 甲에게 불법행위책임을 지지 않는다.
>
> ㄴ. 甲이 아직 소유권이전등기를 하지 않고 있던 중, 丙이 취득시효가 완성하기 전에 마친 丙 명의의 가등기에 기하여 소유권이전의 본등기를 한 경우에도 甲은 丙에 대하여 시효취득을 주장할 수 있다.
>
> ㄷ. 甲으로부터 X토지의 점유를 승계한 丁은 甲의 취득시효완성의 효과를 주장하여 직접 자기에게 소유권이전등기를 청구하지 못한다.

① ㄴ
② ㄷ
③ ㄱ, ㄴ
④ ㄱ, ㄷ
⑤ ㄴ, ㄷ

31 민법이 명문으로 공유물분할청구를 금지하는 경우는?

① 구분소유하는 건물과 그 부속물 중 공용하는 부분의 경우
② 주종을 구별할 수 없는 동산이 부합된 경우
③ 수인이 공동으로 매장물을 발견한 경우
④ 수인이 공동으로 유실물을 습득한 경우
⑤ 수인이 공동으로 무주물을 선점한 경우

32 명의신탁에 관한 설명으로 옳지 <u>않은</u> 것은? (다툼이 있으면 판례에 따름)

① 종중재산이 여러 사람에게 명의신탁된 경우, 그 수탁자들 상호간에는 형식상 공유관계가 성립한다.
② 3자간 등기명의신탁관계의 명의신탁자는 수탁자에게 명의신탁된 부동산의 소유권이전등기를 청구하지 못한다.
③ 채무자는 채권을 담보하기 위하여 채권자에게 그 소유의 부동산에 관한 소유권이전등기를 할 수 있다.
④ 부부 사이에 유효하게 성립한 명의신탁은 배우자 일방의 사망으로 잔존배우자와 사망한 배우자의 상속인에게 효력을 잃는다.
⑤ 계약 상대방이 명의수탁자임을 알면서 체결한 매매계약의 효력으로 소유권이전등기를 받은 사람은 소유권을 취득한다.

33 첨부에 관한 설명으로 옳지 <u>않은</u> 것은? (다툼이 있으면 판례에 따름)

① 타인이 그의 권원에 의하여 부동산에 부속한 물건은 이를 분리하여도 경제적 가치가 없으면 부동산 소유자의 소유로 한다.

② 저당권의 효력은 다른 사정이 없으면 저당부동산에 부합된 물건에 미친다.

③ 동일인 소유의 여러 동산들이 결합하는 것은 부합이 아니다.

④ 부합의 원인은 인위적이든 자연적이든 불문한다.

⑤ 타인의 동산에 가공한 때에는 가공물의 소유권은 가공자의 소유로 한다.

34 법정지상권에 관한 설명으로 옳지 <u>않은</u> 것을 모두 고른 것은? (다툼이 있으면 판례에 따름)

ㄱ. X토지에 Y건물의 소유를 위한 법정지상권을 가진 甲의 Y건물을 경매에서 매수한 乙은, 건물철거의 매각조건 등 특별한 사정이 없으면 당연히 법정지상권을 취득한다.

ㄴ. X토지를 소유하는 甲이 乙과 함께 그 지상에 Y건물을 신축·공유하던 중 X토지에 저당권을 설정하였고 그의 실행에 의한 경매에서 丙이 X토지의 소유권을 취득한 경우, Y건물을 위한 법정지상권이 성립하지 않는다.

ㄷ. 甲소유의 X토지와 그 지상건물에 공동저당권이 설정된 후 지상건물을 철거하고 Y건물을 신축하였고 저당권의 실행으로 X토지와 Y건물이 다른 소유자에게 매각된 경우, 특별한 사정이 없으면 Y건물을 위한 법정지상권이 성립한다.

ㄹ. X토지에 저당권을 설정한 甲이 저당권자 乙의 동의를 얻어 Y건물을 신축하였으나 저당권의 실행에 의한 경매에서 丙이 X토지의 소유권을 취득한 경우, Y건물을 위한 법정지상권이 성립한다.

① ㄱ, ㄷ   ② ㄱ, ㄹ

③ ㄱ, ㄴ, ㄹ   ④ ㄴ, ㄷ, ㄹ

⑤ ㄱ, ㄴ, ㄷ, ㄹ

35 지역권에 관한 설명으로 옳은 것은? (다툼이 있으면 판례에 따름)

① 지역권은 점유를 요건으로 하는 물권이다.

② 지역권은 독립하여 양도·처분할 수 있는 물권이다.

③ 통행지역권은 지료의 약정을 성립요건으로 한다.

④ 통행지역권의 시효취득을 위하여 지역권이 계속되고 표현되면 충분하고 승역지 위에 통로를 개설할 필요는 없다.

⑤ 통행지역권을 시효취득한 요역지소유자는, 특별한 사정이 없으면 승역지의 사용으로 그 소유자가 입은 손해를 보상하여야 한다.

36 전세권에 관한 설명으로 옳은 것은? (다툼이 있으면 판례에 따름)

① 목적물의 인도는 전세권의 성립요건이다.

② 전세권이 존속하는 중에 전세권자는 전세권을 그대로 둔 채 전세금반환채권만을 확정적으로 양도하지 못한다.

③ 전세목적물이 처분된 때에도 전세권을 설정한 양도인이 전세권관계에서 생기는 권리·의무의 주체이다.

④ 전세권은 전세권설정등기의 말소등기 없이 전세기간의 만료로 당연히 소멸하지만 전세권저당권이 설정된 때에는 그렇지 않다.

⑤ 전세권저당권이 설정된 경우, 제3자의 압류 등 다른 사정이 없으면 전세권이 기간만료로 소멸한 때에 전세권설정자는 저당권자에게 전세금을 지급하여야 한다.

37 민사유치권에 관한 설명으로 옳지 <u>않은</u> 것은? (다툼이 있으면 판례에 따름)

① 수급인은 특별한 사정이 없으면 그의 비용과 노력으로 완공한 건물에 유치권을 가지지 못한다.

② 물건의 소유자는 그 물건을 점유하는 제3자가 비용을 지출할 때에 점유권원이 없음을 알았거나 중대한 과실로 몰랐음을 증명하여 비용상환청구권에 기한 유치권의 주장을 배척할 수 있다.

③ 채권과 물건 사이에 견련관계가 있더라도, 그 채무불이행으로 인한 손해배상채권과 그 물건 사이의 견련관계는 인정되지 않는다.

④ 저당권의 실행으로 부동산에 경매개시결정의 기입등기가 이루어지기 전에 유치권을 취득한 사람은 경매절차의 매수인에게 이를 행사할 수 있다.

⑤ 토지 등 그 성질상 다른 부분과 쉽게 분할할 수 있는 물건의 경우, 그 일부를 목적으로 하는 유치권이 성립할 수 있다.

38 질권에 관한 설명으로 옳지 <u>않은</u> 것은? (다툼이 있으면 판례에 따름)

① 질권은 질물 전부에 효력이 미친다.

② 저당권으로 담보된 채권에 설정된 질권은 그 저당권등기에 질권의 부기등기를 하여야 저당권에 효력이 미친다.

③ 금전채권에 질권을 취득한 질권자는 자기채권액의 범위에서 직접 추심하여 변제에 충당할 수 있다.

④ 질권설정자는 피담보채무의 변제기 이후의 약정으로 질권자에게 변제에 갈음하여 질물의 소유권을 이전할 수 있다.

⑤ 금전채무자가 채권자에게 담보물을 제공한 경우, 특별한 사정이 없으면 채무자의 변제의무와 채권자의 담보물반환의무는 동시이행관계에 있다.

39 저당권에 관한 설명으로 옳은 것은? (다툼이 있으면 판례에 따름)

① 저당부동산의 소유권이 제3자에게 양도된 후 피담보채권이 변제된 때에는 저당권을 설정한 종전소유자도 저당권설정등기의 말소를 청구할 권리가 있다.

② 저당권을 설정한 사람이 채무자가 아닌 경우, 그는 원본채권이 이행기를 경과한 때부터 1년분의 범위에서 지연배상을 변제할 책임이 있다.

③ 근저당권의 채무자가 피담보채권의 일부를 변제한 경우, 변제한 만큼 채권최고액이 축소된다.

④ 저당권자는 배당기일 전까지 물상대위권을 행사하여 우선변제를 받을 수 있다.

⑤ 대체물채권을 담보하기 위하여 저당권을 설정한 경우, 피담보채권액은 채권을 이행할 때의 시가로 산정한 금액으로 한다.

40 저당권에 관한 설명으로 옳지 <u>않은</u> 것은? (다툼이 있으면 판례에 따름)

① 저당권의 효력은 천연과실뿐만 아니라 법정과실에도 미친다.

② 저당권으로 담보된 채권을 양수하였으나 아직 대항요건을 갖추지 못한 양수인도 저당권이전의 부기등기를 마치고 저당권실행의 요건을 갖추면 경매를 신청할 수 있다.

③ 후순위담보권자가 경매를 신청한 경우, 선순위근저당권의 피담보채권은 매수인이 경락대금을 완납하여 그 근저당권이 소멸하는 때에 확정된다.

④ 저당권의 이전을 위하여 저당권의 양도인과 양수인, 그리고 저당권설정자 사이의 물권적 합의와 등기가 있어야 한다.

⑤ 공동저당관계의 등기를 공동저당권의 성립요건이나 대항요건이라고는 할 수 없다.

04 2019년 제30회 기출문제

01 민법의 법원(法源)에 관한 설명으로 옳은 것은? (다툼이 있으면 판례에 따름)

① 관습법에 앞서 적용되는 법률이란 국회에서 제정된 법률만을 말한다.

② 관습법에 의한 분묘기지권은 더 이상 인정되지 않는다.

③ 판례는 관습법과 사실인 관습을 구별하지 않는다.

④ 상급법원 재판에서의 판단은 해당 사건에 관하여 하급심을 기속한다.

⑤ 헌법재판소의 결정은 그것이 민사에 관한 것이라도 민법의 법원으로 되지 않는다.

02 민법상 권리에 관한 설명으로 옳지 않은 것은?

① 조건부권리는 기대권에 속한다.

② 채권과 청구권은 동일한 개념이다.

③ 지상권자의 지료증감청구권은 형성권이다.

④ 보증인의 최고·검색의 항변권은 연기적 항변권이다.

⑤ 주된 권리가 시효로 소멸하면 종된 권리도 소멸한다.

03 신의칙과 권리남용에 관한 설명으로 옳지 않은 것은? (다툼이 있으면 판례에 따름)

① 신의칙에 반하는 것인지 여부는 당사자의 주장이 없더라도 법원이 직권으로 판단할 수 있다.

② 신의칙에 기한 사정변경의 원칙에 의하여 계약해제권이 발생할 수 있다.

③ 강행법규에 반한다는 사정을 알면서 법률행위를 한 자가 강행법규 위반을 이유로 그 법률행위의 무효를 주장하는 것은 특별한 사정이 없는 한 신의칙에 위배되지 않는다.

④ 권리남용금지의 원칙은 본래적 의미의 권리뿐만 아니라 법인격의 남용에도 적용된다.

⑤ 국민을 보호할 의무가 있는 국가가 국민에 대하여 부담하는 손해배상채무의 소멸시효 완성을 주장하는 것은 원칙적으로 신의칙에 반한다.

04 18세인 미성년자가 단독으로 유효하게 할 수 있는 행위가 <u>아닌</u> 것은?

① 자신이 제한행위능력자임을 이유로 취소할 수 있는 법률행위의 취소
② 부모로부터 받은 한 달분의 용돈을 친구에게 빌려주는 행위
③ 자전거를 부담부로 증여받는 행위
④ 타인의 대리인으로서 토지를 매도하는 행위
⑤ 부모의 동의를 받아 법률상 혼인을 한 후, 주택을 구입하는 행위

05 권리능력에 관한 설명으로 옳지 <u>않은</u> 것은? (다툼이 있으면 판례에 따름)

① 사람은 생존한 동안 권리와 의무의 주체가 된다.
② 사람이 권리능력을 상실하는 사유로는 사망이 유일하다.
③ 수인(數人)이 동일한 위난으로 사망한 경우, 그들은 동시에 사망한 것으로 추정되므로 이 추정이 깨어지지 않는 한 그들 사이에는 상속이 일어나지 않는다.
④ 의사의 과실로 태아가 사망한 경우, 태아의 부모는 태아의 의사에 대한 손해배상채권을 상속하여 행사할 수 있다.
⑤ 인정사망에 의한 가족관계등록부에의 기재는 그 기재된 사망일에 사망한 것으로 추정하는 효력을 가진다.

06 어부 甲은 2015년 7월 1일 조업 중 태풍으로 인하여 선박이 침몰하여 실종된 후 2017년 10월 1일 실종선고를 받았다. 이 사안에 관한 설명으로 옳은 것은? (다툼이 있으면 판례에 따름)

① 위 실종선고를 위해 필요한 실종기간은 1년이다.
② 甲은 2017년 10월 1일에 사망한 것으로 간주된다.
③ 1순위 상속인이 있더라도 2순위 상속인은 위 실종선고를 신청할 수 있다.
④ 甲이 극적으로 살아서 종래의 주소지로 돌아오면 위 실종선고는 자동으로 취소된다.
⑤ 甲의 생환으로 실종선고가 취소되면 甲의 상속인은 악의인 경우에만 상속재산을 甲에게 반환할 의무가 있다.

07 민법상 법인에 관한 설명으로 옳은 것을 모두 고른 것은? (다툼이 있으면 판례에 따름)

> ㄱ. 재단법인의 설립을 위해 부동산의 출연이 행해진 경우, 그 부동산의 소유권은 그 출연 시에 곧바로 설립중인 재단법인에게 귀속된다.
> ㄴ. 법인의 불법행위책임이 성립하기 위해서는 대표기관의 행위일 것이 요구되며, 여기서의 대표기관에는 사실상의 대표자도 포함된다.
> ㄷ. 사단법인 이사의 대표권 제한은 등기되지 않았다고 하더라도 정관에 그 기재가 있는 한, 악의의 제3자에게 대항할 수 있다.
> ㄹ. 재단법인의 감사는 임의기관이다.

① ㄱ, ㄴ   ② ㄱ, ㄷ
③ ㄴ, ㄷ   ④ ㄴ, ㄹ
⑤ ㄷ, ㄹ

08 법인 아닌 사단에 관한 설명으로 옳지 않은 것은? (다툼이 있으면 판례에 따름)

① 법인 아닌 사단의 사원이 집합체로서 물건을 소유할 때에는 총유로 한다.
② 법인 아닌 사단이 타인간의 금전채무를 보증하는 행위는 총유물의 관리 및 처분행위라고 볼 수 없다.
③ 법인 아닌 사단의 총회 결의에 대해서는 민법상 사단법인에 대한 규정이 유추적용될 수 있다.
④ 정관이나 규약에 정함이 없는 이상 사원총회의 결의를 거치지 않은 총유물의 관리 및 처분행위는 무효이다.
⑤ 법인 아닌 사단은 부동산 등기능력이 없다.

09 물건에 관한 설명으로 옳지 않은 것은? (다툼이 있으면 판례에 따름)

① 관리할 수 있는 자연력은 동산이다.
② 주물과 종물의 법률적 운명을 달리하는 약정은 유효하다.
③ 권원 없이 타인의 토지에서 경작한 농작물이 성숙하여 독립한 물건으로 인정되면, 그 소유권은 명인방법을 갖추지 않아도 경작자에게 있다.
④ 특별한 사정이 없는 한, 주유기는 주유소 건물의 종물이다.
⑤ 여러 개의 물건으로 이루어진 집합물은 원칙적으로 하나의 물건으로 인정된다.

10 선량한 풍속 기타 사회질서에 위반한다는 이유로 무효 또는 일부무효로 되는 법률행위가 <u>아닌</u> 것은? (다툼이 있으면 판례에 따름)

① 어떤 일이 있어도 이혼하지 않겠다는 약정
② 과도한 위약벌의 약정
③ 민사사건에 관하여 변호사와 체결한 성공보수약정
④ 부첩(夫妾)관계의 종료를 해제조건으로 하는 증여계약
⑤ 보험사고를 가장하여 보험금을 취득할 목적으로 체결한 생명보험계약

11 통정허위표시에 관한 설명으로 옳지 <u>않은</u> 것은? (다툼이 있으면 판례에 따름)

① 상대방과 통정한 허위의 의사표시는 무효이지만, 이러한 무효는 과실로 인하여 허위표시라는 사실을 인식하지 못한 제3자에게 대항할 수 없다.
② 강제집행을 면할 목적으로 부동산에 허위의 근저당권설정등기를 경료하는 행위는 민법 제103조의 선량한 풍속 기타 사회질서에 위반한 사항을 내용으로 하는 법률행위이다.
③ 선의의 제3자에 대해서는 통정허위표시의 당사자뿐만 아니라 그 누구도 통정허위표시의 무효로 대항할 수 없다.
④ 부동산의 가장양수인으로부터 해당 부동산을 취득한 제3자 A가 악의이고, 그로부터 그 부동산을 전득한 B가 선의라면 통정허위표시의 무효로써 B에게 대항할 수 없다.
⑤ 당사자들이 실제로는 증여계약을 체결하면서 매매계약인 것처럼 통정허위표시를 하였다면 은닉행위인 증여계약은 유효할 수 있다.

12 甲은 자신의 점포를 32만 달러에 팔기로 의욕하였지만, 미국인 乙에게 실수로 매매대금을 23만 달러로 표시하여 이 가격으로 계약이 체결되었다. 이 사안에 관한 설명으로 옳은 것은?

① 위 매매계약은 甲의 진의 아닌 의사표시로서 일단 유효하지만, 甲이 乙의 악의 또는 과실을 입증하여 무효를 주장할 수 있다.
② 甲과 乙은 모두 통정허위표시에 따른 무효를 주장할 수 있다.
③ 甲은 오표시무해의 원칙을 주장하여 '32만 달러'를 대금으로 하는 매매계약의 성립을 주장할 수 있다.
④ 甲은 착오를 주장하여 위 매매계약을 취소할 수 있지만, 乙이 甲의 중대한 과실을 증명하면 취소할 수 없다.
⑤ 위 매매계약은 불합의에 해당하므로, 매매계약 자체가 성립하지 않는다.

13 의사표시의 효력발생에 관한 설명으로 옳지 <u>않은</u> 것은? (다툼이 있으면 판례에 따름)

① 의사표시의 도달이란 상대방이 그 내용을 안 것을 의미한다.

② 의사표시의 부도달로 인한 불이익은 표의자가 부담한다.

③ 도달주의의 원칙을 정하는 민법 제111조는 임의규정이므로 당사자는 약정으로 의사표시의 효력발생 시기를 달리 정할 수 있다.

④ 매매계약 승낙의 의사표시를 발신한 후 승낙자가 사망하였다고 하더라도 그 의사표시가 청약자에게 정상적으로 도달하였다면 매매계약은 유효하게 성립한다.

⑤ 제한능력자는 원칙적으로 의사표시의 수령무능력자이다.

14 대리에 관한 설명으로 옳지 <u>않은</u> 것은? (다툼이 있으면 판례에 따름)

① 불법행위에는 대리의 법리가 적용되지 않는다.

② 대리인이 자신의 이익을 도모하기 위하여 대리권을 남용한 경우는 무권대리에 해당한다.

③ 대리인의 대리행위가 공서양속에 반하는 경우, 본인이 그 사정을 몰랐다고 하더라도 그 행위는 무효이다.

④ 대리인이 상대방에게 사기·강박을 하였다면 상대방은 본인이 그에 대해 선의·무과실이라 하더라도 대리인과 행한 법률행위를 취소할 수 있다.

⑤ 복대리인은 본인의 대리인이다.

15 甲으로부터 대리권을 수여받지 못한 乙은 甲의 대리인이라고 사칭하여 甲의 토지에 대해 丙과 매매계약을 체결하였다. 甲, 乙, 丙 사이의 법률관계에 관한 설명으로 옳은 것은? (다툼이 있으면 판례에 따름)

① 甲은 乙의 대리행위를 추인할 수 있으며, 그 추인은 乙이 아닌 丙에게 하여야 효력이 있다.

② 甲이 추인하지 않고 乙이 자신의 대리권을 증명하지 못한 경우, 乙은 자신의 선택에 좇아 선의·무과실인 丙에게 계약의 이행이나 손해배상 책임을 진다.

③ 甲이 추인하면서 특별한 의사표시를 하지 않았다면 乙의 대리행위는 추인한 때로부터 甲에게 효력이 생긴다.

④ 丙이 계약당시에 乙에게 대리권이 없다는 사실을 알았다면 철회권을 행사할 수 없다.

⑤ 丙은 甲에게 상당한 기간을 정하여 추인 여부의 확답을 최고할 수 있으며, 甲이 그 기간 내에 확답을 발하지 아니하면 甲이 추인한 것으로 본다.

16 법률행위의 취소에 관한 설명으로 옳지 <u>않은</u> 것은?

① 착오로 인하여 취소할 수 있는 법률행위를 한 자의 포괄승계인은 그 법률행위를 취소할 수 있다.

② 미성년자가 동의없이 단독으로 행한 법률행위를 그 법정대리인이 추인하는 경우, 그 추인은 취소의 원인이 소멸한 후에 하여야만 효력이 있다.

③ 제한능력자가 제한능력을 이유로 법률행위를 취소한 경우, 그 행위로 인하여 받은 이익이 현존하는 한도에서 상환할 책임이 있다.

④ 취소할 수 있는 법률행위를 추인한 후에는 이를 다시 취소하지 못한다.

⑤ 취소권은 추인할 수 있는 날로부터 3년 내에, 법률행위를 한 날로부터 10년 내에 행사하여야 한다.

17 조건과 기한에 관한 설명으로 옳지 <u>않은</u> 것은?

① 조건성취의 효력은 당사자의 의사표시로 소급하게 할 수 없다.

② 조건이 법률행위 당시에 이미 성취할 수 없는 것일 경우에는 그 조건이 해제조건이면 조건없는 법률행위로 한다.

③ 조건의 성취가 미정인 권리는 일반규정에 의하여 담보로 할 수 있다.

④ 당사자의 특약이나 법률행위의 성질상 분명하지 않으면 기한은 채무자의 이익을 위한 것으로 추정한다.

⑤ 기한의 이익은 포기할 수 있지만, 이로 인해 상대방의 이익을 해하지 못한다.

18 기간에 관한 설명으로 옳지 <u>않은</u> 것은? (단, 기간 말일이 토요일 또는 공휴일인 경우는 고려하지 않음)

① 기간을 시, 분, 초로 정한 때에는 즉시로부터 기산한다.

② 채무의 이행기를 일, 주, 월 또는 연으로 정한 때에는 기간이 오전 0시로부터 시작하는 경우가 아닌 한, 기간의 초일을 산입하지 않는다.

③ 기간을 일, 주, 월 또는 연으로 정한 때에는 기간말일의 종료로 기간이 만료한다.

④ 연령을 계산하는 경우에는 출생일을 산입한다.

⑤ 주, 월 또는 연의 처음부터 기간을 기산하지 아니한 때에는 최후의 주, 월 또는 연에서 그 기산일에 해당한 날로 기간이 만료한다.

19 소멸시효와 제척기간에 관한 설명으로 옳지 <u>않은</u> 것은? (다툼이 있으면 판례에 따름)

① 소멸시효에 의한 권리소멸은 기산일에 소급하여 효력이 있으나, 제척기간에 의한 권리소멸은 장래에 향하여 효력이 있다.

② 소멸시효의 이익은 미리 포기가 가능하나, 제척기간에는 포기가 인정되지 않는다.

③ 제척기간의 경과는 법원의 직권조사사항이지만, 소멸시효의 완성은 직권조사사항이 아니다.

④ 소멸시효에는 중단이 인정되고 있으나, 제척기간에는 중단이 인정되지 않는다.

⑤ 소멸시효의 정지에 관해서는 민법에 명문의 규정이 있으나, 제척기간의 정지에 관해서는 민법에 명문의 규정이 없다.

20 소멸시효의 기산점에 관한 설명으로 옳지 <u>않은</u> 것은? (다툼이 있으면 판례에 따름)

① 소멸시효는 권리를 행사할 수 있는 때로부터 진행하며, 이때 '권리를 행사할 수 있다'는 것은 권리를 행사함에 있어 원칙적으로 법률상 장애가 없는 것을 가리킨다.

② 부작위를 목적으로 하는 채권의 소멸시효는 위반행위를 한 때로부터 진행한다.

③ 정지조건부권리의 경우에는 조건 미성취의 동안은 권리를 행사할 수 없는 것이어서 소멸시효가 진행되지 않는다.

④ 소유권이전등기의무의 이행불능으로 인한 전보배상청구권의 소멸시효는 이전등기의무가 이행불능이 된 때부터 진행된다.

⑤ 본래의 소멸시효 기산일과 당사자가 주장하는 기산일이 서로 다른 경우에는 법원은 본래의 소멸시효기산일을 기준으로 소멸시효를 계산하여야 한다.

21 물권법정주의에 관한 설명으로 옳은 것은? (다툼이 있으면 판례에 따름)

① 물권은 명령이나 규칙에 의해서도 창설될 수 있다.

② 민법은 관습법에 의한 물권의 성립을 부정한다.

③ 물권법정주의에 관한 규정은 강행규정이며, 이에 위반하는 법률행위는 무효이다.

④ 대법원은 사인(私人)의 토지에 대한 관습상의 통행권을 인정하고 있다.

⑤ 미등기 무허가건물의 양수인은 그 소유권이전등기를 경료하지 않더라도 그 건물에 관하여 소유권에 준하는 관습상의 물권을 가진다.

22 물권적 청구권에 관한 설명으로 옳은 것을 모두 고른 것은? (다툼이 있으면 판례에 따름)

> ㄱ. 부동산 매매계약이 합의해제되면 매수인에게 이전되었던 소유권은 당연히 매도인에게 복귀되므로 합의해제에 따른 매도인의 원상회복청구권은 소유권에 기인한 물권적 청구권으로서 이는 소멸시효의 대상이 아니다.
> ㄴ. 임대차목적물 침해자에 대하여 임차인은 점유보호청구권을 행사할 수 있으나, 소유자인 임대인은 점유보호청구권을 행사할 수 없다.
> ㄷ. 불법한 원인으로 급여를 한 사람은 그 원인행위가 법률상 무효라 하여 상대방에게 부당이득반환청구를 할 수 없는 경우, 급여한 물건의 소유권이 여전히 자기에게 있다고 하여 소유권에 기한 반환청구도 할 수 없다.
> ㄹ. 물건의 양도 시 소유권에 기한 물권적 청구권을 소유권과 분리하여 이를 소유권을 상실한 전(前)소유자에게 유보하여 행사시킬 수 있다.

① ㄱ, ㄴ   ② ㄱ, ㄷ
③ ㄴ, ㄷ   ④ ㄴ, ㄹ
⑤ ㄷ, ㄹ

23 부동산의 물권변동을 위해 등기가 필요한 것은? (다툼이 있으면 판례에 따름)

① 건물의 신축에 의한 소유권의 취득
② 상속에 의한 토지 소유권의 취득
③ 피담보채권의 소멸에 의한 저당권의 소멸
④ 관습법에 따른 법정지상권의 취득
⑤ 점유취득시효에 의한 토지 소유권의 취득

24 무효등기의 유용에 관한 설명으로 옳지 <u>않은</u> 것은? (다툼이 있으면 판례에 따름)

① 무효등기의 유용에 관한 합의 내지 추인은 묵시적으로도 이루어질 수 있다.
② 실질관계의 소멸로 무효로 된 등기의 유용은 그 등기를 유용하기로 하는 합의가 이루어지기 전에 등기상 이해관계가 있는 제3자가 생기지 않은 경우에는 허용된다.
③ 유용할 수 있는 등기에는 가등기도 포함된다.
④ 기존건물이 전부 멸실된 후 그곳에 새로이 건축한 건물의 물권변동에 관한 등기를 위해 멸실된 건물의 등기를 유용할 수 있다.
⑤ 무효인 등기를 유용하기로 한 약정을 하더라도, 무효의 등기가 있은 때로 소급하여 유효한 등기로 전환될 수 없다.

25 등기의 추정력에 관한 설명으로 옳은 것을 모두 고른 것은? (다툼이 있으면 판례에 따름)

> ㄱ. 가등기가 그 등기명의인의 의사에 기하지 아니하고 위조된 서류에 의하여 부적법하게 말소된 사실이 인정되는 경우, 그 가등기는 여전히 적법하게 이루어진 것으로 추정된다.
> ㄴ. 등기명의자가 허무인(虛無人)으로부터 소유권이전등기를 이어받았다는 사실만으로는 그 등기명의자가 적법한 권리자라는 추정은 깨트려지지 않는다.
> ㄷ. 소유권이전등기의 원인으로 주장된 계약서가 진정하지 않은 것으로 증명된 경우에 그 등기의 적법추정은 복멸되는 것이고, 계속 다른 적법한 등기원인이 있을 것으로 추정할 수는 없다.

① ㄱ
② ㄴ
③ ㄷ
④ ㄱ, ㄷ
⑤ ㄱ, ㄴ, ㄷ

26 선의취득에 관한 설명으로 옳지 않은 것은? (다툼이 있으면 판례에 따름)

① 등록에 의하여 소유권이 공시되는 자동차는 동산이라 하더라도 선의취득의 대상이 되지 않는다.
② 수분양자로서의 지위를 내용으로 하는 연립주택의 입주권은 선의취득의 대상이 될 수 없다.
③ 채무자 이외의 자의 소유에 속하는 동산의 경매절차에서 그 동산을 경락받아 경락대금을 납부하고 이를 인도받은 경락인은 특별한 사정이 없는 한 소유권을 선의취득할 수 있다.
④ 선의취득이 인정되기 위해서는 양도인이 무권리자인 점을 제외하면 아무런 흠이 없는 거래행위이어야 한다.
⑤ 현실인도뿐만 아니라 점유개정의 방법으로 양수인이 동산의 점유를 취득한 경우에도 선의취득이 인정된다.

27 물권의 소멸에 관한 설명으로 옳지 않은 것은? (다툼이 있으면 판례에 따름)

① 물건이 멸실되더라도 물건의 가치적 변형물이 남아 있는 경우에는 담보물권은 그 가치적 변형물에 미친다.
② 지역권은 소멸시효의 대상이 될 수 있다.
③ 부동산에 대한 합유지분의 포기는 형성권의 행사이므로 등기하지 않더라도 포기의 효력이 생긴다.
④ 점유권과 본권이 동일인에게 귀속하더라도 점유권은 소멸하지 않는다.
⑤ 근저당권자가 그 저당물의 소유권을 취득하면 그 근저당권은 원칙적으로 혼동에 의하여 소멸하지만, 그 뒤 그 소유권 취득이 무효인 것이 밝혀지면 소멸하였던 근저당권은 당연히 부활한다.

28 다음 중 간접점유자는?

① 전세권자에게 주택을 인도한 전세권설정자
② 장난감을 갖고 노는 초등학생
③ 길거리에 지갑을 잃어버린 행인
④ 타인으로부터 자전거를 훔친 자
⑤ 주인을 대신하여 가게를 보고 있는 종업원

29 점유권의 효력에 관한 설명으로 옳지 <u>않은</u> 것은? (다툼이 있으면 판례에 따름)

① 점유자가 점유물에 대하여 행사하는 권리는 적법하게 보유한 것으로 추정된다.
② 점유자가 점유의 침탈을 당한 때에는 그 물건의 반환 및 손해의 배상을 청구할 수 있다.
③ 점유물반환청구권은 점유의 침탈을 당한 날로부터 3년 내에 행사하여야 한다.
④ 점유가 점유침탈 이외의 방법으로 침해되고 있는 경우에 점유자는 그 방해의 제거 및 손해의 배상을 청구할 수 있다.
⑤ 점유권에 기인한 소와 본권에 기인한 소는 서로 영향을 미치지 아니한다.

30 점유자와 회복자의 관계에 관한 설명으로 옳지 <u>않은</u> 것은? (다툼이 있으면 판례에 따름)

① 과실을 수취한 자가 선의의 점유자로 보호되기 위해서는 과실수취권을 포함하는 권원이 있다고 오신할 만한 정당한 근거가 있어야 한다.
② 폭력 또는 은비에 의한 점유자는 수취한 과실을 반환하여야 한다.
③ 점유물이 점유자의 책임있는 사유로 인하여 멸실 또는 훼손한 때에는 선의의 자주점유자라도 그 손해의 전부를 배상하여야 한다.
④ 악의의 점유자도 점유물을 반환할 때에는 회복자에 대하여 필요비의 상환을 청구할 수 있다.
⑤ 선의의 점유자가 과실을 취득한 경우에는 통상의 필요비는 청구하지 못한다.

31 취득시효에 관한 설명으로 옳지 <u>않은</u> 것은? (다툼이 있으면 판례에 따름)

① 비법인사단은 시효취득의 주체가 될 수 없다.

② 부동산의 소유자로 등기한 자가 10년간 소유의 의사로 평온, 공연하게 선의이며 과실없이 그 부동산을 점유한 때에는 소유권을 취득한다.

③ 10년간 소유의 의사로 평온, 공연하게 동산을 점유한 자는 그 소유권을 취득한다.

④ 부동산 점유취득시효가 완성되면 점유자는 원칙적으로 시효기간 만료 당시의 토지소유자에 대하여 소유권이전등기청구권을 취득하는데, 이는 채권적 청구권이다.

⑤ 공유지분의 일부에 대해서도 시효취득이 가능하지만, 집합건물의 공용부분은 점유취득시효에 의한 소유권취득의 대상이 될 수 없다.

32 민법상 공동소유에 관한 설명으로 옳지 <u>않은</u> 것은? (다툼이 있으면 판례에 따름)

① 합의에 의한 공유물 분할의 경우, 공유자는 다른 공유자가 취득한 물건에 대하여 그 지분의 비율로 매도인과 동일한 담보책임이 있다.

② 공유자는 그 지분을 처분할 수 있고 공유물 전부를 지분의 비율로 사용, 수익할 수 있다.

③ 공유자는 다른 공유자의 동의 없이 공유물을 처분하거나 변경할 수 있다.

④ 공유물의 관리에 관한 사항은 공유자의 지분의 과반수로써 결정한다.

⑤ 토지공유자 사이에서는 그 지분의 비율로 공유물의 관리비용 기타 의무를 부담한다.

33 2017년 8월경 甲은 乙소유의 X부동산을 매매대금을 일시에 지급하고 매수하면서 애인인 丙과의 명의신탁약정에 기초하여 乙로부터 丙으로 X부동산에 관한 소유권이전등기를 마쳤다. 이에 관한 설명으로 옳지 <u>않은</u> 것은? (다툼이 있으면 판례에 따름)

① 甲과 丙 사이의 명의신탁약정 및 그에 따른 丙 명의의 등기는 무효이다.

② 甲과 丙이 이후 혼인을 하게 된다면, 조세포탈 등이나 법령상의 제한을 회피할 목적이 없는 한, 위 등기는 甲과 丙이 혼인한 때로부터 유효하게 된다.

③ 丙이 X부동산을 임의로 처분하였다 하더라도 특별한 사정이 없는 한, 乙이 丙의 처분행위로 인하여 손해를 입었다고 할 수는 없다.

④ 甲은 乙에 대한 소유권이전등기청구권을 보전하기 위하여 乙을 대위하여 丙 명의의 등기말소를 청구할 수 있다.

⑤ 丙으로부터 X부동산을 매수한 丁이 丙의 甲에 대한 배임행위에 적극 가담하였더라도, 丙과 丁 사이의 매매계약은 반사회적인 법률행위에 해당하지는 않는다.

34 지상권에 관한 설명으로 옳지 <u>않은</u> 것은? (다툼이 있으면 판례에 따름)

① 지상권자는 그 권리의 존속기간 내에서 그 토지를 타인에게 임대할 수 있다.

② 구분지상권의 존속기간을 영구적인 것으로 약정하는 것은 허용된다.

③ 지상권자가 2년 이상의 지료를 지급하지 아니하는 때에는 지상권설정자는 지상권의 소멸을 청구할 수 있다.

④ 지료연체를 이유로 한 지상권소멸청구에 의해 지상권이 소멸하더라도 지상물매수청구권은 인정된다.

⑤ 지상권 설정계약에서 지료의 지급에 대한 약정이 없더라도 지상권의 성립에는 영향이 없다.

35 관습법상 법정지상권에 관한 설명으로 옳지 <u>않은</u> 것은? (다툼이 있으면 판례에 따름)

① 미등기건물에 대해서는 건물로서의 요건을 갖추었다 하더라도 관습법상 법정지상권이 인정되지 않는다.

② 대지와 건물의 소유자가 건물만을 매도하였으나 매수인이 그 건물의 소유를 위하여 매도인과 대지에 관한 임대차계약을 체결하였다면, 특별한 사정이 없는 한 위 매수인은 대지에 관한 관습법상 법정지상권을 포기한 것으로 볼 수 있다.

③ 건물의 소유를 위한 관습법상 법정지상권을 취득한 자는 이를 취득할 당시의 토지소유자나 이로부터 토지소유권을 전득한 제3자에 대하여도 등기 없이 그 지상권을 주장할 수 있다.

④ 관습법상 법정지상권에 기한 대지점유는 정당한 것이므로 불법점유를 전제로 한 손해배상청구는 성립할 여지가 없다.

⑤ 가압류 후 본압류 및 강제경매가 이루어지는 경우, 관습법상 법정지상권의 성립요건인 토지와 건물에 대한 소유자의 동일성 판단은 가압류의 효력 발생 시를 기준으로 한다.

36 전세권에 관한 설명으로 옳지 <u>않은</u> 것은?

① 전세권은 저당권의 목적이 될 수 있다.

② 전세권자와 인지(隣地)소유자 사이에도 상린관계에 관한 규정이 준용된다.

③ 전세권자는 필요비 및 유익비의 상환을 청구할 수 있다.

④ 전세권의 존속기간은 10년을 넘지 못한다.

⑤ 전세금의 지급이 전세권의 성립요소이기는 하지만, 기존의 채권으로 전세금의 지급에 갈음할 수도 있다.

37 유치권의 피담보채권이 될 수 있는 민법상 권리를 모두 고른 것은? (다툼이 있으면 판례에 따름)

> ㄱ. 점유자의 비용상환청구권
> ㄴ. 임차인의 보증금반환채권
> ㄷ. 수급인의 공사대금채권
> ㄹ. 매도인의 매매대금채권

① ㄱ, ㄴ   ② ㄱ, ㄷ

③ ㄱ, ㄹ   ④ ㄴ, ㄷ

⑤ ㄷ, ㄹ

38 권리질권에 관한 설명으로 옳은 것은?

① 부동산의 사용을 목적으로 하는 권리도 질권의 목적이 될 수 있다.

② 질권자는 질권의 목적이 된 채권을 직접 청구할 수 없다.

③ 지명채권을 목적으로 한 질권은 제3채무자에게 질권설정의 사실을 통지하여야 성립할 수 있다.

④ 입질된 채권의 목적물이 금전 이외의 물건인 때에는 질권자는 그 변제를 받은 물건에 대하여 질권을 행사할 수 있다.

⑤ 지시채권을 목적으로 한 질권의 설정은 배서없이 증서를 교부하더라도 그 효력이 생긴다.

39 저당권에 관한 설명으로 옳은 것을 모두 고른 것은? (다툼이 있으면 판례에 따름)

> ㄱ. 저당권이 설정된 건물이 증축된 경우에 기존 건물에 대한 저당권은 법률에 특별한 규정 또는 설정행위에서 다른 약정이 없다면, 증축되어 부합된 건물부분에 대해서도 그 효력이 미친다.
> ㄴ. 저당부동산의 교환가치를 하락시키는 행위가 있더라도 저당권자는 저당권에 기한 방해배제청구권을 행사할 수 없다.
> ㄷ. 저당물의 제3취득자는 그 부동산의 개량을 위한 유익비를 지출하여 가치의 증가가 현존하더라도, 그 비용을 저당물의 매각대금에서 우선적으로 상환받을 수 없다.
> ㄹ. 채권자 아닌 타인의 명의로 저당권이 설정되었다면, 피담보채권의 실질적 귀속주체가 누구인지를 불문하고 그 효력이 인정되지 않는다.

① ㄱ
② ㄷ
③ ㄱ, ㄷ
④ ㄴ, ㄹ
⑤ ㄱ, ㄷ, ㄹ

40 근저당권에 관한 설명으로 옳지 <u>않은</u> 것은? (다툼이 있으면 판례에 따름)

① 근저당권의 피담보채무는 원칙적으로 당사자가 약정한 존속기간이나 결산기가 도래한 때에 확정된다.
② 장래에 발생할 특정의 조건부채권을 피담보채권으로 하는 근저당권의 설정은 허용되지 않는다.
③ 근저당부동산의 제3취득자는 피담보채무가 확정된 이후에 채권최고액의 범위 내에서 그 확정된 피담보채무를 변제하고 근저당권의 소멸을 청구할 수 있다.
④ 근저당권자가 피담보채무의 불이행을 이유로 경매신청을 하여 경매 신청시에 근저당 채무액이 확정된 경우, 경매개시 결정 후 경매신청이 취하되더라도 채무확정의 효과가 번복되지 않는다.
⑤ 채권최고액은 반드시 등기되어야 하지만, 근저당권의 존속기간은 필요적 등기사항이 아니다.

05 2018년 제29회 기출문제

01 부재와 실종에 관한 설명으로 옳지 <u>않은</u> 것은? (다툼이 있으면 판례에 따름)

① 부재자로부터 재산처분권을 위임받은 재산관리인은 그 재산을 처분함에 있어서 법원의 허가를 받을 필요가 없다.

② 제1순위 상속인이 있는 경우에 제2순위 상속인은 실종선고를 청구할 수 있는 이해관계인이 될 수 없다.

③ 부재자 재산관리인의 재산처분행위를 허가하는 법원의 결정은 기왕의 처분행위를 추인하는 방법으로도 할 수 있다.

④ 실종선고를 받은 자가 실종기간 동안 생존하였다는 사실이 밝혀진 경우, 실종선고의 취소 없이도 이미 개시된 상속을 부정할 수 있다.

⑤ 피상속인의 사망 후 그 상속인에 대한 실종선고가 이루어졌으나 실종기간 만료시점이 피상속인의 사망 이전인 경우, 실종선고된 자는 상속인이 될 수 없다.

02 16세인 미성년자가 단독으로 유효하게 할 수 <u>없는</u> 법률행위는?

① 유언행위

② 대리행위

③ 의무만을 면하는 행위

④ 권리만을 얻는 행위

⑤ 법정대리인이 범위를 정하여 처분을 허락한 재산의 처분행위

03 甲은 취소할 수 없는 법률행위의 범위를 정함이 없이 성년후견개시심판을 받았다. 그 후 甲은 법정대리인 乙의 동의서를 위조하는 방법으로 乙의 동의가 있는 것처럼 믿게 하여 자기 소유 건물을 丙에게 매각하는 계약을 체결하였다. 이에 관한 설명으로 옳지 <u>않은</u> 것을 모두 고른 것은? (다툼이 있으면 판례에 따름)

> ㄱ. 乙은 丙을 상대로 계약을 취소할 수 있다.
> ㄴ. 丙은 甲을 상대로 계약의 추인여부에 대한 확답을 촉구할 수 있다.
> ㄷ. 계약 당시 甲이 제한능력자임을 丙이 알았더라도 그 추인이 있기 전까지 丙은 乙을 상대로 자기의 의사표시를 철회할 수 있다.

① ㄱ
② ㄷ
③ ㄱ, ㄴ
④ ㄴ, ㄷ
⑤ ㄱ, ㄴ, ㄷ

04 정관이 있는 비법인사단에 유추적용할 수 <u>없는</u> 규정은? (다툼이 있으면 판례에 따름)

① 이사의 대표권에 대한 제한은 등기하지 아니하면 제3자에게 대항하지 못한다는 민법 제60조
② 법인은 법률의 규정에 좇아 정관으로 정한 목적의 범위 내에서 권리와 의무의 주체가 된다는 민법 제34조
③ 법인은 이사 기타 대표자가 그 직무에 관하여 타인에게 가한 손해를 배상할 책임이 있다는 민법 제35조 제1항
④ 사단법인의 사무는 정관으로 이사 또는 기타 임원에게 위임한 사항 외에는 총회의 결의에 의하여야 한다는 민법 제68조
⑤ 이사는 정관 또는 총회의 결의로 금지하지 아니한 사항에 한하여 타인으로 하여금 특정한 행위를 대리하게 할 수 있다는 민법 제62조

05 법인의 불법행위책임에 관한 설명으로 옳지 <u>않은</u> 것은? (다툼이 있으면 판례에 따름)

① 대표자는 그 명칭이나 직위는 문제되지 않으며, 대표자로 등기되지 않은 자도 이에 포함될 수 있다.
② 대표자의 행위가 직무에 관한 것이 아님을 피해자가 안 경우, 법인은 책임을 지지 않는다.
③ 외형상 대표자의 직무행위로 인정되어도 그것이 대표자 개인의 사리를 도모하기 위한 것이면, 직무에 관한 행위에 해당하지 않는다.
④ 법인의 책임이 성립하는 경우 특별한 사정이 없는 한, 사원이 그 사항의 총회의결에 찬성했다는 사실만으로 법인과 연대책임을 부담하지는 않는다.
⑤ 법인책임이 대표자의 고의적인 불법행위로 인한 경우에도 피해자에게 과실이 있다면, 법원은 이를 참작하여야 한다.

06 민법상 법인의 정관에 관한 설명으로 옳은 것은?

① 사단법인의 정관변경은 법원의 허가를 얻지 않으면 그 효력이 없다.

② 사단법인에서 이사의 대표권에 대한 제한은 정관에 기재되지 않더라도 효력이 있다.

③ 재단법인 설립자는 정관에 그 존립시기나 해산사유를 기재하고 기명날인하여야 한다.

④ 재단법인 설립자가 이사의 임면방법을 정하지 아니하고 사망한 경우, 이해관계인의 청구에 의하여 주무관청이 이를 정한다.

⑤ 재단법인의 재산보전을 위하여 적당한 때에는 정관에 변경방법이 없더라도 명칭 또는 사무소의 소재지를 변경할 수 있다.

07 과실을 수취할 수 있는 자를 모두 고른 것은?

> ㄱ. 질물의 과실에 대한 질권자
> ㄴ. 유치물의 과실에 대한 유치권자
> ㄷ. 점유물의 과실에 대한 선의의 점유자
> ㄹ. 토지전세권에서 토지의 과실에 대한 전세권설정자

① ㄱ, ㄴ   ② ㄷ, ㄹ

③ ㄱ, ㄴ, ㄷ   ④ ㄱ, ㄷ, ㄹ

⑤ ㄴ, ㄷ, ㄹ

08 불공정한 법률행위에 관한 설명으로 옳지 <u>않은</u> 것은? (다툼이 있으면 판례에 따름)

① 성립요건인 궁박, 경솔, 무경험은 그 중 하나만 갖추어도 충분하다.

② 궁박은 경제적 원인 외에 정신적 또는 심리적 원인에 기인할 수도 있다.

③ 대리인에 의하여 행해진 법률행위에서 불공정한 법률행위가 문제되는 경우, 경솔이나 무경험은 대리인을 기준으로 판단한다.

④ 무경험은 일반적인 생활체험의 부족을 의미하는 것으로, 어느 특정영역이 아니라 거래 일반에 대한 경험부족을 말한다.

⑤ 매매계약이 약정된 매매대금의 과다로 인하여 불공정한 법률행위에 해당하는 경우, 무효행위의 전환에 관한 민법 제138조가 적용될 수 없다.

09 진의 아닌 의사표시에 관한 설명으로 옳지 <u>않은</u> 것은? (다툼이 있으면 판례에 따름)

① 사인의 공법행위에는 적용되지 않으므로 공무원의 사직 의사가 외부에 표시된 이상 그 의사는 표시된 대로 효력을 발생한다.

② 진의는 특정한 내용의 의사표시를 하려는 생각을 말하는 것이지 표의자가 진정으로 마음에서 바라는 사항을 뜻하는 것은 아니다.

③ 표의자가 강박에 의하여 어쩔 수 없이 증여의 의사표시를 하였다면 이는 비진의표시에 해당하지 않는다.

④ 표의자가 비진의표시임을 이유로 의사표시의 무효를 주장하는 경우, 비진의표시에 해당한다는 사실은 표의자가 증명해야 한다.

⑤ 표의자가 비진의표시임을 이유로 의사표시의 무효를 주장하는 경우, 상대방이 자신의 선의·무과실을 증명해야 한다.

10 착오로 인한 의사표시에 관한 설명으로 옳지 <u>않은</u> 것은? (다툼이 있으면 판례에 따름)

① 제3자의 기망으로 표시상의 착오가 발생한 경우, 표의자는 사기를 이유로 의사표시를 취소할 수 있다.

② 착오로 인하여 표의자가 경제적인 불이익을 입지 않았다면, 법률행위 내용의 중요부분의 착오라고 할 수 없다.

③ 표의자의 착오를 알고 상대방이 이를 이용한 경우에는 착오가 표의자의 중대한 과실로 발생하여도 취소할 수 있다.

④ 당사자의 합의로 착오로 인한 의사표시의 취소에 관한 민법 제109조 제1항의 적용을 배제할 수 있다.

⑤ 동기의 착오를 이유로 의사표시를 취소할 때 그 동기를 의사표시의 내용으로 하는 당사자의 합의까지는 필요 없다.

11 대리권의 범위에 관한 설명으로 옳지 <u>않은</u> 것은? (다툼이 있으면 판례에 따름)

① 법정대리권의 범위는 법정대리인에 관한 규정에 의하여 결정된다.

② 임의대리권은 통상 그 권한에 부수하여 필요한 한도에서 상대방의 의사표시를 수령하는 대리권을 포함한다.

③ 계약체결의 대리권을 수여받은 대리인은 특별한 사정이 없는 한 체결된 계약을 해제할 수 있는 권한을 갖지 않는다.

④ 대리권의 범위를 정하지 않은 임의대리인은 대리의 목적인 물건의 성질이 변하지 않는 범위에서 그 이용행위를 할 수 있다.

⑤ 예금계약의 체결을 위임받은 자의 대리권에는 특별한 사정이 없는 한 그 예금을 담보로 대출을 받을 수 있는 권한이 포함되어 있다.

12 복대리에 관한 설명으로 옳지 **않은** 것은? (다툼이 있으면 판례에 따름)

① 법정대리인은 자신의 책임으로 복대리인을 선임할 수 있다.

② 임의대리인은 부득이한 사유가 있는 경우, 복대리인을 선임할 수 있다.

③ 법정대리인이 부득이한 사유로 복대리인을 선임한 경우, 본인에 대하여 그 선임감독에 관한 책임이 있다.

④ 임의대리인이 본인의 승낙을 얻어 복대리인을 선임한 경우, 본인에 대하여 그 선임 감독에 관한 책임이 없다.

⑤ 대리인이 대리권 소멸 후 복대리인을 선임하여 그로 하여금 대리행위를 하도록 한 경우, 복대리인의 대리행위에 대하여 표현대리에 관한 규정이 적용될 수 있다.

13 무권대리와 표현대리에 관한 설명으로 옳은 것은? (다툼이 있으면 판례에 따름)

① 강행법규에 위반한 무효의 대리행위에 대해서도 표현대리의 법리가 적용될 수 있다.

② 무권대리행위의 추인은 본인이 무권대리행위의 상대방뿐만 아니라 무권대리인에 대해서도 할 수 있다.

③ 상대방의 유권대리 주장에는 표현대리의 성립 역시 포함되므로 법원은 표현대리의 성립 여부까지 판단해야 한다.

④ 무권대리인이 무권대리행위 후 본인을 단독상속한 경우, 그 무권대리행위가 무효임을 주장하는 것은 신의칙에 반하지 않는다.

⑤ 표현대리가 성립하는 경우, 상대방에게 과실이 있으면 과실상계의 법리가 적용된다.

14 법률행위의 무효에 관한 설명으로 옳지 **않은** 것은? (다툼이 있으면 판례에 따름)

① 강박의 정도가 극심하여 의사결정을 스스로 할 수 있는 여지가 완전히 박탈된 상태에서 의사표시가 이루어진 경우 그 의사표시는 무효이다.

② 반사회적 법률행위를 원인으로 부동산에 관한 소유권이전등기를 마친 등기명의자가 소유권에 기한 물권적 청구권을 행사하는 경우, 상대방은 법률행위의 무효를 항변으로서 주장할 수 없다.

③ 무효인 법률행위를 추인에 의하여 새로운 법률행위로 보기 위해서는 당사자가 이전의 법률행위가 무효임을 알고 그 행위에 대하여 추인하여야 한다.

④ 무효인 법률행위가 다른 법률행위의 요건을 구비하고 당사자가 그 무효를 알았더라면 다른 법률행위를 하는 것을 의욕하였으리라고 인정될 때에는 다른 법률 행위로서 효력을 가진다.

⑤ 후속행위를 한 것이 묵시적 추인으로 인정되기 위해서는 이전의 법률행위가 무효임을 알거나, 무효임을 의심하면서도 그 행위의 효과를 자기에게 귀속시키도록 하는 의사로 후속행위를 하였음이 인정되어야 한다.

15 법률행위의 취소에 관한 설명으로 옳지 <u>않은</u> 것은? (다툼이 있으면 판례에 따름)

① 법률행위를 취소한 후라도 무효행위 추인의 요건을 충족할 경우, 무효행위의 추인은 가능하다.

② 제한능력자가 맺은 계약은 추인이 있을 때까지 상대방이 그 의사표시를 취소할 수 있다.

③ 제한능력을 이유로 법률행위가 취소된 경우, 제한능력자는 그 행위로 인하여 받은 이익이 현존하는 한도에서 상환할 책임이 있다.

④ 법률행위의 취소를 전제로 한 소송상의 이행청구에는 취소의 의사표시가 포함되어 있다고 볼 수 있다.

⑤ 취소권은 추인할 수 있는 날로부터 3년 내에 법률행위를 한 날로부터 10년내에 행사하여야 한다.

16 소멸시효에 관한 설명으로 옳지 <u>않은</u> 것은? (다툼이 있으면 판례에 따름)

① 변제기가 도래한 단기소멸시효채권이 판결에 의해 확정된 경우 그 소멸시효는 5년으로 한다.

② 부작위를 목적으로 하는 채권의 소멸시효는 위반행위를 한 때로부터 진행한다.

③ 최고는 6월내에 재판상의 청구, 파산절차참가, 화해를 위한 소환, 임의출석, 압류 또는 가압류, 가처분을 하지 아니하면 시효중단의 효력이 없다.

④ 1년의 단기소멸시효에 걸리는 채권의 상대방이 그 채권의 발생원인이 된 계약에 기하여 가지는 반대채권은 특별한 사정이 없는 한 10년의 소멸시효에 걸린다.

⑤ 소멸시효는 법률행위에 의하여 이를 배제, 연장 또는 가중할 수 없으나 이를 단축 또는 경감할 수 있다.

17 소멸시효 완성에 관한 설명으로 옳지 <u>않은</u> 것은? (다툼이 있으면 판례에 따름)

① 소유권은 소멸시효에 걸리지 않는다.

② 동일한 목적을 달성하기 위하여 복수의 채권을 가진 채권자가 어느 하나의 채권만을 행사하는 것이 명백한 경우, 채무자의 소멸시효 완성 항변은 채권자가 행사하는 당해 채권에 대한 항변으로 볼 수 있다.

③ 유치권이 성립된 부동산의 매수인은 피담보채권의 소멸시효 완성으로 직접 이익을 받는 자에 해당하지 않으므로 소멸시효의 완성을 원용할 수 없다.

④ 물상보증인은 피담보채권의 소멸에 의하여 직접 이익을 받는 관계에 있으므로 피담보채권의 소멸시효의 완성을 주장할 수 있다.

⑤ 채무불이행으로 인한 손해배상청구권에 대한 소멸시효 항변이 불법행위로 인한 손해배상청구권에 대한 소멸시효 항변을 포함한 것으로 볼 수는 없다.

18 법률행위의 조건에 관한 설명으로 옳은 것은? (다툼이 있으면 판례에 따름)

① 조건의 성취가 미정인 권리는 일반규정에 의하여 처분, 상속할 수 있으나 담보로 제공할 수는 없다.
② 조건이 법률행위의 당시 이미 성취한 것인 경우에는 그 조건이 해제조건이면 조건없는 법률행위로 한다.
③ 조건의 성취로 인하여 이익을 받을 당사자가 신의성실에 반하여 조건을 성취시킨 때에도 상대방은 그 조건이 성취하지 아니한 것으로 주장할 수 없다.
④ 조건부 법률행위에 있어 조건의 내용 자체가 불법적인 것이어서 무효일 경우 그 조건만을 분리하여 무효로 할 수 있다.
⑤ 조건의 성취로 인하여 불이익을 받을 당사자가 신의성실에 반하여 조건의 성취를 방해한 경우, 조건이 성취된 것으로 의제되는 시점은 신의성실에 반하는 행위가 없었더라면 조건이 성취되었으리라고 추산되는 시점이다.

19 법률행위의 조건과 기한에 관한 설명으로 옳은 것은?

① 조건은 법률행위의 효력의 발생 또는 소멸을 장래에 생기는 것이 확실한 사실에 의존하게 하는 법률행위의 부관이다.
② 법률행위 당시에 곧바로 효력을 발생하게 할 필요가 있는 입양에는 시기를 붙이지 못한다.
③ 단독행위의 경우 상대방이 동의한 경우에도 조건을 붙일 수 없다.
④ 정지조건있는 법률행위에서 당사자는 조건성취의 효력을 그 성취전에 소급하게 할 수 없다.
⑤ 종기있는 법률행위는 기한이 도래한 때로부터 그 효력이 생긴다.

20 기간의 계산에 관한 설명으로 옳지 않은 것은? (기간 말일의 공휴일 등 기타 사유는 고려하지 않음)

① 기간을 연으로 정한 경우 최종의 월에 해당일이 없는 때에는 그 익월의 초일로 기간이 만료한다.
② 기간을 일(日)로 정한 때에는 기간말일의 종료로 기간이 만료한다.
③ 기간을 시, 분, 초로 정한 때에는 즉시로부터 기산한다.
④ 기간을 월로 정한 경우 그 기간이 오전 영시로부터 시작하는 때에는 기간의 초일을 산입한다.
⑤ 연령계산에는 출생일을 산입한다.

21 지역권에 관한 설명으로 옳지 <u>않은</u> 것은?

① 지역권은 요역지와 분리하여 다른 권리의 목적으로 하지 못한다.

② 토지공유자의 1인은 지분에 관하여 그 토지를 위한 지역권 또는 그 토지가 부담한 지역권을 소멸하게 할 수 있다.

③ 지역권자는 일정한 목적을 위하여 타인의 토지를 자기토지의 편익에 이용할 권리가 있다.

④ 점유로 인한 지역권취득기간의 중단은 지역권을 행사하는 모든 공유자에 대한 사유가 아니면 그 효력이 없다.

⑤ 계약에 의하여 승역지소유자가 자기의 비용으로 지역권의 행사를 위하여 공작물의 수선의무를 부담하기로 하고 이를 등기한 경우, 승역지소유자의 특별승계인도 그 의무를 부담한다.

22 전세권에 관한 설명으로 옳지 <u>않은</u> 것은? (다툼이 있으면 판례에 따름)

① 건물전세권이 법정갱신된 경우, 전세권자는 등기 없이도 전세권설정자나 그 목적물을 취득한 제3자에 대하여 갱신된 권리를 주장할 수 있다.

② 토지전세권의 존속기간을 약정하지 아니한 경우 각 당사자는 언제든지 상대방에 대하여 전세권의 소멸을 통고할 수 있다.

③ 토지전세권의 존속기간을 1년 미만으로 정한 때에는 이를 1년으로 한다.

④ 전세권자가 그 목적물의 성질에 의하여 정하여진 용법으로 이를 사용, 수익하지 아니한 경우에는 전세권설정자는 전세권의 소멸을 청구할 수 있다.

⑤ 전세권 존속 중에는 장래에 그 전세권이 소멸하는 경우에 전세금반환채권이 발생하는 것을 조건으로 그 장래의 조건부채권을 양도할 수 있다.

23 전세권에 관한 설명으로 옳은 것을 모두 고른 것은? (다툼이 있으면 판례에 따름)

> ㄱ. 전세권자는 전세권이 설정된 부동산 전부에 대하여 후순위 권리자나 그 밖의 일반채권자보다 전세금의 우선변제를 받을 권리가 있다.
> ㄴ. 전세권은 용익물권적 성격과 담보물권적 성격을 겸비하고 있다.
> ㄷ. 타인의 토지에 있는 건물에 전세권을 설정한 경우 전세권의 효력은 그 건물의 소유를 목적으로 한 지상권에는 미치지 않는다.

① ㄱ

② ㄷ

③ ㄱ, ㄴ

④ ㄴ, ㄷ

⑤ ㄱ, ㄴ, ㄷ

24 유치권에 관한 설명으로 옳지 <u>않은</u> 것은? (다툼이 있으면 판례에 따름)

① 유치권의 행사는 피담보채권의 소멸시효의 진행에 영향을 미치지 아니한다.

② 유치권자는 피담보채권 전부의 변제를 받을 때까지 유치물 전부에 대하여 그 권리를 행사할 수 있다.

③ 근저당권설정 후 그 실행에 따른 경매로 인한 압류의 효력이 발생하기 전에 취득한 유치권으로 경매절차의 매수인에게 대항할 수 없다.

④ 피담보채권의 채무자를 직접점유자로 하여 채권자가 간접점유하는 경우에 유치권은 성립하지 않는다.

⑤ 유치권자는 경매로 인한 매수인에 대하여 그 피담보채권의 변제가 있을 때까지 유치목적물의 인도를 거절할 수 있을 뿐, 그 피담보채권의 변제를 청구할 수는 없다.

25 부동산 등기부취득시효의 요건이 <u>아닌</u> 것은? (다툼이 있으면 판례에 따름)

① 점유자의 등기취득에 대한 선의·무과실

② 10년간의 점유

③ 자주점유

④ 평온·공연한 점유

⑤ 10년간의 등기

26 저당권에 관한 설명으로 옳지 <u>않은</u> 것은? (다툼이 있으면 판례에 따름)

① 저당물의 소유권을 취득한 제3자는 경매인이 될 수 없다.

② 토지를 목적으로 저당권을 설정한 후 그 설정자가 그 토지에 건물을 축조하고 소유한 경우, 저당권자는 토지와 함께 그 건물에 대하여도 경매를 청구할 수 있다.

③ 저당부동산에 대하여 저당권에 기한 압류가 있으면, 압류 이후의 저당권설정자의 저당부동산에 관한 차임채권에도 저당권의 효력이 미친다.

④ 저당부동산에 대하여 지상권을 취득한 제3자는 저당권자에게 그 부동산으로 담보된 채권을 변제하고 저당권의 소멸을 청구할 수 있다.

⑤ 저당권설정자의 책임있는 사유로 인하여 저당물의 가액이 현저히 감소된 때에는 저당권자는 저당권설정자에 대하여 그 원상회복 또는 상당한 담보제공을 청구할 수 있다.

27 다음 설명 중 옳은 것은? (다툼이 있으면 판례에 따름)

① 미등기 무허가건물의 양수인은 소유권에 준하는 관습상의 물권을 취득한다.

② 등기는 물권의 존속요건이므로, 등기가 불법 말소되면 물권은 소멸한다.

③ 소유권이전등기의 원인으로 주장된 계약서가 진정하지 않은 것으로 증명되어도 그 등기의 적법추정은 복멸되지 않는다.

④ 지하 또는 지상의 공간은 상하의 범위를 정하여 건물 기타 공작물을 소유하기 위한 구분지상권의 목적으로 할 수 없다.

⑤ 공유자 중 1인이 다른 공유자의 동의 없이 그 공유 토지의 특정부분을 매도하여 타인명의로 소유권이전 등기를 마친 경우, 그 매도부분 토지에 관한 소유권이전 등기는 처분공유자의 공유지분 범위 내에서는 유효한 등기이다.

28 소유권에 기한 물권적 청구권에 관한 설명으로 옳지 않은 것은? (다툼이 있으면 판례에 따름)

① 아직 건물의 소유권을 취득하지 못한 건물매수인은 그 건물의 불법점거자에 대하여 직접 건물의 명도 청구를 할 수 없다.

② 소유물반환청구권의 상대방인 점유자가 그 물건을 점유할 권리가 있는 때에는 반환을 거부할 수 있다.

③ 토지의 점유자가 점유취득시효를 완성한 경우에도 토지소유자는 그 토지의 인도를 청구할 수 있다.

④ 소유권에 기한 물권적 청구권은 소멸시효의 대상이 되지 않는다.

⑤ 소유물방해예방청구권에서 관념적인 방해의 가능성만으로는 방해의 염려가 있다고 할 수 없다.

29 법률행위에 의하지 않은 물권변동에 관한 설명으로 옳지 않은 것은? (다툼이 있으면 판례에 따름)

① 법정저당권은 저당권설정등기 없이 성립한다.

② 부동산소유권을 확인하는 판결에 의해서도 등기 없이 그 부동산의 소유권을 취득한다.

③ 공경매에 있어서 부동산 물권변동의 시기는 매각허가결정이 확정된 후 매수인이 매각대금을 완납한 때이다.

④ 자기의 비용과 노력으로 건물을 신축한 건축주는 건물의 소유권을 등기없이 취득한다.

⑤ 상속에 의한 물권변동은 피상속인의 사망 시에 발생한다.

30 甲소유 게임기 X를 乙이 빌려서 사용하던 중, 乙은 이러한 사정을 과실 없이 알지 못하는 丙에게 X를 50만원에 평온·공연하게 매도하고 점유를 이전해 주었다. 이에 관한 설명으로 옳은 것은? (다툼이 있으면 판례에 따름)

① 점유에는 공신력이 없으므로 丙은 X의 소유권을 선의취득할 수 없다.

② 乙과 丙간의 매매계약이 무효이더라도 丙은 X의 소유권을 선의취득할 수 있다.

③ 丙이 점유개정으로 점유를 취득하였더라도 X의 소유권을 선의취득할 수 있다.

④ 만약 乙의 점유보조자가 X를 절취하여 丙에게 매도하였더라도 丙은 X의 소유권을 선의취득할 수 있다.

⑤ 만일 X가 게임기가 아니라 건물인 경우에도 丙은 소유권을 선의취득할 수 있다.

31 부동산등기에 관한 설명으로 옳지 않은 것은? (다툼이 있으면 판례에 따름)

① 멸실된 건물의 보존등기를 신축한 건물의 보존등기로 유용하는 것은 허용되지 않는다.

② 소유자로부터 토지를 적법하게 매수한 매수인의 소유권이전등기가 위조된 서류에 의하여 경료되었더라도 그 등기는 유효하다.

③ 가등기된 권리의 이전등기는 가등기에 대한 부기등기의 형식으로는 경료할 수 없다.

④ 명의자를 달리하는 중복보존등기가 부동산을 표상함에 부족함이 없는 경우, 선행등기가 원인무효가 아닌 한 후행등기는 실체적 권리관계에 부합하더라도 무효이다.

⑤ 지분이전등기가 경료된 경우 그 등기는 적법하게 된 것으로서 진실한 권리상태를 공시하는 것이라고 추정된다.

32 점유에 관한 설명으로 옳지 않은 것은? (다툼이 있으면 판례에 따름)

① 점유자는 소유의 의사로 선의, 평온 및 공연하게 점유한 것으로 추정된다.

② 승계취득자가 전점유자의 점유를 아울러 주장하는 경우에는 그 점유의 하자도 승계한다.

③ 임치관계로 타인으로 하여금 물건을 점유하게 한 자는 간접으로 점유권이 있다.

④ 선의의 점유자라도 본권에 관한 소에 패소한 때에는 그 판결이 확정된 때로부터 악의의 점유자로 본다.

⑤ 선의의 점유자는 비록 법률상 원인 없이 타인의 건물을 점유·사용하더라도 그로 인한 이득을 반환할 의무가 없다.

33 점유보호청구권에 관한 설명으로 옳지 <u>않은</u> 것은? (다툼이 있으면 판례에 따름)

① 점유물방해제거청구권의 행사기간은 출소기간이다.

② 점유보조자에게는 점유물방해제거청구권이 인정되지 않는다.

③ 직접점유자가 임의로 점유를 타인에게 이전한 경우, 그 점유이전이 간접점유자의 의사에 반하더라도 간접점유자의 점유가 침탈된 경우에 해당하지 않는다.

④ 점유자가 점유의 침탈을 당한 경우, 침탈자의 특별승계인이 악의인 때에도 그 특별승계인에게 점유물 반환청구권을 행사할 수 없다.

⑤ 공사로 인하여 점유의 방해를 받은 경우, 공사 착수 후 1년을 경과하거나 그 공사가 완성된 때에는 방해의 제거를 청구하지 못한다.

34 토지소유권에 관한 설명으로 옳지 <u>않은</u> 것은? (다툼이 있으면 판례에 따름)

① 토지의 소유권은 정당한 이익있는 범위 내에서 토지의 상하에 미친다.

② 명인방법을 갖춘 수목의 집단은 토지의 구성부분이 아니다.

③ 토지가 해면 아래에 잠김으로써 포락될 당시를 기준으로 원상복구가 불가능한 상태에 이르면 종전의 소유권은 영구히 소멸된다.

④ 토지등기부의 표제부에 토지의 면적이 실제와 다르게 등재되어 있으면, 이러한 등기는 해당 토지를 표상하는 등기로서 효력이 없다.

⑤ 토지 1필지의 공간적 범위를 특정하는 것은 지적도나 임야도의 경계이지 등기부의 표제부나 임야대장 · 토지대장에 등재된 면적이 아니다.

35 부동산 점유취득시효에 관한 설명으로 옳지 <u>않은</u> 것은? (다툼이 있으면 판례에 따름)

① 취득시효가 완성되었으나 아직 소유권이전등기를 경료하지 않은 시효완성자에 대하여 소유자는 점유로 인한 부당이득반환청구를 할 수 없다.

② 시효기간 중 목적부동산이 제3자에게 양도되어 등기가 이전된 경우, 시효기간 만료시 그 양수인을 상대로 시효취득을 주장할 수 있다.

③ 소유자가 시효완성 사실을 알고 목적부동산을 제3자에게 처분하고 소유권이전등기를 넘겨준 경우, 소유자는 시효완성자에게 불법행위로 인한 손해배상책임을 진다.

④ 시효완성자는 취득시효의 기산점과 관련하여 점유기간을 통틀어 등기명의인이 동일한 경우에는 임의의 시점을 기산점으로 할 수 있다.

⑤ 소유자가 시효완성 사실을 알고 목적부동산을 제3자에게 처분한 경우, 소유자는 시효완성자에게 채무불이행으로 인한 손해배상책임을 진다.

36 공동소유에 관한 설명으로 옳지 <u>않은</u> 것은? (다툼이 있으면 판례에 따름)

① 비법인사단이 타인 간의 금전채무를 보증하는 행위는 총유물의 관리·처분행위이므로 사원총회의 결의를 요한다.

② 토지 공유자의 공유지분 포기에 따른 등기는 해당 지분에 관하여 다른 공유자 앞으로 소유권이전등기를 하는 형태가 되어야 한다.

③ 합유물에 관하여 경료된 무효의 소유권이전등기 말소청구는 특별한 사정이 없는 한, 합유자 각자가 할 수 있다.

④ 공유물분할의 소는 공유자 전원이 소송당사자로 참여해야 하므로, 공동소송인 중 1인에 소송요건의 흠결이 있는 경우 전 소송이 부적법하게 된다.

⑤ 과반수지분권자로부터 공유토지의 특정부분의 점유를 허락받은 제3자는 소수지분권자에 대해서 그 점유로 인한 이득을 부당이득으로 반환할 필요가 없다.

37 명의신탁의 대상이 될 수 있는 것을 모두 고른 것은? (다툼이 있으면 판례에 따름)

> ㄱ. 건물
> ㄴ. 자동차
> ㄷ. 중계유선방송사업허가
> ㄹ. 토지의 공유지분

① ㄱ, ㄴ   ② ㄱ, ㄴ, ㄹ

③ ㄱ, ㄷ, ㄹ   ④ ㄴ, ㄷ, ㄹ

⑤ ㄱ, ㄴ, ㄷ, ㄹ

38 지상권에 관한 설명으로 옳지 <u>않은</u> 것은? (다툼이 있으면 판례에 따름)

① 지상권자는 그 권리의 존속기간 내에서 그 토지를 임대할 수 있다.

② 지상권이 소멸한 경우 특별한 사정이 없는 한, 지상권자는 건물 기타 공작물이나 수목을 수거하여 토지를 원상에 회복하여야 한다.

③ 지상권자의 지료지급이 토지소유권의 양도 전후에 걸쳐 2년 이상 연체된 경우, 토지양수인에 대한 연체기간이 2년이 되지 않더라도 토지양수인은 지상권소멸청구를 할 수 있다.

④ 나대지에 저당권을 설정한 당사자들이 그 목적 토지상에 저당권자 앞으로 저당토지의 담보가치 저감을 막기 위하여 지상권도 설정한 경우, 저당권의 피담보채권이 시효로 소멸하면 지상권도 소멸한다.

⑤ 토지와 그 지상건물이 함께 양도되었다가 채권자취소권의 행사로 그 중 건물에 대해서만 양도가 취소되어 수익자 명의의 소유권이전등기가 말소된 경우, 채무자에게 관습상 법정지상권은 인정되지 않는다.

39 법정지상권에 관한 설명으로 옳은 것은? (다툼이 있으면 판례에 따름)

① 관습상 법정지상권이 성립하려면 토지와 그 지상건물이 원시적으로 동일인의 소유에 속하고 있어야 한다.

② 토지에 저당권이 설정될 때에 그 지상건물이 미등기인 경우, 저당권 실행으로 토지와 건물의 소유자가 상이하게 되더라도 법정지상권은 인정될 수 없다.

③ 환지처분으로 인하여 토지와 그 지상건물의 소유자가 달라진 경우에도 관습상 법정지상권은 인정될 수 있다.

④ 토지와 그 지상건물의 소유자가 달라질 때, 토지의 사용에 대하여 당사자 사이에 특약이 있는 경우, 관습상 법정지상권은 인정될 수 없다.

⑤ 나대지상에 채권담보를 위한 가등기가 경료된 후에 대지소유자가 그 지상에 건물을 신축하였고, 그 후에 가등기에 기한 본등기가 경료되어 대지와 건물의 소유자가 달라진 경우 관습상 법정지상권이 성립될 수 있다.

40 동산질권에 관한 설명으로 옳지 <u>않은</u> 것은? (다툼이 있으면 판례에 따름)

① 동산질권도 선의취득의 대상이 될 수 있다.

② 질권설정자는 채무변제기 후의 계약으로 질권자에게 변제에 갈음하여 질물의 소유권을 취득하게 할 것을 약정하지 못한다.

③ 수개의 채권을 담보하기 위하여 동일한 동산에 수개의 질권을 설정한 때에는 그 순위는 설정의 선후에 의한다.

④ 다른 약정이 없는 한 질권은 원본, 이자, 위약금, 질권실행의 비용, 질물보존의 비용 및 채무불이행 또는 질물의 하자로 인한 손해배상의 채권을 담보한다.

⑤ 정당한 이유가 있는 경우 질권자는 간이변제충당을 법원에 청구할 수 있고, 이때 질권자는 미리 채무자 및 질권설정자에게 통지하여야 한다.

06 2017년 제28회 기출문제

01 법원(法源)에 관한 설명으로 옳지 않은 것은? (다툼이 있으면 판례에 따름)

① 사회생활규범이 관습법으로 승인되었다면 그것을 적용하여야 할 시점에서의 전체법질서에 부합하지 않아도, 그 관습법은 법적 규범으로서의 효력이 인정된다.

② 법원은 관습법의 존부를 알 수 없는 경우를 제외하고 당사자의 주장·증명이 없어도 관습법을 직권으로 확정하여야 한다.

③ 관습법은 법령과 같은 효력을 가지는 것으로서 법령에 저촉되지 않는 한 법칙으로서의 효력이 있다.

④ 물권은 법률 또는 관습법에 의하는 외에는 임의로 창설하지 못한다.

⑤ 강행규정 자체에 결함이 있거나 강행규정 자체가 관습에 따르도록 위임한 경우에는 사실인 관습에 법적 효력을 부여할 수 있다.

02 능력에 관한 설명으로 옳은 것은? (다툼이 있으면 판례에 따름)

① 2인 이상이 동일한 위난으로 사망한 경우에는 동시에 사망한 것으로 본다.

② 태아는 불법행위로 인한 손해배상청구권에 관하여 이미 출생한 것으로 추정한다.

③ 태아는 그 법정대리인에 의하여 수증행위를 할 수 있다.

④ 제한능력을 이유로 법률행위를 취소한 경우, 제한능력자는 선의·악의를 묻지 아니하고 그 행위로 인하여 받은 이익이 현존하는 한도에서 상환할 책임이 있다.

⑤ 계약자유의 원칙상 제한능력자를 보호하는 규정에 반하는 매매계약도 유효하다.

03 제한능력자에 관한 설명으로 옳은 것만을 모두 고른 것은? (다툼이 있으면 판례에 따름)

> ㄱ. 만18세의 미성년자가 자기의 월 근로소득 범위 내에서 신용구매계약을 체결한 경우, 그 신용구매계약은 처분허락을 받은 재산범위 내의 처분 행위에 해당한다.
> ㄴ. 한정후견인의 동의가 필요한 법률행위를 피한정후견인이 한정후견인의 동의 없이 하였을 때에는 그것이 일상생활에 필요하고 그 대가가 과도하지 아니한 법률행위가 아닌 경우 그 법률행위를 취소할 수 있다.
> ㄷ. 제한능력자가 아직 능력자가 되지 못한 경우에도 그 상대방은 그에게 1개월 이상의 기간을 정하여 추인 여부의 확답을 촉구할 수 있다.
> ㄹ. 제한능력자와 계약을 맺은 선의의 상대방은 추인이 있기 전까지 의사표시를 거절할 수 있다.

① ㄱ, ㄴ ② ㄱ, ㄷ
③ ㄴ, ㄷ ④ ㄴ, ㄹ
⑤ ㄷ, ㄹ

04 부재와 실종에 관한 설명으로 옳지 않은 것은? (다툼이 있으면 판례에 따름)

① 부재자는 성질상 자연인에 한한다.
② 법원은 선임한 재산관리인에 대하여 부재자의 재산으로 상당한 보수를 지급할 수 있다.
③ 외국에 장기 체류하는 자가 국내에 있는 재산을 관리하고 있으면 그는 부재자에 해당하지 않는다.
④ 부재자에 대한 실종선고 이전에 법원이 선임한 부재자의 재산관리인이 선임결정 취소 전에 한 처분행위에 기하여 경료된 등기는 적법한 것으로 추정된다.
⑤ 피상속인의 사망 후에 그의 아들에 대한 실종선고가 있었으나 피상속인의 사망 이전에 실종기간이 만료된 경우, 그 아들은 상속인이 될 수 있다.

05 민법상 법인에 관한 설명으로 옳지 않은 것은? (다툼이 있으면 판례에 따름)

① 사단법인의 정관에 다른 규정이 없는 한, 그 정관은 총사원 3분의 2 이상의 동의가 있는 때에 한하여 이를 변경할 수 있다.
② 법인은 법률의 규정에 의함이 아니면 성립하지 못한다.
③ 법인의 목적 범위 외의 행위로 인하여 타인에게 손해를 가한 때에는 그 사항의 의결에 찬성하거나 그 의결을 집행한 사원, 이사 및 기타 대표자가 연대하여 배상하여야 한다.
④ 사단법인의 사원의 지위는 양도 또는 상속할 수 없고, 이는 정관으로 달리 정할 수 없다.
⑤ 이사가 수인(數人)인 경우에 법인의 사무집행은 정관에 다른 규정이 없는 한 이사의 과반수로써 결정한다.

06 비법인사단에 관한 설명으로 옳지 <u>않은</u> 것은? (다툼이 있으면 판례에 따름)

① 사단법인의 하부조직이라도 스스로 단체로서의 실체를 갖추고 독자적인 활동을 하고 있다면 그 사단법인과는 별개의 독립된 비법인사단으로 볼 수 있다.

② 정관 기타 규약에 다른 정함이 없는 한, 사원총회의 결의를 거치지 않은 총유물의 관리행위는 무효이다.

③ 비법인사단의 대표자의 행위가 외관상·객관적으로 직무에 관한 행위로 인정될 수 있으면, 그의 행위가 직무에 관한 것이 아님을 피해자가 중대한 과실로 알지 못한 경우에도 비법인사단에게 손해배상책임을 물을 수 있다.

④ 소집절차에 하자가 있어 그 효력을 인정할 수 없는 종중총회의 결의라도 후에 적법하게 소집된 종중총회에서 이를 추인하면 처음부터 유효로 된다.

⑤ 재건축조합의 총회에서는 정관에 다른 정함이 없는 한 소집 1주간 전에 통지된 그 회의의 목적 사항에 관하여만 결의할 수 있다.

07 물건에 관한 설명으로 옳지 <u>않은</u> 것은? (다툼이 있으면 판례에 따름)

① 법률상 공시방법이 인정되지 않은 집합물이라도 특정성이 있으면 이를 양도담보의 목적으로 할 수 있다.

② 법정과실은 원칙적으로 수취할 권리의 존속기간 일수의 비율로 취득한다.

③ 수목에 달려있는 미분리의 과실에 대해 명인방법을 갖추면 그 과실은 독립한 물건으로 거래의 목적으로 할 수 있다.

④ 천연과실은 다른 특약이 있더라도 그 원물로부터 분리하는 때에 이를 수취할 권리자에게 속한다.

⑤ 권원 없이 타인의 토지에서 경작한 농작물도 성숙하여 독립한 물건으로 인정되면 그 소유권은 명인방법을 갖출 필요 없이 경작자에게 있다.

08 다음 중 형성권인 것은?

① 부동산공사 수급인의 저당권설정청구권
② 저당권설정자의 저당물보충청구권
③ 미성년자의 법률행위의 취소권
④ 점유자의 유익비상환청구권
⑤ 점유취득시효 완성자의 등기청구권

09 반사회질서 또는 불공정한 법률행위에 관한 설명으로 옳지 <u>않은</u> 것은? (다툼이 있으면 판례에 따름)

① 부첩관계의 종료를 해제조건으로 하는 증여계약은 그 조건뿐만 아니라 그 계약 자체도 무효이다.

② 감정평가사를 통해 공무원에게 직무상 부정한 청탁을 하게 하고 그 대가로 상당한 금품을 교부하기로 한 약정은 무효이다.

③ 불공정한 법률행위가 되기 위해서는 피해자의 궁박, 경솔, 무경험 중 어느 하나만 있으면 되고 그 모두가 있어야 할 필요는 없다.

④ 계약이 불공정한 법률행위에 해당하여 무효라 하더라도 특별한 사정이 없는 한 그 계약에 관한 부제소 합의는 유효하다.

⑤ 법률행위의 내용이 반사회적인 것은 아니지만 반사회적 조건이 붙어 반사회적인 성질을 띠게 되면 그 법률행위는 무효이다.

10 의사표시에 관한 설명으로 옳지 <u>않은</u> 것은? (다툼이 있으면 판례에 따름)

① 통정허위표시에서 파산관재인은 제3자에 해당하지 않는다.

② 통정허위표시에서 제3자가 보호받기 위해서는 선의이면 되고 그 과실 유무는 묻지 않는다.

③ 상대방에 의해 유발된 동기의 착오는 동기가 표시되지 않았더라도 법률행위 내용의 중요부분의 착오가 될 수 있다.

④ 통정허위표시는 제3자 유무와 상관없이 당사자 사이에서는 무효이다.

⑤ 사기에 의한 의사표시의 취소는 선의의 제3자에게 대항하지 못한다.

11 의사표시의 효력발생에 관한 설명으로 옳지 <u>않은</u> 것은? (다툼이 있으면 판례에 따름)

① 상대방 있는 의사표시는 상대방에게 도달한 때에 효력이 발생하는 것이 원칙이다.

② 의사표시의 상대방이 의사표시를 받은 때에 제한능력자인 경우에는 그 상대방의 법정대리인이 의사표시가 도달한 사실을 안 후라도 표의자는 그 의사표시로써 대항할 수 없다.

③ 표의자가 의사표시의 통지를 발송한 후에 사망한 경우, 그 의사표시의 효력에 영향을 미치지 않는다.

④ 내용증명우편이나 등기로 발송된 우편물은 반송 등의 특별한 사정이 없는 한 그 무렵 수취인에게 배달된 것으로 본다.

⑤ 표의자가 과실 없이 상대방을 알지 못하거나 상대방의 소재를 알지 못하는 경우, 의사표시는 민사소송법의 공시송달의 규정에 의하여 송달할 수 있다.

12 민법상 임의대리에 관한 설명으로 옳지 <u>않은</u> 것은?

① 대리인은 행위능력자임을 요하지 않는다.

② 대리권은 다른 특약이 없으면 법률관계의 종료 전에 수권행위를 철회한 경우에도 소멸한다.

③ 대리인이 그 권한 내에서 본인을 위한 것임을 표시한 의사표시는 직접 본인에 대하여 효력이 생긴다.

④ 특정한 법률행위를 위임한 경우에 대리인이 본인의 지시에 좇아 그 행위를 한 때에는 본인은 자기가 안 사정 또는 과실로 인하여 알지 못한 사정에 관하여 대리인의 부지를 주장하지 못한다.

⑤ 대리인이 수인(數人)인 경우에 대리인은 원칙적으로 공동으로 대리하고 수권행위 또는 법률로 달리 정하는 경우에만 각자 본인을 대리한다.

13 행위능력자 甲은 대리권 없이 乙을 대리하여 乙소유 토지를 丙에게 매도하는 계약을 체결하였다. 이에 관한 설명으로 옳은 것은? (다툼이 있으면 판례에 따름)

① 乙이 매매계약을 추인한 경우 다른 의사표시가 없으면 그 계약은 추인한 때부터 장래를 향하여 효력이 있다.

② 丙이 계약 당시 甲의 대리권 없음을 알았더라도 乙의 추인이 있을 때까지 丙은 그 계약을 철회할 수 있다.

③ 상대방에 대한 무권대리인의 책임에 관한 규정에 의하여 甲은 丙에게 무과실책임을 진다.

④ 丙이 계약 당시 甲의 대리권 없음을 알았다면 丙은 상당한 기간을 정하여 乙에게 추인 여부의 확답을 최고할 수 없다.

⑤ 甲의 대리권 없음을 알지 못한 丙은, 乙이 甲에 대하여 매매계약을 추인한 사실을 몰랐더라도 계약을 철회할 수 없다.

14 복대리에 관한 설명으로 옳지 <u>않은</u> 것은? (다툼이 있으면 판례에 따름)

① 복대리인은 그 권한 내에서 본인을 대리한다.

② 임의대리인은 본인의 승낙이 있거나 부득이한 사유 있는 때가 아니면 복대리인을 선임하지 못한다.

③ 법정대리인이 부득이한 사유로 복대리인을 선임한 경우, 그 선임감독에 관한 책임만이 있다.

④ 복대리인을 선임하더라도 대리인의 대리권은 소멸하지 않는다.

⑤ 복대리인이 선임한 대리인은 모두 법정대리인이다.

15 법률행위의 취소에 관한 설명으로 옳지 <u>않은</u> 것은? (다툼이 있으면 판례에 따름)

① 사기를 이유로 취소된 법률행위는 처음부터 무효인 것으로 본다.

② 제한능력자가 취소권을 가지는 경우 법정대리인의 동의 없이 행사할 수 있다.

③ 피성년후견인은 법정대리인의 동의가 있더라도 재산상 법률행위를 스스로 유효하게 추인할 수 없다.

④ 법정대리인이 미성년자의 법률행위를 추인하는 경우, 취소 원인이 소멸된 후에 하여야만 효력이 있다.

⑤ 법률행위를 취소한 후라도 무효행위의 추인의 요건과 효력으로서 추인할 수 있다.

16 법률행위의 무효에 관한 설명으로 옳지 <u>않은</u> 것은? (다툼이 있으면 판례에 따름)

① 무효인 재산상 법률행위에 대하여 당사자가 무효임을 알고 추인하면 그 추인에는 원칙적으로 소급효가 인정된다.

② 위증하기로 하는 계약은 당사자가 무효임을 알고 추인하여도 유효로 될 수 없다.

③ 불공정한 법률행위에 대하여도 무효행위의 전환에 관한 민법 규정이 적용될 수 있다.

④ 무효행위의 추인은 명시적으로뿐만 아니라 묵시적으로도 할 수 있다.

⑤ 무효인 법률행위에 따른 법률효과를 침해하는 것처럼 보이는 채무불이행이 있다고 하여도 그 법률효과의 침해에 따른 손해배상을 청구할 수는 없다.

17 소멸시효 완성 후에 한 시효이익의 포기에 관한 설명으로 옳지 <u>않은</u> 것은? (다툼이 있으면 판례에 따름)

① 시효이익을 포기하면 그 때부터 시효가 새로 진행한다.

② 시효완성의 이익을 받을 당사자 또는 그 대리인은 시효이익 포기의 의사표시를 할 수 있다.

③ 주채무자가 시효이익을 포기하더라도 보증인에게는 그 효력이 없다.

④ 시효이익을 이미 포기한 사람과의 법률관계를 통해 시효이익을 원용할 이해관계를 형성한 사람은 소멸시효를 주장할 수 있다.

⑤ 채권의 시효완성 후에 채무자가 그 기한의 유예를 요청한 때에는 시효이익을 포기한 것으로 보아야 한다.

18 조건에 관한 설명으로 옳지 <u>않은</u> 것은? (다툼이 있으면 판례에 따름)

① 조건은 법률행위의 효력의 발생 또는 소멸을 장래의 불확실한 사실의 성부에 의존하게 하는 법률행위의 부관이다.

② 불능조건이 해제조건이면 조건 없는 법률행위가 된다.

③ 조건의사가 있더라도 법률행위의 내용으로 외부에 표시되지 않은 경우, 그것만으로는 법률행위의 조건이 되지 않는다.

④ 부관이 붙은 법률행위에 있어서 부관에 표시된 사실의 발생 유무에 상관없이 그 채무를 이행해야 하는 경우에는 조건으로 보아야 한다.

⑤ 정지조건부 법률행위의 경우에는 조건성취로 권리를 취득하는 자가 조건성취 사실에 대한 증명책임을 진다.

19 기한의 이익에 관한 설명으로 옳은 것은? (다툼이 있으면 판례에 따름)

① 기한의 이익이 채권자 및 채무자 쌍방에게 있는 경우, 채무자는 기한의 이익을 포기할 수 없다.

② 채무자인 甲이 저당권자 乙이외의 다른 채권자 丙에게 동일한 부동산 위에 후 순위저당권을 설정해 준 경우 원칙적으로 甲은 乙에게 기한의 이익을 주장하지 못한다.

③ 기한이익 상실의 특약은 특별한 사정이 없는 한 형성권적 기한이익 상실의 특약으로 추정된다.

④ 형성권적 기한이익 상실의 특약이 있는 할부채무의 경우, 특별한 사정이 없는 한 1회의 불이행이 있으면 채무전액에 대하여 소멸시효가 진행한다.

⑤ 정지조건부 기한이익 상실의 특약이 있는 경우, 그 특약에 정한 기한이익 상실사유가 발생하더라도 기한이익을 상실케 하는 채권자의 의사표시가 없다면 특별한 사정이 없는 한 이행기 도래의 효과가 발생하지 않는다.

20 甲의 乙에 대한 채권을 담보하기 위해 丙이 자신의 부동산에 저당권을 설정해 준 경우, 甲의 乙에 대한 채권의 소멸시효 중단사유가 <u>아닌</u> 것은? (다툼이 있으면 판례에 따름)

① 丙의 저당권말소등기청구의 소에 대한 甲의 응소

② 甲의 乙에 대한 채권에 기한 지급명령 신청

③ 乙의 재산에 대한 甲의 가압류 신청

④ 乙이 변제기 도래 후에 한 채무의 승인

⑤ 乙의 파산절차에 대한 甲의 참가

21 부동산만을 객체로 하는 물권으로 묶인 것은?

① 소유권-점유권-저당권
② 소유권-지상권-저당권
③ 지상권-지역권-전세권
④ 유치권-질권-저당권
⑤ 지상권-유치권-저당권

22 甲은 乙소유 토지 위에 식재된 입목등기가 되어 있지 않은 소나무 50그루에 대하여 매매계약 체결과 동시에 소유권을 이전받기로 약정하였다. 甲은 계약체결 후 잔금을 지급하지 않은 채 乙의 동의 하에 소나무 50그루에 각각 '소유자 甲'이라는 표기를 써서 붙였다. 이후 乙은 이 소나무를 丙에게 이중으로 매도하였다. 이에 관한 설명으로 옳은 것은? (다툼이 있으면 판례에 따름)

① 乙은 여전히 소나무에 대하여 소유권을 가진다.
② 甲은 소나무에 대하여 입목등기 없이 소유권을 취득한다.
③ 丙이 乙과의 계약에 의해 명인방법을 갖추면 丙이 소유권을 취득한다.
④ 甲은 명인방법을 통해 소나무에 대하여 저당권을 설정할 수 있다.
⑤ 甲은 소나무에 대하여 입목등기 없이 丙에게 대항할 수 없다.

23 등기의 추정력에 관한 설명으로 옳지 않은 것은? (다툼이 있으면 판례에 따름)

① 신축건물에 소유권보존등기가 된 경우, 그 명의자가 신축한 것이 아니라도 그 보존등기는 실체관계에 부합하는 유효한 등기로 추정된다.
② 소유권이전등기 명의자는 제3자뿐만 아니라 전(前)소유자에 대해서도 적법한 등기원인에 의하여 소유권을 취득한 것으로 추정된다.
③ 소유권이전등기는 등기원인과 절차가 적법하게 마쳐진 것으로 추정된다.
④ 종중재산에 대한 유효한 명의신탁의 경우, 등기의 추정력에도 불구하고 신탁자는 수탁자에 대하여 명의신탁에 의한 등기임을 주장할 수 있다.
⑤ 소유권이전청구권 보전을 위한 가등기가 있다고 하여 소유권이전등기를 청구할 수 있는 법률관계가 존재한다고 추정되는 것은 아니다.

24 부동산 등기에 관한 설명으로 옳지 <u>않은</u> 것은? (다툼이 있으면 판례에 따름)

① 청구권보전을 위한 가등기에 기하여 본등기가 되더라도 본등기에 의한 물권변동의 효력이 가등기한 때로 소급하지 않는다.

② 소유권이전청구권이 정지조건부인 경우에도 가등기는 가능하다.

③ 먼저 된 유효한 소유권보존등기로 인해 뒤에 된 이중보존등기가 무효인 경우, 뒤에 된 등기를 근거로 등기부취득시효를 주장할 수 있다.

④ 등기되어 있는 3층 건물이 멸실되자 5층 건물을 신축하였으나 종전 등기를 그대로 사용하는 경우 이 등기는 무효이다.

⑤ 등기명의인 표시변경등기는 권리변동을 가져오는 것은 아니다.

25 선의취득에 관한 설명으로 옳지 <u>않은</u> 것은? (다툼이 있으면 판례에 따름)

① 경매에 의하여 소유권을 취득한 매수인에게도 선의취득이 인정될 수 있다.

② 동산의 선의취득은 양도인이 무권리자라고 하는 점을 제외하고는 아무런 흠이 없는 거래행위이어야 성립한다.

③ 연립주택의 입주권은 선의취득의 대상이 될 수 없다.

④ 저당권은 선의취득할 수 없다.

⑤ 현실의 인도를 받지 않아도 점유개정의 방법만으로 선의취득이 인정된다.

26 점유에 관한 설명으로 옳지 <u>않은</u> 것은? (다툼이 있으면 판례에 따름)

① 토지매도인의 매도 후의 점유는 특별한 사정이 없는 한 타주점유로 된다.

② 타인소유의 토지를 자기소유 토지의 일부로 알고 이를 점유하게 된 자가 나중에 그러한 사정을 알게 되었다면 그 점유는 그 사정만으로 타주점유로 전환된다.

③ 제3자가 토지를 경락받아 대금을 납부한 후에는 종래소유자의 그 토지에 대한 점유는 특별한 사정이 없는 한 타주점유가 된다.

④ 토지점유자가 등기명의자를 상대로 매매를 원인으로 소유권이전등기를 청구하였다가 패소 확정된 경우, 그 사정만으로 타주점유로 전환되는 것은 아니다.

⑤ 소유자가 점유자를 상대로 적극적으로 소유권을 주장하여 승소한 경우, 점유자의 토지에 대한 점유는 패소판결 확정 후부터는 타주점유로 전환된다.

27 점유자와 회복자의 관계에 관한 설명으로 옳지 <u>않은</u> 것은? (다툼이 있으면 판례에 따름)

① 선의의 점유자가 과실을 취득한 범위에서는 그 이득을 반환할 의무가 없다.

② 유효한 도급계약에 기하여 수급인이 도급인으로부터 제3자 소유 물건을 이전받아 수리를 마친 경우, 원칙적으로 수급인은 소유자에 대하여 비용상환청구권을 행사할 수 있다.

③ 악의의 점유자도 원칙적으로 필요비 전부의 상환을 청구할 수 있다.

④ 점유물이 점유자의 책임 있는 사유로 멸실 또는 훼손된 경우, 악의의 점유자는 자주점유라도 손해 전부를 배상할 책임이 있다.

⑤ 점유자가 과실을 취득한 경우에는 통상의 필요비는 청구하지 못한다.

28 집합건물의 소유 및 관리에 관한 법률상 공용부분에 관한 설명으로 옳지 <u>않은</u> 것은? (다툼이 있으면 판례에 따름)

① 공용부분은 취득시효에 의한 소유권 취득의 대상이 되지 않는다.

② 구조상의 공용부분에 관한 물권의 득실변경은 별도로 등기를 하여야 한다.

③ 공용부분 관리비에 대한 연체료는 특별한 사정이 없는 한 특별승계인에게 승계되는 공용부분 관리비에 포함되지 않는다.

④ 관리인 선임 여부와 관계없이 공유자인 구분소유자가 단독으로 공용부분에 대한 보존행위를 할 수 있다.

⑤ 어느 부분이 공용부분인지 전유부분인지는 구분소유자들 사이에 다른 합의가 없는 한 그 건물의 구조에 따른 객관적인 용도에 의하여 결정된다.

29 부동산 취득시효에 관한 설명으로 옳지 <u>않은</u> 것은? (다툼이 있으면 판례에 따름)

① 등기부취득시효의 요건으로서 무과실은 이를 주장하는 자가 증명하여야 한다.

② 점유취득시효에 있어서 점유자가 무효인 임대차계약에 따라 점유를 취득한 사실이 증명된 경우, 그 점유자의 소유의 의사는 추정되지 않는다.

③ 시효취득자가 시효취득 당시 원인무효인 등기의 등기부상 소유명의자에게 시효이익을 포기한 경우에도 시효이익 포기의 효력이 발생한다.

④ 점유취득시효의 완성 후 등기 전에 토지소유자가 파산선고를 받은 때에는 점유자는 파산관재인을 상대로 취득시효를 이유로 소유권이전등기를 청구할 수 없다.

⑤ 토지에 대한 취득시효 완성으로 인한 소유권이전등기청구권은 그 토지에 대한 점유가 계속되는 한 시효로 소멸하지 않는다.

30 첨부에 관한 설명으로 옳지 않은 것은? (다툼이 있으면 판례에 따름)

① 주종의 구별이 있는 동산과 동산이 부합된 합성물은 주된 동산의 소유자에게 속한다.

② 완성된 건물은 토지에 부합하지 않는다.

③ 가공물은 원칙적으로 원재료 소유자에게 속한다.

④ 부동산에 부합되어 동산의 소유권이 소멸하는 경우, 그 동산을 목적으로 한 질권은 소멸하지 않는다.

⑤ 첨부에 의해 손해를 받은 자는 부당이득에 관한 규정에 의하여 보상을 청구할 수 있다.

31 부동산 실권리자명의 등기에 관한 법률상 명의신탁에 대한 설명으로 옳지 않은 것은? (다툼이 있으면 판례에 따름)

① 무효인 명의신탁등기가 행하여진 후 신탁자와 수탁자가 혼인한 경우, 조세포탈 등의 목적이 없더라도 그 명의신탁등기는 유효로 인정될 수 없다.

② 채무변제를 담보하기 위해 채권자 명의로 부동산에 관한 소유권이전등기를 하기로 하는 약정은 명의신탁약정에 해당하지 않는다.

③ 무효인 명의신탁약정에 기하여 타인 명의의 등기가 마쳐졌다는 이유만으로 그것이 당연히 불법원인급여에 해당한다고 볼 수 없다.

④ 조세포탈 등의 목적 없이 종교단체 명의로 그 산하조직이 보유한 부동산의 소유권을 등기한 경우, 그 단체와 조직 간의 명의신탁약정은 유효하다.

⑤ 신탁자는 명의신탁약정의 무효로서 수탁자로부터 소유권이전등기를 받은 제3자에게 그의 선의·악의 여부를 불문하고 대항하지 못한다.

32 甲, 乙, 丙은 A토지를 각각 5분의 3, 5분의 1, 5분의 1의 지분으로 공유하고 있다. 이에 관한 설명으로 옳지 않은 것은? (다툼이 있으면 판례에 따름)

① 甲은 다른 공유자들과의 협의 없이 A토지의 관리방법을 정할 수 있다.

② 乙은 A토지에 제3자 명의로 경료된 원인무효인 근저당권설정등기의 말소를 청구할 수 있다.

③ 등기부상의 지분과 실제의 지분이 다르고 새로운 이해관계를 가진 제3자가 없다면, 공유물분할소송에서 甲, 乙, 丙은 특별한 사정이 없는 한 실제의 지분에 따라 A토지를 분할하여야 한다.

④ 丙의 지분 위에 근저당권이 설정된 후 A토지가 지분에 따라 분할된 때에는 특별한 합의가 없는 한 그 근저당권은 丙에게 분할된 부분에 집중된다.

⑤ 甲, 乙, 丙사이의 관리방법에 관한 약정에 따라 乙이 A토지의 특정부분만을 사용할 수 있는 경우, 특별한 사정이 없는 한 乙의 지분을 양수한 丁도 그 특정부분만을 사용할 수 있다.

33 관습상 법정지상권에 관한 설명으로 옳지 <u>않은</u> 것은? (다툼이 있으면 판례에 따름)

① 토지공유자 중 1인이 다른 공유자의 지분 과반수의 동의를 얻어 공유토지 위에 건물을 건축한 후 토지와 건물의 소유자가 달라진 경우, 관습상 법정지상권은 성립하지 않는다.

② 강제경매에 있어 관습상 법정지상권이 인정되기 위해서는 매각대금 완납 시를 기준으로 해서 토지와 그 지상 건물이 동일인의 소유에 속하여야 한다.

③ 관습상 법정지상권자는 토지소유자로부터 토지를 양수한 자에 대하여 등기 없이도 자신의 권리를 주장할 수 있다.

④ 대지와 건물의 소유자가 건물만을 양도하면서 양수인과 대지에 관하여 임대차 계약을 체결한 경우, 특별한 사정이 없는 한 그 양수인은 관습상 법정지상권을 포기한 것으로 본다.

⑤ 구분소유적 공유관계에 있는 자가 자신의 특정 소유가 아닌 부분에 건물을 신축한 경우, 관습상 법정지상권이 성립하지 않는다.

34 지역권에 관한 설명으로 옳지 <u>않은</u> 것은? (다툼이 있으면 판례에 따름)

① 1필의 토지 일부를 승역지로 하여 지역권을 설정할 수 있다.

② 요역지가 공유인 경우 요역지의 공유자 1인이 지역권을 취득하면 다른 공유자도 이를 취득한다.

③ 지역권은 요역지와 분리하여 양도하지 못한다.

④ 승역지 소유자는 지역권에 필요한 부분의 토지소유권을 지역권자에게 위기(委棄)함으로써 지역권행사를 위하여 계약상 부담하는 공작물 수선의무를 면할 수 있다.

⑤ 다른 특별한 사정이 없다면 통행지역권을 시효취득한 자는 승역지 소유자가 입은 손해를 보상하지 않아도 된다.

35 전세권에 관한 설명으로 옳은 것은? (다툼이 있으면 판례에 따름)

① 전세권자의 책임 없는 사유로 전세권의 목적물 전부가 멸실된 때에도 전세권자는 손해배상책임이 있다.

② 건물에 대한 전세권이 법정갱신되는 경우, 그 존속기간은 2년으로 본다.

③ 전세권의 존속기간이 만료되면 전세권의 용익물권적 권능은 전세권설정등기의 말소 없이도 당연히 소멸한다.

④ 전세권설정자는 특약이 없는 한 목적물의 현상을 유지하고 그 통상의 관리에 속한 수선을 해야 한다.

⑤ 전세권을 목적으로 저당권을 설정한 자는 저당권자의 동의 없이 전세권설정자와 합의하여 전세권을 소멸시킬 수 있다.

36 유치권에 관한 설명으로 옳은 것은? (다툼이 있으면 판례에 따름)

① 목적물에 대한 점유를 취득한 후 그 목적물에 관한 채권이 성립한 경우 유치권은 인정되지 않는다.

② 유치물이 분할 가능한 경우, 채무자가 피담보채무의 일부를 변제하면 그 범위에서 유치권은 일부 소멸한다.

③ 유치권자가 유치물을 점유함으로써 유치권을 행사하고 있는 동안에는 피담보채권의 소멸시효는 진행되지 않는다.

④ 유치권자는 특별한 사정이 없는 한 법원에 청구하지 않고 유치물로 직접 변제에 충당할 수 있다.

⑤ 공사업자 乙에게 건축자재를 납품한 甲은 그 매매대금채권에 기하여 건축주 丙의 건물에 대하여 유치권을 행사할 수 없다.

37 질권에 관한 설명으로 옳지 않은 것은?

① 채권을 질권의 목적으로 하는 경우에 채권증서가 있는 때에는 질권의 설정은 그 증서를 질권자에게 교부함으로써 그 효력이 생긴다.

② 질권의 목적인 채권의 변제기가 질권자의 채권의 변제기보다 먼저 도래한 경우 질권자는 제3채무자에 대하여 자신에게 변제할 것을 청구할 수 있다.

③ 저당권으로 담보한 채권을 질권의 목적으로 한 때에는 그 저당권등기에 질권의 부기등기를 하여야 그 효력이 저당권에 미친다.

④ 질권자는 질권의 실행방법으로서 질권의 목적이 된 채권을 직접 청구할 수 있다.

⑤ 양도할 수 없는 동산은 질권의 목적이 될 수 없다.

38 근저당권에 관한 설명으로 옳은 것만을 모두 고른 것은? (다툼이 있으면 판례에 따름)

> ㄱ. 피담보채무의 확정 전 채무자가 변경된 경우, 변경 후의 채무자에 대한 채권만이 당해 근저당권에 의하여
>   담보된다.
> ㄴ. 근저당권의 존속기간이나 결산기의 정함이 없는 경우, 근저당권설정자는 근저당권자를 상대로 언제든지
>   해지의 의사표시를 함으로써 피담보채무를 확정시킬 수 있다.
> ㄷ. 근저당권자가 피담보채무의 불이행을 이유로 경매신청을 한 경우, 경매 신청시에 근저당권이 확정된다.
> ㄹ. 선순위 근저당권의 확정된 피담보채권액이 채권최고액을 초과하는 경우, 후순위 근저당권자가 선순위
>   근저당권의 채권최고액을 변제하더라도 선순위 근저당권의 소멸을 청구할 수 없다.

① ㄱ, ㄴ   ② ㄴ, ㄷ
③ ㄴ, ㄹ   ④ ㄱ, ㄷ, ㄹ
⑤ ㄱ, ㄴ, ㄷ, ㄹ

39 가등기담보 등에 관한 법률상 가등기담보에 대한 설명으로 옳은 것은? (다툼이 있으면 판례에 따름)

① 후순위권리자는 청산기간 동안에는 담보목적부동산의 경매를 청구할 수 없다.
② 채무자는 청산기간이 지나기 전이라도 후순위권리자에 대한 통지 후 청산금에 관한 권리를 제3자에게
  양도하면 이로써 후순위권리자에게 대항할 수 있다.
③ 담보목적물에 대한 사용·수익권은 채무자에게 지급되어야 할 청산금이 있더라도 그 지급없이 청산기
  간이 지나면 채권자에게 귀속된다.
④ 담보가등기를 마친 부동산이 강제경매를 통해 매각되어도, 담보가등기권리는 피담보채권액 전부를
  변제받지 않으면 소멸하지 않는다.
⑤ 담보가등기를 마친 부동산에 대하여 강제경매가 개시된 경우, 담보가등기를 마친 때를 기준으로 담보
  가등기권리자의 순위가 결정된다.

40 물권적 청구권에 관한 설명으로 옳지 <u>않은</u> 것은? (다툼이 있으면 판례에 따름)

① 소유권에 기한 물권적 청구권은 소멸시효 대상이 아니다.
② 간접점유자는 제3자의 점유침해에 대하여 물권적 청구권을 행사할 수 있다.
③ 토지의 저당권자는 무단점유자에 대해 저당권에 기한 저당물반환청구권을 행사할 수 있다.
④ 점유물반환청구권은 점유를 침탈당한 날로부터 1년 내에 행사하여야 한다.
⑤ 점유보조자에게는 점유보호청구권이 인정되지 않는다.

07 2016년 제27회 기출문제

01 성년후견개시의 심판과 피성년후견인의 행위능력에 관한 설명으로 옳지 <u>않은</u> 것은?

① 가정법원은 성년후견개시의 심판을 할 때 본인의 의사를 고려하여야 한다.

② 성년후견의 개시 또는 종료를 위한 심판은 본인도 청구할 수 있다.

③ 가정법원은 피성년후견인이 성년후견인의 동의를 받아야 하는 법률행위의 범위를 정할 수 있다.

④ 피성년후견인이 일상생활에 필요하고 그 대가가 과도하지 아니한 법률행위를 한경우, 성년후견인은 이를 취소할 수 없다.

⑤ 가정법원은, 일정한 자의 청구가 있는 경우, 가정법원이 취소할 수 없는 것으로 정한 피성년후견인의 법률행위의 범위를 변경할 수 있다.

02 실종선고에 관한 설명으로 옳지 <u>않은</u> 것은? (다툼이 있으면 판례에 따름)

① 실종선고 취소의 청구를 받은 가정법원은 공시최고의 절차를 거칠 필요가 없다.

② 실종선고가 확정되면 실종선고를 받은 자는 실종기간이 만료한 때에 사망한 것으로 본다.

③ 실종선고가 취소되더라도 실종기간 만료 후 실종선고 취소 전에 선의로 한 행위의 효력에는 영향을 미치지 아니한다.

④ 실종선고의 취소가 있는 경우, 실종선고를 직접원인으로 하여 재산을 취득한 자는 선의이면 그 받은 이익이 현존하는 한도에서 반환할 의무가 있다.

⑤ 부재자의 1순위 상속인이 있는 경우에 4순위의 상속인에 불과한 자는 특별한 사정이 없는 한 부재자에 대한 실종선고를 청구할 이해관계인이 될 수 없다.

03 사단법인의 사원총회에 관한 설명으로 옳지 <u>않은</u> 것은?

① 사원총회에는 대외적인 대표권이나 대내적인 업무집행권이 없다.

② 각 사원은 평등한 결의권을 가지며, 정관으로도 달리 정할 수 없다.

③ 정관에 다른 규정이 없는 한, 총사원의 5분의 1 이상이 회의의 목적사항을 제시하여 총회 소집을 청구한 경우에 이사는 임시총회를 소집하여야 한다.

④ 총회는, 정관에 규정이 있으면, 소집 통지에 기재한 목적사항 이외에 대해서도 결의할 수 있다.

⑤ 정관에 다른 규정이 없는 한, 정관변경을 위해서는 총사원의 3분의 2 이상의 동의가 있어야 한다.

04 민법상 법인의 기관에 관한 설명으로 옳지 <u>않은</u> 것은?

① 특별대리인은 임시기관으로 법인의 대표기관이다.

② 이사에 의해 선임된 대리인은 법인의 대표기관이 아니다.

③ 감사는 필요기관으로 그 성명과 주소를 등기하여야 한다.

④ 이사가 없는 경우에 이로 인하여 손해가 생길 염려가 있는 때에는 법원은 이해관계인이나 검사의 청구에 의해 임시이사를 선임하여야 한다.

⑤ 법인의 불법행위가 성립하는 경우, 그 가해행위를 한 이사 기타 대표자는 자기의 손해배상책임을 면하지 못한다.

05 주물과 종물에 관한 설명으로 옳은 것은? (다툼이 있으면 판례에 따름)

① 독립한 부동산은 종물이 될 수 없다.

② 주물을 처분할 때 당사자의 특약으로 종물만을 별도로 처분할 수도 있다.

③ 주물 위에 설정된 저당권의 효력은, 법률의 규정 또는 다른 약정이 없으면, 설정후의 종물에까지 미치지 않는다.

④ 구분건물의 전유부분에 대한 가압류 결정의 효력은 특별한 사정이 없는 한 그 대지권에 미치지 않는다.

⑤ 권리 상호간에는 주물과 종물의 법리가 적용되지 않는다.

06 사회질서에 반하는 법률행위에 관한 설명으로 옳지 <u>않은</u> 것은? (다툼이 있으면 판례에 따름)

① 오로지 보험사고를 가장하여 보험금을 취득할 목적으로 체결한 생명보험계약은 무효이다.

② 비자금을 소극적으로 은닉하기 위하여 임치한 것은 사회질서에 반하는 법률행위로 볼 수 없다.

③ 부첩관계를 청산하면서 희생의 배상 내지 장래 생활대책 마련의 의미로 금원을 지급하기로 한 약정은 공서양속에 반하지 않는다.

④ 반사회적 법률행위에 의한 무효를 가지고 선의의 제3자에게는 대항할 수 없다.

⑤ 형사사건에 관한 변호사 성공보수 약정은 재판의 결과를 금전적 대가와 결부시키는 것으로서 사회질서에 위배되는 것으로 평가할 수 있다.

07 통정허위표시의 무효를 이유로 대항할 수 없는 '제3자'가 될 수 있는 자를 모두 고른 것은? (다툼이 있으면 판례에 따름)

> ㄱ. 가장의 금전소비대차에 기한 대여금채권을 가압류한 자
> ㄴ. 가장매매에 의한 매수인으로부터 목적 부동산에 대한 소유권이전등기청구권 보전을 위한 가등기를 마친 제3자
> ㄷ. 가장매매에 의한 매수인으로부터 목적 부동산을 매수하여 소유권이전 등기를 마친 제3자
> ㄹ. 가장의 전세권설정계약에 기하여 등기가 경료된 전세권에 관하여 저당권을 취득한 제3자

① ㄱ, ㄴ
② ㄷ, ㄹ
③ ㄱ, ㄴ, ㄷ
④ ㄴ, ㄷ, ㄹ
⑤ ㄱ, ㄴ, ㄷ, ㄹ

08 착오에 관한 설명으로 옳지 <u>않은</u> 것은? (다툼이 있으면 판례에 따름)

① 대리인에 의한 법률행위에서 착오의 유무는 대리인을 표준으로 판단한다.
② 착오의 존재 여부는 의사표시 당시를 기준으로 판단한다.
③ 착오에 의한 취소의 의사표시는 반드시 명시적이어야 하는 것은 아니고, 취소자가 그 착오를 이유로 자신의 법률행위의 효력을 처음부터 배제하려고 한다는 의사가 드러나면 충분하다.
④ 착오가 표의자의 중대한 과실로 인한 경우, 상대방이 표의자의 착오를 알고 이를 이용하였더라도, 표의자는 의사표시를 취소할 수 없다.
⑤ 착오를 이유로 법률행위를 취소한 표의자가 상대방에게 불법행위책임을 지는 것은 아니다.

09 의사표시에 있어서 증명책임에 관한 설명으로 옳지 <u>않은</u> 것은? (다툼이 있으면 판례에 따름)

① 통정허위표시에서 제3자의 악의는 그 허위표시의 무효를 주장하는 자가 증명하여야 한다.
② 사기에 의한 의사표시에서 제3자의 악의는 취소를 주장하는 자가 증명하여야 한다.
③ 진의 아닌 의사표시에서 상대방이 진의 아님을 알았거나 과실로 이를 알지 못하였다는 것은 의사표시의 무효를 주장하는 자가 증명하여야 한다.
④ 상대방에게 도달하여야 효력이 있는 의사표시를 보통우편의 방법으로 하였다면, 송달의 효력을 주장하는 자가 그 도달을 증명하여야 한다.
⑤ 착오로 인한 의사표시에서 착오가 법률행위 내용의 중요부분에 관한 것이라는 점과 중대한 과실이 없었다는 점은 표의자가 증명하여야 한다.

10 권한을 넘은 표현대리에 관한 설명으로 옳지 <u>않은</u> 것은? (다툼이 있으면 판례에 따름)

① 복대리인 선임권이 없는 대리인에 의하여 선임된 복대리인의 권한도 기본대리권이 될 수 있다.

② 정당한 이유의 유무는 대리행위 당시와 그 이후의 사정을 고려하여 판단한다.

③ 기본대리권은 표현대리행위와 동종 또는 유사할 필요가 없다.

④ 권한을 넘은 표현대리는 법정대리에도 적용된다.

⑤ 대리행위가 대리권을 제한하는 강행규정을 위반하여 권한을 넘은 경우에는 표현대리가 인정되지 않는다.

11 대리권의 소멸사유가 <u>아닌</u> 것은?

① 본인의 사망

② 대리인의 사망

③ 본인의 성년후견의 개시

④ 대리인의 성년후견의 개시

⑤ 대리인의 파산

12 乙은 대리권 없이 행위능력자인 甲의 임의대리인으로 행세하여 甲소유의 부동산을 丙에게 매매하는 계약을 체결하였다. 이에 관한 설명으로 옳지 <u>않은</u> 것은? (표현대리는 고려하지 않으며, 다툼이 있으면 판례에 따름)

① 乙이 위 계약에 따라 丙에게 소유권이전등기를 해준 경우, 甲은 丙명의 등기의 말소를 청구할 수 있다.

② 乙이 위 계약 당시 제한능력자인 경우, 乙은 丙에게 계약의 이행 또는 손해배상 책임을 지지 않는다.

③ 甲이 乙의 무권대리행위를 알면서도 丙에게 매매대금을 청구하여 전부를 수령하였다면, 특별한 사정이 없는 한, 위 계약을 추인한 것으로 볼 수 있다.

④ 甲이 乙에 대하여 추인을 하였다면 丙이 그 추인 사실을 몰랐더라도 위 계약을 철회할 수 없다.

⑤ 甲의 유효한 추인이 있으면, 특별한 사정이 없는 한, 乙의 행위는 계약 시에 소급하여 甲에게 효력이 있다.

13 복대리에 관한 설명으로 옳지 <u>않은</u> 것은?

① 임의대리인은 본인의 승낙이나 부득이한 사유가 없으면, 복대리인을 선임하지 못한다.

② 복대리인은 제3자에 대하여도 대리인과 동일한 권리의무가 있다.

③ 임의대리인은 본인의 지명에 의해서도 복대리인을 선임할 수 있다.

④ 대리인의 대리권이 소멸하면 복대리인의 대리권도 소멸한다.

⑤ 복대리인은 대리인이 본인의 명의로 선임한 본인의 대리인이다.

14 법률행위의 조건에 관한 설명으로 옳은 것은?

① 조건의 성취가 미정한 권리라도 일반규정에 의하여 처분하거나 상속할 수 있다.

② 조건의 성취로 인하여 불이익을 받을 당사자가 신의성실에 반하여 조건의 성취를 방해하였어도 상대방은 그 조건이 성취한 것으로 주장할 수 없다.

③ 모든 법률행위에는 조건을 붙일 수 있다.

④ 조건이 법률행위 당시 이미 성취한 것인 경우에는 그 조건이 정지조건이면 그 법률행위는 무효로 한다.

⑤ 조건이 법률행위 당시 이미 성취할 수 없는 것인 경우에는 그 조건이 정지조건이면 조건 없는 법률행위로 한다.

15 토지거래허가를 받지 않아 토지매매계약이 유동적 무효의 상태에 있는 경우에 관한 설명으로 옳지 <u>않은</u> 것은? (다툼이 있으면 판례에 따름)

① 위 매매계약이 확정적으로 무효로 됨에 있어서 귀책사유가 있는 자는 그 계약의 무효를 주장할 수 없다.

② 허가구역 지정이 해제되면 위 매매계약은 확정적 유효로 된다.

③ 허가구역 지정기간이 만료되었음에도 허가구역 재지정을 하지 아니한 경우, 위 매매계약은 확정적 유효로 된다.

④ 허가를 받으면 위 매매계약은 소급해서 유효로 되므로 허가 후에 새로 매매계약을 체결할 필요는 없다.

⑤ 사기에 의하여 위 매매계약이 체결된 경우, 취소권자는 토지거래허가를 신청하기 전에 사기에 의한 계약의 취소를 주장하여 거래허가신청협력에 거절의사를 일방적으로 명백히 함으로써, 그 계약을 확정적으로 무효화 시킬 수 있다.

16 소멸시효의 기산점에 관한 설명으로 옳지 <u>않은</u> 것은? (다툼이 있으면 판례에 따름)

① 채무의 이행기가 도래한 후에 채무자의 요청에 의하여 채권자가 채무자에게 기한을 유예한 경우, 유예한 이행기일로부터 다시 소멸시효가 진행한다.

② 불확정기한부 채권은 객관적으로 기한이 도래하면 그 때부터 소멸시효가 진행한다.

③ 동시이행의 항변권이 붙어있는 채권은 그 항변권이 소멸된 이후부터 소멸시효가 진행한다.

④ 매수인이 매매 목적물인 부동산을 인도 받아 점유하고 있는 이상 그 소유권이전 등기청구권의 소멸시효는 진행되지 않는다.

⑤ 매매로 인한 소유권이전채무의 이행불능으로 인한 손해배상채권의 소멸시효는 그 소유권이전채무가 이행불능으로 된 때부터 진행한다.

17 甲(1998년 3월 14일 17시 출생)은 자기 소유의 부동산을 법정대리인인 부모의 동의 없이 2016년 2월 19일 오전 10시경 乙에게 매도하였다. 甲이 직접 계약을 취소하려는 경우, 그 취소권은 언제까지 행사할 수 있는가? (기간 말일의 공휴일 등 기타 사유는 고려하지 않음)

① 2020년 3월 13일 24시

② 2020년 3월 14일 24시

③ 2021년 3월 13일 24시

④ 2021년 3월 14일 24시

⑤ 2026년 2월 19일 24시

18 법률행위의 무효에 관한 설명으로 옳지 <u>않은</u> 것은? (다툼이 있으면 판례에 따름)

① 법률행위의 일부분이 무효인 경우, 그 무효부분이 없더라도 법률행위를 하였을 것이라고 인정될 때에는 나머지 부분은 무효가 되지 않는다.

② 매매계약이 매매대금의 과다로 인하여 불공정한 법률행위로서 무효인 경우, 무효행위의 전환에 관한 규정이 적용될 수 없다.

③ 무효행위의 추인은 명시적으로뿐만 아니라 묵시적으로도 할 수 있다.

④ 부동산 이중매매에서 매도인의 배임행위에 제2매수인이 적극 가담한 경우, 제2매수인의 매매계약은 무효이고 추인에 의하여 유효로 되지 않는다.

⑤ 무효인 가등기를 유효한 등기로 전용하기로 한 약정은 그 때부터 유효하고, 이로써 그 가등기가 소급하여 유효한 등기로 전환될 수 없다.

19 법률행위의 부관에 관한 설명으로 옳지 <u>않은</u> 것은? (다툼이 있으면 판례에 따름)

① 조건을 붙이고자 하는 의사가 있더라도 그것이 표시되지 않으면 법률행위의 부관으로서의 조건이 되는 것은 아니다.

② 어떤 조건이 붙어 있었는지 아닌지는 그 조건의 존재를 주장하는 자가 이를 증명하여야 한다.

③ 당사자는 조건의 성부가 미정인 동안에 조건의 성취로 인하여 생길 상대방의 이익을 해하지 못한다.

④ 조건의 내용 자체가 불법적인 것이어서 무효일 경우, 그 법률행위 전부가 무효로 된다.

⑤ 부관에 표시된 사실이 발생하지 아니하는 것이 확정된 때에도 그 채무를 이행하여야 한다고 보는 것이 상당한 경우, 조건부 법률행위로 보아야 한다.

20 소멸시효에 관한 설명으로 옳지 <u>않은</u> 것은? (다툼이 있으면 판례에 따름)

① 소유권에 기한 물권적 청구권은 소멸시효의 대상이 되지 않는다.

② 공유관계가 존속하는 한 공유물분할청구권만이 독립하여 시효로 소멸될 수 없다.

③ 소멸시효를 주장하는 자가 제기한 소에 권리자가 응소하여 적극적으로 권리를 주장하고 그것이 받아들여진 경우, 응소한 때에 소멸시효가 중단된다.

④ 근저당권설정등기청구의 소제기에는 그 피담보채권이 될 채권에 대한 소멸시효 중단효력은 없다.

⑤ 소멸시효의 중단사유로서의 승인은 소멸시효의 진행이 개시된 이후에만 가능하다.

21 가등기에 관한 설명으로 옳지 <u>않은</u> 것은? (다툼이 있으면 판례에 따름)

① 가등기상의 권리의 이전등기를 가등기에 대한 부기등기의 형식으로 할 수 있다.

② 저당권설정등기청구권을 보전하기 위한 가등기는 인정되지 않는다.

③ 가등기에 기한 본등기가 경료되더라도 본등기에 의한 물권변동의 효력이 가등기 한 때로 소급하여 발생하는 것은 아니다.

④ 가등기가 부적법하게 말소된 후 소유권이전등기를 마친 제3자는 가등기의 회복등기절차에서 승낙의무가 있다.

⑤ 가등기에 기한 본등기청구권과 소유권이전등기청구권은 그 등기원인이 동일하더라도 서로 다른 청구권으로 보아야 한다.

22 명인방법에 관한 설명으로 옳지 <u>않은</u> 것은? (다툼이 있으면 판례에 따름)

① 관습법상의 공시방법이다.

② 수확되지 아니한 농작물에 대해서도 인정된다.

③ 토지의 지상물이 독립된 물건이며 현재의 소유자가 누구라는 것을 명시하여야 한다.

④ 명인방법으로 양도담보를 공시할 수 없다.

⑤ 건물 이외의 지상물을 토지 또는 원물과 분리하지 않은 채 독립된 거래객체로 하는 데 이용된다.

23 선의취득에 관한 설명으로 옳지 <u>않은</u> 것은? (다툼이 있으면 판례에 따름)

① 경매에 의한 동산의 취득에는 선의취득이 인정되지 않는다.

② 점유개정은 선의취득에서의 인도의 방법으로 인정되지 않는다.

③ 간이인도는 선의취득에서의 인도의 방법으로 인정된다.

④ 저당권은 선의취득의 대상이 아니지만 동산질권은 선의취득의 대상이 된다.

⑤ 물권적 합의가 동산의 인도보다 먼저 행하여지면 양수인의 선의·무과실은 인도된 때를 기준으로 판단한다.

24 등기의 효력에 관한 설명으로 옳은 것은? (다툼이 있으면 판례에 따름)

① 소유권이전청구권 보전을 위한 가등기가 있어도 소유권이전등기를 청구할 어떤 법률관계가 있다고 추정되지 않는다.

② 허무인(虛無人)으로부터 이어받은 소유권이전등기의 경우에도 그 등기명의자의 소유권은 추정된다.

③ 신축된 건물의 소유권보존등기 명의자는 실제로 그 건물을 신축한 자가 아니더라도 적법한 권리자로 추정된다.

④ 등기가 원인 없이 말소된 경우, 그 회복등기가 마쳐지기 전이라면 말소된 등기의 등기명의인은 적법한 권리자로 추정되지 않는다.

⑤ 소유권이전등기 명의자는 그 전(前) 소유자에 대하여 적법한 등기원인에 의해 소유권을 취득한 것으로 추정되지 않는다.

25 중간생략등기에 관한 설명으로 옳지 <u>않은</u> 것은? (다툼이 있으면 판례에 따름)

① 甲이 신축한 건물을 乙이 매수한 후, 당사자들의 합의에 따라 경료된 乙명의의 보존등기는 유효하다.

② 토지거래허가구역 내 토지가 甲에서 乙, 乙에서 丙으로 매도되고 중간생략등기의 합의가 있더라도, 丙이 자신과 甲을 매매 당사자로 하는 토지거래허가를 받아 丙앞으로 경료된 소유권이전등기는 무효이다.

③ 매도인 甲, 중간매수인 乙, 최후매수인 丙사이에 중간생략등기에 대한 전원의 합의가 없는 경우, 丙은 甲에 대하여 직접 자기에게 이전등기를 청구할 수 없다.

④ 매도인 甲, 중간매수인 乙, 최후매수인 丙이 甲으로부터 丙으로 이전등기를 해주기로 전원 합의한 경우, 乙이 대금을 지급하지 않더라도 甲은 丙에게 소유권이전등기를 해주어야 한다.

⑤ 매도인 甲, 중간매수인 乙, 최후매수인 丙이 甲으로부터 丙으로 이전등기를 해주기로 전원 합의한 경우에도 乙은 甲에 대한 등기청구권을 잃지 않는다.

26 2015년 5월경 명의신탁자 乙과 명의수탁자 丙의 약정에 따라, 丙은 매수인으로서 부동산 매도인 甲과 매매계약을 체결하고 대금을 지급한 후, 자신의 명의로 소유권이전등기를 경료받았다. 이에 관한 설명으로 옳은 것을 모두 고른 것은? [단, 「부동산 실권리자명의 등기에 관한 법률」 제8조(종중, 배우자 및 종교단체에 관한 특례) 등에 해당하는 예외 사유가 없으며, 다툼이 있으면 판례에 따름]

> ㄱ. 甲이 명의신탁약정을 알지 못한 경우, 乙은 丙에 대하여 소유권이전을 청구할 수 있다.
> ㄴ. 甲이 명의신탁약정을 알고 있었던 경우, 丙은 甲에 대하여 매매대금의 반환을 청구할 수 있다.
> ㄷ. 甲이 명의신탁약정을 알고 있었던 경우, 乙은 甲에 대하여 진정명의회복을 원인으로 한 소유권이전등기를 청구할 수 있다.
> ㄹ. 甲이 명의신탁약정을 알고 있었던 경우, 乙은 甲을 대위하여 丙명의 등기의 말소를 청구함과 동시에 甲에 대하여 매수인의 지위에서 소유권이전등기를 청구할 수 있다.

① ㄱ
② ㄴ
③ ㄴ, ㄹ
④ ㄷ, ㄹ
⑤ ㄱ, ㄷ, ㄹ

27 부동산 등기에 관한 설명으로 옳지 <u>않은</u> 것은? (다툼이 있으면 판례에 따름)

① 토지소유자가 그 지상에 건물을 신축하는 경우, 보존등기를 하여야 건물의 소유권을 취득한다.

② 무효인 중복등기에 바탕을 둔 등기부취득시효는 인정되지 않는다.

③ 무효등기를 유용하는 합의는 그 합의 전에 등기상의 이해관계 있는 제3자가 없는 경우에는 유효하다.

④ 증여에 의하여 부동산을 취득하였지만 등기원인을 매매로 기재하였더라도 그 등기는 유효하다.

⑤ 「민법」에서는 등기의 추정력에 관한 규정을 두고 있지 않다.

28 공유에 관한 설명으로 옳지 <u>않은</u> 것은? (다툼이 있으면 판례에 따름)

① 공유자 사이에 다른 특약이 없는 한 그 지분의 비율로 공유물의 관리비용 기타 의무를 부담한다.

② 공유자의 1인이 상속인 없이 사망한 경우, 그 지분은 다른 공유자에게 각 지분의 비율로 귀속된다.

③ 공유물을 손괴한 자에 대하여 공유자 중 1인은 특별한 사유가 없는 한 공유물에 발생한 손해의 전부를 청구할 수 있다.

④ 공유토지 위에 건물을 신축하기 위해서는 공유자 전원의 동의가 있어야 한다.

⑤ 공유자가 다른 공유자의 지분권을 대외적으로 주장하는 것은 보존행위가 아니다.

29 부합에 관한 설명으로 옳지 <u>않은</u> 것은? (다툼이 있으면 판례에 따름)

① 부동산에 동산이 부합한 경우, 동산의 가격이 부동산의 가격을 초과하더라도 부동산의 소유자가 부합한 동산의 소유권을 취득한다.

② 동산끼리 부합된 경우, 주종을 구별할 수 없는 때에는 각 동산의 소유자가 부합 당시의 가액의 비율로 합성물을 공유한다.

③ 토지 위에 건물이 신축 완공된 경우에 건물은 토지에 부합하지 않는다.

④ 권원이 없는 자가 토지소유자의 승낙 없이 그 토지 위에 나무를 심은 경우, 특별한 사정이 없는 한, 토지소유자에 대하여 그 나무의 소유권을 주장할 수 있다.

⑤ 건물의 임차인이 권원에 기하여 증축한 부분이 독립성을 가지면 증축된 부분은 부합되지 않는다.

30 甲소유 X토지에 대하여 乙이 점유취득시효를 완성하였으나 등기를 경료하지 못하고 있는 경우에 관한 설명으로 옳지 <u>않은</u> 것은? (다툼이 있으면 판례에 따름)

① 甲이 丙에게 X토지를 매도하여 이전등기를 마치면, 乙은 甲에 대한 시효취득의 효력을 丙에게 주장할 수 없다.

② 위의 ①에서 丙이 甲의 배임행위에 적극 가담한 경우에는 甲과 丙의 매매는 반사회질서 법률행위로서 무효가 된다.

③ 乙이 점유를 상실하면 시효이익의 포기로 간주되어 취득한 소유권이전등기청구권은 소멸한다.

④ 乙의 X토지에 대한 취득시효의 주장에도 불구하고 甲이 악의로 丙에게 이를 매도한 경우, 乙은 甲에 대하여 손해배상을 청구할 수 있다.

⑤ X토지가 수용된 경우, 그 전에 乙이 甲에 대하여 시효취득기간만료를 원인으로 등기청구권을 행사하였다면 대상청구권을 행사할 수 있다.

31 점유자와 회복자의 법률관계에 관한 설명으로 옳지 <u>않은</u> 것은? (다툼이 있으면 판례에 따름)

① 타인의 건물을 선의로 점유한 자는 비록 법률상 원인 없이 사용하였더라도 이로 인한 이득을 반환할 의무가 없다.

② 악의의 점유자가 과실을 소비한 경우에는 그 과실의 대가를 보상하여야 한다.

③ 점유물이 점유자의 책임 있는 사유로 인하여 멸실 또는 훼손된 경우, 선의의 자주점유자는 그 이익이 현존하는 한도에서 배상하여야 한다.

④ 선의의 점유자가 본권에 관한 소에서 패소한 경우, 제소 후 판결확정 전에 취득한 과실은 반환할 의무가 없다.

⑤ 점유자가 과실을 취득한 경우에는 통상의 필요비의 상환을 청구하지 못한다.

32 주위토지통행권에 관한 설명으로 옳지 <u>않은</u> 것은? (다툼이 있으면 판례에 따름)

① 토지의 분할 및 일부양도의 경우, 무상주위통행권에 관한 「민법」의 규정은 포위된 토지 또는 피통행지의 특정승계인에게 적용되지 않는다.

② 주위토지통행권은 이를 인정할 필요성이 없어지면 당연히 소멸한다.

③ 기존의 통로가 있더라도 당해 토지의 이용에 부적합하여 실제로 통로로서 충분한 기능을 하지 못하고 있는 경우에도 주위토지통행권이 인정된다.

④ 통행지소유자는 주위토지통행권자의 허락을 얻어 사실상 통행하고 있는 자에게는 그 손해의 보상을 청구할 수 없다.

⑤ 주위토지통행권이 인정되는 도로의 폭과 면적을 정함에 있어서, 「건축법」에 건축과 관련하여 도로에 관한 폭 등의 제한규정이 있으면 이에 따라 결정하여야 한다.

33 건물의 구분소유 및 집합건물 등에 관한 설명으로 옳지 <u>않은</u> 것은? (다툼이 있으면 판례에 따름)

① 공용부분을 전유부분으로 변경하기 위하여는 구조상으로나 이용상으로 다른 전유부분과 독립되어 있어야 한다.

② 구분소유자 중 일부가 복도, 계단과 같은 공용부분의 일부를 아무런 권원 없이 점유·사용하는 경우, 특별한 사정이 없는 한 다른 구분소유자들에게 임료 상당의 손해가 발생한 것으로 볼 수 있다.

③ 대지에 대한 지상권도 대지사용권이 될 수 있다.

④ 집합건물의 관리단은 구분소유자 전원을 구성원으로 하며, 별도의 설립행위가 필요하지 않다.

⑤ 구분건물이 물리적으로 완성되기 전이라도 건축허가신청 등을 통하여 구분의사가 객관적으로 표시되면 구분행위의 존재를 인정할 수 있다.

34 근저당권에 관한 설명으로 옳은 것은? (다툼이 있으면 판례에 따름)

① 근저당권의 피담보채무가 확정되기 이전에는 채무자를 변경할 수 없다.

② 근저당권의 확정 전에 발생한 원본채권으로부터 그 확정 후에 발생하는 이자는 채권최고액의 범위 내에서 여전히 담보된다.

③ 선순위근저당권자가 경매를 신청하는 경우, 후순위근저당권의 피담보채권의 확정시기는 경매개시결정시이다.

④ 근저당권의 존속 중에 피담보채권이나 기본계약과 분리하여 근저당권만을 양도 할 수도 있다.

⑤ 채권의 총액이 채권최고액을 초과하는 경우, 채무자 겸 근저당권설정자는 근저당권의 확정 전이라도 채권최고액을 변제하고 근저당권의 말소를 청구할 수 있다.

35 유치권에 관한 설명으로 옳지 <u>않은</u> 것은? (다툼이 있으면 판례에 따름)

① 임차인의 임차보증금반환청구권은 임차건물에 관하여 생긴 채권이라 할 수 없다.

② 점유를 침탈 당한 유치권자가 점유회수의 소를 제기하면 유치권을 보유하는 것으로 간주된다.

③ 유치권의 발생을 배제하는 특약은 유효하다.

④ 피담보채권이 변제기에 이르지 아니하면 유치권을 행사할 수 없다.

⑤ 유치권자는 유치물의 과실을 수취하여 다른 채권보다 우선하여 그 채권의 변제에 충당할 수 있다.

36 甲은 자신의 건물에 乙명의의 전세권(전세금 1억 원)을 설정해 주었다. 그 후 乙이 그 전세권에 丙명의 의 저당권(피담보채권액 7천만 원)을 설정해 주었다. 이에 관한 설명으로 옳은 것을 모두 고른 것은? (다툼이 있으면 판례에 따름)

> ㄱ. 乙의 전세권이 존속기간 만료로 종료된 경우, 그 전세권의 용익물권적 권능은 말소등기 없이도 당연히 소멸한다.
> ㄴ. 乙의 전세권이 법정갱신되는 경우, 전세기간에 대한 변경등기 없이도 갱신된다.
> ㄷ. 丙의 전세권저당권은 피담보채권을 수반하더라도 양도할 수 없다.
> ㄹ. 乙의 전세권이 존속기간 만료로 종료된 경우, 丙은 전세권 자체에 대하여 저당권을 실행할 수 없게 된다.

① ㄱ
② ㄴ, ㄷ
③ ㄴ, ㄹ
④ ㄱ, ㄴ, ㄹ
⑤ ㄱ, ㄷ, ㄹ

37 乙은 자기 소유의 돼지 1천 마리를 甲에게 유동집합물로서 점유개정의 방식으로 양도담보한 후 계속 사육하고 있다. 이에 관한 설명으로 옳지 <u>않은</u> 것은? (다툼이 있으면 판례에 따름)

① 甲의 양도담보권의 효력은 원칙적으로 위 돼지들이 출산한 새끼돼지들에도 미친다.

② 만일 화재로 위 돼지들이 폐사하여 乙이 화재보험금청구권을 취득하면, 이에 대해 甲은 양도담보권에 기한 물상대위권을 행사할 수 있다.

③ 만일 乙이 위 돼지들을 丙에게 점유개정의 방식으로 인도한다면, 丙은 선의취득을 할 수 없다.

④ 만일 乙이 양도담보 사실을 알고 있는 丁에게 위 돼지들을 양도한 후, 丁이 5백 마리의 돼지를 새로 구입하여 반입한 경우, 별도자금을 투입해 반입한 사실을 증명하면 甲의 양도담보권의 효력은 그 새로 구입한 돼지들에게 미치지 않는다.

⑤ 만일 乙이 위 돼지들을 戊에게 점유개정의 방식으로 인도하여 이중으로 양도담보한다면, 戊는 양도담 보권을 선의취득한다.

38 지역권에 관한 설명으로 옳지 <u>않은</u> 것은?

① 민법상 지역권의 존속기간은 최장 30년이지만 갱신할 수 있고, 이를 등기하여 제3자에 대항할 수 있다.

② 요역지와 승역지는 반드시 서로 인접할 필요가 없다.

③ 공유자의 1인이 지역권을 취득하는 때에는 다른 공유자도 이를 취득한다.

④ 지역권설정등기는 승역지의 등기부 을구에 기재된다.

⑤ 지역권자는 지역권을 방해할 염려있는 행위를 하는 자에 대하여 그 예방을 청구할 수 있다.

39 법정지상권에 관한 설명으로 옳은 것은? (다툼이 있으면 판례에 따름)

① 법정지상권의 성립 후 구건물이 철거되고 신건물이 축조된 경우, 그 법정지상권의 존속기간·범위 등은 신건물을 기준으로 한다.

② 관습상의 법정지상권에서 건물은 등기가 되어 있지 않아도 무방하나, 무허가건물이어서는 안 된다.

③ 토지와 함께 공동근저당권이 설정된 건물이 그대로 존속함에도 등기가 멸실되고 등기부가 폐쇄되면, 그 후 경매로 토지와 건물의 소유자가 달라지더라도 법정지상권이 성립할 수 없다.

④ 구분소유적 공유관계에 있는 자가 자신의 특정 소유가 아닌 부분에 신축한 건물을 제3자에게 양도한 경우에 관습상 법정지상권이 성립한다.

⑤ 가압류 후 본압류 및 강제경매가 이루어지는 경우 관습상 법정지상권의 요건으로 '토지와 그 지상 건물이 동일인 소유'인지 여부는 가압류의 효력 발생 시를 기준으로 한다.

40 전세권에 관한 설명으로 옳지 <u>않은</u> 것은? (다툼이 있으면 판례에 따름)

① 전세권자가 소유자의 승낙 없이 전세권을 제3자에게 양도한 점만으로는 전세권에 대한 소멸청구사유가 되지 않는다.

② 타인의 토지에 있는 건물에 설정된 전세권의 효력은 그 건물의 소유를 목적으로한 토지임차권에도 미친다.

③ 전세권자는 통상의 필요비와 유익비를 지출한 경우, 전세권설정자에게 그 상환을 청구할 수 있다.

④ 전세권의 목적물의 일부가 불가항력으로 인하여 멸실된 때에는 그 멸실된 부분의 전세권은 소멸한다.

⑤ 건물의 일부에 대하여만 전세권이 설정되어 있는 경우에 그 전세권자는 건물 전부의 경매를 청구할 수 없다.

08 2015년 제26회 기출문제

01 관습법과 사실인 관습에 관한 설명으로 옳지 <u>않은</u> 것은? (다툼이 있으면 판례에 따름)

① 관습법이 되기 위해서는 사회구성원의 법적 확신이 필요하다.

② 사실인 관습은 법령으로서의 효력이 없는 단순한 관행에 지나지 않으므로 법률행위 당사자의 의사를 보충하는 수단이 될 수 없다.

③ 여성은 종중의 구성원이 될 자격이 없다는 종래의 관습에 법적 효력은 인정되지 않는다.

④ 온천에 관한 권리는 관습법상 권리가 아니다.

⑤ 관습법의 존부는, 법원이 알 수 없는 경우를 제외하고는, 당사자의 주장·증명을 기다리지 않고 법원이 직권으로 이를 확정하여야 한다.

02 신의칙에 관한 설명으로 옳지 <u>않은</u> 것은? (다툼이 있으면 판례에 따름)

① 신의칙 위반 여부는 당사자의 주장이 없더라도 법원이 직권으로 판단할 수 있다.

② 부동산 점유자가 취득시효완성 후에 그 사실을 모르고 소유자에게 당해 토지에 관하여 어떠한 권리도 주장하지 않기로 하였는데, 나중에 시효완성을 주장하는 것은 특별한 사정이 없는 한 신의칙에 반한다.

③ 법률행위가 법령에 위반되어 무효임을 알면서도 그 법률행위를 한 자가 나중에 강행법규 위반을 이유로 무효를 주장하더라도 신의칙에 반하지 않는다.

④ 매매계약체결 후 9년이 지났고 시가가 올랐다는 사정만으로 매수인의 소유권 이전등기절차 이행청구가 신의칙에 위배된다고 할 수 없다.

⑤ 부동산 거래에 있어 신의칙상 상대방에게 고지의무의 대상이 되는 것은 법령의 규정뿐이고, 널리 계약상, 관습상 또는 조리상의 일반원칙에 의해서는 인정될 수 없다.

03 민법상 제한능력자에 관한 설명으로 옳지 <u>않은</u> 것은?

① 미성년자의 취소할 수 있는 단독행위는 추인이 있을 때까지 상대방이 거절할 수 있다.

② 피성년후견인이 일용품을 구입한 경우 성년후견인은 이를 취소할 수 없다.

③ 가정법원은 성년후견개시의 심판뿐 아니라 한정후견개시의 심판을 할 때에도 본인의 의사를 고려하여야 한다.

④ 특정후견은 본인의 의사에 반하여 할 수 없다.

⑤ 가정법원이 피성년후견인에 대해 한정후견개시의 심판을 할 때에는 종전의 성년후견의 종료 심판을 할 필요가 없다.

04 비법인사단 및 재단에 관한 설명으로 옳지 않은 것은? (다툼이 있으면 판례에 따름)

① 비법인사단의 대표자가 총유물의 관리·처분과 무관한 대외적 거래행위에 관하여 사원총회의 결의를 거치도록 한 정관 규정에 위반하여 그러한 거래행위를 한 경우, 상대방이 그와 같은 대표권 제한 사실을 알 수 없었다면 그 거래행위는 유효하다.

② 규약에 달리 정한 바가 없으면, 종중이 그 명의로 총유재산에 대한 보존행위로서 소송을 하기 위해서 종중총회의 결의를 거쳐야 하는 것은 아니다.

③ 비법인사단에 대하여는 법인격을 전제로 하는 것을 제외하고는 사단법인에 관한 민법규정을 유추적용한다.

④ 매매계약에 의하여 부담하고 있는 채무의 존재를 인식하고 있다는 뜻을 표시함에 불과한 소멸시효 중단사유로서의 승인은 총유물의 관리·처분행위라고 볼 수 없다.

⑤ 비법인재단의 경우에도 대표자가 있는 때에는 재단명의로 그 재단에 속하는 부동산의 등기를 할 수 있다.

05 대리에 관한 설명으로 옳은 것은? (다툼이 있으면 판례에 따름)

① 임의대리인은 행위능력자여야 한다.

② 대리인의 법률행위의 효과는 본인에게 귀속되므로 의사표시의 하자의 유무는 본인을 기준으로 판단한다.

③ 복대리인은 대리인이 선임한 자로서 본인의 대리인이 아니다.

④ 대리인은 본인의 허락을 얻어 본인을 위하여 자기와 법률행위를 할 수 있다.

⑤ 권한을 넘은 표현대리의 규정은 법정대리에는 적용되지 않는다.

06 권리의 객체에 관한 설명으로 옳지 않은 것은? (다툼이 있으면 판례에 따름)

① 주물과 종물의 법리는 물건 상호간에 적용되고, 권리 상호간에는 적용되지 않는다.

② 천연과실은 그 원물로부터 분리하는 때에 이를 수취할 권리자에게 속한다.

③ 독립된 부동산으로서의 건물이라고 하기 위하여는 최소한의 기둥과 지붕 그리고 주벽이 갖추어져야 한다.

④ 종물은 주물의 처분에 따른다는 민법규정은 임의규정이다.

⑤ 명인방법을 갖춘 수목의 경우에는 토지와 독립한 거래의 객체가 된다.

07 착오로 인한 의사표시에 관한 설명으로 옳지 <u>않은</u> 것은? (다툼이 있으면 판례에 따름)

① 채무자의 동일성에 관한 물상보증인의 착오는 법률행위 내용의 중요부분에 관한 착오에 해당하지 않는다.

② 착오로 의사표시를 취소한 자는 이로 인하여 상대방에 대해 불법행위책임을 지지 않는다.

③ 착오로 인하여 표의자가 경제적인 불이익을 입은 것이 아니라면 착오를 이유로 취소할 수 없다.

④ 특별한 사정이 없는 한 목적물의 시가에 관한 착오를 이유로 매매계약을 취소할 수 없다.

⑤ 동기의 착오가 상대방에 의해 유발된 경우 동기가 표시되지 않더라도 의사표시의 취소 사유인 착오에 해당할 수 있다.

08 의사표시에 관한 설명으로 옳지 <u>않은</u> 것은? (다툼이 있으면 판례에 따름)

① 의사표시자가 그 통지를 발송한 후 사망하여도 의사표시의 효력에 영향을 미치지 않는다.

② 통정허위표시의 무효로 대항할 수 없는 제3자는 허위표시의 당사자와 그의 포괄승계인 이외의 자로서 허위표시행위를 기초로 하여 새로운 이해관계를 맺은 자를 말한다.

③ 진의 아닌 의사표시에 있어서의 '진의'란 특정한 내용의 의사표시를 하고자 하는 표의자의 생각을 말하는 것이지 표의자가 진정으로 마음 속에서 바라는 사항을 뜻하는 것은 아니다.

④ 통정한 허위표시에 의하여 외형상 형성된 법률관계로 생긴 채권을 가압류한 자는 통정허위표시의 무효로 대항할 수 없는 제3자에 해당한다.

⑤ 제3자가 통정허위표시의 무효에 대항하기 위해서는 선의·무과실이어야 한다.

09 부재자에 관한 설명으로 옳지 <u>않은</u> 것은? (다툼이 있으면 판례에 따름)

① 법원이 선임한 재산관리인이 부재자의 재산에 대해 보존행위를 함에는 법원의 허가를 얻어야 한다.

② 부재자가 재산관리인을 선임하였으나 부재자의 생사가 분명하지 않은 경우, 법원은 청구권자의 청구에 의하여 재산관리인을 개임할 수 있다.

③ 재산관리인의 처분행위에 대한 법원의 허가는 장래의 처분행위뿐만 아니라 과거의 처분행위에 대한 추인을 위해서도 할 수 있다.

④ 법원이 선임한 재산관리인이 부재자의 사망을 확인했더라도 법원에 의해 선임결정이 취소되지 않는 한 재산관리인은 계속하여 권한을 행사할 수 있다.

⑤ 재산관리인은 보수청구권을 가지며, 재산관리로 인하여 과실 없이 입은 손해에 대해 배상을 청구할 수 있다.

10 사회질서에 반하는 법률행위에 관한 설명으로 옳지 <u>않은</u> 것은? (다툼이 있으면 판례에 따름)

① 어떠한 일이 있어도 이혼하지 않겠다는 약속은 무효이다.

② 법정에 나와 증언할 것을 조건으로 대가를 지급하기로 약정한 경우, 그 대가의 내용이 통상적으로 용인될 수 있는 수준을 초과하면 그 약정은 무효가 된다.

③ 이중매매임을 알고 부동산을 매수한 것만으로 제2매매가 사회질서에 반하여 무효인 것은 아니다.

④ 양도소득세의 일부를 회피할 목적으로 매매계약서에 실제로 거래한 가액보다 낮은 금액을 매매대금으로 기재한 경우에 그 매매계약은 무효이다.

⑤ 반사회질서의 법률행위는 당사자가 그 무효임을 알고 추인하여도 새로운 법률행위를 한 효과가 생길 수 없다.

11 무권대리에 관한 설명으로 옳지 <u>않은</u> 것은? (다툼이 있으면 판례에 따름)

① 무권대리행위에 대한 본인의 추인은 재판상·재판외에서 묵시적으로도 할 수 있다.

② 무권대리행위는 추인이나 거절 전에는 유동적 무효이다.

③ 본인이 무권대리행위의 추인을 거절한 후에는 다시 추인할 수 없다.

④ 매매계약을 체결한 무권대리인으로부터 매매대금의 일부를 본인이 수령한 경우 특별한 사정이 없는 한 본인이 무권대리행위를 묵시적으로 추인한 것으로 본다.

⑤ 무권대리인의 상대방에 대한 책임은 과실책임이다.

12 형성권에 관한 설명으로 옳지 <u>않은</u> 것은? (다툼이 있으면 판례에 따름)

① 형성권의 효력 발생에는 상대방의 동의나 승낙을 요하지 않는다.

② 형성권의 행사는 단독행위이므로 조건은 붙일 수 없음이 원칙이나, 계약의 정지조건부 해제는 인정된다.

③ 공유물분할청구권은 형성권이다.

④ 형성권은 반드시 재판상 행사해야 한다.

⑤ 취소할 수 있는 법률행위의 취소권의 존속기간은 제척기간이다.

13 법률행위에 관한 설명으로 옳지 <u>않은</u> 것은? (다툼이 있으면 판례에 따름)

① 어떠한 의사표시가 진의 아닌 의사표시로서 무효라고 주장하는 자는 그에 대한 증명책임을 진다.

② 불공정한 법률행위에 해당하는지는 법률행위가 이루어진 시점을 기준으로 약속된 급부와 반대급부 사이의 객관적 가치를 비교 평가하여 판단해야 한다.

③ 대리인에 의한 법률행위가 불공정한 법률행위에 해당하는지 판단함에 있어서 궁박은 대리인을 기준으로 한다.

④ 부동산 매매계약에 있어 쌍방 당사자가 모두 X토지를 계약의 목적물로 삼았으나 그 목적물의 지번 등에 관하여 둘 다 착오를 일으켜 계약서에는 Y토지로 표시한 경우, 매수인은 X토지에 대해 이전 등기를 청구할 수 있다.

⑤ 특별한 사정이 없는 한, 착오를 이유로 법률행위를 취소하려면 표의자에게 중대한 과실이 없어야 한다.

14 표현대리에 관한 설명으로 옳지 <u>않은</u> 것은? (다툼이 있으면 판례에 따름)

① 대리권 소멸 후의 표현대리가 인정되는 경우, 그 표현대리의 권한을 넘은 대리행위가 있을 때 권한을 넘은 표현대리가 성립할 수 있다.

② 대리인이 대리권 소멸 후 복대리인을 선임하여 복대리인으로 하여금 대리행위를 하도록 한 경우, 대리권 소멸 후의 표현대리가 성립할 수 없다.

③ 권한을 넘은 표현대리에 있어 '정당한 이유'의 존부는 대리행위 당시의 제반 사정을 객관적으로 관찰하여 판단하여야 한다.

④ 본인이 대리권 수여표시에 의한 표현대리 또는 대리권 소멸 후의 표현대리로 인하여 책임을 지기 위해서는 상대방이 선의·무과실이어야 한다.

⑤ 교회의 대표자가 교인총회의 결의를 거치지 아니하고 교회 재산을 처분한 행위에 대하여 권한을 넘은 표현대리에 관한 규정을 준용할 수 없다.

15 무효와 취소에 관한 설명으로 옳지 <u>않은</u> 것은?

① 무효인 법률행위는 취소할 수 없다.

② 취소할 수 있는 법률행위의 추인은 취소의 원인이 소멸된 후에 하여야 효력이 있다.

③ 「민법」상 법률행위의 일부가 무효인 때에는 전부를 무효로 함이 원칙이다.

④ 취소할 수 있는 법률행위는 취소권자가 추인할 수 있고, 추인 후에는 취소할 수 없다.

⑤ 취소권은 법률행위를 추인할 수 있는 날로부터 3년 내에 행사하여야 한다.

16 법률행위의 부관에 관한 설명으로 옳지 <u>않은</u> 것은? (다툼이 있으면 판례에 따름)

① 임대인이 생존하는 동안 임대하기로 하는 계약은 기한부 법률행위이다.

② 해제조건부 법률행위에서 그 조건이 이미 성취할 수 없는 것인 경우 그 법률행위는 무효로 한다.

③ 조건의 성취로 인하여 불이익을 받을 당사자가 신의성실에 반하여 조건의 성취를 방해한 경우, 조건이 성취된 것으로 의제되는 시점은 이러한 행위가 없었더라면 조건이 성취되었으리라고 추산되는 시점이다.

④ 어느 법률행위에 어떤 조건이 붙어 있었는지 여부는 그 조건의 존재를 주장하는 자가 입증하여야 한다.

⑤ 선량한 풍속 기타 사회질서에 위반한 조건이 붙은 법률행위는 무효로 한다.

17 기간의 계산에 관한 설명으로 옳지 <u>않은</u> 것은?

① 2015년 6월 16일 오후 3시부터 10일간이라고 하면, 2015년 6월 26일(금) 24시에 기간이 만료한다.

② 2015년 4월 1일 오전 10시부터 6개월간이라고 하면, 2015년 10월 1일(목) 24시에 기간이 만료한다.

③ 2015년 10월 1일 오전 0시부터 3개월간이라고 하면, 2015년 12월 31일(목) 24시에 기간이 만료한다.

④ 2015년 6월 28일 오전 10시에 출생한 아이는 2034년 6월 27일(화) 24시에 성년이 된다.

⑤ 정관에 달리 정함이 없다면, 2015년 4월 29일에 사단법인의 사원총회를 개최하기 위해서는 2015년 4월 22일(수) 24시까지 소집통지를 발송하여야 한다.

18 법률행위가 <u>아닌</u> 것은?

① 지상권 설정의 합의

② 대리권의 수여

③ 사단법인의 설립행위

④ 동산의 가공

⑤ 의사표시의 취소

19 소멸시효와 제척기간에 관한 설명으로 옳은 것은? (다툼이 있으면 판례에 따름)

① 소멸시효와 제척기간 모두 중단과 정지가 인정된다.

② 소멸시효의 중단에 관한 규정은 취득시효에 준용한다.

③ 소멸시효는 법률행위로 단축할 수 없다.

④ 당사자가 본래의 소멸시효 기산일보다 뒤의 날짜를 기산일로 주장하는 경우 법원은 본래의 소멸시효 기산일을 기준으로 소멸시효를 계산하여야 한다.

⑤ 제척기간은 소송상 당사자가 제척기간의 도과를 주장한 경우에 한하여 고려된다.

20 소멸시효 중단에 관한 설명으로 옳은 것을 모두 고른 것은? (다툼이 있으면 판례에 따름)

> ㄱ. 채무자가 제기한 채무부존재확인소송에서 채권자가 피고로서 응소하여 적극적으로 권리를 주장하고 그것이 법원에 의해 받아들여진 경우, 채권의 소멸시효가 중단된다.
>
> ㄴ. 비법인사단의 대표자가 총회결의에 따라 총유물을 매도하여 소유권이전등기를 해주기 위해 매수인과 함께 법무사 사무실을 방문한 행위는, 소유권이전등기청구권의 소멸시효 중단의 효력이 있는 승인에 해당한다.
>
> ㄷ. 재판상 청구로 인하여 중단된 시효는 재판이 시작된 때부터 새로 진행된다.

① ㄱ   ② ㄴ

③ ㄱ, ㄴ   ④ ㄱ, ㄷ

⑤ ㄴ, ㄷ

21 부동산 등기에 관한 설명으로 옳은 것은? (다툼이 있으면 판례에 따름)

① 등기에 공신력이 인정된다.

② 지상권 설정등기가 불법 말소된 경우 그 지상권은 소멸한다.

③ 동일인 명의로 보존등기가 중복된 경우 후등기가 무효이다.

④ 멸실된 건물의 보존등기를 그 대지 위에 신축한 건물의 보존등기로 유용할 수 있다.

⑤ 매매를 원인으로 하여 甲에서 乙 앞으로 마쳐진 소유권이전등기에 대해 甲이 매매의 부존재를 이유로 그 말소를 청구하는 경우, 乙은 등기의 추정력을 주장할 수 없다.

22 물권적 청구권에 관한 설명으로 옳지 <u>않은</u> 것은? (다툼이 있으면 판례에 따름)

① 甲의 물건을 乙이 불법 점유하는 경우 甲은 丙에게 그 소유권을 양도하면서 乙에 대한 소유물반환청구권을 자신에게 유보할 수 없다.

② 소유자는 현재 점유하고 있지 않은 자를 상대로 소유물의 반환을 청구할 수 없다.

③ 물권적 청구권은 점유권과 소유권 이외의 물권에 대하여도 인정된다.

④ 소유권에 기한 물권적 청구권은 소멸시효에 걸리지 않는다.

⑤ 간접점유자는 직접점유자가 점유의 침탈을 당한 때에는 그 물건의 반환을 청구할 수 없다.

23 부동산 물권변동에 관한 설명으로 옳지 <u>않은</u> 것은? (다툼이 있으면 판례에 따름)

① 甲이 매매를 원인으로 하는 소유권이전등기소송에서 승소의 확정판결을 얻었더라도 이전등기 전에는 소유권을 취득하지 못한다.

② 재단법인의 설립을 위해 부동산을 출연한 경우, 출연자와 재단법인 사이에서도 그 부동산은 소유권이전등기 없이는 재단법인의 소유가 되지 않는다.

③ 甲이 건물을 신축한 후 乙에게 양도하고 乙 명의로 보존등기를 한 경우 乙은 건물의 소유권을 취득한다.

④ 공용징수에 의한 부동산 소유권의 취득에는 등기를 요하지 않는다.

⑤ 甲이 乙에게 부동산을 매도하고 소유권이전등기를 한 후 계약을 해제하였으나 그 말소등기 전에 乙이 선의의 丙에게 매도하고 이전등기한 경우, 甲은 丙에게 등기의 말소를 청구할 수 없다.

24 1990년 乙이 甲으로부터 토지를 매수하여 등기는 이전받지 아니한 채 인도받고 점유·사용하다가, 2003년 이를 丙이 乙로부터 매수하여 이전등기 없이 인도받고 점유·사용하고 있다. 옳은 설명을 모두 고른 것은? (다툼이 있으면 판례에 따름)

> ㄱ. 乙의 甲에 대한, 매매를 원인으로 하는 소유권이전등기청구권은 소멸시효에 걸리지 않는다.
> ㄴ. 丙이 토지를 점유·사용하는 동안에는 丙의 乙에 대한, 매매를 원인으로 하는 소유권이전등기청구권은 소멸시효에 걸리지 않는다.
> ㄷ. 만약 丁이 乙의 점유를 침탈했더라도, 乙의 甲에 대한, 매매를 원인으로 하는 소유권이전등기청구권은 소멸시효가 진행하지 않는다.
> ㄹ. 만약 2014년 4월 戊가 丙의 점유를 침탈했다면, 2015년 6월 현재 丙은 戊에게 점유물반환청구를 할 수 있다.

① ㄱ, ㄴ   ② ㄱ, ㄹ

③ ㄴ, ㄷ   ④ ㄷ, ㄹ

⑤ ㄱ, ㄴ, ㄷ

25 중간생략등기에 관한 설명으로 옳지 <u>않은</u> 것은? (다툼이 있으면 판례에 따름) **문제 변형**

① 중간생략등기의 합의는 순차적으로 할 수 있다.

② 중간생략등기의 합의가 있더라도 최초매도인과 최종매수인 사이에 매매계약이 체결되었다고 볼 수는 없다.

③ 중간생략등기의 합의가 있다고 하여 최초매도인이 매매계약상 상대방에 대하여 가지는 대금청구권의 행사가 제한되는 것은 아니다.

④ 관계당사자 전원의 의사합치가 없어도 중간자의 동의가 있다면 최종매수인은 최초매도인을 상대로 직접 중간생략등기를 청구할 수 있다.

⑤ 중간생략등기가 당사자 사이에 적법한 등기원인에 기하여 이미 경료되었다면, 중간생략등기의 합의가 없었음을 들어 그 등기의 말소를 구할 수는 없다.

26 소유권 취득에 관한 설명으로 옳지 <u>않은</u> 것은? (다툼이 있으면 판례에 따름)

① 무주의 부동산도 선점의 대상이 된다.

② 부동산 매수인이 매도인의 부동산 처분권한을 조사했더라면 그 처분권한이 없음을 알 수 있었음에도 이를 조사하지 않은 경우, 매수인의 등기부취득시효는 완성되지 않는다.

③ 부합한 동산의 주종을 구별할 수 없는 때에는 동산의 소유자는 부합 당시의 가액의 비율로 합성물을 공유한다.

④ 타인의 토지 기타 물건으로부터 발견된, 문화재가 아닌 매장물은 법률이 정한 바에 의하여 공고한 후 1년 내에 그 소유자가 권리를 주장하지 아니하면 그 토지 기타 물건의 소유자와 발견자가 절반하여 취득한다.

⑤ 타인의 권원에 의하여 부동산에 부합된 물건이 독립한 권리의 객체성을 상실하고 부동산의 구성부분이 된 경우, 그 부합물의 소유권은 부동산의 소유자에게 귀속된다.

27 혼동으로 물권이 소멸하는 경우는? (다툼이 있으면 판례에 따름)

① 甲의 토지에 乙이 1번 저당권, 丙이 2번 저당권을 취득한 후 乙이 토지 소유권을 취득하는 경우

② 甲의 건물에 乙이 저당권을 취득한 다음 그 건물을 매수하여 소유권이전등기를 마쳤는데, 그 매매계약이 원인무효임이 밝혀진 경우

③ 甲의 건물에 乙이 1번 저당권, 丙이 2번 저당권을 취득한 후 丙이 건물 소유권을 취득하는 경우

④ 甲의 토지에 乙이 지상권을 취득하고, 그 지상권 위에 丙이 저당권을 취득한 후 乙이 토지 소유권을 취득하는 경우

⑤ 甲의 토지에 대한 乙의 지상권 위에 丙이 1번 저당권, 丁이 2번 저당권을 취득한 뒤 丙이 乙의 지상권을 취득하는 경우

28 「민법」상 공동소유에 관한 설명으로 옳지 않은 것은? (특약은 고려하지 않음)

① 공유물의 임대는 공유자의 과반수로 결정한다.

② 공유자는 내부적 관계에서 지분의 비율로 공유물의 관리비용 기타 의무를 부담한다.

③ 조합재산이 아닌 합유물을 처분하기 위해서는 합유자 전원의 동의가 있어야 한다.

④ 합유물의 지분을 처분하기 위해서는 합유자 전원의 동의가 있어야 한다.

⑤ 총유물의 처분은 물론 관리도 사원총회의 결의에 의해야 한다.

29 점유자와 회복자의 관계에 관한 설명으로 옳지 않은 것은? (다툼이 있으면 판례에 따름)

① 타주점유자가 그의 책임있는 사유로 점유물을 멸실 또는 훼손한 때에는 그가 선의로 점유했더라도 손해의 전부를 배상하여야 한다.

② 자신에게 과실수취권을 포함하는 권원이 있다고 오신한 데 정당한 근거가 있는 점유자는 과실수취권이 있다.

③ 선의의 점유자가 법률상 원인 없이 회복자의 건물을 점유·사용하고 이로 말미암아 회복자에게 손해를 입혔다면 그 점유·사용으로 인한 이득을 반환할 의무가 있다.

④ 타인 소유물을 권원 없이 점유함으로써 얻은 사용 이익을 반환하는 경우, 악의의 점유자는 사용이익 뿐만 아니라 그 이자도 반환해야 한다.

⑤ 점유자가 과실을 취득하였다면 통상의 필요비는 청구할 수 없다.

30 선의취득에 관한 설명으로 옳지 않은 것은? (다툼이 있으면 판례에 따름)

① 토지는 선의취득의 대상이 되지 못한다.

② 점유개정에 의해 간접점유를 취득하였더라도 선의 취득을 할 수 없다.

③ 선의취득자는 임의로 선의취득의 효과를 거부하고 종전 소유자에게 동산을 반환받아 갈 것을 요구할 수 없다.

④ 점유보조자가 횡령한 동산은 민법 제250조의 도품·유실물에 해당하지 않는다.

⑤ 양수인이 물권적 합의 시점에 선의·무과실이면, 이후 인도받을 때에 악의이거나 과실이 있더라도 선의취득이 인정된다.

31 주위토지통행권에 관한 설명으로 옳은 것은? (다툼이 있으면 판례에 따름)

① 통행권자가 통행지 소유자에게 손해보상의 지급을 게을리 하면 통행권이 소멸한다.

② 주위토지통행권의 범위는 현재의 토지의 용법은 물론 장래의 이용 상황도 미리 대비하여 정해야 한다.

③ 통행권자가 통행지를 배타적으로 점유하는 경우 통행지 소유자는 통행지의 인도를 청구할 수 있다.

④ 주위토지통행권이 인정되는 경우 통행지 소유자는 원칙적으로 통로개설 등 적극적인 작위의무를 부담한다.

⑤ 동일인 소유의 토지의 일부가 양도되어 공로에 통하지 못하는 토지가 생긴 경우, 포위된 토지를 위한 통행권은 일부 양도 전의 양도인 소유의 종전토지뿐만 아니라 다른 사람 소유의 토지에 대하여도 인정된다.

32 물권변동에 관한 설명으로 옳지 않은 것은? (다툼이 있으면 판례에 따름)

① 수공업자가 타인의 동산에 가공을 한 경우 가공으로 인한 가액의 증가가 원재료의 가액보다 현저히 다액인 경우, 가공물은 그 수공업자의 소유로 한다.

② 부동산등기법상 무효인 이중등기를 근거로 해서도 등기부취득시효가 완성될 수 있다.

③ 인도는 법률행위로 인한 부동산 소유권취득을 위한 요건이 아니다.

④ 타인의 임야에 권원 없이 심은 입목의 소유권은 임야소유자에게 속한다.

⑤ 경매 대상 토지에 채무자 아닌 자의 소유인 동산이 설치되어 있는 경우, 경매의 매수인은 그 동산을 선의취득할 수 있다.

33 부동산 점유취득시효에 관한 설명으로 옳지 않은 것은? (다툼이 있으면 판례에 따름)

① 점유취득시효가 완성된 경우 점유자가 시효기간 중에 수취한 과실은 소유자에게 반환할 필요가 없다.

② 점유자의 점유가 불법이라고 주장하는 소유자로부터 이의를 받은 사실이 있다 하더라도 그러한 사실만으로 곧 평온·공연한 점유가 부정되지 않는다.

③ 취득시효 진행 중에 소유자가 소유권을 제3자에게 양도하고 등기를 이전한 후 시효가 완성된 경우, 점유자는 양수인에게 시효 완성을 이유로 소유권 이전등기를 청구할 수 있다.

④ 종중 부동산이 종중 대표자에게 적법하게 명의신탁되었는데 그 부동산에 대해 제3자의 점유에 의한 취득시효가 완성된 후 제3자 명의의 등기 전에 명의신탁이 해지되어 등기명의가 종중에게 이전된 경우, 특별한 사정이 없는 한 점유자는 종중에 대해 시효 완성을 주장할 수 있다.

⑤ 점유취득시효가 완성된 경우, 점유자는 등기 없이는 그 부동산의 소유권을 주장할 수 없다.

34 2014년 丙 소유 X토지를 취득하고 싶은 甲은 그 친구 乙과 X토지의 취득에 관한 명의신탁약정을 맺고 乙에게 X토지를 매수하기 위한 자금을 제공하면서 乙 명의로 丙과 계약하도록 하였다. 이에 乙은 그 사실을 알지 못하는 丙으로부터 X토지를 매수하여 자기 앞으로 이전등기를 마쳤다. 다음 설명으로 옳지 않은 것은? (다툼이 있으면 판례에 따름)

① 甲과 乙의 명의신탁약정은 무효이다.

② 乙은 甲으로부터 받은 X토지 매수대금을 甲에게 부당이득으로 반환할 의무가 있다.

③ 만약 丙이 명의신탁약정의 존재를 알았다면 X토지에 관한 물권변동은 무효이다.

④ 만약 乙이 완전한 소유권을 취득했음을 전제로 사후적으로 甲과 매수자금반환의무의 이행에 갈음하여 X토지를 양도하기로 약정하고 甲 앞으로 소유권이전등기를 마쳤다면, 그 등기는 원칙적으로 유효하다.

⑤ 만약 甲과 乙의 명의신탁약정 및 乙 명의의 등기가 「부동산 실권리자명의 등기에 관한 법률」의 시행 전에 이루어지고, 같은 법 소정의 유예기간 내에 甲 앞으로 등기가 되지 않았다면, 乙은 甲에게 X토지를 부당이득으로 반환할 의무가 없다.

35 「민법」상 공유에 관한 설명으로 옳지 않은 것은? (특약은 고려하지 않고, 다툼이 있으면 판례에 따름)
`문제 변형`

① 각 공유자는 자기 지분을 자유롭게 처분할 수 있다.

② 소수지분권자가 다른 공유자의 동의 없이 공유물을 배타적으로 점유하는 경우, 다른 소수지분권자는 그 점유자를 상대로 보존행위에 기하여 공유물의 인도를 청구할 수 있다.

③ 공유자 1인이 포기한 지분은 다른 공유자에게 각지분의 비율로 귀속한다.

④ 분할에 관한 협의가 성립한 후에 공유물분할소송을 제기하는 것은 허용되지 않는다.

⑤ 공유자는 다른 공유자가 공유물 분할로 인하여 취득한 물건에 대하여 그 지분의 비율로 매도인과 동일한 담보책임이 있다.

36 법정지상권에 관한 설명으로 옳지 <u>않은</u> 것은? (다툼이 있으면 판례에 따름)

① 대지와 건물이 동일한 소유자에 속한 경우에 건물에 전세권을 설정한 때에는 그 대지소유권의 특별승계인은 전세권설정자에 대하여 지상권을 설정한 것으로 본다.

② 토지공유자 중 1인이 다른 공유자 지분 과반수의 동의를 얻어 건물을 건축한 후 토지와 건물의 소유자가 달라진 경우, 관습상의 법정지상권이 성립된다.

③ 미등기건물을 그 대지와 함께 매도하여 대금이 완납되었으나 건물이 미등기인 관계로 대지에 관하여만 매수인 앞으로 소유권이전등기가 경료된 경우, 매도인에게 관습상의 법정지상권은 인정되지 않는다.

④ 관습상 법정지상권이 성립하려면 토지와 그 지상건물이 애초부터 동일인의 소유에 속하였을 필요는 없고, 그 소유권이 유효하게 변동될 당시에 동일인이 토지와 그 지상 건물을 소유하였던 것으로 족하다.

⑤ 토지와 건물의 소유자 甲으로부터 乙이 건물을 매수하여 취득한 경우 乙이 건물 소유를 위해 甲과 대지의 임대차계약을 체결하였다면, 관습상 법정지상권을 포기한 것으로 본다.

37 지상권에 관한 설명으로 옳지 <u>않은</u> 것은?

① 수목의 소유를 목적으로 한 지상권의 최단존속기간은 30년이다.

② 토지의 지상권자는 타인에게 그 권리를 양도하거나 그 권리의 존속기간 내에서 그 토지를 임대할 수 있다.

③ 지상권이 소멸한 경우에 지상권설정자가 상당한 가액을 제공하여 그 토지에 현존하는 공작물이나 수목의 매수를 청구한 때에는 지상권자는 정당한 이유없이 이를 거절하지 못한다.

④ 타인의 토지의 지하 또는 지상의 공간을 상하의 범위를 정하여 사용할 수 있는 권리를 물권으로 취득하는 것도 허용된다.

⑤ 지상권자가 2년 이상의 지료를 지급하지 아니한 때에는 지상권설정자는 지상권의 소멸을 청구할 수 있으나, 당사자의 약정으로 그 기간을 단축할 수 있다.

38 전세권에 관한 설명으로 옳지 <u>않은</u> 것은? (다툼이 있으면 판례에 따름)

① 전세권자는 전세권설정계약에 다른 약정이 없는 한 전세권설정자의 동의 없이 전전세를 할 수 있다.

② 전세권이 성립한 후 전세목적물의 소유권이 이전된 경우, 전세권은 전세권자와 목적물의 소유권을 취득한 신 소유자 사이에서 동일한 내용으로 존속한다.

③ 전세권이 갱신없이 존속기간이 만료되면 그 용익 물권적 권능은 전세권설정등기의 말소 없이도 소멸한다.

④ 전세권자는 전세권설정자에게 목적물의 현상을 유지하기 위하여 지출한 필요비의 상환을 청구할 수 있다.

⑤ 건물의 일부에 대하여 전세권이 설정되어 있는 경우, 그 전세권의 목적이 된 부분이 구조상 또는 이용상 독립성이 없어 그 부분만의 경매신청이 불가능하다고 하더라도, 이를 이유로 전세권의 목적물이 아닌 나머지 건물부분에 대하여 그 전세권에 기한 경매신청을 할 수 없다.

39 유치권에 관한 설명으로 옳은 것은? (다툼이 있으면 판례에 따름)

① 채권자가 불법으로 점유를 취득한 경우에도 유치권이 성립한다.

② 채권자가 유치권을 행사하면 채권의 소멸시효는 중단된다.

③ 건물임차인은 권리금반환청구권에 기하여 임차건물에 대하여 유치권을 주장할 수 없다.

④ 유치권에는 우선변제적 효력이 없으므로, 유치권자는 채권의 변제를 받기 위하여 유치물을 경매할 수 없다.

⑤ 공사대금채권에 기하여 유치권을 행사하는 자가 채무자의 승낙 없이 유치물의 보존에 필요한 범위 내에서 유치물인 주택에 거주하며 사용하였다면, 특별한 사정이 없는 한 차임에 상당한 이득을 소유자에게 반환할 의무가 없다.

40 저당권에 관한 설명으로 옳지 <u>않은</u> 것은? (다툼이 있으면 판례에 따름)

① 저당권설정자는 현재 저당부동산의 소유자가 아니라면 피담보채무가 소멸하더라도 저당권의 말소를 청구할 수 없다.

② 저당권은 경매에서의 매각으로 인하여 소멸한다.

③ 저당권은 피담보채권과 분리하여 타인에게 양도하거나 다른 채권의 담보로 하지 못한다.

④ 저당권자가 물상대위를 통하여 우선변제를 받기 위해서는 저당권설정자가 받을 가치 변형물을 그 지급 또는 인도 전에 압류하여야 한다.

⑤ 저당권자가 물상대위권을 행사하지 아니한 경우, 저당목적물의 변형물로부터 이득을 얻은 다른 채권자에 대하여 부당이득반환을 청구할 수 없다.

당신이 저지를 수 있는 가장 큰 실수는,

실수를 할까 두려워하는 것이다.

- 앨버트 하버드 -

PART 02

정답 및 해설

01 2022년 제33회 정답 및 해설

01	02	03	04	05	06	07	08	09	10	11	12	13	14	15	16	17	18	19	20
④	④	⑤	②	⑤	②	⑤	⑤	⑤	①	①	④	②	③	②	④	①	②	④	③
21	22	23	24	25	26	27	28	29	30	31	32	33	34	35	36	37	38	39	40
③	④	②	③	①	①	②	③	③	①	③	③	③	①	②	①	④	⑤	⑤	⑤

01 난도 ★   답 ④

┃정답해설┃

ㄴ, ㄷ. [O] 관습법이란 사회의 거듭된 관행으로 생성한 사회생활규범이 사회의 법적 확신과 인식에 의하여 법적 규범으로 승인·강행되기에 이르른 것을 말하고, 사실인 관습은 사회의 관행에 의하여 발생한 사회생활규범인 점에서 관습법과 같으나 사회의 법적 확신이나 인식에 의하여 법적 규범으로서 승인된 정도에 이르지 않은 것을 말하는 바, 관습법은 바로 법원으로서 법령과 같은 효력을 갖는 관습으로서 법령에 저촉되지 않는 한 법칙으로서의 효력이 있는 것이며, 이에 반하여 사실인 관습은 법령으로서의 효력이 없는 단순한 관행으로서 법률행위의 당사자의 의사를 보충함에 그치는 것이다[80다3231].

┃오답해설┃

ㄱ. [×] 헌법에 의하여 체결·공포된 조약과 일반적으로 승인된 국제법규는 국내법과 같은 효력을 가지므로(헌법 제6조 제1항), 조약·국제법규 중 민사에 관한 것은 그 성격에 따라 법률·명령과 같은 순위의 법원이 된다.

02 난도 ★   답 ④

┃정답해설┃

ㄴ. [O] 94다20617

ㄷ. [O] 2004다48515

┃오답해설┃

ㄱ. [×] 신의성실의 원칙에 반하는 것은 강행규정에 위배되는 것으로서 당사자의 주장이 없더라도 법원이 직권으로 판단할 수 있다[97다37821].

03 난도 ★★   답 ⑤

┃정답해설┃

⑤ 제7조

> **제7조(동의와 허락의 취소)**
> 법정대리인은 미성년자가 아직 법률행위를 하기 전에는 전2조의 동의와 허락을 취소할 수 있다.

┃오답해설┃

① 제145조의 법정추인사유는 취소원인이 종료되어 추인할 수 있는 후에 행해져야 한다(제145조 본문·제144조 제1항). 甲이 미성년인 상태에서 매매대금의 이행을 청구하여 대금을 모두 지급받았더라도 법정대리인인 乙은 그 매매계약을 취소할 수 있다.

② 허락된 영업에 관하여 미성년자는 성년자와 동일한 행위능력이 있으므로, 그 범위 내에서 법정대리인의 대리권은 소멸한다. 이와 달리, 영업 외의 경우에는 법정대리인은 허락 또는 동의를 한 행위를 자기가 대리해서 할 수도 있다.

③ 대리인은 행위능력자임을 요하지 않는다(제117조). 즉 제한능력자도 대리행위를 유효하게 할 수 있고, 본인은 대리인의 제한능력을 이유로 대리행위를 취소할 수 없다.

④ 미성년자의 법률행위에 법정대리인의 동의를 요하도록 하는 것은 강행규정인데, 위 규정에 반하여 이루어진 신용구매계약을 미성년자 스스로 취소하는 것을 신의칙 위반을 이유로 배척한다면, 이는 오히려 위 규정에 의해 배제하려는 결과를 실현시키는 셈이 되어 미성년자 제도의 입법 취지를 몰각시킬 우려가 있으므로, 법정대리인의 동의 없이 신용구매계약을 체결한 미성년자가 사후에 법정대리인의 동의 없음을 사유로 들어 이를 취소하는 것이 신의칙에 위배된 것이라고 할 수 없다[2005다71659, 71666, 71673].

04 난도 ★★   답 ②

▌정답해설▌

② 제26조 제2항

> **제26조(관리인의 담보제공, 보수)**
> ② 법원은 그 선임한 재산관리인에 대하여 부재자의 재산으로 상당한 보수를 지급할 수 있다.

▌오답해설▌

① 법원의 재산관리인의 초과행위허가의 결정은 그 허가받은 재산에 대한 장래의 처분행위를 위한 경우뿐만 아니라 기왕의 처분행위를 추인하는 행위를 행위로도 할 수 있다고 봄이 상당하므로 부재자의 재산관리인 법원의 초과행위허가 결정을 받아 그 허가결정등본을 매수인에게 교부한 때에는 그 이전에 한 부재자소유의 주식매매계약을 추인한 것으로 볼 수 있다[80다3063].
③ 부재자의 자매로서 제2순위 상속인에 불과한 자는 부재자에 대한 실종선고의 여부에 따라 상속지분에 차이가 생긴다고 하더라도 이는 부재자의 사망 간주시기에 따른 간접적인 영향에 불과하고 부재자의 실종선고 자체를 원인으로 한 직접적인 결과는 아니므로 부재자에 대한 실종선고를 청구할 이해관계인이 될 수 없다[86스20].
④ 실종자에 대하여 1950.7.30. 이후 5년간 생사불명을 원인으로 이미 1988.11.26. 실종선고가 되어 확정되었는데도, 그 이후 타인의 청구에 의하여 1992.12.28. 새로이 확정된 실종신고를 기초로 상속관계를 판단한 것은 잘못이다[95다12736].
⑤ 실종선고를 받은 자가 실종기간 동안 생존했던 사실이 확인되더라도 실종선고의 취소가 있어야 실종선고 전의 가족관계 및 재산관계가 회복된다. 실종선고로 인한 상속·유증의 개시는 그 개시시로 소급하여 무효로 되고, 상속재산의 처분행위는 무권리자의 처분행위로서 처분시로 소급하여 무효로 되며, 실종자의 배우자가 재혼하였다면 전혼의 부활로 인해 후혼은 중혼으로서 취소대상이 된다.

05 난도 ★   답 ⑤

▌정답해설▌

⑤ 청산인은 공고된 채권신고기간 내에는 채권자에게 변제하지 못하며, 이 경우 법인은 채권자에 대한 지연손해배상의 의무를 면하지 못한다(제90조).

▌오답해설▌

① 제45조 제3항, 제42조 제2항

> **제42조(사단법인의 정관의 변경)**
> ② 정관의 변경은 주무관청의 허가를 얻지 아니하면 그 효력이 없다.

> **제45조(재단법인의 정관변경)**
> ③ 제42조 제2항의 규정은 전2항의 경우에 준용한다.

② 제74조

> **제74조(사원이 결의권없는 경우)**
> 사단법인과 어느 사원과의 관계사항을 의결하는 경우에는 그 사원은 결의권이 없다.

③ 제40조 제6호

> **제40조(사단법인의 정관)**
> 사단법인의 설립자는 다음 각호의 사항을 기재한 정관을 작성하여 기명날인하여야 한다.
>   1. 목적
>   2. 명칭
>   3. 사무소의 소재지
>   4. 자산에 관한 규정
>   5. 이사의 임면에 관한 규정
>   6. 사원자격의 득실에 관한 규정
>   7. 존립시기나 해산사유를 정하는 때에는 그 시기 또는 사유

④ 민법 제80조, 제81조, 제87조와 같은 청산절차에 관한 규정은 모두 제3자의 이해관계에 중대한 영향을 미치기 때문에 소위 강행규정이라고 해석되므로 만일 그 청산법인이나 그 청산인이 청산법인의 목적범위 외의 행위를 한 때는 무효라 아니할 수 없다[79다2036].

▌정답해설▌

② 법인에 대한 손해배상 책임 원인이 대표기관의 고의적인 불법행위라고 하더라도, 피해자에게 그 불법행위 내지 손해발생에 과실이 있다면 법원은 과실상계의 법리에 좇아 손해배상의 책임 및 그 금액을 정함에 있어 이를 참작하여야 한다[86다카1170].

▌오답해설▌

① 제35조 제1항 제2문

> **제35조(법인의 불법행위능력)**
> ① 법인은 이사 기타 대표자가 그 직무에 관하여 타인에게 가한 손해를 배상할 책임이 있다. 이사 기타 대표자는 이로 인하여 자기의 손해배상책임을 면하지 못한다.

③ 비법인사단의 경우 대표자의 행위가 직무에 관한 행위에 해당하지 아니함을 피해자 자신이 알았거나 또는 중대한 과실로 인하여 알지 못한 경우에는 비법인사단에게 손해배상책임을 물을 수 없다고 할 것이고, 여기서 중대한 과실이라 함은 거래의 상대방이 조금만 주의를 기울였더라면 대표자의 행위가 그 직무권한 내에서 적법하게 행하여진 것이 아니라는 사정을 알 수 있었음에도 만연히 이를 직무권한 내의 행위라고 믿음으로써 일반인에게 요구되는 주의의무에 현저히 위반하는 것으로 거의 고의에 가까운 정도의 주의를 결여하고, 공평의 관점에서 상대방을 구태여 보호할 필요가 없다고 봄이 상당하다고 인정되는 상태를 말한다[2002다27088].

④ 법인의 대표자가 그 직무에 관하여 타인에게 손해를 가함으로써 법인에 손해배상책임이 인정되는 경우에, 대표자의 행위가 제3자에 대한 불법행위를 구성한다면 그 대표자도 제3자에 대하여 손해배상책임을 면하지 못하며(제35조 제1항), 또한 사원도 위 대표자와 공동으로 불법행위를 저질렀거나 이에 가담하였다고 볼 만한 사정이 있으면 제3자에 대하여 위 대표자와 연대하여 손해배상책임을 진다[2006다37465].

▌정답해설▌

⑤ 법인과 이사의 이익이 상반하는 사항에 관하여는 이사는 대표권이 없으며, 이 경우에 다른 이사가 없으면 법원은 이해관계인이나 검사의 청구에 의하여 특별대리인을 선임해야 한다(제64조).

▌오답해설▌

① 제59조 제1항 본문

> **제59조(이사의 대표권)**
> ① 이사는 법인의 사무에 관하여 각자 법인을 대표한다. 그러나 정관에 규정한 취지에 위반할 수 없고 특히 사단법인은 총회의 의결에 의하여야 한다.

② 제58조 제2항

> **제58조(이사의 사무집행)**
> ② 이사가 수인인 경우에는 정관에 다른 규정이 없으면 법인의 사무집행은 이사의 과반수로써 결정한다.

③ 법인의 정관에 법인 대표권의 제한에 관한 규정이 있으나 그와 같은 취지가 등기되어 있지 않다면 법인은 그와 같은 정관의 규정에 대하여 선의냐 악의냐에 관계없이 제3자에 대하여 대항할 수 없다[91다24564].

④ 비법인사단의 대표자는 정관 또는 총회의 결의로 금지하지 아니한 사항에 한하여 타인으로 하여금 특정한 행위를 대리하게 할 수 있을 뿐 비법인사단의 제반 업무처리를 포괄적으로 위임할 수는 없다 할 것이므로, 비법인사단 대표자가 행한 타인에 대한 업무의 포괄적 위임과 그에 따른 포괄적 수임인의 대행행위는 민법 제62조의 규정에 위반된 것이어서 비법인사단에 대하여는 그 효력이 미치지 아니한다[94다18522].

▌정답해설▌

⑤ 주택매매계약에서 양도소득세를 면탈할 목적으로 소유권이전등기를 일정 기간 후에 이전받기로 한 특약이나 양도소득세를 회피하기 위한 방법으로 부동산을 명의신탁한 것이라 하더라도 그러한 이유 때문에 민법 제103조의 반사회적 법률행위로서 위 명의신탁이 무효라고 할 수 없다[91다16334, 16341(반소)].

① 조건부 법률행위에 있어 조건의 내용 자체가 불법적인 것이어서 무효일 경우 또는 조건을 붙이는 것이 허용되지 아니하는 법률행위에 조건을 붙인 경우 그 조건만을 분리하여 무효로 할 수는 없고 그 법률행위 전부가 무효로 된다[2005마541].

② 민법 제103조에 의하여 무효로 되는 반사회질서 행위는 법률행위의 목적인 권리·의무의 내용이 선량한 풍속 기타 사회질서에 위반되는 경우뿐 아니라 그 내용 자체는 반사회질서적인 것이 아니라고 하여도 법률적으로 이를 강제하거나 법률행위에 반사회질서적인 조건 또는 금전적 대가가 결부됨으로써 반사회질서적 성질을 띠게 되는 경우 및 표시되거나 상대방에게 알려진 법률행위의 동기가 반사회질서적인 경우를 포함한다[2000다4736].

③ 부첩관계인 부부생활의 종료를 해제조건으로 하는 증여계약은 그 조건만이 무효인 것이 아니라 증여계약 자체가 무효이다[66다530].

④ 당초부터 오로지 보험사고를 가장하여 보험금을 취득할 목적으로 생명보험계약을 체결한 경우, 이와 같은 생명보험계약은 사회질서에 위배되는 법률행위로서 무효이다[99다49064].

09 난도 ★   답 ⑤

⑤ 경매에 있어서는 불공정한 법률행위 또는 채무자에게 불리한 약정에 관한 것으로서 효력이 없다는 민법 제104조, 제608조는 적용될 여지가 없다[80마77].

① 불공정한 법률행위로서 매매계약의 무효를 주장하려면 주장자측에서 매도인에게 궁박, 경솔, 무경험 등의 상태에 있었을 것, 매수인측에서 위와 같은 사실을 인식하고 있었을 것, 대가가 시가에 비하여 헐값이어서 매매가격이 현저하게 불공정한 것을 주장 입증해야 한다[70다2065].

② '무경험'이라 함은 일반적인 생활체험의 부족을 의미하는 것으로서 어느 특정영역에 있어서의 경험부족이 아니라 거래일반에 대한 경험부족을 뜻한다[2002다38927].

③ 대리인에 의하여 법률행위가 이루어진 경우 그 법률행위가 민법 제104조의 불공정한 법률행위에 해당하는지 여부를 판단함에 있어서 경솔과 무경험은 대리인을 기준으로 하여 판단하고, 궁박은 본인의 입장에서 판단하여야 한다[2002다38927].

④ 불공정한 법률행위로서 무효인 경우에는 추인에 의하여 무효인 법률행위가 유효로 될 수 없다[94다10900].

10 난도 ★   답 ①

① 구분건물의 전유부분에 대한 소유권보존등기만 경료되고 대지지분에 대한 등기가 경료되기 전에 전유부분만에 대해 내려진 가압류결정의 효력은, 대지사용권의 분리처분이 가능하도록 규약으로 정하였다는 등의 특별한 사정이 없는 한, 종물 내지 종된 권리인 그 대지권에까지 미친다[2006다29020].

② 사람의 유체·유골은 매장·관리·제사·공양의 대상이 될 수 있는 유체물로서, 분묘에 안치되어 있는 선조의 유체·유골은 민법 제1008조의3 소정의 제사용 재산인 분묘와 함께 그 제사주재자에게 승계되고, 피상속인 자신의 유체·유골역시 위 제사용 재산에 준하여 그 제사주재자에게 승계된다[2007다27670 전원합의체].

③ 제98조

제98조(물건의 정의)
본법에서 물건이라 함은 유체물 및 전기 기타 관리할 수 있는 자연력을 말한다.

④ 제102조 제2항

제102조(과실의 취득)
② 법정과실은 수취할 권리의 존속기간일수의 비율로 취득한다.

⑤ 종물은 주물의 처분에 수반된다는 민법 제100조 제2항은 임의규정이므로, 당사자는 주물을 처분할 때에 특약으로 종물을 제외할 수 있고 종물만을 별도로 처분할 수도 있다[2009다76546]. 따라서 주물만 처분하고 종물은 처분하지 않기로 하는 특약은 유효하다.

11 난도 ★★　　　　　　　　　　　답 ①

▎정답해설 ▎

① 대리인의 의사표시에 착오가 있는 경우에는 대리인을 기준으로 판단한다(제116조 제1항). 이 경우 본인에 의한 의사표시의 착오는 없고, 대리인에 의한 착오의 효과가 본인에 귀속하여 본인은 착오를 이유로 취소할 수 있다.

▎오답해설 ▎

② 제109조 제1항 단서

> **제109조(착오로 인한 의사표시)**
> ① 의사표시는 법률행위의 내용의 중요부분에 착오가 있는 때에는 취소할 수 있다. 그러나 그 착오가 표의자의 중대한 과실로 인한 때에는 취소하지 못한다.

③ 착오가 법률행위 내용의 중요 부분에 있다고 하기 위하여는 표시와 의사의 불일치가 객관적으로 현저하여야 하고, 만일 그 착오로 인하여 표의자가 무슨 경제적인 불이익을 입은 것이 아니라면 이를 법률행위 내용의 중요 부분의 착오라고 할 수 없다[2006다41457].

④ 진의와 표시가 다르고 표시된 대로의 효과가 표의자에게 불리하나 상대방이 표의자의 착오를 발견하고 표의자가 본래 의욕한 효과에 동의한 경우(甲이 A물건을 110만 원에 판다고 청약한다는 것이 100만 원으로 잘못 표기하여 착오를 이유로 취소하고자 할 때 매수인이 110만 원도 좋다고 하며 매매대금을 지급하겠다고 하는 경우)에는 상대방의 동의를 통해 표의자는 마치 착오가 없는 상태로 환원되어 진의에 따른 효과에 구속되기 때문에 착오를 이유로 취소할 수 없다.

⑤ 착오를 이유로 의사표시를 취소하는 자는 법률행위의 내용에 착오가 있었다는 사실과 함께 그 착오가 의사표시에 결정적인 영향을 미쳤다는 점, 즉 만약 그 착오가 없었더라면 의사표시를 하지 않았을 것이라는 점을 증명하여야 한다[2007다74188].

12 난도 ★★　　　　　　　　　　　답 ④

▎정답해설 ▎

④ 제3자의 사기행위로 인하여 주택에 관한 분양계약을 체결하였다고 하더라도 제3자의 사기행위 자체가 불법행위를 구성하는 이상, 피해자가 제3자를 상대로 손해배상청구를 하기위하여 반드시 그 분양계약을 취소할 필요는 없다[97다55829].

▎오답해설 ▎

① 기망행위로 인하여 법률행위의 중요부분에 관하여 착오(주관적 요건+객관적 요건)를 일으킨 경우 뿐만 아니라 법률행위의 내용으로 표시되지 아니한 의사결정의 동기에 관하여 착오(주관적 요건)를 일으킨 경우에도 표의자는 그 법률행위를 사기에 의한 의사표시로서 취소할 수 있다[85도167].

② 강박에 의한 의사표시라고 하려면 상대방이 불법으로 어떤 해악을 고지하므로 말미암아 공포를 느끼고 의사표시를 한 것이어야 하므로 각서에 서명 날인할 것을 강력히 요구하였다고 설시한 것은 심리미진 또는 강박에 의한 의사표시의 법리를 오해한 것이라 할 것이다[78다1968].

③ 우리 사회의 통념상으로는 공동묘지가 주거환경과 친한 시설이 아니어서 분양계약의 체결 여부 및 가격에 상당한 영향을 미치는 요인일 뿐만 아니라 대규모 공동묘지를 가까이에서 조망할 수 있는 곳에 아파트단지가 들어선다는 것은 통상 예상하기 어렵다는 점 등을 감안할 때 아파트 분양자는 아파트단지 인근에 공동묘지가 조성되어 있는 사실을 수 분양자에게 고지할 신의칙상의 의무를 부담하고, 이를 고지하지 않을 경우 부작위에 의한 기망행위가 성립한다[2005다5812].

⑤ 사기의 의사표시로 인한 매수인으로부터 부동산의 권리를 취득한 제3자는 특별한 사정이 없는 한 선의로 추정할 것이므로 사기로 인하여 의사표시를 한 부동산의 양도인이 제3자에 대하여 사기에 의한 의사표시의 취소를 주장하려면 제3자의 악의를 입증할 필요가 있다[70다2155].

13 난도 ★　　　　　　　　　　　답 ②

▎정답해설 ▎

② 제112조

> **제112조(제한능력자에 대한 의사표시의 효력)**
> 의사표시의 상대방이 의사표시를 받은 때에 제한능력자인 경우에는 의사표시자는 그 의사표시로써 대항할 수 없다. 다만, 그 상대방의 법정대리인이 의사표시가 도달한 사실을 안 후에는 그러하지 아니하다.

▎오답해설 ▎

① 도달이라 함은 사회통념상 상대방이 통지의 내용을 알 수 있는 객관적 상태에 놓여 있는 경우를 가리키는 것으로서, 상대방이 통지를 현실적으로 수령하거나 통지의 내용을 알 것까지는 필요로 하지 않는 것이므로, 상대방이

정당한 사유 없이 통지의 수령을 거절한 경우에는 상대방이 그 통지의 내용을 알 수 있는 객관적 상태에 놓여 있는 때에 의사표시의 효력이 생기는 것으로 보아야 한다[2008다19973].

③ 내용증명우편이나 등기우편과는 달리, 보통우편의 방법으로 발송되었다는 사실만으로는 그 우편물이 상당한 기간 내에 도달하였다고 추정할 수 없고, 송달의 효력을 주장하는 측에서 증거에 의하여 이를 입증하여야 한다[2007두20140].

④ 의사표시자가 그 통지를 발송한 후 사망하거나 제한능력자가 되어도 의사표시의 효력에 영향을 미치지 아니한다(제111조 제2항).

⑤ 표의자가 과실없이 상대방을 알지 못하거나 상대방의 소재를 알지 못하는 경우에는 의사표시는 민사소송법 공시송달의 규정에 의하여 송달할 수 있다(제113조).

14 난도 ★   답 ③

┃정답해설┃

③ 대리인이 대리권 소멸 후 복대리인을 선임하여 복대리인으로 하여금 상대방과 사이에 대리행위를 하도록 한 경우에도, 상대방이 대리권 소멸 사실을 알지 못하여 복대리인에게 적법한 대리권이 있는 것으로 믿었고 그와 같이 믿은 데 과실이 없다면 민법 제129조에 의한 표현대리가 성립할 수 있다[97다55317].

┃오답해설┃

① · ② 복대리인은 대리인에 의해 선임된 자이므로, 대리인의 감독을 받을 뿐만 아니라 대리권의 존립과 범위에 있어 대리인의 대리권에 의존한다. 즉, 복대리권은 대리인의 대리권이 소멸하면 그와 함께 소멸하며, 그 범위가 대리인의 대리권보다 넓을 수 없다.

④ 제122조

> **제122조(법정대리인의 복임권과 그 책임)**
> 법정대리인은 그 책임으로 복대리인을 선임할 수 있다. 그러나 부득이한 사유로 인한 때에는 전조제1항에 정한 책임만이 있다.

⑤ 제120조

> **제120조(임의대리인의 복임권)**
> 대리권이 법률행위에 의하여 부여된 경우에는 대리인은 본인의 승낙이 있거나 부득이한 사유있는 때가 아니면 복대리인을 선임하지 못한다.

15 난도 ★★★   답 ②

┃정답해설┃

① · ② 무권대리행위의 추인은 무권대리인에 의하여 행하여진 불확정한 행위에 관하여 그 행위의 효과를 자기에게 직접 발생케 하는 것을 목적으로 하는 의사표시이며, 무권대리인 또는 상대방의 동의나 승락을 요하지 않는 단독행위로서 추인은 의사표시의 전부에 대하여 행하여져야 하고, 그 일부에 대하여 추인을 하거나 그 내용을 변경하여 추인을 하였을 경우에는 상대방의 동의를 얻지 못하는 한 무효이다[81다카549].

┃오답해설┃

③ 타인의 채무에 대한 보증행위는 그 성질상 아무런 반대급부 없이 오직 일방적으로 불이익만을 입는 것인 점에 비추어 볼 때, 남편이 처에게 타인의 채무를 보증함에 필요한 대리권을 수여한다는 것은 사회통념상 이례에 속하므로, 처가 특별한 수권 없이 남편을 대리하여 위와 같은 행위를 하였을 경우에 그것이 민법 제126조 소정의 표현대리가 되려면 처에게 일상가사대리권이 있었다는 것만이 아니라 상대방이 처에게 남편이 그 행위에 관한 대리의 권한을 주었다고 믿었음을 정당화할 만한 객관적인 사정이 있어야 한다. 처가 임의로 남편의 인감도장과 용도란에 아무런 기재 없이 대리방식으로 발급받은 인감증명서를 소지하고 남편을 대리하여 친정 오빠의 할부판매 보증보험계약상의 채무를 연대보증한 경우, 남편의 표현대리 책임을 부정한다[98다18988].

④ 계약이 무효로 확정된다(불확정적 무효가 확정적 무효로 변한다). 상대방이 철회한 후에는 본인은 추인하지 못하고 상대방은 무권대리인에게 제135조의 책임을 물을 수 없다.

⑤ 대리권 없는 자가 타인의 대리인으로 계약한 경우에 상대방이 상당한 기간을 정하여 본인에게 그 추인여부의 확답을 최고할 수 있는 권리(제131조 전문)를 말한다. 이는 계약 당시 상대방이 악의인 경우(대리행위자에게 대리권 없음을 안 경우)에도 인정된다.

16 난도 ★★   답 ④

┃정답해설┃

④ 이른바 집합채권의 양도가 양도금지특약에 위반해서 무효인 경우 채무자는 일부 개별 채권을 특정하여 추인하는 것이 가능하다고 할 것이다[2009다47685].

제146조(취소권의 소멸)
취소권은 추인할 수 있는 날로부터 3년내에 법률행위를 한 날로부터 10년내에 행사하여야 한다.

⑤ 취소권의 행사는 재판상 또는 재판외에서도 행사할 수 있다.

18 난도 ★
답 ②

┃정답해설┃

② 조건이 법률행위의 당시 이미 성취한 것인 경우에는 그 조건이 정지조건이면 조건 없는 법률행위로 하고 해제조건이면 그 법률행위는 무효로 한다(제151조 제2항).

┃오답해설┃

① 제150조 제1항

제150조(조건성취, 불성취에 대한 반신의행위)
① 조건의 성취로 인하여 불이익을 받을 당사자가 신의 성실에 반하여 조건의 성취를 방해한 때에는 상대방은 그 조건이 성취한 것으로 주장할 수 있다.

③ 제147조 제1항

제147조(조건성취의 효과)
① 정지조건 있는 법률행위는 조건이 성취한 때로부터 그 효력이 생긴다.

④ 제148조

제148조(조건부권리의 침해금지)
조건있는 법률행위의 당사자는 조건의 성부가 미정한 동안에 조건의 성취로 인하여 생길 상대방의 이익을 해하지 못한다.

⑤ 제149조

제149조(조건부권리의 처분 등)
조건의 성취가 미정한 권리의무는 일반규정에 의하여 처분, 상속, 보존 또는 담보로 할 수 있다.

┃오답해설┃

① 2009다50308
② 취소한 법률행위는 처음부터 무효인 것으로 간주되므로 취소할 수 있는 법률행위가 일단 취소된 이상 그 후에는 취소할 수 있는 법률행위의 추인에 의하여 다시 확정적으로 유효하게 할 수는 없고, 다만 무효인 법률행위의 추인의 요건과 효력으로서 추인할 수는 있으나, 무효행위의 추인은 그 무효 원인이 소멸한 후에 하여야 그 효력이 있고, 결국 무효원인이 소멸한 란 것은 당초의 의사표시의 성립 과정에 존재하였던 취소의 원인이 종료된 후, 즉 강박 상태에서 벗어난 후라고 보아야 한다[95다38240].
③ 민법 제137조는 임의규정으로서 의사자치의 원칙이 지배하는 영역에서 적용된다고 할 것이므로, 법률행위의 일부가 강행법규인 효력규정에 위반되어 무효가 되는 경우 그 부분의 무효가 나머지 부분의 유효·무효에 영향을 미치는가의 여부를 판단함에 있어서는 개별 법령이 일부무효의 효력에 관한 규정을 두고 있는 경우에는 그에 따라야 하고, 그러한 규정이 없다면 원칙적으로 민법 제137조가 적용될 것이다[2010다23425].
⑤ 91다26546

17 난도 ★
답 ①

┃정답해설┃

① 추인은 취소의 원인이 소멸된 후에 하여야만 효력이 있다(제144조 제1항). 그러나 법정대리인(친권자) 또는 후견인이 추인하는 경우에는 적용하지 아니하므로(제144조 제2항) 법정대리인은 취소원인이 종료되기 전에는 언제든지 추인할 수 있다.

┃오답해설┃

② 제141조 단서

제141조(취소의 효과)
취소된 법률행위는 처음부터 무효인 것으로 본다. 다만, 제한능력자는 그 행위로 인하여 받은 이익이 현존하는 한도에서 상환(償還)할 책임이 있다.

③ 제140조

제140조(법률행위의 취소권자)
취소할 수 있는 법률행위는 제한능력자, 착오로 인하거나 사기·강박에 의하여 의사표시를 한 자, 그의 대리인 또는 승계인만이 취소할 수 있다.

19 난도 ★★   답 ④

▌정답해설▐

④ 소멸시효는 권리를 행사할 수 있는 때로부터 진행하며 여기서 권리를 행사할 수 있는 때라 함은 권리행사에 법률상의 장애가 없는 때를 말하므로 정지조건부권리의 경우에는 조건 미성취의 동안은 권리를 행사할 수 없는 것이어서 소멸시효가 진행되지 않는다[92다28822]. 따라서 이익금분배청구권은 甲이 건물의 잔금을 모두 수령한 때 이를 행사할 수 있으므로 소멸시효도 이때부터 진행한다.

▌오답해설▐

① 부작위를 목적으로 하는 채권 – 위반행위시
② 동시이행의 항변권이 붙어 있는 채권 – 이행기 도래시
③ 이행불능으로 인한 손해배상청구권 – 이행불능시
⑤ 기한이 있는 채권의 이행기가 도래한 후 채권자와 채무자가 기한을 유예하기로 합의한 경우 그 채권 – 변경된 이행기 도래시

20 난도 ★   답 ③

▌정답해설▐

③ 시효중단의 효력있는 승인에는 상대방의 권리에 관한 처분의 능력이나 권한 있음을 요하지 아니하나(제177조) 관리의 능력이나 권한은 있어야 하며, 의사표시에 준해 행위능력을 요한다. 예컨대 부재자재산관리인의 경우 가정법원의 허가없이도 관리행위는 할 수 있으므로 가정법원의 허가 없이 시효중단사유인 승인은 할 수 있다.

▌오답해설▐

① 제169조

> **제169조(시효중단의 효력)**
> 시효의 중단은 당사자 및 그 승계인간에만 효력이 있다.

② 제171조

> **제171조(파산절차참가와 시효중단)**
> 파산절차참가는 채권자가 이를 취소하거나 그 청구가 각하된 때에는 시효중단의 효력이 없다.

④ 제182조

> **제182조(천재 기타 사변과 시효정지)**
> 천재 기타 사변으로 인하여 소멸시효를 중단할 수 없을 때에는 그 사유가 종료한 때로부터 1월내에는 시효가 완성하지 아니한다.

⑤ 제180조 제2항

> **제180조(재산관리자에 대한 제한능력자의 권리, 부부 사이의 권리와 시효정지)**
> ② 부부 중 한쪽이 다른 쪽에 대하여 가지는 권리는 혼인관계가 종료된 때부터 6개월 내에는 소멸시효가 완성되지 아니한다.

21 난도 ★★★   답 ③

▌정답해설▐

③ 가등기는 그 성질상 본등기의 순위보전만의 효력이 있고 후일 본등기가 경료된 때에는 본등기의 순위가 가등기한 때로 소급함으로써 가등기후 본등기 전에 이루어진 중간처분이 본등기보다 후순위로 되어 실효될 뿐이고 본등기에 의한 물권변동의 효력이 가등기한 때로 소급하여 발생하는 것은 아니다[92다21258].

▌오답해설▐

① 98다24105 전원합의체
② 등기는 물권의 효력 발생요건이고 존속요건은 아니어서 등기가 원인 없이 말소된 경우에는 그 물권의 효력에 아무런 영향이 없고, 그 회복등기가 마쳐지기 전이라도 말소된 등기의 등기명의인은 적법한 권리자로 추정되므로 원인 없이 말소된 등기의 효력을 다투는 쪽에서 그 무효사유를 주장·입증하여야 한다[95다39526].
④ 소유권이전등기의 원인으로 주장된 계약서가 진정하지 않은 것으로 증명된 이상.그 등기의 적법추정은 복멸되는 것이고 계속 다른 적법한 등기원인이 있을 것으로 추정할 수는 없다[98다29568].
⑤ 동일부동산에 관하여 등기명의인을 달리하여 중복된 소유권보존등기가 경료된 경우에는 먼저 이루어진 소유권보존등기가 원인무효가 되지 아니하는 한 뒤에 된 소유권보존등기는 비록 그 부동산의 매수인에 의하여 이루어진 경우에도 1부동산1용지주의를 채택하고 있는 부동산등기법 아래에서는 무효라고 해석함이 상당하다[87다카2961, 87다453 전원합의체].

22 난도 ★　　　　　　　　　　답 ④

┃정답해설┃

④ 채권담보의 목적으로 이루어지는 부동산 양도담보의 경우에 있어서 피담보채무가 변제된 이후에 양도담보권설정자가 행사하는 등기청구권은 양도담보권설정자의 실질적 소유권에 기한 물권적 청구권이므로 따로이 시효소멸되지 아니한다[78다2412].

┃오답해설┃

① 제214조의 규정은 지역권에 준용한다(제301조). 지역권에는 승역지를 점유할 수 있는 권능이 없으므로, 지역권자에게는 목적물반환청구권이 인정되지 않고 방해제거청구권과 방해예방청구권만 인정되는 것이다.

② 직접점유자는 물론 간접점유자도 점유보호청구권을 행사할 수 있지만(제207조 제1항), 점유보조자는 점유자가 아니므로 이를 행사할 수 없다.

③ 92다5300

⑤ 민법 제204조 제3항과 제205조 제2항에 의하면 점유를 침탈 당하거나 방해를 받은 자의 침탈자 또는 방해자에 대한 청구권은 그 점유를 침탈 당한 날 또는 점유의 방해행위가 종료된 날로부터 1년 내에 행사하여야 하는 것으로 규정되어 있는데, 위의 제척기간은 재판외에서 권리행사하는 것으로 족한 기간이 아니라 반드시 그 기간 내에 소를 제기하여야 하는 이른바 출소기간으로 해석함이 상당하다[2001다8097, 8103].

23 난도 ★★　　　　　　　　답 ②

┃정답해설┃

ㄷ. [O] 부동산에 관한 점유취득시효기간이 경과하였다고 하더라도 그 점유자가 자신의 명의로 등기하지 아니하고 있는 사이에 먼저 제3자 명의로 소유권이전등기가 경료되어 버리면, 특별한 사정이 없는 한, 그 제3자에 대하여는 시효취득을 주장할 수 없으나, 그 제3자가 취득시효 기간만료 당시의 등기명의인으로부터 신탁 또는 명의신탁받은 경우라면 종전 등기명의인으로서는 언제든지 이를 해지하고 소유권이전등기를 청구할 수 있고, 점유시효취득자로서는 종전 등기명의인을 대위하여 이러한 권리를 행사할 수 있으므로, 그러한 제3자가 소유자로서의 권리를 행사하는 경우 점유자로서는 취득시효완성을 이유로 이를 저지할 수 있다[95다24586].

┃오답해설┃

ㄱ. [×] 민법 제245조 제1항의 취득시효기간의 완성만으로는 소유권취득의 효력이 바로 생기는 것이 아니라, 다만 이를 원인으로 하여 소유권취득을 위한 등기청구권이 발생할 뿐이고, 미등기 부동산의 경우라 하여 취득시효기간의 완성만으로 등기 없이도 점유자가 소유권을 취득한다고 볼 수 없다[2012다5834].

ㄴ. [×] 부동산에 대한 취득시효가 완성되면 점유자는 소유명의자에 대하여 취득시효완성을 원인으로 한 소유권이전등기절차의 이행을 청구할 수 있고 소유명의자는 이에 응할 의무가 있으므로 점유자가 그 명의로 소유권이전등기를 경료하지 아니하여 아직 소유권을 취득하지 못하였다고 하더라도 소유명의자는 점유자에 대하여 점유로 인한 부당이득반환청구를 할 수 없다[92다51280].

24 난도 ★★　　　　　　　　답 ③

┃정답해설┃

③ 양도담보권의 목적인 주된 동산에 다른 동산이 부합되어 부합된 동산에 관한 권리자가 권리를 상실하는 손해를 입은 경우 주된 동산이 담보물로서 가치가 증가된 데 따른 실질적 이익은 주된 동산에 관한 양도담보권설정자에게 귀속되는 것이므로, 이 경우 부합으로 인하여 권리를 상실하는 자는 양도담보권설정자를 상대로 민법 제261조에 따라 보상을 청구할 수 있을 뿐 양도담보권자를 상대로 보상을 청구할 수는 없다[2012다19659].

┃오답해설┃

① 제257조

> **제257조(동산간의 부합)**
> 동산과 동산이 부합하여 훼손하지 아니하면 분리할 수 없거나 그 분리에 과다한 비용을 요할 경우에는 그 합성물의 소유권은 주된 동산의 소유자에게 속한다. 부합한 동산의 주종을 구별할 수 없는 때에는 동산의 소유자는 부합당시의 가액의 비율로 합성물을 공유한다.

② 부동산에 부합된 물건이 사실상 분리복구가 불가능하여 거래상 독립한 권리의 객체성을 상실하고 그 부동산과 일체를 이루는 부동산의 구성부분이 된 경우에는 타인이 권원에 의하여 이를 부합시켰더라도 그 물건의 소유권은 부동산의 소유자에게 귀속된다[2007다36933].

④ 제259조 제1항

> 제259조(가공)
> ① 타인의 동산에 가공한 때에는 그 물건의 소유권은 원재료의 소유자에게 속한다. 그러나 가공으로 인한 가액의 증가가 원재료의 가액보다 현저히 다액인 때에는 가공자의 소유로 한다.

⑤ 99다24256

25 난도 ★   답 ①

┃정답해설┃

① 채무자 이외의 자의 소유에 속하는 동산을 경매한 경우에도 경매절차에서 그 동산을 경락받아 경락대금을 납부하고 이를 인도받은 경락인은 특별한 사정이 없는 한 소유권을 선의취득한다[97다32680].

┃오답해설┃

② 동산의 선의취득에 필요한 점유의 취득은 현실적인 인도가 있어야 하고 점유개정에 의한 점유취득만으로는 그 요건을 충족할 수 없다[2003다30463].

③ 선의취득자는 물권행위의 목적인 소유권 또는 질권을 취득한다(제249조ㆍ제343조).

④ 민법 제249조의 동산을 선의취득한 자는 권리를 취득하는 반면 종전 소유자는 소유권을 상실하게 되는 법률효과가 법률의 규정에 의하여 발생되므로, 선의취득자가 임의로 이와 같은 선의취득 효과를 거부하고 종전 소유자에게 동산을 반환받아 갈 것을 요구할 수 없다[98다6800].

⑤ 점유보조자 내지 소지기관의 횡령처럼 형사법상 절도죄가 되는 경우도 형사법과 민사법의 경우를 동일시해야 하는 것은 아닐 뿐만 아니라 진정한 권리자와 선의의 거래 상대방간의 이익형량의 필요성에 있어서 위탁물 횡령의 경우와 다를 바 없으므로 이 역시 민법 제250조의 도품ㆍ유실물에 해당되지 않는다[91다70].

26 난도 ★   답 ①

┃정답해설┃

① 분할로 인하여 공로에 통하지 못하는 토지가 있는 때에는 그 토지소유자는 공로에 출입하기 위하여 다른 분할자의 토지를 통행할 수 있다. 이 경우에는 보상의 의무가 없다(제220조 제1항).

┃오답해설┃

② 다른 사람의 소유토지에 대하여 상린관계로 인한 통행권을 가지고 있는 사람은 그 통행권의 범위 내에서 그 토지를 사용할 수 있을 뿐이고 그 통행지에 대한 통행지 소유자의 점유를 배제할 권능까지 있는 것은 아니므로 그 통행지 소유자는 그 통행지를 전적으로 점유하고 있는 주위토지통행권자에 대하여 그 통행지의 인도를 구할 수 있다[2002다53469].

③ 일단주위토지통행권이 발생하였다고 하더라도 나중에 그 토지에 접하는 공로가 개설됨으로써 주위토지통행권을 인정할 필요성이 없어진 때에는 그 통행권은 소멸한다[97다47118].

④ 주위토지통행권자가 민법 제219조 제1항 본문에 따라 통로를 개설하는 경우 통행지 소유자는 원칙적으로 통행권자의 통행을 수인할 소극적 의무를 부담할 뿐 통로개설 등 적극적인 작위의무를 부담하는 것은 아니고, 다만 통행지 소유자가 주위토지통행권에 기한 통행에 방해가 되는 담장 등 축조물을 설치한 경우에는 주위토지통행권의 본래적 기능발휘를 위하여 통행지 소유자가 그 철거의무를 부담한다[2005다30993].

⑤ 통행권의 범위는 현재의 토지의 용법에 따른 이용의 범위에서 인정할 수 있을 뿐, 장래의 이용상황까지 미리 대비하여 정할 것은 아니다[2005다30993].

27 난도 ★   답 ②

┃정답해설┃

② 건물 공유자 중 일부만이 당해 건물을 점유하고 있는 경우라도 그 건물의 부지는 건물 소유를 위하여 공유명의자 전원이 공동으로 이를 점유하고 있는 것으로 볼 것이며, 건물 공유자들이 건물부지의 공동점유로 인하여 건물부지에 대한 소유권을 시효취득하는 경우라면 그 취득시효 완성을 원인으로 한 소유권이전등기청구권은 당해 건물의 공유지분비율과 같은 비율로 건물 공유자들에게 귀속된다[2002다57935].

┃오답해설┃

① 미등기건물을 양수하여 건물에 관한 사실상의 처분권을 보유하게 됨으로써 그 양수인이 건물부지 역시 아울러 점유하고 있다고 볼 수 있는 등의 다른 특별한 사정이 없는 한 건물의 소유명의자가 아닌 자로서는 실제로 그 건물을 점유하고 있다고 하더라도 그 건물의 부지를 점유하는 자로는 볼 수 없다[2002다57935].

③ 부동산에 있어서 권리의 추정은 점유에 의하지 않고 등기에 의한다[66다677]. 점유자의 권리추정의 규정은 특별한 사정이 없는 한 부동산 물권에 대하여는 적용되지 아니하고 다만 그 등기에 대하여서만 추정력이 부여된다[81다780].

④·⑤ 진정한 소유자가 점유자 명의의 소유권이전등기는 원인무효의 등기라 하여 점유자를 상대로 토지에 관한 점유자 명의의 소유권이전등기의 말소등기청구소송을 제기하여 그 소송사건이 점유자의 패소로 확정되었다면, 점유자는 그 소송의 제기시부터는 토지에 대한 악의의 점유자로 간주되고, 또 패소판결 확정 후부터는 타주점유로 전환되었다고 보아야 할 것이다[2000다14934].

---

28 난도 ★★★   답 ③

┃정답해설┃

③ 과반수 지분의 공유자는 공유자와 사이에 미리 공유물의 관리방법에 관하여 협의가 없었다 하더라도 공유물의 관리에 관한 사항을 단독으로 결정할 수 있으므로 과반수 지분의 공유자는 그 공유물의 관리방법으로서 그 공유토지의 특정된 한 부분을 배타적으로 사용·수익할 수 있으나, 그로 말미암아 지분은 있으되 그 특정 부분의 사용·수익을 전혀 하지 못하여 손해를 입고 있는 소수지분권자에 대하여 그 지분에 상응하는 임료 상당의 부당이득을 하고 있다 할 것이므로 이를 반환할 의무가 있다 할 것이다[2002다9738].

┃오답해설┃

① 공유물의 소수지분권자인 乙이 다른 공유자와 협의하지 않고 공유물의 전부 또는 일부를 독점적으로 점유하는 경우 소수지분권자인 甲은 乙을 상대로 공유물의 인도를 청구할 수는 없다고 보아야 한다[2018다287522 전원합의체].

② 토지의 공유자는 단독으로 그 토지의 불법점유자에 대하여 명도를 구할 수 있다[69다21].

④ 공유물의 관리에 관한 사항은 공유자의 지분의 과반수로써 결정하고, 공유자간의 공유물에 대한 사용수익·관리에 관한 특약은 공유자의 특정승계인에 대하여도 당연히 승계된다고 할 것이나, 공유물에 관한 특약이 지분권자로서의 사용수익권을 사실상 포기하는 등으로 공유지분권의 본질적 부분을 침해한다고 볼 수 있는 경우에는 특정승계인이 그러한 사실을 알고도 공유지분권을 취득하였다는 등의 특별한 사정이 없는 한 특정승계인에게 당연히 승계되는 것으로 볼 수는 없다[2009다54294].

⑤ 각 공유자는 그 지분권을 다른 공유자의 동의가 없는 경우라도 양도 기타의 처분을 할 수 있는 것이며 공유자끼리 그 지분을 교환하는 것도 그것이 지분권의 처분에 해당하는 이상 다른 공유자의 동의를 요하는 것이 아니다[71다2760].

---

29 난도 ★   답 ③

┃정답해설┃

③ 甲, 乙의 공유인 부동산 중 甲의 지분 위에 설정된 근저당권 등 담보물권은 특단의 합의가 없는 한 공유물분할이 된 뒤에도 종전의 지분비율대로 공유물 전부의 위에 그대로 존속하고 근저당권설정자인 甲 앞으로 분할된 부분에 당연히 집중되는 것은 아니다[88다카24868].

┃오답해설┃

①·② 공유물분할청구권은 공유관계에서 수반되는 형성권이므로 공유관계가 존속하는 한 그 분할청구권만이 독립하여 시효소멸될 수 없다[80다1888, 1889].

④ 재판에 의하여 공유물을 분할하는 경우에는 법원은 현물로 분할하는 것이 원칙이고, 현물로 분할할 수 없거나 현물로 분할을 하게 되면 현저히 그 가액이 감손될 염려가 있는 때에 비로소 물건의 경매를 명하여 대금분할을 할 수 있는 것이므로, 그 분할의 방법은 당사자가 구하는 방법에 구애받지 아니하고 법원의 재량에 따라 공유자의 지분 비율에 따른 합리적인 분할을 하면 된다[2004다10183].

⑤ 공유자 사이에는 아무런 인적 결합관계가 없으므로, 각 공유자는 언제든지 공유물의 분할을 청구할 수 있다(제268조 제1항 본문).

30 난도 ★★★ 답 ①

┃정답해설

① 강제경매의 목적이 된 토지 또는 그 지상 건물의 소유권이 강제경매로 인하여 그 절차상의 매수인에게 이전된 경우에 건물의 소유를 위한 관습상 법정지상권이 성립하는가 하는 문제에 있어서는 그 매수인이 소유권을 취득하는 매각대금의 완납시가 아니라 그 압류의 효력이 발생하는 때를 기준으로 하여 토지와 그 지상 건물이 동일인에 속하였는지가 판단되어야 한다. 경매의 목적이 된 부동산에 대하여 가압류가 있고 그것이 본압류로 이행되어 경매절차가 진행된 경우에는, 애초 가압류가 효력을 발생하는 때를 기준으로 토지와 그 지상 건물이 동일인에 속하였는지를 판단하여야 한다[2010다52140 전원합의체].

┃오답해설

② 동일인 소유의 토지와 그 토지상에 건립되어 있는 건물 중 어느 하나만이 타에 처분되어 토지와 건물의 소유자를 각 달리하게 된 경우에는 관습상의 법정지상권이 성립한다고 할 것이나, 건물 소유자가 토지 소유자와 사이에 건물의 소유를 목적으로 하는 토지 임대차계약을 체결한 경우에는 관습상의 법정지상권을 포기한 것으로 봄이 상당하다[92다3984].

③ 관습상의 지상권은 법률행위로 인한 물권의 취득이 아니고 관습법에 의한 부동산물권의 취득이므로 등기를 필요로 하지 아니하고 지상권취득의 효력이 발생하고 이 관습상의 법정지상권은 물권으로서의 효력에 의하여 이를 취득할 당시의 토지소유자나 이로부터 소유권을 전득한 제3자에 대하여도 등기 없이 위 지상권을 주장할 수 있다[87다카279].

④ 민법 제366조 소정의 법정지상권이 성립하려면 저당권의 설정 당시 저당권의 목적이 되는 토지 위에 건물이 존재하여야 하고, 저당권 설정 당시 건물이 존재한 이상 그 이후 건물을 개축, 증축하는 경우는 물론이고 건물이 멸실되거나 철거된 후 재축, 신축하는 경우에도 법정지상권이 성립하며, 이 경우의 법정지상권의 내용인 존속기간, 범위 등은 구 건물을 기준으로 하여 그 이용에 일반적으로 필요한 범위 내로 제한된다[90다19985].

⑤ 관습상의 법정지상권은 건물철거 등의 특약이 없는 한 성립함이 원칙이므로 철거특약의 합의를 주장하는 자가 그러한 합의의 존재를 증명하여야 한다[88다카279].

31 난도 ★ 답 ③

┃정답해설

③ 요역지가 수인의 공유인 경우에 그 1인에 의한 지역권소멸 시효의 중단 또는 정지는 다른 공유자를 위하여 효력이 있다(제296조).

┃오답해설

① 통로의 개설이 없는 일정한 장소를 오랜 시일 통행한 사실이 있다거나 또는 토지의 소유자가 다만 이웃하여 사는 교분으로 통행을 묵인하여 온 사실이 있다고 하더라도 그러한 사실만으로는 지역권을 취득할 수 없고, 본조에 의하여 지역권을 취득함에 있어서는 요역지의 소유자(또는 지상권자·전세권자 등 토지사용권을 가진 자[76다1694])가 승역지상에 통로를 개설(또는 이에 버금가는 정도의 노력과 비용으로 통로를 유지·관리[95다3619])하여 승역지를 항시 사용하고 있는 객관적 상태가 민법 제245조에 규정된 기간(20년) 계약한 사실이 있어야 한다[65다2305].

② 제295조 제1항

> **295조(취득과 불가분성)**
> ① 공유자의 1인이 지역권을 취득한 때에는 다른 공유자도 이를 취득한다.

④ 제295조 제2항

> **295조(취득과 불가분성)**
> ② 점유로 인한 지역권취득기간의 중단은 지역권을 행사하는 모든 공유자에 대한 사유가 아니면 그 효력이 없다.

⑤ 종전의 승역지 사용이 무상으로 이루어졌다는 등의 다른 특별한 사정이 없다면 통행지역권을 취득시효한 경우에도 주위토지통행권의 경우와 마찬가지로 요역지 소유자는 승역지에 대한 도로 설치 및 사용에 의하여 승역지 소유자가 입은 손해를 보상하여야 한다[2012다17479].

32 난도 ★ 답 ③

┃정답해설

③ 제303조 제2항

> **제303조(전세권의 내용)**
> ② 농경지는 전세권의 목적으로 하지 못한다.

┃ 오답해설 ┃

① 전세권은 전세금을 지급하고 타인의 부동산을 그 용도에 따라 사용·수익하는 권리로서 전세금의 지급이 없으면 전세권은 성립하지 아니하는 등으로 전세금은 전세권과 분리될 수 없는 요소이다[2001다69122].

② 전세권이 용익물권적 성격과 담보물권적 성격을 겸비하고 있다는 점 및 목적물의 인도는 전세권의 성립요건이 아닌점 등에 비추어 볼 때, 당사자가 주로 채권담보의 목적으로 전세권을 설정하였더라도, 장차 전세권자가 목적물을 사용·수익하는 것을 완전히 배제하는 것이 아니라면, 그 전세권의 효력을 부인할 수는 없다 할 것이고, 한편 전세금의 지급이 반드시 현실적으로 수수되어야만 하는 것은 아니고 기존의 채권으로 전세금의 지급에 갈음할 수도 있다[2008다67217].

④ 제312조의2

> **제312조의2(전세금 증감청구권)**
> 전세금이 목적 부동산에 관한 조세·공과금 기타 부담의 증감이나 경제사정의 변동으로 인하여 상당하지 아니하게 된 때에는 당사자는 장래에 대하여 그 증감을 청구할 수 있다. 그러나 증액의 경우에는 대통령령이 정하는 기준에 따른 비율을 초과하지 못한다.

⑤ 제315조

> **제315조(전세권자의 손해배상책임)**
> ① 전세권의 목적물의 전부 또는 일부가 전세권자에 책임있는 사유로 인하여 멸실된 때에는 전세권자는 손해를 배상할 책임이 있다.
> ② 전항의 경우에 전세권설정자는 전세권이 소멸된 후 전세금으로써 손해의 배상에 충당하고 잉여가 있으면 반환하여야 하며 부족이 있으면 다시 청구할 수 있다.

33 난도 ★★ 답 ③

┃ 정답해설 ┃

③ 지상권을 가지는 건물소유자가 그 건물에 전세권을 설정하였으나 그가 2년 이상의 지료를 지급하지 아니하였음을 이유로 지상권설정자, 즉 토지소유자의 청구로 지상권이 소멸하는 것(민법 제287조 참조)은 전세권설정자가 전세권자의 동의 없이는 할 수 없는 위 민법 제304조 제2항 상의 '지상권 또는 임차권을 소멸하게 하는 행위'에 해당하지 아니한다[2010다43801].

┃ 오답해설 ┃

① 제304조 제1항

> **제304조(건물의 전세권, 지상권, 임차권에 대한 효력)**
> ① 타인의 토지에 있는 건물에 전세권을 설정한 때에는 전세권의 효력은 그 건물의 소유를 목적으로 한 지상권 또는 임차권에 미친다.

② 전세권설정자가 건물의 존립을 위한 토지사용권을 가지지 못하여 그가 토지소유자의 건물철거 등 청구에 대항할 수 없는 경우에 민법 제304조 등을 들어 전세권자 또는 대항력 있는 임차권자가 토지소유자의 권리행사에 대항할 수 없음은 물론이다[2010다43801].

④ 제305조 제1항

> **제305조(건물의 전세권과 법정지상권)**
> ① 대지와 건물이 동일한 소유자에 속한 경우에 건물에 전세권을 설정한 때에는 그 대지소유권의 특별승계인은 전세권설정자에 대하여 지상권을 설정한 것으로 본다. 그러나 지료는 당사자의 청구에 의하여 법원이 이를 정한다.

⑤ 제312조 제2항

> **제312조(전세권의 존속기간)**
> ② 건물에 대한 전세권의 존속기간을 1년 미만으로 정한 때에는 이를 1년으로 한다.

34 난도 ★ 답 ①

┃ 정답해설 ┃

① 과실은 먼저 채권의 이자에 충당하고 그 잉여가 있으면 원본에 충당한다(제323조 제2항).

┃ 오답해설 ┃

② 제322조 제1항

> **제322조(경매, 간이변제충당)**
> ① 유치권자는 채권의 변제를 받기 위하여 유치물을 경매할 수 있다.

③ 제326조

> **제326조(피담보채권의 소멸시효)**
> 유치권의 행사는 채권의 소멸시효의 진행에 영향을 미치지 아니한다.

④ 제324조 제2항 단서

> **324조(유치권자의 선관의무)**
> ② 유치권자는 채무자의 승낙없이 유치물의 사용, 대여 또는 담보제공을 하지 못한다. 그러나 유치물의 보존에 필요한 사용은 그러하지 아니하다.

⑤ 제321조

> **제321조(유치권의 불가분성)**
> 유치권자는 채권전부의 변제를 받을 때까지 유치물전부에 대하여 그 권리를 행사할 수 있다.

35 난도 ★ 　　　　　　답 ②

▌정답해설▐

② 제327조

> **제327조(타담보제공과 유치권소멸)**
> 채무자는 상당한 담보를 제공하고 유치권의 소멸을 청구할 수 있다.

▌오답해설▐

① 당사자는 미리 유치권의 발생을 막는 특약을 할 수 있고 이러한 특약은 유효하다. 유치권 배제 특약이 있는 경우 다른 법정요건이 모두 충족되더라도 유치권은 발생하지 않는데, 특약에 따른 효력은 특약의 상대방뿐 아니라 그 밖의 사람도 주장할 수 있다[2016다234043].

③ 유치권은 타물권인 점에 비추어 볼 때 수급인의 재료와 노력으로 건축되었고 독립한 건물에 해당되는 기성부분은 수급인의 소유라 할 것이므로 수급인은 공사대금을 지급받을 때까지 이에 대하여 유치권을 가질 수 없다[91다14116].

④ 유치권은 목적물을 유치함으로써 채무자의 변제를 간접적으로 강제하는 것을 본체적 효력으로 하는 권리인 점 등에 비추어, 그 직접점유자가 채무자인 경우에는 유치권의 요건으로서의 점유에 해당하지 않는다고 할 것이다(유치권 소멸)[2007다27236].

⑤ 유치권에 관한 규정은 그 점유가 불법행위로 인한 경우에 적용하지 아니한다(제320조 제2항). 점유물에 대한 필요비와 유익비 상환청구권을 기초로 하는 유치권 주장을 배척하려면 적어도 점유가 불법행위로 인하여 개시되었거나 점유자가 필요비와 유익비를 지출할 당시 점유권원이 없음을 알았거나 중대한 과실로 알지 못하였다고

인정할만한 사유에 대한 상대방 당사자의 주장·증명이 있어야 한다[2009다5162].

36 난도 ★ 　　　　　　답 ①

▌정답해설▐

① 질권자는 채권의 변제를 받기 위하여 질물을 경매할 수 있다(제388조 제1항). 동산질권자는 채권의 담보로 채무자 또는 제3자가 제공한 동산을 점유하고 그 동산에 대하여 다른 채권자보다 자기채권의 우선변제를 받을 권리가 있다(제329조). 즉, 질물에 대한 경매는 채권자가 그 목적물을 제출하거나 그 목적물의 점유자가 압류를 승낙한 때에 개시한다(민집법 제271조). 질권자는 그 순위에 따라 그 경락대금으로부터 우선변제를 받는데, 이는 다른 채권자가 경매신청을 한 경우에도 마찬가지이다.

▌오답해설▐

② 제331조

> **제331조(질권의 목적물)**
> 질권은 양도할 수 없는 물건을 목적으로 하지 못한다.

③ 제334조

> **제334조(피담보채권의 범위)**
> 질권은 원본, 이자, 위약금, 질권실행의 비용, 질물보존의 비용 및 채무불이행 또는 질물의 하자로 인한 손해배상의 채권을 담보한다. 그러나 다른 약정이 있는 때에는 그 약정에 의한다.

④ 제335조

> **제335조(유치적효력)**
> 질권자는 전조의 채권의 변제를 받을 때까지 질물을 유치할 수 있다. 그러나 자기보다 우선권이 있는 채권자에게 대항하지 못한다.

⑤ 제333조

> **제333조(동산질권의 순위)**
> 수개의 채권을 담보하기 위하여 동일한 동산에 수개의 질권을 설정한 때에는 그 순위는 설정의 선후에 의한다.

37 난도 ★★　　　　　답 ④

┃정답해설┃

ㄴ. [○] 제365조에 기한 일괄경매청구권은 토지상의 저당권설정자가 건물을 축조하여 소유하고 있는 경우에 한한다[99마146]. 그러나 저당지상의 건물에 대한 일괄경매청구권은 저당권설정자가 건물을 축조한 경우뿐만 아니라 저당권설정자로부터 저당토지에 대한 용익권을 설정받은 자가 그 토지에 건물을 축조한 경우라도 그 후 저당권설정자가 그 건물의 소유권을 취득한 경우에는 저당권자는 토지와 함께 그 건물에 대하여 경매를 청구할 수 있다[2003다3850].

ㄷ. [○] 민법 제365조가 토지를 목적으로 한 저당권을 설정한 후 그 저당권설정자가 그 토지에 건물을 축조한 때에는 저당권자가 토지와 건물을 일괄하여 경매를 청구할 수 있도록 규정하고 있으므로 일괄경매청구권은 저당권설정자가 건물을 축조하여 소유하고 있는 경우에 한한다고 봄이 상당하다[99마146]. 따라서 경매개시결정당시 건물의 소유권이 제3자에게 이전된 경우 일괄경매를 청구할 수 없다.

┃오답해설┃

ㄱ. [×] 토지를 목적으로 저당권을 설정한 후 그 설정자가 그 토지에 건물을 축조한 때에는 저당권자는 토지와 함께 그 건물에 대하여도 경매를 청구할 수 있다. 그러나 그 건물의 경매대가에 대하여는 우선변제를 받을 권리가 없다(제365조).

38 난도 ★★　　　　　답 ⑤

┃정답해설┃

ㄱ. [○] 민법 제366조는 그 지상건물은 반드시 등기를 거친 것임을 필요로 하지 아니하며 또 그 건물은 건물로서의 요소를 갖추고 있는 이상 무허가 건물이고 건평 5평에 지나지아니한다 하여도 법정지상권 성립에 아무런 장애도 될 수 없다[선고 63아62].

ㄴ. [○] 법정지상권에 관한 지료가 결정된 바 없다면 법정지상권자가 지료를 지급하지 아니하였다고 하더라도 지료지급을 지체한 것으로는 볼 수 없으므로 법정지상권자가 2년 이상의 지료를 지급하지 아니하였음을 이유로 하는 토지소유자의 지상권소멸청구는 그 이유가 없다[93다52297].

ㄷ. [○] 건물 소유를 위하여 법정지상권을 취득한 사람으로부터 경매에 의하여 그 건물의 소유권을 이전받은 매수인은 매수 후 건물을 철거한다는 등의 매각조건하에서 경매되는 경우 등 특별한 사정이 없는 한 건물의 매수취득과 함께 위지상권도 당연히 취득한다[2013다43345].

39 난도 ★★　　　　　답 ⑤

┃정답해설┃

⑤ 공동근저당권자가 적극적으로 경매를 신청하였는지 아니면 제3자의 경매신청에 소극적으로 참가하였는지를 불문하고 공동근저당권의 목적 부동산 중 일부 부동산에 대한 경매절차에서 자신의 우선변제권을 행사하여 우선변제권 범위의 채권최고액에 해당하는 전액을 배당받은 경우에는 후에 이루어지는 공동근저당권의 다른 목적 부동산에 대한 경매절차를 통해서 중복하여 다시 배당받을 수는 없다고 봄이 상당하다[2011다68012].

┃오답해설┃

① 피담보채무는 근저당권설정계약에서 근저당권의 존속기간을 정하거나 근저당권으로 담보되는 기본적인 거래계약에서 결산기를 정한 경우에는 원칙적으로 존속기간이나 결산기가 도래한 때에 확정된다[2002다7176].

② 근저당권에 의하여 담보되는 채권이 전부 소멸하고 채무자가 채권자로부터 새로이 금원을 차용하는 등 거래를 계속할 의사가 없는 경우에는, 그 존속기간 또는 결산기가 경과하기 전이라 하더라도 근저당권설정자는 계약을 해지하고 근저당권설정등기의 말소를 구할 수 있고, 한편 존속기간이나 결산기의 정함이 없는 때에는 근저당권설정자가 근저당권자를 상대로 언제든지 해지의 의사표시를 함으로써 피담보채무를 확정시킬 수 있다[2002다7176].

③ 근저당권자가 피담보채무의 불이행을 이유로 경매신청을 한 경우에는 경매신청시에 근저당 채무액이 확정되고, 그 이후부터 근저당권은 부종성을 가지게 되어 보통의 저당권과 같은 취급을 받게 되는바, 위와 같이 경매신청을 하여 경매개시결정이 있은 후에 경매신청이 취하되었다고 하더라도 채무확정의 효과가 번복되는 것은 아니다[2001다73022].

④ 후순위 근저당권자가 경매를 신청한 경우 선순위 근저당권의 피담보채권은 그 근저당권이 소멸하는 시기, 즉 경락인이 경락대금을 완납한 때에 확정된다고 보아야 한다[99다26085].

40 난도 ★★ 답 ⑤

▌정답해설▌

⑤ 저당목적물의 변형물인 금전 기타 물건에 대하여 이미 제3자가 압류하여 그 금전 또는 물건이 특정된 이상 저당권자가 스스로 이를 압류하지 않고서도 물상대위권을 행사하여 일반 채권자보다 우선변제를 받을 수 있다[98다12812].

▌오답해설▌

① 제361조

> **제361조(저당권의 처분제한)**
> 저당권은 그 담보한 채권과 분리하여 타인에게 양도하거나 다른 채권의 담보로 하지 못한다.

② 제363조 제2항

> **제363조(저당권자의 경매청구권, 경매인)**
> ② 저당물의 소유권을 취득한 제삼자도 경매인이 될 수 있다.

③ 민법 제358조 본문은 건물에 대한 저당권의 효력은 그 건물의 소유를 목적으로 하는 지상권에도 미친다고 보아야 할 것이다[92다527].

④ 전세권을 목적으로 한 저당권이 설정된 경우, 전세권의 존속기간이 만료되면 전세권의 용익물권적 권능이 소멸하기 때문에 더 이상 전세권 자체에 대하여 저당권을 실행할 수 없게 되고, 저당권자는 저당권의 목적물인 전세권에 갈음하여 존속하는 것으로 볼 수 있는 전세금반환채권에 대하여 압류 및 추심명령 또는 전부명령을 받거나 제3자가 전세금반환채권에 대하여 실시한 강제집행절차에서 배당요구를 하는 등의 방법으로 물상대위권을 행사하여 전세금의 지급을 구하여야 한다[2013다91672].

02 2021년 제32회 정답 및 해설

01	02	03	04	05	06	07	08	09	10	11	12	13	14	15	16	17	18	19	20
⑤	③	①	⑤	④	①	⑤	④	③	②	④	①	③	③	①	④	②	⑤	②	③

21	22	23	24	25	26	27	28	29	30	31	32	33	34	35	36	37	38	39	40
①	④	①	④	⑤	③	⑤	④	②	④	④	⑤	③	⑤	③	②	③	②	④	②

01 난도 ★ 답 ⑤

▍정답해설▍

⑤ 미등기 무허가건물의 매수인은 소유권이전등기를 마치지 않는 한 건물의 소유권을 취득할 수 없고, 소유권에 준하는 관습상의 물권이 있다고도 할 수 없으며, 현행법상 사실상의 소유권이라고 하는 포괄적인 권리 또는 법률상의 지위를 인정하기도 어렵다[2011다64782].

▍오답해설▍

① 관습법의 제정법에 대한 열후적·보충적 성격에 비추어, 가정의례준칙 제13조의 규정과 배치되는 관습법의 효력을 인정하는 것은 관습법의 법원으로서의 효력을 정한 민법 제1조의 취지에 어긋난다고 함으로써 민법 제1조의 관습법은 법원으로서의 보충적 효력이 있다[80다3231]거나 관습법은 법원으로서 법령에 저촉되지 않는 한 법칙으로서의 효력이 있다[2002다1178 전합]고 한다.

② 종중이란 공동선조의 분묘수호와 제사 및 종원 상호간의 친목 등을 목적으로 하여 구성되는 자연발생적인 종족집단이므로, 종중의 이러한 목적과 본질에 비추어 볼 때 공동선조와 성과 본을 같이 하는 후손은 성별의 구별 없이 성년이 되면 당연히 그 구성원이 된다고 보는 것이 조리에 합당하다[2002다1178 전합]. 따라서 미성년자인 후손은 종중의 구성원이 될 수 없다.

③ 사회의 거듭된 관행으로 생성된 사회생활규범이 관습법으로 승인되었다고 하더라도, 사회 구성원들이 그러한 관행의 법적 구속력에 대하여 확신을 갖지 않게 되었다거나 사회를 지배하는 기본적 이념이나 사회질서의 변화로 인하여 그러한 관습법을 적용하여야 할 시점에 있어

서의 전체 법질서에 부합하지 않게 되었다면, 그러한 관습법은 법적 규범으로서의 효력이 부정될 수밖에 없다[2002다1178 전합].

④ 관습법이란 사회의 거듭된 관행으로 생성한 사회생활규범이 사회의 법적 확신과 인식에 의하여 법적 규범으로 승인·강행되기에 이른 것을 말하고, 사실인 관습은 사회의 관행에 의하여 발생한 사회생활규범인 점에서 관습법과 같으나 사회의 법적 확신이나 인식에 의하여 법적 규범으로서 승인된 정도에 이르지 않은 것을 말하는 바, 관습법은 바로 법원으로서 법령과 같은 효력을 갖는 관습으로서 법령에 저촉되지 않는 한 법칙으로서의 효력이 있는 것이며, 이에 반하여 사실인 관습은 법령으로서의 효력이 없는 단순한 관행으로서 법률행위의 당사자의 의사를 보충함에 그치는 것이다[80다3231].

02 난도 ★ 답 ③

▍정답해설▍

ㄱ. [○] 사정변경을 이유로 보증계약을 해지할 수 있는 것은 포괄근보증이나 한정근보증과 같이 채무액이 불확정적이고 계속적인 거래로 인한 채무에 대하여 한 보증에 한하고, 확정채무에 대해 보증한 후 이사직을 사임하였다 하더라도 사정변경을 이유로 보증계약을 해지할 수 없다[95다27431].

ㄴ. [○] 민사법적으로 보았을 때 채무자가 시효완성 전에 채권자의 권리행사나 시효중단을 불가능 또는 현저히 곤란하게 하였다면, 채무자가 소멸시효의 완성을 주장하는 것은 신의 성실의 원칙에 반하여 권리남용으로서 허용될 수 없다[2017두38959 전합].

ㄷ. [×] 특별한 사정이 없는 한, 법령에 위반되어 무효임을 알고서도 그 법률행위를 한 자가 강행법규 위반을 이유로 무효를 주장한다 하여 신의칙 또는 금반언의 원칙에 반하거나 권리남용에 해당한다고 볼 수는 없다[2001다67126].

03 난도 ★   답 ①

① 가정법원은 한정후견개시의 심판을 할 때 본인의 의사를 고려하여야 한다(제9조 제2항).

② 제10조 제2항, 제3항

③ 제10조 제4항

> **제10조(피성년후견인의 행위와 취소)**
> ① 피성년후견인의 법률행위는 취소할 수 있다.
> ② 제1항에도 불구하고 가정법원은 취소할 수 없는 피성년후견인의 법률행위의 범위를 정할 수 있다.
> ③ 가정법원은 본인, 배우자, 4촌 이내의 친족, 성년후견인, 성년후견감독인, 검사 또는 지방자치단체의 장의 청구에 의하여 제2항의 범위를 변경할 수 있다.
> ④ 제1항에도 불구하고 일용품의 구입 등 일상생활에 필요하고 그 대가가 과도하지 아니한 법률행위는 성년후견인이 취소할 수 없다.

④ 제9조 제2항

> **제9조(성년후견개시의 심판)**
> ② 가정법원은 성년후견개시의 심판을 할 때 본인의 의사를 고려하여야 한다.

⑤ 피성년후견인이 속임수로써 법정대리인의 동의가 있는 것으로 믿게 한 경우는 제17조 제2항의 요건에 해당하지 않는데, 피성년후견인의 법률행위는 그 법정대리인의 동의가 있더라도 취소대상이 되기 때문이다.

04 난도 ★   답 ⑤

⑤ 실종선고의 효력이 발생하기 전에는 실종기간이 만료된 실종자도 소송상 당사자능력을 상실하는 것은 아니므로, 실종선고 확정 전에는 실종기간이 만료된 실종자를 상대로 하여 제기된 소도 적법하고 실종자를 당사자로 하여 선고된 판결도 유효하며 그 판결이 확정되면 기판력도 발생한다. 비록 실종자를 당사자로 한 판결이 확정된 후에 실종선고가 확정되어 그 사망간주의 시점이 소 제기 전으로 소급하는 경우에도 위 판결 자체가 소급하여 당사자능력이 없는 사망한 사람을 상대로 한 판결로서 무효가 된다고는 볼 수 없다[92다2455].

① 가족관계등록부상(구 호적상) 이미 사망한 것으로 기재되어 있는 자는 그 호적상 사망기재의 추정력을 뒤집을 수 있는 자료가 없는 한 그 생사가 불분명한 자라고 볼 수 없어 실종선고를 할 수 없다[97스4 결정].

② 실종선고를 받은 자는 실종 기간이 만료한 때에 사망한 것으로 본다(제28조). 따라서 실종선고가 취소되지 않고 있는 동안은 생존 등의 반증을 들어 실종선고의 효력을 부정할 수 없고[94다52751], 실종선고를 받은 자에 대한 사망의 효과를 저지하려면 그 선고를 취소해야 한다[69다2103].

③ 제29조 제1항

> **제29조(실종선고의 취소)**
> ① 실종자의 생존한 사실 또는 전조의 규정과 상이한 때에 사망한 사실의 증명이 있으면 법원은 본인, 이해관계인 또는 검사의 청구에 의하여 실종선고를 취소하여야 한다. 그러나 실종선고후 그 취소전에 선의로 한 행위의 효력에 영향을 미치지 아니한다.

④ 형식적 요건으로 본인·이해관계인 또는 검사의 청구가 있어야 하며, 공시최고는 불필요하다.

05 난도 ★★   답 ④

④ 주무부장관의 허가를 얻어 재단법인의 기본재산에 편입하여 정관기재사항의 일부가 된 경우, 그것이 명의신탁 받은 것이라 하더라도 이를 처분(반환)하는 것은 정관의 변경을 초래하므로, 주무부장관의 허가 없이 그 소유권이전등기를 할 수 없다[90다8558].

① 이사의 대표권에 대한 제한은 정관에 기재하지 않으면 효력이 없고(제41조), 등기하지 않으면 제3자에게 대항할 수 없다(제60조). 여기서 제3자에 관해서는, 대표권제한이 등기되어 있지 않다면 그 정관규정으로써 선의냐 악의냐에 관계없이 제3자에게 대항할 수 없다[91다24564].

② 제45조 제3항

> **제42조(사단법인의 정관의 변경)**
> ② 정관의 변경은 주무관청의 허가를 얻지 아니하면 그 효력이 없다.
>
> **제45조(재단법인의 정관변경)**
> ① 재단법인의 정관은 그 변경방법을 정관에 정한 때에 한하여 변경할 수 있다.
> ② 재단법인의 목적달성 또는 그 재산의 보전을 위하여 적당한 때에는 전항의 규정에 불구하고 명칭 또는 사무소의 소재지를 변경할 수 있다.
> ③ 제42조 제2항의 규정은 전2항의 경우에 준용한다.

③ 재단법인의 기본재산처분은 정관변경을 요하므로, 주무관청의 허가가 없으면 그 처분행위(근저당권 설정행위)는 물권계약으로 무효일 뿐 아니라 채권계약으로서도 무효이다.

⑤ 청산종결등기가 경료되었더라도 청산사무가 종료되지 않은 경우에는 청산법인으로 존속하며[79다2036], 청산법인으로서 당사자능력이 있다[97다3408].

06 난도 ★★　　　　　┃답┃ ①

┃정답해설┃

① 행위의 외형상 법인의 대표자의 직무행위라고 인정할 수 있는 것이라면, 설사 그것이 대표자 개인의 사리를 도모하기 위한 것이었거나 법령의 규정에 위배된 것이었다 하더라도 직무에 관한 행위에 해당한다[2003다15280]. 그런데 대표기관의 행위가 유효한 법률행위로서 그 효과가 법인에게 미친다면 제35조의 적용이 없지만, 대표권이 제한되거나, 대표권 남용에 해당하거나, 강행규정 위반으로 무효인 경우에 제35조가 적용될 수 있다. 판례도 법인의 대표기관이 권한을 남용하여 부정한 대표행위를 한 경우에 법인의 불법행위책임을 인정했다[89다카555].

② 민법 제35조 제1항은 "법인은 이사 기타 대표자가 그 직무에 관하여 타인에게 가한 손해를 배상할 책임이 있다."라고 정한다. 여기서 '법인의 대표자'에는 그 명칭이나 직위 여하, 또는 대표자로 등기되었는지 여부를 불문하고 당해 법인을 실질적으로 운영하면서 법인을 사실상 대표하여 법인의 사무를 집행하는 사람을 포함한다고 해석함이 상당하다[2008다15438].

③ 법인대표자의 행위가 직무에 관한 행위에 해당하지 않음을 피해자 자신이 알았거나 중대한 과실로 인하여 알지 못한 경우에는 법인에게 손해배상책임을 물을 수 없다[2003다34045].

④ 제35조에서 말하는 '이사 기타 대표자'는 법인의 대표기관을 의미하는 것이고 대표기관이 아닌 사원총회·감사의 행위, 즉 대표권이 없는 이사는 법인의 기관이기는 하지만 대표기관은 아니기 때문에 그의 행위로 인하여 법인의 불법행위가 성립하지 않는다[2003다30159]. 이사의 임의대리인(제62조)의 행위인 경우, 이사의 임의대리인은 대표기관이 아니므로 법인은 사용자책임(제756조)을 질 뿐이다.

⑤ 대표기관 개인은 법인과 경합하여 피해자에게 배상할 책임을 지며(제35조 제1항 후문), 기관 개인과 법인의 손해배상책임은 부진정연대채무관계에 있으므로, 피해자는 가해기관인 개인 또는 그 법인에 대해 선택적으로(순차로 또는 동시에) 손해배상청구권을 행사할 수 있다. 법인이 피해자에게 배상한 경우 법인은 기관 개인에게 임무해태를 이유로 구상권을 행사할 수 있는데(제65조), 이 구상권은 이사·청산인의 선관주의의무(제61조·제96조) 위반에 근거한다.

07 난도 ★　　　　　┃답┃ ⑤

┃정답해설┃

⑤ 비법인사단인 교회의 대표자는 총유물인 교회 재산의 처분에 관하여 교인총회의 결의를 거치지 아니하고는 이를 대표하여 행할 권한이 없다. 그리고 교회의 대표자가 권한 없이 행한 교회 재산의 처분행위에 대하여는 민법 제126조의 표현대리에 관한 규정이 준용되지 아니한다[2006다23312].

① 비법인사단 대표자가 행한 타인에 대한 업무의 포괄적 위임과 그에 따른 포괄적 수임인의 대행행위는 민법 제62조의 규정에 위반된 것이어서, 비법인사단에 대하여는 그 효력이 미치지 않는다[94다18522].

② 대표자를 선임하기 위하여 개최되는 종중총회의 소집권을 가지는 연고항존자를 확정함에 있어서 여성을 제외할 아무런 이유가 없으므로, 여성을 포함한 전체 종원 중 항렬이 가장 높고 나이가 가장 많은 사람이 연고항존자가 된다[2009다26596].

③ 민법 제63조는 법인의 조직과 활동에 관한 것으로서 법인격을 전제로 하는 조항이 아니고, 법인 아닌 사단이나 재단의 경우에도 이사가 없거나 결원이 생길 수 있으며, 통상의 절차에 따른 새로운 이사의 선임이 극히 곤란하고 종전 이사의 긴급처리권도 인정되지 아니하는 경우에는 사단이나 재단 또는 타인에게 손해가 생길 염려가 있을 수 있으므로, 민법 제63조는 법인 아닌 사단이나 재단에도 유추 적용할 수 있다[2008마699 전합].

④ 민법이 사단법인의 분열을 인정하지 않고 이 법리는 비법인사단에도 동일하게 적용되므로 교회가 비법인사단으로서 존재하는 이상 교회의 분열은 인정되지 않고, 일부 교인들이 개별적이든 집단적이든 교회를 탈퇴하면 종전교회는 잔존교인들을 구성원으로 하여 실체의 동일성을 유지하면서 존속하고 종전교회의 재산은 그 교회에 소속된 잔존교인들의 총유로 귀속됨이 원칙이지만, 의결권을 가진 교인의 2/3 이상의 찬성으로 교단탈퇴·변경 결의를 하면 종전교회의 실체는 교단을 탈퇴한 교회로서 존속하고 종전교회재산은 탈퇴한 교회 소속 교인들의 총유로 귀속된다[2004다37775 전합].

08 난도 ★　　　　　　　　　　답 ④

┃ 정답해설 ┃

④ 토지의 일부에는 지상권·지역권·전세권 등 용익물권을 설정할 수는 있으나 저당권을 설정할 수는 없다.

┃ 오답해설 ┃

① 주물의 상용에 이바지한다 함은 주물 자체의 경제적 효용을 다하게 하는 것을 말하며, 주물의 소유자나 이용자의 상용에 공여되고 있더라도 주물 자체의 효용과는 직접 관계없는 물건은 종물이 아니다[2007도7247].

② 소유권보존등기가 된 수목의 집단은 입목이라는 독립된 부동산으로 인정되고 토지와 분리하여 입목을 양도하거나 저당권의 목적으로 할 수 있다.

③ 주물과 종물간의 관계에 관한 민법 제100조 제2항과 제358조는 물건과 권리간 또는 권리와 권리간에도 유추적용된다. 민법 제358조 본문을 유추해 보면 건물에 대한 저당권의 효력은 그 건물에 종된 권리인 건물의 소유를 목적으로 하는 지상권에도 미치므로 특별한 사정이 없는 한 경락인은 건물소유를 위한 지상권도 민법 제187조의 규정에 따라 등기없이 당연히 취득하게 된다[95다52864].

⑤ 주물에 설정된 저당권의 효력은 저당권설정 당시의 종물은 물론 설정 후의 종물에도 미친다. 집합건물법상의 구분건물의 전유부분만에 관하여 설정된 저당권의 효력은 특별한 사정이 없는 한 그 전유부분의 소유자가 사후에라도 대지사용권을 취득함으로써 전유부분과 대지권이 동일소유자의 소유에 속하게 되었다면 그 대지사용권에까지 미친다[2000다62179].

09 난도 ★★　　　　　　　　답 ③

┃ 정답해설 ┃

③ 대리인이 본인을 대리하여 매매계약을 체결함에 있어서 매도인의 배임행위에 적극가담 하였다면 설사 본인이 미리 그러한 사정을 몰랐거나 반사회성을 야기한 것이 아니라고 할지라도 그 매매계약은 사회질서에 반한다[97다45532].

┃ 오답해설 ┃

① 제103조에 위반되는지 여부는 법률행위를 한 당시를 기준으로 판단한다. 따라서 매매계약체결 당시(법률행위 시)에 정당한 대가를 지급하고 목적물을 매수하는 계약을 체결하였다면 비록 그 후 목적물이 범죄행위로 취득된 것을 알게 되었다고 하더라도 특별한 사정이 없는 한 민법 제103조의 공서양속에 반하는 행위라고 단정할 수 없다[2001다44987].

② 강제집행을 면할 목적으로 부동산에 허위의 근저당권설정등기를 경료하는 행위는 선량한 풍속 기타 사회질서에 위반한 사항을 내용으로 하는 법률행위로 볼 수 없다[2003다70041].

④ 단지 법률행위의 성립 과정에서 불법적 방법이 사용된 데 불과한 때에는, 그 불법이 의사표시의 형성에 영향을 미친 경우에는 의사표시의 하자를 이유로 그 효력을 논의할 수는 있을지언정 반사회질서의 법률행위로서 무효(의사결정의 자유를 박탈)라고 할 수는 없다[2002다21509].

⑤ 공서양속 위반의 법률행위의 무효는 절대적이어서 선의의 제3자를 포함한 누구에게 대해서도 무효를 주장할 수 있다[63다479].

10 난도 ★★

▌정답해설▐

② 상속, 매매, 교환, 증여 등은 승계취득에 속한다.

▌오답해설▐

① 제252조

> **제252조(무주물의 귀속)**
> ① 무주의 동산을 소유의 의사로 점유한 자는 그 소유권을 취득한다.
> ② 무주의 부동산은 국유로 한다.
> ③ 야생하는 동물은 무주물로 하고 사양하는 야생동물도 다시 야생상태로 돌아가면 무주물로 한다.

③ 토지구획정리사업의 환지계획에서 초등학교 및 중·고등학교 교육에 필요한 학교용지로 지정된 토지는 환지처분의 공고 다음 날에 법 제63조 본문에 따라 토지를 관리할 국가 또는 지방자치단체(이하 '국가 등'이라고 한다)에 귀속되어 국가 등이 소유권을 원시취득하고, 다만 국가 등은 법 제63조 단서에 따라 사업시행자에게 학교용지의 취득에 대한 대가를 지급할 의무를 부담하게 된다[2015다256312].

④ 신축건물의 소유권 취득은 원시취득에 해당한다.

⑤ 토지수용법상의 재결에 의한 토지취득은 원시취득이고, 협의취득은 토지수용법의 규정에 의한 협의성립의 확인이 없는 이상 사경제주체로서 행하는 사법상의 취득으로서 승계취득이다[95다3510].

11 난도 ★

답 ④

▌정답해설▐

④ 채권의 가장양수인으로부터 추심을 위해 채권을 양수한 자, 채권의 가장양도에 있어서 채무자, 대리인·대표기관이 상대방과 허위표시를 한 경우에 본인·법인, 가장의 '제3자를 위한 계약'에 있어서 제3자(수익자), 저당권을 가장포기한 경우에 후순위저당권자(포기 전에 존재하던 것), 주식이 가장 양도되어 양수인 앞으로 명의개서된 경우에 그 주식의 발행회사, 가장매매 당사자의 상속인 또는 계약인수인[2002다31537 참고], 가장매매에 의한 손해배상청구권의 양수인은 제3자에 해당하지 않는다.

▌오답해설▐

①·②·③·⑤ 부동산 가장매매의 매수인으로부터 그 부동산을 전득하거나 그 부동산에 저당권을 설정받은 자 또는 가등기를 취득한 자, 가장매매의 매수인에 대한 가장매매목적물 압류채권자, 가장제한물권의 양수인, 가장매매·가장소비대차에 의한 대금채권·금전채권의 양수인(가장채권의 양수인) 또는 그 채권을 가압류한 가압류권자, 허위표시에 의한 예금통장의 명의인으로부터 그 예금채권을 양수한 자, 가장저당권설정행위에 기한 저당권의 실행으로 경락받은 자, 가장전세권설정 후 그 전세권에 대하여 근저당권을 설정받은 자, 제한물권의 가장포기 후 그 제한물권 없는 부동산의 양수인, 가장채무를 보증한 후 그 보증채무를 이행하여 구상권을 취득한 자, 허위표시에 의한 권리취득자가 파산한 경우의 파산관재인[2002다48214] 등은 제3자에 해당한다.

12 난도 ★★★

답 ①

▌정답해설▐

① 토지매매에서 특별한 사정이 없는 한 매수인에게 측량을 하거나 지적도와 대조하는 등의 방법으로 매매목적물이 지적도상의 그것과 정확히 일치하는지 여부를 미리 확인하여야 할 주의의무가 있다고 볼 수 없다[2019다288232].

▌오답해설▐

② 착오는 의사와 표시의 불일치를 표의자가 모르는 것이므로[84다카890], 상대방의 표의자의 진의에 동의한 경우 자연적 해석에 따르면 일치한 의사대로 효력이 발생하므로 착오를 이유로 그 의사표시를 취소할 수 없다.

③ 경계선을 침범하였다는 상대방의 강력한 주장에 의하여 착오로 그간의 경계 침범에 대한 금원을 지급한 경우[97다6063]처럼 동기의 착오가 상대방으로부터 유발된 경우에는 착오를 동기가 표시된 여부를 불문하고 취소할 수 있다.

④ 중대한 과실은 표의자의 직업·행위의 종류·목적 등에 비추어 보통 요구되는 주의를 현저히 결한 것을 의미한다[94다25964]. 주의할 것은 표의자에게 중대한 과실이 있다 하더라도 그 상대방이 표의자의 착오를 알고서 악용한 경우에는 표의자의 의사표시 취소가 허용된다[4288민상321].

⑤ 신원보증서류에 서명날인(署名捺印)한다는 착각에 빠진 상태로 연대보증의 서면에 서명날인한 경우, 결국 위와 같은 행위는 강학상 기명날인의 착오(서명의 착오), 이른바 표시상의 착오에 해당하므로, 비록 위와 같은 착오가 제3자의 기망행위에 의하여 일어난 것이라 하더라도 민법 제110조 제2항의 규정을 적용할 것이 아니라, 착오에 의한 의사표시에 관한 법리만을 적용하여 취소권 행사의 가부를 가려야 한다[2004다43824].

13 난도 ★　　　　　답 ③

▌정답해설▌

③ 토지거래가 계약당사자의 의사와 표시의 불일치(비진의 표시·허위표시·착오) 또는 하자있는 의사(사기·강박)에 의해 이루어진 경우 거래허가를 신청하기 전 단계에서 이러한 사유를 주장하여 그 계약을 확정적으로 무효화시키고서 자신의 거래허가절차협력의무를 면하고 이미 지급된 계약금 등의 반환을 구할 수 있다[97다36118].

▌오답해설▌

① 교환계약을 체결하려는 일방 당사자가 자기가 소유하는 목적물의 시가를 묵비하여 상대방에게 고지하지 아니하거나 혹은 허위로 시가보다 높은 가액을 시가라고 고지하였다 하더라도 이는 상대방의 의사결정에 불법적인 간섭을 한 것이라고 볼 수 없다[2000다54406, 54413].

② 강박에 의한 법률행위가 하자 있는 의사표시로서 취소되는 것에 그치지 않고, 나아가 무효로 되기 위해서는 의사표시자로 하여금 의사결정을 스스로 할 수 있는 여지를 완전히 박탈한 상태(강박행위가 극심)에서 의사표시가 이루어져 단지 법률행위의 외형만이 만들어진 것에 불과한 정도이어야 한다[96다49353].

④ 민법 제110조 제2항에서 정한 제3자에 해당되지 않는다고 볼 수 있는 자란 그 의사표시에 관한 상대방의 대리인(은행의 지점장, 은행출장소장[98다60828]) 등 상대방과 동일시할 수 있는 자만을 의미한다. 따라서 대리인의 사기에 의하여 상대방이 의사표시를 하였을 경우에 상대방은 본인이 그 사실을 알든, 모르든 기망에 의한 의사표시를 취소할 수 있다[4291민상101].

⑤ 부정행위에 대한 고소, 고발은 정당한 권리행사가 되어 위법하다고 할 수 없으나, 부정한 이익의 취득을 목적으로 하는 경우에는 위법한 강박행위가 되는 경우가 있고, 목적이 정당하다 하더라도 행위나 수단 등이 부당한 때에는 위법성이 있는 경우가 있을 수 있다[92다25120].

14 난도 ★★　　　　　답 ③

▌정답해설▌

③ 의사표시자가 의사표시를 발송한 후 사망한 경우에는 그 의사표시의 효과는 상속인에게 승계되고(매도인이 청약을 한 후 사망했는데 이에 대해 상대방이 승낙한 경우 매도인의 상속인과 매매계약이 성립한다), 제한능력자로 된 경우라면 법률효과는 법정대리인에 의해 의사표시자 본인에게 발생한다(제111조). 그런데 의사표의자의 상대방이 도달 전에 사망하면 그의 상속인이 승계할 성질의 것인지에 의해 결정되고, 제한능력자라면 수령능력의 문제로 된다.

▌오답해설▌

① 도달주의의 원칙은 의사의 통지나 관념의 통지인 준법률행위에도 유추적용된다. 즉 채권양도통지서가 들어 있는 우편물을 채무자의 가정부가 수령한 직후에 한 집에 거주하던 채권양도 통지인이 이를 회수해 버렸다면 특별한 사정이 없는 한 그 통지가 채무자에게 도달된 것이라고 볼 수 없다[82다카439].

② 의사표시의 도달에 대한 입증책임은 도달을 주장하는 의사표시자 측에서 부담한다. 의사표시는 상대방에게 도달한 때에 효력이 생기므로 도달 후에는 요지하기 전이라도 철회할 수 없다. 의사표시의 불착·연착으로 인한 불이익은 의사표시자에게 귀속된다.

④ 의사표시의 상대방이 의사표시를 받은 때에 제한능력자인 경우에는 의사표시자는 그 의사표시로써 대항할 수 없다. 다만, 그 상대방의 법정대리인이 의사표시가 도달한 사실을 안 후에는 그 의사표시로써 대항할 수 있다(제112조).

⑤ 도달이라 함은 사회통념상 상대방이 통지의 내용을 알 수 있는 객관적 상태에 놓여 있는 경우를 가리키는 것으로서, 상대방이 통지를 현실적으로 수령하거나 통지의 내용을 알 것까지는 필요로 하지 않는 것이므로, 상대방이 정당한 사유 없이 통지의 수령을 거절한 경우에는 상대방이 그 통지의 내용을 알 수 있는 객관적 상태에 놓여 있는 때에 의사표시의 효력이 생기는 것으로 보아야 한다[2008다19973]. 채권 양도의 통지는 관념의 통지지만, 의사표시에 준하여 도달주의가 적용된다.

15 난도 ★ 답 ①

▎정답해설▎

① 제123조 제2항

> **제123조(복대리인의 권한)**
> ② 복대리인은 본인이나 제삼자에 대하여 대리인과 동일한 권리의무가 있다.

▎오답해설▎

② 대리의 목적인 법률행위의 성질상 대리인 자신에 의한 처리가 필요하지 않은 경우에는 본인이 복대리 금지의 의사를 명시하지 않는 한 복대리인의 선임에 관해 묵시적인 승낙이 있는 것으로 보는 것이 타당하고, 복대리인 선임을 본인이 사후에 추인하는 것도 가능하다[94다30690].

③ 본인의 승낙이 있거나 부득이한 사유(질병으로 인하여 대리 행위를 할 수 없을 때)가 있는 때에는 복대리인을 선임할 수 있고(제120조), 이 경우 복대리인을 선임한 임의대리인은 본인에 대하여 그 선임·감독의 과실 책임을 진다(제121조 제1항).

④ 법정대리인이 선임한 복대리인은 본인의 임의대리인에 해당한다.

⑤ 표현대리의 법리는 거래의 안전을 위하여 어떠한 외관적 사실을 야기한 데 원인을 준 자는 그 외관적 사실을 믿음에 정당한 사유가 있다고 인정되는 자에 대하여는 책임이 있다는 일반적인 권리외관 이론에 그 기초를 두고 있는 것인 점에 비추어 볼 때, 대리인이 대리권 소멸 후 직접 상대방과 사이에 대리행위를 하는 경우는 물론 대리인이 대리권 소멸 후 복대리인을 선임하여 복대리인으로 하여금 상대방과 사이에 대리행위를 하도록 한 경우에도, 상대방이 대리권 소멸 사실을 알지 못하여 복대리인에게 적법한 대리권이 있는 것으로 믿었고 그와 같이 믿은 데 과실이 없다면 민법 제129조에 의한 표현대리가 성립할 수 있다[97다55317].

16 난도 ★ 답 ④

▎정답해설▎

ㄱ. [×] 대리권수여의 표시에 의한 표현대리(제125조)는 임의대리에만 적용되지만 권한을 넘은 표현대리(제126조)와 대리권소멸후의 표현대리(제129조)의 표현대리는 임의

대리 뿐만 아니라 법정대리에도 적용된다. 따라서 민법 제129조는 미성년자의 법정대리인의 대리권소멸에 관하여도 적용된다[74다1199].

ㄷ. [×] (구) 증권거래법(제52조 제1호)에 위배되는 주식거래에 관한 투자수익보장약정은 무효이고, 투자수익보장이 강행법규에 위반되어 무효인 이상 표현대리의 법리가 준용될 여지가 없다[94다38199].

ㄹ. [×] 표현대리행위가 성립하는 경우에 그 본인은 표현대리 행위에 의하여 전적인 책임을 져야 하고, 상대방에게 과실이 있다고 하더라도 과실상계의 법리를 유추적용하여 본인의 책임을 경감할 수 없다[95다49554].

▎오답해설▎

ㄴ. [○] 표현대리 제도는 대리권이 있는 것 같은 외관이 생긴데 대해 본인이 민법 제125조, 제126조 및 제129조 소정의 원인을 주고 있는 경우에 그러한 외관을 신뢰한 선의 무과실의 제3자를 보호하기 위하여 그 무권대리 행위에 대하여 본인이 책임을 지게 하려는 것이므로 당사자가 표현대리를 주장함에는 무권대리인과 표현대리에 해당하는 무권대리 행위를 특정하여 주장하여야 한다 할 것이고 따라서 당사자의 표현대리의 항변은 특정된 무권대리인의 행위에만 미치고 그 밖의 무권대리인이나 무권대리 행위에는 미치지 아니한데[83다카1819].

17 난도 ★★★ 답 ②

▎정답해설▎

② 시기 있는 법률행위는 기한이 도래한 때로부터 그 효력이 생긴다(제152조 제1항). 따라서 기한도래에는 소급효가 없다. 당사자 간에 소급효를 인정하는 특약을 체결하더라도 무효이다.

▎오답해설▎

① 무권대리행위의 추인은 다른 의사표시가 없는 때에는 계약시에 소급하여 그 효력이 생긴다(제133조 전문).

③ 허가받을 것을 전제로 한 거래계약은 일단 허가를 받으면 소급하여 유효한 계약이 되므로 허가 후에 거래계약을 새로 체결할 필요는 없다[98다40459 전합].

④ 소멸시효는 그 기산일에 소급하여 효력이 생긴다(제167조).

⑤ 취소된 법률행위는 처음부터 무효인 것으로 본다(제141조).

18 난도 ★★

┃정답해설┃

⑤ 부관이 붙은 법률행위에 있어서 ⊙ 부관에 표시된 사실이 발생하지 않으면 채무를 이행하지 않아도 된다고 보는 것이 상당한 경우에는 조건으로 보아야 하고 ⓒ 표시된 사실이 발생한 때에는 물론이고 반대로 발생하지 않는 것이 확정된 때에도 그 채무를 이행하여야 한다고 보는 것이 상당한 경우에는 표시된 사실의 발생 여부가 확정되는 것을 불확정기한으로 정한 것으로 보아야 한다 [2003다24215].

┃오답해설┃

① 법정조건은 법인설립행위에 있어서의 주무관청의 허가, 유언에 있어서의 유언자의 사망 등과 같이 법률상 당연히 요구되는 법률행위의 효력발생요건이며 부관으로서의 조건은 아니나, 성질에 반하지 않는 범위에서 민법의 조건에 관한 규정을 법정조건에 유추적용할 수 있다.

② 상계·취소·해제·해지·철회·환매권 행사 등의 단독행위에는 원칙적으로 조건을 붙이지 못한다. 다만, 상대방의 동의가 있는 경우, 채무면제·유언·유증처럼 상대방에게 이익만을 주는 경우에는 가능하다.

③ 기한은 채무자의 이익을 위한 것으로 추정한다(제153조 제1항).

④ 선량한 풍속 기타 사회질서에 위반하는 조건으로써 불법조건뿐만 아니라 그 법률행위 전부가 무효이고, 조건 없는 법률행위가 되는 것이 아니다. 조건부 법률행위에 있어 조건의 내용 자체가 불법적인 것이어서 무효일 경우 또는 조건을 붙이는 것이 허용되지 아니하는 법률행위에 조건을 붙인 경우 그 조건만을 분리하여 무효로 할 수는 없고 그 법률행위 전부가 무효로 된다[2005마541].

19 난도 ★★★

답 ②

┃정답해설┃

② 조건·기한이 붙어 있지 않아서 권리자가 언제든지 청구권을 행사할 수 있는 경우, 그 청구권은 채권발생시(권리발생시)부터 소멸시효가 진행한다(그러나 이행지체책임은 청구시부터 발생한다).

┃오답해설┃

① 정지조건부 법률행위가 채권행위인 때에는 조건이 성취된때 부터 채권의 소멸시효가 진행한다(제166조 제1항).

③ 채무불이행으로 인한 손해배상청구권의 소멸시효는 채무불이행시로부터 진행한다[94다54269].

④ 부동산에 대한 매매대금 채권이 소유권이전등기청구권과 동시이행의 관계에 있다고 할지라도 매도인은 매매대금의 지급기일 이후 언제라도 그 대금의 지급을 청구할 수 있는 것이며, 다만 매수인은 매도인으로부터 그 이전등기에 관한 이행의 제공을 받기까지 그 지급을 거절할 수 있는 데 지나지 아니하므로 매매대금 청구권은 그 지급기일 이후 시효의 진행에 걸린다[90다9797].

⑤ 무권대리인에 대한 상대방의 계약이행·손해배상청구권은 대리권의 증명 또는 본인의 추인을 얻지 못한 때(선택권을 행사할 수 있는 때)부터 소멸시효가 진행한다[64다1156].

20 난도 ★★

답 ③

┃정답해설┃

③ 소멸시효 중단사유로서의 채무승인은 시효이익을 받을 자가 시효완성으로 인해 권리를 잃을 자에게 자기 채무(상대방의 권리)의 존재를 인정함을 시효완성 전에 표시하는 것으로서 관념의 통지에 해당한다. 승인자는 시효완성에 의해 이익을 얻을 채무자나 그 대리인이고, 상대방의 권리의 존재를 인식하고 있어야 한다.

┃오답해설┃

① 소멸시효는 법률행위에 의하여 이를 배제, 연장 또는 가중할 수 없으나 이를 단축 또는 경감할 수 있다(제184조 제2항).

② 제169조

> **제169조(시효중단의 효력)**
> 시효의 중단은 당사자 및 그 승계인간에만 효력이 있다.

④ 소멸시효의 이익은 미리 포기하지 못한다(제184조). 미리란 시효가 완성하기 전을 뜻한다. 이미 경과한 시효기간에 대한 포기는 승인(제168조 제3호)에 해당하여 시효중단사유가 된다.

⑤ 특별한 방식을 요하지 않는다. 재판상 또는 재판 외에서 할 수 있고, 명시적으로 또는 묵시적으로 할 수 있다. 소멸시효완성 후의 변제·변제약속·기한유예요청[65다2133]·채무승인[65다1996] 등은 시효이익의 포기에 해당한다. 시효완성 후에 채무를 승인한 때에는 시효완성의 사실을 알고 그 이익을 포기한 것이라고 추정할 수 있다[66다2173].

21 난도 ★★　　　　답 ①

┃ 정답해설 ┃

① 신축건물의 물권변동에 관한 등기를 멸실건물의 등기부에 등재하여도 그 등기는 무효이고, 멸실건물의 등기부상 표시를 신축건물의 내용으로 표시 변경 등기를 하였다고 하더라도 그 등기가 무효임에는 변함이 없다[80다441].

┃ 오답해설 ┃

② 물권에 관한 등기가 원인없이 말소된 경우에 그 물권의 효력에 관하여 등기는 물권의 효력발생요건이고 효력존속요건은 아니므로 물권에 관한 등기가 원인 없이 말소된 경우에도 그 물권의 효력에는 아무런 영향을 미치지 않는다[87다카 1232].

③ 소유권이전청구권의 보전을 위한 가등기가 있다 하여 반드시 소유권이전 등기할 어떤 계약관계가 있었던 것이라 단정할 수 없으므로 소유권이전등기를 청구할 어떤 법률관계가 있다고 추정이 되는 것도 아니라 할 것이다[79다239].

④ 등기 후에 제3자에게 소유권이전의 본등기가 된 경우에 가등기권리자는 본등기를 경료하지 않고는 가등기 이후의 본등기의 말소를 청구할 수 없다. 이 경우에 가등기권자는 가등기의무자인 전소유자를 상대로 본등기청구권을 행사할 것이고 가등기권자가 소유권이전의 본등기를 한 경우에는 등기공무원은 가등기 이후에 한 제3자의 본등기를 직권말소 할 수 있다[4294민재항675 전합].

⑤ '소유권이전등기'의 명의자는 제3자에 대해서뿐만 아니라 전소유자에 대해서도 적법한 등기원인에 의해 소유권을 취득한 것으로 추정되므로, 이를 다투는 측에서 무효사유를 주장·입증해야 한다[97다2993].

22 난도 ★★　　　　답 ④

┃ 정답해설 ┃

④ 점유자의 필요비 또는 유익비 상환청구권은 점유자가 회복자로부터 점유물의 반환을 청구받거나 회복자에게 점유물을 반환한 때에 비로소 회복자에 대해 행사할 수 있다[94다4592].

┃ 오답해설 ┃

① 선의의 점유자가 취득하는 과실에는 천연과실, 법정과실이 포함되고, 건물을 사용함으로써 얻는 이득도 그 건물의 과실에 준하는 것이므로, 선의의 점유자는 비록 법률상 원인 없이 타인의 건물을 점유·사용하고 이로 말미암아 그에게 손해를 입혔다고 하더라도 그 점유·사용으로 인한 이득을 반환할 의무는 없다[95다44290].

② 선의의 점유자라 함은 과실수취권을 포함하는 권원(소유권, 지상권, 전세권, 임차권 등)이 있다고 오신한 점유자를 말하고, 다만 그와 같은 오신을 함에는 오신할 만한 정당한 근거(선의·무과실)가 있어야 하나[99다63350], 유치권이나 지역권·질권·저당권이 있다고 오신한 경우에는 선의점유자가 아니다.

③ 점유물이 점유자의 책임있는 사유로 인하여 멸실 또는 훼손한 때에는 악의의 점유자는 그 손해의 전부를 배상하여야 한다. 소유의 의사가 없는 점유자는 선의인 경우에도 손해의 전부를 배상하여야 한다(제202조).

⑤ 민법 제203조 제2항에 의한 점유자의 회복자에 대한 유익비 상환청구권은 점유자가 계약관계 등 적법하게 점유할 권리를 가지지 않아 소유자의 소유물반환청구에 응하여야 할 의무가 있는 경우에 성립되는 것으로서, 이 경우 점유자는 그 비용을 지출할 당시의 소유자가 누구이었는지 관계없이 점유회복 당시의 소유자 즉 회복자에 대하여 비용상환청구권을 행사할 수 있는 것이나, 점유자가 유익비를 지출할 당시 계약관계 등 적법한 점유의 권원을 가진 경우에 그 지출비용의 상환에 관하여는 그 계약관계를 규율하는 법조항이나 법리 등이 적용되는 것이어서, 점유자는 그 계약관계 등의 상대방에 대하여 해당 법조항이나 법리에 따른 비용상환청구권을 행사할 수 있을 뿐 계약관계 등의 상대방이 아닌 점유회복 당시의 소유자에 대하여 민법 제203조 제2항에 따른 지출비용의 상환을 구할 수는 없다[2001다64752].

┃ 정답해설 ┃

① 비법인사단이 총유물에 관한 매매계약을 체결하는 행위는 총유물 그 자체의 처분이 따르는 채무부담행위로서 총유물의 처분행위에 해당하나, 그 매매계약에 의하여 부담하고 있는 채무의 존재를 인식하고 있다는 뜻을 표시하는 데 불과한 소멸시효 중단사유로서의 승인은 총유물 그 자체의 관리·처분이 따르는 행위가 아니어서 총유물의 관리·처분행위라고 볼 수 없다[2009다64383].

┃ 오답해설 ┃

② 비법인사단이 타인 간의 금전채무를 보증하는 행위는 총유물 그 자체의 관리·처분이 따르지 아니하는 단순한 채무부담행위에 불과하여 이를 총유물의 관리·처분행위라고 볼 수는 없다[2004다60072, 60089 전합].

③ 총유물의 보존에 있어서는 공유물의 보존에 관한 민법 제265조의 규정이 적용될 수 없고[94다28437] 사원총회의 결의에 의한다. 총유재산에 관한 소송은 '법인 아닌 사단'이 그 명의로 사원총회의 결의를 거쳐 하거나 또는 그 '구성원 전원'이 당사자가 되어 필수적 공동소송의 형태로 할 수 있을 뿐 그 사단의 구성원은 설령 그가 사단의 대표자라거나 사원총회의 결의를 거쳤다 하더라도 그 소송의 당사자가 될 수 없고 이러한 법리는 총유재산의 보존행위로서 소를 제기하는 경우에도 마찬가지이다[2004다44971 전합].

④ 총유재산에 관한 소송은 법인 아닌 사단이 그 명의로 사원총회의 결의를 거쳐 하거나 또는 그 구성원 전원이 당사자가 되어 필수적 공동소송의 형태로 할 수 있을 뿐 그 사단의 구성원은 설령 그가 사단의 대표자라거나 사원총회의 결의를 거쳤다 하더라도 그 소송의 당사자가 될 수 없고, 이러한 법리는 총유재산의 보존행위로서 소를 제기하는 경우에도 마찬가지이다. 따라서 종중의 구성원에 불과한 종중대표자 개인이 총유재산의 보존행위로서 제기한 소유권말소등기청구의 소는 부적법하다[2004다44971 전합].

⑤ 주택조합이 주체가 되어 신축 완공한 건물로서 조합원 외의 일반에게 분양되는 부분은 조합원 전원의 총유에 속하며, 총유물의 관리 및 처분에 관하여 주택조합의 정관이나 규약에 정한 바가 있으면 이에 따라야 하고 그에 관한 정관이나 규약이 없으면 조합원 총회의 결의에 의하여야 할 것이며, 그와 같은 절차를 거치지 않은 행위는 무효라고 할 것이다[2010다88781].

┃ 정답해설 ┃

④ 간접점유의 요건이 되는 점유매개관계는 법률행위뿐만 아니라 법률의 규정(유치권자와 채무자), 국가행위 등에 의하여도 설정될 수 있으므로, 이러한 법령의 규정 등을 점유매개관계로 볼 수 있는 점, 사무귀속의 주체인 위임관청은 법령의 개정 등에 의한 기관위임의 종결로 수임관청에게 그 점유의 반환을 요구할 수 있는 지위에 있는 점 등에 비추어 보면, 위임관청은 법령의 규정 등을 점유매개관계로 하여 법령상 관리청인 수임관청이 직접점유하는 도로 등의 부지가 된 토지를 간접점유한다고 보아야 한다[2008다92268].

┃ 오답해설 ┃

① 농지를 소작을 준 것이 농지개혁법상 무효라 하더라도 소작인들을 점유매개자로 하여 간접적으로 이를 점유하고 있고 또 그들을 상대로 그 농지의 반환을 청구할 수 있는 지위에 있는 한 위 간접점유자의 시효취득에 있어서의 점유 자체를 부정할 수 없다[91다25116].

② 사기의 의사표시에 의해 건물을 명도해 준 것이라면 건물의 점유를 침탈당한 것이 아니므로 피해자는 점유회수의 소권을 가진다고 할 수 없다[91다17443].

③ 건물철거는 그 소유권의 종국적 처분에 해당하는 사실행위이므로 원칙으로는 그 소유자(등기명의자)에게만 그 철거처분권이 있다고 할 것이나 그 건물을 매수하여 점유하고 있는 자는 등기부상 아직 소유자로서의 등기명의가 없다 하더라도 그 권리의 범위 내에서 그 점유 중인 건물에 대하여 법률상 또는 사실상 처분을 할 수 있는 지위에 있고 그 건물이 건립되어 있어 불법으로 점유를 당하고 있는 토지소유자는 위와 같은 지위에 있는 건물 점유자에게 그 철거를 구할 수 있다[86다카1751].

⑤ 상속인은 피상속인의 점유의 성질과 하자를 그대로 승계하므로 상속은 타주점유가 자주점유로 전환되기 위한 새로운 권원이 아니다[70다2755]. 상속인이 새로운 권원(상속 이외의 매매·교환·경매 등)에 기하여 자기고유의 점유를 시작한 경우만 자기 고유의 점유를 주장할 수 있다[96다25319]. 상속에 의해 점유권을 취득한 경우에는 상속인은 새로운 권원에 의해 자기 고유의 점유를 개시하지 않는 한 피상속인의 점유를 떠나 자기만의 점유를 주장할 수 없다.

25 난도 ★

▌정답해설▌

⑤ 양도인이 소유자로부터 보관을 위탁받은 동산을 제3자에게 보관시킨 경우에 양도인이 그 제3자에 대한 반환청구권을 양수인에게 양도하고 지명채권 양도의 대항요건을 갖추었을 때에는 동산의 선의취득에 필요한 점유의 취득 요건을 충족한다[97다48906].

▌오답해설▌

① 민법 제249조의 선의취득은 점유인도를 물권변동의 요건으로 하는 동산의 소유권취득에 관한 규정으로서(동법 제343조에 의하여 동산질권에도 준용) 저당권의 취득에는 적용될 수 없다[84다카2428].

② 현실의 인도, 간이인도[80다2530], 목적물반환청구권의 양도의 경우[97다48906]에는 선의취득할 수 있다. 그러나 점유개정에 의한 점유취득만으로는 그 선의취득의 요건을 충족할 수 없다[2003다30463].

③ 민법 제249조가 규정하는 선의·무과실의 기준시점은 물권행위가 완성되는 때(물권적 합의＋인도)이므로, 물권적 합의가 동산의 인도보다 먼저 행하여지면 인도된 때를, 인도가 물권적 합의보다 먼저 행하여지면 물권적 합의가 이루어진 때를 기준으로 해야 한다[91다70].

④ 제251조는 선의취득자에게 대가변상을 받을 때까지는 물건반환을 거부할 수 있는 항변권만을 인정한 것이 아니라 선의취득자를 보호하기 위해 반환청구를 받은 선의취득자의 대가변상청구권을 부여한 것이다[72다115]. 따라서 선의취득자는 반환청구를 받은 뿐만 아니라 반환청구를 받아 반환을 한 후에도 대가변상을 요구할 수 있다.

26 난도 ★★★

▌정답해설▌

③ 구분소유적 공유관계에 있어서, 각 구분소유적 공유자가 자신의 권리를 타인에게 처분하는 경우 중에는 구분소유의 목적인 특정 부분을 처분하면서 등기부상의 공유지분을 그 특정 부분에 대한 표상으로서 이전하는 경우와 등기부의 기재대로 1필지 전체에 대한 진정한 공유지분으로서 처분하는 경우가 있을 수 있고, 이 중 전자의 경우에는 그 제3자에 대하여 구분소유적 공유관계가 승계되나, 후자의 경우에는 제3자가 그 부동산 전체에 대한 공유지분을 취득하고 구분소유적 공유관계는 소멸한다[92다18634 참조]. 이는 경매에서도 마찬가지이므로, 전자에

해당하기 위하여는 집행법원이 공유지분이 아닌 특정 구분소유 목적물에 대한 평가를 하게 하고 그에 따라 최저경매가격을 정한 후 경매를 실시하여야 하며[2000마2633 참조], 그러한 사정이 없는 경우에는 1필지에 관한 공유자의 지분에 대한 경매목적물은 원칙적으로 1필지 전체에 대한 공유지분이라고 봄이 상당하다[2006다68810].

▌오답해설▌

① 甲과 乙이 부동산의 특정부분을 각 증여받아 공동명의로 등기를 마쳤다면 甲과 乙은 소유하는 특정부분에 대하여 서로 공유지분등기명의를 신탁한 관계에 있을 뿐이므로 자기소유 부분에 대하여 지분의 명의신탁 해지를 원인으로 한 지분이전등기를 청구함은 모르되 공유물의 분할청구를 할 수는 없다[85다카451].

② 구분소유적 공유관계에 있어서는 통상적인 공유관계와는 달리 당사자 내부에 있어서는 각자가 특정매수한 부분은 각자의 단독소유로 된다[93다49871]. 상호명의신탁의 지분권자는 특정부분에 한해 소유권을 취득하고 이를 배타적으로 사용·수익할 수 있으며, 다른 구분소유자의 방해행위에 대하여는 소유권에 터잡아 그 배제를 구할 수 있다[93다42986].

③ 1필지 전체에 관해 공유자로서의 권리만을 주장할 수 있으므로, 제3자의 방해행위가 있는 경우에는 각 지분권자는 자기의 구분소유부분뿐만 아니라 전체토지에 대해 공유물의 보존행위로서의 방해배제청구를 할 수 있다[93다42986].

⑤ 공유자들 사이에서 특정 부분을 각각의 공유자들에게 배타적으로 귀속시키려는 의사의 합치가 이루어지지 않은 경우에는 구분소유적 공유관계가 성립할 여지가 없다[2004다71409].

27 난도 ★

▌정답해설▌

⑤ 점유로 인한 부동산소유권의 시효취득에 있어 취득시효의 중단사유는 종래의 점유상태의 계속을 파괴하는 것으로 인정될 수 있는 사유이어야 하는데, 민법 제168조 제2호에서 정하는 '압류 또는 가압류'는 금전채권의 강제집행을 위한 수단이거나 그 보전수단에 불과하여 취득시효 기간의 완성 전에 부동산에 압류 또는 가압류 조치가 이루어졌다고 하더라도 이로써 종래의 점유상태의 계속이 파괴되었다고는 할 수 없으므로 이는 취득시효의 중단사유가 될 수 없다[2018다296878].

■오답해설■

① 소유의 의사로 평온·공연하게 점유해야 한다. 점유자는 소유의 의사로 평온·공연하게 점유한 것으로 추정된다(제197조 제1항). 직접점유·간접점유를 불문하며[96다14326], 선의·무과실은 점유시효취득의 요건이 아니다.

② 시효로 인한 부동산 소유권의 취득은 원시취득으로서 취득시효의 요건을 갖추면 곧 등기청구권을 취득하는 것이고 또 타인의 소유권을 승계취득하는 것이 아니어서 시효취득의 대상이 반드시 타인의 소유물이어야 하거나 그 타인이 특정되어 있어야만 하는 것은 아니므로 성명불상자의 소유물에 대하여 시효취득을 인정할 수 있다[91다9312].

③ 명문규정은 없지만, 소멸시효에 관한 제184조 제1항을 유추적용하여 시효완성 후에는 취득시효의 이익을 포기할 수 있는 것으로 해석된다. 시효이익의 포기는 달리 특별한 사정이 없는 한 시효취득자가 취득시효완성 당시의 진정한 소유자에게 해야 효력이 발생하고, 원인무효인 등기의 등기부상 소유명의자에게 하면 포기의 효력이 발생하지 않는다[94다40734].

④ 국유재산 중에서 행정재산에 대해서는 시효취득이 인정되지 않지만, 사경제적 거래의 대상이 되는 일반재산에 대해서는 시효취득이 인정된다[89헌가97]. 그러나 원래 일반재산이던 것이 행정재산으로 된 경우 일반재산일 당시에 취득시효가 완성되었다고 하더라도 행정재산으로 된 이상 이를 원인으로 하는 소유권이전등기를 청구할 수 없다[96다10782].

28 난도 ★★★ 답 ④

■정답해설■

ㄱ. [×] 중간생략등기의 합의는 중간등기를 생략하여도 당사자 사이에 이의가 없겠고 또 그 등기의 효력에 영향을 미치지 않겠다는 의미가 있을 뿐이지, 그러한 합의가 있었다 하여 중간매수인의 소유권이전등기청구권이 소멸된다거나 첫 매도인의 그 매수인에 대한 소유권이전등기의무가 소멸되는 것은 아니다[91다18316].

ㄴ. [×] 최종양수인이 중간자로부터 소유권이전등기청구권을 양도받았다 하더라도 최초양도인이 그 양도에 대해 동의하지 않고 있다면 최종양수인은 최초양도인에 대해 채권양도를 원인으로 하여 소유권이전등기절차 이행을 청구할 수 없다[95다15575]. 부동산매매로 인한 소유권이전등기청구권의 양도는 채무자의 동의나 승낙 없이 양도인의 채무자에 대한 통지만으로는 채무자에 대한 대항력이 생기지 않는다[2000다51216].

ㄷ. [×] 관계 계약당사자 사이에 적법한 원인행위가 성립되어 중간생략등기가 이행된 이상 중간생략등기에 관한 합의가 없었다는 사유로써 이를 무효라고 할 수는 없다[79다847]. 이 경우의 중간생략등기는 실체적 권리관계에 부합하기 때문이다.

■오답해설■

ㄹ. [○] 최초 매도인과 중간 매수인, 중간 매수인과 최종 매수인 사이에 순차로 매매계약이 체결되고 이들 간에 중간생략등기의 합의가 있은 후에 최초 매도인과 중간 매수인 간에 매매대금을 인상하는 약정이 체결된 경우, 최초 매도인은 인상된 매매대금이 지급되지 않았음을 이유로 최종 매수인 명의로의 소유권이전등기의무의 이행을 거절할 수 있다(동시이행항변권의 행사)[2003다66431].

29 난도 ★★ 답 ②

■정답해설■

② 공유물의 소수지분권자인 甲이 다른 공유자와 협의하지 않고 공유물의 전부 또는 일부를 독점적으로 점유하는 경우 소수지분권자인 乙은 甲을 상대로 공유물의 인도를 청구할 수는 없다[2018다287522 전합]. 일부 공유자가 공유물의 전부나 일부를 독점적으로 점유한다면 이는 다른 공유자의 지분권에 기초한 사용·수익권을 침해하는 것이다. 공유자는 자신의 지분권 행사를 방해하는 행위에 대해서 민법 제214조에 따른 방해배제청구권을 행사할 수 있고, 이는 공유자 각자가 행사할 수 있다[2018다287522 전합].

■오답해설■

① 민법 제267조는 "공유자가 그 지분을 포기하거나 상속인 없이 사망한 때에는 그 지분은 다른 공유자에게 각 지분의 비율로 귀속한다."라고 규정하고 있다. 여기서 공유지분의 포기는 법률행위로서 상대방 있는 단독행위에 해당하므로, 부동산 공유자의 공유지분 포기의 의사표시가 다른 공유자에게 도달하더라도 이로써 곧바로 공유지분 포기에 따른 물권변동의 효력이 발생하는 것은 아니고, 다른 공유자는 자신에게 귀속될 공유지분에 관하여 소유권이전등기청구권을 취득하며, 이후 민법 제186조에 의하여 등기를 하여야 공유지분 포기에 따른 물권변동의 효력이 발생한다[2015다52978].

③ 공유자 사이에 공유물을 사용·수익할 구체적인 방법을 정하는 것은 공유물의 관리에 관한 사항으로서 공유자의 지분의 과반수로써 결정하여야 할 것이고, 과반수 지분의 공유자는 다른 공유자와 사이에 미리 공유물의 관리방법에 관한 협의가 없었다 하더라도 공유물의 관리에 관한 사항을 단독으로 결정할 수 있다[2002다9738].

④ 제266조 제1항

> **제266조(공유물의 부담)**
> ① 공유자는 그 지분의 비율로 공유물의 관리비용 기타 의무를 부담한다.

⑤ 공유는 물건을 공동으로 소유하고 있다는 것 외에는 내부적·단체적 구속은 없으므로 언제든지 분할을 청구할 수 있다(제268조 제1항 본문).

---

30 난도 ★★ 답 ⑤

┃정답해설┃

⑤ 공유물분할청구의 소는 형성의 소로서 공유자 사이의 권리관계를 정하는 창설적 판결을 구하는 것이며[68다2425], 고유필수적 공동소송이다[2003다44615]. 형성권에 기한 형성판결이므로 판결이 확정되면 제187조에 의해 등기 없이도 물권변동의 효과가 발생한다. 그러나 공유물분할의 소송절차 또는 조정절차에서 공유자 사이에 공유토지에 관한 현물분할의 협의가 성립하여 조정이 성립하였다면, 공유자들이 협의한 바에 따라 공유지분을 이전받아 등기를 마침으로써 소유권을 취득하게 된다[2011두1917 전합].

┃오답해설┃

① 공유물분할에 의해 공유관계는 종료하고 각 공유자 간에 '현물분할'의 경우에는 지분권의 교환이 있게 되고 '가격배상'의 경우에는 지분권의 매매가 있게 된다. 협의상 분할의 경우에는 등기 시, 재판상 분할의 경우에는 판결확정 시에 소유권을 취득하므로 공유물분할의 효과는 공유관계 발생 시로 소급하지 않는다. 다만, 공동상속재산의 경우에는 제3자의 권리를 해하지 않는 한도에서 상속개시 시로 소급한다.

② 재판에 의한 공유물분할은 현물로 분할할 수 없거나 분할로 인하여 현저히 그 가액이 감손될 염려가 있는 때에는 법원은 물건의 경매를 명할 수 있다(제269조 제2항). 즉 현물분할이 원칙이며 대금분할은 보충적으로만 가능하다. 따라서 현물분할이 가능함에도 경매를 명함은 위법하다[95다32662].

③ 공유물분할청구권은 공유관계에 수반되는 형성권이므로 공유관계가 존속하는 한 그 분할청구권만이 독립하여 시효소멸될 수 없다[80다1888]. 이는 형성권으로서 제척기간의 대상이다.

④ 토지를 분할하는 경우에는 ㉠ 원칙적으로는 각 공유자가 취득하는 토지의 면적이 그 공유지분의 비율과 같도록 해야 하나 ㉡ 토지의 형상·위치·이용상황이나 경제적 가치가 균등하지 않은 때에는 제반사정을 고려하여 경제적 가치가 지분비율에 상응되도록 분할하는 것도 허용되며, ㉢ 일정한 요건이 갖추어진 경우에는 공유자 상호 간에 금전으로 경제적 가치의 과부족을 조정하게 하여 분할을 하는 것도 현물분할의 한 방법으로 허용되고, 여러 사람이 공유하는 물건을 ㉣ 현물분할하는 경우에는 분할을 원하지 않는 나머지 공유자는 공유로 남겨두는 방법도 허용된다[97다18219].

---

31 난도 ★ 답 ④

┃정답해설┃

④ 부동산실명법을 위반하여 무효인 명의신탁약정에 따라 명의수탁자 명의로 등기를 하였다는 이유만으로 그것이 당연히 불법원인급여에 해당한다고 단정할 수는 없다. 이는 농지법에 따른 제한을 회피하고자 명의신탁을 한 경우에도 마찬가지로 불법원인급여에 해당한다고 단정할 수 없다[2013다218156 전합].

┃오답해설┃

① 부동산실권리자명의등기에관한법률이 규정하는 명의신탁약정은 부동산에 관한 물권의 실권리자가 타인과의 사이에서 대내적으로는 실권리자가 부동산에 관한 물권을 보유하거나 보유하기로 하고 그에 관한 등기는 그 타인의 명의로 하기로 하는 약정을 말하는 것일 뿐이므로, 그 자체로 선량한 풍속 기타 사회질서에 위반하는 경우에 해당한다고 단정할 수 없을 뿐만 아니라, 위 법률은 원칙적으로 명의신탁약정과 그 등기에 기한 물권변동만을 무효로 하고 명의신탁자가 다른 법률관계에 기하여 등기회복 등의 권리행사를 하는 것까지 금지하지는 않는 대신, 명의신탁자에 대하여 행정적 제재나 형벌을 부과함으로써 사적자치 및 재산권보장의 본질을 침해하지 않도록 규정하고 있으므로, 위 법률이 비록 부동산등기제도를 악용한 투기·탈세·탈법행위 등 반사회적 행위를 방지하는 것 등을 목적으로 제정되었다고 하더라도, 무효인 명의신탁약정에 기하여 타인 명의의 등기가 마쳐졌다는 이유만으로 그것이 당연히 불법원인급여에 해당한다고 볼 수 없다[2003다41722].

② 본래 명의신탁등기가 부동산 실권리자명의등기에 관한 법률의 규정에 따라 무효로 된 경우에도 그 후 명의신탁자가 수탁자와 혼인을 함으로써 법률상의 배우자가 되고 위 법률 제8조 제2호의 특례의 예외사유(조세포탈 등)에 해당되지 않으면 그 때부터는 위 특례가 적용되어 그 명의신탁등기가 유효로 된다[2001마1235].

③ 명의신탁약정과 그에 따라 행해진 등기에 의한 부동산물권 변동이 무효일지라도, 그 무효로써 제3자에게 대항하지 못한다(부동산실명법 제4조 제3항). 즉 명의수탁자가 신탁부동산을 임의로 매각처분한 경우에 특별한 사정이 없는 한 그 매수인(제3자)은 유효하게 소유권을 취득한다[2001다61654]. 이때 제3자의 선의·악의를 묻지 않는다[99다56529]. 제3자에 대해 물권변동의 무효를 주장하지 못하므로, 그 반사적 효과로서 수탁명의의 등기와 그 등기에 의한 물권변동은 유효한 것처럼 취급된다.

⑤ 조세 포탈, 강제집행의 면탈 또는 법령상 제한의 회피를 목적으로 하지 아니하고 종교단체의 명의로 그 산하 조직이 보유한 부동산에 관한 물권을 등기한 경우, 명의신탁약정과 물권변동은 유효하다(부동산실명법 제8조). 따라서 종교단체장의 명의로 그 종교단체 보유 부동산의 소유권을 등기한 경우 그 단체와 단체장 간의 명의신탁약정은 무효이다.

32 난도 ★★★　　　　　　　　　답 ⑤

▮정답해설▮

⑤ 금융기관이 대출금 채무의 담보를 위하여 채무자 또는 물상보증인 소유의 토지에 저당권을 취득함과 아울러 그 토지에 지료를 지급하지 아니하는 지상권을 취득하면서 채무자 등으로 하여금 그 토지를 계속하여 점유, 사용토록 하는 경우, 특별한 사정이 없는 한 당해 지상권은 저당권이 실행될 때 까지 제3자가 용익권을 취득하거나 목적 토지의 담보가치를 하락시키는 침해행위를 하는 것을 배제함으로써 저당 부동산의 담보가치를 확보하는 데에 그 목적이 있다고 할 것이고, 그 경우 지상권의 목적 토지를 점유, 사용함으로써 임료상당의 이익이나 기타 소득을 얻을 수 있었다고 보기 어려우므로, 그 목적 토지의 소유자 또는 제3자가 저당권 및 지상권의 목적 토지를 점유, 사용한다는 사정만으로는 금융기관에게 어떠한 손해가 발생하였다고 볼 수 없다[2006다586].

▮오답해설▮

① 지상권은 용익물권으로서 담보물권이 아니므로 피담보채무라는 것이 존재할 수 없다. 근저당권 등 담보권 설정의 당사자들이 담보로 제공된 토지에 추후 용익권이 설정되거나 건물 또는 공작물이 축조·설치되는 등으로 토지의 담보가치가 줄어드는 것을 막기 위하여 담보권과 아울러 설정하는 지상권을 이른바 담보지상권이라고 하는데, 이는 당사자의 약정에 따라 담보권의 존속과 지상권의 존속이 서로 연계되어 있을 뿐이고, 이러한 경우에도 지상권의 피담보채무가 존재하는 것은 아니다[2015다65042].

②·③ 근저당권 등 담보권 설정의 당사자들이 그 목적이 된 토지 위에 차후 용익권이 설정되거나 건물 또는 공작물이 축조·설치되는 등으로써 그 목적물의 담보가치가 저감하는 것을 막는 것을 주요한 목적으로 하여 채권자 앞으로 아울러 지상권을 설정하였다면, 그 피담보채권이 변제 등으로 만족을 얻어 소멸한 경우는 물론이고 시효 소멸한 경우에도 그 지상권은 피담보채권에 부종하여 소멸한다[2011다6342].

④ 토지에 관하여 저당권을 취득함과 아울러 그 저당권의 담보가치를 확보하기 위하여 지상권을 취득하는 경우, 특별한 사정이 없는 한 당해 지상권은 저당권이 실행될 때까지 제3자가 용익권을 취득하거나 목적 토지의 담보가치를 하락시키는 침해행위를 하는 것을 배제함으로써 저당 부동산의 담보가치를 확보하는 데에 그 목적이 있다고 할 것이므로, 그와 같은 경우 제3자가 비록 토지소유자로부터 신축중인 지상 건물에 관한 건축주 명의를 변경받았다 하더라도, 그 지상권자에게 대항할 수 있는 권원이 없는 한 지상권자로서는 제3자에 대하여 목적 토지 위에 건물을 축조하는 것을 중지하도록 요구할 수 있다[2003마1753].

33 난도 ★★　　　　　　　　　답 ③

┃정답해설┃

③ 타인 소유의 토지에 분묘를 설치한 경우에 20년간 평온, 공연하게 그 분묘의 기지를 점유하면 지상권과 유사한 관습상의 물권인 분묘기지권을 시효로 취득한다는 점은 오랜 세월 동안 지속되어 온 관습 또는 관행으로서 법적 규범으로 승인되어 왔고, 이러한 법적 규범이 장사법(법률 제6158호) 시행일인 2001.1.13. 이전에 설치된 분묘에 관하여 현재까지 유지되고 있다고 보아야 한다[2013다17292 전합].

┃오답해설┃

① 장사법 시행일 이전에 타인의 토지에 분묘를 설치한 다음 20년간 평온·공연하게 그 분묘의 기지를 점유함으로써 분묘기지권을 시효로 취득하였더라도, 분묘기지권자는 토지 소유자가 분묘기지에 관한 지료를 청구하면 그 청구한 날부터의 지료를 지급할 의무가 있다고 보아야 한다[2017다228007 전합].

② 장사 등에 관한 법률(약칭 : 장사법)[시행 2001.1.13.] 제23조는 '① 토지 소유자(占有者 기타 관리인을 포함한다. 이하 條에서 같다)·묘지 설치자 또는 연고자는 토지 소유자의 승낙없이 당해 토지에 설치한 분묘나 묘지 설치자 또는 연고자의 승낙없이 당해 묘지에 설치한 분묘에 대하여 당해 분묘를 관할하는 시장·군수·구청장의 허가를 받아 분묘에 매장된 시체 또는 유골을 개장할 수 있다. ③ 제1항 각호에 해당하는 분묘의 연고자는 당해 토지 소유자·묘지 설치자 또는 연고자에 대하여 토지 사용권 기타 분묘의 보존을 위한 권리를 주장할 수 없다.'고 규정하고 있다. 즉, 2001.1.13. 이후 설치된 분묘에 대해서는 더 이상 취득시효가 인정되지 아니한다.

④ 타인의 토지에 합법적으로 분묘를 설치한 자는 관습상 그 토지 위에 지상권에 유사한 일종의 물권인 분묘기지권을 취득하나, 분묘기지권에는 그 효력이 미치는 범위 안에서 새로운 분묘를 설치하거나 원래의 분묘를 다른 곳으로 이장할 권능은 포함되지 않는다[2007다16885].

⑤ 분묘가 멸실된 경우라고 하더라도 유골이 존재하여 분묘의 원상회복이 가능하여 일시적인 멸실에 불과하다면 분묘기지권은 소멸하지 않고 존속하고 있다고 해석함이 상당하다[2005다44114].

34 난도 ★　　　　　　　　　답 ⑤

┃정답해설┃

⑤ 전세권자는 목적물의 현상을 유지하고 그 통상의 관리에 속한 수선을 하여야 한다(제309조). 따라서 전세권자는 임차인과 달리 전세권설정자에게 필요비상환청구권이 없다(제310조 제1항).

┃오답해설┃

① 전세권이 성립한 후 목적물의 소유권이 이전된 경우 민법이 전세권관계로부터 생기는 상환청구·소멸청구·갱신청구·전세금증감청구·원상회복·매수청구 등의 법률관계의 당사자는 모두 목적물의 소유권을 취득한 신소유자로 새길 수밖에 없으므로, 전세권은 전세권자와 신소유자 사이에서 계속 동일한 내용으로 존속하게 된다[99다15122]. 따라서 목적물의 신소유자는 전세권이 소멸하는 때에 전세권자에 대하여 전세권설정자의 지위에서 전세금반환의무를 부담하고[2006다6072], 구소유자는 전세권설정자의 지위를 상실하여 전세금반환의무를 면한다[99다15122].

② 전세권이 용익물권적인 성격과 담보물권적인 성격을 모두 갖추고 있는 점에 비추어 전세권 존속기간이 시작되기 전에 마친 전세권설정등기도 특별한 사정이 없는 한 유효한 것으로 추정된다. 한편 부동산등기법 제4조 제1항은 "같은 부동산에 관하여 등기한 권리의 순위는 법률에 다른 규정이 없으면 등기한 순서에 따른다."라고 정하고 있으므로, 전세권은 등기부상 기록된 전세권설정등기의 존속기간과 상관없이 등기된 순서에 따라 순위가 정해진다[2017마1093].

③ 전세금의 지급이 반드시 현실적으로 수수되어야 하는 것은 아니고 기존의 채권으로 전세금의 지급에 갈음할 수도 있다[94다18508].

④ 단일 소유자의 1동의 건물 중 일부에 대하여 경매신청을 하고자 할 경우에는 그 부분에 대한 분할등기를 한 연후에 하여야 한다[73마283]. 따라서 전세권의 목적물이 아닌 나머지 건물부분에 대하여는 제303조 제1항에 의한 우선변제권은 별론으로 하고, 제318조에 의한 경매신청권은 없으므로[91마256], 부동산 전부에 대한 경매청구를 부정한다(제303조 제1항 후단에 따라 제3자가 신청한 경매의 경락대금 전부에서 우선변제 받을 수는 있다).

▮정답해설▮

③ 명의신탁자와 명의수탁자가 계약명의신탁약정을 맺고 명의수탁자가 당사자가 되어 매도인과 부동산에 관한 매매계약을 체결하는 경우 그 계약과 등기의 효력은 매매계약을 체결할 당시 매도인의 인식을 기준으로 판단해야 하고, 매도인이 계약 체결 이후에 명의신탁약정 사실을 알게 되었다고 하더라도 위 계약과 등기의 효력에는 영향이 없다[2017다257715].

▮오답해설▮

① 신탁자와 수탁자간의 명의신탁약정은 무효이고, 계약의 무효만으로는 양자 간의 의무위반을 이유로 한 채무불이행책임·불법행위책임은 생기지 않고, 명의신탁자는 목적물의 물권자가 아니므로 물권적 청구권을 행사할 수 없다.

② 수탁자가 당사자가 되어 명의신탁약정이 있다는 사실을 알지 못하는 소유자와 사이에서 부동산에 관한 매매계약을 체결한 후 그 매매계약에 기하여 당해 부동산의 소유권이전등기를 수탁자 명의로 경료한 경우에는 그 부동산이전등기에 의한 당해 부동산에 관한 물권변동은 유효하고, 한편 신탁자와 수탁자 사이의 명의신탁약정은 무효이므로, 결국 수탁자는 전소유자인 매도인뿐만 아니라 신탁자에 대한 관계에서도 유효하게 당해 부동산의 소유권을 취득한 것으로 보아야 하고, 따라서 그 수탁자는 타인의 재물을 보관하는 자라고 볼 수 없다[98도4347].

④ 의신탁약정의 무효로 인하여 명의신탁자가 입은 손해는 당해 부동산 자체가 아니라 명의수탁자에게 제공한 매수자 금이고, 따라서 명의수탁자는 당해 부동산 자체가 아니라 명의신탁자로부터 제공받은 매수자금을 부당이득하였다[2002다66922]. 즉 명의신탁자는 명의수탁자에게 제공한 부동산 매수자금에 대해 동액 상당의 부당이득반환청구권을 가질 수 있을 뿐이다[2008다34828].

⑤ 의신탁자와 명의수탁자가 이른바 계약명의신탁 약정을 맺고 매매계약을 체결한 소유자도 명의신탁자와 명의수탁자 사이의 명의신탁약정을 알면서 그 매매계약에 따라 명의수탁자 앞으로 당해 부동산의 소유권이전등기를 마친 경우 부동산 실권리자명의 등기에 관한 법률 제4조 제2항 본문에 의하여 명의수탁자 명의의 소유권이전등기는 무효이므로, 당해 부동산의 소유권은 매매계약을 체결한 소유자에게 그 대로 남아 있게 되고, 명의수탁자가 자신의 명의로 소유권이 전등기를 마친 부동산을 제3자에게 처분하면(제3자는 선의·악의를 불문하고 소유권을 취득하게 되므로) 이는 매도 인의 소유권 침해행위로서 불법행위가 된다[2010다95185].

▮정답해설▮

①·② 건물의 임대차에 있어서 임차인의 임대인에게 지급한 임차보증금반환청구권이나 임대인이 건물시설을 아니하기 때문에 임차인에게 건물을 임차목적대로 사용하지 못한 것을 이유로 하는 손해배상청구권은 모두 그 건물에 관하여 생긴 채권이라 할 수 없어 유치권을 부정한다[75다1305].

▮오답해설▮

③ 주택건물의 신축공사를 한 수급인이 그 건물을 점유하고 있고 또 그 건물에 관하여 생긴 공사금 채권이 있다면, 수급인은 그 채권을 변제받을 때까지 건물을 유치할 권리가 있으나[95다16202], 수급인의 재료와 노력으로 건축되었고 독립한 건물에 해당되는 기성부분은 수급인의 소유이므로 수급인은 공사대금을 지급받을 때까지 이에 대해 유치권을 가질 수 없다[91다14116].

④ 유치권의 성립요건이자 존속요건인 유치권자의 점유는 직접점유이든 간접점유이든 관계가 없으나, 다만 그 직접점유자가 채무자인 경우에는 유치권의 요건으로서의 점유에 해당하지 않는다고 할 것이다[2007다27236].

⑤ 乙의 점유침탈로 甲이 점유를 상실한 이상 유치권은 소멸하고(제328조), 甲이 점유회수의 소를 제기하여 승소판결을 받아 점유를 회복하면 점유를 상실하지 않았던 것으로 되어 유치권이 되살아나지만, 위와 같은 방법으로 점유를 회복하기 전에는 유치권이 되살아나는 것이 아니고, 甲이 점유회수의 소를 제기하여 점유를 회복할 수 있다는 사정만으로 甲의 유치권이 소멸하지 않았다고 볼 수 없다[2011다72189].

37 난도 ★★ 답 ③

정답해설

③ 질권의 목적이 된 채권이 금전채권인 때에는 질권자는 자기채권의 한도에서 질권의 목적이 된 채권을 직접 청구할 수 있고, 채권질권의 효력은 질권의 목적이 된 채권의 지연손해금 등과 같은 부대채권에도 미치므로 채권질권자는 질권의 목적이 된 채권과 그에 대한 지연손해금 채권을 피담보채권의 범위에 속하는 자기채권액에 대한 부분에 한하여 직접 추심하여 자기채권의 변제에 충당할 수 있다[2003다40668].

오답해설

① 질권은 양도할 수 없는 물건을 목적으로 하지 못한다(제331조). 양도성이 있어야 교환가치를 실현할 수 있고 우선변제를 받을 수 있기 때문이다. 아편·마약과 같은 금제물은 질권의 목적이 될 수 없다.

② 제338조 제1항

> **제338조(경매, 간이변제충당)**
> ① 질권자는 채권의 변제를 받기 위하여 질물을 경매할 수 있다.

④ 질권의 목적인 채권의 양도행위는 민법 제352조 소정의 질권자의 이익을 해하는 변경에 해당되지 않으므로 질권자의 동의를 요하지 아니한다[2003다55059].

⑤ 제333조

> **제333조(동산질권의 순위)**
> 수개의 채권을 담보하기 위하여 동일한 동산에 수개의 질권을 설정한 때에는 그 순위는 설정의 선후에 의한다.

38 난도 ★ 답 ②

정답해설

② 저당목적물의 변형물인 금전 기타 물건에 대하여 이미 제3자가 압류하여 그 금전 또는 물건이 특정된 이상 저당권자가 스스로 이를 압류하지 않고서도 물상대위권을 행사하여 일반 채권자보다 우선변제를 받을 수 있다[98다12812].

오답해설

① 저당권의 효력은 저당부동산에 대한 압류(경매개시결정의 송달 또는 등기)가 있은 후에 저당권설정자가 그 부동산으로부터 수취한 과실 또는 수취할 수 있는 과실에 미친다(제359조). 위 규정상 '과실'에는 천연과실뿐만 아니라 법정과실도 포함되므로, 저당부동산에 대한 압류가 있으면 압류 이후의 저당권설정자의 저당부동산에 관한 차임채권 등에도 저당권의 효력이 미친다[2015다230020].

③ 제361조

> **제361조(저당권의 처분제한)**
> 저당권은 그 담보한 채권과 분리하여 타인에게 양도하거나 다른 채권의 담보로 하지 못한다.

④ 제358조 본문

> **제358조(저당권의 효력의 범위)**
> 저당권의 효력은 저당부동산에 부합된 물건과 종물에 미친다. 그러나 법률에 특별한 규정 또는 설정행위에 다른 약정이 있으면 그러하지 아니하다.

⑤ 저당부동산에 대하여 소유권, 지상권 또는 전세권을 취득한 제3자는 저당권자에게 그 부동산으로 담보된 채권을 변제하고 저당권의 소멸을 청구할 수 있다(제364조).

39 난도 ★★★ 답 ④

정답해설

구분	X토지(3억)	Y건물(1억)
1번	甲(2억) 공동담보(Y)	甲(2억) 공동담보(X)
2번	丙(1억6천)	丁(7천)

먼저 동시배당의 경우처럼 X토지와 Y건물에 대한 甲의 안분액을 정한다.

㉠ X토지(3억)
→ 2억(乙) × X토지(3억) / 4억(X + Y) = 1억 5,000만 원

㉡ Y건물(1억)
→ 2억(乙) × Y건물(1억) / 4억(X + Y) = 5,000만 원

㉢ 甲은 X토지에서 1억 5,000만 원, Y건물에서 5,000만 원을 배당받는다.

㉣ X토지(3억)에서 丙은 1억 5,000만 원을 배당받고, Y건물(1억)에서 丁은 5,000만 원을 배당받는다.

▌정답해설▌

②·④·⑤ 전세권에 대하여 저당권이 설정된 경우 그 저당
권의 목적물은 물권인 전세권 자체이지 전세금반환채권
은 그 목적물이 아니고, 전세권의 존속기간이 만료되면
전세권은 소멸하므로 더 이상 전세권 자체에 대하여 저
당권을 실행할 수 없게 되고, 전세권을 목적물로 하는
저당권의 설정은 전세권의 목적물 소유자의 의사와는 상
관없이 전세권자의 동의만 있으면 가능한 것이고, 원래
전세권에 있어 전세권설정자가 부담하는 전세금반환의
무는 전세금반환채권에 대한 제3자의 압류 등이 없는 한
전세권자에 대하여만 전세금반환의무를 부담한다고 보
아야 한다[98다31301].

▌오답해설▌

① 지상권 또는 전세권을 목적으로 저당권을 설정한 자는
저당권자의 동의없이 지상권 또는 전세권을 소멸하게 하
는 행위를 하지 못한다(제371조 제2항). → 전세권의 포
기는 물권적 단독행위로서 등기를 해야 효력이 생긴다.
③ 전세권을 목적으로 한 저당권이 설정된 경우, 전세권의
존속기간이 만료되면 전세권의 용익물권적 권능이 소멸
하기 때문에 더 이상 전세권 자체에 대하여 저당권을 실
행할 수 없게 되고, 저당권자는 저당권의 목적물인 전세
권에 갈음하여 존속하는 것으로 볼 수 있는 전세금반환채
권에 대하여 압류 및 추심명령 또는 전부명령을 받거나
제3자가 전세금반환채권에 대하여 실시한 강제집행절차
에서 배당요구를 하는 등의 방법으로 물상대위권을 행사
하여 전세금의 지급을 구하여야 한다[2013다91672].

03 2020년 제31회 정답 및 해설

01	02	03	04	05	06	07	08	09	10	11	12	13	14	15	16	17	18	19	20
②	③	②	①	②	③	①	③	③	①	③	④	⑤	③	⑤	②	④	②	⑤	②

21	22	23	24	25	26	27	28	29	30	31	32	33	34	35	36	37	38	39	40
④	①	②	④	⑤	③	①	⑤	①	③	①	④	⑤	④	⑤	②	③	②	①	④

01 난도 ★   답 ②

┃정답해설┃

② 헌법상의 기본권은 제1차적으로 개인의 자유로운 영역을 공권력의 침해로부터 보호하기 위한 방어적 권리이지만 다른 한편으로 헌법의 기본적인 결단인 객관적인 가치질서를 구체화한 것으로서, 사법(私法)을 포함한 모든 법 영역에 그 영향을 미치는 것이므로 사인간의 사적인 법률관계도 헌법상의 기본권 규정에 적합하게 규율되어야 한다. 다만 기본권 규정은 그 성질상 사법관계에 직접 적용될 수 있는 예외적인 것을 제외하고는 사법상의 일반원칙을 규정한 민법 제2조, 제103조, 제750조, 제751조 등의 내용을 형성하고 그 해석 기준이 되어 간접적으로 사법관계에 효력을 미치게 된다[2008다38288 전합].

02 난도 ★   답 ③

┃정답해설┃

③ 현행 민법은 태아의 권리능력에 관하여 개별주의를 취하고 있다[81다534].

03 난도 ★★   답 ②

┃정답해설┃

② 전 등기명의인이 미성년자이고 당해 부동산을 친권자에게 증여하는 행위가 이해상반행위라 하더라도 일단 친권자에게 이전등기가 경료된 이상 특별한 사정이 없는 한

필요한 절차를 적법하게 거친 것으로 추정된다[2001다72029].

┃오답해설┃

① 제한능력자 제도는 사적자치의 원칙이라는 민법의 기본이념, 특히 자기책임 원칙의 구현을 가능케 하는 도구로서 인정되는 것이고, 거래의 안전을 희생시키더라도 제한능력자를 보호하고자 함에 근본적인 입법취지가 있다[2008다78996].

③ 지문자체가 불분명하지만, 친권자가 미성년인 자(子)의 이름으로 대리행위를 한 것으로 보인다. 이 경우 본인인 자(子)는 대리효과의 귀속주체로서 권리능력만 있으면 되고, 그 이법정대리인은 본인인 자(子)의 미성년임을 이유로 대리행위를 취소할 수 없다.

④ 미성년자의 친권자인 모가 자기 오빠의 제3자에 대한 채무의 담보로 미성년자 소유의 부동산에 근저당권을 설정하는 행위가, 채무자를 위한 것으로서 미성년자에게는 불이익만을 주는 것이라고 하더라도, 민법 제921조 제1항에 규정된 '법정대리인인 친권자와 그 자 사이에 이해상반되는 행위'라고 볼 수는 없다[91다32466].

⑤ 대리인은 행위능력자임을 요하지 않는다(제117조). 즉 제한능력자도 대리행위를 유효하게 할 수 있고, 본인은 대리인의 제한능력을 이유로 대리행위를 취소할 수 없다. 다만 대리인이 대리권을 수여받은 후에 피성년후견인이 된 때에는 대리권이 소멸한다(제127조 제2호). 제117조의 취지는 본인이 적당하다고 판단하여 제한능력자를 대리인으로 선정한 이상 대리인의 제한능력으로 인한 불이익은 본인이 감수해야 한다는 것이다.

┃정답해설┃

① 부재자로부터 재산처분권까지 위임받은 재산관리인은 그 재산을 처분함에 있어 법원의 허가를 요하는 것은 아니다[72다2136].

더 알아보기 | 법원이 재산관리인을 선임한 경우

지위	법정대리인
가정법원	가정법원은 선임한 재산관리인을 언제든지 개임할 수 있고, 선임된 재산관리인은 언제든지 가정법원에 신고한 후 사임할 수 있다.
처분권한	① 관리행위 → 보존·이용·개량하는 범위로 한정되고 법원의 허가를 얻어 하는 처분행위도 부재자를 위하는 범위에 한정된다. ② 기왕의 처분행위 → 재산관리인의 권한초과행위 허가의 결정은 장래의 처분행위를 위한 경우뿐 아니라 기왕의 처분행위를 추인하는 행위로도 할 수 있다. ③ 권한초과처분허가를 얻어 부동산을 매매한 후 그 허가결정이 취소된 경우 → 그 권한초과처분허가가 처분은 유효 ④ 법원의 허가 없이 그 관리재산을 매도한 행위 → 무효
의무	관리할 재산의 목록을 작성하고, 법원이 명하는 처분을 수행하며, 법원의 명(命)이 있으면 재산관리및 반환에 관하여 (부재자에게) 상당한 담보를 제공해야 한다.
권리	보수를 법원에 청구할 수 있고, 재산관리를 위해 지출한 필요비와 그 이자 및 과실 없이 받은 손해의 배상을 청구할 수 있다.

┃정답해설┃

② 설립중의 회사로서의 실체가 갖추어지기 이전에 발기인이 취득한 권리·의무는 구체적 사정에 따라 발기인 개인 또는 발기인조합에 귀속하는 것으로서 이들에게 귀속된 권리·의무를 설립후의 회사에 귀속시키기 위하여는 양수나 채무인수 등의 특별한 이전행위가 있어야 한다[90누2536].

더 알아보기 | 법인의 본질

구분	법인의제설	법인실재설
제34조 권리 능력의 범위	법률이 인정하는 범위에 한정하여 권리능력 인정	목적수행에 적당한 범위까지 확장
행위능력	이사의 행위는 법인에 대해 대리행위에 불과	이사의 행위는 법인 자신의 행위임
제35조 불법행위능력	① 법인의 불법행위능력 부정 ② 제35조 제1항 전문 → 법인의 불법행위 규정은 정책적 규정 ③ 제35조 제1항 후문 → 이사개인의 불법행위능력 당연인정	① 법인의 불법행위능력 인정 ② 제35조 제1항 전문 → 법인의 불법행위 규정은 당연규정 ③ 제35조 제1항 후문 → 이사 개인의 불법행위 규정은 정책적 규정
법인격 없는 사단·재단 인정여부	소극	적극

┃정답해설┃

③ 민법 제35조 제1항은 "법인은 이사 기타 대표자가 그 직무에 관하여 타인에게 가한 손해를 배상할 책임이 있다."라고 정한다. 여기서 '법인의 대표자'에는 그 명칭이나 직위 여하, 또는 대표자로 등기되었는지 여부를 불문하고 당해 법인을 실질적으로 운영하면서 법인을 사실상 대표하여 법인의 사무를 집행하는 사람을 포함한다고 해석함이 상당하다. 그리고 이러한 법리는 주택조합과 같은 비법인사단에도 마찬가지로 적용된다[2008다15438].

07 난도 ★ 답 ①

┃정답해설┃

① 주물의 소유자나 이용자의 상용에 공여되고 있더라도 주물 자체의 효용과는 직접 관계없는 물건은 종물이 아니다[2007도7247]. 따라서 주물 자체의 효용과는 직접적인 관계가 없고 주물 소유자·이용자의 상용에 공여되는 가전제품·식기·침구 등은 가옥의 종물이 아니다.

08 난도 ★★ 답 ③

┃정답해설┃

ㄱ. [×] 제3자가 타인의 동의를 받지 않고 타인을 보험계약자 및 피보험자로 하여 체결한 생명보험계약은 보험계약자 명의에도 불구하고 실질적으로 타인의 생명보험계약에 해당한다. 상법 제731조 제1항에 의하면 타인의 생명보험에서 피보험자가 서면으로 동의의 의사표시를 하여야 하는 시점은 '보험계약 체결시까지'이고, 이는 강행규정으로서 이를 위반한 보험계약은 무효이므로, 타인의 생명보험계약 성립 당시 피보험자의 서면동의가 없다면 그 보험계약은 확정적으로 무효가 되고, 피보험자가 이미 무효가 된 보험계약을 추인하였다고 하더라도 그 보험계약이 유효로 될 수 없다[2009다74007].

ㄹ. [×] 변호사 아닌 甲과 소송당사자인 乙이 甲은 乙이 소송당사자로 된 민사소송사건에 관하여 乙을 승소시켜 주고 乙은 소송물의 일부인 임야지분을 그 대가로 甲에게 양도하기로 약정한 경우 위 약정은 강행법규인 변호사법 제78조 제2호에 위반되는 반사회적 법률행위로서 무효이다[89다카10514].

┃오답해설┃

ㄴ. [○] 건물 임차인이 자신의 비용을 들여 증축한 부분을 임대인 소유로 귀속시키기로 하는 약정은 임차인이 원상회복의무를 면하는 대신 투입비용의 변상이나 권리주장을 포기하는 내용이 포함된 것으로서 특별한 사정이 없는 한 유효하므로, 유익비의 상환을 청구할 수도 없다[94다44705, 44712].

ㄷ. [○] "사단법인의 사원의 지위는 양도 또는 상속할 수 없다."고 한 민법 제56조의 규정은 강행규정이 아니라고 할 것이므로, 정관에 의하여 이를 인정하고 있을 때에는 양도·상속이 허용된다[91다26850].

09 난도 ★ 답 ③

┃오답해설┃

① 매매계약이 '불공정한 법률행위'에 해당하여 무효인 경우에도 무효행위의 전환에 관한 민법 제138조가 적용될 수 있다[2009다50308].

② 불공정한 법률행위로서 무효인 경우에는 무효행위의 추인에 의해 무효인 법률행위가 유효로 될 수 없다[94다10900].

④ 제103조가 행위의 객관적인 성질을 기준으로 하여 그것이 반사회질서적인지 여부를 판단할 것임에 반하여 제104조는 행위자의 주관적인 사항을 참작하여 그 행위가 현저하게 공정을 잃은 것인지 여부를 판단할 것이므로 제104조는 제103조의 예시규정에 해당한다[65사28]. 따라서 불공정한 법률행위의 요건을 갖추지 못한 법률행위도 반사회질서행위가 될 수 있다.

⑤ 기부행위[92다52238], 증여계약과 같이 아무런 대가관계 없이 당사자 일방이 상대방에게 일방적인 급부를 하는 법률행위는 그 공정성 여부를 논의할 수 있는 성질의 법률행위가 아니다[99다56833].

10 난도 ★★ 답 ①

┃정답해설┃

① 어떠한 계약의 체결에 관한 대리권을 수여받은 대리인이 수권된 법률행위를 하게 되면 그것으로 대리권의 원인된 법률관계는 원칙적으로 목적을 달성하여 종료하는 것이고, 법률행위에 의하여 수여된 대리권은 그 원인된 법률관계의 종료에 의하여 소멸하는 것이므로(제128조), 그 계약을 대리하여 체결하였던 대리인이 체결된 계약의 해제 등 일체의 처분권과 상대방의 의사를 수령할 권한까지 가지고 있다고 볼 수는 없다[2008다11276].

11 난도 ★★ 답 ③

┃정답해설┃

③ 타인의 대리인으로 계약을 한 자가 그 대리권을 증명하지 못하고 또 본인의 추인을 얻지 못한 때에는 상대방의 선택에 좇아 계약의 이행 또는 손해배상의 책임이 있는 것인바 이 상대방이 가지는 계약이행 또는 손해배상청구권의 소멸시효는 그 선택권을 행사할 수 있는 때로부터

진행한다 할 것이고 또 선택권을 행사할 수 있는 때라고 함은 대리권의 증명 또는 본인의 추인을 얻지 못한 때라고 할 것이다[64다1156].

▮오답해설▮

① 추인은 다른 의사표시가 없는 때에는 계약시에 소급하여 그 매매계약은 확정적으로 효력이 생긴다(제133조 본문).

② 민법 제132조는 본인이 무권대리인에게 무권대리행위를 추인한 경우에 상대방이 이를 알지 못하는 동안에는 본인은 상대방에게 추인의 효과를 주장하지 못한다는 취지이므로 상대방은 그때까지 민법 제134조에 의한 철회를 할 수 있고, 또 무권대리인에의 추인이 있었음을 주장할 수도 있다[80다2314].

④ 상대방의 최고권은 의사의 통지로서 준법률행위에 해당하고, 상대방의 선의·악의를 불문하고 인정된다(제131조). 악의의 丙은 乙에게 추인 여부의 확답을 최고할 수 있다.

⑤ 무권대리행위에 대하여 본인의 추인이 있으면 무권대리행위는 처음부터 유권대리행위이었던 것과 마찬가지로 다루어진다. 따라서 甲은 자신이 미성년자임을 이유로 매매계약을 취소하지 못한다(제133조 참조).

12 난도 ★★　　　　답 ④

▮정답해설▮

④ 법률에 관한 착오라 하더라도 그것이 법률행위 내용의 중요부분에 관한 것인 때에는 표의자는 그 의사표시를 취소할 수 있다[80다2475].

13 난도 ★★★　　　　답 ⑤

▮정답해설▮

⑤ 사기에 의한 의사표시를 취소하는 경우 취소를 주장하는 자와 양립되지 않는 법률관계를 가졌던 것이 취소 이전에 있었던가 이후에 있었던가는 가릴 필요 없이 사기에 의한 의사표시 및 그 취소 사실을 몰랐던(선의) 모든 제3자에 대해 대항하지 못한다[75다533]. 제3자 丁은 선의이기만 하면 되고 과실유무는 불문하고 보호된다.

14 난도 ★★　　　　답 ③

▮정답해설▮

③ 도달이라 함은 사회통념상 상대방이 통지의 내용을 알 수 있는 객관적 상태에 놓여 있는 경우를 가리키는 것으로서, 상대방이 통지를 현실적으로 수령하거나 통지의 내용을 알 것까지는 필요 하지 않는 것이므로, 상대방이 정당한 사유없이 통지의 수령을 거절한 경우에는 상대방이 그 통지의 내용을 알 수 있는 객관적 상태에 놓여 있는 때에 의사표시의 효력이 생기는 것으로 보아야 한다[2008다19973].

15 난도 ★　　　　답 ⑤

▮정답해설▮

ㄱ. [O] 주택매매계약에 있어서 매도인으로 하여금 주택의 보유기간이 3년 이상으로 되게 함으로써 양도소득세를 부과받지 않게 할 목적으로 매매를 원인으로 한 소유권이전등기는 3년 후에 넘겨받기로 특약을 하였다고 하더라도, 그와 같은 목적은 위 특약의 연유나 동기에 불과한 것이어서 위 특약 자체가 사회질서나 신의칙에 위반한 것이라고는 볼 수 없다[91다6627].

ㄴ. [O] 경매에 있어서는 불공정한 법률행위 또는 채무자에게 불리한 약정에 관한 것으로서 효력이 없다는 민법 제104조, 제608조는 적용될 여지가 없다[80마77].

ㄷ. [O] 도박자금으로 금원을 대여함으로 인하여 발생한 채권을 담보하기 위한 근저당권설정등기가 경료되었을 뿐인 경우와 같이 수령자가 그 이익을 향수하려면 경매신청을 하는 등 별도의 조치를 취하여야 하는 경우에는, 그 불법원인급여로 인한 이익이 종국적인 것이 아니므로 등기설정자는 무효인 근저당권설정등기의 말소를 구할 수 있다[94다54108].

16 난도 ★★★　　　　답 ②

▮정답해설▮

ㄱ. [O] 형성권이란 권리자의 일방적인 의사표시나 행위로써 법률관계를 형성(발생·변경·소멸)시킬 수 있는 권리를 말한다.

ㄴ. [O] 원칙적으로 형성권인 단독행위에는 조건이나 기한을 붙일 수 없다(제493조 제항 단서). 정지조건부 해제의 의사표시처럼 일정한 경우에는 단독행위에 정지조건을 붙이는 것이 허용된다.

ㄹ. [O] 형성권의 경우에 특히 제척기간의 필요성이 강하며, 형성권에는 제척기간만 인정되고 소멸시효는 인정되지 않는다.

┃오답해설┃

ㄷ. [×] 추인은 상대방이나 무권대리인의 동의나 승낙을 필요로 하지 않는 본인의 일방적 의사표시인 단독행위이고, 따라서 추인은 의사표시 전부에 대해 행해져야 하고 그 일부에 대해 추인하거나 그 내용을 변경하여 추인한 경우에는 상대방의 동의를 얻지 못하는 한 무효이다[81다카549].

17 난도 ★   답 ④

┃정답해설┃

④ 조건의 성취로 인하여 불이익을 받을 당사자가 신의성실에 반하여 조건의 성취를 방해한 때에는 상대방은 그 조건이 성취한 것으로 주장할 수 있다(제150조 제1항).

18 난도 ★★★   답 ②

┃정답해설┃

② 채무불이행으로 인한 손해배상청구권의 소멸시효는 채무불이행시로부터 진행한다[94다54269].

19 난도 ★★★   답 ⑤

┃오답해설┃

① 취득시효를 주장하는 자는 점유기간 중에 소유자의 변동이 없는 토지에 관하여는 취득시효의 기산점을 임의로 선택할 수 있고, 취득시효를 주장하는 날로부터 역산하여 20년 이상의 점유 사실이 인정되면 취득시효를 인정할 수 있는 것이다[93다46360].

② 전 점유자의 점유를 아울러 주장하는 경우에도 어느 단계의 점유자의 점유까지를 아울러 주장할 것인가도 이를 주장하는 사람에게 선택권이 있고, 다만 전 점유자의 점유를 아울러 주장하는 경우에는 그 점유의 개시시기를 어느 점유자의 점유기간 중의 임의의 시점으로 선택할 수 없는 것이다[97다56822].

③ 채권의 소멸시효가 완성된 경우 이를 원용할 수 있는 자는 시효로 인하여 채무가 소멸되는 결과 직접적인 이익을 받는 자에 한정되고, 그 채무자에 대한 채권자는 자기의 채권을 보전하기 위하여 필요한 한도 내에서 채무자를 대위하여 이를 원용할 수 있을 뿐이므로 채무자에 대하여 무슨 채권이 있는 것도 아닌 자는 소멸시효 주장을 대위 원용할 수 없다[2005다11312].

④ 소멸시효는 압류 또는 가압류, 가처분으로 인하여 중단된다(제168조 제2호). 그러나 '압류 또는 가압류'는 금전채권의 강제집행을 위한 수단이거나 그 보전수단에 불과하여 취득시효기간의 완성 전에 부동산에 압류 또는 가압류 조치가 이루어졌다고 하더라도 이는 취득시효의 중단사유가 될 수 없다[2018다296878].

더 알아보기

중단사유		중단시점	새로운 시효진행시점
	재판상 청구(=제소)	소제기시	확정판결시
청구	파산 절차 참가	채권신고시	파산절차 종료시
		강제집행절차에서의 배당요구와 파산선고 신청도 중단 사유가 된다.	
재판에 준하는 절차	지급명령	지급명령 신청시	지급명령 확정시
	화해를 위한 소환	화해신청시	화해성립시
	임의출석	임의출석시	판결확정시
		임의출석은 당사자 쌍방이 임의로 법원에 출석하여 소송에 관하여 구두변론함으로써 제소 및 화해신청을 하도록 허용하는 제도이다. 만약 화해가 불성립하면 1개월 이내에 소를 제기함으로써 출석한 시점을 기준으로 해서 중단의 효력이 생긴다.	

		조정신청시	조정확정시
조정 신청		조정신청이 취하되면 그날로부터 1개월 내에 소를 제기해야 중단의 효력이 생긴다.	
재판외 청구(=청구)		최고가 상대방에게 도달시	6개월 내에 취한 재판상 청구 등 다른 시효중단조치의 절차 종료시
		의사의 통지로서 도달하면 6월의 기산점이 시작됨	
압류·가압류 ·가처분		신청시	그 절차 종료시
		가압류로 인한 본안의 승소 판결 확정시 그 채무명의에 의한 본집행이 종료시부터 시효가 진행한다.	
승인		면책적 채무인수가 있는 경우, 채무승인에 따라 채무인수일로부터 새로이 진행된다[99다12376].	
		소멸시효 완성 전의 채무승인을 말하고 시효완성 후의 채무의 승인은 시효이익의 포기이다.	

20 난도 ★ 답 ②

┃정답해설┃

② 소멸시효 이익의 포기는 가분채무의 일부에 대하여도 가능하다[2011다109500].

21 난도 ★ 답 ④

┃정답해설┃

④ 점유권, 소유권은 소멸시효에 걸리지 않고, 피담보채권이 존재하는 동안 담보물권도 소멸시효에 걸리지 않으나, 지상권과 지역권은 20년의 소멸시효에 걸린다.

┃오답해설┃

① 일물일권주의(一物一權主義)의 원칙상, 물건의 일부분, 구성부분에는 물권이 성립할 수 없는 것이어서 구분 또는 분할의 절차를 거치지 아니한 채 하나의 부동산 중 일부분만에 관하여 따로 소유권보존등기를 경료하거나,

하나의 부동산에 관하여 경료된 소유권보존등기 중 일부분에 관한 등기만을 따로 말소하는 것은 허용되지 아니한다[2000다39582].

② 권원이 없는 자가 타인의 토지 위에 나무를 심었다면 특별한 사정이 없는 한 토지소유자에 대하여 나무의 소유권을 주장 할 수 없다[2015다69907].

③ 일반적으로 일단의 증감 변동하는 동산을 하나의 물건으로 보아 이를 채권담보의 목적으로 삼으려는 이른바 집합물에 대한 양도담보설정계약체결도 가능하며 이 경우 그 목적 동산이 담보설정자의 다른 물건과 구별될 수 있도록 그 종류, 장소 또는 수량지정 등의 방법에 의하여 특정되어 있으면 그 전부를 하나의 재산권으로 보아 이에 유효한 담보권의 설정이 된 것으로 볼 수 있다[88다카20224].

⑤ 소유권을 양도함에 있어 소유권에 의하여 발생되는 물상청구권을 소유권과 분리, 소유권 없는 전소유자에게 유보하여 제3자에 대하여 이를 행사케 한다는 것은 소유권의 절대적 권리인 점에 비추어 허용될 수 없는 것이라 할 것으로서, 일단 소유권을 상실한 전소유자는 제3자인 불법점유자에 대하여 물권적청구권에 의한 방해배제를 청구할 수 없다[68다725 전합].

22 난도 ★★★ 답 ①

┃정답해설┃

① 부동산에 관하여 소유권이전등기가 마쳐져 있는 경우에는 그 등기명의자는 제3자에 대하여뿐 아니라 그 전(前) 소유자에 대하여서도 적법한 등기원인에 의하여 소유권을 취득한 것으로 추정되는 것이므로 이를 다투는 측에서 그 무효사유를 주장·입증하여야 한다[94다10160].

┃오답해설┃

② 원시취득자와 승계취득자 사이의 합치된 의사에 따라 승계취득자 앞으로 직접 소유권보존등기를 경료 하였다면, 그 소유권보존등기는 실체적 권리관계에 부합되어 적법한 등기로서의 효력을 가진다[94다44675].

③ 등기는 물권의 효력발생요건이고 효력존속요건이 아니므로 물권에 관한 등기가 원인없이 말소된 경우에 그 물권의 효력에는 아무런 영향을 미치지 않는다고 봄이 타당한 바, 회복등기를 마치기 전이라도 말소된 소유권이전등기의 최종명의인은 적법한 권리자로 추정된다고 하겠으니 동 이전등기가 실체관계에 부합하지 않은 점에 대한 입증책임은 이를 주장하는 자에게 있다[81다카923].

④ 미등기건물을 그 대지와 함께 매도하였다면 비록 매수인에게 그 대지에 관하여만 소유권이전등기가 경료되고 건물에 관하여는 등기가 경료되지 아니하여(미등기건물의 소유자는 그 건물을 건축한 원시취득자임) 형식적으로 대지와 건물이 그 소유 명의자를 달리하게 되었다 하더라도 매도인에게 관습상의 법정지상권을 인정할 이유가 없다[2002다9660 전합].

⑤ 부동산에 관하여 근저당권설정등기가 경료되었다가 그 등기가 위조된 등기서류에 의하여 아무런 원인 없이 말소되었다는 사정만으로는 곧바로 근저당권이 소멸하는 것은 아니라고 할 것이지만, 근저당권설정등기가 원인 없이 말소된 이후에 그 근저당 목적물인 부동산에 관하여 다른 근저당권자 등 권리자의 경매신청에 따라 경매절차가 진행되어 경락허가결정이 확정되고 경락인이 경락대금을 완납하였다면, 원인 없이 말소된 근저당권은 이에 의하여 소멸한다[98다27197].

④ 건물철거는 그 소유권의 종국적 처분에 해당하는 사실행위이므로 원칙으로는 그 소유자(등기명의자)에게만 그 철거처분권이 있다고 할 것이나 그 건물을 매수하여 점유하고 있는 자는 등기부상 아직 소유자로서의 등기명의가 없다 하더라도 그 권리의 범위 내에서 그 점유 중인 건물에 대하여 법률상 또는 사실상 처분을 할 수 있는 지위에 있고 그 건물이 건립되어 있어 불법으로 점유를 당하고 있는 토지소유자(甲)는 위와 같은 지위에 있는 건물점유자(丁)에게 그 철거를 구할 수 있다[86다카1751].

⑤ 매매계약이 합의해제된 경우에도 매수인에게 이전되었던 소유권은 당연히 매도인에게 복귀하는 것이므로 합의해제에 따른 매도인의 원상회복청구권(매수인 명의의 말소등기청구권)은 소유권에 기한 물권적 청구권이라고 할 것이고 이는 소멸시효의 대상이 되지 아니한다[80다2968].

23 난도 ★　　　　　　　　　　답 ②

┃정답해설┃

② 부동산물권(소유권·지상권·지역권·전세권·저당권)과 이에 준하는 권리(채권담보권·권리질권·부동산임차권)의 설정·이전·변경·소멸의 청구권을 보전하려 할 때(부동산 매매에서 매수인의 소유권이전청구권), 또는 이러한 청구권이 시기부·정지조건부이거나(시험에 합격하면 토지를 양도하기로 한 경우) 기타 장래에 있어서 확정(예약완결권)될 것인 때에 하는 등기이다. 물권적 청구권을 보존하기 위한 가등기, 소유권보존등기의 가등기는 할 수 없다[81다카1110].

┃오답해설┃

① 소유권을 양도함에 있어 소유권에 의하여 발생되는 물상청구권을 소유권과 분리, 소유권 없는 전소유자에게 유보하여 제3자에게 대하여 이를 행사케 한다는 것은 소유권의 절대적 권리인 점에 비추어 허용될 수 없는 것이라 할 것으로서[68다725 전합], 물권적 청구권을 물권과 분리하여 양도하지 못한다.

③ 건물을 신축하여 그 소유권을 원시취득한 자로부터 그 건물을 매수하였으나 아직 소유권이전등기를 갖추지 못한 자는 그 건물의 불법점거자에 대하여 직접 자신의 소유권 등에 기하여 명도를 청구할 수는 없다[2007다11347].

24 난도 ★　　　　　　　　　　답 ④

┃정답해설┃

④ 부동산등기는 현실의 권리 관계에 부합하는 한 그 권리 취득의 경위나 방법 등이 사실과 다르다고 하더라도 그 등기의 효력에는 아무런 영향이 없는 것이므로 증여에 의하여 부동산을 취득하였지만 등기원인을 매매로 기재하였다고 하더라도 그 등기의 효력에는 아무런 하자가 없다[80다791].

┃오답해설┃

②·③ 진정명의의 회복을 위한 소유권이전등기는 이미 자기앞으로 소유권을 표상하는 등기가 되어 있었거나 법률에 의하여 소유권을 취득한 진정한 소유권자가 그 등기명의를 회복하기 위한 방법으로 그 소유권에 기하여 현재의 등기명의인을 상대로 진정한 등기명의 회복을 원인으로 한 소유권 이전등기절차의 이행을 구하는 것이다[88다카20026].

⑤ 부동산등기법 제75조의 말소회복등기란 어떤 등기의 전부 또는 일부가 실체적 또는 절차적 하자로 부적합하게 말소된 경우에 말소된 등기를 회복하여 말소당시에 소급하여 말소가 없었던 것과 같은 효과를 생기게 하는 등기를 말하는 것이므로 어떤 이유이건 당사자가 자발적으로 말소등기를 한 경우에는 말소회복등기를 할 수 없다[89다카5673].

25 난도 ★★ 답 ⑤

┃정답해설┃

⑤ 가등기에 기한 본등기청구권은 채권으로서 가등기권자가 가등기설정자를 상속하거나 그의 가등기에 기한 본등기절차 이행의 의무를 인수하지 아니하는 이상, 가등기권자가 가등기에 기한 본등기절차에 의하지 아니하고 가등기설정자로부터 별도의 소유권이전등기를 경료받았다고 하여 혼동의 법리에 의하여 가등기권자의 가등기에 기한 본등기청구권이 소멸하지는 않는다 할 것이다[2004다59546].

┃오답해설┃

① 순위보전의 대상이 되는 물권변동의 청구권은 그 성질상 양도될 수 있는 재산권일 뿐만 아니라 가등기로 인하여 그 권리가 공시되어 결과적으로 공시방법까지 마련된 셈이므로, 이를 양도한 경우에는 양도인과 양수인의 공동신청으로 그 가등기상의 권리의 이전등기를 가등기에 대한 부기등기의 형식으로 경료할 수 있다고 보아야 한다[98다24105 전합].

② 소유권이전청구권의 보전을 위한 가등기가 있다 하여 반드시 소유권이전등기할 어떤 계약관계가 있었던 것이라 단정할 수 없으므로 소유권이전등기를 청구할 어떤 법률관계가 있다고 추정이 되는 것도 아니라 할 것이다[79다239].

③ 가등기는 그 성질상 본등기의 순위보전만의 효력이 있고 후일 본등기가 경료된 때에는 본등기의 순위가 가등기한 때로 소급함으로써 가등기후 본등기 전에 이루어진 중간처분이 본등기보다 후순위로 되어 실효될 뿐이고 본등기에 의한 물권변동의 효력이 가등기한 때로 소급하여 발생하는 것은 아니다[92다21258].

④ 가등기권자가 소유권이전의 본등기를 한 경우에는 등기관은 부동산등기법 제175조 제1항 · 제55조 제2호에 의하여 가등기 이후에 한 제3자의 본등기를 직권말소할 수 있다[4294민재항675 전합]. 즉, 乙의 본등기가 경료되면 丙의 저당권은 등기관이 직권으로 말소한다.

26 난도 ★ 답 ③

┃정답해설┃

③ 민법 제249조가 규정하는 선의 · 무과실의 기준시점은 물권행위가 완성되는 때(물권적 합의 + 인도)이므로, 물권적 합의가 동산의 인도보다 먼저 행하여지면 인도된 때를, 인도가 물권적 합의보다 먼저 행하여지면 물권적 합의가 이루어진 때를 기준으로 해야 한다[91다70].

27 난도 ★ 답 ①

┃정답해설┃

① 점유매개관계가 종료하면 간접점유자가 물건의 반환을 청구할 수 있어야 하므로 직접점유자(점유매개자)의 점유는 권원의 성질상 타주점유에 해당한다.

28 난도 ★★ 답 ⑤

┃정답해설┃

⑤ 점유자가 과실을 취득한 경우에는 통상의 필요비는 청구하지 못한다(제203조 단서). 그러나 특별필요비와 유익비는 청구할 수 있다.

┃오답해설┃

① 제201조 제1항

> **제201조(점유자와 과실)**
> ① 선의의 점유자는 점유물의 과실을 취득한다.

② 선의의 기준시점은 과실에 관해 독립한 소유권이 성립하는 시기이다. 즉, 천연과실의 경우에는 원물로부터 분리하는 때(제102조 제1항)에 선의여야 과실을 취득하고, 법정과실(제102조 제2항)이나 사용이익의 경우에는 선의인 일수의 비율에 따라 그 과실 · 이익을 취득한다.

③ 악의의 점유자는 수취한 과실을 반환하여야 하며 소비하였거나 과실로 인하여 훼손 또는 수취하지 못한 경우에는 그 과실의 대가를 보상하여야 한다(제201조 제2항).

④ 점유물이 점유자의 책임있는 사유로 인하여 멸실 또는 훼손한 때에는 악의의 점유자는 그 손해의 전부를 배상하여야 한다. 소유의 의사가 없는 점유자는 선의인 경우에도 손해의 전부를 배상하여야 한다(제202조).

29 난도 ★★

답 ①

▌정답해설▐

① 토지의 매수인이 아직 소유권이전등기를 마치지 않았더라도 매매계약의 이행으로 토지를 인도받은 때에는 매매계약의 효력으로서 이를 점유·사용할 권리가 있으므로, 매도인이 매수인에 대하여 그 점유·사용을 법률상 원인이 없는 이익이라고 하여 부당이득반환청구를 할 수는 없다[2014다2662].

30 난도 ★★★

답 ③

▌정답해설▐

ㄱ. [×] 부동산에 관한 취득시효가 완성된 후 취득시효를 주장하거나 이로 인한 소유권이전등기청구를 하기 이전에는 등기명의인인 부동산 소유자로서는 특별한 사정이 없는 한 시효취득 사실을 알 수 없으므로 이를 제3자에게 처분하였다 하더라도 불법행위가 성립할 수 없으나(원칙), 부동산의 소유자가 취득시효의 완성 사실을 알 수 있는 경우에 부동산 소유자가 부동산을 제3자에게 처분하여 취득시효 완성을 주장하는 자가 손해를 입었다면 불법행위를 구성한다 할 것이며, 부동산을 취득한 제3자가 부동산 소유자의 이와 같은 불법행위에 적극 가담하였다면 이는 사회질서에 반하는 행위로서 무효이다[97다56495].

ㄴ. [×] 가등기는 후일 본등기가 경료된 때에는 본등기의 순위가 가등기한 때로 소급하는 것 뿐이지 본등기에 의한 물권변동의 효력이 가등기한 때로 소급하여 발생하는 것은 아니므로, 乙을 위하여 이 사건 토지에 관한 취득시효가 완성된 후 乙이 그 등기를 하기 전에 甲이 취득시효완성 전에 이미 설정되어 있던 가등기에 기하여 소유권이전의 본등기를 경료하였다면 乙은 시효완성 후 부동산소유권을 취득한 제3자인 甲에 대하여 시효취득을 주장할 수 없다[92다21258].

▌오답해설▐

ㄷ. [○] 전 점유자의 점유를 승계한 자는 그 점유 자체와 하자만을 승계하는 것이지 그 점유로 인한 법률효과까지 승계하는 것은 아니므로 부동산을 취득시효기간 만료 당시의 점유자로부터 양수하여 점유를 승계한 현 점유자는 자신의 전 점유자에 대한 소유권이전등기청구권을 보전하기 위하여 전 점유자의 소유자에 대한 소유권이전등기청구권을 대위행사할 수 있을 뿐, 전 점유자의 취득시효 완성의 효과를 주장하여 직접 자기에게 소유권이전등기를 청구할 권원은 없다[93다47745 전합].

31 난도 ★

답 ①

▌정답해설▐

① 공유물분할의 규정은 제215조(건물을 구분소유하는 경우의 공용부분), 제239조(경계에 설치된 경계표·담·구거)의 공유물에는 적용하지 아니한다(제268조 제3항).

▌오답해설▐

② 주종을 구별할 수 없는 동산의 부합(제257조 후문)·혼화(제258조)는 당연히 공유한다.

③·④·⑤ 무주물 공동선점(제252조), 유실물의 공동습득(제253조), 매장물의 공동발견(제254조 본문), 공유물의 과실취득(제102조)은 해석상 공유로 인정된다.

32 난도 ★★

답 ④

▌정답해설▐

④ 부동산실명법 제8조 제2호에 따라 부부간 명의신탁이 일단 유효한 것으로 인정되었다면 그 후 배우자 일방의 사망으로 부부관계가 해소되었다 하더라도 그 명의신탁약정은 사망한 배우자의 다른 상속인과의 관계에서도 여전히 유효하게 존속한다[2011다99498].

더 알아보기	명의신탁이 유효인 경우
대내관계(신탁자와 수탁자)	
① 신탁자가 목적물의 소유권을 보유한다.	
② 타인에게 명의신탁한 대지위에 제3자가 신탁자의 동의를 얻어 건물을 신축한 경우 → 수탁자는 제3자를 상대로 건물철거를 청구할 수 없다.	
③ 명의신탁에 의해 부동산의 소유자로 등기된 자 → 타주점유이므로 등기부취득 시효를 할 수 없다.	

대외관계(제3자와의 관계)
① 수탁자는 대외적인 관계에서 완전한 소유자이다.
② 명의신탁된 부동산을 명의신탁자가 매도한 경우
→ 제569조 소정의 타인의 권리매매에 해당하지 아니한다.
③ 수탁자로부터 부동산을 매수한 제3자
→ 선의, 악의를 불문하고 소유권을 취득한다.
④ 제3자가 수탁자의 배임행위에 적극가담한 경우
→ 무효
⑤ 명의신탁자가 불법점유자나 무효등기명의자에게 직접 그 명도나 말소등기를 청구하지 못하고, 수탁자를 대위해서 행사해야 한다.
⑥ 명의신탁된 건물에서 공작물책임이 문제되는 경우
→ 신탁자가 소유자로서 책임을 진다.

33 난도 ★   답 ⑤

▌정답해설▌

⑤ 타인의 동산에 가공한 때에는 그 물건의 소유권은 원재료의 소유자에게 속한다(제259조 제1항).

34 난도 ★★★   답 ④

▌정답해설▌

ㄴ. [×] 건물공유자의 1인이 그 건물의 부지인 토지를 단독으로 소유하면서 그 토지에 관하여만 저당권을 설정하였다가 위 저당권에 의한 경매로 인하여 토지의 소유자가 달라진 경우에도, 위 토지 소유자는 자기뿐만 아니라 다른 건물공유자들을 위하여도 위 토지의 이용을 인정하고 있었다고 할 것인 점, 저당권자로서도 저당권 설정 당시 법정지상권의 부담을 예상할 수 있었으므로 불측의 손해를 입는 것이 아닌 점, 건물의 철거로 인한 사회경제적 손실을 방지할 공익상의 필요성도 인정되는 점 등에 비추어 위 건물공유자들은 민법 제366조에 의하여 토지 전부에 관하여 건물의 존속을 위한 법정지상권을 취득한다고 보아야 한다[2010다67159].

ㄷ. [×] 동일인의 소유에 속하는 토지 및 그 지상 건물에 관하여 공동저당권이 설정된 후 그 지상 건물이 철거되고 새로 건물이 신축된 경우에는 그 신축건물의 소유자가 토지의 소유자와 동일하고 토지의 저당권자에게 신축건물에 관하여 토지의 저당권과 동일한 순위의 공동저당권을 설정해 주는 등 특별한 사정이 없는 한 저당물의 경매로 인하여 토지와 그 신축건물이 다른 소유자에 속하게 되더라도 그 신축건물을 위한 법정지상권은 성립하지 않는다[98다43601 전합].

ㄹ. [×] 민법 제366조의 법정지상권은 저당권 설정 당시부터 저당권의 목적되는 토지 위에 건물이 존재할 경우에 한하여 인정되며, 토지에 관하여 저당권이 설정될 당시 그 지상에 토지소유자에 의한 건물의 건축이 개시되기 이전이었다면, 건물이 없는 토지에 관하여 저당권이 설정될 당시 근저당권자가 토지소유자에 의한 건물의 건축에 동의하였다고 하더라도 그러한 사정은 주관적 사항이고 공시할 수도 없는 것이어서 토지를 낙찰받는 제3자로서는 알 수 없는 것이므로 그와 같은 사정을 들어 법정지상권의 성립을 인정한다면 토지 소유권을 취득하려는 제3자의 법적 안정성을 해하는 등 법률관계가 매우 불명확하게 되므로 법정지상권이 성립되지 않는다[2003다26051].

▌오답해설▌

ㄱ. [○] 저당권설정 당시 동일인의 소유에 속하고 있던 토지와 지상 건물이 경매로 인하여 소유자가 다르게 된 경우에 건물소유자는 건물의 소유를 위한 민법 제366조의 법정지상권을 취득한다. 그리고 건물 소유를 위하여 법정지상권을 취득한 사람으로부터 경매에 의하여 건물의 소유권을 이전 받은 매수인은 매수 후 건물을 철거한다는 등의 매각조건하에서 경매되는 경우 등 특별한 사정이 없는 한 건물의 매수취득과 함께 위 지상권도 당연히 취득한다[2012다73158].

35 난도 ★   답 ⑤

▌정답해설▌

⑤ 종전의 승역지 사용이 무상으로 이루어졌다는 등의 다른 특별한 사정이 없다면 통행지역권을 취득시효한 경우에도 주위토지통행권의 경우와 마찬가지로 요역지 소유자는 승역지에 대한 도로 설치 및 사용에 의하여 승역지 소유자가 입은 손해를 보상하여야 한다고 해석함이 타당하다[2012다17479].

① 지역권은 물권으로서 요역지의 편익을 위해 승역지를 지배할 수 있는 권리로서 지역권에는 승역지를 점유할 수 있는 권능이 없으므로 요역지의 편익에 방해되지 않는 범위에서 승역지 소유자도 승역지를 사용할 수 있고, 지역권에 의해 승역지 소유권의 용익권능이 전면 배제되는 것은 아니다.

② 지역권은 요역지와 분리하여 양도하거나 다른 권리의 목적으로 하지 못한다(제292조 제2항).

③ 통행지역권의 경우에 지역의 대가로서의 지료는 그 요건이 아니다. 그렇지만 통행지역권의 취득시효가 인정되면, 도로가 개설된 상태에서 승역지가 이용되고 또한 다른 사정이 없는 한 그 존속기간에 제한이 없어 승역지 소유자의 승역지에 대한 사용 및 소유권 행사에 상당한 지장을 주게 되므로 그에 따른 불이익에 대하여 승역지 소유자를 적절히 보호할 필요가 있다[2012다17479].

④ 민법 제294조는 지역권은 계속되고 표현된 것에 한하여 같은 법 제245조의 규정을 준용한다고 규정하고 있으므로 점유로 인한 지역권 취득기간의 만료로 통행지역권을 시효취득하려면 요역지의 소유자가 타인의 소유인 승역지 위에 통로를 개설하여 그 통로를 사용하는 상태가 위 제245조에 규정된 기간 동안 계속되어야 한다[90다16283].

> **더 알아보기** **통행지역권의 시효취득**
>
> ① 요역지의 소유자가 승역지상에 통로를 개설하여 승역지를 사용하고 있는 객관적 상태(계속, 표현)가 20년간 계속한 사실이 있어야 한다.
> ② 자기 토지(요역지)에 통로를 개설한 경우에는 승역지가 타인 소유의 토지임을 전제로 하는 통행지역권이 성립될 여지가 없다.
> ③ 요역지소유자가 스스로 통로를 개설하지 않는 한 통행지역권을 시효취득하지 못한다.
> ④ 통로의 개설 없이 일정한 장소를 오랜 시일 통행한 사실만으로는 지역권을 취득할 수 없다.
> ⑤ 요역지 토지의 불법점유자는 그 토지를 사용할 정당한 권원이 없는 자이므로 주위토지통행권이나 유치권을 취득할수 없고, 통행지역권을 시효취득할 수 없다.
> ⑥ 시효취득의 경우 승역지의 사용으로 그 소유자가 입은 손해를 보상하여야 한다.

36 난도 ★★★　　답 ②

■정답해설■

② 전세권이 존속하는 동안은 전세권을 존속시키기로 하면서 전세금반환채권만을 전세권과 분리하여 확정적으로 양도하는 것은 허용되지 않는 것이며, 다만 전세권 존속 중에는 장래에 그 전세권이 소멸하는 경우에 전세금 반환채권이 발생하는 것을 조건으로 그 장래의 조건부 채권을 양도할 수 있을 뿐이라 할 것이다[2001다69122].

■오답해설■

① 전세권이 용익물권적 성격과 담보물권적 성격을 겸비하고 있다는 점 및 목적물의 인도는 전세권의 성립요건이 아닌 점 등에 비추어 볼 때, 당사자가 주로 채권담보의 목적으로 전세권을 설정하였고, 그 설정과 동시에 목적물을 인도하지 아니한 경우라 하더라도, 장차 전세권자가 목적물을 사용·수익하는 것을 완전히 배제하는 것이 아니라면, 그 전세권의 효력을 부인할 수는 없다[94다18508].

③ 전세목적물의 소유권이 이전된 경우 민법이 전세권 관계로부터 생기는 상환청구, 소멸청구, 갱신청구, 전세금증감청구, 원상회복, 매수청구 등의 법률관계의 당사자로 규정하고 있는 전세권설정자 또는 소유자는 모두 목적물의 소유권을 취득한 신 소유자로 새길 수밖에 없다고 할 것이므로, 전세권은 전세권자와 목적물의 소유권을 취득한 신 소유자 사이에서 계속 동일한 내용으로 존속하게 된다고 보아야 할 것이고, 따라서 목적물의 신 소유자는 구 소유자와 전세권자 사이에 성립한 전세권의 내용에 따른 권리의무의 직접적인 당사자가 되어 전세권이 소멸하는 때에 전세권자에 대하여 전세권설정자의 지위에서 전세금반환의무를 부담하게 되고, 구 소유자는 전세권설정자의 지위를 상실하여 전세금반환의무를 면하게 된다[99다15122].

④ 전세권이 기간만료로 종료된 경우 전세권은 전세권설정등기의 말소등기 없이도 당연히 소멸하고, 저당권의 목적물인 전세권이 소멸하면 저당권도 당연히 소멸하는 것이므로 전세권을 목적으로 한 저당권자는 전세권의 목적물인 부동산의 소유자에게 더 이상 저당권을 주장할 수 없다[98다31301].

⑤ 전세권을 목적물로 하는 저당권의 설정은 전세권의 목적물 소유자의 의사와는 상관없이 전세권자의 동의만 있으면 가능한 것이고, 원래 전세권에 있어 전세권설정자가 부담하는 전세금반환의무는 전세금반환채권에 대한 제3자의 압류 등이 없는 한 전세권자에 대해 전세금을 지급함으로써 그 의무이행을 다할 뿐이라는 점에 비추어 볼 때,

전세권저당권이 설정된 경우에도 전세권이 기간만료로 소멸되면 전세권설정자는 전세금반환채권에 대한 제3자의 압류 등이 없는 한 전세권자에 대하여만 전세금반환의무를 부담한다고 보아야 한다[98다31301].

37 난도 ★★★   답 ③

▌정답해설▐

③ 수급인의 공사잔금채권이나 그 지연손해금청구권과 도급인의 건물인도청구권은 모두 건물신축도급계약이라는 동일한 법률관계로부터 생긴 것이므로, 수급인의 손해배상채권도 건물에 관해 생긴 채권이며 채무불이행에 의한 손해배상청구권은 원채권의 연장이므로 물건과 원채권 사이에 견련관계가 있으면 그 손해배상채권에 관하여 유치권항변을 내세울 수 있다[76다582].

▌오답해설▐

① 유치권이 타물권인 점에 비추어 볼 때 수급인의 재료와 노력으로 건축되었고 독립한 건물에 해당되는 기성부분은 수급인의 소유이므로, 수급인은 공사대금을 지급받을 때까지 이에 대해 유치권을 가질 수 없다[91다14116].

② 어떠한 물건을 점유하는 자는 소유의 의사로 선의 평온 및 공연하게 점유한 것으로 추정될 뿐만 아니라 점유자가 점유물에 대하여 행사하는 권리는 적법하게 보유하는 것으로 추정되므로 점유물에 대한 유익비상환청구권을 기초로 하는 유치권의 주장을 배척하려면 적어도 그 점유가 불법행위로 인하여 개시되었거나 유익비지출 당시 이를 점유할 권원이 없음을 알았거나 이를 알지 못함이 중대한 과실에 기인하였다고 인정할만한 사유의 상대방 당사자의 주장입증이 있어야 한다[66다600, 601].

④ 부동산 경매절차에서의 매수인(경락인)은 민사집행법 제91조 제5항에 따라 유치권자에게 그 유치권으로 담보하는 채권을 변제할 책임이 있는 것이 원칙이나, 채무자 소유의 건물 등 부동산에 경매개시결정의 기입등기가 경료되어 압류의 효력이 발생한 후에 채무자가 위 부동산에 관한 공사대금 채권자에게 그 점유를 이전함으로써 그로 하여금 유치권을 취득하게 한 경우, 점유자로서는 위 유치권을 내세워 그 부동산에 관한 경매절차의 매수인에게 대항할 수 없다. 그러나 이러한 법리는 경매로 인한 압류의 효력이 발생하기 전에 유치권을 취득한 경우에는 적용되지 아니하고, 유치권 취득시기가 근저당권 설정 후라거나 유치권 취득 전에 설정된 근저당권에 기하여 경매절차가 개시되었다고 하여 달리 볼것은 아니다[2008다70763].

⑤ 민법 제321조는 "유치권자는 채권 전부의 변제를 받을 때까지 유치물 전부에 대하여 그 권리를 행사할 수 있다."고 규정하고 있으므로, 유치물은 그 각 부분으로써 피담보채권의 전부를 담보하며, 이와 같은 유치권의 불가분성은 그 목적물이 분할 가능하거나 수개의 물건인 경우에도 적용된다. 다세대 주택의 창호 등의 공사를 완성한 하수급인이 공사대금채권 잔액을 변제받기 위하여 위 다세대주택 중 한 세대를 점유하여 유치권을 행사하는 경우, 그 유치권은 위 한 세대에 대하여 시행한 공사대금만이 아니라 다세대주택 전체에 대하여 시행한 공사대금채권의 잔액 전부를 피담보채권으로 하여 성립한다[2005다16942].

38 난도 ★★   답 ⑤

▌정답해설▐

⑤ 금전채권의 채무자가 채권자에게 담보를 제공한 경우 특별한 사정이 없는 한 채권자는 채무자로부터 채무를 모두 변제받은 다음 담보를 반환하면 될 뿐 채무자의 변제의무와 채권자의 담보 반환의무가 동시이행관계에 있다고 볼 수 없다. 따라서 채권자가 채무자로부터 제공받은 담보를 반환하기 전에도 특별한 사정이 없는 한 채무자는 이행지체 책임을 진다[2019다247651].

더 알아보기 전세권에 대하여 저당권이 설정된 경우

① (용익권능) 전세권이 기간만료로 종료된 경우 전세권은 전세권설정등기의 말소등기 없이도 당연히 소멸하고, 저당권의 목적물인 전세권이 소멸하면 저당권도 당연히 소멸하는 것이므로 전세권을 목적으로 한 저당권자는 전세권의 목적물인 부동산의 소유자에게 더 이상 저당권을 주장할 수 없다.

② 저당권이 설정된 전세권의 존속기간이 만료된 경우에 저당권자는 전세권자의 전세금반환채권에 대하여 압류 및 추심명령 또는 전부명령을 받거나 제3자가 전세금반환채권에 대하여 실시한 강제집행절차에서 배당요구를 하는 등의 방법으로 자신의 권리를 행사할 수 있다.

③ 전세금반환채권에 대한 제3자의 압류 등이 없는 한 전세권설정자는 전세권자에 대해서만 전세금반환의무를 부담한다.

구분	질권	저당권
공통점	물적 담보, 원칙적으로 약정담보물권(부종성·수반성·물상대위성·불가분성), 경매신청권, 우선변제권	
공시 방법	목적물 인도(유가증권은 증권의 교부 또는 배서·교부)	등기·등록
목적물 점유	요함	요하지 않음 (목적물 점유 요부가 양자의 기본적 차이이다)
객체 (목적·목적물)	양도가능한 동산과 일정한 재산권(지상권·전세권·부동산임차권 등을 제외한 채권·무체재산권·질권)	등기로 공시되는 부동산 소유권·지상권·전세권, 광업권·어업권, 등기·등록으로 공시되는 일정한 동산과 재단
사회적 기능	서민금융수단	투자수단
규율의 중점	채무자 보호 (유질계약 금지)	저당권자의 지위확보 (유저당계약 허용)
투하 자본의 회수방법	전질	저당권부 채권의 양도·입질
피담보 채권의 범위 제한	원칙적으로 1개 물건에 1개 질권이 설정되므로 제한이 없다(제334조 – '지연배상은 1년분에 한한다'는 제한이 없고 다른 약정 가능).	1개 물건에 다수의 저당권이 설정될 수 있으므로 후순위자 보호를 위해 피담보채권의 범위를 제한한다(제360조).
목적물의 범위	부합물과 질권자가 점유하고 있는 종물에 미치고 과실수취권 있음	부합물·종물에 미치고 저당부동산의 압류 후에는 과실에도 미침
권리 실행 방법	경매·간이변제충당 (채권질권은 직접청구·강제집행)	담보권실행을 위한 경매와 유저당
효력	우선변제적·유치적 효력	우선변제적 효력
우선 변제적 효력의 내용	우선변제 충당 가능	목적물 강제집행 후 순위에 따라 상대적 우선변제
목적물 사용·수익	보존에 필요한 사용과 채무자 승낙시의 사용·대여 가능 (담보가치=교환가치+사용가치)	불가 (담보가치=교환가치)
담보권자의 의무	선관의무와 채권소멸시의 목적물반환의무 (비용상환청구권)	없음
목적물 침해에 대한 구제	점유보호청구권과 질권에 기한 물권적 청구권[多]	저당권에 기한 방해제거·예방청구권 (설정자 유책사유시의 담보물보충청구권은 공통적)
특별 소멸 사유	질권자의 목적물반환[多], 질권설정자의 소멸청구	적용 안됨
기타	공신의 원칙 내지 선의취득, 유질계약금지, 변제시까지의 목적물 유치, 심리적 압박에 의한 간접적 변제촉구는 질권에만 해당한다.	
저당권의 우월성		채무자가 담보목적물을 사용·수익할 수 있고, 그 수익으로 변제자금을 마련할 수 있다. 기업재산의 경우 신용매개·투자매개 기능이 특히 크다. 등기·등록 등 공시방법이 확실하다. 동산이나 재단의 등기·등록제도를 마련함으로써 그에 대한 저당권 설정이 가능하다.

┃정답해설┃

① 근저당권이 설정된 후에 그 부동산의 소유권이 제3자에게 이전된 경우에는 현재의 소유자가 자신의 소유권에 기하여 피담보채무의 소멸을 원인으로 그 근저당권설정등기의 말소를 청구할 수 있음은 물론이지만, 근저당권설정자인 종전의 소유자도 근저당권설정계약의 당사자로서 근저당권설정등기의 말소를 구할 수 있는 계약상 권리가 있다[93다16338 전합].

┃오답해설┃

② 저당권의 피담보채무의 범위에 관하여 민법 제360조가 지연배상에 대하여는 원본의 이행기일을 경과한 후의 1년분에 한하여 저당권을 행사할 수 있다고 규정하고 있는 것은 저당권자의 제3자에 대한 관계에서의 제한이며 채무자나 저당권설정자가 저당권자에 대하여 대항할 수 있는 것이 아니다[90다8855].

③ 근저당권은 원본, 이자, 위약금, 채무불이행으로 인한 손해배상 및 근저당권의 실행비용을 담보하는 것이며, 이것이 근저당에 있어서의 채권최고액을 초과하는 경우에 근저당권자로서는 그 채무자 겸 근저당권설정자와의 관계에 있어서는 그 채무의 일부인 채권최고액과 지연손해금 및 집행비용만을 받고 근저당권을 말소시켜야 할 이유는 없을 뿐 아니라, 채무금 전액에 미달하는 금액의 변제가 있는 경우에 이로써 우선 채권최고액 범위의 채권에 변제충당한 것으로 보아야 한다는 이유도 없으니 채권 전액의 변제가 있을 때까지 근저당의 효력은 잔존 채무에 여전히 미친다고 할 것이다[2010다3681].

④ 민법 제370조, 제342조에 의한 저당권자의 물상대위권의 행사는 구 민사소송법(2002.1.26. 법률 제6626호로 전문개정되기 전의 것) 제733조에 의하여 담보권의 존재를 증명하는 서류를 집행법원에 제출하여 채권압류 및 전부명령을 신청하거나, 구 민사소송법 제580조에 의하여 배당요구를 하는 방법에 의하여 하는 것이고, 이는 늦어도 구 민사소송법 제580조 제1항 각 호 소정의 배당요구의 종기까지 하여야 하는 것으로 그 이후에는 물상대위권자로서의 우선변제권을 행사할 수 없다고 하여야 할 것이다[2002다13539].

⑤ 미곡 등 대체물채권의 담보인 저당권의 채권액은 당사자 사이에서 정한 채권의 당초 변제기일의 시가로 산정한 가격을 채권액으로 볼 것이고, 그 변제기일에서의 산정가격이 부동산등기법 제143조에 따라 기재된 채권의 가격을 초과할 때는 그 초과분에 대하여는 채권자가 다른 채권자에 대하여 우선권을 행사할 수 없을 뿐이다[74마136].

┃정답해설┃

④ 저당권은 피담보채권과 분리하여 양도하지 못하는 것이어서 저당권의 양도에 있어서도 물권변동의 일반원칙에 따라 저당권을 이전할 것을 목적으로 하는 물권적 합의와 등기가 있어야 저당권이 이전된다고 할 것이나, 이때의 물권적 합의는 저당권의 양도·양수받는 당사자 사이에 있으면 족하고 그 외에 그 채무자나 물상보증인 사이에까지 있어야 하는 것은 아니라 할 것이고, 단지 채무자에게 채권양도의 통지나 이에 대한 채무자의 승낙이 있으면 채권양도를 가지고 채무자에게 대항할 수 있게 되는 것이다[2002다15412].

┃오답해설┃

① 저당권의 효력은 저당부동산에 대한 압류(경매개시결정의 송달 또는 등기)가 있은 후에 저당권설정자가 그 부동산으로부터 수취한 과실 또는 수취할 수 있는 과실에 미친다(제359조 본문).

② 피담보채권을 저당권과 함께 양수한 자는 저당권이전의 부기등기를 마치고 저당권실행의 요건을 갖추고 있는 한 채권 양도의 대항요건을 갖추고 있지 아니하더라도 경매신청을 할 수 있다[2004다29279].

③ 후순위 근저당권자가 경매를 신청한 경우 선순위 근저당권의 피담보채권은 그 근저당권이 소멸하는 시기, 즉 경락인이 경락대금을 완납한 때에 확정된다고 보아야 한다[99다26085].

⑤ 부동산등기법 제149조는 같은 법 제145조의 규정에 의한 공동담보등기의 신청이 있는 경우 각 부동산에 관한 권리에 대하여 등기를 하는 때에는 그 부동산의 등기용지 중 해당 구 사항란에 다른 부동산에 관한 권리의 표시를 하고 그 권리가 함께 담보의 목적이라는 뜻을 기재하도록 규정하고 있지만, 이는 공동저당권의 목적물이 수 개의 부동산에 관한 권리인 경우에 한하여 적용되는 등기절차에 관한 규정일 뿐만 아니라, 수 개의 저당권이 피담보채권의 동일성에 의하여 서로 결속되어 있다는 취지를 공시함으로써 권리관계를 명확히 하기 위한 것에 불과하므로, 이와 같은 공동저당관계의 등기를 공동저당권의 성립요건이나 대항요건이라고 할 수 없다[2008다57746].

04 2019년 제30회 정답 및 해설

01	02	03	04	05	06	07	08	09	10	11	12	13	14	15	16	17	18	19	20
④	②	⑤	③	④	①	④	⑤	⑤	③	②	④	①	②	④	②	①	⑤	②	⑤

21	22	23	24	25	26	27	28	29	30	31	32	33	34	35	36	37	38	39	40
③	②	⑤	④	④	⑤	③	①	③	③	①	③	⑤	④	①	③	②	④	①	②

01 난도 ★ 답 ④

┃오답해설┃

① 법원이란 법의 연원, 법의 존재형식을 의미하는데 민사에 관한 적용법규를 의미한다고 보면 된다(상법 제조는 상사적용법규라고 한다). 이에 의하면, 민법의 법원은 실질적 의미의 민법이 존재하는 형식을 말한다.

② 분묘기지권은 분묘를 수호하고 봉제사하는 목적을 달성하는데 필요한 범위 내에서 타인의 토지를 사용할 수 있는 권리를 의미한다[95다29086]. 관습에 의하여 인정되는 지상권 유사의 물권이다.

③ 〈관습법〉이란 사회의 거듭된 관행으로 생성된 사회생활규범이 사회의 법적 확신과 인식에 의해 법적 규범으로 승인·강행되기에 이른 것을 말하고, 〈사실인 관습〉은 사회의 관행에 의해 발생한 사회생활규범으로서 사회의 법적 확신이나 인식에 의해 법적 규범으로 승인될 정도에 이르지 않은 것을 말한다[80다3231]. 판례는 관습법과 사실인 관습을 구별하고 있다.

⑤ 민법 제764조 소정의 '명예회복에 적당한 처분'을 사죄광고의 의미로 해석하는 한도에서는 위헌이라고 본 결정[89헌마160]처럼 그 결정내용이 민사에 관한 것인 때에는 민법의 법원이 된다.

02 난도 ★ 답 ②

┃정답해설┃

② 채권이 갖는 청구력·보유력·소구력·집행력 등의 권능 중의 하나가 청구권이다. 채권적 청구권은 채권의 이행기가 도래해야 비로소 발생하는바, 채권이 성립했다고 해서 반드시 청구권이 발생한 것은 아니다.

더 알아보기 **권리의 분류**

내용	재산권	물권, 준물권(광업권, 어업권), 채권(계약, 법률의 규정), 지식재산권(특허권)
	인격권 (자유권)	생명·신체·정신의 자유에 대한 권리 → 사전적, 예방적 구제수단으로 침해행위의 금지청구권을 인정한다.
	가족권 (신분권)	친족권(→ 친권, 후견인의 권리, 배우자의 권리, 부양청구권 등)
	사원권	자익권(이익배당청구권, 잔여재산분배청구권)과 공익권(결의권, 소수사원권)
작용 (효력)	지배권	물권, 준물권, 지식재산권, 인격권, 친권, 후견권
	청구권	채권적청구권, 물권적 청구권, 상속회복청구권, 부양청구권
	형성권	취소권, 추인권, 해제권, 해지권, 상계권, 동의권
	항변권	동시이행의 항변권, 보증인의 최고·검색의 항변권, 상속의 한정승인

기타	권리의 이전성	일신 전속권	가족권·인격권의 대부분(타인에게 귀속할 수 없는 권리)
		비 전속권	재산권의 대부분(양도·상속에 의한 이전 가능)
	권리의 종속관계	주된 권리	피담보채권, 원본채권, 주채무자에 대한 채권
		종된 권리	저당권, 이자채권, 보증인에 대한 채권
	의무자의 범위	절대권 (대세권)	지배권
		상대권 (대인권)	청구권
	기대권 (희망권)		기한부권리, 조건부권리

03 난도 ★   답 ⑤

▌정답해설▌

⑤ 국가에게 국민을 보호할 의무가 있다는 사유만으로 국가가 소멸시효의 완성을 주장하는 것 자체가 신의성실의 원칙에 반하여 권리남용에 해당한다고 할 수는 없으므로, 국가의 소멸시효 완성 주장이 신의칙에 반하고 권리남용에 해당한다고 하려면 일반 채무자의 소멸시효 완성 주장에서와 같은 특별사정이 인정되어야 한다[2008다15865].

04 난도 ★   답 ③

▌정답해설▌

③ 경제적으로 유리한 매매계약·임대차계약 등의 체결, 부담부증여에서 수증의 의사표시, 상속의 승인 등은 의무부담이 있으므로, 미성년자가 이를 단독으로 할 수 없다.

05 난도 ★   답 ④

▌정답해설▌

④ 태아가 특정한 권리에 있어서 이미 태어난 것으로 본다는 것은 살아서 출생한 때에 출생시기가 문제의 사건의 시기까지 소급하여 그 때에 태아가 출생한 것과 같이 법률상 보아 준다고 해석하여야 상당하므로 그가 모체와 같이 사망하여 출생의 기회를 못 가진 이상 배상청구권을 논할 여지 없다[76다1365].

06 난도 ★★   답 ①

▌오답해설▌

② 선박실종은 선박이 침몰한 때로부터 1년이다(제27조 제2항). 따라서 甲은 2016년 7월 1일에 사망한 것으로 간주된다(제28조).

③ 제2순위의 상속인은 특별한 사정이 없는 한 이해관계인에 해당하지 않으므로 부재자의 실종선고를 청구할 수 없다[92스4].

④ 실종선고가 취소되지 않고 있는 동안은 생존 등의 반증을 들어 실종선고의 효력을 부정할 수 없고[94다52751], 실종선고를 받은 자에 대한 사망의 효과를 저지하려면 그 선고를 취소해야 한다[69다2103].

⑤ 실종선고의 취소가 있을 때에 실종의 선고를 직접원인으로 하여 재산을 취득한 자가 선의인 경우에는 그 받은 이익이 현존하는 한도에서 반환할 의무가 있고 악의인 경우에는 그 받은 이익에 이자를 붙여서 반환하고 손해가 있으면 이를 배상하여야 한다(제29조 제2항).

더 알아보기 실종선고

절차
최후소식 → 실종기간 만료 → 실종선고 청구(공시최고) → 실종선고 → 실종선고 취소

실종선고	실종선고 취소
• 실종기간 만료 시 사망으로 간주한다. • 실종선고의 요건이 갖추어지면 가정법원은 반드시 실종선고를 해야 한다.	• 실종자가 생존하고 있는 사실, 실종기간 만료시와 다른 시기에 사망한 사실(제29조 제1항), 또는 실종기간의 기산점 이후에 생존하고 있었던 사실이 증명되어야 한다. • 공시최고 불요 • 본인·이해관계인 또는 검사의 청구 • 법원은 반드시 선고해야 한다. • 원래의 실종선고는 처음부터 없었던 것으로 된다.

	실종선고 후 취소전 선의(과실유무는 불문)로 한 행위는 유효(제29조 제1항 단서)
단독행위	채무면제·해제·취소 등과 같은 단독행위의 경우에는 행위자만의 선의로 충분
신분행위	• 쌍방이 선의 → 후혼당사자 쌍방이 선의이면 후혼은 확정적으로 유효 • 한 당사자라도 악의 → 전혼이 부활하므로 후혼은 중혼이 되어 취소대상이 되고 생존실종자는 배우자의 부정을 이유로 전혼의 이혼을 청구
재산행위	• 쌍방선의설 → 재산행위도 양 당사자 모두가 선의여야 유효하다. 어느 한 당사자라도 악의이면 상속재산의 처분행위는 무효로 되며, 그 후의 전득자는 선의이더라도 보호되지 않는다. • 일방선의설 → 목적물이 직접취득자의 상대방으로부터 다시 양도된 경우 → 그 양도인의 선의·악의를 불문하고 선의인 전득자만 보호된다〈상대적 효력설〉, 선의인 양도인으로부터 전득한 자는 엄폐물의 법칙에 의해 선의·악의를 불문하고 보호된다〈절대적 효력설〉
직접 재산을 취득한 자의 반환범위	• 직접원인으로 재산을 취득한 자 → 상속인, 수유자, 사인증여의 수증자, 생명보험금 수취인 등을 말하나, 이들로부터 법률행위에 의해 재산을 취득한 전득자는 포함되지 않는다. • 받은 이익 → 반환범위는 손실자의 손실을 최고한도로 하므로, 실종선고로 5억 원을 상속받은 자가 주식투자 등을 통해 8억 원으로 증식시킨 경우, 선의이면 5억 원만 반환하면 된다. • 선의인 경우 → 그 받은 이익이 현존하는 한도에서 반환할 의무 • 악의인 경우 → 그 받은 이익에 이자를 붙여서 반환하고 손해가 있으면 이를 배상해야 한다. • 시효취득한 경우 → 실종선고로 인하여 직접취득한 재산에 관하여 시효취득의 요건을 갖추었으면 악의의 경우라도 반환할 의무가 없다.

07 난도 ★★ 답 ④

오답해설

ㄱ. [×] 생전처분으로 재단법인을 설립하는 때에는 출연재산은 법인이 성립된 때로부터 법인의 재산이 된다. 유언으로 재단법인을 설립하는 때에는 출연재산은 유언의 효력이 발생한 때로부터 법인에 귀속한 것으로 본다(제48조). 판례는 출연자와 법인간의 내부관계에서는 등기 없이도 법인성립시 또는 유언효력발생시에 출연재산이 법인에 귀속되지만 공시제도와 거래안전상 제3자에 대한 관계에서는 등기가 있어야 출연재산이 법인에 귀속된다[78다481 전합].

ㄷ. [×] 이사의 대표권에 대한 제한은 정관에 기재하지 않으면 효력이 없고(제41조), 등기하지 않으면 제3자에게 대항할 수 없다(제60조). 여기서 제3자에 관해서는, 대표권제한이 등기되어 있지 않다면 그 정관규정으로써 선의냐 악의냐에 관계없이 제3자에게 대항할 수 없다[91다24564].

더 알아보기	법인의 불법행위책임과 사용자책임의 비교	
구분	법인의 불법행위책임	사용자책임
행위자	법인의 대표기관	대표기관이 아닌자 = 피용자의 행위
행위 유형	직무에 관하여	사무집행에 관하여
법인의 책임	대표기관의 불법행위책임 = 법인자신의 불법행위 책임	타인의 불법행위에 대한 사용자로서의 법인의 책임
그 외의 자의 책임	대표기관과 법인의 부진정연대책임	행위자와 법인의 연대책임
면책 사유	없다(무과실 책임)	선임·감독상의 과실책임

08 난도 ★ 답 ⑤

정답해설

⑤ 대표자가 있는 비법인사단에 속하는 부동산의 등기에 관해서는 그 사단을 등기권리자 또는 등기의무자로 하고, 그 등기는 사단의 명의로 그 대표자가 신청한다(부동산등기법 제26조).

구분	사단법인	재단법인
차이	인적 결합을 본체로 하는 자율적 법인	출연재산을 본체로 하는 타율적 법인
성립요건	비영리법인 : 목적의 비영리성, 정관작성, 주무관청의 허가, 설립등기	
특별요건		재산의 출연
설립행위	• 2인 이상 설립자의 정관작성 • 합동행위, 요식행위 • 생전행위	• 설립자의 재산 출연과 정관작성 • 단독행위, 요식행위 • 생전행위(증여) 또는 사후행위(유증)
정관의 필요적 기재사항	목적, 명칭, 사무소 소재지, 자산에 관한 규정, 이사의 임면에 관한 규정	
	사원자격의 득실에 관한 규정, 존립시기·해산사유를 '정하는 경우' 그 시기·사유	
정관변경	사원총회의 결의와 주무관청의 허가	주무관청의 허가
	• 자주적으로 변경 가능 • 모든 사항의 변경 가능 • 정관변경금지규정의 변경은 전사원의 동의로 가능 • 정관변경·해산 결의는 총회의 전권 사항	• 원칙적으로 변경 불가하나 정관에 규정된 경우에는 그 규정에 따라 변경 가능 • 명칭·사무소 소재지 변경 가능 • 주무관청의 허가를 얻어 설립취지를 참작하여 설립자나 이사가 변경 가능
등기사항	목적, 명칭, 사무소, 설립허가의 연월일, 자산의 총액, 이사의 성명·주소, 존립시기나 해산사유를 정한 때에는 그 시기 또는 사유, 출자의 방법을 정한 때에는 그 방법, 이사의 대표권을 제한한 때에는 그 제한	
의사결정	사원총회·이사	이사
사무집행	이사	
해산사유	존립기간의 만료, 기타 정관에 정한 해산사유의 발생, 법인의 목적의 달성 또는 달성불능, 파산, 설립허가의 취소	
특별사유	사원이 없게 된 때, 총회의 결의가 있는 때	

┃ 정답해설 ┃

⑤ 상점에 있는 상품 전체처럼 집합물은 본래 하나의 물건이 아니라 복수의 물건이다. 따라서 일물일권주의에 따라 집합물에 하나의 물권이 성립하는 것은 원칙적으로 불가능하지만, 「공장 및 광업재단 저당법」, 「입목에 관한 법률」 등의 특별법에 의해 공시방법이 인정되면 법적으로 하나의 물건으로 취급된다.

더 알아보기 동산과 부동산 비교

구분	동산	부동산
물권	점유권, 소유권, 유치권, 질권, 양도담보	점유권, 소유권, 지상권, 지역권, 전세권, 유치권, 저당권, 양도담보
공시 방법	점유(인도)	등기
공신의 원칙	인정 → 선의취득	불인정
무주물 선점유 실물 습득	인정	불인정
매장물 발견	인정	인정
부합	• 원칙 : 주된 동산의 소유자 • 예외 : 주종구별 없으면 공유	• 원칙 : 부동산의 소유자가 취득 • 예외 : 권원에 의한 부속인 경우
가공	인정	불인정
취득 시효	• 일반 : 10년 • 단기 : 5년	• 점유 : 20년 • 등기 : 10년
상린 관계	부적용	적용
환매	3년	5년
강제 집행	압류	강제관리, 강제경매
재판 관할	보통 재판적	부동산소재지 특별재판적

10 난도 ★ 　　　　　　　　　　답 ③

┃정답해설┃

③ 형사사건에서의 성공보수약정은 선량한 풍속 기타 사회질서에 위배되는 것으로 평가할 수 있다[2015다200111 전합]. 그러나 변호사가 민사소송의 승소 대가로 성공보수를 받기로 한 약정은 약정된 보수액이 부당하게 과다하여 형평의 원칙에 반한다고 볼 만한 특별한 사정이 없는 한 반사회적 법률행위에 해당하지 아니한대[2009다21249].

11 난도 ★★ 　　　　　　　　　　답 ②

┃정답해설┃

② 강제집행을 면할 목적으로 부동산에 허위의 근저당권설정등기를 경료하는 행위는 선량한 풍속 기타 사회질서에 위반한 사항을 내용으로 하는 법률행위로 볼 수 없다[2003다70041].

12 난도 ★★★ 　　　　　　　　　　답 ④

┃정답해설┃

④ 32만 달러로 적는다는 것을 23만 달러로 잘못 적은 경우[오기(誤記)·오담(誤談)]와 같이 표시행위 자체를 잘못한 경우인데 다수설에 의하면 표시상의 착오는 표시대로 유효하고 민법 제109조의 착오에 해당하여 취소대상이 된다.

13 난도 ★ 　　　　　　　　　　답 ①

┃정답해설┃

① 도달이라 함은 사회통념상 상대방이 통지의 내용을 알 수 있는 객관적 상태에 놓여 있는 경우를 가리키는 것으로서, 상대방이 통지를 현실적으로 수령하거나 통지의 내용을 알 것까지는 필요로 하지 않는 것이므로, 상대방이 정당한 사유 없이 통지의 수령을 거절한 경우에는 상대방이 그 통지의 내용을 알 수 있는 객관적 상태에 놓여 있는 때에 의사표시의 효력이 생기는 것으로 보아야 한다[2008다19973].

14 난도 ★ 　　　　　　　　　　답 ②

┃정답해설┃

② 대리권 남용은 대리권의 범위내의 행위이므로 무권대리는 성립할 수 없고, 상대방이 대리인의 대리권 남용사실을 알았거나 알 수 있었을 경우에는 민법 제107조 제1항 단서(비진의표시)의 유추해석상 그 대리인의 행위는 본인의 대리행위로 성립할 수 없으므로 본인은 대리인의 행위에 대해 아무런 책임이 없다[2000다20694].

15 난도 ★★★ 　　　　　　　　　　답 ④

┃오답해설┃

① 추인의 의사표시는 직접의 상대방이나 그 무권대리행위로 인한 권리 또는 법률관계의 승계인, 무권대리인에게 할 수 있다[80다2314].

② 다른 자의 대리인으로서 계약을 맺은 자가 그 대리권을 증명하지 못하고 또 본인의 추인을 받지 못한 경우에는 그는 상대방의 선택에 따라 계약을 이행할 책임 또는 손해를 배상할 책임이 있다(제135조 제1항).

③ 추인은 다른 의사표시가 없는 때에는 계약시에 소급하여 그 효력이 생긴다(제133조 본문).

⑤ 대리권 없는 자가 타인의 대리인으로 계약을 한 경우에 상대방은 상당한 기간을 정하여 본인에게 그 추인여부의 확답을 최고할 수 있다. 본인이 그 기간 내에 확답을 발하지 아니한 때에는 추인을 거절한 것으로 본다(제131조).

16 난도 ★★ 　　　　　　　　　　답 ②

┃정답해설┃

② 법정대리인이나 후견인은 본인이 제한능력자인 동안에도 추인할 수 있다(제144조 제2항).

17 난도 ★ 　　　　　　　　　　답 ①

┃정답해설┃

① 당사자가 조건성취의 효력을 그 성취 전에 소급하게 할 의사를 표시한 때에는 그 의사에 의한다(제147조 제3항).

18 난도 ★ 〔답〕⑤

┃정답해설┃

⑤ 주, 월 또는 연의 처음으로부터 기간을 기산하지 아니하는 때에는 최후의 주, 월 또는 연에서 그 기산일에 해당한 날의 전일로 기간이 만료한다(제160조 제2항).

19 난도 ★★ 〔답〕②

┃정답해설┃

② 소멸시효의 이익은 미리 포기하지 못한다(제184조 제1항).

더 알아보기	소멸시효와 제척기간 비교	
구분	소멸시효	제척기간
구별 기준	조문에 '시효에 인하여 소멸한다.'는 표현 유무에 의한다.	
존재 이유	사실상태의 존중	법률 및 권리관계의 조속한 확정
권리의 소멸	• 절대적 소멸설 → 당연소멸 • 상대적 소멸설 → 시효원용권이 생길 뿐	당연소멸, 원용불요
소급효	소급하여 소멸	장래를 향하여 소멸
중단, 정지제도	있다	없다
포기	시효완성 후 포기 가능	권리는 당연소멸
기간의 단축	있다	없다
입증 책임	소멸되는 권리의 상대방이 권리의 소멸을 주장	권리자가 권리의 존속을 주장
직권고려 여부	원용이 있어야 법원이 고려함	법원이 직권고려
인정 범위	대부분의 청구권	대부분의 형성권

20 난도 ★★★ 〔답〕⑤

┃정답해설┃

⑤ 소멸시효의 기산일은 채무의 소멸이라고 하는 법률효과 발생의 요건에 해당하는 소멸시효 기간 계산의 시발점으로서 소멸시효 항변의 법률요건을 구성하는 구체적인 사실에 해당하므로 이는 변론주의의 적용 대상이고, 따라서 본래의 소멸시효 기산일과 당사자가 주장하는 기산일이 서로 다른 경우에는 변론주의의 원칙상 법원은 당사자가 주장하는 기산일을 기준으로 소멸시효를 계산하여야 하는데, 이는 당사자가 본래의 기산일보다 뒤의 날짜를 기산일로 하여 주장하는 경우는 물론이고 특별한 사정이 없는 한 그 반대의 경우에 있어서도 마찬가지이다[94다35886].

더 알아보기	소멸시효의 기산점	
구분		기산점
변론주의		당사자가 주장한 시점을 기준으로 판단한다.
조건부 권리	정지 조건부 권리	조건이 성취된 때부터
	해제 조건부 권리	조건성취가 미정인 동안에도 소멸시효는 진행
시기부 권리	확정 기한부 권리	기한이 도래한 때부터
	불확정 기한부 권리	객관적으로 기한이 도래한 때부터
기한이 정해져 있지 않은 채권		채권발생시(권리발생시)부터
부당 이득 반환 청구권	원칙	부당이득을 취득한 때부터
	무효인 경우	무효인 법률행위에 기한 급부가 있는 때부터
	취소된 경우	취소가 있는 때부터

불법행위에 기한 손해배상청구권	원칙	손해 및 가해자를 안 날로부터 3년, 불법행위를 한 날로부터 10년
	계속적 불법행위인 경우	나날이 발생한 새로운 각 손해를 안 날로부터 별개로 소멸시효가 진행
채무불이행에 기한 손해배상청구권	원칙	채무불이행시로부터
	이행불능	소유권이전채무가 이행불능된 때부터
구상권	보증인 등의 구상권	권리가 발생하여 이를 행사할 수 있는 때부터
	보증인의 사후구상권과 사전구상권	각각 그 권리가 발생되어 이를 행사할 수 있는 때부터
	공동불법행위자에 대한 구상권	구상권자가 현실로 피해자에게 손해금을 지급한 때부터
무권대리에서 상대방의 권리	무권대리인에 대한 권리	상대방이 선택권을 행사할 수 있는 때부터
	본인의 추인이 있는 경우	본인이 추인한 때부터
해지통고의 경우		해지통고를 할 수 있는 때로부터 소정의 유예기간이 경과한 때부터
반환시기의 약정이 없는 반환채권	소비임치	소비임치계약이 성립한 때부터
	소비대차	반환청구권 성립시(물건인도시)부터 상당한 기간이 경과한 때부터
할부채권		• 정지조건부 기한이익상실의 특약 → 기한이익이 상실된 때부터 • 형성권적 기한의 이익상실특약 → 1회의 불이행이 있는 경우는 각 할부금에 대해 그 변제기의 도래시마다 그 때부터 순차로 진행하고, 채권자가 잔존채무 전액의 변제를 청구한 경우에는 전액에 대해 그 때부터 진행한다.

부작위채권		위반행위를 한 때부터
동시이행항변권이 붙은 채권		이행기 도래시부터
용익물권	원칙	권리발생시부터
	불계속 지역권	최후의 권리행사가 있었던 때부터

21 난도 ★　　　　답 ③

┃오답해설┃

① 법률은 국회가 제정하는 형식적 의미의 법률(헌법상 의미의 법률)을 의미하고 명령·규칙은 제외된다.
② 물권은 법률 또는 관습법에 의하는 외에는 임의로 창설하지 못한다(제185조). 관습법상 법정지상권처럼 관습법에 의한 물권의 성립을 인정한다.
④ 개인소유 도로를 오랜 기간 통행한 경우 사도통행권이 관습법상 인정된다는 것은 관습법 어디에도 근거가 없다[2001다64165].
⑤ 미등기 무허가건물의 양수인이라 할지라도 그 소유권이 전등기를 경료받지 않는 한 양수인에게 소유권에 준하는 관습상의 물권이 있다고 볼 수도 없으므로, 그 건물의 불법점거자에 대하여 직접 자신의 소유권 등에 기하여 명도를 청구할 수는 없다[2007다11347].

22 난도 ★★★　　　　답 ②

┃오답해설┃

ㄴ. [×] 간접점유자인 임대인은 점유매개관계에 기해 물건을 점유하는 직접점유자인 임차인에 대해 점유보호청구권·자력구제권을 행사할 수 없으나, 임대차목적물 침해자인 제3자에 대하여는 점유보호청구권이나 본권에 기한 물권적청구권을 행사할 수 있다.
ㄹ. [×] 소유권을 양도함에 있어 소유권에 의해 발생되는 물상청구권을 소유권과 분리하여 소유권 없는 전소유자에게 유보하여 제3자에 대해 이를 행사케 하는 것은 소유권이 절대적 권리인 점에 비추어 허용될 수 없다. 따라서

일단 소유권을 상실한 전소유자는 제3자인 불법점유자에 대해 물권적 청구권에 의한 방해배제를 청구할 수 없고 방해배제소송의 계속 중에 소유권을 양도한 양도인은 방해배제를 계속 청구할 수 없다[68다725 전합].

23 난도 ★
답 ⑤

정답해설
⑤ 20년간 소유의 의사로 평온, 공연하게 부동산을 점유하는 자는 등기함으로써 그 소유권을 취득한다(제245조 제1항).

24 난도 ★
답 ④

정답해설
④ 기존건물이 멸실된 후 그곳에 새로이 건축한 건물의 물권변동에 관한 등기를 멸실된 건물의 등기부에 하여도 이는 진실에 부합하지 아니하는 것으로서 무효이다[75다2211].

25 난도 ★★
답 ④

오답해설
ㄴ. [×] 사망한 전소유자 명의의 신청에 의해 경료된 소유권이전등기[83다카597] 또는 허무인으로부터 이어받은 소유권이전등기[84다카2494]는 특별한 사정이 없는 한 등기의 추정력을 인정할 여지가 없다[2003다3157].

26 난도 ★★
답 ⑤

정답해설
⑤ 현실의 인도, 간이인도[80다2530], 목적물반환청구권의 양도의 경우[97다48906]에는 선의취득할 수 있다. 그러나 점유개정에 의한 점유취득만으로는 그 선의취득의 요건을 충족할 수 없다[2003다30463].

27 난도 ★
답 ③

정답해설
③ 합유지분 포기가 적법하다면 그 포기된 합유 지분은 나머지 잔존 합유지분권자들에게 균분으로 귀속하게 되지만 이는 등기하여야 효력이 있고 지분을 포기한 합유지분권자로부터 잔존 합유지분권자들에게 합유지분권 이전등기가 이루어지지 아니하는 한 지분을 포기한 지분권자는 제3자에 대하여 여전히 합유지분권자로서의 지위를 가지고 있다고 보아야 한다[96다16896].

28 난도 ★
답 ①

정답해설
① 전세권 기타의 관계로 타인으로 하여금 물건을 점유하게 한 자(전세권설정자)는 간접으로 점유권이 있다(제194조).

오답해설
② 판례는 점유권은 점유권자의 사망으로 인하여 상속인에게 이전하는 것이고 상속인이 미성년자인 경우에는 그 법정대리인을 통하여 점유권을 승계 받아 점유를 계속할 수 있는 것이며 점유의 계속은 추정된다[88다카8217]고 판시함으로써 점유와 점유권을 구별하고 있다.
③·④ 자기 소유의 물건을 도난당하고 며칠이 지난 경우, 피해자는 소유권자로서 점유할 권리는 있지만 점유를 상실하였으므로 점유권이 없고, 절도범은 점유할 권리는 없지만 현재의 점유자로서 점유권이 있다.
⑤ 점유보조자가 가사상, 영업상 기타 유사한 관계에 의하여 타인의 지시를 받아 물건에 대한 사실상의 지배를 하는 때에는 그 타인만을 점유자로 한다(제195조).

29 난도 ★
답 ③

정답해설
③ 점유물반환청구권은 침탈을 당한 날로부터 1년 내에 행사하여야 한다(제204조 제3항).

30 난도 ★   답 ③

┃정답해설┃

③ 점유물이 점유자의 책임 있는 사유로 인하여 멸실 또는 훼손한 때에는 선의의 자주점유자는 이익이 현존하는 한도에서 배상하여야 한다(제202조 참조).

31 난도 ★   답 ①

┃정답해설┃

① 자연인, 법인, 국가나 지방자치단체도 주체가 될 수 있다. 문중 또는 종중과 같이 법인 아닌 사단 또는 재단도 취득시효완성으로 인한 소유권을 취득할 수 있다[69다2013].

더 알아보기 취득시효의 종류	
부동산물권(소유권, 지상권, 지역권, 전세권)	
점유 시효취득	등기부 시효취득
20년	10년
자주 · 평온 · 공연	+ 선의 · 무과실
동산물권(소유권, 질권)	
일반 시효취득	단기 시효취득
10년	5년
자주 · 평온 · 공연	+ 선의 · 무과실

32 난도 ★   답 ③

┃정답해설┃

③ 공유자는 다른 공유자의 동의없이 공유물을 처분(공유물의 양도 · 담보권설정 · 전세권설정 등)하거나 변경(공유물에 대한 물리적 변화)하지 못한다(제264조).

더 알아보기 공유, 합유, 총유 비교			
구분	공유(共有)	합유(合有)	총유(總有)
지분의 처분	자유	전원의 동의	지분 개념 없다
분할 청구	자유, 단 분할금지 특약(5년)	분할청구 금지	분할 개념 없다

보존 행위	각자, 단독	각자, 단독	사원총회 결의
관리 행위	지분의 과반수	조합원의 과반수	사원총회 결의
사용 · 수익	지분비율 → 공유물 전부	공유물 전부	정관, 규약
처분 · 변경	전원의 동의	전원의 동의	사원총회 결의
종료 사유	공유물의 양도, 분할	합유물의 양도, 조합의 해산	총유물의 양도, 사원지위의 득실
등기	공유의 등기, 지분등기	합유자 전원명의, 합유취지 기재	비법인사단 명의

33 난도 ★★★   답 ⑤

┃정답해설┃

⑤ 제3자 丁이 명의수탁자의 부동산횡령 등 범죄행위에 적극 가담하여 물권을 이전받았다면 그것은 공서양속위반 행위로서 절대적 무효이고, 이 경우에는 제3자로서 보호받지 못한다.

더 알아보기   3자간 등기명의신탁

① 매도인과 신탁자간의 매매계약은 유효이다.
② 신탁자와 수탁자간의 명의신탁약정은 무효이다.
③ 매도인이 수탁자 앞으로 직접 중간생략등기를 마쳤더라도 실체관계에 부합하지 않아서 무효이다.
④ 소유권은 매도인에게 복귀
　㉠ 매도인은 소유권에 기해 수탁자명의의 등기를 직접말소청구할 수 있다.
　㉡ 명의신탁자는 매도인을 대위하여 수탁자명의의 등기말소를 청구할 수 있다.
　㉢ 명의수탁자가 신탁자 앞으로 바로 마쳐준 소유권이전등기는 실체관계에 부합하여 유효이다.
　㉣ 매도인은 수탁자를 상대로 진정명의회복을 원인으로 하는 소유권이전등기를 청구할 수 있다.
　㉤ 소유권은 매도인에게 복귀한 상태이므로 명의신탁자는 명의수탁자를 상대로 부당이득을 원인으로 하여 소유권이전등기를 청구할 수 없다.

⑤ 매도인과 명의신탁자 사이의 매매계약은 유효하므로 명의신탁자는 매도인에게 매매계약에 기한 소유권이전등기를 청구할 수 있고, 명의신탁자가 목적부동산을 인도받아 점유하고 있는 경우, 소유권이전등기청구권은 소멸시효에 걸리지 않는다.

⑥ 명의수탁자가 제3자 명의로 이전등기를 해준 경우
  ㉠ 제3자는 유효하게 소유권을 취득한다.
  ㉡ 명의수탁자는 신탁부동산의 처분대금을 취득하게 되므로 명의신탁자에게 그 이익을 부당이득으로 반환해야 한다.

⑦ 명의수탁자 앞으로 이전된 부동산 소유명의를 명의신탁자나 제3자 앞으로 이전하거나 가등기를 통해 보전하기로 약정하는 것은 무효이다.

34 난도 ★   답 ④

▮ 정답해설 ▮

④ 민법 제283조 제2항 소정의 지상물매수청구권은 지상권이 존속기간의 만료로 인하여 소멸하는 때에 지상권자에게 갱신청구권이 있어 그 갱신청구를 하였으나 지상권설정자가 계약갱신을 원하지 아니할 경우 행사할 수 있는 권리이므로, 지상권자의 지료연체를 이유로 토지소유자가 그 지상권소멸 청구를 하여 이에 터잡아 지상권이 소멸된 경우에는 매수청구권이 인정되지 않는다[93다10781].

35 난도 ★★★   답 ①

▮ 정답해설 ▮

① 동일인의 소유에 속하였던 토지와 건물이 매매, 증여, 강제경매, 국세징수법에 의한 공매 등으로 그 소유권자를 달리하게 된 경우에 그 건물을 철거한다는 특약이 없는 한 건물소유자는 그 건물의 소유를 위하여 그 부지에 관하여 관습상의 법정지상권을 취득하는 것이고 그 건물은 건물로서의 요건을 갖추고 있는 이상 무허가건물이거나 미등기건물이거나를 가리지 않는다[87다카2404].

더 알아보기   **관습법상 법정지상권**

1. 처분 당시 토지와 지상건물이 동일인에게 귀속

① 관습법상의 법정지상권이 성립하려면 토지와 건물의 소유권이 분리될 당시에 토지와 그 지상건물이 동일인의 소유에 속하였어야 한다.

② 토지와 그 지상 건물이 애초부터 원시적으로 동일인의 소유에 속하였을 필요는 없고, 그 소유권이 유효하게 변동될 당시에 토지와 그 건물이 동일인 소유이기만 하면된다.

③ 무허가 또는 미등기건물을 소유하기 위한 관습법상의 법정지상권도 성립할 수 있다.

④ 지상권이 부정되는 경우
  ㉠ 타인 소유의 대지 위에 건물을 신축한 경우(대지와 건물의 소유자가 다름)
  ㉡ 원래 동일인에게의 소유권 귀속이 원인무효임이 밝혀져 건물과 토지의 소유자가 달라지게 된 경우

⑤ 강제경매의 경우
  ㉠ 압류나 그 압류에 선행한 가압류가 있기 이전에 저당권이 설정되어 있다가 그 후 강제경매로 인해 그 저당권이 소멸하는 경우에는, 그 저당권 설정 당시를 기준으로 토지와 그 지상 건물이 동일인에게 속하였는지에 따라 관습상의 법정지상권의 성립 여부를 판단하여야 한다.
  ㉡ 강제경매개시결정 이전에 가압류가 되어 있다가 그 가압류가 강제경매개시결정으로 인하여 본압류로 이행되어 경매절차가 진행된 경우에는 애초 가압류가 효력을 발생한 때를 기준으로 토지와 그 지상 건물이 동일인에 속하였는지에 따라 관습상 법정지상권의 성립 여부를 판단하여야 한다.

2. 처분(매매 기타 원인)으로 소유자가 달라질 것

① 동일한 소유자에 속하는 토지와 그 지상건물이 매매, 강제경매, 대물변제, 증여, 귀속재산처리법상의 불하처분, 공매, 공유물분할 등의 사유로 다른 소유자에 속한 경우 지상권을 취득한다.

② 환지처분, 채권자취소권의 행사로 인해 토지와 건물의 소유자가 달라진 경우에는 법정지상권이 성립하지 않는다.

③ 환매로 인해 토지와 건물의 소유자가 달라진 경우 법정지상권을 취득하지 못한다.

3. 건물철거의 합의가 없을 것

① 관습법상의 법정지상권이 성립하기 위해서는 당사자 사이에 건물을 철거한다는 특약이 없어야 성립한다.

② 관습상 법정지상권을 미리 포기하기로 하는 약정은 효력이 있다. 따라서 대지상의 건물만을 매수(관습상 법정지상권 성립 후)하면서 대지에 관한 임대차계약을 체결하였다면 관습상의 법정지상권을 포기하였다고 본다.

4. 법정지상권 성립여부

① 甲으로부터 대지와 건물이 함께 乙에게 매도되었으나 대지에 관하여만 乙명의로 소유권이전등기가 경료되고 건물의 소유명의가 甲에게 남아 있는 경우에는 관습법상의 법정지상권을 인정할 필요가 없다.

② 공유지분

　㉠ 공유토지 위에 건물을 소유하고 있는 토지공유자 중 1인이 자기의 토지 지분만을 매도한 경우, 토지 전체에 관해 법정지상권은 성립할 수 없다.

　㉡ 토지공유자의 한 사람이 다른 공유자의 지분 과반수의 동의를 얻어 건물을 건축한 후 토지와 건물의 소유자가 달라진 경우 법정지상권은 인정되지 않는다.

　㉢ 건물부지의 공유자들이 그 대지를 분할하여 그 건물부지를 공유자중의 한사람의 단독소유로 귀속된 경우에는 특별한 사정이 없는 한 그 건물 소유자는 그 건물을 위하여 관습에 의한 법정지상권을 취득한다.

　㉣ 건물 공유자 중 한사람이 대지를 단독소유하고 있다가 대지가 경매로 제3자에게 낙찰된 경우 건물 공유자가 법정지상권을 취득한다.

③ 甲과 乙이 1필지의 대지를 구분소유적으로 공유하던 중, 甲이 자기 몫으로 점유하던 특정부분에 건물을 신축하여 자신의 이름으로 등기하였으나, 乙이 강제경매로 대지에 관한 甲의 지분을 모두 취득한 경우 법정지상권이 인정된다.

36 난도 ★　　　　　　　　**답** ③

┃정답해설┃

③ 전세권자(전세권설정자가 아님)는 목적물의 현상을 유지하고 그 통상의 관리에 속한 수선을 하여야 한다(제309조). 따라서 전세권자는 임차인과 달리 필요비상환청구권이 없다(제310조 제1항).

37 난도 ★　　　　　　　　**답** ②

┃오답해설┃

ㄴ. [×] 건물의 임대차에 있어서 임차인의 임대인에게 지급한 임차보증금반환청구권이나 임대인이 건물시설을 아니하기 때문에 임차인에게 건물을 임차목적대로 사용못한 것을 이유로 하는 손해배상청구권은 모두 그 건물에 관하여 생긴 채권이라 할 수 없어 유치권을 부정한다[75다1305].

ㄹ. [×] 부동산 매도인이 매매대금을 다 지급받지 않은 상태에서 매수인에게 소유권이전등기를 마쳐주었으나 부동산을 계속 점유하고 있는 경우, 매매대금채권을 피담보채권으로 하여 매수인이나 그에게서 부동산 소유권을 취득한 제3자에게 유치권을 주장할 수 없다[2011마2380].

38 난도 ★★　　　　　　　　**답** ④

┃정답해설┃

④ 제353조 제4항

> **제353조(질권의 목적이 된 채권의 실행방법)**
> ④ 채권의 목적물이 금전 이외의 물건인 때에는 질권자는 그 변제를 받은 물건에 대하여 질권을 행사할 수 있다.

┃오답해설┃

① 양도성이 있는 재산권에 한한다(제355조, 제331조). 채권·주식·지식재산권 등이 주로 이용된다. 부동산의 사용·수익을 목적으로 하는 지상권·전세권·부동산임차권 등은 제외된다. 광업권·어업권은 질권의 목적으로 할 수 없다(광업법 제11조, 수산업법 제16조 제3항). 점유권·소유권·지역권은 성질상 질권의 객체가 될 수 없다.

② 질권자는 질권의 목적이 된 채권을 직접 청구할 수 있다(제353조 제1항).

③ 지명채권을 목적으로 한 질권의 설정은 설정자가 제450조의 규정에 의하여 제3채무자에게 질권설정의 사실을 통지하거나 제3채무자가 이를 승낙함이 아니면 이로써 제3채무자 기타 제3자에게 대항하지 못한다(제349조 제1항).

⑤ 지시채권을 질권의 목적으로 한 질권의 설정은 증서에 배서하여 질권자에게 교부함으로써 그 효력이 생긴다(제350조).

구분	동산질권	채권질권
공통점	타물권, 약정담보물권, 피담보채권의 범위, 과실수취권, 선관의무와 목적물보존에 필요한 사용권, 필요비·유익비 상환청구권, 점유보호청구권(채권증서가 없는 경우는 제외)과 질권에 기한 물권적 청구권, 우선변제적 효력, 책임전질·승낙전질 가능, 유질계약의 금지(금전채권 입질의 경우에 예외 인정), 목적물반환시의 질권소멸(지명채권 입질의 경우 제외)	
객체	동산	채권
설정 방법	질권설정 합의와 목적물 인도 (점유개정 불가)	• 지명채권 – 합의(증서가 있으면 증서교부 요함. 점유개정에 의한 증서교부도 가능) • 지시채권 – 합의와 증서의 배서·교부 • 무기명채권 – 합의와 증서의 교부
유치적 효력	강함	미약함 (증서가 없는 경우에는 유치적 효력이 없음)
우선변제를 받는 방법	경매·간이 변제충당	채권의 직접청구와 민사집행법이 정하는 집행방법 (추심·전부·현금화)
질권 설정자의 권리처분 제한	없음	있음 (제352조 – 목적권리의 소멸·불이익변경 금지)

39 난도 ★★ 답 ①

오답해설

ㄴ. [×] 저당목적물의 소유자 또는 제3자가 저당목적물을 물리적으로 멸실·훼손하는 경우는 물론 그 밖의 행위로 저당부동산의 교환가치가 하락할 우려가 있는 등 저당권자의 우선변제청구권의 행사가 방해되는 결과가 발생한다면 저당권자는 저당권에 기한 방해배제청구권을 행사하여 방해행위의 제거(건축공사의 중지)를 청구할 수 있다[2003다58454].

ㄷ. [×] 저당물의 제3취득자가 그 부동산의 보존, 개량을 위하여 필요비 또는 유익비를 지출한 때에는 제203조

제1항, 제2항의 규정에 의하여 저당물의 경매대가에서 우선상환을 받을 수 있다(제367조)

ㄹ. [×] 채권담보를 위해 저당권을 설정하는 경우 제3자 명의로 저당권등기를 하는 데 대해 채권자와 채무자 및 제3자 사이에 합의가 있었고, 나아가 제3자에게 그 채권이 실질적으로 귀속되었다고 볼 수 있는 특별한 사정이 있는 경우에는 제3자 명의의 저당권등기도 유효하다[94다33583].

40 난도 ★★★ 답 ②

정답해설

② 근저당권은 장래의 증감·변동하는 불특정의 채권을 일정한 한도액까지 담보한다는 점에서 장래의 특정채권을 담보하기 위한 저당권과는 다르다.

① 피담보채무는 근저당권설정계약에서 정한 존속기간이나 결산기가 도래한 때에 확정된다.

② 근저당권의 존속기간이나 그 결산기를 정하지 아니한 경우, 근저당권설정자는 근저당권자를 상대로 언제든지 해지의 의사표시를 함으로써 피담보채무를 확정시킬 수 있다.

③ 근저당채무자가 파산선고를 받거나, 채무자에 대한 회생절차 개시결정이 있는 때에도 확정된다.

④ 경매신청의 경우
  ㉠ 근저당권자가 경매신청을 한 경우에는 경매를 신청한 근저당권자의 피담보채권액은 경매신청시에 확정된다.
  ㉡ 경매개시결정이 있은 후에 경매신청이 취하되었다고 하더라도 채무확정의 효과가 번복되는 것은 아니다.
  ㉢ 후순위권리자(전세권자나 근저당권자 등)가 경매를 신청한 경우 선순위근저당권자의 채권은 경락인이 경락대금을 완납한 때에 확정된다.

⑤ 피담보채권이 확정되면 그 이후부터 보통의 저당권과 같은 취급을 받게 된다.

⑥ 근저당권자의 경매신청 등의 사유로 인하여 근저당권의 피담보채권이 확정되었을 경우, 확정 이후에 새로운 거래관계에서 발생한 원본채권은 그 근저당권에 의하여 담보되지 아니한다.

⑦ 확정 전에 발생한 원본채권에 관하여 확정 후에 발생하는 이자나 지연손해금채권은 채권최고액의 범위 내에서 근저당권에 의하여 여전히 담보되는 것이다.

05 2018년 제29회 정답 및 해설

01	02	03	04	05	06	07	08	09	10	11	12	13	14	15	16	17	18	19	20
④	①	④	①	③	⑤	③	⑤	⑤	①	⑤	④	②	②	②	①	③	⑤	②	①
21	22	23	24	25	26	27	28	29	30	31	32	33	34	35	36	37	38	39	40
②	③	③	③	①	①	⑤	③	②	④	③	④	④	④	⑤	①	⑤	③	④	②

01 난도 ★★   답 ④

▎정답해설▎

④ 실종선고가 취소되지 아니하는 한, 임의로 실종기간이 만료하여 사망한 때로 간주되는 시점과는 달리 사망시점을 정하여 이미 개시된 상속을 부정하고 이와 다른 상속관계를 인정할 수는 없다[94다21542].

▎오답해설▎

① 부재자가 재산관리인을 둔 경우 그 관리인은 부재자의 임의대리인에 해당하며, 법원은 원칙적으로 간섭할 수 없다. 따라서 그의 권한은 위임계약 및 민법 제118조에 의하여 정하여지며 그 관리인에게 필요한 처분권까지 주어진 경우에는 그 재산을 처분함에 있어서 법원의 허가를 받을 필요는 없다[72다2136].

② 제1순위 상속인이 있는 경우 부재자의 자매로서 제2순위 상속인, 제4순위 상속인 등에 불과한 자는 부재자에 대한 실종선고를 청구 할 이해관계인이 될 수 없다.

③ 80다1872・1873

⑤ 82다144

02 난도 ★   답 ①

▎정답해설▎

① 유언에는 민법 제5조가 적용되지 않으며(제1062조) 만 17세 이상이면 단독으로 유언이 가능하다(제1061조).

제1061조(유언적령)
만 17세에 달하지 못한 자는 유언을 하지 못한다.

제1061조(유언적령)
17세에 달하지 못한 자는 유언을 하지 못한다. 〈개정 2022.12.27.〉 [시행일 : 2023.6.28.]

제1062조(제한능력자의 유언)
유언에 관하여는 제5조, 제10조 및 제13조를 적용하지 아니한다.

03 난도 ★★   답 ④

▎정답해설▎

ㄴ. [✕] 최고의 상대방은 최고를 수령할 수 있는 능력이 있고 또한 추인할 수 있는 자에 한한다(제140조, 제143조). 따라서 제한능력자는 능력자로 된 후에만 최고의 상대방이 될 수 있고(제15조 제1항), 아직 제한능력자인 때에는 법정대리인 만이 최고의 상대방이 된다(제15조 제2항).

ㄷ. [✕] 철회권은 제한능력자와 거래한 상대방이 본인의 추인이나 취소가 있을 때까지 불확정적인 법률행위를 확정적 무효로 돌리는 행위로(제16조 제1항 본문) 계약에서 인정되며 계약당시 제한능력자임을 몰랐던 선의의 상대방에 한한다(제16조 제1항).

▎오답해설▎

ㄱ. [○] 乙은 법정대리인으로서 甲의 제한능력을 이유로 계약을 취소할 수 있다.

04 난도 ★★   답 ①

정답해설

① 비법인사단의 경우에는 대표자의 대표권 제한에 관하여 등기할 방법이 없어 민법 제60조의 규정을 준용할 수 없고, 비법인사단의 대표자가 정관에서 사원총회의 결의를 거쳐야 하도록 규정한 대외적 거래행위에 관하여 이를 거치지 아니한 경우라도, 이와 같은 사원총회 결의사항은 비법인사단의 내부적 의사결정에 불과하다 할 것이므로, 그 거래 상대방이 그와 같은 대표권 제한 사실을 알았거나 알 수 있었을 경우가 아니라면 그 거래행위는 유효하다고 봄이 상당하고, 이 경우 거래의 상대방이 대표권 제한 사실을 알았거나 알 수 있었음은 이를 주장하는 비법인사단측이 주장·입증하여야 한다[2002다64780].

05 난도 ★★ 답 ③

정답해설

③ 법인이 그 대표자의 불법행위로 인하여 손해배상의무를 지는 것은 그 대표자의 직무에 관한 행위로 인하여 손해가 발생한 것임을 요한다 할 것이나, 그 직무에 관한 것이라는 의미는 행위의 외형상 법인의 대표자의 직무행위라고 인정할 수 있는 것이라면 설사 그것이 대표자 개인의 사리를 도모하기 위한 것이었거나 혹은 법령의 규정에 위배된 것이었다 하더라도 위의 직무에 관한 행위에 해당한다고 보아야 한다[2003다15280].

06 난도 ★★   답 ⑤

정답해설

⑤ 제45조 제2항

> **제45조(재단법인의 정관변경)**
> ② 재단법인의 목적달성 또는 그 재산의 보전을 위하여 적당한 때에는 전항의 규정에 불구하고 명칭 또는 사무소의 소재지를 변경할 수 있다.

오답해설

① 사단법인의 정관의 변경은 주무관청의 허가를 얻지 않으면 그 효력이 없다(제42조 제2항).
② 이사의 대표권에 대한 제한은 이를 정관에 기재하지 아니하면 그 효력이 없다(제41조).

③ 존립시기나 해산사유는 재단법인설립자가 정관에 기재해야 할 사항이 아니다(제43조, 제40조).
④ 재단법인의 설립자가 그 명칭, 사무소소재지 또는 이사임면의 방법을 정하지 아니하고 사망한 때에는 이해관계인 또는 검사의 청구에 의하여 법원이 이를 정한다(제44조).

07 난도 ★★   답 ③

정답해설

ㄱ. [O] 명문의 규정은 없으나 칠물의과실에 대해서도 질권의 효력이 미치며 질권자는 과실을 취득하여 자기 채권의 우선변제에 사용할 수 있다.
ㄴ. [O] 유치권자는 유치물의 과실을 수취하여 다른 채권자보다 먼저 그 채권의 변제에 충당할 수 있다(제323조 제1항).
ㄷ. [O] 선의의 점유자는 점유물의 과실을 취득한다(제201조 제1항).

오답해설

ㄹ. [×] 전세권설정자가 아닌 전세권자가 과실수취권을 갖는다.

08 난도 ★★ 답 ⑤

정답해설

⑤ 매매계약이 약정된 매매대금의 과다로 말미암아 민법 제104조에서 정하는 '불공정한 법률행위'에 해당하여 무효인 경우에도 무효행위의 전환에 관한 민법 제38조가 적용될 수 있다. 따라서 당사자 쌍방이 위와 같은 무효를 알았더라면 대금을 다른 액으로 정하여 매매계약에 합의하였을 것이라고 예외적으로 인정되는 경우에는, 그 대금액을 내용으로 하는 매매계약이 유효하게 성립한다[2009다50308].

09 난도 ★★　　　　　　답 ⑤

10 난도 ★★　　　　　　답 ①

11 난도 ★　　　　　　답 ⑤

12 난도 ★★　　　　　　답 ④

믿음에 정당한 사유가 있다고 인정되는 자에 대하여는 책임이 있다는 일반적인 권리외관 이론에 그 기초를 두고 있는 것인 점에 비추어 볼 때, 대리인이 대리권 소멸 후 직접 상대방과 사이에 대리행위를 하는 경우는 물론 대리인이 대리권 소멸 후 복대리인을 선임하여 복대리인으로 하여금 상대방과 사이에 대리행위를 하도록 한 경우에도, 상대방이 대리권 소멸 사실을 알지 못하여 복대리인에게 적법한 대리권이 있는 것으로 믿었고 그와 같이 믿은 데 과실이 없다면 민법 제129조에 의한 표현대리가 성립할 수 있다[97다55317].

자신의 매매행위가 무권대리행위여서 무효였다는 이유로 정 앞으로 경료된 소유권이전등기가 무효의 등기라고 주장하여 그 등기의 말소를 청구하거나 부동산의 점유로 인한 부당이득금의 반환을 구하는 것은 금반언의 원칙이나 신의성실의 원칙에 반하여 허용될 수 없다[94다20617].

⑤ 표현대리행위가 성립하는 경우에 본인은 표현대리행위에 기하여 전적인 책임을 져야 하는 것이고 상대방에게 과실이 있다고 하더라도 과실상계의 법리를 유추적용하여 본인의 책임을 감경할 수 없는 것이다[94다24985].

13 난도 ★★★ 답 ②

정답해설

② 무권대리행위의 추인에 특별한 방식이 요구되는 것이 아니므로 명시적인 방법만 아니라 묵시적인 방법으로도 할 수 있고, 그 추인은 무권대리인, 무권대리행위의 직접의 상대방 및 그 무권대리행위로 인한 권리 또는 법률 관계의 승계인에 대하여도 할 수 있다[80다2314].

오답해설

① 강행법규에 위반되는 행위에 대하여 표현대리의 법리가 적용되지 않는다[94다38199].

③ 유권대리에 있어서는 본인이 대리인에게 수여한 대리권의 효력에 의하여 법률효과가 발생하는 반면 표현대리에 있어서는 대리권이 없음에도 불구하고 법률이 특히 거래 상대방 보호와 거래안전유지를 위하여 본래 무효인 무권대리행위의 효과를 본인에게 미치게 한 것으로서 표현대리가 성립된다고 하여 무권대리의 성질이 유권대리로 전환되는 것은 아니므로, 양자의 구성요건 해당사실 즉 주요사실은 다르다고 볼 수 밖에 없으니 유권대리에 관한 주장 속에 무권대리에 속하는 표현대리의 주장이 포함되어 있다고 볼 수 없다[83다카1489].

④ 갑이 대리권 없이 을 소유 부동산을 병에게 매도하여 부동산소유권이전등기등에관한특별조치법에 의하여 소유권이전등기를 마쳐주었다면 그 매매계약은 무효이고 이에 터잡은 이전등기 역시 무효가 되나, 갑은 을의 무권대리인으로서 민법 제135조 제1항의 규정에 의하여 매수인인 병에게 부동산에 대한 소유권이전등기를 이행할 의무가 있으므로 그러한 지위에 있는 갑이 을로부터 부동산을 상속받아 그 소유자가 되어 소유권이전등기이행의무를 이행하는 것이 가능하게 된 시점에서 자신이 소유자라고 하여 자신으로부터 부동산을 전전매수한 정에게 원래

14 난도 ★★ 답 ②

정답해설

② 거래 상대방이 배임행위를 유인·교사하거나 배임행위의 전 과정에 관여하는 등 배임행위에 적극 가담하는 경우에는 실행행위자와 체결한 계약이 반사회적 법률행위에 해당하여 무효로 될 수 있고, 선량한 풍속 기타 사회질서에 위반한 사항을 내용으로 하는 법률행위의 무효는 이를 주장할 이익이 있는 자는 누구든지 무효를 주장할 수 있다. 따라서 반사회질서 법률행위를 원인으로 하여 부동산에 관한 소유권이전등기를 마쳤더라도 그 등기는 원인무효로서 말소될 운명에 있으므로 등기명의자가 소유권에 기한 물권적 청구권을 행사하는 경우에, 권리 행사의 상대방은 법률행위의 무효를 항변으로서 주장할 수 있다[2015다11281].

오답해설

① 강박에 의한 법률행위가 하자 있는 의사표시로서 취소되는 것에 그치지 않고 나아가 무효로 되기 위하여는, 강박의 정도가 단순한 불법적 해악의 고지로 상대방으로 하여금 공포를 느끼도록 하는 정도가 아니고, 의사표시자로 하여금 의사결정을 스스로 할 수 있는 여지를 완전히 박탈한 상태에서 의사표시가 이루어져 단지 법률행위의 외형만이 만들어진 것에 불과한 정도이어야 한다[97다38152].

③·⑤ 대판 2014.3.27. 2012다106607

④ 제138조

제138조(무효행위의 전환)
무효인 법률행위가 다른 법률행위의 요건을 구비하고 당사자가 그 무효를 알았더라면 다른 법률행위를 하는 것을 의욕하였으리라고 인정될 때에는 다른 법률행위로서 효력을 가진다.

15 난도 ★★ 답 ②

┃정답해설┃

② 제한능력자가 맺은 계약은 추인이 있을 때까지 상대방이 그 의사표시를 철회할 수 있다(제16조 제1항)

┃오답해설┃

① 취소한 법률행위는 처음부터 무효인 것으로 간주되므로 취소할 수 있는 법률행위가 일단 취소된 이상 그 후에는 취소할 수 있는 법률행위의 추인에 의하여 이미 취소되어 무효인 것으로 간주된 당초의 의사표시를 다시 확정적으로 유효하게 할 수는 없고, 다만 무효인 법률행위의 추인의 요건과 효력으로서 추인할 수는 있으나, 무효행위의 추인은 그 무효 원인이 소멸한 후에 하여야 그 효력이 있고, 따라서 강박에 의한 의사표시임을 이유로 일단 유효하게 취소되어 당초의 의사표시가 무효로 된 후에 추인한 경우 그 추인이 효력을 가지기 위하여는 그 무효 원인이 소멸한 후일 것을 요한다고 할 것인데, 그 무효 원인이란 바로 위 의사표시의 취소사유라 할 것이므로 결국 무효 원인이 소멸한 후란 것은 당초의 의사표시의 성립 과정에 존재하였던 취소의 원인이 종료된 후, 즉 강박 상태에서 벗어난 후라고 보아야 한다[95다38240].

③ 제141조

> **제141조(취소의 효과)**
> 취소된 법률행위는 처음부터 무효인 것으로 본다. 다만, 제한능력자는 그 행위로 인하여 받은 이익이 현존하는 한도에서 상환(償還)할 책임이 있다.

④ 법률행위의 취소는 상대방에 대한 의사표시로 하여야 하나 그 취소의 의사표시는 특별히 재판상 행하여짐이 요구되는 경우 이외에는 특정한 방식이 요구되는 것이 아니고, 취소의 의사가 상대방에 의하여 인식될 수 있다면 어떠한 방법에 의하더라도 무방하다고 할 것이고, 법률행위의 취소를 당연한 전제로 한 소송상의 이행청구나 이를 전제로 한 이행거절 가운데는 취소의 의사표시가 포함되어 있다고 볼 수 있다[93다13162].

⑤ 제146조

> **제146조(취소권의 소멸)**
> 취소권은 추인할 수 있는 날로부터 3년내에 법률행위를 한 날로부터 10년내에 행사하여야 한다.

16 난도 ★ 답 ①

┃정답해설┃

① 판결에 의하여 확정된 채권은 단기의 소멸시효에 해당한 것이라도 그 소멸시효는 10년으로 한다(제165조 제1항).

┃오답해설┃

② 제166조 제2항

> **제166조(소멸시효의 기산점)**
> ② 부작위를 목적으로 하는 채권의 소멸시효는 위반행위를 한 때로부터 진행한다.

③ 제174조

> **제174조(최고와 시효중단)**
> 최고는 6월내에 재판상의 청구, 파산절차참가, 화해를 위한 소환, 임의출석, 압류 또는 가압류, 가처분을 하지 아니하면 시효중단의 효력이 없다.

④ 일정한 채권의 소멸시효기간에 관하여 이를 특별히 1년의 단기로 정하는 민법 제164조는 그 각 호에서 개별적으로 정하여진 채권의 채권자가 그 채권의 발생원인이 된 계약에 기하여 상대방에 대하여 부담하는 반대채무에 대하여는 적용되지 아니한다. 따라서 그 채권의 상대방이 그 계약에 기하여 가지는 반대채권은 원칙으로 돌아가, 다른 특별한 사정이 없는 한 민법 제162조 제1항에서 정하는 10년의 일반소멸시효기간의 적용을 받는다[2013다65178].

⑤ 제184조 제1항

> **제184조(시효의 이익의 포기 기타)**
> ① 소멸시효의 이익은 미리 포기하지 못한다.

17 난도 ★   답 ③

┃정답해설┃

③ 유치권이 성립된 부동산의 매수인은 피담보채권의 소멸시효가 완성되면 시효로 인하여 채무가 소멸되는 결과 직접적인 이익을 받는 자에 해당하므로 소멸시효의 완성을 원용할 수 있는 지위에 있다고 할 것이나, 매수인은 유치권자에게 채무자의 채무와는 별개의 독립된 채무를 부담하는 것이 아니라 단지 채무자의 채무를 변제할 책임을 부담하는 점 등에 비추어 보면, 유치권의 피담보채권의 소멸시효기간이 확정판결 등에 의하여 10년으로 연장된 경우 매수인은 그 채권의 소멸시효기간이 연장된 효과를 부정하고 종전의 단기소멸시효기간을 원용할 수는 없다[2009다39530].

┃오답해설┃

① 소유권은 소멸시효의 대상이 아니다(제162조 제2항).
② 2012다68217
④ 2018다38782
⑤ 96다51110

18 난도 ★★   답 ⑤

┃정답해설┃

⑤ 98다42356

┃오답해설┃

① 조건의 성취가 미정한 권리의무는 일반규정에 의하여 처분, 상속, 보존 또는 담보로 할 수 있다(제149조).
② 조건이 법률행위의 당시 이미 성취한 것인 경우에는 그 조건이 정지조건이면 조건없는 법률행위로 하고 해제조건이면 그 법률행위는 무효로 한다(제151조 제2항).
③ 조건의 성취로 인하여 이익을 받을 당사자가 신의성실에 반하여 조건을 성취시킨 때에는 상대방은 그 조건이 성취하지 아니한 것으로 주장할 수 있다(제150조 제2항).
④ 조건부 법률행위에 있어 조건의 내용 자체가 불법적인 것이어서 무효일 경우 또는 조건을 붙이는 것이 허용되지 아니하는 법률행위에 조건을 붙인 경우 그 조건만을 분리하여 무효로 할 수는 없고 그 법률행위 전부가 무효로 된다[2005마541].

19 난도 ★★   답 ②

┃정답해설┃

② 혼인이나 입양과 같이 성립과 동시에 효력이 발생하여야 하는 법률행위, 상계·취소와 같이 소급효가 있는 법률행위에 시기를 붙이는 것은 무의미하므로 시기를 붙일 수 없다. 그러나 어음행위나 수표행위는 시기를 붙일 수 있다.

┃오답해설┃

① 조건은 법률행위 효력의 발생 또는 소멸을 장래의 불확실한 사실의 성부에 의존하게 하는 법률행위의 부관이다. 반면 장래의 사실이더라도 그것이 장래 반드시 실현되는 사실이면 실현되는 시기가 비록 확정되지 않더라도 이는 기한으로 보아야 한다.
③ 단독행위는 행위자의 일방적 의사에 따라 효력이 발생되므로 원칙적으로 조건을 붙일 수 없지만 상대방의 이익을 해하지 않는 경우에는 조건을 붙이는 것을 예외적으로 허용한다.
④ 당사자가 조건성취의 효력을 그 성취전에 소급하게 할 의사를 표시한 때에는 그 의사에 의한다(제147조 제3항).
⑤ 시기있는 법률행위는 기한이 도래한 때로부터 그 효력이 생기며 종기있는 법률행위는 기한이 도래한 때로부터 그 효력을 잃는다(제152조 제1항, 제2항).

20 난도 ★   답 ①

┃정답해설┃

① 월 또는 연으로 정하였는데 최종의 월에 해당일이 없으면, 그 월의 말일로 기간이 만료된다(제160조 제3항).

┃오답해설┃

② 기간 말일의 종료로 기간이 만료된다(제159조).
③ 기간을 시, 분, 초로 정한 때에는 즉시로 기산하고, 시, 분, 초 단위로 산정하여(제156조), 기간의 만료는 그 정하여진 시, 분, 초가 종료한 때이다.
④ 오전 0시로부터 기산하는 경우 기간의 초일을 산입한다(제157조 단서)
⑤ 연령계산에는 출생일을 산입한다(제158조).

21 난도 ★

정답해설

② 토지공유자의 1인은 지분에 관하여 그 토지를 위한 지역권 또는 그 토지가 부담한 지역권을 소멸하게 하지 못한다(제293조 제1항).

오답해설

① 제292조 제2항

> **제292조(부종성)**
> ② 지역권은 요역지와 분리하여 양도하거나 다른 권리의 목적으로 하지 못한다.

③ 제291조

> **제291조(지역권의 내용)**
> 지역권자는 일정한 목적을 위하여 타인의 토지를 자기토지의 편익에 이용하는 권리가 있다.

④ 제295조 제2항

> **제295조(취득과 불가분성)**
> ② 점유로 인한 지역권취득기간의 중단은 지역권을 행사하는 모든 공유자에 대한 사유가 아니면 그 효력이 없다.

⑤ 제298조

> **제298조(승역지소유자의 의무와 승계)**
> 계약에 의하여 승역지소유자가 자기의 비용으로 지역권의 행사를 위하여 공작물의 설치 또는 수선의 의무를 부담한 때에는 승역지소유자의 특별승계인도 그 의무를 부담한다.

22 난도 ★★

정답해설

③ 건물에 대한 전세권의 존속기간을 1년 미만으로 정한 때에는 이를 1년으로 한다(제312조 제2항).

오답해설

① 전세권이 법정갱신된 경우 이는 법률의 규정에 의한 물권의 변동이므로 전세권갱신에 관한 등기를 필요로 하지 아니하고, 전세권자는 등기 없이도 전세권설정자나 그 목적물을 취득한 제3자에 대하여 갱신된 권리를 주장할 수 있다[2009다35743].

② 전세권의 존속기간을 약정하지 아니한 때에는 각 당사자는 언제든지 상대방에 대하여 전세권의 소멸을 통고할 수 있고 상대방이 이 통고를 받은 날로부터 6월이 경과하면 전세권은 소멸한다(제313조).

④ 제311조 제1항

> **제311조(전세권의 소멸청구)**
> ① 전세권자가 전세권설정계약 또는 그 목적물의 성질에 의하여 정하여진 용법으로 이를 사용, 수익하지 아니한 경우에는 전세권설정자는 전세권의 소멸을 청구할 수 있다.

⑤ 전세권은 전세금을 지급하고 타인의 부동산을 그 용도에 따라 사용·수익하는 권리로서 전세금의 지급이 없으면 전세권은 성립하지 아니하는 등으로 전세금은 전세권과 분리될 수 없는 요소일 뿐 아니라, 전세권에 있어서는 그 설정행위에서 금지하지 아니하는 한 전세권자는 전세권 자체를 처분하여 전세금으로 지출한 자본을 회수할 수 있도록 되어 있으므로 전세권이 존속하는 동안은 전세권을 존속시키기로 하면서 전세금반환채권만을 전세권과 분리하여 확정적으로 양도하는 것은 허용되지 않는 것이며, 다만 전세권 존속 중에는 장래에 그 전세권이 소멸하는 경우에 전세금 반환채권이 발생하는 것을 조건으로 그 장래의 조건부 채권을 양도할 수 있을 뿐이라 할 것이다[2001다69122].

23 난도 ★★★

정답해설

ㄱ. [O] 전세권자는 전세금을 지급하고 타인의 부동산을 점유하여 그 부동산의 용도에 좇아 사용·수익하며, 그 부동산 전부에 대하여 후순위권리자 기타 채권자보다 전세금의 우선변제를 받을 권리가 있다(제303조 제1항).

ㄴ. [O] 전세권설정등기를 마친 민법상의 전세권은 그 성질상 용익물권적 성격과 담보물권적 성격을 겸비한 것으로서, 전세권의 존속기간이 만료되면 전세권의 용익물권적 권능은 전세권설정등기의 말소 없이도 당연히 소멸하고 단지 전세금반환채권을 담보하는 담보물권적 권능의 범위 내에서 전세금의 반환까지 그 전세권설정등기의 효력이 존속하고 있다 할 것인데, 이와 같이 존속기간의 경과로서 본래의 용익물권적 권능이 소멸하고 담보물권적 권능만 남은 전세권에 대해서도 그 피담보채권인 전세금반환채권과 함께 제3자에게 이를 양도할 수 있다 할 것이다[2003다35659].

ㄷ. [×] 타인의 토지에 있는 건물에 전세권을 설정한 때에는 전세권의 효력은 그 건물의 소유를 목적으로 한 지상권 또는 임차권에 미친다(제304조 제1항).

24 난도 ★★★ 답 ③

③ 부동산 경매절차에서의 매수인은 민사집행법 제91조 제5항에 따라 유치권자에게 그 유치권으로 담보하는 채권을 변제할 책임이 있는 것이 원칙이나, 채무자 소유의 건물 등 부동산에 경매개시결정의 기입등기가 경료되어 압류의 효력이 발생한 후에 채무자가 위 부동산에 관한 공사대금 채권자에게 그 점유를 이전함으로써 그로 하여금 유치권을 취득하게 한 경우, 그와 같은 점유의 이전은 목적물의 교환가치를 감소시킬 우려가 있는 처분행위에 해당하여 민사집행법 제92조 제1항, 제83조 제4항에 따른 압류의 처분금지효에 저촉되므로 점유자로서는 위 유치권을 내세워 그 부동산에 관한 경매절차의 매수인에게 대항할 수 없다. 그러나 이러한 법리는 경매로 인한 압류의 효력이 발생하기 전에 유치권을 취득한 경우에는 적용되지 아니하고, 유치권 취득시기가 근저당권설정 후라거나 유치권 취득 전에 설정된 근저당권에 기하여 경매절차가 개시되었다고 하여 달리 볼 것은 아니다[2008다70763].

① 제326조

> **제326조(피담보채권의 소멸시효)**
> 유치권의 행사는 채권의 소멸시효의 진행에 영향을 미치지 아니한다.

② 제321조

> **제321조(유치권의 불가분성)**
> 유치권자는 채권전부의 변제를 받을 때까지 유치물전부에 대하여 그 권리를 행사할 수 있다.

④ 유치권의 성립요건이자 존속요건인 유치권자의 점유는 직접점유이든 간접점유이든 관계가 없으나, 다만 유치권은 목적물을 유치함으로써 채무자의 변제를 간접적으로 강제하는 것을 본체적 효력으로 하는 권리인 점 등에 비추어, 그 직접점유자가 채무자인 경우에는 유치권의 요건으로서의 점유에 해당하지 않는다고 할 것이다[2007다27236].

⑤ 민사소송법 제728조에 의하여 담보권의 실행을 위한 경매절차에 준용되는 같은 법 제608조 제3항은 경락인은 유치권자에게 그 유치권으로 담보하는 채권을 변제할 책임이 있다고 규정하고 있는바, 여기에서 '변제할 책임이 있다'는 의미는 부동산상의 부담을 승계한다는 취지로서 인적 채무까지 인수한다는 취지는 아니므로, 유치권자는 경락인에 대하여 그 피담보채권의 변제가 있을 때까지 유치목적물인 부동산의 인도를 거절할 수 있을 뿐이고 그 피담보채권의 변제를 청구할 수는 없다[95다8713].

25 난도 ★ 답 ①

① 선의 · 무과실은 등기에 관한 것이 아니라 점유에 관한 것이다[96다48527].

더 알아보기	등기부취득시효의 요건

1. 등기한 자일 것

등기의 유효성 여부	등기는 적법 · 유효한 등기일 필요가 없다. 다만 판례는 중복등기로서 무효인 등기에 기초해서는 등기부취즉시효가 불가능하다고 한다.
등기의 계속	등기기간과 점유기간은 각각 10년 이어야 한다. 등기의 승계에 대해 판례는 등기부취득시효에 관한 민법 제245조 제2항의 규정에 위하여 소유권을 취득하는 자는 10년간 반드시 그의 명의로 등기되어 있어야 하는 것은 아니고 앞 사람의 등기까지 아울러 그 기간동안 부동산의 소유자로 등기되어 있으면 된다고 할 것이다

2. 선의 무과실일것
선의 · 무과실은 등기에 관한 것이 아니라 점유에 관한 것이다. 점유개시시에 선의 · 무과실이면 충분하다.

❚ 정답해설 ❚

① 저당물의 소유권을 취득한 제삼자도 경매인이 될 수 있다(제363조 제1항).

❚ 오답해설 ❚

② 제365조 제1항

> **제365조(저당지상의 건물에 대한 경매청구권)**
> 토지를 목적으로 저당권을 설정한 후 그 설정자가 그 토지에 건물을 축조한 때에는 저당권자는 토지와 함께 그 건물에 대하여도 경매를 청구할 수 있다. 그러나 그 건물의 경매대가에 대하여는 우선변제를 받을 권리가 없다.

③ 민법 제359조 전문은 "저당권의 효력은 저당부동산에 대한 압류가 있은 후에 저당권설정자가 그 부동산으로부터 수취한 과실 또는 수취할 수 있는 과실에 미친다."라고 규정하고 있는데, 위 규정상 '과실'에는 천연과실뿐만 아니라 법정과실도 포함되므로, 저당부동산에 대한 압류가 있으면 압류 이후의 저당권설정자의 저당부동산에 관한 차임채권 등에도 저당권의 효력이 미친다[2015다230020].

④ 제364조

> **제364조(제삼취득자의 변제)**
> 저당부동산에 대하여 소유권, 지상권 또는 전세권을 취득한 제삼자는 저당권자에게 그 부동산으로 담보된 채권을 변제하고 저당권의 소멸을 청구할 수 있다.

⑤ 제362조

> **제362조(저당물의 보충)**
> 저당권설정자의 책임있는 사유로 인하여 저당물의 가액이 현저히 감소된 때에는 저당권자는 저당권설정자에 대하여 그 원상회복 또는 상당한 담보제공을 청구할 수 있다.

❚ 정답해설 ❚

⑤ 공유자 중 1인이 다른 공유자의 동의 없이 그 공유 토지의 특정부분을 매도하여 타인 명의로 소유권이전등기가 마쳐졌다면, 그 매도 부분 토지에 관한 소유권이전등기는 처분공유자의 공유지분 범위 내에서는 실체관계에 부합하는 유효한 등기라고 보아야 한다[93다1596].

❚ 오답해설 ❚

① 미등기 무허가건물의 양수인이라 할지라도 그 소유권이전등기를 경료받지 않는 한 그 건물에 대한 소유권을 취득할 수 없고, 그러한 상태의 건물 양수인에게 소유권에 준하는 관습상의 물권이 있다고 볼 수도 없으므로, 건물을 신축하여 그 소유권을 원시취득한 자로부터 그 건물을 매수하였으나 아직 소유권이전등기를 갖추지 못한 자는 그 건물의 불법점거자에 대하여 직접 자신의 소유권 등에 기하여 명도를 청구할 수는 없다[2007다11347].

② 등기는 물권의 효력발생 요건이고 효력존속요건은 아니므로 물권에 관한 등기가 원인없이 말소된 경우에도 그 물권의 효력에는 아무런 영향을 미치지 않는다[87다카1232].

③ 소유권이전등기의 원인으로 주장된 계약서가 진정하지 않은 것으로 증명된 이상 그 등기의 적법추정은 복멸되는 것이고 계속 다른 적법한 등기원인이 있을 것으로 추정할 수는 없다[1998.9.22. 98다29568].

④ 제289조의2 제1항

> **제289조의2(구분지상권)**
> ① 지하 또는 지상의 공간은 상하의 범위를 정하여 건물 기타 공작물을 소유하기 위한 지상권의 목적으로 할 수 있다. 이 경우 설정행위로써 지상권의 행사를 위하여 토지의 사용을 제한할 수 있다.

28 난도 ★★★　　　답 ③

┃정답해설┃

③ 토지의 점유자가 점유취득시효를 완성한 경우 소유권이 전등기의무를 부담하는 자는 시효완성 당시의 소유자이므로 토지 소유자는 그 토지의 인도를 청구할 수 없다.

┃오답해설┃

① 미등기 무허가건물의 양수인이라 할지라도 그 소유권이 전등기를 경료받지 않는 한 그 건물에 대한 소유권을 취득할 수 없고, 그러한 상태의 건물 양수인에게 소유권에 준하는 관습상의 물권이 있다고 볼 수도 없으므로, 건물을 신축하여 그 소유권을 원시취득한 자로부터 그 건물을 매수하였으나 아직 소유권이전등기를 갖추지 못한 자는 그 건물의 불법점거자에 대하여 직접 자신의 소유권 등에 기하여 명도를 청구할 수는 없다[2007다11347].

② 제213조

> **제213조(소유물반환청구권)**
> 소유자는 그 소유에 속한 물건을 점유한 자에 대하여 반환을 청구할 수 있다. 그러나 점유자가 그 물건을 점유할 권리가 있는 때에는 반환을 거부할 수 있다.

④ 소유권에 기한 물권적청구권은 행사기간의 제한이 없다.

⑤ 소유물방해예방청구권은 방해의 발생을 기다리지 않고 현재 예방수단을 취할 것을 인정하는 것이므로, 그 방해의 염려가 있다고 하기 위하여는 방해예방의 소에 의하여 미리 보호받을 만한 가치가 있는 것으로서 객관적으로 근거 있는 상당한 개연성을 가져야 할 것이고 관념적인 가능성만으로는 이를 인정할 수 없다[94다50533].

29 난도 ★★　　　답 ②

┃정답해설┃

② 민법 제187조의 판결이라 함은 그 판결자체에 의하여 부동산물권취득의 형식적 효력이 생기는 경우를 말하는 것이고 부동산소유권을 확인하는 판결은 이에 포함되지 아니하는 것이다.

> **제187조 (등기를 요하지 아니하는 부동산물권취득)**
> 상속, 공용징수, 판결, 경매 기타 법률의 규정에 의한 부동산에 관한 물권의 취득은 등기를 요하지 아니한다. 그러나 등기를 하지 아니하면 이를 처분하지 못한다.

┃오답해설┃

① 법정저당권은 법률의 규정에 의해 발생하는 저당권으로 등기없이도 효력이 발생한다.

③ 민사집행법 제135조

> **제135조(소유권의 취득시기)**
> 매수인은 매각대금을 다 낸 때에 매각의 목적인 권리를 취득한다.

④ 자기의 비용과 노력으로 건물을 신축한 자는 그 건축허가가 타인의 명의로 된 여부에 관계없이 그 소유권을 원시취득하게 되는바, 따라서 건축주의 사정으로 건축공사가 중단된 미완성의 건물을 인도받아 나머지 공사를 하게 된 경우에는 그 공사의 중단 시점에 이미 사회통념상 독립한 건물이라고 볼 수 있는 정도의 형태와 구조를 갖춘 경우가 아닌 한 이를 인도받아 자기의 비용과 노력으로 완공한 자가 그 건물의 원시취득자가 된다[2005다66783].

⑤ 피상속인의 사망으로 사망시에 피상속인의 재산은 상속인들에게 등기없이 귀속된다. 즉, 상속의 경우에는 물권변동에 등기를 요하지 아니한다.

30 난도 ★★★　　　답 ④

┃정답해설┃

④ 평온, 공연하게 동산을 양수한 자가 선의이며 과실없이 그 동산을 점유한 때에는 양도인이 정당한 소유자가 아닌 경우에도 즉시 그 동산의 소유권을 취득하므로(제249조) 사례에서 丙은 선의취득의 요건을 갖추었으므로 乙의 점유보조자가 X를 절취하여 丙에게 매도하였더라도 丙은 X의 소유권을 선의취득할 수 있다.

┃오답해설┃

① 선의취득은 양도인의 점유에 공신력을 주는 제도이므로 丙은 X의 소유권을 선의취득할 수 있다.

② 선의취득이 인정되려면 양도인이 무권리자(처분권이 없다)는 것을 제외하고 거래행위 자체는 유효하여야 한다.

③ 선의취득이 인정되려면 양도인이 점유해야 하며 이때 양도인의 점유는 직접, 간접, 자주, 타주점유 여부를 불문한다.

⑤ 선의취득의 객체는 동산의 소유권 또는 질권이다.

31 난도 ★★★ 답 ③

┃정답해설┃

③ 가등기는 원래 순위를 확보하는 데에 그 목적이 있으나, 순위 보전의 대상이 되는 물권변동의 청구권은 그 성질상 양도될 수 있는 재산권일 뿐만 아니라 가등기로 인하여 그 권리가 공시되어 결과적으로 공시방법까지 마련된 셈이므로, 이를 양도한 경우에는 양도인과 양수인의 공동신청으로 그 가등기상의 권리의 이전등기를 가등기에 대한 부기등기의 형식으로 경료할 수 있다[98다24105].

┃오답해설┃

① 기존건물이 멸실된 후 그곳에 새로이 건축한 건물의 물권변동에 관한 등기를 멸실된 건물의 등기부에 하여도 이는 진실에 부합하지 아니하는 것이고 비록 당사자가 멸실건물의 등기로서 신축된 건물의 등기에 갈음할 의사를 가졌다 하여도 그 등기는 무효이니 이미 멸실된 건물에 대한 근저당권설정등기에 신축된 건물에 대한 근저당권이 설정되었다고는 할 수 없으며 그 등기에 기하여 진행된 경매에서 신축된 건물을 경락받았다 하더라도 그로써 소유권취득을 내세울 수는 없다[75다2211].

② 소유자의 대리인으로부터 토지를 적법하게 매수한 이상 설사 매수인의 소유권이전등기가 위조된 서류에 의하여 경료되었다 하더라도 그 등기는 유효한 것이다[80다459].

④ 92다28297

⑤ 지분이전등기가 경료된 경우 그 등기는 적법하게 된 것으로서 진실한 권리상태를 공시하는 것이라고 추정되므로, 그 등기가 위법하게 된 것이라고 주장하는 상대방에게 그 추정력을 번복할 만한 반대사실을 입증할 책임이 있다[92다30047].

32 난도 ★★ 답 ④

┃정답해설┃

④ 선의의 점유자라도 본권에 관한 소에 패소한 때에는 그 소가 제기된 때부터 악의의 점유자로 본다(제197조 제2항).

┃오답해설┃

① 제197조

> **제197조(점유의 태양)**
> ① 점유자는 소유의 의사로 선의, 평온 및 공연하게 점유한 것으로 추정한다.
> ② 선의의 점유자라도 본권에 관한 소에 패소한 때에는 그 소가 제기된 때부터 악의의 점유자로 본다.

② 제199조 제2항

> **제199조(점유의 승계의 주장과 그 효과)**
> ② 전점유자의 점유를 아울러 주장하는 경우에는 그 하자도 계승한다.

③ 제194조

> **제194조(간접점유)**
> 지상권, 전세권, 질권, 사용대차, 임대차, 임치 기타의 관계로 타인으로 하여금 물건을 점유하게 한 자는 간접으로 점유권이 있다.

⑤ 민법 제201조 제1항에 의하면 선의의 점유자는 점유물의 과실을 취득한다고 규정하고 있는바, 건물을 사용함으로써 얻는 이득은 그 건물의 과실에 준하는 것이므로, 선의의 점유자는 비록 법률상 원인 없이 타인의 건물을 점유·사용하고 이로 말미암아 그에게 손해를 입혔다고 하더라도 그 점유·사용으로 인한 이득을 반환할 의무는 없다[95다44290].

33 난도 ★★ 답 ④

┃정답해설┃

④ 침탈자의 특별승계인이 악의인 때에는 침탈된 물건의 반환 및 손해배상을 청구할 수 있다(제204조 제1항, 제2항)

┃오답해설┃

① 2001다8097

② 점유보조자는 제3자에 대한 관계에서 점유권에 대한 효력이 인정되지 않으므로, 점유를 방해하고 있는 자에 대하여 점유방해배제 청구를 할 수 없다[76다1588].

③ 92다5300

⑤ 제205조 제3항

> **제205조(점유의 보유)**
> ③ 공사로 인하여 점유의 방해를 받은 경우에는 공사착수 후 1년을 경과하거나 그 공사가 완성한 때에는 방해의 제거를 청구하지 못한다.

34 난도 ★★★ 답 ④

┃정답해설┃

④ 물권의 객체인 토지 1필지의 공간적 범위를 특정하는 것은 지적도나 임야도의 경계이지 등기부의 표제부나 임야대장·토지대장에 등재된 면적이 아니므로, 토지등기부의 표제부에 토지의 면적이 실제와 다르게 등재되어 있다 하여도, 이러한 등기는 해당 토지를 표상하는 등기로서 유효하다[2004다1691].

┃오답해설┃

① 제212조

> **제212조(토지소유권의 범위)**
> 토지의 소유권은 정당한 이익있는 범위내에서 토지의 상하에 미친다.

② 수목은 토지로부터 분리되면 동산이지만 분리되지 않은 상태에서는 토지의 일부이다. 그러나 입목에 관한 법률에 따른 입목등기를 하지 않은 수목이라도 명인방법을 갖추면 토지와 독립된 거래의 객체로 된다[98마1817].

③ 92다24677

⑤ 물권의 객체인 토지 1필지의 공간적 범위를 특정하는 것은 지적도나 임야도의 경계이지 등기부의 표제부나 임야대장·토지대장에 등재된 면적이 아니므로, 부동산등기부의 표제부에 토지의 면적이 실제와 다르게 등재되어 있어도 이러한 등기는 해당 토지를 표상하는 등기로서 유효하다. 또한 부동산등기부의 표시에 따라 지번과 지적을 표시하고 1필지의 토지를 양도하였으나 양도된 토지의 실측상 지적이 등기부에 표시된 것보다 넓은 경우 등기부상 지적을 넘는 토지 부분은 양도된 지번과 일체를 이루는 것으로서 양수인의 소유에 속한다[2016다1793].

35 난도 ★★ 답 ⑤

┃정답해설┃

⑤ 부동산 소유자가 취득시효가 완성된 사실을 알고 그 부동산을 제3자에게 처분하여 소유권이전등기를 넘겨줌으로써 취득시효 완성을 원인으로 한 소유권이전등기의무가 이행불능에 빠지게 되어 시효취득을 주장하는 자가 손해를 입었다면 불법행위를 구성한다고 할 것이고, 부동산을 취득한 제3자가 부동산 소유자의 이와 같은 불법행위에 적극 가담하였다면 이는 사회질서에 반하는 행위로서 무효라고 할 것이다[2001다77352].

┃오답해설┃

① 92다51280

② 95다38493

③ 94다52416

④ 취득시효기간 중 계속해서 등기명의자가 동일한 경우에는 그 기산점을 어디에 두든지 간에 취득시효의 완성을 주장할 수 있는 시점에서 보아 그 기간이 경과한 사실만 확정되면 충분하므로, 전 점유자의 점유를 승계하여 자신의 점유기간과 통산하면 20년이 경과한 경우에 있어서도 전 점유자가 점유를 개시한 이후의 임의의 시점을 그 기산점으로 삼아 취득시효의 완성을 주장할 수 있고 이는 소유권에 변동이 있더라도 그 이후 계속해서 취득시효기간이 경과하도록 등기명의자가 동일하다면 그 소유권 변동 이후 전 점유자의 점유기간과 자신의 점유기간을 통산하여 20년이 경과한 경우에 있어서도 마찬가지이다[97다34037].

36 난도 ★★★ 답 ①

┃정답해설┃

① 민법 제275조, 제276조 제1항에서 말하는 총유물의 관리 및 처분이라 함은 총유물 그 자체에 관한 이용·개량행위나 법률적·사실적 처분행위를 의미하는 것이므로, 비법인사단이 타인 간의 금전채무를 보증하는 행위는 총유물 그 자체의 관리·처분이 따르지 아니하는 단순한 채무부담행위에 불과하여 이를 총유물의 관리·처분행위라고 볼 수는 없다[2004다60072].

┃오답해설┃

② 민법 제267조는 "공유자가 그 지분을 포기하거나 상속인 없이 사망한 때에는 그 지분은 다른 공유자에게 각 지분의 비율로 귀속한다."라고 규정하고 있다. 여기서 공유지분의 포기는 법률행위로서 상대방 있는 단독행위에 해당하므로, 부동산 공유자의 공유지분 포기의 의사표시가 다른 공유자에게 도달하더라도 이로써 곧바로 공유지분 포기에 따른 물권변동의 효력이 발생하는 것은 아니고, 다른 공유자는 자신에게 귀속될 공유지분에 관하여 소유권이전등기청구권을 취득하며, 이후 민법 제186조에 의하여 등기를 하여야 공유지분 포기에 따른 물권변동의 효력이 발생한다. 그리고 부동산 공유자의 공유지분 포기에 따른 등기는 해당 지분에 관하여 다른 공유자 앞으로 소유권이전등기를 하는 형태가 되어야 한다[2015다52978].

③ 96다16896

④ 공유물분할청구의 소는 분할을 청구하는 공유자가 원고가 되어 다른 공유자 전부를 공동피고로 하여야 하는 필수적 공동소송으로서[99다31124 판결 등 참조] 공유자 전원에 대하여 판결이 합일적으로 확정되어야 하므로, 공동소송인 중 1인에 소송요건의 흠이 있으면 전 소송이 부적법하게 된다[2010다105310].

⑤ 과반수 지분의 공유자는 공유자와 사이에 미리 공유물의 관리방법에 관하여 협의가 없었다 하더라도 공유물의 관리에 관한 사항을 단독으로 결정할 수 있으므로 과반수 지분의 공유자는 그 공유물의 관리방법으로서 그 공유토지의 특정된 한 부분을 배타적으로 사용·수익할 수 있으나, 그로 말미암아 지분은 있으되 그 특정 부분의 사용·수익을 전혀 하지 못하여 손해를 입고 있는 소수지분권자에 대하여 그 지분에 상응하는 임료 상당의 부당이득을 하고 있다 할 것이므로 이를 반환할 의무가 있다 할 것이나, 그 과반수 지분의 공유자로부터 다시 그 특정 부분의 사용·수익을 허락받은 제3자의 점유는 다수지분권자의 공유물관리권에 터잡은 적법한 점유이므로 그 제3자는 소수지분권자에 대하여도 그 점유로 인하여 법률상 원인 없이 이득을 얻고 있다고는 볼 수 없다[2002다9738].

37 난도 ★★ 답 ⑤

▍정답해설▍

ㄱ, ㄴ, ㄹ. [○] 명의신탁의 대상은 공부에 의하여 소유관계가 표시되는 재화(예 토지·건물·자동차 등), 즉 등기·등록에 의하여 공시되는 재화에 한한다. 따라서 공부상 그 소유관계가 공시될 수 없는 동산은 명의신탁이 성립할여지가 없다[94다16175].

ㄷ. [○] 중계유선방송사업허가 및 음악유선방송사업허가가 비록 행정관청의 허가이고 유선방송사업 자체가 공공성이 강한 사업이라 하더라도 당사자 사이에서 그 허가명의를 신탁하는 것이 허용되지 않는다고 볼 것은 아니다[99다61378].

38 난도 ★★ 답 ③

▍정답해설▍

③ 민법 제287조가 토지소유자에게 지상권소멸청구권을 부여하고 있는 이유는 지상권은 성질상 그 존속기간 동안은 당연히 존속하는 것을 원칙으로 하는 것이나, 지상권자가 2년 이상의 지료를 연체하는 때에는 토지소유자로 하여금 지상권의 소멸을 청구할 수 있도록 함으로써 토지소유자의 이익을 보호하려는 취지에서 나온 것이라고 할 것이므로, 지상권자가 그 권리의 목적이 된 토지의 특정한 소유자에 대하여 2년분 이상의 지료를 지불하지 아니한 경우에 그 특정의 소유자는 선택에 따라 지상권의 소멸을 청구할 수 있으나, 지상권자의 지료 지급 연체가 토지소유권의 양도 전후에 걸쳐 이루어진 경우 토지양수인에 대한 연체기간이 2년이 되지 않는다면 양수인은 지상권소멸청구를 할 수 없다[99다17142].

▍오답해설▍

① 제282조

> **제282조(지상권의 양도, 임대)**
> 지상권자는 타인에게 그 권리를 양도하거나 그 권리의 존속기간 내에서 그 토지를 임대할 수 있다.

② 제285조

> **제285조(수거의무, 매수청구권)**
> ① 지상권이 소멸한 때에는 지상권자는 건물 기타 공작물이나 수목을 수거하여 토지를 원상에 회복하여야 한다.
> ② 전항의 경우에 지상권설정자가 상당한 가액을 제공하여 그 공작물이나 수목의 매수를 청구한 때에는 지상권자는 정당한 이유없이 이를 거절하지 못한다.

④ 2012다97871

⑤ 동일인의 소유에 속하고 있던 토지와 지상 건물이 매매 등으로 인하여 소유자가 다르게 된 경우에 건물을 철거한다는 특약이 없는 한 건물소유자는 건물의 소유를 위한 관습상 법정지상권을 취득한다. 그런데 민법 제406조의 채권자취소권의 행사로 인한 사해행위의 취소와 일탈재산의 원상회복은 채권자와 수익자 또는 전득자에 대한 관계에 있어서만 효력이 발생할 뿐이고 채무자가 직접 권리를 취득하는 것이 아니므로, 토지와 지상 건물이 함께 양도되었다가 채권자취소권의 행사에 따라 그중 건물에 관하여만 양도가 취소되고 수익자와 전득자 명의의 소유권이전등기가 말소되었다고 하더라도, 이는 관습상 법정지상권의 성립요건인 '동일인의 소유에 속하고 있던 토지와 지상 건물이 매매 등으로 인하여 소유자가 다르게 된 경우'에 해당한다고 할 수 없다[2012다73158].

39 난도 ★★★ 답 ④

▌정답해설▌

④ 관습상의 법정지상권은 동일인의 소유이던 토지와 그 지상건물이 매매 기타 원인으로 인하여 각각 소유자를 달리하게 되었으나 그 건물을 철거한다는 등의 특약이 없으면 건물 소유자로 하여금 토지를 계속 사용하게 하려는 것이 당사자의 의사라고 보아 인정되는 것이므로 토지의 점유·사용에 관하여 당사자 사이에 약정이 있는 것으로 볼 수 있거나 토지 소유자가 건물의 처분권까지 함께 취득한 경우에는 관습상의 법정지상권을 인정할 까닭이 없다 할 것이어서, 미등기건물을 그 대지와 함께 매도하였다면 비록 매수인에게 그 대지에 관하여만 소유권이전등기가 경료되고 건물에 관하여는 등기가 경료되지 아니하여 형식적으로 대지와 건물이 그 소유 명의자를 달리하게 되었다 하더라도 매도인에게 관습상의 법정지상권을 인정할 이유가 없다[2002다9660].

▌오답해설▌

① 동일인의 소유에 속하고 있던 토지와 그 지상 건물이 강제경매 또는 국세징수법에 의한 공매 등으로 인하여 소유자가 다르게 된 경우에는 그 건물을 철거한다는 특약이 없는 한 건물소유자는 토지소유자에 대하여 그 건물의 소유를 위한 관습상 법정지상권을 취득한다. 원래 관습상 법정지상권이 성립하려면 토지와 그 지상 건물이 애초부터 원시적으로 동일인의 소유에 속하였을 필요는 없고, 그 소유권이 유효하게 변동될 당시에 동일인이 토지와 그 지상 건물을 소유하였던 것으로 족하다[2010다52140].

② 동일인의 소유에 속하던 토지와 지상건물 중 건물을 양수한 자가 미등기건물인 관계로 소유권이전등기를 경료하지 못하였다면 그 소유권은 여전히 양도인에게 남아있다고 할 것이고 그러는 사이에 토지 위에 설정된 저당권이 실행된 결과 토지와 건물의 소유자가 달라진 경우에는 양도인이 건물의 소유를 위한 법정지상권을 취득한다[91다6658].

③ 환지로 인하여 새로운 분할지적선이 그어진 결과 환지 전에는 동일인에게 속하였던 토지와 그 지상건물의 소유자가 달라졌다 하더라도, 환지의 성질상 건물의 부지에 관하여 소유권을 상실한 건물 소유자가 그 환지된 토지(건물부지)에 대하여 건물을 위한 관습상의 법정지상권을 취득한다거나 그 환지된 토지의 소유자가 그 건물을 위한 관습상 법정지상권의 부담을 안게 된다고는 할 수 없다[95다44535].

⑤ 원래 채권을 담보하기 위하여 나대지상에 가등기가 경료되었고, 그 뒤 대지소유자가 그 지상에 건물을 신축하였는데, 그 후 그 가등기에 기한 본등기가 경료되어 대지와 건물의 소유자가 달라진 경우에 관습상 법정지상권을 인정하면 애초에 대지에 채권담보를 위하여 가등기를 경료한 사람의 이익을 크게 해하게 되기 때문에 특별한 사정이 없는 한 건물을 위한 관습상 법정지상권이 성립한다고 할 수 없다[94다5458].

40 난도 ★★ 답 ②

▌정답해설▌

② 민법 제339조는 "질권설정자는 채무변제기 전의 계약으로 질권자에게 변제에 갈음하여 질물의 소유권을 취득하게 하거나 법률에 정한 방법에 의하지 아니하고 질물을 처분할 것을 약정하지 못한다."라고 정하여 이른바 유질계약을 금지하고 있다.

▌오답해설▌

① 민법 제249조의 선의취득은 점유인도를 물권변동의 요건으로 하는 동산의 소유권취득에 관한 규정으로서 제343조에 의하여 동산질권에도 준용된다.

③ 제333조

> **제333조(동산질권의 순위)**
> 수개의 채권을 담보하기 위하여 동일한 동산에 수개의 질권을 설정한 때에는 그 순위는 설정의 선후에 의한다.

④ 제334조

> **제334조(피담보채권의 범위)**
> 질권은 원본, 이자, 위약금, 질권실행의 비용, 질물보존의 비용 및 채무불이행 또는 질물의 하자로 인한 손해배상의 채권을 담보한다. 그러나 다른 약정이 있는 때에는 그 약정에 의한다.

⑤ 정당한 이유 있는 때에는 질권자는 감정자의 평가에 의하여 질물로 직접 변제에 충당할 것을 법원에 청구할 수 있다. 이 경우에는 질권자는 미리 채무자 및 질권설정자에게 통지하여야 한다(제338조).

06 2017년 제28회 정답 및 해설

01	02	03	04	05	06	07	08	09	10	11	12	13	14	15	16	17	18	19	20
①	④	①	⑤	④	③	④	③	④	①	②	⑤	③	⑤	④	①	④	④	③	①
21	22	23	24	25	26	27	28	29	30	31	32	33	34	35	36	37	38	39	40
③	②	①	③	⑤	②	②	②	③	④	①	④	②	⑤	③	⑤	②	⑤	⑤	③

01 난도 ★★ 답 ①

┃정답해설┃

① 관습법이란 사회의 거듭된 관행으로 생성한 사회생활규범이 사회의 법적 확신과 인식에 의하여 법적 규범으로 승인·강행되기에 이른 것을 말하고, 그러한 관습법은 법원(法源)으로서 법령에 저촉되지 아니하는 한 법칙으로서의 효력이 있는 것이고, 또 사회의 거듭된 관행으로 생성한 어떤 사회생활규범이 법적 규범으로 승인되기에 이르렀다고 하기 위하여는 헌법을 최상위 규범으로 하는 전체 법질서에 반하지 아니하는 것으로서 정당성과 합리성이 있다고 인정될 수 있는 것이어야 하고, 그렇지 아니한 사회생활규범은 비록 그것이 사회의 거듭된 관행으로 생성된 것이라고 할지라도 이를 법적 규범으로 삼아 관습법으로서의 효력을 인정할 수 없다[2002다13850].

┃오답해설┃

② 법령과 같은 효력을 갖는 관습법은 당사자의 주장 입증을 기다림이 없이 법원이 직권으로 이를 확정하여야 하고 사실인 관습은 그 존재를 당사자가 주장 입증하여야 하나, 관습은 그 존부자체도 명확하지 않을 뿐만 아니라 그 관습이 사회의 법적 확신이나 법적 인식에 의하여 법적 규범으로까지 승인되었는지의 여부를 가리기는 더욱 어려운 일이므로, 법원이 이를 알 수 없는 경우 결국은 당사자가 이를 주장입증할 필요가 있다[80다3231].

③ 관습법이란 사회의 거듭된 관행으로 생성한 사회생활규범이 사회의 법적 확신과 인식에 의하여 법적 규범으로 승인·강행되기에 이른 것을 말하고, 그러한 관습법은 법원(法源)으로서 법령에 저촉되지 아니하는 한 법칙으로서의 효력이 있다[2002다13850].

④ 제185조

> **제185조(물권의 종류)**
> 물권은 법률 또는 관습법에 의하는 외에는 임의로 창설하지 못한다.

⑤ 사실인 관습은 사적 자치가 인정되는 분야 즉 그 분야의 제정법이 주로 임의규정일 경우에는 법률행위의 해석기준으로서 또는 의사를 보충하는 기능으로서 이를 재판의 자료로 할 수 있을 것이나 이 이외의 즉 그 분야의 제정법이 주로 강행규정일 경우에는 그 강행규정 자체에 결함이 있거나 강행규정 스스로가 관습에 따르도록 위임한 경우등 이외에는 법적 효력을 부여할 수 없다[80다3231].

02 난도 ★★ 답 ④

┃정답해설┃

④ 무능력자의 책임을 제한하는 민법 제141조 단서는 부당이득에 있어 수익자의 반환범위를 정한 민법 제748조의 특칙으로서 무능력자의 보호를 위해 그 선의·악의를 묻지 아니하고 반환범위를 현존 이익에 한정시키려는 데 그 취지가 있으므로, 의사능력의 흠결을 이유로 법률행위가 무효가 되는 경우에도 유추적용되어야 할 것이다[2008다58367].

┃오답해설┃

① 간주(본다)가 아니라 추정한다. 2인 이상이 동일한 위난으로 사망한 경우에는 동시에 사망한 것으로 추정한다(제30조).

② 추정한다가 아니라 간주(본다)한다(제762조).

③ 의용 민법이나 구관습하에 태아에게는 일반적으로 권리능력이 인정되지 아니하고 손해배상청구권 또는 상속 등 특별한 경우에 한하여 제한된 권리능력을 인정하였을 따름이므로 증여에 관하여는 태아의 수증능력이 인정되지 아니하였고, 또 태아인 동안에는 법정대리인이 있을 수 없으므로 법정대리인에 의한 수증행위도 할 수 없다[81다534].

⑤ 행위능력제도는 강행규정이므로 제한능력자를 보호하는 규정에 반하는 매매계약은 무효이다.

03 난도 ★★ 달 ①

▌정답해설▌

ㄱ. [O] 만 19세가 넘은 미성년자가 월 소득범위 내에서 신용구매계약을 체결한 사안에서, 스스로 얻고 있던 소득에 대하여는 법정대리인의 묵시적 처분허락이 있었다고 보아 위 신용구매계약은 처분허락을 받은 재산범위 내의 처분행위에 해당한다[2005다71659].

ㄴ. [O] 제13조 제4항

> **제13조(피한정후견인의 행위와 동의)**
> ④ 한정후견인의 동의가 필요한 법률행위를 피한정후견인이 한정후견인의 동의 없이 하였을 때에는 그 법률행위를 취소할 수 있다. 다만, 일용품의 구입 등 일상생활에 필요하고 그 대가가 과도하지 아니한 법률행위에 대하여는 그러하지 아니하다.

▌오답해설▌

ㄷ. [×] 제한능력자의 상대방은 제한능력자가 능력자가 된 후에 그에게 1개월 이상의 기간을 정하여 그 취소할 수 있는 행위를 추인할 것인지 여부의 확답을 촉구할 수 있다. 능력자로 된 사람이 그 기간 내에 확답을 발송하지 아니하면 그 행위를 추인한 것으로 본다(제15조 제1항).

ㄹ. [×] 제한능력자가 맺은 계약은 추인이 있을 때까지 상대방이 그 의사표시를 철회할 수 있다. 다만, 상대방이 계약 당시에 제한능력자임을 알았을 경우에는 그러하지 아니하다(제16조 제1항).

04 난도 ★★   달 ⑤

▌정답해설▌

⑤ 소외망인이 1951.7.2 사망하였으며, 그의 장남인 소외(갑)은 1970.1.30 서울가정법원의 실종선고에 의하여 소외망인 사망전인 1950.8.1생사 불명기간 만료로 사망 간주된 사실이 인정되는 사안에 있어서 소외 (갑)은 소외망인의 사망이전에 사망한 것으로 간주되었으므로 소외망인의 재산상속인이 될 수 없다고 한 원심의 판단은 실종선고로 인하여 사망으로 간주되는 시기에 관하여 실종기간 만료시기설을 취하는 우리 민법하에서는 정당하다[82다144].

▌오답해설▌

① 부재자란 종래의 주소나 거소를 떠나 당분간 돌아올 가망이 없어 종래의 주소나 거소에있는 그의 재산이 관리되지 못하고 방치되고 있는 자를 말한다. 부재자는 성질상 자연인에 한하며 반드시 생사불명일 필요는 없다.

② 제26조 제2항

> **제26조(관리인의 담보제공, 보수)**
> ② 법원은 그 선임한 재산관리인에 대하여 부재자의 재산으로 상당한 보수를 지급할 수 있다.

③ 재산을 관리할 책임이 있는 법정대리인(친권자나 후견인 등)이 있는 경우에는 그들이 재산을 관리할 수 있으므로 재산관리제도가 따로 적용되지 아니한다.

④ 사망한 것으로 간주된 자가 그 이전에 생사불명의 부재자로서 그 재산관리에 관하여 법원으로부터 재산관리인이 선임되어 있었다면 재산관리인은 그 부재자의 사망을 확인했다고 하더라도 선임결정이 취소되지 아니하는 한 계속하여 권한을 행사할 수 있다 할 것이므로 재산관리인에 대한 선임결정이 취소되기 전에 재산관리인의 처분행위에 기하여 경료된 등기는 법원의 처분허가 등 모든 절차를 거쳐 적법하게 경료된 것으로 추정된다[91다11810].

05 난도 ★   달 ④

▌정답해설▌

④ 사단법인의 사원의 지위는 양도 또는 상속할 수 없다고 규정한 민법 제56조의 규정은 강행규정이라고 할 수 없다[91다26850]. 따라서 정관으로 달리 정할 수 있다.

┃오답해설┃

① 제42조 제1항

> **제42조(사단법인의 정관의 변경)**
> ① 사단법인의 정관은 총사원 3분의 2 이상의 동의가 있는 때에 한하여 이를 변경할 수 있다. 그러나 정수에 관하여 정관에 다른 규정이 있는 때에는 그 규정에 의한다.

② 제31조

> **제31조(법인성립의 준칙)**
> 법인은 법률의 규정에 의함이 아니면 성립하지 못한다.

③ 제35조 제2항

> **제35조(법인의 불법행위능력)**
> ② 법인의 목적범위외의 행위로 인하여 타인에게 손해를 가한 때에는 그 사항의 의결에 찬성하거나 그 의결을 집행한 사원, 이사 및 기타 대표자가 연대하여 배상하여야 한다.

⑤ 제58조 제2항

> **제58조(이사의 사무집행)**
> ② 이사가 수인인 경우에는 정관에 다른 규정이 없으면 법인의 사무집행은 이사의 과반수로써 결정한다.

---

06 난도 ★★　　　　　　　　　　　**답** ③

┃정답해설┃

③ 비법인사단의 경우 대표자의 행위가 직무에 관한 행위에 해당하지 아니함을 피해자 자신이 알았거나 또는 중대한 과실로 인하여 알지 못한 경우에는 비법인사단에게 손해배상책임을 물을 수 없다고 할 것이고, 여기서 중대한 과실이라 함은 거래의 상대방이 조금만 주의를 기울였더라면 대표자의 행위가 그 직무권한 내에서 적법하게 행하여진 것이 아니라는 사정을 알 수 있었음에도 만연히 이를 직무권한 내의 행위라고 믿음으로써 일반인에게 요구되는 주의의무에 현저히 위반하는 것으로 거의 고의에 가까운 정도의 주의를 결여하고, 공평의 관점에서 상대방을 구태여 보호할 필요가 없다고 봄이 상당하다고 인정되는 상태를 말한다[2002다27088].

┃오답해설┃

① 대판 2009.1.30. 2006다60908

② 주택건설촉진법에 의하여 설립된 재건축조합은 민법상의 비법인사단에 해당하고, 총유물의 관리 및 처분에 관하여는 정관이나 규약에 정한 바가 있으면 이에 따라야 하고, 그에 관한 정관이나 규약이 없으면 사원 총회의 결의에 의하여 하는 것이므로 정관이나 규약에 정함이 없는 이상 사원총회의 결의를 거치지 않은 총유물의 관리 및 처분행위는 무효라고 할 것이나, 총유물의 관리 및 처분행위라 함은 총유물 그 자체에 관한 법률적·사실적 처분행위와 이용, 개량행위를 말하는 것으로서 재건축조합이 재건축사업의 시행을 위하여 설계용역계약을 체결하는 것은 단순한 채무부담행위에 불과하여 총유물 그 자체에 대한 관리 및 처분행위라고 볼 수 없다[2002다64780].

④ 94다53563

⑤ 재건축조합은 비법인사단으로서 법인격을 전제로 하는 조항을 제외하고는 민법의 법인에 관한 규정의 준용을 받는다 할 것인데 민법 제71, 72조에 비추어, 정관에 다른 규정이 없는 한 총회에서는 소집 1주간 전에 통지된 그 회의의 목적사항에 관하여서만 결의할 수 있다 할 것이다[95다56866].

---

07 난도 ★★　　　　　　　　　　　**답** ④

┃정답해설┃

④ 천연과실은 원물로부터 분리되는 때의 수취권자에게 귀속된다(제102조 제1항). 이 규정은 임의 규정이다. 따라서 특약으로 달리 정할 수 있다.

┃오답해설┃

① 일반적으로 일단의 증감 변동하는 동산을 하나의 물건으로 보아 이를 채권담보의 목적으로 삼으려는 이른바 집합물에 대한 양도담보설정계약체결도 가능하며 이 경우 그 목적 동산이 담보설정자의 다른 물건과 구별될 수 있도록 그 종류, 장소 또는 수량지정 등의 방법에 의하여 특정되어 있으면 그 전부를 하나의 재산권으로 보아 이에 유효한 담보권의 설정이 된 것으로 볼 수 있다[88다카20224].

② 제102조 제2항

> **제102조(과실의 취득)**
> ② 법정과실은 수취할 권리의 존속기간일수의 비율로 취득한다.

③ 명인방법은 수목(樹木), 미분리의 과실(果實), 입도(立稻), 엽연초(葉煙草), 인삼(人蔘) 기타 농작물에 대하여 이용된다.

⑤ 79다784

08 난도 ★

▌정답해설▐

③ 취소권은 형성권이므로, 그의 일방적 의사표시에 의하여 취소권을 행사할 수 있다. 명칭은 청구권이나 실질은 형성권인 것으로 부속물매수청구권, 지상물매수청구권, 지상권소멸청구권, 전세권소멸청구권, 유치권소멸청구권 등이 있다.

▌오답해설▐

①·②·④·⑤ 청구권에 해당한다.

09 난도 ★★

▌정답해설▐

④ 매매계약과 같은 쌍무계약이 급부와 반대급부와의 불균형으로 말미암아 민법 제104조에서 정하는 '불공정한 법률행위'에 해당하여 무효라고 한다면, 그 계약으로 인하여 불이익을 입는 당사자로 하여금 위와 같은 불공정성을 소송 등 사법적 구제수단을 통하여 주장하지 못하도록 하는 부제소합의 역시 다른 특별한 사정이 없는 한 무효라고 할 것이다[2009다50308].

▌오답해설▐

① 66다530

② 당사자의 일방이 상대방에게 공무원의 직무에 관한 사항에 관하여 특별한 청탁을 하게 하고 그에 대한 보수로 돈을 지급할 것을 내용으로 한 약정은 사회질서에 반하는 무효의 계약이다[94다51994].

③ 민법 제104조에 규정된 불공정한 법률행위는 객관적으로 급부와 반대급부 사이에 현저한 불균형이 존재하고, 주관적으로 위와 같이 균형을 잃은 거래가 피해 당사자의 궁박, 경솔 또는 무경험을 이용하여 이루어진 경우에 성립하는 것으로서, 약자적 지위에 있는 자의 궁박, 경솔 또는 무경험을 이용한 폭리행위를 규제하려는 데에 그 목적이 있다 할 것이고, 불공정한 법률행위가 성립하기

위한 요건인 궁박, 경솔, 무경험은 모두 구비되어야 하는 것이 아니고 그 중 일부만 갖추어져도 충분하며, 여기에서 '궁박'이라 함은 '급박한 곤궁'을 의미하는 것으로서 경제적 원인에 기인할 수도 있고, 정신적 또는 심리적 원인에 기인할 수도 있으며, 당사자가 궁박의 상태에 있었는지 여부는 그의 신분과 재산상태 및 그가 처한 상황의 절박성의 정도 등 제반 상황을 종합하여 구체적으로 판단하여야 한다[98다58825].

⑤ 민법 제103조에 의하여 무효로 되는 반사회질서행위는 법률행위의 목적인 권리의무의 내용이 선량한 풍속 기타 사회질서에 위반되는 경우뿐 아니라 그 내용 자체는 반사회질서적인 것이 아니라고 하여도 법률적으로 이를 강제하거나 법률행위에 반사회질서적인 조건 또는 금전적 대가가 결부됨으로써 반사회질서적 성질을 띠게 되는 경우 및 표시되거나 상대방에게 알려진 법률행위의 동기가 반사회질서적인 경우를 포함하는바, 이상의 각 요건에 해당하지 아니하고 단지 법률행위의 성립과정에서 강박이라는 불법적 방법이 사용된데 불과한 때에는 강박에 의한 의사표시의 하자나 의사의 흠결을 이유로 효력을 논의할 수는 있을지언정 반사회질서의 법률행위로서 무효라고 할 수는 없다[92다7719].

10 난도 ★★★

▌정답해설▐

① 파산자가 파산선고시에 가진 모든 재산은 파산재단을 구성하고, 그 파산재단을 관리 및 처분할 권리는 파산관재인에게 속하므로, 파산관재인은 파산자의 포괄승계인과 같은 지위를 가지게 되지만, 파산이 선고되면 파산채권자는 파산절차에 의하지 아니하고는 파산채권을 행사할 수 없고, 파산관재인이 파산채권자 전체의 공동의 이익을 위하여 선량한 관리자의 주의로써 그 직무를 행하므로, 파산관재인은 파산선고에 따라 파산자와 독립하여 그 재산에 관하여 이해관계를 가지게 된 제3자로서의 지위도 가지게 되며, 따라서 파산자가 상대방과 통정한 허위의 의사표시를 통하여 가장채권을 보유하고 있다가 파산이 선고된 경우 그 가장채권도 일단 파산재단에 속하게 되고, 파산선고에 따라 파산자와는 독립한 지위에서 파산채권자 전체의 공동의 이익을 위하여 직무를 행하게 된 파산관재인은 그 허위표시에 따라 외형상 형성된 법률관계를 토대로 실질적으로 새로운 법률상 이해관계를 가지게 된 민법 제108조 제2항의 제3자에 해당한다[2002다48214].

② 민법 제108조 제2항에 규정된 통정허위표시에 있어서의 제3자는 그 선의 여부가 문제이지 이에 관한 과실 유무를 따질 것이 아니다[2002다1321].

③ 건물에 대한 매매계약 체결 직후 건물이 건축선을 침범하여 건축된 사실을 알았으나 매도인이 법률전문가의 자문에 의하면 준공검사가 난 건물이므로 행정소송을 통해 구청장의 철거 지시를 취소할 수 있다고 하여 매수인이 그 말을 믿고 매매계약을 해제하지 않고 대금지급의무를 이행한 경우라면 매수인이 건물이 철거되지 않으리라고 믿은 것은 매매계약과 관련하여 동기의 착오라고 할 것이지만, 매수인과 매도인 사이에 매매계약의 내용으로 표시되었다고 볼 것이고, 나아가 매수인뿐만 아니라 일반인이면 누구라도 건물 중 건축선을 침범한 부분이 철거되는 것을 알았더라면 그 대지 및 건물을 매수하지 아니하였으리라는 사정이 엿보이므로, 결국 매수인이 매매계약을 체결함에 있어 그 내용의 중요 부분에 착오가 있는 때에 해당하고, 한편 매도인의 적극적인 행위에 의하여 매수인이 착오에 빠지게 된 점, 매수인이 그 건물의 일부가 철거되지 아니할 것이라고 믿게 된 경위 등 제반 사정에 비추어 보면 착오가 매수인의 중대한 과실에 기인한 것이라고 할 수 없다[97다26210].

④ 상대방과 통정한 허위의 의사표시는 무효이고 누구든지 그 무효를 주장할 수 있는 것이 원칙이나, 허위표시의 당사자 및 포괄승계인 이외의 자로서 허위표시에 의하여 외형상 형성된 법률관계를 토대로 실질적으로 새로운 법률상 이해관계를 맺은 선의의 제3자에 대하여는 허위표시의 당사자뿐만 아니라 그 누구도 허위표시의 무효를 대항하지 못하고, 따라서 선의의 제3자에 대한 관계에 있어서는 허위표시도 그 표시된 대로 효력이 있다[94다12074].

⑤ 제110조 제3항

> **제110조(사기, 강박에 의한 의사표시)**
> ① 사기나 강박에 의한 의사표시는 취소할 수 있다.
> ② 상대방있는 의사표시에 관하여 제삼자가 사기나 강박을 행한 경우에는 상대방이 그 사실을 알았거나 알 수 있었을 경우에 한하여 그 의사표시를 취소할 수 있다.
> ③ 전2항의 의사표시의 취소는 선의의 제삼자에게 대항하지 못한다.

11 난도 ★　　　　　　　┃답┃②

┃정답해설┃

② 의사표시의 상대방이 의사표시를 받은 때에 제한능력자인 경우에는 의사표시자는 그 의사표시로써 대항할 수 없다. 다만, 그 상대방의 법정대리인이 의사표시가 도달한 사실을 안 후에는 그러하지 아니하다(제112조).

┃오답해설┃

①·③ 제111조 제1항, 제2항

> **제111조(의사표시의 효력발생시기)**
> ① 상대방이 있는 의사표시는 상대방에게 도달한 때에 그 효력이 생긴다.
> ② 의사표시자가 그 통지를 발송한 후 사망하거나 제한능력자가 되어도 의사표시의 효력에 영향을 미치지 아니한다.

④ 최고의 의사표시가 기재된 내용증명 우편물이 발송되고 반송되지 아니하였다면 특별한 사정이 없는 한 이는 그 무렵에 송달되었다고 볼 것이다[96다38322].

⑤ 제113조

> **제113조(의사표시의 공시송달)**
> 표의자가 과실없이 상대방을 알지 못하거나 상대방의 소재를 알지 못하는 경우에는 의사표시는 민사소송법 공시송달의 규정에 의하여 송달할 수 있다.

12 난도 ★　　　　　　　┃답┃⑤

┃정답해설┃

⑤ 대리인이 수인인 때에는 각자가 본인을 대리한다. 그러나 법률 또는 수권행위에 다른 정한 바가 있는 때에는 그러하지 아니하다(제119조).

┃오답해설┃

① 제117조

> **제117조(대리인의 행위능력)**
> 대리인은 행위능력자임을 요하지 아니한다.

② 제128조

제128조(임의대리의 종료)
법률행위에 의하여 수여된 대리권은 전조의 경우외에 그 원인된 법률관계의 종료에 의하여 소멸한다. 법률관계의 종료전에 본인이 수권행위를 철회한 경우에도 같다.

③ 제114조 제1항

제114조(대리행위의 효력)
① 대리인이 그 권한내에서 본인을 위한 것임을 표시한 의사표시는 직접 본인에게 대하여 효력이 생긴다.

④ 제116조 제2항

제116조(대리행위의 하자)
② 특정한 법률행위를 위임한 경우에 대리인이 본인의 지시에 좇아 그 행위를 한 때에는 본인은 자기가 안 사정 또는 과실로 인하여 알지 못한 사정에 관하여 대리인의 부지를 주장하지 못한다.

13 난도 ★★　　　답 ③

┃정답해설┃

③ 무권대리인의 상대방에 대한 책임은 무과실책임이며 [2013다213038], 법정책임이다.

┃오답해설┃

① 추인은 다른 의사표시가 없는 때에는 계약 시에 소급하여 그 효력이 생긴다. 그러나 제3자의 권리를 해하지 못한다(제133조).
② 대리권 없는 자가 한 계약은 본인의 추인이 있을 때까지 상대방은 본인이나 그 대리인에 대하여 이를 철회할 수 있다. 그러나 계약 당시에 상대방이 대리권 없음을 안 때에는 그러하지 아니하다(제134조).
④ 상대방의 최고권은 상대방의 선의·악의를 불문하고 본인에게만 행사할 수 있다(제131조)
⑤ 대리권 없는 자가 한 계약은 본인의 추인이 있을 때까지 상대방은 본인이나 그 대리인에 대하여 이를 철회할 수 있다(제134조).

14 난도 ★★　　　답 ⑤

┃정답해설┃

⑤ 복대리인이 선임한 대리인은 모두 임의대리인이다.

┃오답해설┃

① 복대리인은 그 권한 내에서 본인을 대리한다(제123조 제1항).
② 대리권이 법률행위에 의하여 부여된 경우에는 대리인은 본인의 승낙이 있거나 부득이한 사유 있는 때가 아니면 복대리인을 선임하지 못한다(제120조).
③ 법정대리인은 그 책임으로 복대리인을 선임할 수 있다. 그러나 부득이한 사유로 인한 때에는 전조 제항에 정한 책임(선임감독에 대한 책임)만이 있다(제122조).
④ 복대리인을 선임한 후에도 대리인의 대리권은 소멸하지 않고 복대리인의 대리권과 병존한다. 따라서 복임행위는 대리권의「병존적 부여행위」라고 할 것이다.

15 난도 ★★　　　답 ④

┃정답해설┃

④ 법정대리인이 미성년자의 법률행위를 추인하는 경우 취소 원인이 소멸되기 전에도 가능하다.

┃오답해설┃

① 취소된 법률행위는 처음부터 무효인 것으로 본다(제141조).
② 제한능력자도 취소권자이므로(제140조), 법정대리인의 동의 없이 취소할 수 있다.
③ 통설은 제한능력자라 하더라도 피성년후견인을 제외한 미성년자나 피한정후견인은 능력자가 되기 전이라도 법정대리인 또는 후견인의 동의를 얻는다면 유효하게 추인할 수 있다고 본다. 즉, 피성년후견인은 법정대리인 또는 후견인의 동의를 얻는다 하더라도 유효하게 추인할 수 없다.
⑤ 취소가 있으면 그 법률행위는 처음부터 무효인 것으로 본다(제141조 본문). 다만, 취소한 후라도 무효행위의 추인 요건에 따라 다시 추인할 수 있다(대판 1997.12.12. 95다38240).

16 난도 ★★

┃정답해설┃

① 무효행위를 추인한 때에는 달리 소급효를 인정하는 법률규정이 없는 한 새로운 법률행위를 한 것으로 보아야 할 것이고, 이는 무효인 결의를 사후에 적법하게 추인하는 경우에도 마찬가지라 할 것이다[2009다35033].

┃오답해설┃

② 조건이 선량한 풍속 기타 사회질서에 위반한 것이 때에는 그 법률행위는 무효로 한다(제151조).

③ 매매대금의 과다로 말미암아 매매계약이 민법 제140조가 정하는 불공정한 법률행위로서 무효가 된 경우라도 무효행위의 전환에 관한 민법 제138조가 적용될 수 있다[2009다50308].

④ 무권대리행위나 무효행위의 추인은 무권대리행위 등이 있음을 알고 그 행위의 효과를 자기에게 귀속시키도록 하는 단독행위로서 그 의사표시의 방법에 관하여 일정한 방식이 요구되는 것이 아니므로 명시적이든 묵시적이든 묻지 않는다 할 것이지만, 묵시적 추인을 인정하기 위해서는 본인이 그 행위로 처하게 된 법적 지위를 충분히 이해하고 그럼에도 진의에 기하여 그 행위의 결과가 자기에게 귀속된다는 것을 승인한 것으로 볼 만한 사정이 있어야 할 것이므로 이를 판단함에 있어서는 관계되는 여러 사정을 종합적으로 검토하여 신중하게 하여야 할 것이다[2009다37831].

⑤ 무효인 법률행위는 그 법률행위가 성립한 당초부터 당연히 효력이 발생하지 않는 것이므로, 무효인 법률행위에 따른 법률효과를 침해하는 것처럼 보이는 위법행위나 채무불이행이 있다고 하여도 법률효과의 침해에 따른 손해는 없는 것이므로 그 손해배상을 청구할 수는 없다[2002다72125].

17 난도 ★★★

┃정답해설┃

④ 소멸시효 이익의 포기는 상대적 효과가 있을 뿐이어서 다른 사람에게는 영향을 미치지 아니함이 원칙이나, 소멸시효 이익의 포기 당시에는 권리의 소멸에 의하여 직접 이익을 받을 수 있는 이해관계를 맺은 적이 없다가 나중에 시효이익을 이미 포기한 자와의 법률관계를 통하여 비로소 시효이익을 원용할 이해관계를 형성한 자는 이미 이루어진 시효이익 포기의 효력을 부정할 수 없다.

왜냐하면, 시효이익의 포기에 대하여 상대적인 효과만을 부여하는 이유는 포기 당시에 시효이익을 원용할 다수의 이해관계인이 존재하는 경우 그들의 의사와는 무관하게 채무자 등 어느 일방의 포기 의사만으로 시효이익을 원용할 권리를 박탈당하게 되는 부당한 결과의 발생을 막으려는 데 있는 것이지, 시효이익을 이미 포기한 자와의 법률관계를 통하여 비로소 시효이익을 원용할 이해관계를 형성한 자에게 이미 이루어진 시효이익 포기의 효력을 부정할 수 있게 하여 시효완성을 둘러싼 법률관계를 사후에 불안정하게 만들자는 데 있는 것은 아니기 때문이다[2015다200227].

┃오답해설┃

① 채무자가 소멸시효 완성 후에 채권자에 대하여 채무 일부를 변제함으로써 시효의 이익을 포기한 경우에는 그때부터 새로이 소멸시효가 진행한다[2013다12464].

② 소멸시효 중단사유로서의 채무승인은 시효이익을 받는 당사자인 채무자가 소멸시효의 완성으로 채권을 상실하게 될 자 또는 그 대리인에 대하여 상대방의 권리 또는 자신의 채무가 있음을 알고 있다는 뜻을 표시함으로써 성립한다. 또한 시효완성의 이익 포기의 의사표시를 할 수 있는 자는 시효완성의 이익을 받을 당사자 또는 그 대리인에 한정되고, 그 밖의 제3자가 시효완성의 이익 포기의 의사표시를 하였다 하더라도 이는 시효완성의 이익을 받을 자에 대한 관계에서 아무 효력이 없다[2013다64793].

③ 주채무가 시효로 소멸한 때에는 보증인도 그 시효소멸을 원용할 수 있으며, 주채무자가 시효의 이익을 포기하더라도 보증인에게는 그 효력이 없다[89다카1114].

⑤ 채권의 소멸시효가 완성된 후에 채무자가 그 기한의 유예를 요청하였다면 그때에 소멸시효의 이익을 포기한 것으로 보아야 한다[65다2133].

18 난도 ★★

┃정답해설┃

④ 법률행위에 붙은 부관이 조건인지 기한인지가 명확하지 않은 경우 법률행위의 해석을 통해서 이를 결정해야 한다. 부관에 표시된 사실이 발생하지 않으면 채무를 이행하지 않아도 된다고 보는 것이 합리적인 경우에는 조건으로 보아야 한다. 그러나 부관에 표시된 사실이 발생한 때에는 물론이고 반대로 발생하지 않는 것이 확정된 때에도 채무를 이행하여야 한다고 보는 것이 합리적인

경우에는 표시된 사실의 발생 여부가 확정되는 것을 불확정기한으로 정한 것으로 보아야 한다[2018다201702].

오답해설

① 조건은 법률행위 효력의 발생 또는 소멸을 장래의 불확실한 사실의 성부에 의존하게 하는 법률행위의 부관이다. 반면 장래의 사실이더라도 그것이 장래 반드시 실현되는 사실이면 실현되는 시기가 비록 확정되지 않더라도 이는 기한으로 보아야 한다[2018다201702].

② 조건이 법률행위의 당시 이미 성취할 수 없는 경우에는 그 조건이 해제조건이면 조건 없는 법률행위로 하고 정지조건이면 그 법률행위는 무효로 한다(제151조 제3항).

③ 조건은 법률행위의 효력의 발생 또는 소멸을 장래의 불확실한 사실의 성부에 의존케 하는 법률행위의 부관으로서 당해 법률행위를 구성하는 의사표시의 일체적인 내용을 이루는 것이므로, 의사표시의 일반원칙에 따라 조건을 붙이고자 하는 의사 즉 조건의사와 그 표시가 필요하며, 조건의사가 있더라도 그것이 외부에 표시되지 않으면 법률행위의 동기에 불과할 뿐이고 그것만으로는 법률행위의 부관으로서의 조건이 되는 것은 아니다[2003다10797].

⑤ 정지조건부 법률행위에 있어서 조건이 성취되었다는 사실은 이에 의하여 권리를 취득하고자 하는 측에서 그 입증책임이 있다 할 것이므로, 정지조건부 채권양도에 있어서 정지조건이 성취되었다는 사실은 채권양도의 효력을 주장하는 자에게 그 입증책임이 있다[81다카692].

19 난도 ★★   탑 ③

정답해설

③ 기한이익 상실의 특약은 그 내용에 의하여 일정한 사유가 발생하면 채권자의 청구 등을 요함이 없이 당연히 기한의 이익이 상실되어 이행기가 도래하는 것으로 하는 정지조건부 기한이익 상실의 특약과 일정한 사유가 발생한 후 채권자의 통지나 청구 등 채권자의 의사행위를 기다려 비로소 이행기가 도래하는 것으로 하는 형성권적 기한이익 상실의 특약의 두 가지로 대별할 수 있고, 기한이익 상실의 특약이 위의 양자 중 어느 것에 해당하느냐는 당사자의 의사해석의 문제이지만 일반적으로 기한이익 상실의 특약이 채권자를 위하여 둔 것인 점에 비추어 명백히 정지조건부 기한이익 상실의 특약이라고 볼 만한 특별한 사정이 없는 이상 형성권적 기한이익 상실의 특약으로 추정하는 것이 타당하다[2002다28340].

오답해설

① 기한의 이익은 포기할 수 있다(제153조). 따라서 기한의 이익이 채권자 및 채무자 쌍방에게 있는 경우, 채무자는 기한의 이익을 포기할 수 있다.

② 저당권자인 을은 우선변제권을 가진 물권을 가지고 있으므로 채무자 갑이 다른 채권자에게 후순위의 저당권을 설정하여도 채권자는 담보를 손상, 감소 또는 멸실하게 한 것은 아니다(제388조 참고).

> **제388조(기한의 이익의 상실)**
> 채무자는 다음 각호의 경우에는 기한의 이익을 주장하지 못한다.
> 1. 채무자가 담보를 손상, 감소 또는 멸실하게 한 때
> 2. 채무자가 담보제공의 의무를 이행하지 아니한 때

④ 형성권적 기한이익 상실의 특약이 있는 경우에는 그 특약은 채권자의 이익을 위한 것으로서 기한이익의 상실 사유가 발생하였다고 하더라도 채권자가 나머지 전액을 일시에 청구할 것인가 또는 종래대로 할부변제를 청구할 것인가를 자유로이 선택할 수 있으므로, 이와 같은 기한이익 상실의 특약이 있는 할부채무에 있어서는 1회의 불이행이 있더라도 각 할부금에 대해 그 각 변제기의 도래 시마다 그 때부터 순차로 소멸시효가 진행하고 채권자가 특히 잔존 채무 전액의 변제를 구하는 취지의 의사를 표시한 경우에 한하여 전액에 대하여 그 때부터 소멸시효가 진행한다[2002다28340].

⑤ 채권자의 별도의 의사표시가 없더라도 바로 이행기가 도래한 것과 같은 효과를 발생케 하는 이른바 정지조건부 기한이익 상실의 특약을 하였을 경우에는 그 특약에 정한 기한의 이익 상실사유가 발생함과 동시에 기한의 이익을 상실케 하는 채권자의 의사표시가 없더라도 이행기 도래의 효과가 발생하고, 채무자는 특별한 사정이 없는 한 그 때부터 이행지체의 상태에 놓이게 된다[99다15184].

20 난도 ★★   탑 ①

정답해설

① 물상보증인이 그 피담보채무의 부존재 또는 소멸을 이유로 제기한 저당권설정등기 말소등기절차이행청구소송에서 채권자 겸 저당권자가 청구기각의 판결을 구하고 피담보채권의 존재를 주장하였다고 하더라도 이로써 직접 채무자에 대하여 재판상 청구를 한 것으로 볼 수는

없는 것이므로 피담보채권의 소멸시효에 관하여 규정한 민법 제168조 제1호 소정의 '청구'에 해당하지 아니한다 [2003다30890].

┃오답해설┃

②·③·④·⑤ 민법상 소멸시효의 중단사유에는 청구가 있다. 이는 시효의 대상인 권리를 재판상 내지 재판 외로 행사하는 것을 말하는데 민법은 청구의 유형으로 재판상 청구(제170조), 파산절차 참가(제171조), 지급명령(제172조), 화해를 위한 소환 내지 임의출석(제173조), 최고(제174조)를 규정하고 있다.

21 난도 ★ 답 ③

┃정답해설┃

③ 부동산만을 객체로 하는 물권은 지상권, 전세권, 저당권이다.

더 알아보기	물권의 객체
동산	점유권, 소유권, 질권, 유치권
부동산	점유권, 소유권, 지상권, 지역권, 전세권, 유치권, 저당권
부동산만을 객체로	지상권, 지역권, 전세권, 저당권
동산만을 객체로	질권

22 난도 ★★ 답 ②

┃정답해설┃

② 수목은 토지로부터 분리되면 동산이지만, 분리되지 않은 상태에서는 토지의 일부분이다. 그러나 입목에 관한 법률에 따른 입목등기를 하지 않은 수목이라도 명인방법을 갖추면 토지와 독립된 거래의 객체로 된다[98마1817]. 이때 명인방법으로 공시할 수 있는 권리는 소유권(또는 소유권 이전형식의 양도담보)에 한한다. 사례에서 갑은 매매계약의 체결과 동시에 소유권을 이전받기로 약속했고 소나무 50그루에 대해 소유자 갑이라는 명인방법을 통해 공시를 했으므로 잔금을 지급하지 않았더라도 소나무 50그루에 대한 소유권을 취득한다.

23 난도 ★★★ 답 ①

┃정답해설┃

① 신축된 건물의 소유권은 이를 건축한 사람이 원시취득하는 것이므로, 건물 소유권보존등기의 명의자가 이를 신축한 것이 아니라면 그 등기의 권리 추정력은 깨어지고, 등기 명의자가 스스로 적법하게 그 소유권을 취득한 사실을 입증하여야 한다[95다30734].

┃오답해설┃

② 부동산에 관하여 소유권이전등기가 마쳐져 있는 경우에는 그 등기 명의자는 제3자에 대하여서뿐 아니라 그 전 소유자에 대하여서도 적법한 등기원인에 의하여 소유권을 취득한 것으로 추정되므로 이를 다투는 측에서 그 무효사유를 주장·입증하여야 하고, 부동산 등기는 현재의 진실한 권리상태를 공시하면 그에 이른 과정이나 태양을 그대로 반영하지 아니하였어도 유효한 것으로서, 등기 명의자가 전 소유자로부터 부동산을 취득함에 있어 등기부상 기재된 등기원인에 의하지 아니하고 다른 원인으로 적법하게 취득하였다고 하면서 등기원인 행위의 태양이나 과정을 다소 다르게 주장한다고 하여 이러한 주장만 가지고 그 등기의 추정력이 깨어진다고 할 수는 없으므로, 이러한 경우에도 이를 다투는 측에서 등기 명의자의 소유권이전등기가 전 등기 명의인의 의사에 반하여 이루어진 것으로서 무효라는 주장·입증을 하여야 한다[97다2993].

③ 95다39526

④ 명의신탁은 등기의 추정력을 전제로 하면서 그 등기가 명의신탁계약에 의해 성립된 사실을 주장하는 것이므로, 그 등기에 추정력이 있다고 하더라도 명의신탁자는 명의수탁자에게 대하여 등기가 명의신탁에 의한 것임을 주장할 수 있다[97다54253].

⑤ 79다239

24 난도 ★★ 답 ③

┃정답해설┃

③ 민법 제245조 제2항은 부동산의 소유자로 등기한 자가 10년간 소유의 의사로 평온·공연하게 선의이며 과실 없이 그 부동산을 점유한 때에는 소유권을 취득한다고 규정하고 있는바, 위 법 조항의 '등기'는 부동산등기법 제15조가 규정한 1부동산 1용지주의에 위배되지 아니한 등기를 말하므로, 어느 부동산에 관하여 등기명의인을 달리

하여 소유권보존등기가 2중으로 경료된 경우 먼저 이루어진 소유권보존등기가 원인무효가 아니어서 뒤에 된 소유권보존등기가 무효로 되는 때에는, 뒤에 된 소유권보존등기나 이에 터잡은 소유권이전등기를 근거로 하여서는 등기부취득시효의 완성을 주장할 수 없다[96다12511].

┃오답해설┃

① 가등기는 본등기 순위보전의 효력만이 있고, 후일 본등기가 마쳐진 때에는 본등기의 순위가 가등기한 때로 소급함으로써 가등기 후 본등기 전에 이루어진 중간처분이 본등기보다 후 순위로 되어 실효될 뿐이고, 본등기에 의한 물권변동의 효력이 가등기한 때로 소급하여 발생하는 것은 아니다[80다3117].

② 부동산등기법 제88조

> **제88조(가등기의 대상)**
> 가등기는 제3조 각 호의 어느 하나에 해당하는 권리의 설정, 이전, 변경 또는 소멸의 청구권(請求權)을 보전(保全)하려는 때에 한다. 그 청구권이 시기부(始期附) 또는 정지조건부(停止條件附)일 경우나 그 밖에 장래에 확정될 것인 경우에도 같다.

④ 80다441

⑤ 등기명의인의 표시변경등기는 등기명의인의 동일성이 유지되는 범위 내에서 등기부상의 표시를 실제와 합치시키기 위하여 행하여지는 것에 불과할 뿐 어떠한 권리변동을 가져오는 것이 아니므로, 그 표시변경이 등기명의인의 동일성을 해치는 방법으로 행하여져 타인을 표상하는 결과에 이른 경우가 아닌 한, 등기명의인은 그 표시변경등기가 잘못되었더라도 다시 소정의 서면을 갖추어 경정등기를 하면 되는 것이고, 소로써 그 표시변경등기의 말소를 구하는 것은 소의 이익이 없어 허용되지 않는다[98다60903].

25 난도 ★★ 답 ⑤

┃정답해설┃

⑤ 견해의 대립이 있지만 판례는 점유개정에 의한 점유취득만으로는 선의취득의 요건을 충족할 수 없다는 입장이다[77다1872].

┃오답해설┃

① 집행채무자의 소유가 아닌 경우에도 강제집행절차에서 그 유체동산을 경락받아 경락대금을 납부하고 이를 인도받은 경락인은 특별한 사정이 없는 한 그 소유권을 선의취득한다[96다51332].

② 94다22071

③ 서울특별시가 무허가 건물을 자진철거하는 시민들을 위하여 건립하는 연립주택의 입주권은 수분양자로서의 지위에 불과한 것이므로 선의취득의 대상이 될 수 없다[79다2233].

④ 민법 제249조의 선의취득은 점유인도를 물권변동의 요건으로 하는 동산의 소유권취득에 관한 규정으로서(동법 제343조에 의하여 동산질권에도 준용) 저당권의 취득에는 적용될 수 없다[84다카2428].

26 난도 ★★ 답 ②

┃정답해설┃

② 점유의 시초에 자신의 토지에 인접한 타인 소유의 토지를 자신 소유의 토지의 일부로 알고서 이를 점유하게 된 자는 나중에 그 토지가 자신 소유의 토지가 아니라는 점을 알게 되었다고 하더라도 그러한 사정만으로 그 점유가 타주점유로 전환되는 것은 아니다[2001다5913].

┃오답해설┃

① 97다5824

③ 집행채무자의 소유가 아닌 경우에도 강제집행절차에서 그 유체동산을 경락받아 경락대금을 납부하고 이를 인도받은 경락인은 특별한 사정이 없는 한 그 소유권을 선의취득한다[96다51332]. 따라서 제3자가 토지를 경락받아 대금을 납부한 후에는 종래소유자의 그 토지에 대한 점유는 특별한 사정이 없는 한 타주점유가 된다.

④ 토지의 점유자가 이전에 소유자를 상대로 그 토지에 관하여 소유권이전등기말소절차의 이행을 구하는 소를 제기하였다가 패소하고 그 판결이 확정되었다 하더라도 그 소송은 점유자가 소유자를 상대로 소유권이전등기의 말소를 구하는 것이므로 그 패소판결의 확정으로 점유자의 소유자에 대한 말소등기청구권이 부정될 뿐, 그로써 점유자가 소유자에 대하여 어떠한 의무를 부담하게 되었다든가 그러한 의무가 확인되었다고 볼 수는 없고, 따라서 점유자가 그 소송에서 패소하고 그 판결이 확정되었다는 사정만으로는 토지 점유자의 자주점유의 추정이 번복되어 타주점유로 전환된다고 할 수 없다[98다63018].

⑤ 토지 점유자가 소유권이전등기말소등기청구소송의 직접 당사자가 되어 소송을 수행하였고 결국 그 소송을 통해 대지의 정당한 소유자를 알게 되었으며, 나아가 패소판결의 확정으로 점유자로서는 토지에 관한 점유자 명의의 소유권이전등기에 관하여 정당한 소유자에 대하여 말소등기의무를 부담하게 되었음이 확정되었으므로, 단순한 악의점유의 상태와는 달리 객관적으로 그와 같은 의무를 부담하고 있는 점유자로 변한 것이어서 점유자의 토지에 대한 점유는 패소판결 확정 후부터는 타주점유로 전환되었다고 보아야 한다[96다19857].

27 난도 ★★   답 ②

▌정답해설▐

② 유효한 도급계약에 기하여 수급인이 도급인으로부터 제3자 소유 물건의 점유를 이전받아 이를 수리한 결과 그 물건의 가치가 증가한 경우, 도급인이 그 물건을 간접점유하면서 궁극적으로 자신의 계산으로 비용지출과정을 관리한 것이므로, 도급인만이 소유자에 대한 관계에 있어서 민법 제203조에 의한 비용상환청구권을 행사할 수 있는 비용지출자라고 할 것이고, 수급인은 그러한 비용지출자에 해당하지 않는다고 보아야 한다[99다66564].

▌오답해설▐

① 민법 제201조 제1항에 의하면 선의의 점유자는 점유물의 과실을 취득한다고 규정하고 있는바, 건물을 사용함으로써 얻는 이득은 그 건물의 과실에 준하는 것이므로, 선의의 점유자는 비록 법률상 원인 없이 타인의 건물을 점유·사용하고 이로 말미암아 그에게 손해를 입혔다고 하더라도 그 점유·사용으로 인한 이득을 반환할 의무는 없다[95다44290].

③ 점유자가 지출한 필요비와 유익비는 회복자에게는 부당이득이 되므로 점유자는 선의·악의 내지 자주·타주를 불문하고 비용상환청구권을 행사할 수 있다(제203조).

④ 점유물이 점유자의 책임있는 사유로 인하여 멸실 또는 훼손한 때에는 악의의 점유자는 그 손해의 전부를 배상하여야 하며 선의의 점유자는 이익이 현존하는 한도에서 배상하여야 한다. 소유의 의사가 없는 점유자는 선의인 경우에도 손해의 전부를 배상하여야 한다(제202조).

⑤ 점유자가 점유물을 반환할 때에는 회복자에 대하여 점유물을 보존하기 위하여 지출한 금액 기타 필요비의 상환을 청구할 수 있다. 그러나 점유자가 과실을 취득한 경우에는 통상의 필요비는 청구하지 못한다(제203조 제1항).

28 난도 ★★   답 ②

▌정답해설▐

② 공용부분에 관한 물권의 득실변경은 등기가 필요하지 아니하다(집합건물의 소유 및 관리에 관한 법률 제13조 제3항).

▌오답해설▐

① 2016다32841

③ 집합건물의 전(前) 구분소유자의 특정승계인에게 승계되는 공용부분 관리비에는 집합건물의 공용부분 그 자체의 직접적인 유지·관리를 위하여 지출되는 비용뿐만 아니라, 전유부분을 포함한 집합건물 전체의 유지·관리를 위해 지출되는 비용 가운데에서도 입주자 전체의 공동의 이익을 위하여 집합건물을 통일적으로 유지·관리해야 할 필요가 있어 이를 일률적으로 지출하지 않으면 안 되는 성격의 비용은 그것이 입주자 각자의 개별적인 이익을 위하여 현실적·구체적으로 귀속되는 부분에 사용되는 비용으로 명확히 구분될 수 있는 것이 아니라면, 모두 이에 포함되는 것으로 봄이 상당하다. 한편, 관리비 납부를 연체할 경우 부과되는 연체료는 위약벌의 일종이고, 전(前) 구분소유자의 특별승계인이 체납된 공용부분 관리비를 승계한다고 하여 전 구분소유자가 관리비 납부를 연체함으로 인해 이미 발생하게 된 법률효과까지 그대로 승계하는 것은 아니라 할 것이어서, 공용부분 관리비에 대한 연체료는 특별승계인에게 승계되는 공용부분 관리비에 포함되지 않는다[2004다3598].

④ 집합건물의소유및관리에관한법률 제16조 제1항 단서, 제2항 규정의 취지는 규약에 달리 정함이 없는 한 집합건물의 공용부분의 현상을 유지하기 위한 보존행위는 관리행위와 구별하여 공유자인 구분소유자가 단독으로 행할 수 있도록 한 것으로, 그 보존행위의 내용은 통상의 공유관계처럼 사실상의 보존행위 뿐 아니라 지분권에 기한 방해배제청구권과 공유물의 반환청구권도 포함하여 공유자인 구분소유권자가 이를 단독으로 행할 수 있다고 풀이되는 것이고, 공유자의 위 보존행위의 권한은 관리인의 선임이 있고 없고에 관계없이 이를 행사할 수 있는 것이다[94다9269].

⑤ 집합건물에 있어서 수개의 전유부분으로 통하는 복도, 계단 기타 구조상 구분소유자의 전원 또는 그 일부의 공용에 제공되는 건물부분은 공용부분으로서 구분소유권의 목적이 되지 않으며, 건물의 어느 부분이 구분소유자의 전원 또는 일부의 공용에 제공되는지의 여부는 소유자들 간에 특단의 합의가 없는한 그 건물의 구조에 따른 객관적인 용도에 의하여 결정되어야 할 것이다[94다9269].

29 난도 ★★★   탑 ③

▌정답해설

③ 시효이익의 포기와 같은 상대방 있는 단독행위는 그 의
사표시로 인하여 권리에 직접적인 영향을 받는 상대방에
게 도달하는 때에 효력이 발생한다 할 것인바, 취득시효
완성으로 인한 권리변동의 당사자는 시효취득자와 취득
시효완성 당시의 진정한 소유자이고, 실체관계와 부합하
지 않는 원인무효인 등기의 등기부상 소유명의자는 권리
변동의 당사자가 될 수 없는 것이므로, 결국 시효이익의
포기는 달리 특별한 사정이 없는 한 시효취득자가 취득
시효완성 당시의 진정한 소유자에 대하여 하여야 그 효
력이 발생하는 것이지 원인무효인 등기의 등기부상 소유
명의자에게 그와 같은 의사를 표시하였다고 하여 그 효
력이 발생하는 것은 아니라 할 것이다[94다40734].

▌오답해설

① 등기부취득시효에 있어서 선의 무과실은 등기에 관한 것
이 아니고 점유취득에 관한 것으로서, 그 무과실에 관한
입증책임은 그 시효취득을 주장하는 사람에게 있다[94
다22651].

② 임대차계약에 따른 점유는 성질상 유효, 무효를 불문하
고 타주점유이다.

④ 파산선고 전에 부동산에 대한 점유취득시효가 완성되었
으나 파산선고시까지 이를 원인으로 한 소유권이전등기
를 마치지 아니한 자는, 그 부동산의 소유자에 대한 파산
선고와 동시에 파산채권자 전체의 공동의 이익을 위하여
파산재단에 속하는 그 부동산에 관하여 이해관계를 갖는
제3자의 지위에 있는 파산관재인이 선임된 이상, 파산관
재인을 상대로 파산선고 전의 점유취득시효 완성을 원인
으로 한 소유권이전등기절차의 이행을 청구할 수 없다.
또한, 그 부동산의 관리처분권을 상실한 파산자가 파산
선고를 전후하여 그 부동산의 법률상 소유자로 남아 있
음을 이유로 점유취득시효의 기산점을 임의로 선택하여
파산선고 후에 점유취득시효가 완성된 것으로 주장하여
파산관재인에게 소유권이전등기절차의 이행을 청구할
수도 없다. 이 경우 법률적 성질이 채권적 청구권인 점유
취득시효 완성을 원인으로 한 소유권이전등기청구권은
구 파산법 제14조(2005.3.31. 법률 제7428호 채무자 회
생 및 파산에 관한 법률 부칙 제2조로 폐지)가 규정하는
파산자에 대하여 파산선고 전의 원인으로 생긴 재산상의
청구권으로서 파산채권에 해당하므로 파산절차에 의하
여서만 그 권리를 행사할 수 있다[2006다32187].

⑤ 토지에 대한 취득시효 완성으로 인한 소유권이전등기청
구권은 그 토지에 대한 점유가 계속되는 한 시효로 소멸
하지 아니하고, 그 후 점유를 상실하였다고 하더라도 이
를 시효이익의 포기로 볼 수 있는 경우가 아닌 한 이미
취득한 소유권이전등기청구권은 바로 소멸되는 것은 아
니나, 취득시효가 완성된 점유자가 점유를 상실한 경우
취득시효 완성으로 인한 소유권이전등기청구권의 소멸
시효는 이와 별개의 문제로서, 그 점유자가 점유를 상실
한 때로부터 10년간 등기청구권을 행사하지 아니하면 소
멸시효가 완성한다[95다34866].

30 난도 ★   탑 ④

▌정답해설

④ 부합에 의해 동산의 소유권이 소멸한 때에는 그 동산을
목적으로 한 다른 권리도 소멸한다(제260조 제1항). 따
라서 질권도 소멸한다.

▌오답해설

① 동산과 동산이 부합하여 훼손하지 아니하면 분리할 수
없거나 그 분리에 과다한 비용을 요할 경우에는 그 합성
물의 소유권은 주된 동산의 소유자에게 속한다(제257
조).

② 건물은 토지와 별개의 독립된 부동산이므로 토지에 부합
하지 않는다.

③ 타인의 동산에 가공한 때에는 그 물건의 소유권은 원재
료의 소유자에게 속한다(제259조).

⑤ 제261조

> **제261조(첨부로 인한 구상권)**
> 전5조의 경우에 손해를 받은 자는 부당이득에 관한 규정
> 에 의하여 보상을 청구할 수 있다.

▌정답해설▐

① 부동산실권리자명의등기에관한법률 제8조 제2호에서는 배우자 명의로 부동산에 관한 물권을 등기한 경우로서 조세포탈, 강제집행의 면탈 또는 법령상 제한의 회피를 목적으로 하지 아니하는 경우에는 그 명의신탁약정과 그 약정에 기하여 행하여진 물권변동을 무효로 보는 위 법률 제4조 등을 적용하지 않는다고 규정하고 있는바, 어떠한 명의신탁등기가 위 법률에 따라 무효가 되었다고 할지라도 그 후 신탁자와 수탁자가 혼인하여 그 등기의 명의자가 배우자로 된 경우에는 조세포탈, 강제집행의 면탈 또는 법령상 제한의 회피를 목적으로 하지 아니하는 한 이 경우에도 위 법률 제8조 제2호의 특례를 적용하여 그 명의신탁등기는 당사자가 혼인한 때로부터 유효하게 된다고 보아야 한다[2002다23840].

▌오답해설▐

② 부동산 실권리자명의 등기에 관한 법률 제2조 제1호 가목

제2조(정의)
이 법에서 사용하는 용어의 뜻은 다음과 같다.
1. "명의신탁약정"(名義信託約定)이란 부동산에 관한 소유권이나 그 밖의 물권(이하 "부동산에 관한 물권"이라 한다)을 보유한 자 또는 사실상 취득하거나 취득하려고 하는 재[이하 "실권리자"(實權利者)라 한다]가 타인과의 사이에서 대내적으로는 실권리자가 부동산에 관한 물권을 보유하거나 보유하기로 하고 그에 관한 등기(가등기를 포함한다. 이하 같다)는 그 타인의 명의로 하기로 하는 약정[위임·위탁매매의 형식에 의하거나 추인(追認)에 의한 경우를 포함한다]을 말한다. 다만, 다음 각 목의 경우는 제외한다.
가. 채무의 변제를 담보하기 위하여 채권자가 부동산에 관한 물권을 이전(移轉)받거나 가등기하는 경우

③ 부동산실권리자명의등기에관한법률이 규정하는 명의신탁약정은 부동산에 관한 물권의 실권리자가 타인과의 사이에서 대내적으로는 실권리자가 부동산에 관한 물권을 보유하거나 보유하기로 하고 그에 관한 등기는 그 타인의 명의로 하기로 하는 약정을 말하는 것일 뿐이므로, 그 자체로 선량한 풍속 기타 사회질서에 위반하는 경우에 해당한다고 단정할 수 없을 뿐만 아니라, 위 법률은 원칙적으로 명의신탁약정과 그 등기에 기한 물권변동만을 무효로 하고 명의신탁자가 다른 법률관계에 기하여 등기회복 등의 권리행사를 하는 것까지 금지하지는 않는 대신, 명의신탁자에 대하여 행정적 제재나 형벌을 부과함으로써 사적자치 및 재산권보장의 본질을 침해하지 않도록 규정하고 있으므로, 위 법률이 비록 부동산등기제도를 악용한 투기·탈세·탈법행위 등 반사회적 행위를 방지하는 것 등을 목적으로 제정되었다고 하더라도, 무효인 명의신탁약정에 기하여 타인 명의의 등기가 마쳐졌다는 이유만으로 그것이 당연히 불법원인급여에 해당한다고 볼 수 없다[2003다41722].

④ 부동산 실권리자명의 등기에 관한 법률 제8조 제3호

제8조(종중, 배우자 및 종교단체에 대한 특례)
다음 각 호의 어느 하나에 해당하는 경우로서 조세 포탈, 강제집행의 면탈(免脫) 또는 법령상 제한의 회피를 목적으로 하지 아니하는 경우에는 제4조부터 제7조까지 및 제12조 제1항부터 제3항까지를 적용하지 아니한다.
1. 종중(宗中)이 보유한 부동산에 관한 물권을 종중(종중과 그 대표자를 같이 표시하여 등기한 경우를 포함한다) 외의 자의 명의로 등기한 경우
2. 배우자 명의로 부동산에 관한 물권을 등기한 경우
3. 종교단체의 명의로 그 산하 조직이 보유한 부동산에 관한 물권을 등기한 경우

⑤ 부동산 실권리자명의 등기에 관한 법률 제4조 제3항

제4조(명의신탁약정의 효력)
③ 제1항 및 제2항의 무효는 제3자에게 대항하지 못한다.

┃정답해설┃

④ 丙의 지분 위에 근저당권이 설정된 후 A토지가 지분에 따라 분할된 때에는 특별한 합의가 없는 한 그 근저당권은 丙에게 분할된 부분에 집중되지 않는다. 갑, 을의 공유인 부동산 중 갑의 지분위에 설정된 근저당권 등 담보물권은 특단의 합의가 없는 한 공유물분할이 된 뒤에도 종전의 지분비율대로 공유물 전부의 위에 그대로 존속하고 근저당권설정자인 갑 앞으로 분할된 부분에 당연히 집중되는 것은 아니므로, 갑과 담보권자 사이에 공유물분할로 갑의 단독소유로 된 토지부분 중 원래의 을지분 부분을 근저당권의 목적물에 포함시키기로 합의하였다고 하여도 이런 합의가 을의 단독소유로된 토지부분 중 갑지분부분에 대한 피담보채권을 소멸시키기로 하는 합의까지 내포한 것이라고는 할 수 없다[88다카24868].

┃오답해설┃

① 공유물의 관리에 관한 사항은 공유지분의 과반수로 결정한다(제265조 본문). 갑의 공유지분이 3/5이므로 과반수 이상이므로 다른 공유자들과의 협의 없이 A토지의 관리방법을 정할 수 있다.

② 부동산의 공유자 중 한 사람은 공유물에 대한 보존행위로서 그 공유물에 관한 원인무효의 등기 전부의 말소를 구할 수 있다[2003다40651].

③ 공유물분할청구소송에 있어 원래의 공유자들이 각 그 지분의 일부 또는 전부를 제3자에게 양도하고 그 지분이전등기까지 마쳤다면, 새로운 이해관계가 형성된 그 제3자에 대한 관계에서는 달리 특별한 사정이 없는 한 일단 등기부상의 지분을 기준으로 할 수밖에 없을 것이나, 원래의 공유자들 사이에서는 등기부상 지분과 실제의 지분이 다르다는 사실이 인정된다면 여전히 실제의 지분을 기준으로 삼아야 할 것이고 등기부상 지분을 기준으로 하여 그 실제의 지분을 초과하거나 적게 인정할 수는 없다[98다1169].

⑤ 공유자 간의 공유물에 대한 사용수익·관리에 관한 특약은 공유자의 특정승계인에 대하여도 당연히 승계된다고 할 것이나, 민법 제265조는 "공유물의 관리에 관한 사항은 공유자의 지분의 과반수로써 결정한다."라고 규정하고 있으므로, 위와 같은 특약 후에 공유자에 변경이 있고 특약을 변경할 만한 사정이 있는 경우에는 공유자의 지분의 과반수의 결정으로 기존 특약을 변경할 수 있다[2005다1827].

┃정답해설┃

② 토지 또는 그 지상 건물의 소유권이 강제경매로 인하여 그 절차상의 매수인에게 이전되는 경우에는 그 매수인이 소유권을 취득하는 매각대금의 완납 시가 아니라 강제경매개시결정으로 압류의 효력이 발생하는 때를 기준으로 토지와 지상 건물이 동일인에게 속하였는지에 따라 관습상 법정지상권의 성립 여부를 가려야 하고, 강제경매의 목적이 된 토지 또는 그 지상 건물에 대하여 강제경매개시결정 이전에 가압류가 되어 있다가 그 가압류가 강제경매개시결정으로 인하여 본압류로 이행되어 경매절차가 진행된 경우에는 애초 가압류의 효력이 발생한 때를 기준으로 토지와 그 지상 건물이 동일인에 속하였는지에 따라 관습상 법정지상권의 성립 여부를 판단하여야 한다[2009다62059].

┃오답해설┃

① 토지공유자의 한 사람이 다른 공유자의 지분 과반수의 동의를 얻어 건물을 건축한 후 토지와 건물의 소유자가 달라진 경우 토지에 관하여 관습법상의 법정지상권이 성립되는 것으로 보게 되면 이는 토지공유자의 1인으로 하여금 자신의 지분을 제외한 다른 공유자의 지분에 대하여서까지 지상권설정의 처분행위를 허용하는 셈이 되어 부당하다[92다55756].

③ 관습상의 지상권은 법률행위로 인한 물권의 취득이 아니고 관습법에 의한 부동산물권의 취득이므로 등기를 필요로 하지 아니하고 지상권취득의 효력이 발생하고 이 관습상의 법정지상권은 물권으로서의 효력에 의하여 이를 취득할 당시의 토지소유자나 이로부터 소유권을 전득한 제3자에게 대하여도 등기없이 위 지상권을 주장할 수 있다[87다카279].

④ 67다2007

⑤ 갑과 을이 대지를 각자 특정하여 매수하여 배타적으로 점유하여 왔으나 분필이 되어 있지 아니한 탓으로 그 특정부분에 상응하는 지분소유권이전등기만을 경료하였다면 그 대지의 소유관계는 처음부터 구분소유적 공유관계에 있다 할 것이고, 또한 구분소유적 공유관계에 있어서는 통상적인 공유관계와는 달리 당사자 내부에 있어서는 각자가 특정매수한 부분은 각자의 단독 소유로 되었다 할 것이므로, 을은 위 대지 중 그가 매수하지 아니한 부분에 관하여는 갑에게 그 소유권을 주장할 수 없어 위 대지 중 을이 매수하지 아니한 부분지상에 있는 을 소유의 건물부분은 당초부터 건물과 토지의 소유자가 서로 다른 경우에 해당되어 그에 관하여는 관습상의 법정지상권이 성립될 여지가 없다[93다49871].

34 난도 ★★ 답 ⑤

┃정답해설┃

⑤ 도로 설치에 의한 사용을 근거로 영구적인 통행지역권이 인정되는 통행지역권의 취득시효에 관한 여러 사정들과 아울러 주위토지통행권과의 유사성 등을 종합하여 보면, 종전의 승역지 사용이 무상으로 이루어졌다는 등의 다른 특별한 사정이 없다면 통행지역권을 취득시효한 경우에도 주위토지통행권의 경우와 마찬가지로 요역지 소유자는 승역지에 대한 도로 설치 및 사용에 의하여 승역지 소유자가 입은 손해를 보상하여야 한다고 해석함이 타당하다.

┃오답해설┃

① 요역지는 1필의 토지 전부이어야 하나, 승역지는 1필의 토지 일부여도 상관없다(제293조 제2항 단서, 부동산등기법 제70조 제5호)
② 공유자의 1인이 지역권을 취득하는 경우에는 다른 공유자도 이를 취득한다.
③ 제292조 제2항

> **제292조(부종성)**
> ② 지역권은 요역지와 분리하여 양도하거나 다른 권리의 목적으로 하지 못한다.

④ 제299조

> **제299조(위기에 의한 부담면제)**
> 승역지의 소유자는 지역권에 필요한 부분의 토지소유권을 지역권자에게 위기하여 전조의 부담을 면할 수 있다.

35 난도 ★★ 답 ③

┃정답해설┃

③ 전세권설정등기를 마친 민법상의 전세권은 그 성질상 용익물권적 성격과 담보물권적 성격을 겸비한 것으로서, 전세권의 존속기간이 만료되면 전세권의 용익물권적 권능은 전세권설정등기의 말소 없이도 당연히 소멸하고 단지 전세금반환채권을 담보하는 담보물권적 권능의 범위 내에서 전세금의 반환시까지 그 전세권설정등기의 효력이 존속하고 있다 할 것이다[2003다35659].

┃오답해설┃

① 전세권의 목적물의 전부 또는 일부가 전세권자에 책임있는 사유로 인하여 멸실된 때에는 전세권자는 손해를 배상할 책임이 있다(제315조 제1항).
② 건물전세권이 법정갱신되는 경우 종전 전세권과 동일한 조건으로 다시 전세권을 설정한 것으로 본다. 단, 존속기간은 정하지 않은 것으로 본다(제312조 제4항). 이는 법률의 규정에 의한 물권변동이므로 전세권 갱신에 관한 등기를 필요로 하지 않고 전세권자는 등기 없이도 전세권설정자나 그 목적물을 취득한 제3자에 대하여 갱신된 권리를 주장할 수 있다.
④ 전세권자는 목적물의 현상을 유지하고 그 통상의 관리에 속한 수선을 하여야 한다(제309조).
⑤ 지상권 또는 전세권을 목적으로 저당권을 설정한 자는 저당권자의 동의없이 지상권 또는 전세권을 소멸하게 하는 행위를 하지 못한다(제371조 제2항).

36 난도 ★★ 답 ⑤

┃정답해설┃

⑤ 甲이 건물 신축공사 수급인인 乙 주식회사와 체결한 약정에 따라 공사현장에 시멘트와 모래 등의 건축자재를 공급한 사안에서, 甲의 건축자재대금채권은 매매계약에 따른 매매대금채권에 불과할 뿐 건물 자체에 관하여 생긴 채권이라고 할 수는 없음에도 건물에 관한 유치권의 피담보채권이 된다고 본 원심판결에 유치권의 성립요건인 채권과 물건 간의 견련관계에 관한 법리오해의 위법이 있다[2011다96208].

① 채권의 발생시기는 반드시 목적물을 점유하는 중에 발생할 것을 요하지 않는다. 목적물에 대한 점유를 취득한 뒤 그 목적물에 관하여 성립한 채권을 담보하기 위한 유치권도 인정된다.

② 유치권자는 채권 전부의 변제를 받을 때까지 유치물 전부에 대하여 그 권리를 행사할 수 있다"고 규정하고 있으므로, 유치물은 그 각 부분으로써 피담보채권의 전부를 담보하며, 이와 같은 유치권의 불가분성은 그 목적물이 분할 가능하거나 수개의 물건인 경우에도 적용된다 [2005다16942].

③ 유치권의 행사는 채권의 소멸시효의 진행에 영향을 미치지 아니한다(제326조).

④ 정당한 이유있는 때에는 유치권자는 감정인의 평가에 의하여 유치물로 직접변제에 충당할 것을 법원에 청구할 수 있다. 이 경우에는 유치권자는 미리 채무자에게 통지하여야 한다(제322조 제2항).

37 난도 ★★ 답 ②

정답해설

② 채권의 변제기가 질권자의 채권의 변제기보다 먼저 도래한 때에는 질권자는 제삼채무자에 대하여 그 변제금액의 공탁을 청구할 수 있다. 이 경우에 질권은 그 공탁금에 존재한다(제353조 제3항).

오답해설

① 채권을 질권의 목적으로 하는 경우에 채권증서가 있는 때에는 질권의 설정은 그 증서를 질권자에게 교부함으로써 그 효력이 생긴다(제347조).

③ 저당권으로 담보한 채권을 질권의 목적으로 한 때에는 그 저당권등기에 질권의 부기등기를 하여야 그 효력이 저당권에 미친다(제348조).

④ 질권자는 질권의 목적이 된 채권을 직접 청구할 수 있다 (제353조).

⑤ 질권은 양도할 수 없는 물건을 목적으로 하지 못한다(제331조).

38 난도 ★★★ 답 ⑤

정답해설

ㄱ. [O] 근저당권은 당사자 사이의 계속적인 거래관계로부터 발생하는 불특정채권을 어느 시기에 계산하여 잔존하는 채무를 일정한 한도액 범위 내에서 담보하는 저당권으로서 보통의 저당권과 달리 발생 및 소멸에 있어 피담보채무에 대한 부종성이 완화되어 있는 관계로 피담보채무가 확정되기 이전이라면 채무의 범위나 또는 채무자를 변경할 수 있는 것이고, 채무의 범위나 채무자가 변경된 경우에는 당연히 변경 후의 범위에 속하는 채권이나 채무자에 대한 채권만이 당해 근저당권에 의하여 담보되고, 변경 전의 범위에 속하는 채권이나 채무자에 대한 채권은 그 근저당권에 의하여 담보되는 채무의 범위에서 제외된다[97다15777].

ㄴ. [O] 2000다48265

ㄷ. [O] 근저당권자가 피담보채무의 불이행을 이유로 경매신청을 한 경우에는 경매신청시에 근저당 채무액이 확정되고, 그 이후부터 근저당권은 부종성을 가지게 되어 보통의 저당권과 같은 취급을 받게 되는바, 위와 같이 경매신청을 하여 경매개시결정이 있은 후에 경매신청이 취하되었다고 하더라도 채무확정의 효과가 번복되는 것은 아니다[2001다73022].

ㄹ. [O] 민법 제364조는 "저당부동산에 대하여 소유권, 지상권 또는 전세권을 취득한 제3자는 저당권자에게 그 부동산으로 담보된 채권을 변제하고 저당권의 소멸을 청구할 수 있다."고 규정하고 있다. 그러므로 근저당부동산에 대하여 민법 제364조의 규정에 의한 권리를 취득한 제3자는 피담보채무가 확정된 이후에 채권최고액의 범위 내에서 그 확정된 피담보채무를 변제하고 근저당권의 소멸을 청구할 수 있으나, 근저당부동산에 대하여 후순위근저당권을 취득한 자는 민법 제364조에서 정한 권리를 행사할 수 있는 제3취득자에 해당하지 아니하므로 이러한 후순위근저당권자가 선순위근저당권의 피담보채무가 확정된 이후에 그 확정된 피담보채무를 변제한 것은 민법 제469조의 규정에 의한 이해관계 있는 제3자의 변제로서 유효한 것인지 따져볼 수는 있을지언정 민법 제364조의 규정에 따라 선순위근저당권의 소멸을 청구할 수 있는 사유로는 삼을 수 없다[2005다17341].

▌정답해설 ▌

⑤ 담보가등기를 마친 부동산에 대하여 강제경매등이 개시된 경우에 담보가등기권리자는 다른 채권자보다 자기채권을 우선변제 받을 권리가 있다. 이 경우 그 순위에 관하여는 그 담보가등기권리를 저당권으로 보고, 그 담보가등기를 마친 때에 그 저당권의 설정등기(設定登記)가 행하여진 것으로 본다(가등기담보 등에 관한 법률 제13조).

▌오답해설 ▌

① 후순위권리자는 청산기간에 한정하여 그 피담보채권의 변제기 도래 전이라도 담보목적부동산의 경매를 청구할 수 있다(가등기담보 등에 관한 법률 제12조 제2항).

② 채무자가 청산기간이 지나기 전에 한 청산금에 관한 권리의 양도나 그 밖의 처분은 이로써 후순위권리자에게 대항하지 못한다(가등기담보 등에 관한 법률 제7조 제1항).

③ 채무자에게 지급되어야 할 청산금이 있는 경우 담보목적물에 대한 사용·수익권은 채권자에게 귀속되지 않는다.

④ 담보가등기를 마친 부동산에 대하여 강제경매 등이 행하여진 경우에는 담보가등기권리는 그 부동산의 매각에 의하여 소멸한다(가등기담보 등에 관한 법률 제15조).

▌정답해설 ▌

③ 저당잡힌 부동산의 점유를 제3자가 침범한 경우 저당권자는 점유권이 없으므로 저당권에 기한 반환청구권을 행사할 수 없고 저당권에 기한 방해배제나 방해예방청구권을 행사할 수 있다.

▌오답해설 ▌

① 소유권은 소멸시효에 걸리지 않으므로 소유권에 기한 물권적 청구권도 소멸시효의 대상이 아니다.

② 간접점유자도 점유권을 가지므로 간접점유자는 제3자의 점유침해에 대하여 물권적 청구권을 행사할 수 있다.

④ 제204조 제3항

⑤ 점유보조자는 점유자가 아니다. 따라서 점유보조자의 점유권 및 점유보호청구권이 인정되지 않는다. 단, 점유보조자도 점유주를 위하여 자력구제권(제209조)는 행사할 수 있다.

07 2016년 제27회 정답 및 해설

01	02	03	04	05	06	07	08	09	10	11	12	13	14	15	16	17	18	19	20
③	③	②	③	②	④	⑤	④	⑤	②	③	④	⑤	①	①	③	①	②	⑤	④
21	22	23	24	25	26	27	28	29	30	31	32	33	34	35	36	37	38	39	40
②	④	①	①	④	②	①	③	④	③	④	⑤	②	②	④	④	⑤	①	⑤	③

01 난도 ★★　　　　　　　　답 ③

┃정답해설┃

③ 가정법원은 피한정후견인이 한정후견인의 동의를 받아야 하는 행위의 범위를 정할 수 있다(제13조 제1항).

┃오답해설┃

① 제9조 제2항

> **제9조(성년후견개시의 심판)**
> ② 가정법원은 성년후견개시의 심판을 할 때 본인의 의사를 고려하여야 한다.

② 가정법원은 질병, 장애, 노령, 그 밖의 사유로 인한 정신적 제약으로 사무를 처리할 능력이 지속적으로 결여된 사람에 대하여 본인, 배우자, 4촌 이내의 친족, 미성년후견인, 미성년후견감독인, 한정후견인, 한정후견감독인, 특정후견인, 특정후견감독인, 검사 또는 지방자치단체의 장의 청구에 의하여 성년후견개시의 심판을 한다(제9조 제1항).

④ 일용품의 구입 등 일상생활에 필요하고 그 대가가 과도하지 아니한 법률행위는 성년후견인이 취소할 수 없다(제10조 제4항).

⑤ 제10조 제3항

> **제10조(피성년후견인의 행위와 취소)**
> ③ 가정법원은 본인, 배우자, 4촌 이내의 친족, 성년후견인, 성년후견감독인, 검사 또는 지방자치단체의 장의 청구에 의하여 제2항의 범위를 변경할 수 있다.

02 난도 ★　　　　　　　　답 ③

┃정답해설┃

③ 실종자의 생존한 사실 또는 전조의 규정과 상이한 때에 사망한 사실의 증명이 있으면 법원은 본인, 이해관계인 또는 검사의 청구에 의하여 실종선고를 취소하여야 한다. 그러나 실종선고후 그 취소전에 선의로 한 행위의 효력에 영향을 미치지 아니한다(제29조 제1항).

┃오답해설┃

① 실종선고와 달리 실종선고 취소시 공시최고는 요건이 아니다.

② 제28조

> **제28조(실종선고의 효과)**
> 실종선고를 받은 자는 전조의 기간이 만료한 때에 사망한 것으로 본다.

④ 제29조 제2항

> **제29조(실종선고의 취소)**
> ② 실종선고의 취소가 있을 때에 실종의 선고를 직접원인으로 하여 재산을 취득한 자가 선의인 경우에는 그 받은 이익이 현존하는 한도에서 반환할 의무가 있고 악의인 경우에는 그 받은 이익에 이자를 붙여서 반환하고 손해가 있으면 이를 배상하여야 한다.

⑤ 부재자의 종손자로서, 부재자가 사망할 경우 제1순위의 상속인이 따로 있어 제2순위의 상속인에 불과한 청구인은 특별한 사정이 없는 한 위 부재자에 대하여 실종선고를 청구할 수 있는 신분상 또는 경제상의 이해관계를 가진 자라고 할 수 없다[92스4].

03 난도 ★★

답 ②

┃정답해설┃

② 각 사원은 평등한 결의권을 가지며, 정관으로도 달리 정할 수 있다(제73조 참고).

┃오답해설┃

① 이사가 법인을 대표하고 대내적으로 법인의 사무를 집행할 권한을 가진 상설의 필요기관이다(제58조 제1항).

③ 제70조 제2항

> **70조(임시총회)**
> ② 총사원의 5분의 1 이상으로부터 회의의 목적사항을 제시하여 청구한 때에는 이사는 임시총회를 소집하여야 한다. 이 정수는 정관으로 증감할 수 있다.

④ 제71조, 제72조

> **제71조(총회의 소집)**
> 총회의 소집은 1주간전에 그 회의의 목적사항을 기재한 통지를 발하고 기타 정관에 정한 방법에 의하여야 한다.

> **제72조(총회의 결의사항)**
> 총회는 전조의 규정에 의하여 통지한 사항에 관하여서만 결의할 수 있다. 그러나 정관에 다른 규정이 있는 때에는 그 규정에 의한다.

⑤ 사단법인의 정관은 총사원 3분의 2 이상의 동의가 있는 때에 한하여 이를 변경할 수 있다. 그러나 정수에 관하여 정관에 다른 규정이 있는 때에는 그 규정에 의한다(제42조).

04 난도 ★★

답 ③

┃정답해설┃

③ 감사는 사단법인이든 재단법인이든 임의기관이며(제66조 참조) 감사는 법인의 대표기관이 아니므로 감사의 성명과 주소는 등기사항이 아니며 법인은 감사의 행위로 인하여 민법 제35조의 불법행위책임을 부담하지 않는다.

┃오답해설┃

① 법인과 이사의 이익이 상반하는 사항에 관하여는 이사는 대표권이 없다. 이 경우 법원은 이해관계인이나 검사의 청구에 의하여 특별대리인을 선임하여야 한다(제64조 참고).

② 이사는 원칙적으로 스스로 대표권을 행사하여야 하나 정관 또는 총회의 결의로 금지하지 아니한 사항에 한해 특정한 행위만을 타인으로 하여금 대리하게 할 수 있다. 이 경우 이사에 의해 선임된 대리인은 법인의 임의대리인에 불과하다. 그러므로 임의대리인의 행위에 대해서는 법인은 경우에 따라 사용자책임만 부담한다.

④ 제63조

> **제63조(임시이사의 선임)**
> 이사가 없거나 결원이 있는 경우에 이로 인하여 손해가 생길 염려 있는 때에는 법원은 이해관계인이나 검사의 청구에 의하여 임시이사를 선임하여야 한다.

⑤ 제35조 제1항

> **제35조(법인의 불법행위능력)**
> ① 법인은 이사 기타 대표자가 그 직무에 관하여 타인에게 가한 손해를 배상할 책임이 있다. 이사 기타 대표자는 이로 인하여 자기의 손해배상책임을 면하지 못한다.

05 난도 ★★

답 ②

┃정답해설┃

② 종물은 주물의 처분에 수반된다는 민법 제100조 제2항은 임의규정이므로, 당사자는 주물을 처분할 때에 특약으로 종물을 제외할 수 있고 종물만을 별도로 처분할 수도 있다.

┃오답해설┃

① 종물은 주물의 구성부분을 이루는 것이 아니라 주물과는 독립한 물건이어야 한다. 법률상 독립한 물건인 이상 동산·부동산을 불문한다.

③ 주물 위에 저당권이 설정된 경우에 그 저당권의 효력은 설정 후의 종물에도 미친다.

④ 구분건물의 대지사용권은 전유부분과 종속적 일체불가분성이 인정되는 점 등에 비추어 볼 때, 구분건물의 전유부분에 대한 소유권보존등기만 경료되고 대지지분에 대한 등기가 경료되기 전에 전유부분만에 대해 내려진 가압류결정의 효력은, 대지사용권의 분리처분이 가능하도록 규약으로 정하였다는 등의 특별한 사정이 없는 한, 종물 내지 종된 권리인 그 대지권에까지 미친다[2006다29020].

⑤ 주물 종물의 법리는 권리 상호간에도 유추적용할 수 있다.

06 난도 ★★ 　　　　　　　답 ④

▌정답해설▌

④ 반사회적 법률행위는 절대적 무효이므로 선의의 제3자에게도 무효로 대항할 수 있다.

▌오답해설▌

① 99다49064

② 노태우가 피고에게 이른바 비자금 중 일부인 위 200억 원을 맡긴 동기는 위 돈을 은닉하여 두었다가 필요시에 쉽게 사용하기 위한 것이라고 할 것인데, 이와 같이 이미 반사회적 행위에 의하여 조성된 재산을 소극적으로 은닉하기 위하여 이 사건 임치에 이른 것만으로는 그것이 곧바로 사회질서에 반하는 법률행위라고 볼 수는 없다 할 것이어서 불법원인급여의 주장을 배척한 원심의 판단은 수긍할 수 있고, 거기에 상고이유에서 주장하는 바와 같은 불법원인급여에 관한 법리오해의 위법이 있다고 할 수 없다[2000다49343].

③ 피고가 원고와의 부첩관계를 해소하기로 하는 마당에 그 동안 원고가 피고를 위하여 바친 노력과 비용 등의 희생을 배상 내지 위자하고 또 원고의 장래 생활대책을 마련해 준다는 뜻에서 금원을 지급하기로 약정한 것이라면 부첩관계를 해소하는 마당에 위와 같은 의미의 금전지급약정은 공서양속에 반하지 않는다고 보는 것이 상당하다[80다458].

⑤ 형사사건에 관하여 체결된 성공보수약정이 가져오는 여러 가지 사회적 폐단과 부작용 등을 고려하면, 구속영장청구 기각, 보석 석방, 집행유예나 무죄 판결 등과 같이 의뢰인에게 유리한 결과를 얻어내기 위한 변호사의 변론활동이나 직무수행 그 자체는 정당하다 하더라도, 형사사건에서의 성공보수약정은 수사·재판의 결과를 금전적인 대가와 결부시킴으로써, 기본적 인권의 옹호와 사회정의의 실현을 사명으로 하는 변호사 직무의 공공성을 저해하고, 의뢰인과 일반 국민의 사법제도에 대한 신뢰를 현저히 떨어뜨릴 위험이 있으므로, 선량한 풍속 기타 사회질서에 위배되는 것으로 평가할 수 있다[2015다200111].

07 난도 ★★★ 　　　　　　　답 ⑤

▌정답해설▌

ㄱ. [O] 통정한 허위표시에 의하여 외형상 형성된 법률관계로 생긴 채권을 가압류한 경우, 그 가압류권자는 허위표시에 기초하여 새로운 법률상 이해관계를 가지게 되므로

민법 제108조 제2항의 제3자에 해당한다고 봄이 상당하고, 또한 민법 제108조 제2항의 제3자는 선의이면 족하고 무과실은 요건이 아니다[2003다70041].

ㄴ, ㄷ. [O] 가장매매의 매수인으로부터 목적부동산에 대해 매매·전세·저당·가압류·가등기를 한 자는 제의의 제3자에 해당한다.

ㄹ. [O] 실제로는 전세권설정계약을 체결하지 아니하였면서도 임대차계약에 기한 임차보증금반환채권을 담보할 목적 또는 금융기관으로부터 자금을 융통할 목적으로 임차인과 임대인 사이의 합의에 따라 임차인 명의로 전세권설정등기를 경료한 경우에, 위 전세권설정계약이 통정허위표시에 해당하여 무효라 하더라도 위 전세권설정계약에 의하여 형성된 법률관계에 기초하여 새로이 법률상 이해관계를 가지게 된 제3자에 대하여는 그 제3자가 그와 같은 사정을 알고 있었던 경우에만 그 무효를 주장할 수 있다. 그리고 여기에서 선의의 제3자가 보호될 수 있는 법률상 이해관계는 위 전세권설정계약의 당사자를 상대로 하여 직접 법률상 이해관계를 가지는 경우 외에도 그 법률상 이해관계를 바탕으로 하여 다시 위 전세권설정계약에 의하여 형성된 법률관계와 새로이 법률상 이해관계를 가지게 되는 경우도 포함된다[2012다49292].

08 난도 ★★★ 　　　　　　　답 ④

▌정답해설▌

④ 건물에 대한 매매계약 체결 직후 건물이 건축선을 침범하여 건축된 사실을 알았으나 매도인이 법률전문가의 자문에 의하면 준공검사가 난 건물이므로 행정소송을 통해 구청장의 철거 지시를 취소할 수 있다고 하여 매수인이 그 말을 믿고 매매계약을 해제하지 않고 대금지급의무를 이행한 경우라면 매수인이 건물이 철거되지 않으리라고 믿은 것은 매매계약과 관련하여 동기의 착오라고 할 것이지만, 매수인과 매도인 사이에 매매계약의 내용으로 표시되었다고 볼 것이고, 나아가 매수인뿐만 아니라 일반인이면 누구라도 건물 중 건축선을 침범한 부분이 철거되는 것을 알았더라면 그 대지 및 건물을 매수하지 아니하였으리라는 사정이 엿보이므로, 결국 매수인이 매매계약을 체결함에 있어 그 내용의 중요 부분에 착오가 있는 때에 해당하고, 한편 매도인의 적극적인 행위에 의하여 매수인이 착오에 빠지게 된 점, 매수인이 그 건물의 일부가 철거되지 아니할 것이라고 믿게 된 경위 등 제반 사정에 비추어 보면 착오가 매수인의 중대한 과실에 기인한 것이라고 할 수 없다[97다26210].

① 의사표시의 효력이 의사의 흠결, 사기, 강박 또는 어느 사정을 알았거나 과실로 알지 못한 것으로 인하여 영향을 받을 경우에 그 사실의 유무는 대리인을 표준하여 결정한다(제116조 제1항).

② 착오의 존재 여부는 의사표시 당시를 기준으로 판단한다. 다만 착오가 미필적인 장래의 불확실한 사실에 관한 것이라도 민법 제109조 소정의 착오에서 제외되는 것은 아니다[93다24810].

③ 취소의 의사표시란 반드시 명시적이어야 하는 것은 아니고, 취소자가 그 착오를 이유로 자신의 법률행위의 효력을 처음부터 배제하려고 한다는 의사가 드러나면 족한 것이며, 취소원인의 진술 없이도 취소의 의사표시는 유효한 것이므로, 신원보증서류에 서명날인하는 것으로 잘못 알고 이행보증보험약정서를 읽어보지 않은 채 서명날인한 것일 뿐 연대보증약정을 한 사실이 없다는 주장은 위 연대보증약정을 착오를 이유로 취소한다는 취지로 볼 수 있다고 한 사례[2004다43824].

⑤ 97다13023

09 난도 ★★　　　　　답 ⑤

정답해설

⑤ 중요부분의 착오가 있다는 것은 착오에 의한 취소를 주장하는 표의자가 입증해야 한다. 표의자에게 중과실이 있다는 점은 상대방이 입증하여 취소를 저지해야 한다.

오답해설

① 2007다53013

② 70다2155

③ 비진의 의사표시에서 제3자의 선의는 추정되므로 무효를 주장하는 자가 입증책임을 진다.

④ 내용증명우편이나 등기우편과는 달리, 보통우편의 방법으로 발송되었다는 사실만으로는 그 우편물이 상당기간 내에 도달하였다고 추정할 수 없고 송달의 효력을 주장하는 측에서 증거에 의하여 도달사실을 입증하여야 한다[2000다25002].

10 난도 ★★　　　　　답 ②

정답해설

② 권한을 넘은 표현대리에 있어서 정당한 이유의 유무는 대리행위 당시를 기준으로 하여 판정하여야 하고 매매계약 성립 이후의 사정은 고려할 것이 아니다[97다3828].

오답해설

① 대리인이 사자 내지 임의로 선임한 복대리인을 통하여 권한 외의 법률행위를 한 경우, 상대방이 그 행위자를 대리권을 가진 대리인으로 믿었고 또한 그렇게 믿는 데에 정당한 이유가 있는 때에는, 복대리인 선임권이 없는 대리인에 의하여 선임된 복대리인의 권한도 기본대리권이 될 수 있을 뿐만 아니라, 그 행위자가 사자라고 하더라도 대리행위의 주체가 되는 대리인이 별도로 있고 그들에게 본인으로부터 기본대리권이 수여된 이상, 민법 제126조를 적용함에 있어서 기본대리권의 흠결 문제는 생기지 않는다[97다48982].

③·④ 기본대리권에 법정대리권도 포함되며 대리행위와 동종·유사한 것일 필요가 없고 전혀 별개의 행위에 대한 기본대리권도 가능하다.

⑤ 표현대리는 대리행위가 유효한 것을 전제로 한다. 따라서 표현대리행위 자체가 강행법규 위반으로 무효인 경우에는 상대방이 선의·무과실인 경우에도 표현대리가 성립하지 않는다.

11 난도 ★　　　　　답 ③

정답해설

③ 제127조

> **제127조(대리권의 소멸사유)**
> 대리권은 다음 각 호의 어느 하나에 해당하는 사유가 있으면 소멸된다.
> 　1. 본인의 사망
> 　2. 대리인의 사망, 성년후견의 개시 또는 파산

12 난도 ★★

답 ④

정답해설

④ 민법 제132조는 본인이 무권대리인에게 무권대리행위를 추인한 경우에 상대방이 이를 알지 못하는 동안에는 본인은 상대방에게 추인의 효과를 주장하지 못한다는 취지이므로 상대방은 그때까지 민법 제134조에 의한 철회를 할 수 있고, 또 무권대리인에의 추인이 있었음을 주장할 수도 있다[80다2314].

오답해설

① 대리권 없는 자가 타인의 대리인으로 한 계약은 본인이 이를 추인하지 아니하면 본인에 대해 효력이 없다(제130조). 사안에서 을은 무권대리인이고 갑은 등기말소를 청구할 수 있으므로 추인하지 않은 경우이다.

② 대리인으로 계약을 맺은 자에게 대리권이 없다는 사실을 상대방이 알았거나 알 수 있었을 때 또는 대리인으로서 계약을 맺은 사람이 제한능력자인 때에는 상대방에 대한 무권대리인의 책임 규정(제135조 제1항)은 적용되지 않는다(제135조 제2항). 따라서 乙이 위 계약 당시 제한능력자인 경우, 乙은 丙에게 계약의 이행 또는 손해배상 책임을 지지 않는다.

③ 무권대리행위나 무효행위의 추인은 무권대리행위 등이 있음을 알고 그 행위의 효과를 자기에게 귀속시키도록 하는 단독행위로서 그 의사표시의 방법에 관하여 일정한 방식이 요구되는 것이 아니므로 명시적이든 묵시적이든 묻지 않는다 할 것이지만, 묵시적 추인을 인정하기 위해서는 본인이 그 행위로 처하게 된 법적 지위를 충분히 이해하고 그럼에도 진의에 기하여 그 행위의 결과가 자기에게 귀속된다는 것을 승인한 것으로 볼 만한 사정이 있어야 할 것이다[2009다37831]. 甲이 乙의 무권대리행위를 알면서도 丙에게 매매대금을 청구하여 전부를 수령하였다면, 특별한 사정이 없는 한, 위 계약을 추인한 것으로 볼 수 있다.

⑤ 무권대리행위에 대한 추인은 원칙적으로 소급효를 갖는다(제133조). 예외적으로 다른 의사표시를 한 경우나 등기나 인도 등 권리취득의 요건을 완전히 갖춘 제3자의 권리를 해하는 경우에는 소급효가 제외된다[62다223]. 따라서 甲의 유효한 추인이 있으면, 특별한 사정이 없는 한, 乙의 행위는 계약 시에 소급하여 甲에게 효력이 있다.

13 난도 ★

답 ⑤

정답해설

⑤ 복대리는 대리인이 대리인 자신의 이름으로 선임한 본인의 대리인이다.

오답해설

① 임의대리인은 원칙적으로 복임권을 가지지 못하지만 예외적으로 본인의 승낙이 있거나 부득이한 사유가 있는 때에 한하여 복대리인 선임이 가능하다.

② 복대리인은 본인의 대리인이므로 상대방에 대하여는 대리인과 동일한 권리·의무가 있다(제123조 제2항).

③ 대리인이 본인의 지명에 의하여 복대리인을 선임한 경우에는 그 부적임 또는 불성실함을 알고 본인에 대한 통지나 그 해임을 태만한 때가 아니면 책임이 없다(제121조 제2항).

④ 대리인의 복임행위는 대리권의 병존적 부여행위이므로 대리인의 대리권이 소멸하면 복대리인의 대리권도 소멸한다.

14 난도 ★★

답 ①

정답해설

① 조건의 성취가 미정한 권리의무는 일반규정에 의하여 처분, 상속, 보존 또는 담보로 할 수 있다(제149조).

오답해설

② 조건의 성취로 인하여 불이익을 받을 당사자가 신의성실에 반하여 조건의 성취를 방해한 때에는 상대방은 그 조건이 성취한 것으로 주장할 수 있다(제150조 제1항).

③ 모든 법률행위에 조건을 붙일 수 있는 것은 아니다. 단독행위는 행위자의 일방적 의사에 따라 효력이 발생하므로 원칙적으로 조건을 붙일 수 없다. 가족법의 신분행위에는 조건을 붙일 수 없다. 단 유언은 조건을 붙일 수 있다.

④ 조건이 법률행위의 당시 이미 성취한 것인 경우에는 그 조건이 정지조건이면 조건 없는 법률행위로 하고 해제조건이면 그 법률행위는 무효로 한다(제151조 제2항).

⑤ 조건이 법률행위의 당시에 이미 성취할 수 없는 것인 경우에는 그 조건이 해제조건이면 조건 없는 법률행위로 하고 정지조건이면 그 법률행위는 무효로 한다(제151조 제3항).

15 난도 ★★★ 답 ①

┃정답해설┃

① 거래계약이 확정적으로 무효가 된 경우에는 거래계약이 확정적으로 무효가 됨에 있어서 귀책사유가 있는 자라 하더라도 그 계약의 무효를 주장할 수 있다[97다4357].

┃오답해설┃

②・③ 토지거래허가구역으로 지정된 토지에 관하여 건설교통부장관이 허가구역 지정을 해제하거나, 또는 허가구역 지정기간이 만료되었음에도 허가구역 재지정을 하지 아니한(이하 '허가구역 지정해제 등'이라고 한다) 취지는 당해 구역 안에서의 개별적인 토지거래에 관하여 더 이상 허가를 받지 않도록 하더라도 투기적 토지거래의 성행과 이로 인한 지가의 급격한 상승의 방지라는 토지거래허가제도가 달성하려고 하는 공공의 이익에 아무런 지장이 없게 되었고 허가의 필요성도 소멸되었으므로, 허가구역 안의 토지에 대한 거래계약에 대하여 허가를 받은 것과 마찬가지로 취급함으로써 사적자치에 대한 공법적인 규제를 해제하여 거래 당사자들이 당해 토지거래계약으로 달성하고자 한 사적자치를 실현할 수 있도록 함에 있다고 할 것이므로, 허가구역 지정기간 중에 허가구역 안의 토지에 대하여 토지거래허가를 받지 아니하고 토지거래계약을 체결한 후 허가구역 지정해제 등이 된 때에는 그 토지거래계약이 허가구역 지정이 해제되기 전에 확정적으로 무효로 된 경우를 제외하고는, 더 이상 관할 행정청으로부터 토지거래허가를 받을 필요가 없이 확정적으로 유효로 되어 거래 당사자는 그 계약에 기하여 바로 토지의 소유권 등 권리의 이전 또는 설정에 관한 이행청구를 할 수 있고, 상대방도 반대급부의 청구를 할 수 있다고 보아야 할 것이지, 여전히 그 계약이 유동적 무효상태에 있다고 볼 것은 아니다[98다40459 전원합의체].

④ 일단 허가를 받으면 그 계약은 소급해서 유효화되므로 허가 후에 새로이 거래계약을 체결할 필요는 없다[90다12243].

⑤ 국토이용관리법상 규제구역 내에 속하는 토지거래에 관하여 관할 도지사로부터 거래허가를 받지 아니한 거래계약은 처음부터 위 허가를 배제하거나 잠탈하는 내용의 계약이 아닌 한 허가를 받기까지는 유동적 무효의 상태에 있고 거래 당사자는 거래허가를 받기 위하여 서로 협력할 의무가 있으나, 그 토지거래가 계약 당사자의 표시와 불일치한 의사(비진의표시, 허위표시 또는 착오) 또는 사기, 강박과 같은 하자 있는 의사에 의하여 이루어진 경우에는, 이들 사유에 의하여 그 거래의 무효 또는 취소를 주장할 수 있는 당사자는 그러한 거래허가를 신청하기 전 단계에서 이러한 사유를 주장하여 거래허가신청 협력에 대한 거절의사를 일방적으로 명백히 함으로써 그 계약을 확정적으로 무효화시키고 자신의 거래허가절차에 협력할 의무를 면할 수 있다[97다36118].

16 난도 ★★ 답 ③

┃정답해설┃

③ 동시이행의 항변권이 붙은 채권은 이행기가 도래한 때부터 소멸시효가 진행한다.

┃오답해설┃

① 이행기가 도래한 후 채권자와 채무자가 기한을 유예하기로 합의한 경우 그 유예된 때로 이행기가 변경되어 소멸시효는 변경된 이행기가 도래한 때부터 다시 진행한다. 이 경우 유예의 합의는 명시적으로 뿐만 아니라 묵시적으로도 가능하다[2016다274904].

② 불확정기한부 채무는 기한이 객관적으로 도래한 때가 소멸시효의 기산점이다. 따라서 채무자가 기한 도래의 사실을 알고 있었는지 여부는 문제되지 않는다.

④ 시효제도는 일정기간 계속된 사회질서를 유지하고 시간의 경과로 인하여 곤란해지는 증거보전으로부터의 구제를 꾀하며 자기 권리를 행사하지 않고 소위 권리 위에 잠자는 자는 법적 보호에서 이를 제외하기 위하여 규정된 제도라 할 것인바, 부동산에 관하여 인도, 등기 등의 어느 한 쪽만에 대하여서라도 권리를 행사하는 자는 전체적으로 보아 그 부동산에 관하여 권리 위에 잠자는 자라고 할 수 없다 할 것이므로, 매수인이 목적 부동산을 인도받아 계속 점유하는 경우에는 그 소유권이전등기청구권의 소멸시효가 진행하지 않는다[98다32175].

⑤ 매매로 인한 부동산소유권이전채무가 이행불능됨으로써 매수인이 매도인에 대하여 갖게 되는 손해배상채권은 그 부동산소유권의 이전채무가 이행불능된 때에 발생하는 것이고 그 계약체결일에 생기는 것은 아니므로 위 손해배상채권의 소멸시효는 계약체결일 아닌 소유권이전채무가 이행불능된 때부터 진행한다[90다카22513].

17 난도 ★★★　　　　　　　　　답 ①

▌정답해설▌

① 만 19세 미만인 미성년자 갑의 2016년 2월 19일 오전 10시경 부동산 매매행위는 민법 제5조에 의해 취소할 수 있는 법률행위이다. 민법 제146조에 따라 취소권은 추인할 수 있는 날부터 3년, 법률행위를 한 날부터 10년 내에 행사해야하며 두 기간 중 어느하나라도 도달하면 취소권은 소멸된다. 미성년자가 법률행위에 대한 추인을 하려면 취소의 원인이 소멸한 후에 해야하고 사안에서는 갑이 성년이 된 이후에야 추인할 수 있다.

갑은 1998년 3월 14일 17시 출생이며 연령계산시 초일은 산입하므로 기산점은 1998년 3월 14일 0시이고 19세가 되는 시점은 2017년 3월 13일 24시이다(같은 의미로 2017년 3월 14일 0시). 따라서 2017년 3월 14일 0시부터 3년 이내에 추인가능하며 그 종료시점은 2020년 3월 14일 0시이다(초일이 9시부터 시작하므로 초일산입된다). 또, 갑은 2016년 2월 19일 10시경 법률행위를 했고 법률행위를 한날로부터 10년은 초일불산입이 적용되어 기산점은 2016년 2월 20일 0시부터 시작되어 10년 후인 2026년 2월 19일 24시이다. 정리하면 추인가능한 종점은 2020년 3월 14일 0시, 법률행위를 한 날로부터 10년은 2026년 2월 19일 24시인데 두 시각 중 전자가 먼저 도래하므로 갑은 2020년 3월 13일 24시(2020년 3월 14일 0시)까지 취소권을 행사할 수 있다.

18 난도 ★★　　　　　　　　　답 ②

▌정답해설▌

② 매매계약이 약정된 매매대금의 과다로 말미암아 민법 제104조에서 정하는 '불공정한 법률행위'에 해당하여 무효인 경우에도 무효행위의 전환에 관한 민법 제138조가 적용될 수 있다. 따라서 당사자 쌍방이 위와 같은 무효를 알았더라면 대금을 다른 액으로 정하여 매매계약에 합의하였을 것이라고 예외적으로 인정되는 경우에는, 그 대금액을 내용으로 하는 매매계약이 유효하게 성립한다[2009다50308].

▌오답해설▌

① 제137조

③ 무효인 법률행위를 추인에 의하여 새로운 법률행위로 보기 위하여서는 당사자가 이전의 법률행위가 무효임을 알고 그 행위에 대하여 추인하여야 한다. 한편 추인은 묵시적으로도 가능하나, 묵시적 추인을 인정하기 위해서는

본인이 그 행위로 처하게 된 법적 지위를 충분히 이해하고 그럼에도 진의에 기하여 그 행위의 결과가 자기에게 귀속된다는 것을 승인한 것으로 볼만한 사정이 있어야 할 것이므로 이를 판단함에 있어서는 관계되는 여러 사정을 종합적으로 검토하여 신중하게 하여야 한다[2012다106607].

④ 부동산의 이중매매가 반사회적 법률행위에 해당하는 경우에는 이중매매계약은 절대적으로 무효이므로, 당해 부동산을 제2매수인으로부터 다시 취득한 제3자는 설사 제2매수인이 당해 부동산의 소유권을 유효하게 취득한 것으로 믿었더라도 이중매매계약이 유효하다고 주장할 수 없다[96다29151].

⑤ 91다26546

19 난도 ★★　　　　　　　　　답 ⑤

▌정답해설▌

⑤ 부관이 붙은 법률행위에 있어서 부관에 표시된 사실이 발생하지 아니하면 채무를 이행하지 아니하여도 된다고 보는 것이 상당한 경우에는 조건으로 보아야 하고, 표시된 사실이 발생한 때에는 물론이고 반대로 발생하지 아니하는 것이 확정된 때에도 그 채무를 이행하여야 한다고 보는 것이 상당한 경우에는 표시된 사실의 발생 여부가 확정되는 것을 불확정기한으로 정한 것으로 보아야 한다[2003다24215].

▌오답해설▌

① 조건은 법률행위의 효력의 발생 또는 소멸을 장래의 불확실한 사실의 성부에 의존케 하는 법률행위의 부관으로서 당해 법률행위를 구성하는 의사표시의 일체적인 내용을 이루는 것이므로, 의사표시의 일반원칙에 따라 조건을 붙이고자 하는 의사 즉 조건의사와 그 표시가 필요하며, 조건의사가 있더라도 그것이 외부에 표시되지 않으면 법률행위의 동기에 불과할 뿐이고 그것만으로는 법률행위의 부관으로서의 조건이 되는 것은 아니다[2003다10797].

② 2008다47367

③ 제148조

> **제148조(조건부권리의 침해금지)**
> 조건있는 법률행위의 당사자는 조건의 성부가 미정인 동안에 조건의 성취로 인하여 생길 상대방의 이익을 해하지 못한다.

④ 2005마541

┃정답해설┃

④ 원고의 근저당권설정등기청구권의 행사는 그 피담보채권이 될 금전채권의 실현을 목적으로 하는 것으로서, 근저당권설정등기청구의 소에는 그 피담보채권이 될 채권의 존재에 관한 주장이 당연히 포함되어 있는 것이고, 피고로서도 원고가 원심에 이르러 금전지급을 구하는 청구를 추가하기 전부터 피담보채권이 될 금전채권의 소멸을 항변으로 주장하여 그 채권의 존부에 관한 실질적 심리가 이루어져 그 존부가 확인된 이상, 그 피담보채권이 될 채권으로 주장되고 심리된 채권에 관하여는 근저당권설정등기청구의 소의 제기에 의하여 피담보채권이 될 채권에 관한 권리의 행사가 있는 것으로 볼 수 있으므로, 근저당권설정등기청구의 소의 제기는 그 피담보채권의 재판상의 청구에 준하는 것으로서 피담보채권에 대한 소멸시효 중단의 효력을 생기게 한다고 봄이 상당하다 [2002다7213].

┃오답해설┃

① 소유권은 소멸시효에 걸리지 않으므로 소유권에 기한 물권적 청구권도 소멸시효의 대상이 되지 않는다.

② 공유물분할청구권은 공유관계에서 수반되는 형성권이므로 공유관계가 존속하는 한 그 분할청구권만이 독립하여 시효소멸될 수 없다[80다1888].

③ 민법 제168조 제1호, 제170조 제1항에서 시효중단사유의 하나로 규정하고 있는 재판상의 청구라 함은, 통상적으로는 권리자가 원고로서 시효를 주장하는 자를 피고로 하여 소송물인 권리를 소의 형식으로 주장하는 경우를 가리키지만, 이와 반대로 시효를 주장하는 자가 원고가 되어 소를 제기한 데 대하여 피고로서 응소하여 그 소송에서 적극적으로 권리를 주장하고 그것이 받아들여진 경우도 이에 포함되고, 위와 같은 응소행위로 인한 시효중단의 효력은 피고가 현실적으로 권리를 행사하여 응소한 때에 발생한다[2008다42416].

⑤ 소멸시효의 중단사유로서의 승인은 시효이익을 받을 당사자인 채무자가 그 권리의 존재를 인식하고 있다는 뜻을 표시함으로써 성립하는 것이므로 이는 소멸시효의 진행이 개시된 이후에만 가능하고 그 이전에 승인을 하더라도 시효가 중단되지는 않는다고 할 것이고, 또한 현존하지 아니하는 장래의 채권을 미리 승인하는 것은 채무자가 그 권리의 존재를 인식하고서 한 것이라고 볼 수 없어 허용되지 않는다고 할 것이다[2001다52568].

┃정답해설┃

② 가등기는 부동산등기법상 등기할 수 있는 소유권, 지상권, 지역권, 전세권, 저당권, 권리질권, 채권담보권, 임차권의 설정, 이전, 변경 또는 소멸의 청구권을 보전하려는 때에 한다(부동산등기법 제88조 참고).

┃오답해설┃

① 가등기는 원래 순위를 확보하는 데에 그 목적이 있으나, 순위 보전의 대상이 되는 물권변동의 청구권은 그 성질상 양도될 수 있는 재산권일 뿐만 아니라 가등기로 인하여 그 권리가 공시되어 결과적으로 공시방법까지 마련된 셈이므로, 이를 양도한 경우에는 양도인과 양수인의 공동신청으로 그 가등기상의 권리의 이전등기를 가등기에 대한 부기등기의 형식으로 경료할 수 있다고 보아야 한다[98다24105].

③ 가등기는 본등기 순위보전의 효력만이 있고, 후일 본등기가 마쳐진 때에는 본등기의 순위가 가등기한 때로 소급함으로써 가등기 후 본등기 전에 이루어진 중간처분이 본등기보다 후 순위로 되어 실효될 뿐이고, 본등기에 의한 물권변동의 효력이 가등기한 때로 소급하여 발생하는 것은 아니다[80다3117].

④ 가등기가 가등기권리자의 의사에 의하지 아니하고 말소되어 그 말소등기가 원인 무효인 경우에는 등기상 이해관계 있는 제3자는 그의 선의, 악의를 묻지 아니하고 가등기권리자의 회복등기절차에 필요한 승낙을 할 의무가 있으므로, 가등기가 부적법하게 말소된 후 가처분등기, 근저당권 설정등기, 소유권이전등기를 마친 제3자는 가등기의 회복등기절차에서 등기상 이해관계 있는 제3자로서 승낙의무가 있다[95다39526].

⑤ 가등기에 기하여 본등기가 된 때에는 본등기의 순위가 가등기한 때로 소급함으로써 가등기 후 본등기 전에 이루어진 중간처분이 본등기보다 후순위로 되어 실효되는 것이므로 가등기에 기한 본등기청구와 단순한 소유권이전등기청구는 비록 그 등기원인이 동일하다고 하더라도 이는 서로 다른 청구로 보아야 한다[92다34100].

22 난도 ★　답 ④

정답해설

④ 명인방법에 의하여 공시되는 물권은 소유권 및 소유권이전 형식에 의한 양도담보에 한한다. 명인방법은 등기보다 훨씬 불완전한 공시방법이므로 명인방법에 의한 저당권 설정은 불가능하다.

오답해설

①·② 명인방법이란 건물 이외의 토지의 정착물(수목의 집단이나 미분리 과실 등)을 토지로부터 분리하지 않은 채 토지소유권으로부터 독립된 거래객체로 할 수 있는 관습법상의 공시방법을 말한다.
③ 명인방법은 지상물이 독립된 물건이며 현재의 소유자가 누구라는 것이 명시되어야 하므로, 법원의 검증 당시 재판장의 수령 10년 이상 된 수목을 흰 페인트칠로 표시하라는 명에 따라 측량감정인이 이 사건 포푸라의 표피에 흰 페인트칠을 하고 편의상 그 위에 일련번호를 붙인 경우에는 제3자에 대하여 이 사건 포푸라에 관한 소유권이 원고들에게 있음을 공시한 명인방법으로 볼 수 없다[89다카23022].
⑤ 등기에 의해 공시될 수 있는 토지와 건물, 입목에 관한 법률에 의하여 등기된 입목은 명인방법의 대상이 아니다.

23 난도 ★　답 ①

정답해설

① 경매도 선의취득이 인정된다. 집행채무자의 소유가 아닌 경우에도 강제집행절차에서 그 유체동산을 경락받아 경락대금을 납부하고 이를 인도받은 경락인은 특별한 사정이 없는 한 그 소유권을 선의취득한다[96다51332].

오답해설

② 견해의 대립이 있으나 판례는 점유개정에 의한 점유취득만으로는 선의취득의 요건을 충족할 수 없다는 입장이다[77다1872].
③ 양수인이 점유를 취득하는 방법은 반드시 현실인도에 국한하지 않으며 간이인도, 목적물반환청구권의 양도에 의한 방법에 의해서도 가능하다.
④ 민법 제249조의 선의취득은 점유인도를 물권변동의 요건으로 하는 동산의 소유권취득에 관한 규정으로서(동법 제343조에 의하여 동산질권에도 준용) 저당권의 취득에는 적용될 수 없다[84다카2428].

⑤ 민법 제249조가 규정하는 선의·무과실의 기준시점은 물권행위가 완성되는 때인 것이므로 물권적 합의가 동산의 인도보다 먼저 행하여지면 인도된 때를, 인도가 물권적 합의보다 먼저 행하여지면 물권적 합의가 이루어진 때를 기준으로 해야 한다[91다70].

24 난도 ★★　답 ①

정답해설

① 소유권이전청구권 보전을 위한 가등기가 있다 하여, 소유권이전등기를 청구할 어떤 법률관계가 있다고 추정되지 아니한다[79다239].

오답해설

② 허무인으로부터 등기를 이어받은 소유권이전등기는 원인무효라 할 것이어서 그 등기명의자에 대한 소유권추정은 깨트려진다[84다카2494].
③ 신축된 건물의 소유권은 이를 건축한 사람이 원시취득하는 것이므로, 건물 소유권보존등기의 명의자가 이를 신축한 것이 아니라면 그 등기의 권리 추정력은 깨어지고, 등기 명의자가 스스로 적법하게 그 소유권을 취득한 사실을 입증하여야 한다[95다30734].
④ 등기는 물권의 효력 발생 요건이고 존속 요건은 아니어서 등기가 원인 없이 말소된 경우에는 그 물권의 효력에 아무런 영향이 없고, 그 회복등기가 마쳐지기 전이라도 말소된 등기의 등기명의인은 적법한 권리자로 추정되므로 원인 없이 말소된 등기의 효력을 다투는 쪽에서 그 무효 사유를 주장·입증하여야 한다[95다39526].
⑤ 부동산에 관하여 소유권이전등기가 마쳐져 있는 경우에는 그 등기명의자는 제3자에 대하여 뿐 아니라 그 전소유자에 대하여서도 적법한 등기원인에 의하여 소유권을 취득한 것으로 추정되는 것이므로 이를 다투는 측에서 그 무효사유를 주장·입증하여야 한다[94다10160].

25 난도 ★★★　답 ④

정답해설

④ 중간생략등기의 합의란 부동산이 전전 매도된 경우 각 매매계약이 유효하게 성립함을 전제로 그 이행의 편의상 최초의 매도인으로부터 최종의 매수인 앞으로 소유권이전등기를 경료하기로 한다는 당사자 사이의 합의에 불과

할 뿐이므로, 이러한 합의가 있다고 하여 최초의 매도인이 자신이 당사자가 된 매매계약상의 매수인인 중간자에 대하여 갖고 있는 매매대금청구권의 행사가 제한되는 것은 아니다[2003다66431]. 따라서 乙이 대금을 지급하지 않는 경우 甲은 丙에게 소유권이전등기를 거절할 수 있다.

┃오답해설┃

① 미등기건물을 등기할 때에는 소유권을 원시취득한 자 앞으로 소유권보존등기를 한 다음 이를 양수한 자 앞으로 이전등기를 함이 원칙이라 할 것이나, 원시취득자와 승계취득자 사이의 합치된 의사에 따라 그 주차장에 관하여 승계취득자 앞으로 직접 소유권보존등기를 경료하게 되었다면, 그 소유권보존등기는 실체적 권리관계에 부합되어 적법한 등기로서의 효력을 가진다[94다44675].

② 토지거래허가구역 내의 토지가 토지거래허가 없이 소유자인 최초 매도인으로부터 중간 매수인에게, 다시 중간 매수인으로부터 최종 매수인에게 순차로 매도되었다면 각 매매계약의 당사자는 각각의 매매계약에 관하여 토지거래허가를 받아야 하며, 위 당사자들 사이에 최초의 매도인이 최종 매수인 앞으로 직접 소유권이전등기를 경료하기로 하는 중간생략등기의 합의가 있었다고 하더라도 이러한 중간생략등기의 합의란 부동산이 전전 매도된 경우 각 매매계약이 유효하게 성립함을 전제로 그 이행의 편의상 최초의 매도인으로부터 최종의 매수인 앞으로 소유권이전등기를 경료하기로 한다는 당사자 사이의 합의에 불과할 뿐, 그러한 합의가 있었다고 하여 최초의 매도인과 최종의 매수인 사이에 매매계약이 체결되었다는 것을 의미하는 것은 아니므로 최초의 매도인과 최종 매수인 사이에 매매계약이 체결되었다고 볼 수 없고, 설사 최종 매수인이 자신과 최초 매도인을 매매 당사자로 하는 토지거래허가를 받아 자신 앞으로 소유권이전등기를 경료하였다고 하더라도 이는 적법한 토지거래허가 없이 경료된 등기로서 무효이다[97다33218].

③ 부동산이 전전 양도된 경우에 중간생략등기의 합의가 없는 한 그 최종 양수인은 최초 양도인에 대하여 직접 자기 명의로의 소유권이전등기를 청구할 수 없고, 부동산의 양도계약이 순차 이루어져 최종 양수인이 중간생략등기의 합의를 이유로 최초 양도인에게 직접 그 소유권이전등기청구권을 행사하기 위하여는 관계 당사자 전원의 의사합치, 즉 중간생략등기에 대한 최초 양도인과 중간자의 동의가 있는 외에 최초 양도인과 최종 양수인 사이에도

그 중간등기 생략의 합의가 있었음이 요구되므로, 비록 최종 양수인이 중간자로부터 소유권이전등기청구권을 양도받았다 하더라도 최초 양도인이 그 양도에 대하여 동의하지 않고 있다면 최종 양수인은 최초 양도인에 대하여 채권양도를 원인으로 하여 소유권 이전등기절차 이행을 청구할 수 없다[97다485].

⑤ 중간매수인의 소유권이전등기청구권이 소멸된다거나 첫 매도인의 그 매수인에 대한 소유권이전등기의무가 소멸되는 것은 아니다[91다18316].

---

26 난도 ★★★ 답 ②

┃정답해설┃

ㄴ. [○] 매도인이 명의신탁의 존재를 알고 수탁자와 계약을 체결한 경우에는 물권변동이 무효이므로(부동산실명법 제4조 제2항 본문) 수탁자 앞으로 경료된 이전등기 역시 무효이다. 따라서 부동산의 소유권은 여전히 매도인에게 있으므로 丙은 甲에 대하여 매매대금의 반환을 청구할 수 있다.

┃오답해설┃

ㄱ. [×] 명의 수탁자가 어느 한쪽 당사자가 되고 상대방 당사자는 명의신탁의 약정이 있다는 사실을 알지 못한 경우 명의수탁자는 부동산의 완전한 소유권을 취득하되 명의신탁자에 대하여 부당이득반환의무를 부담할 뿐이다[2000다21123]. 따라서 甲이 명의신탁약정을 알지 못한 경우, 乙은 丙에 대하여 소유권이전을 청구할 수 없다.

> **제4조(명의신탁약정의 효력)**
> ① 명의신탁약정은 무효로 한다.
> ② 명의신탁약정에 따른 등기로 이루어진 부동산에 관한 물권변동은 무효로 한다. 다만, 부동산에 관한 물권을 취득하기 위한 계약에서 명의수탁자가 어느 한쪽 당사자가 되고 상대방 당사자는 명의신탁약정이 있다는 사실을 알지 못한 경우에는 그러하지 아니하다.
> ③ 제1항 및 제2항의 무효는 제3자에게 대항하지 못한다.

ㄷ. [×] 甲이 명의신탁약정을 알고 있었던 경우, 수탁자 앞으로 경료된 이전등기 역시 무효이고 부동산의 소유권은 여전히 매도인에게 있으므로 乙은 甲에 대하여 진정명의회복을 원인으로 한 소유권이전등기를 청구할 수 없다.

ㄹ. [×] 어떤 사람이 타인을 통하여 부동산을 매수함에 있어 매수인 명의 및 소유권이전등기 명의를 타인 명의로 하기로 약정하였고 매도인도 그 사실을 알고 있어서 그 약정이 부동산실권리자명의등기에관한법률 제4조의 규정에 의하여 무효로 되고 이에 따라 매매계약도 무효로 되는 경우에, 매매계약상의 매수인의 지위가 당연히 명의신탁자에게 귀속되는 것은 아니지만, 그 무효사실이 밝혀진 후에 계약상대방인 매도인이 계약명의자인 명의수탁자 대신 명의신탁자가 그 계약의 매수인으로 되는 것에 대하여 동의 내지 승낙을 함으로써 부동산을 명의신탁자에게 양도할 의사를 표시하였다면, 명의신탁약정이 무효로 됨으로써 매수인의 지위를 상실한 명의수탁자의 의사에 관계없이 매도인과 명의신탁자 사이에는 종전의 매매계약과 같은 내용의 양도약정이 따로 체결된 것으로 봄이 상당하고, 따라서 이 경우 명의신탁자는 당초의 매수인이 아니라고 하더라도 매도인에 대하여 별도의 양도약정을 원인으로 하는 소유권이전등기청구를 할 수 있다[2001다32120]. 하지만 사례의 경우는 명의신탁자 을과 매도인 갑사이에 다른 약정이 없는 경우이므로 명의신탁자 을은 매수인의 지위가 없으며 갑을 대위할 어떠한 법률관계도 없다.

27 난도 ★ 답 ①

▮정답해설▮

① 토지소유자가 그 지상에 건물을 신축하는 경우 신축된 건물의 소유권은 이를 건축한 사람이 원시취득하는 것이므로 보존등기 없이도 소유권을 취득한다.

▮오답해설▮

② 민법 제245조 제2항은 부동산의 소유자로 등기한 자가 10년간 소유의 의사로 평온·공연하게 선의이며 과실 없이 그 부동산을 점유한 때에는 소유권을 취득한다고 규정하고 있는바, 위 법 조항의 '등기'는 부동산등기법 제15조가 규정한 1부동산 1용지주의에 위배되지 아니한 등기를 말하므로, 어느 부동산에 관하여 등기명의인을 달리 하여 소유권보존등기가 2중으로 경료된 경우 먼저 이루어진 소유권보존등기가 원인무효가 아니어서 뒤에 된 소유권보존등기가 무효로 되는 때에는, 뒤에 된 소유권보존등기나 이에 터잡은 소유권이전등기를 근거로 하여서는 등기부취득시효의 완성을 주장할 수 없다[96다12511].

③ 실질관계의 소멸로 무효로 된 등기의 유용은 그 등기를 유용하기로 하는 합의가 이루어지기 전에 등기상 이해관계가 있는 제3자가 생기지 않은 경우에 한하여 허용된다[87다카425].

④ 부동산 등기는 현실의 권리 관계에 부합하는 한 그 권리 취득의 경위나 방법 등이 사실과 다르다고 하더라도 그 등기의 효력에는 아무런 영향이 없는 것이므로 증여에 의하여 부동산을 취득하였지만 등기원인을 매매로 기재하였다고 하더라도 그 등기의 효력에는 아무런 하자가 없다[80다791].

⑤ 우리 민법은 등기의 추정력을 명문으로 규정하고 있지 않다. 그러나 '우리 민법의 해석상 등기의 추정력을 인정하여야 한다'는 데는 학설의 견해가 일치한다. 또한 판례도 등기의 추정력을 인정하여, '등기는 그 원인과 절차에 있어서도 적법하게 경료된 것이라고 추정되어야 하므로, 그 절차 및 원인이 부당함을 주장하는 당사자에게 증명책임이 있으며, 법원이 석명권을 행사하여 그 진부(眞否)를 따질 필요는 없다'는 입장을 취하고 있다

28 난도 ★★ 답 ③

▮정답해설▮

③ 공유물을 손괴한 자에 대하여 공유자 중 1인은 특별한 사유가 없는 한 공유물에 발생한 손해에 대하여 지분의 비율로 청구할 수 있다[70다171].

▮오답해설▮

① 각 공유자는 지분의 비율로 공유물의 관리비용 기타 의무를 부담한다(제266조 제1항). 민법 제266조 제1항은 임의규정이므로 공유자가 달리 약정할 수 있다.

② 공유자가 그 지분을 포기하거나 상속인없이 사망한 때에는 그 지분은 다른 공유자에게 각 지분의 비율로 귀속한다(제267조).

④ 나대지에 건물을 신축하는 행위는 공유물에 대한 처분·변경행위에 해당한다[2003다33638·33645]. 따라서 다른 공유자 전원의 동의가 있어야 한다(제254조).

⑤ 공유자가 다른 공유자의 지분권을 대외적으로 주장하는 것을 공유물의 멸실·훼손을 방지하고 공유물의 현상을 유지하는 사실적·법률적 행위인 공유물의 보존행위에 속한다고 할 수 없다[94다35008].

29 난도 ★★★   답 ④

정답해설

④ 민법 제256조 단서 소정의 '권원'이라 함은 지상권, 전세권, 임차권 등과 같이 타인의 부동산에 자기의 동산을 부속시켜서 그 부동산을 이용할 수 있는 권리를 뜻하므로 그와 같은 권원이 없는 자가 토지소유자의 승낙을 받음이 없이 그 임차인의 승낙만을 받아 그 부동산 위에 나무를 심었다면 특별한 사정이 없는 한 토지소유자에 대하여 그 나무의 소유권을 주장할 수 없다[88다카9067].

오답해설

① 부동산에 동산이 부합한 경우 부동산의 소유자가 부합된 물건의 소유권을 취득한다(제256조 본문). 동산이 부합한 경우에 동산의 가격이 부동산의 가격을 초과하더라도 마찬가지이다. 부합된 동산의 소유권을 취득한 부동산의 소유자는 동산소유자에게 보상의무를 진다(제261조).

② 동산과 동산이 부합하여 훼손하지 아니하면 분리할 수 없거나 그 분리에 과다한 비용을 요할 경우에는 그 합성물의 소유권은 주된 동산의 소유자에게 속한다. 부합한 동산의 주종을 구별할 수 없는 때에는 동산의 소유자는 부합당시의 가액의 비율로 합성물을 공유한다(제257조).

③ 토지 위에 건물이 신축된 경우 건물은 토지와 별개의 독립된 부동산이므로 토지에 부합하지 않는다.

⑤ 임차인이 임차한 건물에 그 권원에 의하여 증축을 한 경우에 증축된 부분이 부합으로 인하여 기존 건물의 구성부분이 된 때에는 증축된 부분에 별개의 소유권이 성립할 수 없으나, 증축된 부분이 구조상으로나 이용상으로 기존 건물과 구분되는 독립성이 있는 때에는 구분소유권이 성립하여 증축된 부분은 독립한 소유권의 객체가 된다[99다14518].

30 난도 ★★★   답 ③

정답해설

③ 乙이 점유를 상실하였다고 하더라도 이를 시효이익의 포기로 볼 수 있는 경우가 아닌 한 이미 취득한 소유권이전등기청구권은 바로 소멸되는 것은 아니나, 취득시효가 완성된 점유자가 점유를 상실한 경우 취득시효 완성으로 인한 소유권이전등기청구권의 소멸시효는 이와 별개의 문제로서, 그 점유자가 점유를 상실한 때로부터 10년간 등기청구권을 행사하지 아니하면 소멸시효가 완성한다[95다34866 · 34873].

오답해설

① 시효기간이 완성된 후의 제3취득자는 취득시효 완성 후 새로운 이해관계인에 해당하므로 시효완성자는 그에게 취득시효 완성을 원인으로 한 이전등기를 청구할 수 없다[97다45402].

② 거래 상대방이 배임행위를 유인 · 교사하거나 배임행위의 전 과정에 관여하는 등 배임행위에 적극 가담하는 경우에는 실행행위자와 체결한 계약이 반사회적 법률행위에 해당하여 무효로 될 수 있고, 선량한 풍속 기타 사회질서에 위반한 사항을 내용으로 하는 법률행위의 무효는 이를 주장할 이익이 있는 자는 누구든지 무효를 주장할 수 있다. 따라서 반사회질서 법률행위를 원인으로 하여 부동산에 관한 소유권이전등기를 마쳤더라도 그 등기는 원인무효로서 말소될 운명에 있으므로 등기명의자가 소유권에 기한 물권적 청구권을 행사하는 경우에, 권리 행사의 상대방은 법률행위의 무효를 항변으로서 주장할 수 있다[2015다11281].

④ 취득시효가 완성된 토지를 원소유자가 그 사실을 알고도 처분하면 불법행위가 성립하므로 사례에서 을은 갑에게 손해배상을 청구할 수 있다.

⑤ 민법상 이행불능의 효과로서 채권자의 전보배상청구권과 계약해제권 외에 별도로 대상청구권을 규정하고 있지는 않으나 해석상 대상청구권을 부정할 이유는 없는 것이지만, 점유로 인한 부동산 소유권 취득기간 만료를 원인으로 한 등기청구권이 이행불능으로 되었다고 하여 대상청구권을 행사하기 위하여는, 그 이행불능 전에 등기명의자에 대하여 점유로 인한 부동산 소유권 취득기간이 만료되었음을 이유로 그 권리를 주장하였거나 그 취득기간 만료를 원인으로 한 등기청구권을 행사하였어야 하고, 그 이행불능 전에 그와 같은 권리의 주장이나 행사에 이르지 않았다면 대상청구권을 행사할 수 없다고 봄이 공평의 관념에 부합한다[94다43825].

31 난도 ★   답 ④

정답해설

④ 선의의 점유자라도 본권에 관한 소에 패소한 때에는 그 소가 제기된 때부터 악의의 점유자로 본다(제197조 제2항). 악의의 점유자는 수취한 과실을 반환해야 하므로(제201조 제2항 전단) 제소 후 판결확정 전에 취득한 과실을 반환해야 한다.

① 민법 제201조 제1항에 의하면 선의의 점유자는 점유물의 과실을 취득한다고 규정하고 있는바, 건물을 사용함으로써 얻는 이득은 그 건물의 과실에 준하는 것이므로, 선의의 점유자는 비록 법률상 원인 없이 타인의 건물을 점유·사용하고 이로 말미암아 그에게 손해를 입혔다고 하더라도 그 점유·사용으로 인한 이득을 반환할 의무는 없다[95다44290].

② 악의의 점유자는 수취한 과실을 반환하여야 하며 소비하였거나 과실로 인하여 훼손 또는 수취하지 못한 경우에는 그 과실의 대가를 보상하여야 한다(제201조 제2항).

③ 점유물이 점유자의 책임있는 사유로 인하여 멸실 또는 훼손한 때에는 악의의 점유자는 그 손해의 전부를 배상하여야 하며 선의의 점유자는 이익이 현존하는 한도에서 배상하여야 한다. 소유의 의사가 없는 점유자는 선의인 경우에도 손해의 전부를 배상하여야 한다(제202조).

⑤ 점유자가 점유물을 반환할 때에는 회복자에 대하여 점유물을 보존하기 위하여 지출한 금액 기타 필요비의 상환을 청구할 수 있다. 그러나 점유자가 과실을 취득한 경우에는 통상의 필요비는 청구하지 못한다(제203조 제1항).

32 난도 ★★ 답 ⑤

■ 정답해설 ■

⑤ 민법 제219조, 제220조에 규정된 주위토지통행권은 상린관계에 기하여 피통행지 소유자의 손해를 무릅쓰고 포위된 토지 소유자의 공로로의 통행을 위하여 특별히 인정하려는 것이므로 그 통행로의 폭이나 위치 등을 정함에 있어서는 포위된 토지 소유자가 건축법상 증·개축을 하지 못하게 될 염려가 있다는 등의 사정보다는 오히려 피통행지 소유자에게 가장 손해가 적게 되는 방법이 더 고려되어야 하며, 건축법에 건축과 관련하여 도로에 관한 폭 등의 제한규정이 있다 하더라도 이는 건물 신축이나 증·개축허가시 그와 같은 범위의 도로가 필요하다는 행정법규에 불과할 뿐 위 규정만으로 당연히 포위된 토지 소유자에게 그 반사적 이익으로서 건축법에서 정하는 도로의 폭이나 면적 등과 일치하는 주위토지통행권이 바로 생긴다고 할 수 없다[90다12007].

■ 오답해설 ■

① 무상주위통행권에 관한 민법 제220조의 규정은 토지의 직접 분할자 또는 일부 양도의 당사자 사이에만 적용되고 포위된 토지 또는 피통행지의 특정승계인에게는 적용

되지 않는바, 이러한 법리는 분할자 또는 일부 양도의 당사자가 무상주위통행권에 기하여 이미 통로를 개설해 놓은 다음 특정승계가 이루어진 경우라 하더라도 마찬가지라 할 것이다[2002다9202].

② 주위토지통행권은 법정의 요건을 충족하면 당연히 성립하고 요건이 없어지게 되면 당연히 소멸한다. 따라서 포위된 토지가 사정변경에 의하여 공로에 접하게 되거나 포위된 토지의 소유자가 주위의 토지를 취득함으로써 주위토지통행권을 인정할 필요성이 없어지게 된 경우에는 통행권은 소멸한다[2013다11669].

③ 주위토지통행권은 어느 토지가 타인 소유의 토지에 둘러싸여 공로에 통할 수 없는 경우 뿐만 아니라, 이미 기존의 통로가 있더라도 그것이 당해 토지의 이용에 부적합하여 실제로 통로로서의 충분한 기능을 하지 못하고 있는 경우에도 인정된다[94다14193].

④ 민법 제219조는 어느 토지와 공로 사이에 그 토지의 용도에 필요한 통로가 없는 경우에 그 토지소유자에게 그 주위의 토지통행권을 인정하면서 그 통행권자로 하여금 통행지 소유자의 손해를 보상하도록 규정하고 있는 것이므로 통행권자의 허락을 얻어 사실상 통행하고 있는 자에게는 그 손해의 보상을 청구할 수 없다[91다19623].

33 난도 ★★★ 답 ②

■ 정답해설 ■

② 집합건물의 복도, 계단 등과 같은 공용부분은 구조상 이를 점포로 사용하는 등 별개의 용도로 사용하거나 그와 같은 목적으로 타에 임대할 수 있는 대상이 아니므로 특별한 사정이 없는 한 구분소유자 중 일부가 아무런 권원 없이 이를 점유·사용하였다고 하더라도 이로 인하여 다른 구분소유자에게 임료 상당의 이익을 상실하는 손해가 발생하였다고 볼 수 없다[2004다30279].

■ 오답해설 ■

① 2010다95949

③ 대지에 대한 사용권으로는 소유권이 가장 일반적인 모습이며 소유권이외의 용익권(지상권, 전세권, 임차권 등)도 해당된다.

④ 건물에 대하여 구분소유 관계가 성립되면 구분소유자 전원을 구성원으로 하여 건물과 그 대지 및 부속시설의 관리에 관한 사업의 시행을 목적으로 하는 관리단이 설립된다(집합건물의 소유 및 관리에 관한 법률 제23조 제1항).

⑤ 구분건물이 물리적으로 완성되기 전에도 건축허가신청이나 분양계약 등을 통하여 장래 신축되는 건물을 구분건물로 하겠다는 구분의사가 객관적으로 표시되면 구분행위의 존재를 인정할 수 있고, 이후 1동의 건물 및 구분행위에 상응하는 구분건물이 객관적·물리적으로 완성되면 아직 그 건물이 집합건축물대장에 등록되거나 구분건물로서 등기부에 등기되지 않았더라도 그 시점에서 구분소유가 성립한다[2019두46763].

34 난도 ★★★ 답 ②

┃정답해설┃

② 근저당권자의 경매신청 등의 사유로 인하여 근저당권의 피담보채권이 확정되었을 경우, 확정 이후에 새로운 거래관계에서 발생한 원본채권은 그 근저당권에 의하여 담보되지 아니하지만, 확정 전에 발생한 원본채권에 관하여 확정 후에 발생하는 이자나 지연손해금 채권은 채권최고액의 범위 내에서 근저당권에 의하여 여전히 담보되는 것이다[2005다38300].

┃오답해설┃

① 근저당권은 당사자 사이의 계속적인 거래관계로부터 발생하는 불특정채권을 어느 시기에 계산하여 잔존하는 채무를 일정한 한도액 범위 내에서 담보하는 저당권으로서 보통의 저당권과 달리 발생 및 소멸에 있어 피담보채무에 대한 부종성이 완화되어 있는 관계로 피담보채무가 확정되기 이전이라면 채무의 범위나 또는 채무자를 변경할 수 있는 것이고, 채무의 범위나 채무자가 변경된 경우에는 당연히 변경 후의 범위에 속하는 채권이나 채무자에 대한 채권만이 당해 근저당권에 의하여 담보되고, 변경 전의 범위에 속하는 채권이나 채무자에 대한 채권은 그 근저당권에 의하여 담보되는 채무의 범위에서 제외된다[97다15777].

③ 선순위근저당권자가 경매를 신청하는 경우, 후순위근저당권의 피담보채권의 확정시기는 경락대금완납시이다.

④ 저당권은 피담보채권과 분리하여 양도하지 못하는 것이어서 저당권부 채권의 양도는 언제나 저당권의 양도와 채권양도가 결합되어 행해지므로 저당권부 채권의 양도는 민법 제186조의 부동산물권변동에 관한 규정과 민법 제449조 내지 제452조의 채권양도에 관한 규정에 의해 규율되므로 저당권의 양도에 있어서도 물권변동의 일반원칙에 따라 저당권을 이전할 것을 목적으로 하는 물권적 합의와 등기가 있어야 저당권이 이전된다고 할 것이다[2002다15412].

⑤ 채무자의 채무액이 근저당 채권최고액을 초과하는 경우에 채무자 겸 근저당권설정자가 그 채무의 일부인 채권최고액과 지연손해금 및 집행비용만을 변제하였다면 채권전액의 변제가 있을 때까지 근저당권의 효력은 잔존채무에 미치는 것이므로 위 채무일부의 변제로써 위 근저당권의 말소를 청구할 수 없다[80다2712].

35 난도 ★★ 답 ②

┃정답해설┃

② 피고의 점유침탈로 원고가 이 사건 상가에 대한 점유를 상실한 이상 원고의 유치권은 소멸하고, 원고가 점유회수의 소를 제기하여 승소판결을 받아 점유를 회복하면 점유를 상실하지 않았던 것으로 되어 유치권이 되살아나지만, 위와 같은 방법으로 점유를 회복하기 전에는 유치권이 되살아나는 것이 아니다[2003다46215].

┃오답해설┃

① 건물의 임대차에 있어서 임차인의 임대인에게 지급한 임차보증금반환청구권이나 임대인이 건물시설을 아니하기 때문에 임차인에게 건물을 임차목적대로 사용못한 것을 이유로 하는 손해배상청구권은 모두 민법 제320조 소정 소위 그 건물에 관하여 생긴 채권이라 할 수 없다[75다1305].

③ 제한물권은 이해관계인의 이익을 부당하게 침해하지 않는 한 자유로이 포기할 수 있는 것이 원칙이다. 유치권은 채권자의 이익을 보호하기 위한 법정담보물권으로서, 당사자는 미리 유치권의 발생을 막는 특약을 할 수 있고 이러한 특약은 유효하다[2016다234043].

④ 수급인의 공사대금채권이 도급인의 하자보수청구권 내지 하자보수에 갈음한 손해배상채권 등과 동시이행의 관계에 있는 점 및 피담보채권의 변제기 도래를 유치권의 성립요건으로 규정한 취지 등에 비추어 보면, 건물신축 도급계약에서 수급인이 공사를 완성하였더라도, 신축된 건물에 하자가 있고 그 하자 및 손해에 상응하는 금액이 공사잔대금액 이상이어서, 도급인이 수급인에 대한 하자보수청구권 내지 하자보수에 갈음한 손해배상채권 등에 기하여 수급인의 공사잔대금 채권 전부에 대하여 동시이행의 항변을 한 때에는, 공사잔대금 채권의 변제기가 도래하지 아니한 경우와 마찬가지로 수급인은 도급인에 대하여 하자보수의무나 하자보수에 갈음한 손해배상의무 등에 관한 이행의 제공을 하지 아니한 이상 공사잔대금 채권에 기한 유치권을 행사할 수 없다고 보아야 한다[2013다30653].

⑤ 제323조 제1항

36 난도 ★★★   답 ④

┃정답해설┃

ㄱ. [○] 전세권설정등기를 마친 민법상의 전세권은 그 성질 상 용익물권적 성격과 담보물권적 성격을 겸비한 것으로서, 전세권의 존속기간이 만료되면 전세권의 용익물권적 권능은 전세권설정등기의 말소 없이도 당연히 소멸하고 단지 전세금반환채권을 담보하는 담보물권적 권능의 범위 내에서 전세금의 반환시까지 그 전세권설정등기의 효력이 존속하고 있다[2003다35659].

ㄴ. [○] 전세권의 법정갱신(제312조 제4항)은 법률의 규정에 의한 부동산에 관한 물권의 변동이므로 전세권갱신에 관한 등기를 필요로 하지 아니하고 전세권자는 그 등기없이도 전세권설정자나 그 목적물을 취득한 제3자에 대하여 그 권리를 주장할 수 있다[88다카21029].

ㄹ. [○] 전세권이 기간만료로 종료된 경우 전세권은 전세권설정등기의 말소등기 없이도 당연히 소멸하고, 저당권의 목적물인 전세권이 소멸하면 저당권도 당연히 소멸하는 것이므로 전세권을 목적으로 한 저당권자는 전세권의 목적물인 부동산의 소유자에게 더 이상 저당권을 주장할 수 없다[98다31301].

┃오답해설┃

ㄷ. [×] 저당권은 피담보채권과 분리하여 양도하거나 다른 채권의 담보로 하지 못한다(제361조) 따라서 저당권자는 저당권을 피담보채권과 함께 양도하거나 입질하는 것은 가능하다. 이는 저당권의 객체가 권리인 전세저당권도 동일하다.

> **제361조(저당권의 처분제한)**
> 저당권은 그 담보한 채권과 분리하여 타인에게 양도하거나 다른 채권의 담보로 하지 못한다.

37 난도 ★★★   답 ⑤

┃정답해설┃

③·⑤ 금전채무를 담보하기 위하여 채무자가 그 소유의 동산을 채권자에게 양도하되 점유개정의 방법으로 인도하고 채무자가 이를 계속 점유하기로 약정한 경우 특별한 사정이 없는 한 그 동산의 소유권은 신탁적으로 이전되는 것에 불과하여, 채권자와 채무자 사이의 대내적 관계에서는 채무자가 소유권을 보유하나 대외적인 관계에서의 채무자는 동산의 소유권을 이미 채권자에게 양도한 무권리자가 되는 것이어서 다시 다른 채권자와 사이에 양도담보설정계약을 체결하고 점유개정의 방법으로 인도하더라도 선의취득이 인정되지 않는 한 나중에 설정계약을 체결한 채권자로서는 양도담보권을 취득할 수 없는데, 현실의 인도가 아닌 점유개정의 방법으로는 선의취득이 인정되지 아니하므로 결국 뒤의 채권자는 적법하게 양도담보권을 취득할 수 없다[2004다37430].

┃오답해설┃

①·④ 위 양도담보권의 효력은 양도담보설정자로부터 이를 양수한 양수인이 당초 양수한 돈사 내에 있던 돼지들 및 통상적인 양돈방식에 따라 그 돼지들을 사육·관리하면서 돼지를 출하하여 얻은 수익으로 새로 구입하거나 그 돼지와 교환한 돼지 또는 그 돼지로부터 출산시켜 얻은 새끼돼지에 한하여 미치는 것이지 양수인이 별도의 자금을 투입하여 반입한 돼지에까지는 미치지 않는다[2004다22858].

② 동산 양도담보권자는 양도담보 목적물이 소실되어 양도담보 설정자가 보험회사에 대하여 화재보험계약에 따른 보험금청구권을 취득한 경우 담보물 가치의 변형물인 화재보험금청구권에 대하여 양도담보권에 기한 물상대위권을 행사할 수 있다[2012다58609].

38 난도 ★★   답 ①

┃정답해설┃

① 민법은 지역권의 존속기간에 대한 규정을 두고 있지 않으나 당사자가 지역권의 존속기간을 정할 수는 있다. 판례는 영구적인 지역권의 설정도 가능하다는 입장이다[79다1704].

┃오답해설┃

② 요역지와 승역지는 서로 인접할 필요는 없다. 요역지는 1필의 토지 전부이어야 하나, 승역지는 1필의 토지 일부여도 상관없다.

③ 제295조 제1항

④ 지역권설정등기는 승역지 등기기록 을구에 한다. 승역지의 소유권을 제한하는 용익물권이다.

⑤ 제214조(소유물방해제거, 방해예방청구권) 규정은 지역권에 준용한다(제301조).

▌정답해설▐

⑤ 강제경매개시결정 이전에 가압류가 있는 경우에는, 그 가압류가 강제경매개시결정으로 인하여 본압류로 이행되어 가압류집행이 본집행에 포섭됨으로써 당초부터 본집행이 있었던 것과 같은 효력이 있다. 따라서 경매의 목적이 된 부동산에 대하여 가압류가 있고 그것이 본압류로 이행되어 경매절차가 진행된 경우에는, 애초 가압류가 효력을 발생하는 때를 기준으로 토지와 그 지상 건물이 동일인에 속하였는지를 판단하여야 한대[2010다52140].

▌오답해설▐

① 민법 제366조 소정의 법정지상권이 성립하려면 저당권의 설정당시 저당권의 목적되는 토지 위에 건물이 존재할 경우이어야 하는 바, 저당권설정 당시 건물이 존재한 이상 그 이후 건물을 개축, 증축하는 경우는 물론이고 건물이 멸실되거나 철거된 후 재축, 신축하는 경우에도 법정지상권이 성립한다 할 것이고, 이 경우 법정지상권의 내용인 존속기간, 범위 등은 구 건물을 기준으로 하여 그 이용에 일반적으로 필요한 범위 내로 제한되는 것이대[90다카6399].

② 토지와 그 지상의 건물이 동일한 소유자에게 속하였다가 토지 또는 건물이 매매나 기타 원인으로 인하여 양자의 소유자가 다르게 된 때에는 그 건물을 철거하기로 하는 합의가 있었다는 등의 특별한 사정이 없는 한 건물소유자는 토지소유자에 대하여 그 건물을 위한 관습상의 지상권을 취득하게 되고, 그 건물은 반드시 등기가 되어 있어야만 하는 것이 아니고 무허가건물이라고 하여도 상관이 없대[91다16631].

③ 민법 제366조의 법정지상권은 저당권 설정 당시에 동일인의 소유에 속하는 토지와 건물이 저당권의 실행에 의한 경매로 인하여 각기 다른 사람의 소유에 속하게 된 경우에 건물의 소유를 위하여 인정되는 것으로서, 이는 동일인의 소유에 속하는 토지 및 그 지상 건물에 대하여 공동저당권이 설정되었으나 그중 하나에 대하여만 경매가 실행되어 소유자가 달라지게 된 경우에도 마찬가지이다. 다만 위와 같이 공동저당권이 설정된 후 그 지상 건물이 철거되고 새로 건물이 신축되어 두 건물 사이의 동일성이 부정되는 결과 공동저당권자가 신축건물의 교환가치를 취득할 수 없게 되었다면, 공동저당권자의 불측의 손해를 방지하기 위하여, 특별한 사정이 없는 한 저당물의 경매로 인하여 토지와 그 신축건물이 다른 소유자에 속하게 되더라도 그 신축건물을 위한 법정지상권은 성립하지 않는다고 볼 것이나, 토지와 함께 공동근저당권이

설정된 건물이 그대로 존속함에도 불구하고 사실과 달리 등기부에 멸실의 기재가 이루어지고 이를 이유로 등기부가 폐쇄된 경우, 저당권자로서는 멸실 등으로 인하여 폐쇄된 등기기록을 부활하는 절차 등을 거쳐 건물에 대한 저당권을 행사하는 것이 불가능한 것이 아닌 이상 저당권자가 건물의 교환가치에 대하여 이를 담보로 취득할 수 없게 되는 불측의 손해가 발생한 것은 아니라고 보아야 하므로, 그 후 토지에 대하여만 경매절차가 진행된 결과 토지와 건물의 소유자가 달라지게 되었다면 그 건물을 위한 법정지상권은 성립한다 할 것이고, 단지 건물에 대한 등기부가 폐쇄되었다는 사정만으로 건물이 멸실된 경우와 동일하게 취급하여 법정지상권이 성립하지 아니한다고 할 수는 없대[2012다108634].

④ 갑과 을이 대지를 각자 특정하여 매수하여 배타적으로 점유하여 왔으나 분필이 되어 있지 아니한 탓으로 그 특정부분에 상응하는 지분소유권이전등기만을 경료하였다면 그 대지의 소유관계는 처음부터 구분소유적 공유관계에 있다 할 것이고, 또한 구분소유적 공유관계에 있어서는 통상적인 공유관계와는 달리 당사자 내부에 있어서는 각자가 특정매수한 부분은 각자의 단독 소유로 되었다 할 것이므로, 을은 위 대지 중 그가 매수하지 아니한 부분에 관하여는 갑에게 그 소유권을 주장할 수 없어 위 대지 중 을이 매수하지 아니한 부분지상에 있는 을 소유의 건물부분은 당초부터 건물과 토지의 소유자가 서로 다른 경우에 해당되어 그에 관하여는 관습상의 법정지상권이 성립될 여지가 없대[93다49871].

40 난도 ★★   답 ③

┃정답해설┃

③ 전세권자는 목적물의 현상을 유지하고 그 통상의 관리에 속한 수선을 해야하므로(제309조) 전세권자가 통상적인 관리 및 유지를 위하여 필요비를 지출한 경우에도 그 비용의 상환을 청구할 수 없다. 다만, 유익비의 상환은 청구할 수 있다(제310조 제1항).

┃오답해설┃

① 전세권자는 전세권설정자의 동의 없이도 전세권을 양도하거나 담보로 제공할수 있다(제306조 참고).

② 타인의 토지에 있는 건물에 전세권을 설정한 때에는 전세권의 효력은 그 건물의 소유를 목적으로 한 지상권 또는 임차권에 미친다(제304조 제1항).

④ 전세권의 목적물의 전부 또는 일부가 불가항력으로 인하여 멸실된 때에는 그 멸실된 부분의 전세권은 소멸한다(제314조 제1항).

⑤ 건물의 일부에 대하여 전세권이 설정되어 있는 경우 그 전세권자는 민법 제303조 제1항의 규정에 의하여 그 건물 전부에 대하여 후순위권리자 기타 채권자보다 전세금의 우선변제를 받을 권리가 있고, 민법 제318조의 규정에 의하여 전세권설정자가 전세금의 반환을 지체한 때에는 전세권의 목적물의 경매를 청구할 수 있는 것이나, 전세권의 목적물이 아닌 나머지 건물부분에 대하여는 우선변제권은 별론으로 하고 경매신청권은 없으므로, 위와 같은 경우 전세권자는 전세권의 목적이 된 부분을 초과하여 건물 전부의 경매를 청구할 수 없다고 할 것이고, 그 전세권의 목적이 된 부분이 구조상 또는 이용상 독립성이 없어 독립한 소유권의 객체로 분할할 수 없고 따라서 그 부분만의 경매신청이 불가능하다고 하여 달리 볼 것은 아니다[2001마212].

08 2015년 제26회 정답 및 해설

01	02	03	04	05	06	07	08	09	10	11	12	13	14	15	16	17	18	19	20
②	⑤	⑤	②	④	①	①	⑤	①	④	⑤	④	③	②	①	②	⑤	④	②	③
21	22	23	24	25	26	27	28	29	30	31	32	33	34	35	36	37	38	39	40
③	⑤	②	①	④	①	③	①	③	⑤	③	②	④	⑤	②	②	⑤	④	③	①

01 난도 ★★   답 ②

┃ 정답해설 ┃

①·② 관습법이란 사회의 거듭된 관행으로 생성한 사회생활규범이 사회의 법적 확신과 인식에 의하여 법적 규범으로 승인·강행되기에 이른 것을 말하고, 사실인 관습은 사회의 관행에 의하여 발생한 사회생활규범인 점에서 관습법과 같으나 사회의 법적 확신이나 인식에 의하여 법적 규범으로서 승인된 정도에 이르지 않은 것을 말하는 바, 관습법은 바로 법원으로서 법령과 같은 효력을 갖는 관습으로서 법령에 저촉되지 않는 한 법칙으로서의 효력이 있는 것이며, 이에 반하여 사실인 관습은 법령으로서의 효력이 없는 단순한 관행으로서 법률행위의 당사자의 의사를 보충함에 그치는 것이다.

┃ 오답해설 ┃

③ 공동선조의 후손 중 성년 남자만을 종중의 구성원으로 하고 여성은 종중의 구성원이 될 수 없다는 종래의 관습은, 공동선조의 분묘수호와 봉제사 등 종중의 활동에 참여할 기회를 출생에서 비롯되는 성별만에 의하여 생래적으로 부여하거나 원천적으로 박탈하는 것으로서, 위와 같이 변화된 우리의 전체 법질서에 부합하지 아니하여 정당성과 합리성이 있다고 할 수 없으므로, 종중 구성원의 자격을 성년 남자만으로 제한하는 종래의 관습법은 이제 더 이상 법적 효력을 가질 수 없게 되었다[2002다1178].

④ 온천에 관한 권리는 관습상의 물권이나 준물권이라 할 수 없고 온천수는 공용수 또는 생활상 필요한 용수에 해당되지 않는다[72다1243].

⑤ 법령과 같은 효력을 갖는 관습법은 당사자의 주장 입증을 기다림이 없이 법원이 직권으로 이를 확정하여야 하고 사실인 관습은 그 존재를 당사자가 주장 입증하여야 하나, 관습은 그 존부자체도 명확하지 않을 뿐만 아니라 그 관습이 사회의 법적 확신이나 법적 인식에 의하여 법적 규범으로까지 승인되었는지의 여부를 가리기는 더욱 어려운 일이므로, 법원이 이를 알 수 없는 경우 결국은 당사자가 이를 주장입증할 필요가 있다[80다3231].

02 난도 ★   답 ⑤

┃ 정답해설 ┃

⑤ 부동산 거래에 있어 거래 상대방이 일정한 사정에 관한 고지를 받았더라면 그 거래를 하지 않았을 것임이 경험칙상 명백한 경우에는 신의성실의 원칙상 사전에 상대방에게 그와 같은 사정을 고지할 의무가 있으며, 그와 같은 고지의무의 대상이 되는 것은 직접적인 법령의 규정뿐 아니라 널리 계약상, 관습상 또는 조리상의 일반원칙에 의하여도 인정될 수 있다[2004다48515].

┃ 오답해설 ┃

① 신의성실의 원칙에 반하는 것 또는 권리남용은 강행규정에 위배되는 것이므로 당사자의 주장이 없더라도 법원은 직권으로 판단할 수 있다[94다42129].

② 취득시효완성 후에 그 사실을 모르고 당해 토지에 관하여 어떠한 권리도 주장하지 않기로 하였다 하더라도 이에 반하여 시효주장을 하는 것은 특별한 사정이 없는 한 신의칙상 허용되지 않는다[96다24101].

③ 신의성실의 원칙은 법률관계의 당사자가 상대방의 이익을 배려하여 형평에 어긋나거나, 신뢰를 저버리는 내용 또는 방법으로 권리를 행사하거나 의무를 이행하여서는 아니된다는 추상적 규범으로서, 신의성실의 원칙에 위배된다는 이유로 그 권리의 행사를 부정하기 위해서는 상대방에게 신의를 공여하였다거나, 객관적으로 보아 상대방이 신의를 가짐이 정당한 상태에 있어야 하고, 이러한 상대방의 신의에 반하여 권리를 행사하는 것이 정의관념에 비추어 용인될 수 없는 정도의 상태에 이르러야 할 것인바, 특별한 사정이 없는 한, 법령에 위반되어 무효임을 알고서도 그 법률행위를 한 자가 강행법규 위반을 이유로 무효를 주장한다 하여 신의칙 또는 금반언의 원칙에 반하거나 권리남용에 해당한다고 볼 수는 없다[2003다2390].

④ 부동산 거래에 있어 거래 상대방이 일정한 사정에 관한 고지를 받았더라면 그 거래를 하지 않았을 것임이 경험칙상 명백한 경우에는 신의성실의 원칙상 사전에 상대방에게 그와 같은 사정을 고지할 의무가 있으며, 그와 같은 고지의무의 대상이 되는 것은 직접적인 법령의 규정뿐 아니라 널리 계약상, 관습상 또는 조리상의 일반원칙에 의하여도 인정될 수 있다[2004다48515].

03 난도 ★ 답 ⑤

정답해설

⑤ 가정법원이 피성년후견인 또는 피특정후견인에 대하여 한정후견개시의 심판을 할 때에는 종전의 성년후견 또는 특정후견의 종료심판을 한다(제14조의3 제2항).

오답해설

① 제한능력자의 단독행위는 추인이 있을 때까지 상대방이 거절할 수 있다(제16조 제2항).
② 일용품의 구입 등 일상생활에 필요하고 그 대가가 과도하지 아니한 법률행위는 성년후견인이 취소할 수 없다(제10조 제4항).
③ 가정법원은 성년후견개시의 심판을 할 때 본인의 의사를 고려하여야 한다(제9조 제2항). 한정후견개시의 경우에 제9조 제2항을 준용한다(제12조 제2항).
④ 제14조의2 제2항

제14조의2(특정후견의 심판)
② 특정후견은 본인의 의사에 반하여 할 수 없다.

04 난도 ★★ 답 ②

정답해설

② 종중 소유의 재산은 종중원의 총유에 속하는 것이므로 그 관리 및 처분은 종중규약의 정하는 바가 있으면 이에 따라야 할 것이고, 그 점에 관한 종중규약이 없으면 종중 총회의 결의에 의하여야 한다[92다27034].

오답해설

① 비법인사단의 경우에는 대표자의 대표권 제한에 관하여 등기할 방법이 없어 민법 제60조의 규정을 준용할 수 없고, 비법인사단의 대표자가 정관에서 사원총회의 결의를 거쳐야 하도록 규정한 대외적 거래행위에 관하여 이를 거치지 아니한 경우라도, 이와 같은 사원총회 결의사항은 비법인사단의 내부적 의사결정에 불과하다 할 것이므로, 그 거래 상대방이 그와 같은 대표권 제한 사실을 알았거나 알 수 있었을 경우가 아니라면 그 거래행위는 유효하다고 봄이 상당하고, 이 경우 거래의 상대방이 대표권 제한 사실을 알았거나 알 수 있었음은 이를 주장하는 비법인사단측이 주장·입증하여야 한다[2002다64780].
③ 비법인사단에 대하여는 사단법인에 관한 민법규정 중 법인격을 전제로 하는 것을 제외한 규정들을 유추적용하여야 할 것이므로 비법인사단인 교회의 교인이 존재하지 않게 된 경우 그 교회는 해산하여 청산절차에 들어가서 청산의 목적범위 내에서 권리·의무의 주체가 되며, 이 경우 해산 당시 그 비법인사단의 총회에서 향후 업무를 수행할 자를 선정하였다면 민법 제82조 제1항을 유추하여 그 선임된 자가 청산인으로서 청산 중의 비법인사단을 대표하여 청산업무를 수행하게 된다[2001다32687].
④ 비법인사단이 총유물에 관한 매매계약을 체결하는 행위는 총유물 그 자체의 처분이 따르는 채무부담행위로서 총유물의 처분행위에 해당하나, 그 매매계약에 의하여 부담하고 있는 채무의 존재를 인식하고 있다는 뜻을 표시하는 데 불과한 소멸시효 중단사유로서의 승인은 총유물 그 자체의 관리·처분이 따르는 행위가 아니어서 총유물의 관리·처분행위라고 볼 수 없다[2009다64383].
⑤ 부동산등기법 제26조 참고

부동산등기법 제26조(법인 아닌 사단 등의 등기신청)
① 종중(宗中), 문중(門中), 그 밖에 대표자나 관리인이 있는 법인 아닌 사단(社團)이나 재단(財團)에 속하는 부동산의 등기에 관하여는 그 사단이나 재단을 등기권리자 또는 등기의무자로 한다.
② 제1항의 등기는 그 사단이나 재단의 명의로 그 대표자나 관리인이 신청한다.

┃정답해설┃

④ 대리인은 본인의 허락이 없으면 본인을 위하여 자기와 법률행위를 하거나 동일한 법률행위에 관하여 당사자쌍방을 대리하지 못한다. 그러나 채무의 이행은 할 수 있다(제124조).

┃오답해설┃

① 임의대리인은 행위능력자임을 요하지 않는다. 다만, 의사능력은 반드시 있어야 한다.

② 의사표시의 하자 유무를 판단할 때 대리행위에서는 대리인을 표준으로 결정하나 사자에 있어서는 본인을 표준으로 결정한다.

③ 복대리인은 대리인이 대리인 자신의 이름으로 선임한 본인의 대리인이다.

⑤ 권한을 넘은 표현대리(제126조) 규정은 임의대리와 법정대리에 모두 적용된다(통설, 판례).

┃정답해설┃

① 민법 제100조 제2항의 종물과 주물의 관계에 관한 법리는 물건 상호간의 관계뿐 아니라 권리 상호간에도 적용된다[2006다29020].

┃오답해설┃

② 제102조 제1항

> **제102조(과실의 취득)**
> ① 천연과실은 그 원물로부터 분리하는 때에 이를 수취할 권리자에게 속한다.

③ 독립된 부동산으로서의 건물이라고 하기 위하여는 최소한의 기둥과 지붕 그리고 주벽이 이루어지면 된다[2000다51872].

④ 종물은 주물의 처분에 수반된다는 민법 제100조 제2항은 임의규정이므로, 당사자는 주물을 처분할 때에 특약으로 종물을 제외할 수 있고 종물만을 별도로 처분할 수도 있다[2009다76546].

⑤ 명인방법이란 건물 이외의 토지의 정착물(수목의 집단이나 미분리 과실 등)을 토지로부터 분리하지 않은 채 토지소유권으로부터 독립된 거래객체로 할 수 있는 관습법상의 공시방법을 말한다. 명인방법을 갖춘 수목의 경우에는 토지와 독립한 거래 객체가 된다.

┃정답해설┃

① 갑이 채무자란이 백지로 된 근저당권설정계약서를 제시받고 그 채무자가 을인 것으로 알고 근저당권설정자로 서명날인을 하였는데 그 후 채무자가 병으로 되어 근저당권설정등기가 경료된 경우, 갑은 그 소유의 부동산에 관하여 근저당권설정계약상의 채무자를 병이 아닌 을로 오인한 나머지 근저당설정의 의사표시를 한 것이고, 이와 같은 채무자의 동일성에 관한 착오는 법률행위 내용의 중요부분에 관한 착오에 해당한다[95다37087].

┃오답해설┃

② 착오로 인한 의사표시의 취소는 제109조의 규정에 의한 경우이므로 불법행위가 성립하지 않는다.

③ 착오가 법률행위 내용의 중요 부분에 있다고 하기 위하여는 표의자에 의하여 추구된 목적을 고려하여 합리적으로 판단하여 볼 때 표시와 의사의 불일치가 객관적으로 현저하여야 하고, 만일 그 착오로 인하여 표의자가 무슨 경제적인 불이익을 입은 것이 아니라면 이를 법률행위 내용의 중요 부분의 착오라고 할 수 없다[2006다41457].

④ 의사표시의 착오가 법률행위의 내용의 중요부분에 착오가 있는 이른바 요소의 착오이냐의 여부는 그 각 행위에 관하여 주관적, 객관적 표준에 쫓아 구체적 사정에 따라 가려져야 할 것이고 추상적, 일률적으로 이를 가릴 수는 없다고 할 것인 바, 토지매매에 있어서 시가에 관한 착오는 토지를 매수하려는 의사를 결정함에 있어 그 동기의 착오에 불과할 뿐 법률행위의 중요부분에 관한 착오라 할 수 없다[84다카890].

┃정답해설┃

⑤ 민법 제108조 제2항에 규정된 통정허위표시에 있어서의 제3자는 그 선의 여부가 문제이지 이에 관한 과실 유무를 따질 것이 아니다[2002다1321].

┃오답해설┃

① 의사표시자가 그 통지를 발송한 후 사망하거나 제한능력자가 되어도 의사표시의 효력에 영향을 미치지 아니한다(제111조 제2항).

② 민법 제108조 제2항에서 말하는 제3자는 허위표시의 당사자와 그의 포괄승계인 이외의 자 모두를 가리키는 것이

아니고 그 가운데서 허위표시행위를 기초로 하여 새로운 이해관계를 맺은 자를 한정해서 가리키는 것으로 새겨야 할 것이다[82다594].

③ 진의 아닌 의사표시에 있어서의 '진의'란 특정한 내용의 의사표시를 하고자 하는 표의자의 생각을 말하는 것이지 표의자가 진정으로 마음 속에서 바라는 사항을 뜻하는 것은 아니므로 표의자가 의사표시의 내용을 진정으로 마음 속에서 바라지는 아니하였다고 하더라도 당시의 상황에서는 그것이 최선이라고 판단하여 그 의사표시를 하였을 경우에는 이를 내심의 효과의사가 결여된 진의 아닌 의사표시라고 할 수 없다[2000다51919].

④ 통정한 허위표시에 의하여 외형상 형성된 법률관계로 생긴 채권을 가압류한 경우, 그 가압류권자는 허위표시에 기초하여 새로운 법률상 이해관계를 가지게 되므로 민법 제108조 제2항의 제3자에 해당한다고 봄이 상당하고, 또한 민법 제108조 제2항의 제3자는 선의이면 족하고 무과실은 요건이 아니다[2003다70041].

09 난도 ★★   답 ①

┃ 정답해설 ┃

① 법원이 선임한 재산관리인은 법정대리인의 지위를 갖는다. 보존행위, 관리행위는 단독으로 자유롭게 할 수 있다(제25조, 제118조). 그러나 처분행위는 가정법원의 허가를 얻어야 한다. 허가를 얻지 않은 처분행위는 무효이며 가정법원의 허가는 사전뿐만 아니라 사후에도 가능하다[80다3063].

┃ 오답해설 ┃

② 제23조

> **제23조(관리인의 개임)**
> 부재자가 재산관리인을 정한 경우에 부재자의 생사가 분명하지 아니한 때에는 법원은 재산관리인, 이해관계인 또는 검사의 청구에 의하여 재산관리인을 개임할 수 있다.

③ 부재자의 재산관리인에 의한 부재자소유 부동산매각행위의 추인행위가 법원의 허가를 얻기 전이어서 권한없이 행하여진 것이라고 하더라도, 법원의 재산관리인의 초과행위 결정의 효력은 그 허가받은 재산에 대한 장래의 처분행위 뿐만 아니라 기왕의 처분행위를 추인하는 행위로도 할 수 있는 것이므로 그 후 법원의 허가를 얻어 소유권이전등기절차를 경료케 한 행위에 의하여 종전에 권한없이 한 처분행위를 추인한 것이라 할 것이다[80다1872].

④ 법원이 선임한 부재자의 재산관리인은 그 부재자의 사망이 확인된 후라 할지라도 위 선임결정이 취소되지 않는 한 그 관리인으로서의 권한이 소멸되는 것은 아니다[71다189].

⑤ 재산관리인은 재산의 관리를 위하여 지출한 필요비와 그 이자의 상환, 과실 없이 받은 손해의 배상 등을 청구할 수 있다(제24조 제4항, 제688조).

10 난도 ★★   답 ④

┃ 정답해설 ┃

④ 소득세법령의 규정에 의하여 당해 자산의 양도 당시의 기준시가가 아닌 양도자와 양수자간에 실제로 거래한 가액을 양도가액으로 하는 경우, 양도소득세의 일부를 회피할 목적으로 매매계약서에 실제로 거래한 가액을 매매대금으로 기재하지 아니하고 그보다 낮은 금액을 매매대금으로 기재하였다 하여, 그것만으로 그 매매계약이 사회질서에 반하는 법률행위로서 무효로 된다고 할 수는 없다[2007다3285].

┃ 오답해설 ┃

① 어떠한 일이 있어도 이혼하지 아니하겠다는 각서를 써주었다 하더라도 그와 같은 의사표시는 신분행위의 의사결정을 구속하는 것으로서 공서양속에 위배하여 무효이다[69므18].

② 어떠한 사실을 알고 있는 사람과의 사이에 소송에서 사실대로 증언하여 줄 것을 조건으로 어떠한 급부를 할 것을 약정한 경우, 증인은 법률에 의하여 증언거부권이 인정되지 않는 한 진실을 진술할 의무가 있는 것이고, 이러한 당연한 의무의 이행을 조건으로 상당한 정도의 급부를 받기로 하는 약정은 증인에게 부당하게 이익을 부여하는 것이라고 할 것이고, 그러한 급부의 내용이 통상적으로 용인될 수 있는 수준(예컨대 증인에게 일당 및 여비가 지급되기는 하지만 증인이 증언을 위하여 법원에 출석함으로써 입게 되는 손해에는 미치지 못하는 경우 그러한 손해를 전보하여 주는 경우 정도)을 넘어서, 어느 당사자가 그 증언이 필요함을 기화로 증언하여 주는 대가로 용인될 수 있는 정도를 초과하는 급부를 제공받기로 한 약정은 반사회질서적인 금전적 대가가 결부된 경우로 그러한 약정은 민법 제103조 소정의 반사회질서행위에 해당하여 무효로 된다[93다40522].

③ 부동산의 이중매매가 반사회적 법률행위로서 무효가 되기 위하여는 매도인의 배임행위와 매수인이 매도인의 배임행위에 적극 가담한 행위로 이루어진 매매로서, 그 적극

가담하는 행위는 매수인이 다른 사람에게 매매목적물이 매도된 것을 안다는 것만으로는 부족하고 적어도 그 매도사실을 알고도 매도를 요청하여 매매계약에 이르는 정도가 되어야 한다[93다55289].

⑤ 72다2249

11 난도 ★★   답 ⑤

정답해설

⑤ 민법 제135조 제1항은 "타인의 대리인으로 계약을 한 자가 그 대리권을 증명하지 못하고 또 본인의 추인을 얻지 못한 때에는 상대방의 선택에 좇아 계약의 이행 또는 손해배상의 책임이 있다."고 규정하고 있다. 위 규정에 따른 무권대리인의 상대방에 대한 책임은 무과실책임으로서 대리권의 흠결에 관하여 대리인에게 과실 등의 귀책사유가 있어야만 인정되는 것이 아니고, 무권대리행위가 제3자의 기망이나 문서위조 등 위법행위로 야기되었다고 하더라도 책임은 부정되지 아니한다[2013다213038].

오답해설

① 무권대리행위의 추인은 무권대리인이나 상대방에게 명시 또는 묵시의 방법으로 할 수 있는 바이므로 원고가 그 장남이 일건 서류를 위조하여 매도한 부동산을 피고에게 인도하고 10여 년간 아무런 이의를 제기하지 않았다면 원고는 무권대리인인 그 장남의 위 매매행위를 묵시적으로 추인한 것으로 볼 것이다[81다151].
② 무권대리행위는 법률행위가 무효이기는 하지만 추인 등에 의해서 행위시에 소급하여 유효로 될 수 있으므로 유동적 무효이다.
③ 추인의 거절이 있으면 이제는 본인도 추인할 수 없고, 상대방도 최고권, 철회권을 행사할 수 없다.
④ 본인이 매매계약을 체결한 무권대리인으로부터 매매대금의 전부 또는 일부를 받았다면 특단의 사유가 없는 한 무권대리인의 매매계약을 추인하였다고 봄이 타당하다[63다54].

12 난도 ★★   답 ④

정답해설

④ 환매권은 형성권의 일종으로서 그 행사기간을 제척기간으로 보아야 하고, 위 환매권은 재판상이든 재판외이든 그 기간 내에 행사하면 되는 것으로서 반드시 그 기간 내에 재판상 행사하여야 하는 것은 아니다[97다16664].

오답해설

① 형성권의 의사표시는 상대방의 승낙이나 동의를 요하지 않는 단독행위이다. 이러한 단독행위는 원칙적으로 조건을 붙일 수 없으나 예외적으로 계약해제에 조건을 붙이는 정지조건부 계약해제는 유효하다고 본다[79다1135].
② 형성권은 조건에 친하지 않으나 예외적으로 정지조건부 해제는 유효하다[92다5928].
③ 공유물분할청구권은 형성권이기에 일방적 의사표시에 의하여 각 공유자 사이에 구체적으로 분할을 실현할 법률관계가 발생하며 공유관계가 존속하는 한 분할청구권만 독립하여 소멸시효에 걸리지는 않는다.
⑤ 민법 제146조 전단은 "취소권은 추인할 수 있는 날로부터 3년 내에 행사하여야 한다."고 규정하는 한편, 민법 제144조 제1항에서는 "추인은 취소의 원인이 종료한 후에 하지 아니하면 효력이 없다."고 규정하고 있는바, 위 각 규정의 취지와 추인은 취소권의 포기를 내용으로 하는 의사표시인 점에 비추어 보면, 민법 제146조 전단에서 취소권의 제척기간의 기산점으로 삼고 있는「추인할 수 있는 날」이란 취소의 원인이 종료되어 취소권행사에 관한 장애가 없어져서 취소권자가 취소의 대상인 법률행위를 추인할 수도 있고 취소할 수도 있는 상태가 된 때를 가리킨다고 보아야 한다[98다7421].

13 난도 ★★   답 ③

정답해설

③ 대리인에 의하여 법률행위가 이루어진 경우 그 법률행위가 민법 제104조의 불공정한 법률행위에 해당하는지 여부를 판단함에 있어서 경솔과 무경험은 대리인을 기준으로 하여 판단하고, 궁박은 본인의 입장에서 판단하여야 한다[2002다38927].

오답해설

① 어떠한 의사표시가 비진의 의사표시로서 무효라고 주장하는 경우에 그 입증책임은 그 주장자에게 있다[93다2295].
② 불공정 법률행위에 해당하는지는 법률행위가 이루어진 시점을 기준으로 약속된 급부와 반대급부 사이의 객관적 가치를 비교 평가하여 판단하여야 할 문제이고, 당초의 약정대로 계약이 이행되지 아니할 경우에 발생할 수 있는 문제는 달리 특별한 사정이 없는 한 채무의 불이행에 따른 효과로서 다루어지는 것이 원칙이다[2010다42075].

④ 부동산의 매매계약에 있어 쌍방당사자가 모두 특정의 갑 토지를 계약의 목적물로 삼았으나 그 목적물의 지번 등에 관하여 착오를 일으켜 계약을 체결함에 있어서는 계약서상 그 목적물을 갑 토지와는 별개인 을 토지로 표시하였다 하여도 갑 토지에 관하여 이를 매매의 목적물로 한다는 쌍방당사자의 의사합치가 있은 이상 위 매매계약은 갑 토지에 관하여 성립한 것으로 보아야 할 것이고 을 토지에 관하여 매매계약이 체결된 것으로 보아서는 안 될 것이며, 만일 을 토지에 관하여 위 매매계약을 원인으로 하여 매수인 명의로 소유권이전등기가 경료되었다면 이는 원인이 없이 경료된 것으로서 무효이다[93다2629].

⑤ 제109조 제1항

> **제109조(착오로 인한 의사표시)**
> ① 의사표시는 법률행위의 내용의 중요부분에 착오가 있는 때에는 취소할 수 있다. 그러나 그 착오가 표의자의 중대한 과실로 인한 때에는 취소하지 못한다.

14 난도 ★★　　　　답 ②

┃ 정답해설 ┃

② 표현대리의 법리는 거래의 안전을 위하여 어떠한 외관적 사실을 야기한 데 원인을 준 자는 그 외관적 사실을 믿음에 정당한 사유가 있다고 인정되는 자에 대하여는 책임이 있다는 일반적인 권리외관 이론에 그 기초를 두고 있는 것인 점에 비추어 볼 때, 대리인이 대리권 소멸 후 직접 상대방과 사이에 대리행위를 하는 경우는 물론 대리인이 대리권 소멸 후 복대리인을 선임하여 복대리인으로 하여금 상대방과 사이에 대리행위를 하도록 한 경우에도, 상대방이 대리권 소멸 사실을 알지 못하여 복대리인에게 적법한 대리권이 있는 것으로 믿었고 그와 같이 믿은 데 과실이 없다면 민법 제129조에 의한 표현대리가 성립할 수 있다[97다55317].

┃ 오답해설 ┃

① 민법 제129조의 대리권 소멸 후의 표현대리로 인정되는 경우에, 그 표현대리의 권한을 넘는 대리행위가 있을 때에는 민법 제126조의 표현대리가 성립될 수 있다[79다234].

③ 민법 제126조의 표현대리의 효과를 주장하려면 상대방이 자칭 대리인에게 대리권이 있다고 믿고 그와 같이 믿는 데 정당한 이유가 있을 것을 요건으로 하는 것인데,

여기의 정당한 이유의 존부는 자칭 대리인의 대리행위가 행하여질 때에 존재하는 제반 사정을 객관적으로 관찰하여 판단하여야 한다[2012다99617].

④ 민법 제125조의 표현대리에 해당하기 위하여는 상대방은 선의·무과실이어야 하므로 상대방에게 과실이 있다면 제125조의 표현대리를 주장할 수 없다[96다51271].

⑤ 비법인사단인 교회의 대표자는 총유물인 교회 재산의 처분에 관하여 교인총회의 결의를 거치지 아니하고는 이를 대표하여 행할 권한이 없다. 그리고 교회의 대표자가 권한 없이 행한 교회 재산의 처분행위에 대하여는 민법 제126조의 표현대리에 관한 규정이 준용되지 아니한다[2006다23312].

15 난도 ★　　　　답 ①

┃ 정답해설 ┃

① 어떤 법률행위가 무효사유와 취소사유가 경합하는 경우 선택하여 주장할 수 있으므로 무효인 법률행위도 취소할 수 있다. 이를 무효와 취소의 이중효라고한다.

┃ 오답해설 ┃

② 추인은 취소의 원인이 소멸된 후에 하여야만 효력이 있다(제144조 제1항).

③ 법률행위의 일부분이 무효인 때에는 그 전부를 무효로 한다. 그러나 그 무효부분이 없더라도 법률행위를 하였을 것이라고 인정될 때에는 나머지 부분은 무효가 되지 아니한다(제137조).

④ 취소할 수 있는 법률행위는 제한능력자, 착오로 인하거나 사기·강박에 의하여 의사표시를 한 자, 그의 대리인 또는 승계인만이 추인할 수 있고 추인 후에는 취소하지 못한다(제143조 제1항).

⑤ 취소권은 추인할 수 있는 날로부터 3년내에 법률행위를 한 날로부터 10년 내에 행사하여야 한다(제146조).

16 난도 ★　　　　답 ②

┃ 정답해설 ┃

② 조건이 법률행위의 당시에 이미 성취할 수 없는 것인 경우에는 그 조건이 해제조건이면 조건없는 법률행위로 하고 정지조건이면 그 법률행위는 무효로 한다(제151조 제3항).

① 임대인이 생존하는 동안 임대하기로 한 계약은 불확정기한부 법률행위이다.

③ 조건의 성취로 인하여 불이익을 받을 당사자가 신의성실에 반하여 조건의 성취를 방해한 경우, 조건이 성취된 것으로 의제되는 시점은 이러한 신의성실에 반하는 행위가 없었더라면 조건이 성취되었으리라고 추산되는 시점이다[98다42356].

④ 조건은 법률행위의 당사자가 그 의사표시에 의하여 그 법률행위와 동시에 그 법률행위의 내용으로서 부가시켜 그 법률행위의 효력을 제한하는 법률행위의 부관이므로 구체적인 사실관계가 어느 법률행위에 붙은 조건의 성취에 해당하는지 여부는 의사표시의 해석에 속하는 경우도 있다고 할 수 있지만, 어느 법률행위에 어떤 조건이 붙어 있었는지 아닌지는 사실인정의 문제로서 그 조건의 존재를 주장하는 자가 이를 입증하여야 한다고 할 것이다[2006다35766].

⑤ 제103조

제103조(반사회질서의 법률행위)
선량한 풍속 기타 사회질서에 위반한 사항을 내용으로 하는 법률행위는 무효로 한다.

17 난도 ★★★　　답 ⑤

⑤ 정관에 달리 정함이 없는 경우라면 사원총회일인 2015년 4월 29일에서 초일불산입원칙상 4월 28일이 기산일이 되며(제71조) 그 날부터 역순으로 7일인 2015년 4월 22일(수) 오전 0시에 만료되므로 2015년 4월 21일 24시 전까지는 소집통지를 발송하여야 한다.

제71조(총회의 소집)
총회의 소집은 1주간전에 그 회의의 목적사항을 기재한 통지를 발하고 기타 정관에 정한 방법에 의하여야 한다.

① 초일은 산입하지 않으므로 2015년 6월 17일 오전 0시를 기산일로 하여 10일 후인 6월 27일 0시 즉, 26일(금) 24시에 기간이 만료한다.

제157조(기간의 기산점)
기간을 일, 주, 월 또는 연으로 정한 때에는 기간의 초일은 산입하지 아니한다. 그러나 그 기간이 오전 영시로부터 시작하는 때에는 그러하지 아니하다.

② 기간을 월로 정한 경우로 초일은 산입하지 않으므로 기산일은 2015년 4월 2일 오전 0시이고, 말일이 공휴일이 아니므로 2015년 10월 1일(목) 24시에 기간이 만료한다.

제160조(역에 의한 계산)
① 기간을 주, 월 또는 연으로 정한 때에는 역에 의하여 계산한다.
② 주, 월 또는 연의 처음으로부터 기간을 기산하지 아니하는 때에는 최후의 주, 월 또는 연에서 그 기산일에 해당한 날의 전일로 기간이 만료한다.
③ 월 또는 연으로 정한 경우에 최종의 월에 해당일이 없는 때에는 그 월의 말일로 기간이 만료한다.

③ 오전 0시부터 시작하고 월의 처음부터 시작하므로 2015년 10월 1일 오전 0시가 기산일이며(제157조 단서) 3개월의 말일인 2015년 12월 31일(목) 24시에 기간이 만료한다.

④ 연령계산은 초일을 산입(제158조)하므로 기산일은 2015년 6월 28일 0시가 되며 만 19세로 성년이 되므로(제158조) 2034년 6월 28일(수) 오전 0시(2034년 6월 27일(화) 24시)에 성년이 된다.

제4조(성년)
사람은 19세로 성년에 이르게 된다.

제158조(연령의 기산점)
연령계산에는 출생일을 산입한다.

18 난도 ★★　　답 ④

④ 가공은 순수한 사실행위이며 부합과 혼화는 사건이다.

순수사실행위(외부적 결과만 발생하면 족함)
매장물발견(민법 제254조), 가공(민법 제259조), 주소의 설정(민법 제18조 제1항)

혼합사실행위(결과발생과 일정한 사실적 의사 필요)
점유의 취득(민법 제192조 제1항), 무주물선점(민법 제252조 제1항), 유실물습득(민법 제253조), 사무관리(민법 제734조).

19 난도 ★★ | 답 ②

| 정답해설 |

② 소멸시효의 중단에 관한 규정은 취득시효에 준용한다(제247조 제2항).

| 오답해설 |

① 제척기간은 소멸시효와 달리 중단 및 기간의 단축이 없다.

③ 소멸시효는 법률행위로 단축·경감 할 수 있지만 연장할 수 없다(제184조 제2항).

④ 소멸시효의 기산일은 채무의 소멸이라고 하는 법률효과 발생의 요건에 해당하는 소멸시효 기간 계산의 시발점으로서 소멸시효 항변의 법률요건을 구성하는 구체적인 사실에 해당하므로 이는 변론주의의 적용 대상이고, 따라서 본래의 소멸시효 기산일과 당사자가 주장하는 기산일이 서로 다른 경우에는 변론주의의 원칙상 법원은 당사자가 주장하는 기산일을 기준으로 소멸시효를 계산하여야 하는데, 이는 당사자가 본래의 기산일보다 뒤의 날짜를 기산일로 하여 주장하는 경우는 물론이고 특별한 사정이 없는 한 그 반대의 경우에 있어서도 마찬가지이다[94다35866].

⑤ 제척기간의 도과여부는 당사자의 주장과 관계없이 법원이 당연히 조사하여 고려하여야 할 사항이다[96다25371].

20 난도 ★★ | 답 ③

| 정답해설 |

ㄱ. [O] 민법 제168조 제1호, 제170조 제1항에서 시효중단 사유의 하나로 규정하고 있는 재판상의 청구라 함은, 통상적으로는 권리자가 원고로서 시효를 주장하는 자를 피고로 하여 소송물인 권리를 소의 형식으로 주장하는 경우를 가리키지만, 이와 반대로 시효를 주장하는 자가 원고가 되어 소를 제기한 데 대하여 피고로서 응소하여 그 소송에서 적극적으로 권리를 주장하고 그것이 받아들여진 경우도 마찬가지로 이에 포함되는 것으로 해석함이 타당하다[92다47861].

ㄴ. [O] 비법인사단의 대표자가 총유물의 매수인에게 소유권이전등기를 해주기 위하여 매수인과 함께 법무사 사무실을 방문한 행위가 소유권이전등기청구권의 소멸시효 중단의 효력이 있는 승인에 해당한다[2009다64683].

| 오답해설 |

ㄷ. [×] 재판상 청구로 인한 시효의 중단은 재판이 확정된 때로부터 새로이 진행한다(제178조 제2항).

21 난도 ★★ | 답 ③

| 정답해설 |

③ 부동산에 관하여 등기용지를 달리하여 동일인 명의로 소유권보존등기가 중복되어 있는 경우에는 시간적으로 뒤에 경료된 중복등기는 그것이 실체권리관계에 부합하는 여부를 가릴 것 없이 무효이므로 뒤에 된 등기에 터잡아 소유권이전등기를 한 자가 먼저 된 소유권보존등기의 말소를 구할 수 없다[80다3259].

| 오답해설 |

① 민법은 등기에 공신력을 인정하지 않는다.

② 등기는 물권의 효력발생요건이고 그 존속요건은 아니므로 물권에 관한 등기가 원인없이 말소된 경우에도 그 물권의 효력에는 아무런 변동이 없다[87다카2431].

④ 기존건물이 멸실된 후 그곳에 새로이 건축한 건물의 물권변동에 관한 등기를 멸실된 건물의 등기부에 하여도 이는 진실에 부합하지 아니하는 것이고 비록 당사자가 멸실건물의 등기로서 신축된 건물의 등기에 갈음할 의사를 가졌다 하여도 그 등기는 무효이니 이미 멸실된 건물에 대한 근저당권설정등기에 신축된 건물에 대한 근저당권이 설정되었다고는 할 수 없으며 그 등기에 기하여 진행된 경매에서 신축된 건물을 경락받았다 하더라도 그로써 소유권취득을 내세울 수는 없다[75다2211].

⑤ 부동산에 관하여 소유권이전등기가 경료되어 있는 경우에는 그 등기명의자는 제3자에게 대하여서 뿐만 아니라 그 전 소유자에 대하여서도 적법한 등기원인에 의하여 소유권을 취득한 것으로 추정된다[91다26379·26386].

22 난도 ★★ | 답 ⑤

| 정답해설 |

⑤ 점유자가 점유의 침탈을 당한 경우에 간접점유자는 그 물건을 점유자에게 반환할 것을 청구할 수 있고 점유자가 그 물건의 반환을 받을 수 없거나 이를 원하지 아니하는때에는 자기에게 반환할 것을 청구할 수 있다.

❙ 오답해설 ❙

① 소유권에 기한 물권적 청구권을 소유권과 분리하여 이를 소유권이 없는 전소유자에게 유보하여 행사시킬 수는 없다[80다7].

② 소유자는 그 소유에 속한 물건을 점유한 자에 대하여 반환을 청구할 수 있다. 그러나 점유자가 그 물건을 점유할 권리가 있는 때에는 반환을 거부할 수 있다(제213조).

③ 물권적 청구권은 절대권에 관하여서 인정되는 것이고 따라서 물권 이외에 무체재산권과 인격권에 관하여도 인정된다.

④ 소유권은 소멸시효에 걸리지 않으므로 소유권에 기한 물권적 청구권도 소멸시효에 걸리지 않는다.

23 난도 ★★   답 ②

❙ 정답해설 ❙

② 재단법인의 설립함에 있어서 출연재산은 그 법인이 성립된 때로부터 법인에 귀속된다는 민법 제48조의 규정은 출연자와 법인과의 관계를 상대적으로 결정하는 기준에 불과하여 출연재산이 부동산인 경우에도 출연자와 법인 사이에는 법인의 성립 외에 등기를 필요로 하는 것은 아니지만, 제3자에 대한 관계에 있어서, 출연행위는 법률행위이므로 출연재산의 법인에의 귀속에는 부동산의 권리에 관한 것일 경우 등기를 필요로 한다[78다481].

❙ 오답해설 ❙

① 상속, 공용징수, 판결, 경매 기타 법률의 규정에 의한 부동산에 관한 물권의 취득은 등기를 요하지 아니한다(제187조 본문). 민법 제187조의 판결은 확정으로 권리변동이 일어나는 형성판결을 의미한다. 따라서 매매·증여 등의 법률행위를 원인으로 한 소유권이전등기절차의 이행판결이나 소유권 존재의 확인판결이 있더라도 소유권이전등기가 경료될 때까지는 부동산의 소유권을 취득할 수 없다[70다568].

③ 일종의 중간생략등기에 해당한다. 판례는 등기의 효력을 실체와 일치하면 그 과정이나 절차가 법률에 위반된다 하더라도 그 유효성을 인정한다. 따라서 甲이 건물을 신축한 후 乙에게 양도하고 乙 명의로 보존등기를 한 경우 乙은 건물의 소유권을 취득한다[99다65462].

④ 제187조

> **제187조(등기를 요하지 아니하는 부동산물권취득)**
> 상속, 공용징수, 판결, 경매 기타 법률의 규정에 의한 부동산에 관한 물권의 취득은 등기를 요하지 아니한다. 그러나 등기를 하지 아니하면 이를 처분하지 못한다.

⑤ 계약당사자의 일방이 계약을 해제하였을 때에는 계약은 소급하여 소멸하여 해약당사자는 각 원상회복의 의무를 지게 되나 이 경우 계약해제로 인한 원상회복등기 등이 이루어지기 이전에 계약의 해제를 주장하는 자와 양립되지 아니하는 법률관계를 가지게 되었고 계약해제사실을 몰랐던 제3자에 대하여는 계약해제를 주장할 수 없다[84다카131]. 따라서 甲이 乙에게 부동산을 매도하고 소유권이전등기를 한 후 계약을 해제하였으나 그 말소등기 전에 乙이 선의의 丙에게 매도하고 이전등기한 경우, 甲은 丙에게 등기의 말소를 청구할 수 없다.

> **제548조(해제의 효과, 원상회복의무)**
> ① 당사자 일방이 계약을 해제한 때에는 각 당사자는 그 상대방에 대하여 원상회복의 의무가 있다. 그러나 제삼자의 권리를 해하지 못한다.
> ② 전항의 경우에 반환할 금전에는 그 받은 날로부터 이자를 가하여야 한다.

24 난도 ★★★   답 ①

❙ 정답해설 ❙

ㄱ, ㄴ. [O] 부동산의 매수인이 그 부동산을 인도받은 이상 이를 사용·수익하다가 그 부동산에 대한 보다 적극적인 권리 행사의 일환으로 다른 사람에게 그 부동산을 처분하고 그 점유를 승계하여 준 경우에도 그 이전등기청구권의 행사 여부에 관하여 그가 그 부동산을 스스로 계속 사용·수익만 하고 있는 경우와 특별히 다를 바 없으므로 위 두 어느 경우에나 이전등기청구권의 소멸시효는 진행되지 않는다고 보아야 한다[98다32175]. ㄱ의 경우 1990년 乙이 甲으로부터 토지를 매수하여 등기를 이전받지 아니한 채 인도받고 점유·사용하는 동안뿐만아니라 2003년 乙이 丙에게 보다 적극적인 권리행사의 일환으로 매도하여 점유를 승계한 경우이므로 이전등기청구권은 소멸시효가 진행하지 않는다. 또한 ㄴ의 경우 미등기매수인 丙도 토지를 점유·사용하는 동안에는 丙의 乙에 대한 매매를 원인으로 하는 소유권 이전등기청구권은 소멸시효에 걸리지 않는다.

ㄷ. [×] 부동산의 매수인이 매매목적물을 인도받아 사용수
익하고 있는 경우에는 그 매수인의 이전등기청구권은
소멸시효에 걸리지 아니하나, 매수인이 그 목적물의 점
유를 상실하여 더 이상 사용수익하고 있는 상태가 아니
라면 그 점유상실시점으로부터 매수인의 이전등기청구
권에 관한 소멸시효는 진행한다[91다40924]. 따라서 丁
이 乙의 점유를 침탈한 경우 乙의 甲에 대한, 매매를
원인으로 하는 소유권이전등기청구권은 그 점유상실시
점부터 진행한다.

ㄹ. [×] 점유를 침탈당한 자의 침탈자에 대한 점유물회수청
구권의 행사기간(1년)은 소멸시효기간이 아닌 제척기간
이며 출소기간이다[2001다8097]. 따라서 2014년 4월
戊가 丙의 점유를 침탈했다면 2015년 6월 현재 丙은
점유를 침탈당한지 1년이 지났으므로 戊에게 점유물 반
환청구를 할 수 없다.

25 난도 ★★   답 ④

▌정답해설▌

④ 부동산의 양도계약이 순차 이루어져 최종 양수인이 중간
생략등기의 합의를 이유로 최초 양도인에게 직접 그 소
유권이전등기청구권을 행사하기 위하여는 관계당사자
전원의 의사합치, 즉 중간생략등기에 대한 최초 양도인
과 중간자의 동의가 있는 외에 최초의 양도인과 최종의
양수인 사이에도 그 중간등기생략의 합의가 있었음이 요
구된다[93다47738].

▌오답해설▌

① 최초 매도인과 중간 매수인, 중간 매수인과 최종 매수인
사이에 순차로 매매계약이 체결되고 이들 간에 중간생략
등기의 합의가 있은 후에 최초 매도인과 중간 매수인 간
에 매매대금을 인상하는 약정이 체결된 경우, 최초 매도
인은 인상된 매매대금이 지급되지 않았음을 이유로 최종
매수인 명의로의 소유권이전등기의무의 이행을 거절할
수 있다[2003다66431].

② 토지거래허가구역 내의 토지가 토지거래허가 없이 소유
자인 최초 매도인으로부터 중간 매수인에게, 다시 중간
매수인으로부터 최종 매수인에게 순차로 매도되었다면
각 매매계약의 당사자는 각각의 매매계약에 관하여 토지
거래허가를 받아야 하며, 위 당사자들 사이에 최초의 매
도인이 최종 매수인 앞으로 직접 소유권이전등기를 경료
하기로 하는 중간생략등기의 합의가 있었다고 하더라도

이러한 중간생략등기의 합의란 부동산이 전전 매도된 경
우 각 매매계약이 유효하게 성립함을 전제로 그 이행의
편의상 최초의 매도인으로부터 최종의 매수인 앞으로 소
유권이전등기를 경료하기로 한다는 당사자 사이의 합의
에 불과할 뿐, 그러한 합의가 있었다고 하여 최초의 매도
인과 최종의 매수인 사이에 매매계약이 체결되었다는 것
을 의미하는 것은 아니므로 최초의 매도인과 최종 매수
인 사이에 매매계약이 체결되었다고 볼 수 없고, 설사
최종 매수인이 자신과 최초 매도인을 매매 당사자로 하
는 토지거래허가를 받아 자신 앞으로 소유권이전등기를
경료하였다고 하더라도 이는 적법한 토지거래허가 없이
경료된 등기로서 무효이다[97다33218].

③ 중간생략등기의 합의란 부동산이 전전 매도된 경우 각
매매계약이 유효하게 성립함을 전제로 그 이행의 편의상
최초의 매도인으로부터 최종의 매수인 앞으로 소유권이
전등기를 경료하기로 한다는 당사자 사이의 합의에 불과
할 뿐이므로, 이러한 합의가 있다고 하여 최초의 매도인
이 자신이 당사자가 된 매매계약상의 매수인인 중간자에
대하여 갖고 있는 매매대금청구권의 행사가 제한되는 것
은 아니다[2003다66431].

⑤ 중간생략등기절차에 있어서 이미 중간생략등기가 이루
어져 버린 경우에 있어서는, 그 관계 계약당사자 사이에
적법한 원인행위가 성립되어 이행된 이상, 다만 중간생
략등기에 관한 합의가 없었다는 사유만으로서는 그 등기
를 무효라고 할 수는 없다[79다847].

26 난도 ★★   답 ①

▌정답해설▌

① 무주의 부동산은 국유로 한다(제252조 제2항).

▌오답해설▌

② 부동산을 매수하는 사람으로서는 매도인에게 부동산을
처분할 권한이 있는지 여부를 조사하여야 하므로, 이를
조사하였더라면 매도인에게 처분권한이 없음을 알 수 있
었음에도 불구하고 그러한 조사를 하지 않고 매수하였다
면 부동산의 점유에 대하여 과실이 있다고 보아야 한다
[2016다24824].

③ 동산과 동산이 부합하여 훼손하지 아니하면 분리할 수
없거나 그 분리에 과다한 비용을 요할 경우에는 그 합성
물의 소유권은 주된 동산의 소유자에게 속한다. 부합한
동산의 주종을 구별할 수 없는 때에는 동산의 소유자는
부합당시의 가액의 비율로 합성물을 공유한다(제257조).

④ 매장물은 법률에 정한 바에 의하여 공고한 후 1년내에 그 소유자가 권리를 주장하지 아니하면 발견자가 그 소유권을 취득한다. 그러나 타인의 토지 기타 물건으로부터 발견한 매장물은 그 토지 기타 물건의 소유자와 발견자가 절반하여 취득한다(제254조).

⑤ 부동산에 부합된 물건이 사실상 분리복구가 불가능하여 거래상 독립한 권리의 객체성을 상실하고 그 부동산과 일체를 이루는 부동산의 구성부분이 된 경우에는 타인이 권원에 의하여 이를 부합시켰더라도 그 물건의 소유권은 부동산의 소유자에게 귀속된다[2007다36933].

27 난도 ★★ 　답 ③

정답해설
③ 어떠한 물건에 대한 소유권과 다른 물권이 동일한 사람에게 귀속한 경우 그 제한물권은 혼동에 의하여 소멸하는 것이 원칙이다[2012마745]. 甲의 건물에 乙이 1번 저당권, 丙이 2번 저당권을 취득한 후 丙이 건물 소유권을 취득하는 경우 丙의 저당권은 존속할 필요가 없기 때문에 혼동으로 소멸한다.

오답해설
① · ④ · ⑤ 동일한 물건에 대한 소유권과 다른 물권이 동일한 사람에게 귀속한 때에는 다른 물권은 소멸한다(제191조 제1항). 후순위 저당권이 존재하는 경우에는 선순위 저당권자가 목적부동산의 소유권을 취득하더라도 선순위 저당권은 혼동으로 소멸하지 않는다.

② 근저당권자가 소유권을 취득하면 그 근저당권은 혼동에 의하여 소멸하지만 그뒤 그 소유권취득이 무효인 것이 밝혀지면 소멸하였던 근저당권은 당연히 부활한다[71다1386].

28 난도 ★ 　답 ①

정답해설
① 공유물의 임대는 공유지분의 과반수로 결정한다(제265조).

오답해설
② 공유자는 그 지분의 비율로 공유물의 관리비용 기타 의무를 부담한다(제266조 제1항).

③ 합유물을 처분 또는 변경함에는 합유자 전원의 동의가 있어야 한다(제272조).

④ 합유자는 전원의 동의없이 합유물에 대한 지분을 처분하지 못한다.

⑤ 총유물의 관리 및 처분은 사원총회의 결의에 의한다(제276조 제1항).

29 난도 ★★ 　 ③

정답해설
③ 민법 제201조 제1항에 의하면 선의의 점유자는 점유물의 과실을 취득한다고 규정하고 있는바, 건물을 사용함으로써 얻는 이득은 그 건물의 과실에 준하는 것이므로, 선의의 점유자는 비록 법률상 원인 없이 타인의 건물을 점유·사용하고 이로 말미암아 그에게 손해를 입혔다고 하더라도 그 점유·사용으로 인한 이득을 반환할 의무는 없다[95다44290].

오답해설
① 제202조 참고

> **제202조(점유자의 회복자에 대한 책임)**
> 점유물이 점유자의 책임있는 사유로 인하여 멸실 또는 훼손한 때에는 악의의 점유자는 그 손해의 전부를 배상하여야 하며 선의의 점유자는 이익이 현존하는 한도에서 배상하여야 한다. 소유의 의사가 없는 점유자는 선의인 경우에도 손해의 전부를 배상하여야 한다.

② 민법 제201조 제1항에 의하여 과실취득권이 있는 선의의 점유자란 과실취득권을 포함하는 권원(소유권, 지상권, 임차권 등)이 있다고 오신한 점유자를 말하고 그와 같은 오신을 함에는 오신할 만한 근거가 있어야 한다[92다22114].

④ 타인 소유물을 권원 없이 점유함으로써 얻은 사용이익을 반환하는 경우 민법은 선의 점유자를 보호하기 위하여 제201조 제1항을 두어 선의 점유자에게 과실수취권을 인정함에 대하여, 이러한 보호의 필요성이 없는 악의 점유자에 관하여는 민법 제201조 제2항을 두어 과실수취권이 인정되지 않는다는 취지를 규정하는 것으로 해석되는바, 따라서 악의 수익자가 반환하여야 할 범위는 민법 제748조 제2항에 따라 정하여지는 결과 그는 받은 이익에 이자를 붙여 반환하여야 하며, 위 이자의 이행지체로 인한 지연손해금도 지급하여야 한다[2001다61869].

⑤ 점유자가 점유물을 이용한 경우에는 본조 제1항 후단 규정의 정신에 비추어 점유자는 회복자에 대하여 통상의 필요비를 청구하지 못한다 할 것이다[63다1119].

30 난도 ★★   답 ⑤

┃ 정답해설 ┃

⑤ 민법 제249조가 규정하는 선의·무과실의 기준시점은 물권행위가 완성되는 때인 것이므로 물권적 합의가 동산의 인도보다 먼저 행하여 지면 인도된 때를, 인도가 물권적 합의보다 먼저 행하여지면 물권적 합의가 이루어진 때를 기준으로 해야 한다[91다70].

┃ 오답해설 ┃

① 선의취득은 동산에 한해 인정되고 부동산에는 인정되지 않는다(제249조).

> **제249조(선의취득)**
> 평온, 공연하게 동산을 양수한 자가 선의이며 과실없이 그 동산을 점유한 경우에는 양도인이 정당한 소유자가 아닌 때에도 즉시 그 동산의 소유권을 취득한다.

② 동산의 선의취득에 필요한 점유의 취득은 현실적 인도가 있어야 하고 점유개정에 의한 점유취득만으로서는 그 요건을 충족할 수 없다[77다872].

③ 민법 제249조의 동산 선의취득제도는 동산을 점유하는 자의 권리외관을 중시하여 이를 신뢰한 자의 소유권 취득을 인정하고 진정한 소유자의 추급을 방지함으로써 거래의 안전을 확보하기 위하여 법이 마련한 제도이므로, 위 법조 소정의 요건이 구비되어 동산을 선의취득한 자는 권리를 취득하는 반면 종전 소유자는 소유권을 상실하게 되는 법률효과가 법률의 규정에 의하여 발생되므로, 선의취득자가 임의로 이와 같은 선의취득 효과를 거부하고 종전 소유자에게 동산을 반환받아 갈 것을 요구할 수 없다[98다6800].

④ 민법 제250조, 제251조 소정의 도품, 유실물이란 원권리자로부터 점유를 수탁한 사람이 적극적으로 제3자에게 부정 처분한 경우와 같은 위탁물 횡령의 경우는 포함되지 아니하고 또한 점유보조자 내지 소지기관의 횡령처럼 형사법상 절도죄가 되는 경우도 형사법과 민사법의 경우를 동일시 해야 하는 것은 아닐 뿐만 아니라 진정한 권리자와 선의의 거래 상대방간의 이익형량의 필요성에 있어서 위탁물 횡령의 경우와 다를 바 없으므로 이 역시 민법 제250조의 도품·유실물에 해당되지 않는다[91다70].

31 난도 ★★   답 ③

┃ 정답해설 ┃

③ 다른 사람의 소유토지에 대하여 상린관계로 인한 통행권을 가지고 있는 사람은 그 통행권의 범위 내에서 그 토지를 사용할 수 있을 뿐이고 그 통행지에 대한 통행지 소유자의 점유를 배제할 권능까지 있는 것은 아니므로 그 통행지 소유자는 그 통행지를 전적으로 점유하고 있는 주위토지통행권자에 대하여 그 통행지의 인도를 구할 수 있다고 할 것이다[2002다53469].

┃ 오답해설 ┃

① 주위토지통행권은 법률상 요건을 갖추면 인정되는 권리로 유상의 주위토지통행권에서 보상금의 지급은 법률상 통행권성립의 요건이 아니다. 따라서 통행권자가 통행지 소유자에게 손해보상의 지급을 게을리 하는 경우 통행권이 소멸되는 것이 아니라 채무불이행 책임을 진다.

② 주위토지통행권은 주위토지 소유자의 토지에 대한 독점적 사용권을 제한하는 권리로서 인접한 토지 소유자간의 이해를 조정하는 데 목적이 있으므로 사람이 출입하고 다소의 물건을 공로로 운반할 정도의 폭만 확보할 수 있다면 주위토지 소유자의 손해가 가장 적은 장소와 방법을 선택하여야 하고, 또 현재의 토지의 용법에 따른 이용의 범위에서 인정되는 것이지 더 나아가 장차의 이용상황까지를 미리 대비하여 통행로를 정할 것은 아니다[92다30528].

④ 주위토지통행권자가 민법 제219조 제1항 본문에 따라 통로를 개설하는 경우 통행지 소유자는 원칙적으로 통행권자의 통행을 수인할 소극적 의무를 부담할 뿐 통로개설 등 적극적인 작위의무를 부담하는 것은 아니고, 다만 통행지 소유자가 주위토지통행권에 기한 통행에 방해가 되는 담장 등 축조물을 설치한 경우에는 주위토지통행권의 본래적 기능발휘를 위하여 통행지 소유자가 그 철거의무를 부담한다[2005다30993].

⑤ 동일인 소유 토지의 일부가 양도되어 공로에 통하지 못하는 토지가 생긴 경우에 포위된 토지를 위한 주위토지통행권은 일부 양도 전의 양도인 소유의 종전 토지에 대하여만 생기고 다른 사람 소유의 토지에 대하여는 인정되지 아니한다[94다45869].

32 난도 ★★　　　답 ②

▌정답해설▌

② 민법 제245조 제2항은 부동산의 소유자로 등기한 자가 10년간 소유의 의사로 평온·공연하게 선의이며 과실 없이 그 부동산을 점유한 때에는 소유권을 취득한다고 규정하고 있는바, 위 법 조항의 '등기'는 부동산등기법 제15조가 규정한 1부동산 1용지주의에 위배되지 아니한 등기를 말하므로, 어느 부동산에 관하여 등기명의인을 달리하여 소유권보존등기가 2중으로 경료된 경우 먼저 이루어진 소유권보존등기가 원인무효가 아니어서 뒤에 된 소유권보존등기가 무효로 되는 때에는, 뒤에 된 소유권보존등기나 이에 터잡은 소유권이전등기를 근거로 하여서는 등기부취득시효의 완성을 주장할 수 없다[96다12511].

▌오답해설▌

① 제259조 제1항 단서

> **제259조(가공)**
> ① 타인의 동산에 가공한 때에는 그 물건의 소유권은 원재료의 소유자에게 속한다. 그러나 가공으로 인한 가액의 증가가 원재료의 가액보다 현저히 다액인 때에는 가공자의 소유로 한다.

③ 인도는 동산의 소유권 취득을 위한 요건이다(제188조 제1항).

> **제188조(동산물권양도의 효력, 간이인도)**
> ① 동산에 관한 물권의 양도는 그 동산을 인도하여야 효력이 생긴다.

④ 민법 제256조 단서 소정의 '권원'이라 함은 지상권, 전세권, 임차권 등과 같이 타인의 부동산에 자기의 동산을 부속시켜서 그 부동산을 이용할 수 있는 권리를 뜻하므로 그와 같은 권원이 없는 자가 토지소유자의 승락을 받음이 없이 그 임차인의 승락만을 받아 그 부동산 위에 나무를 심었다면 특별한 사정이 없는 한 토지소유자에 대하여 그 나무의 소유권을 주장할 수 없다[88다카9067].

⑤ 저당권의 실행으로 부동산이 경매된 경우에 그 부동산에 부합된 물건은 그것이 부합될 당시에 누구의 소유이었는지를 가릴 것 없이 그 부동산을 낙찰받은 사람이 소유권을 취득하지만, 그 부동산의 상용에 공하여진 물건일지라도 그 물건이 부동산의 소유자가 아닌 다른 사람의 소유인 때에는 이를 종물이라고 할 수 없으므로 부동산에 대한 저당권의 효력에 미칠 수 없어 부동산의 낙찰자가 당연히 그 소유권을 취득하는 것은 아니며, 나아가 부동산의 낙찰자가 그 물건을 선의취득하였다고 할 수 있으려면 그 물건이 경매의 목적물로 되었고 낙찰자가 선의이며 과실 없이 그 물건을 점유하는 등으로 선의취득의 요건을 구비하여야 한다[2007다36933].

33 난도 ★★　　　답 ④

▌정답해설▌

④ 종중이 그 소유의 부동산에 관하여 개인에게 명의신탁하여 그 명의로 사정을 받은 경우에도 그 사정명의인이 부동산의 소유권을 원시적·창설적으로 취득하는 것이므로, 종중이 그 소유의 부동산을 개인에게 명의신탁하여 사정을 받은 후 그 사정 명의인이 소유권보존등기를 하지 아니하고 있다가 제3자의 취득시효가 완성된 후에 종중 명의로 바로 소유권보존등기를 경료하였다면, 대외적인 관계에서는 그 때에 비로소 새로이 명의신탁자인 종중에게로 소유권이 이전된 것으로 보아야 하고, 따라서 이 경우 종중은 취득시효 완성 후에 소유권을 취득한 자에 해당하여 종중에 대하여는 취득시효를 주장할 수 없다[2000다8861].

▌오답해설▌

① 점유취득시효가 완성된 경우 그 효과는 소급하기 때문에 (제247조) 점유자가 시효기간 중에 수취한 과실은 소유자에게 반환할 필요가 없다.

> **제247조(소유권취득의 소급효, 중단사유)**
> ① 전2조의 규정에 의한 소유권취득의 효력은 점유를 개시한 때에 소급한다.

② 점유자는 소유의 의사로 평온 및 공연하게 점유하는 것으로 추정되고, 평온한 점유란 점유자가 그 점유를 취득 또는 보유하는 데 법률상 용인될 수 없는 강폭행위를 쓰지 아니하는 점유이고, 공연한 점유란 은비의 점유가 아닌 점유를 말하는 것이므로, 그 점유가 불법이라고 주장하는 자로부터 이의를 받은 사실이 있거나 점유물의 소유권을 둘러싸고 당사자 사이에 법률상의 분쟁이 있었다고 하더라도 그러한 사실만으로 곧 그 점유의 평온·공연성이 상실된다고 할 수 없다[94다25025].

③ 취득시효 진행 중에 소유자가 소유권을 제3자에게 양도하고 등기를 이전한 후 시효가 완성된 경우, 점유자는 양수인에게 시효 완성을 이유로 소유권 이전등기를 청구할 수 있다[71다2416].

⑤ 점유취득시효가 완성된 경우, 점유자는 등기 없이는 그 부동산의 소유권을 주장할 수 없다(제245조 제1항).

제245조(점유로 인한 부동산소유권의 취득기간)
① 20년간 소유의 의사로 평온, 공연하게 부동산을 점유하는 자는 등기함으로써 그 소유권을 취득한다.

34 난도 ★★★   답 ⑤

정답해설

⑤ 부동산 실권리자명의 등기에 관한 법률 시행 전에 명의수탁자가 명의신탁 약정에 따라 부동산에 관한 소유명의를 취득한 경우 위 법률의 시행 후 같은 법 제11조 소정의 유예기간이 경과하기 전까지는 명의신탁자는 언제라도 명의신탁 약정을 해지하고 당해 부동산에 관한 소유권을 취득할 수 있었던 것인데 실명화 등의 조치 없이 위 유예기간이 경과함으로써 같은 법 제12조 제1항, 제4조에 의해 명의신탁 약정은 무효로 되는 한편, 명의수탁자가 당해 부동산에 관한 완전한 소유권을 취득하게 되어 결국 명의수탁자는 당해 부동산 자체를 부당이득하게 되고, 같은 법 제3조 및 제4조가 명의신탁자에게 소유권이 귀속되는 것을 막는 취지의 규정은 아니므로 명의수탁자는 명의신탁자에게 자신이 취득한 당해 부동산을 부당이득으로 반환할 의무가 있다[2008다62687].

오답해설

① 명의수탁자 을이 매수인으로서 계약의 당사자가 되어 매도인 병과 매매계약을 체결하고 등기도 명의수탁자을 앞으로 마친 경우이므로 이는 계약명의신탁에 해당한다. 명의신탁의 약정은 무효이다(부동산 실권리자명의 등기에 관한 법률 제42조 제1항).

제4조(명의신탁약정의 효력)
① 명의신탁약정은 무효로 한다.
② 명의신탁약정에 따른 등기로 이루어진 부동산에 관한 물권변동은 무효로 한다. 다만, 부동산에 관한 물권을 취득하기 위한 계약에서 명의수탁자가 어느 한쪽 당사자가 되고 상대방 당사자는 명의신탁약정이 있다는 사실을 알지 못한 경우에는 그러하지 아니하다.
③ 제1항 및 제2항의 무효는 제3자에게 대항하지 못한다.

② 계약명의신탁약정이 부동산실권리자명의등기에관한법률 시행 후인 경우에는 명의신탁자는 애초부터 당해 부동산의 소유권을 취득할 수 없었으므로 위 명의신탁약정의 무효로 인하여 명의신탁자가 입은 손해는 당해 부동산 자체가 아니라 명의수탁자에게 제공한 매수자금이라 할 것이고, 따라서 명의수탁자는 당해 부동산 자체가 아니라 명의신탁자로부터 제공받은 매수자금을 부당이득하였다고 할 것이다[2002다66922].

③ 매도인이 명의신탁약정의 존재를 알고 수탁자와 계약을 체결한 경우에는 물권변동이 무효이므로(부동산실명법 제4조 제2항 본문), 수탁자 앞으로 경료된 이전등기 역시 무효이다. 따라서 부동산의 소유권은 여전히 매도인에게 있다.

④ 명의수탁자가 앞서 본 바와 같이 명의수탁자의 완전한 소유권 취득을 전제로 하여 사후적으로 명의신탁자와의 사이에 위에서 본 매수자금반환의무의 이행에 갈음하여 명의신탁된 부동산 자체를 양도하기로 합의하고 그에 기하여 명의신탁자 앞으로 소유권이전등기를 마쳐준 경우에는 그 소유권이전등기는 새로운 소유권 이전의 원인인 대물급부의 약정에 기한 것이므로 약정이 무효인 명의신탁약정을 명의신탁자를 위하여 사후에 보완하는 방책에 불과한 등의 다른 특별한 사정이 없는 한 유효하고, 대물급부의 목적물이 원래의 명의신탁부동산이라는 것만으로 유효성을 부인할 것은 아니다[2014다30483].

35 난도 ★★★   답 ②

정답해설

② 공유물의 소수지분권자인 피고가 다른 공유자와 협의하지 않고 공유물의 전부 또는 일부를 독점적으로 점유하는 경우 다른 소수지분권자인 원고가 피고를 상대로 공유물의 인도를 청구할 수는 없다. 공유자 중 1인인 피고가 공유물을 독점적으로 점유하고 있어 다른 공유자인 원고가 피고를 상대로 공유물의 인도를 청구하는 경우 이러한 행위는 민법 제265조 단서에서 정한 보존행위라고 보기 어렵다. 피고가 다른 공유자를 배제하고 단독 소유자인 것처럼 공유물을 독점하는 것은 위법하지만, 피고는 적어도 자신의 지분 범위에서는 공유물 전부를 점유하여 사용·수익할 권한이 있으므로 피고의 점유는 지분비율을 초과하는 한도에서만 위법하다고 보아야 한다. 원고의 피고에 대한 물건 인도청구가 인정되려면 먼저 원고에게 인도를 청구할 수 있는 권원이 인정되어야

한다. 원고에게 그러한 권원이 없다면 피고의 점유가 위법하더라도 원고의 청구를 받아들일 수 없다. 그런데 원고 역시 피고와 마찬가지로 소수지분권자에 지나지 않으므로 원고가 공유자인 피고를 전면적으로 배제하고 자신만이 단독으로 공유물을 점유하도록 인도해 달라고 청구할 권원은 없다[2018다287522].

① 제263조

> 제263조(공유지분의 처분과 공유물의 사용, 수익)
> 공유자는 그 지분을 처분할 수 있고 공유물 전부를 지분의 비율로 사용, 수익할 수 있다.

③ 공유자가 그 지분을 포기하거나 상속인 없이 사망한 때에는 그 지분은 다른 공유자에게 각 지분의 비율로 귀속한다(제267조).
④ 분할의 방법에 대해 협의가 성립하지 아니한 경우 법원에 분할을 청구할 수 있으므로 분할에 관한 협의가 성립한 후에 공유물분할소송을 제기하는 것은 허용되지 않는다(제269조 참고).

> 제269조(분할의 방법)
> ① 분할의 방법에 관하여 협의가 성립되지 아니한 때에는 공유자는 법원에 그 분할을 청구할 수 있다.

⑤ 공유자는 다른 공유자가 분할로 인하여 취득한 물건에 대하여 그 지분의 비율로 매도인과 동일한 담보책임이 있다(제270조).

36 난도 ★★★   답 ②

■ 정답해설 ■

② 토지공유자의 한 사람이 다른 공유자의 지분 과반수의 동의를 얻어 건물을 건축한 후 토지와 건물의 소유자가 달라진 경우 토지에 관하여 관습법상의 법정지상권이 성립되는 것으로 보게 되면 이는 토지공유자의 1인으로 하여금 자신의 지분을 제외한 다른 공유자의 지분에 대하여서까지 지상권설정의 처분행위를 허용하는 셈이 되어 부당하다. 그리고 이러한 법리는 민법 제366조의 법정지상권의 경우에도 마찬가지로 적용되고, 나아가 토지와 건물 모두가 각각 공유에 속한 경우에 토지에 관한 공유자 일부의 지분만을 목적으로 하는 근저당권이 설정되었다가 경매로 인하여 그 지분을 제3자가 취득하게 된 경우에도 마찬가지로 적용된다[2011다73038].

① 대지와 건물이 동일한 소유자에 속한 경우에 건물에 전세권을 설정한 때에는 그 대지소유권의 특별승계인은 전세권설정자에 대하여 지상권을 설정한 것으로 본다. 그러나 지료는 당사자의 청구에 의하여 법원이 이를 정한다(제305조 제1항).
③ 민법 제366조의 법정지상권은 저당권 설정 당시에 동일인의 소유에 속하는 토지와 건물이 저당권의 실행에 의한 경매로 인하여 각기 다른 사람의 소유에 속하게 된 경우에 건물의 소유를 위하여 인정되는 것이므로, 미등기건물을 그 대지와 함께 매수한 사람이 그 대지에 관하여만 소유권이전등기를 넘겨받고 건물에 대하여는 그 등기를 이전 받지 못하고 있다가, 대지에 대하여 저당권을 설정하고 그 저당권의 실행으로 대지가 경매되어 다른 사람의 소유로 된 경우에는, 그 저당권의 설정 당시에 이미 대지와 건물이 각각 다른 사람의 소유에 속하고 있었으므로 법정지상권이 성립될 여지가 없다[2002다9660].
④ 동일인의 소유에 속하고 있던 토지와 그 지상 건물이 강제경매 또는 국세징수법에 의한 공매 등으로 인하여 소유자가 다르게 된 경우에는 그 건물을 철거한다는 특약이 없는 한 건물소유자는 토지소유자에 대하여 그 건물의 소유를 위한 관습상 법정지상권을 취득한다. 원래 관습상 법정지상권이 성립하려면 토지와 그 지상 건물이 애초부터 원시적으로 동일인의 소유에 속하였을 필요는 없고, 그 소유권이 유효하게 변동될 당시에 동일인이 토지와 그 지상 건물을 소유하였던 것으로 족하다[2010다52140].
⑤ 대지상의 건물만을 매수하면서 대지에 관한 임대차계약을 체결하였다면 위 건물매수로 인하여 취득하게 될 습관상의 법정지상권을 포기하였다고 볼 것이다[91다1912].

37 난도 ★★★   답 ⑤

■ 정답해설 ■

⑤ 지상권자가 2년 이상의 지료를 지급하지 아니한 때에는 지상권설정자는 지상권의 소멸을 청구할 수 있으나(제287조), 지상권설정자가 지상권의 소멸을 청구하지 않고 있는 동안 지상권자로부터 연체된 지료의 일부를 지급받고 이를 이의 없이 수령하여 연체된 지료가 2년 미만으로 된 경우에는 지상권설정자는 종전에 지상권자가 2년분의 지료를 연체하였다는 사유를 들어 지상권자에게 지상권의 소멸을 청구할 수 없으며, 이러한 법리는 토지소유자와 법정지상권자 사이에서도 마찬가지이다[2012다102384].

① 제280조 제1항

제280조(존속기간을 약정한 지상권)
① 계약으로 지상권의 존속기간을 정하는 경우에는 그 기간은 다음 연한보다 단축하지 못한다.
　1. 석조, 석회조, 연와조 또는 이와 유사한 견고한 건물이나 수목의 소유를 목적으로 하는 때에는 30년
　2. 전호이외의 건물의 소유를 목적으로 하는 때에는 15년
　3. 건물이외의 공작물의 소유를 목적으로 하는 때에는 5년

② 지상권자는 타인에게 그 권리를 양도하거나 그 권리의 존속기간 내에서 그 토지를 임대할 수 있다(제282조).
③ 지상권설정자가 상당한 가액을 제공하여 그 공작물이나 수목의 매수를 청구한 때에는 지상권자는 정당한 이유없이 이를 거절하지 못한다(제285조 제2항).
④ 구분지상권에 대한 내용으로 옳다.

제289조의2(구분지상권)
① 지하 또는 지상의 공간은 상하의 범위를 정하여 건물 기타 공작물을 소유하기 위한 지상권의 목적으로 할 수 있다. 이 경우 설정행위로써 지상권의 행사를 위하여 토지의 사용을 제한할 수 있다.

38 난도 ★★　　　　　　　　　답 ④

④ 전세권자는 현상유지의무가 있으므로 전세권설정자에게 목적물의 현상을 유지하기 위해 지출한 필요비의 상환을 청구하지 못한다(제310조).

제310조(전세권자의 상환청구권)
① 전세권자가 목적물을 개량하기 위하여 지출한 금액 기타 유익비에 관하여는 그 가액의 증가가 현존한 경우에 한하여 소유자의 선택에 좇아 그 지출액이나 증가액의 상환을 청구할 수 있다.
② 전항의 경우에 법원은 소유자의 청구에 의하여 상당한 상환기간을 허여할 수 있다.

① 제306조

제306조(전세권의 양도, 임대 등)
전세권자는 전세권을 타인에게 양도 또는 담보로 제공할 수 있고 그 존속기간내에서 그 목적물을 타인에게 전전세 또는 임대할 수 있다. 그러나 설정행위로 이를 금지한 때에는 그러하지 아니하다.

② 전세권이 성립한 후 전세목적물의 소유권이 이전된 경우, 전세권이 전세권자와 목적물의 소유권을 취득한 신소유자 사이에서 계속 동일한 내용으로 존속한다[2006다6072].
③ 전세권이 갱신없이 존속기간이 만료되면 그 용익 물권적 권능은 전세권설정등기의 말소 없이도 소멸한다[98다31301].
⑤ 건물의 일부에 대하여 전세권이 설정되어 있는 경우 그 전세권자는 민법 제303조 제1항의 규정에 의하여 그 건물 전부에 대하여 후순위권리자 기타 채권자보다 전세금의 우선변제를 받을 권리가 있고, 민법 제318조의 규정에 의하여 전세권설정자가 전세금의 반환을 지체한 때에는 전세권의 목적물의 경매를 청구할 수 있는 것이나, 전세권의 목적물이 아닌 나머지 건물부분에 대하여는 우선변제권은 별론으로 하고 경매신청권은 없으므로, 위와 같은 경우 전세권자는 전세권의 목적이 된 부분을 초과하여 건물 전부의 경매를 청구할 수 없다고 할 것이고, 그 전세권의 목적이 된 부분이 구조상 또는 이용상 독립성이 없어 독립한 소유권의 객체로 분할할 수 없고 따라서 그 부분만의 경매신청이 불가능하다고 하여 달리 볼 것은 아니다[2001마212].

39 난도 ★★　　　　　　　　　답 ③

③ 임대인과 임차인 사이에 건물명도시 권리금을 반환하기로 하는 약정이 있었다 하더라도 그와 같은 권리금반환청구권은 건물에 관하여 생긴 채권이라 할 수 없으므로 그와 같은 채권을 가지고 건물에 대한 유치권을 행사할 수 없다[93다62119].

① 점유가 불법으로 개시된 경우에는 유치권은 인정되지 않는다(제320조 제2항).
② 유치권의 행사는 채권의 소멸시효에 영향을 미치지 않는다(제326조).

④ 유치권자는 채권의 변제를 받기 위하여 유치물을 경매할 수 있다(제322조 제1항).
⑤ 민법 제324조에 의하면, 유치권자는 선량한 관리자의 주의로 유치물을 점유하여야 하고, 소유자의 승낙 없이 유치물을 보존에 필요한 범위를 넘어 사용하거나 대여 또는 담보제공을 할 수 없으며, 소유자는 유치권자가 위 의무를 위반한 때에는 유치권의 소멸을 청구할 수 있다고 할 것인바, 공사대금채권에 기하여 유치권을 행사하는 자가 스스로 유치물인 주택에 거주하며 사용하는 것은 특별한 사정이 없는 한 유치물인 주택의 보존에 도움이 되는 행위로서 유치물의 보존에 필요한 사용에 해당한다고 할 것이다. 그리고 유치권자가 유치물의 보존에 필요한 사용을 한 경우에도 특별한 사정이 없는 한 차임에 상당한 이득을 소유자에게 반환할 의무가 있다[2009다40684].

40 난도 ★★★　　　　　　　　답 ①

▮ 정답해설 ▮

① 근저당권이 설정된 후에 그 부동산의 소유권이 제3자에게 이전된 경우에는 현재의 소유자가 자신의 소유권에 기하여 피담보채무의 소멸을 원인으로 그 근저당권설정등기의 말소를 청구할 수 있음은 물론이지만, 근저당권설정자인 종전의 소유자도 근저당권설정계약의 당사자로서 근저당권소멸에 따른 원상회복으로 근저당권자에게 근저당권설정등기의 말소를 구할 수 있는 계약상 권리가 있으므로 이러한 계약상 권리에 터잡아 근저당권자에게 피담보채무의 소멸을 이유로 하여 그 근저당권설정등기의 말소를 청구할 수 있다고 봄이 상당하고, 목적물의 소유권을 상실하였다는 이유만으로 그러한 권리를 행사할 수 없다고 볼 것은 아니다[93다16338].

▮ 오답해설 ▮

② 저당권은 민사집행법상 경매에서의 매각으로 인하여 소멸하며 순위에 따라 배당을 받게된다.
③ 저당권은 그 담보한 채권과 분리하여 타인에게 양도하거나 다른 채권의 담보로 하지 못한다(제361조).
④ 제370조, 제342조 참고

제370조(준용규정)
제214조, 제321조, 제333조, 제340조, 제341조 및 제342조의 규정은 저당권에 준용한다.

제342조(물상대위)
질권은 질물의 멸실, 훼손 또는 공용징수로 인하여 질권설정자가 받을 금전 기타 물건에 대하여도 이를 행사할 수 있다. 이 경우에는 그 지급 또는 인도전에 압류하여야 한다.

⑤ 민법 제370조, 제342조 단서가 저당권자는 물상대위권을 행사하기 위하여 저당권설정자가 받을 금전 기타 물건의 지급 또는 인도 전에 압류하여야 한다고 규정한 것은 물상대위의 목적인 채권의 특정성을 유지하여 그 효력을 보전함과 동시에 제3자에게 불측의 손해를 입히지 않으려는 데 있는 것이므로, 저당목적물의 변형물인 금전 기타 물건에 대하여 이미 제3자가 압류하여 그 금전 또는 물건이 특정된 이상 저당권자가 스스로 이를 압류하지 않고서도 물상대위권을 행사하여 일반 채권자보다 우선변제를 받을 수 있으나, 그 행사방법으로는 민사집행법 제273조[구 민사소송법(2002.1.26. 법률 제6626호로 전문 개정되기 전의 것) 제733조]에 의하여 담보권의 존재를 증명하는 서류를 집행법원에 제출하여 채권압류 및 전부명령을 신청하는 것이거나 민사집행법 제247조 제1항[구 민사소송법(2002.1.26. 법률 제6626호로 전문 개정되기 전의 것) 제580조 제1항]에 의하여 배당요구를 하는 것이므로, 이러한 물상대위권의 행사에 나아가지 아니한 채 단지 수용대상토지에 대하여 담보물권의 등기가 된 것만으로는 그 보상금으로부터 우선변제를 받을 수 없고, 저당권자가 물상대위권의 행사에 나아가지 아니하여 우선변제권을 상실한 이상 다른 채권자가 그 보상금 또는 이에 관한 변제공탁금으로부터 이득을 얻었다고 하더라도 저당권자는 이를 부당이득으로서 반환청구할 수 없다[2002다33137].

PART 03

최종모의고사

01 제1회 민법 최종모의고사 문제

01 관습법과 사실인 관습에 관한 설명으로 옳지 <u>않은</u> 것은? (다툼이 있으면 판례에 따름)

① 관습법은 법원(法源)으로서 법령에 저촉되지 않는 한, 법칙으로서의 효력이 있다.

② 미등기무허가건물의 매수인은 그 소유권이전등기를 경료하지 않으면 건물의 소유권을 취득할 수 없지만, 소유권에 준하는 관습상의 물권이 인정될 수는 있다.

③ 종중의 명칭사용이 그에 관한 관습에 어긋난다고 하여도, 그러한 사실만으로 그 종중의 실체를 부인할 수는 없다.

④ 사실인 관습은 사적 자치가 인정되는 분야의 제정법이 임의규정인 경우에는 법률행위의 해석기준이 되므로, 이를 재판의 자료로 할 수 있다.

⑤ 제정법규와 배치되는 사실인 관습의 효력을 인정하려면, 그러한 관습을 인정할 수 있는 당사자의 주장과 입증이 있어야 할 뿐만 아니라 그 관습이 임의규정에 관한 것인지 여부를 심리·판단해야 한다.

02 신의성실의 원칙에 관한 설명으로 옳은 것을 모두 고른 것은? (다툼이 있으면 판례에 따름)

> ㄱ. 계약성립의 기초가 되지 않는 사정이 그 후 변경되어 일방당사자가 계약 당시 의도한 계약목적을 달성할 수 없게 됨으로써 손해를 입은 경우, 특별한 사정이 없는 한 사정변경을 이유로 한 계약해제가 인정되지 않는다.
>
> ㄴ. 회사의 이사가 채무액과 변제기가 특정되어 있는 회사채무에 대하여 보증계약을 체결한 경우, 이사직 사임이라는 사정변경을 이유로 일방적으로 보증계약을 해지할 수 있다.
>
> ㄷ. 신의성실의 원칙에 반하는 것 또는 권리남용은 강행규정에 위배되는 것이므로 당사자의 주장이 없더라도 법원은 직권으로 판단할 수 있다.
>
> ㄹ. 강행법규에 위반한 자가 스스로 그 약정의 무효를 주장하는 것은 특별한 사정이 없는 한 신의성실의 원칙에 반하는 것으로서 허용되지 않는다.

① ㄱ, ㄴ   ② ㄱ, ㄷ

③ ㄱ, ㄹ   ④ ㄴ, ㄷ

⑤ ㄷ, ㄹ

03 의사능력에 관한 설명으로 옳지 <u>않은</u> 것은? (다툼이 있으면 판례에 따름)

① 의사능력이란 자신의 행위의 의미나 결과를 정상적인 인식력과 예기력을 바탕으로 합리적으로 판단할 수 있는 정신적 능력 내지 지능을 말한다.

② 의사능력의 유무는 구체적인 법률행위와 관련하여 개별적으로 판단되어야 한다.

③ 미성년자가 의사무능력상태에서 법정대리인의 동의 없이 법률행위를 한 경우, 법정대리인은 미성년을 이유로 법률행위를 취소할 수 있다.

④ 어떤 법률행위에 그 일상적인 의미만을 이해하여서는 알기 어려운 특별한 법률적인 의미나 효과가 부여되어 있는 경우에도 의사능력이 인정되기 위하여 그 행위의 일상적인 의미에 대한 이해만으로 족하고 법률적인 의미나 효과에 대한 이해는 요구되지 않는다.

⑤ 의사무능력자의 법률행위에 있어서는 그 행위의 무효를 주장하는 자가 의사능력이 없었음을 증명하여야 한다.

04 제한능력자의 행위능력에 관한 설명으로 옳지 <u>않은</u> 것은? (다툼이 있으면 판례에 따름)

① 법정대리인의 동의 없이 신용구매계약을 체결한 미성년자는 특별한 사정이 없는 한 그 동의 없음을 이유로 위 계약을 취소할 수 있다.

② 미성년자가 법률행위를 함에 있어서 요구되는 법정대리인의 동의는 언제나 명시적이어야 하는 것은 아니고 묵시적으로도 가능하다.

③ 피성년후견인이 성년후견인의 동의 없이 일용품의 구입 등 일상생활에 필요하고 그 대가가 과도하지 아니한 법률행위를 한 경우, 성년후견인이 이를 취소할 수 없다.

④ 성년후견 개시의 심판을 받은 자가 취소할 수 없는 범위에 속하는 법률행위를 성년후견인의 동의 없이 한 경우에는 유효한 법률행위가 성립한다.

⑤ 한정후견인의 동의가 있어야 하는 법률행위에 있어서 동의가 없으면 피한정후견인의 이익이 침해될 염려가 있음에도 동의하지 않는 경우, 피한정후견인이 동의 없이 법률행위를 하였다면 한정후견인은 이를 취소할 수 없다.

05 후견에 관한 설명으로 옳은 것을 모두 고른 것은? (다툼이 있으면 판례에 따름)

> ㄱ. 가정법원은 일정한 자의 청구에 의하여 질병, 장애, 노령, 그 밖의 사유로 인한 정신적 제약으로 사무를 처리할 능력이 부족한 사람에 대하여 성년후견 개시의 심판을 한다.
> ㄴ. 가정법원은 피한정후견인이 한정후견인의 동의를 받아야 하는 행위의 범위를 정할 수 있다.
> ㄷ. 피특정후견인의 법률행위는 가정법원에 의해 취소할 수 있는 법률행위로 정해진 경우에만 취소할 수 있다.
> ㄹ. 특정후견은 본인의 의사에 반하여 할 수 없다.

① ㄱ, ㄴ   ② ㄱ, ㄹ
③ ㄴ, ㄷ   ④ ㄴ, ㄹ
⑤ ㄷ, ㄹ

06 甲은 2014.5.20. 항공기 추락으로 실종된 후, 2015.12.20. 실종선고가 청구되어 2016.7.20. 실종선고가 되었다. 甲에게는 가족으로 배우자 乙 외에 어머니 丙, 아들 丁이 있었고, 유산으로 X건물을 남겼다. 이에 관한 설명으로 옳지 <u>않은</u> 것을 모두 고른 것은? (다툼이 있으면 판례에 따름)

> ㄱ. 특별한 사정이 없는 한 乙, 丙, 丁은 모두 甲의 실종선고에 대하여 이해관계가 있는 자로서 실종선고를 청구할 수 있다.
> ㄴ. 乙의 甲에 대한 이혼판결이 2016.5.10. 확정되었더라도, 그 후 甲에 대한 실종선고로 사망간주시점이 소급되면, 이혼판결은 사망자를 상대로 한 것이므로 무효가 된다.
> ㄷ. 甲에 대한 실종선고로 X건물은 이미 상속되었는데, 2015.6.10. 甲의 생존사실이 밝혀진 경우, 실종선고가 취소되기 전에는 위 상속은 효력이 있다.

① ㄱ   ② ㄴ
③ ㄱ, ㄴ   ④ ㄴ, ㄷ
⑤ ㄱ, ㄴ, ㄷ

07 비법인사단인 A종중과 그 대표자 甲, 그리고 乙 사이의 법률관계에 관한 설명으로 옳은 것을 모두 고른 것은? (다툼이 있으면 판례에 따름)

> ㄱ. 甲이 乙에게 한 A의 업무에 대한 포괄적 위임과 그에 따른 乙의 대행행위는 A에게 그 효력이 미친다.
> ㄴ. 비법인사단은 자연인과 달리 명예권을 가질 수 없으므로, A의 명예를 훼손한 乙에 대하여 A가 손해배상을 청구할 수는 없다.
> ㄷ. 甲의 불법행위로 乙에게 손해가 발생한 경우, 甲의 행위가 직무에 관한 것이 아님을 乙이 알았다면, 乙은 A에 대하여 민법 제35조 제1항에 따른 불법행위책임을 물을 수 없다.
> ㄹ. 甲의 불법행위로 乙에게 손해가 발생한 경우, 甲의 행위가 법령의 규정에 위배되더라도 외관상 객관적으로 직무에 관한 행위라고 인정된다면, A는 乙에 대하여 민법 제35조 제1항에 따른 불법행위책임을 진다.

① ㄱ
② ㄷ
③ ㄱ, ㄴ
④ ㄷ, ㄹ
⑤ ㄱ, ㄴ, ㄹ

08 주물과 종물에 관한 설명으로 옳지 않은 것은? (다툼이 있으면 판례에 따름)

① 주택에 부속하여 지어진 연탄창고는 그 주택에서 떨어져 지어진 것일지라도 그 주택의 종물이다.
② 주물과 종물의 관계에 관한 법리는 특별한 사정이 없는 한 권리 상호 간의 관계에도 적용된다.
③ 물건이 주물의 소유자의 상용에 공여되고 있다면, 주물 그 자체의 효용과 직접 관계가 없는 것도 종물이다.
④ 주물을 처분할 때에 특약으로 종물을 제외할 수 있고, 종물만을 별도로 처분할 수도 있다.
⑤ 저당권의 효력은 특별한 사정이 없는 한 당해 저당부동산의 종물에도 미친다.

09 법률행위의 해석에 관한 설명으로 옳지 <u>않은</u> 것은? (다툼이 있으면 판례에 따름)

① 문서의 기재내용과 다른 명시적, 묵시적 약정이 있는 사실이 인정될 경우에는 그 기재내용과 다른 사실을 인정할 수 있다.

② 사적 자치가 인정되는 분야의 제정법이 임의규정인 경우, 사실인 관습은 법률행위의 해석기준이 될 수 있다.

③ 매매계약사항에 이의가 생겼을 때에는 매도인의 해석에 따른다는 약정을 한 경우, 법원은 매도인의 해석과 다르게 법률행위를 해석할 권한이 없다.

④ 계약서를 작성하면서 계약상 지위에 관하여 당사자들의 합치된 의사와 달리 착오로 잘못 기재하였는데 오류를 인지하지 못한 채 계약상 지위가 잘못 기재된 계약서에 그대로 기명날인이나 서명을 한 경우, 당사자들의 합치된 의사에 따라 계약이 성립한 것으로 보아야 한다.

⑤ 甲과 乙이 X토지를 매매하기로 합의하였으나 Y토지로 매매계약서를 잘못 작성한 경우 X토지에 관하여 매매계약이 성립된 것으로 보아야 한다.

10 사기에 의한 의사표시에 관한 설명으로 옳지 <u>않은</u> 것은? (다툼이 있으면 판례에 따름)

① 사기에 의한 의사표시에는 의사와 표시의 불일치가 있을 수 없고, 단지 의사표시의 동기에 착오가 있을 뿐이다.

② 상대방의 대리인 등 상대방과 동일시할 수 있는 자의 사기는 제3자의 사기에 해당하지 않는다.

③ 상품의 선전·광고에 있어서 중요한 사항에 관하여 구체적 사실을 신의성실의 의무에 비추어 비난받을 정도의 방법으로 허위로 고지하는 것은 기망행위에 해당한다.

④ 사기에 의한 법률행위가 동시에 불법행위를 구성하는 때에는, 취소의 효과로 생기는 부당이득반환청구권과 불법행위로 인한 손해배상청구권은 경합하여 병존한다.

⑤ 사기에 의한 의사표시의 취소로써 대항하지 못하는 선의의 제3자란 취소 전부터 취소를 주장하는 자와 양립되지 않는 법률관계를 가졌던 제3자에 한한다.

11 사기에 의한 법률행위에 관한 설명 중 옳은 것은? (다툼이 있는 경우에는 판례에 의함)

① 표의자가 상대방의 기망행위로 인해 법률행위의 동기에 관하여 착오를 일으킨 경우에는 사기를 이유로 그 법률행위를 취소할 수 있다.

② 매도인의 피용자가 기망행위를 하여 계약이 체결된 경우, 매수인은 매도인이 피용자의 기망행위를 과실 없이 알지 못한 경우에도 사기를 이유로 매매계약을 취소할 수 있다.

③ 매도인이 매수인의 기망행위를 이유로 계약을 취소한 경우에 그 기망행위가 불법행위에 해당한다면 매도인은 부당이득 반환과 불법행위로 인한 손해배상을 중첩적으로 청구할 수 있다.

④ 매도인이 사기를 이유로 토지매매계약을 취소한 후에 제3자가 취소의 사실을 모르고 매수인으로부터 그 토지의 소유권을 취득하였다면, 그러한 제3자는 보호받지 못한다.

⑤ 사기를 이유로 매매계약이 취소된 경우에, 매수인으로부터 부동산을 취득한 제3자가 자신이 선의임을 증명하지 못한다면, 매도인은 제3자에게 취소의 효과를 주장할 수 있다.

12 의사표시의 효력발생에 관한 설명으로 옳은 것은? (다툼이 있는 경우에는 판례에 의함)

① 격지자 사이의 해제권 행사의 의사표시는 발신한 때에 그 효력이 발생한다.

② 상대방 있는 단독행위의 경우에는 의사표시가 상대방에게 도달하더라도 표의자는 여전히 그 의사표시를 철회할 수 있다.

③ 표의자가 의사표시를 발신한 후 그 도달 전에 사망한 경우, 그 의사표시는 효력을 상실한다.

④ 제한능력자에 대하여 의사표시를 한 경우, 표의자는 법정대리인이 그 도달사실을 알았더라도 그 의사표시로써 제한능력자에게 대항할 수 없다.

⑤ 채권양도의 통지가 채무자의 주소·거소·영업소 또는 사무소 등에 해당하지 아니하는 장소에서 이루어진 경우라도 그 효력이 발생할 수 있다.

13 복대리에 관한 설명으로 옳지 <u>않은</u> 것은? (다툼이 있으면 판례에 따름)

① 복대리인은 대리인의 보조자 내지 대리인의 대리인이다.

② 임의대리인은 원칙적으로 복임권을 갖지 못한다.

③ 법정대리인은 재산상의 법률행위에 대하여 복임권이 있다.

④ 복대리인은 행위능력자임을 요하지 아니한다.

⑤ 甲이 채권자를 특정하지 않은 채 부동산을 담보로 제공하면서 금원을 차용해 줄 것을 乙에게 위임하였다면, 甲의 의사에는 '복대리인 선임에 관한 승낙'이 포함되어 있다.

14 乙은 甲으로부터 甲의 부동산을 담보로 3천만 원을 차용할 수 있는 대리권을 수여받았다고 하면서 甲을 대리하여 丙과 소비대차계약을 체결하였다. 이에 관한 설명으로 옳지 <u>않은</u> 것은? (다툼이 있으면 판례에 따름)

① 甲이 丙을 상대로, 乙에게 위와 같은 권한을 부여하였다고 말하였지만 실제로는 대리권을 乙에게 수여하지 않은 경우, 甲은 선의이고 무과실인 丙에게 대리권 수여의 표시에 의한 표현대리의 책임을 진다.

② 乙이 甲으로부터 위와 같은 권한을 적법하게 부여받고서 丙과 5천만 원을 차용하는 계약을 체결한 경우, 丙이 乙에게 그런 권한이 있었다고 믿을 만한 정당한 이유가 있었다면 3천만 원을 초과하는 부분에 대해서는 甲은 권한을 넘은 표현대리의 책임을 진다.

③ 甲으로부터 위와 같은 권한을 적법하게 부여받은 乙이 선임한 복대리인 丁이 丙으로부터 5천만 원을 차용하는 계약을 체결한 경우, 丙이 丁에게 그런 권한이 있었다고 믿을 만한 정당한 이유가 있었다면 3천만 원을 초과하는 부분에 대해서는 甲은 권한을 넘은 표현대리의 책임을 진다.

④ 甲으로부터 위와 같은 권한을 적법하게 부여받은 乙이 소비대차계약 대신 丙에게 甲의 대리인으로서 그 부동산을 매도하였다면, 丙이 乙에게 매도할 권한이 있었다고 믿을 만한 정당한 이유가 있었다고 하더라도 매도행위는 차용행위와는 별개이므로 甲은 권한을 넘은 표현대리의 책임을 지지 않는다.

⑤ 권한을 넘은 표현대리에서 정당한 이유의 존부는 자칭 대리인의 대리행위가 행하여질 때에 존재하는 모든 사정을 객관적으로 관찰하여 판단하여야 한다.

15 법률행위의 취소에 관한 설명으로 옳지 <u>않은</u> 것은? (다툼이 있는 경우에는 판례에 의함)

① 취소할 수 있는 법률행위를 추인하면 이를 다시 취소할 수 없다.

② 법률행위를 취소한 이후에는 무효행위의 추인의 요건에 따라 다시 추인할 수 없다.

③ 매매계약의 체결 시 토지의 일정 부분을 매매의 대상에서 제외시키는 특약을 한 경우, 그 특약만을 기망에 의한 법률행위로서 취소할 수는 없다.

④ 수탁보증인이 보증계약을 취소할 때에는 채권자를 상대방으로 하여 의사표시를 하여야 한다.

⑤ 하나의 법률행위가 가분성이 있거나 또는 그 목적물의 일부를 특정할 수 있는 경우, 나머지부분이라도 유지하려는 당사자의 가정적 의사가 인정된다면 그 일부만을 취소할 수 있다.

16 법률행위의 취소에 관한 설명 중 옳지 <u>않은</u> 것은? (다툼이 있는 경우에는 판례에 의함)

① 기망행위에 의해 소비대차계약을 체결하고 이를 담보하기 위해 근저당권을 설정한 경우, 기망행위를 이유로 하는 근저당권설정계약의 취소의 효력은 소비대차계약에도 미친다.

② 채무자가 사기를 당했음을 알지 못하고 채권자에게 계약상의 채무 전부를 이행한 경우에는 그 계약을 추인한 것으로 볼 수 없다.

③ 취소의 원인이 종료한 후에 취소된 계약을 다시 추인하게 되면 취소된 법률행위가 계약체결시에 소급하여 유효한 것으로 된다.

④ 취소권을 행사하기 위해서는 취소권의 존속기간 내에 취소의 의사표시를 하면 충분하고, 취소에 따른 소송을 그 기간 내에 제기해야 하는 것은 아니다.

⑤ 추인할 수 있는 날로부터 3년 이후에 취소권이 행사되었다면, 당사자가 이를 주장하지 않더라도 법원은 직권으로 취소권 행사가 무효라는 판단을 해야 한다.

17 조건과 기한에 관한 설명으로 옳지 <u>않은</u> 것은? (다툼이 있으면 판례에 따름)

① 불확정기한부 법률행위는 특별한 사정이 없는 한 그 법률행위에 따른 채무가 이미 발생한 것으로 본다.

② 기성조건이 정지조건이면 조건 없는 법률행위가 된다.

③ 조건부 법률행위에서 조건은 외부에 표시되지 않으면 그 법률행위의 동기에 불과하다.

④ 조건을 붙이는 것이 허용되지 않는 법률행위에 조건을 붙인 경우 그 법률행위는 조건 없는 법률행위로서 유효하다.

⑤ 부관이 붙은 법률행위에 있어서 부관에 표시된 사실이 발생하지 않으면 채무를 이행하지 않아도 된다고 보는 것이 상당한 경우 그 부관은 조건으로 보아야 한다.

18 민법상 기간에 관한 설명으로 옳지 <u>않은</u> 것은?

① 사원총회의 소집통지를 1주간 전에 발송하여야 하므로, 총회일이 3월 15일이라면 늦어도 3월 7일 오후 12시 전까지 소집통지를 발송하여야 한다.

② 기간계산에 관해 당사자의 약정이 있는 때에는 그에 따른다.

③ 과제물을 10월 3일 오후 4시부터 46시간 내에 제출하라고 한 경우, 10월 5일 오후 2시까지 제출하여야 한다.

④ 2012년 1월 31일 오후 3시에 친구로부터 500만 원을 무상으로 빌리면서 1개월 후에 갚기로 한 경우, 3월 1일은 공휴일이므로 2012년 3월 2일 오후 12시까지 반환하면 된다.

⑤ 1988년 3월 2일 출생한 사람은 2007년 3월 1일 오후 12시가 지나면 성년이 된다.

19 제척기간에 관한 설명으로 옳은 것은? (다툼이 있으면 판례에 따름)

① 점유를 침탈당한 자의 침탈자에 대한 점유물회수청구권의 행사기간 1년은 제척기간이다.

② 법률행위의 취소권은 추인할 수 있는 날로부터 3년 내에 재판상으로 행사를 하여야 한다.

③ 제척기간 내에 권리자의 권리주장 또는 의무자의 승인이 있으면 제척기간은 중단된다.

④ 제척기간의 경우 그 기간이 경과하면 그 기산일에 소급하여 권리소멸의 효력이 생긴다.

⑤ 하자담보책임에 기한 매수인의 손해배상청구권에는 민법 제582조의 제척기간규정으로 인하여 소멸시효규정이 적용되지 않는다.

20 소멸시효의 중단에 관한 설명으로 옳지 <u>않은</u> 것은? (다툼이 있는 경우에는 판례에 의함)

① 시효완성을 주장하는 채무자가 채무부존재확인의 소를 제기함에 따라 채권자가 피고로서 응소하여 그 소송에서 적극적으로 권리를 주장하고 그것이 받아들여졌더라도 시효는 중단되지 않는다.

② 채무자의 일부변제는 채무 전부에 관하여 시효중단의 효력이 있다.

③ 채권자가 채무자를 고소하여 형사재판이 개시되어도 이를 소멸시효의 중단사유인 재판상 청구로 볼 수 없다.

④ 재판상의 청구를 한 후 그 소송을 취하한 경우, 그로부터 6월 내에 다시 재판상의 청구를 하지 않는 한 시효중단의 효력이 없고 재판 외의 최고의 효력만 있다.

⑤ 채권자가 물상보증인이 담보로 제공한 부동산을 압류한 경우, 채무자에게 통지한 후가 아니면 채무자에 대한 시효중단의 효력이 발생하지 않는다.

21 물권법정주의에 관한 설명으로 옳은 것은? (다툼이 있는 경우에는 판례에 의함)

① 소유자는 소유권의 사용·수익의 권능을 대세적으로 유효하게 포기할 수 있으므로 현행 민법은 처분권 능만을 내용으로 하는 소유권을 허용한다.

② 소유권이전등기 없이 미등기무허가건물을 양수한 자는 소유권에 준하는 관습상의 물권을 취득한 것으로 본다.

③ 물권법정주의는 물권의 내용형성의 자유뿐만이 아니라 물권변동에 관한 당사자 선택의 자유를 제한하는 법원칙이다.

④ 공로로부터 자연부락에 이르는 유일한 통로로 도로가 개설된 후 장기간에 걸쳐 일반의 통행에 제공되어 왔고 우회도로의 개설에 막대한 비용과 노력이 든다면 주민들은 이 도로에 관하여 물권에 준하는 관습상의 통행권을 가진다.

⑤ 물권법정주의에서 말하는 법률은 형식적 의미의 법률로 보아야 하므로 명령과 규칙은 이에 포함되지 않는다.

22 부동산등기에 관한 설명으로 옳지 <u>않은</u> 것은? (다툼이 있는 경우에는 판례에 의함)

① 물권에 관한 등기가 원인 없이 말소된 때에도 그 물권의 효력에는 영향이 없다.

② 소유권이전등기청구권을 보전하기 위한 가등기에 기하여 본등기를 한 경우, 물권변동의 효력은 본등기한 때에 발생하고 그 순위는 가등기한 때로 소급한다.

③ 소유권이전등기가 있으면 등기명의자가 정당한 원인에 의하여 적법하게 소유권을 취득한 것으로 추정되므로, 현 소유자 명의의 소유권이전등기의 말소등기절차의 이행을 구하는 전 소유명의자가 등기원인의 무효를 증명하여야 한다.

④ 소유권에 기한 물권적 청구권을 보존하기 위한 가등기는 허용되지 않는다.

⑤ 위치나 기타 여러 가지 면에서 멸실된 건물과 같은 신축건물의 소유자가 멸실건물의 등기를 신축건물의 등기로 전용할 의사로써 멸실건물의 등기부상 표시를 신축건물의 내용으로 표시변경등기를 한 경우, 그 등기는 유효한 등기이다.

23 甲과 乙의 점유에 관한 설명으로 옳지 않은 것은? (다툼이 있으면 판례에 따름)

① 甲이 그 소유 건물을 乙에게 임대함으로써 현실적으로 건물이나 그 부지를 점거하고 있지 않으면, 甲은 그 부지를 점유한다고 볼 수 없다.

② 甲이 신축한 미등기건물을 양수하여 건물에 대한 사실상의 처분권을 보유하게 된 乙은 그 건물의 부지도 함께 점유하고 있다고 볼 수 있다.

③ 甲이 신축한 건물의 경비원 乙이 甲의 지시를 받아 건물을 사실상 지배하고 있더라도 특별한 사정이 없는 한 乙은 그 건물의 점유자가 되지 못한다.

④ 甲이 그 소유 건물을 乙에게 임대하여 인도한 경우에도 甲에게 점유권이 인정된다.

⑤ 甲 명의로 토지에 대한 소유권보존등기를 마쳤다면, 특별한 사정이 없는 한 甲이 그 등기 당시 그 토지의 점유를 이전받았다고 인정할 수 없다.

24 점유취득시효에 관한 설명으로 옳지 않은 것은? (다툼이 있으면 판례에 따름)

① 자연인이나 법인뿐만 아니라 권리능력 없는 사단도 시효취득의 주체가 될 수 있다.

② 취득시효 완성으로 인한 소유권 취득의 효력은 점유를 개시한 때에 소급한다.

③ 토지에 대한 취득시효가 완성된 후 토지소유자가 그 토지 위에 담장을 설치한 경우, 시효완성자는 소유권에 기한 방해배제청구권의 행사로서 토지소유자를 상대로 담장의 철거를 청구할 수 없다.

④ 취득시효기간의 완성 전에 등기부상의 소유명의가 변경되었다 하더라도 이는 취득시효의 중단사유가 될 수 없다.

⑤ 미등기부동산의 경우, 점유자가 취득시효기간의 완성만으로 등기 없이 소유권을 취득한다.

25 등기부 취득시효에 관한 설명으로 옳지 않은 것은? (다툼이 있는 경우에는 판례에 의함)

① 무효인 이중의 소유권보존등기에 기초하여 소유권이전등기를 경료받은 점유자는 등기부 취득시효의 완성을 주장할 수 없다.

② 부동산을 점유한 기간과 소유자로 등기된 기간은 각각 10년 이상이어야 하며, 점유와 마찬가지로 등기의 승계가 인정된다.

③ 선의와 무과실은 점유취득에 관한 것이고 등기에 관한 것이 아니다.

④ 시효완성 후 그 부동산의 소유권등기가 적법한 원인 없이 제3자 명의로 소유권이전등기가 된 경우, 그 점유자는 소유권을 상실한다.

⑤ 상속을 원인으로 점유를 승계하여 시효완성을 주장하는 점유자는 상속 후 10년이 경과하더라도 피상속인이 점유를 개시한 때에 무과실이었음을 증명하여야 한다.

26 甲 명의로 등기된 甲 소유 토지에 관해 乙이 관계서류를 위조하여 자기명의로 이전등기를 한 뒤 丙에게 임대하였고, 丙은 그 토지 위에 주택을 완성하여 보존등기를 하고 현재까지 그 주택에 거주하고 있다. 이에 관한 설명으로 옳은 것을 모두 고른 것은? (다툼이 있으면 판례에 따름)

> ㄱ. 甲은 丙을 상대로 주택으로부터의 퇴거를 청구할 수 있다.
> ㄴ. 甲은 乙을 상대로 토지에 대한 소유권이전등기를 청구할 수 있다.
> ㄷ. 甲은 丙을 상대로 주택의 철거를 청구할 수 있다.
> ㄹ. 만약 丁이 그 주택을 丙으로부터 임차하여 주민등록을 마치고 그 주택에 거주하고 있다면, 甲은 丁을 상대로 퇴거를 청구할 수 있다.

① ㄱ, ㄴ   ② ㄱ, ㄹ
③ ㄴ, ㄷ   ④ ㄴ, ㄷ, ㄹ
⑤ ㄱ, ㄴ, ㄷ, ㄹ

27 공유에 관한 설명으로 옳지 <u>않은</u> 것은? (다툼이 있으면 판례에 따름)

① 공유자는 다른 공유자가 분할로 인하여 취득한 물건에 대하여 그 지분의 비율로 매도인과 동일한 담보 책임이 있다.

② 공유자가 그 지분을 포기하거나 상속인 없이 사망한 때에는 법률에 다른 규정이 없으면 그 지분은 다른 공유자에게 각 지분의 비율로 귀속한다.

③ 공유물분할협의가 성립한 후에 공유자 일부가 분할에 따른 이전등기에 협력하지 않으면, 재판상 분할을 청구할 수 있다.

④ 토지의 1/2 지분권자가 나머지 1/2 지분권자와 협의 없이 토지를 배타적으로 독점사용하는 경우, 나머지 지분권자가 공유물의 보존행위로서 그 인도를 청구할 수는 없고, 다만 자신의 지분권에 기초하여 공유물에 대한 방해상태를 제거하거나 공동점유를 방해하는 행위의 금지 등을 청구할 수 있다.

⑤ 공유자는 법률에 다른 규정이 없으면 5년 내의 기간으로 공유물분할금지약정을 할 수 있고, 갱신한 때에는 그 기간은 갱신일로부터 5년을 넘지 못한다.

28 甲은 2015년 초에 乙 소유의 X토지를 매입하면서, 친구인 丙이 乙과의 매매계약을 통하여 丙 명의로 소유권이전등기를 하되 나중에 甲이 원하면 甲의 명의로 X토지의 소유권을 이전해주기로 丙과 합의한 후, 매매대금 명목으로 丙에게 5억 원을 건네주었다. 수일 후 丙은 이러한 사정을 모르는 乙과 매매계약을 체결하고 같은 날 丙 명의의 소유권이전등기를 마쳤다. 그 후 丙이 X토지의 소유관계를 알고 있는 丁에게 매각하고 소유권이전등기를 넘겨주었다. 이에 대한 설명으로 옳지 <u>않은</u> 것은? (다툼이 있으면 판례에 따름)

① 甲과 丙 사이의 합의는 무효이다.

② 丙은 X토지의 소유권을 적법하게 취득한다.

③ 丁은 X토지의 소유권을 적법하게 취득한다.

④ 甲의 丙에 대한 부당이득반환청구로서 X토지의 소유권을 甲에게 이전하라는 것은 허용되지 않는다.

⑤ 甲은 丙에게 지급한 매수자금 5억 원의 반환을 청구할 수 없다.

29 2011년 개시된 부동산경매절차를 통해 丙 소유의 X부동산을 매수하려는 甲은 乙과, "甲이 매각대금을 부담하고, 乙이 경매에 참가하여 매각받기로 한다"는 내용의 명의신탁약정을 체결하였고, 이 약정에 따라 乙은 매각허가결정을 받아 X부동산의 소유권이전등기를 마쳤다. 다음 설명 중 옳은 것은? (다툼이 있는 경우에는 판례에 의함)

① 甲과 乙 사이의 명의신탁약정은 유효하다.

② 丙은 乙에 대해 소유권이전등기의 말소를 청구할 수 없다.

③ 대내적으로는 甲이 X부동산의 소유자이나 대외적으로는 乙이 소유자이다.

④ 乙이 명의신탁사실을 알고 있는 丁에게 X부동산을 처분하였다면, 丁은 그 소유권을 취득할 수 없다.

⑤ 甲은 명의신탁약정의 해지를 이유로 乙에게 진정명의 회복을 위한 X부동산의 소유권이전등기를 청구할 수 있다.

30 지상권에 관한 설명으로 옳지 <u>않은</u> 것은? (다툼이 있으면 판례에 따름)

① 토지에 관하여 저당권을 취득함과 아울러 그 저당권이 실행될 때까지 목적토지의 담보가치를 하락시키는 침해행위를 배제할 목적으로 지상권을 설정할 수 있다.

② 관습상의 법정지상권을 취득한 자가 대지소유자와 사이에 대지에 관하여 임대차계약을 체결한 경우, 특별한 사정이 없는 한 관습상의 법정지상권을 포기한 것으로 된다.

③ 지상권이 존속기간의 만료로 소멸한 경우, 건물 기타 공작물이나 수목이 현존하는 때에는 지상권자는 계약의 갱신을 청구할 수 있다.

④ 토지소유자가 지상권자의 지료연체를 이유로 지상권소멸청구를 하여 지상권이 소멸된 경우에도, 지상권자는 토지소유자를 상대로 현존하는 건물 기타 공작물이나 수목의 매수를 청구할 수 있다.

⑤ 법정지상권에 관한 지료가 결정된 바 없다면, 법정지상권자가 2년 이상의 지료를 지급하지 아니하였더라도 토지소유자는 지료지급 연체를 이유로 지상권의 소멸을 청구할 수 없다.

31 A토지와 그 지상의 B건물을 등기하여 소유하는 甲은 A토지의 자투리 공간에 C건물을 완공하였으나 보존등기를 하지 않은 채 A, B, C 모두를 乙에게 일괄매도하고 인도하였다. 乙은 A토지와 B건물에 관하여 소유권이전등기를 하였으나 C건물에 대해서는 소유권이전등기를 하지 않고 있었다. 그 후 乙이 은행으로부터 돈을 빌리면서 A토지에 근저당권을 설정하였는데, 이것이 경매되어 丙이 매수대금을 완납하고 A토지의 소유권을 취득하였다. 이어 乙은 B건물과 C건물 역시 丁에게 매도하고 인도하였는데, B건물에 대해서는 丁의 명의로 소유권이전등기가 되었고, C건물은 여전히 미등기상태로 남아 있다. 이에 관한 설명으로 옳은 것은? (다툼이 있으면 판례에 따름)

① 甲은 乙에게 A토지의 소유권을 넘겨주는 때에 C건물을 위한 관습법상 법정지상권을 취득한다.

② C가 무허가건물인 경우에는 무허가건물이라는 이유만으로도 C의 소유자는 그 건물의 소유를 위한 관습법상 법정지상권을 취득할 수 없다.

③ 丙이 A토지의 소유권을 취득한 때 乙은 B건물을 위한 법정지상권을 취득한다.

④ 만일 乙이 근저당권 설정 당시 존재하던 B건물을 철거하고 D건물을 신축한 후에 A토지에 대한 저당권이 실행되었다면, B건물과 D건물의 동일성이 인정되지 않는 한 乙은 D건물을 위한 법정지상권을 취득할 수 없다.

⑤ 丁은 지상권등기를 하지 않아도 B건물을 위한 법정지상권을 취득한다.

32 지역권에 관한 설명으로 옳은 것은? (다툼이 있으면 판례에 따름)

① 지역권은 다른 약정이 없는 한 승역지소유권에 부종하여 이전한다.

② 계약에 의하여 승역지소유자가 자기의 비용으로 지역권의 행사를 위하여 공작물의 설치 또는 수선의 의무를 부담하기로 한 경우, 위 약정으로 승역지소유자의 특별승계인에게 대항하기 위해서는 등기를 하여야 한다.

③ 통행지역권을 시효취득하기 위해서는 요역지의 소유자가 타인의 토지를 20년간 통행하였다는 사실만으로 충분하며, 요역지의 소유자가 타인의 소유인 승역지 위에 통로를 개설할 필요는 없다.

④ 요역지의 공유자 중 1인이 지역권을 시효로 취득하더라도 다른 공유자는 지역권을 취득하지 못한다.

⑤ 승역지는 반드시 1필의 토지이어야 하며, 토지의 일부 위에 지역권을 설정할 수 없다.

33 전세권에 관한 설명으로 옳은 것을 모두 고른 것은? (다툼이 있으면 판례에 따름)

> ㄱ. 전세권자와 인접 토지소유자 사이에는 상린관계에 관한 규정이 적용되지 않는다.
> ㄴ. 현실적으로 전세금을 지급하지 않고 기존 채권으로 전세금에 갈음한 경우, 설사 전세권설정등기가 되어 있고 전세권자로 등기된 자가 사용·수익을 하고 있더라도 전세권은 성립하지 않는다.
> ㄷ. 전세권자가 목적물을 타인에게 임대한 경우, 임대하지 않았으면 면할 수 있었던 불가항력으로 인한 손해에 대하여도 책임을 부담한다.
> ㄹ. 전세기간 만료 후 전세권양도계약 및 전세권 이전의 부기등기가 이루어졌으나 전세금반환채권의 양도에 관하여 대항요건을 갖추지 못한 경우, 양수인은 전세금반환채권의 압류채권자에게 전세금반환채권의 취득을 대항할 수 없다.
> ㅁ. 대지와 건물이 동일한 소유자에 속한 경우에 건물에 전세권을 설정한 때에는 그 대지소유권의 특별승계인은 전세권자에 대하여 지상권을 설정한 것으로 본다.

① ㄱ, ㄴ
② ㄷ, ㄹ
③ ㄷ, ㅁ
④ ㄱ, ㄴ, ㅁ
⑤ ㄷ, ㄹ, ㅁ

34 甲이 유치권을 행사할 수 있는 경우는? (다툼이 있으면 판례에 따름)

① 건물신축공사의 수급인 甲이 사회통념상 독립한 건물이라고 볼 수 없는 구조물을 설치한 상태에서 공사가 중단되고 토지에 대한 경매가 진행되자 공사대금 지급을 요구하며 토지를 점유하는 경우

② 乙 소유의 건물에 경매개시결정의 기입등기가 경료되어 압류의 효력이 발생한 이후에 공사업자 甲이 乙로부터 위 부동산의 점유를 이전받아 공사를 하고 경매절차의 매수인에게 그 공사대금 지급을 요구하며 건물을 점유하는 경우

③ 수급인 甲이 건물을 완공한 후 도급인 乙로부터 공사대금은 받았지만 그 대금의 이행지체로 인한 손해배상액은 지급받지 못하자 그 지급을 요구하며 건물을 점유하는 경우

④ 임차인 甲과 임대인 乙 사이에 임대차계약 종료 후 건물명도 시 권리금을 반환하기로 하는 약정이 있었음에도 乙이 권리금을 반환하지 않자 甲이 그 지급을 요구하며 건물을 점유하는 경우

⑤ 甲이 건물을 매도하면서 중도금만 지급받고 잔금은 못 받은 상태에서 매수인에게 소유권이전등기를 마쳐 준 후 잔금지급을 요구하며 건물을 점유하는 경우

35 甲은 자신의 X노트북을 乙에게 빌려주었는데, 乙은 丙에게 노트북 수리를 맡겼다. 丙이 수리를 마쳤지만 아직 수리대금을 받지 못하고 있다. 이에 관한 설명으로 옳지 <u>않은</u> 것은? (다툼이 있으면 판례에 따름)

① 丙의 乙에 대한 수리대금채권은 민법상 3년의 단기소멸시효에 걸린다.

② 乙과 丙이 유치권의 성립을 배제하는 특약을 하였다면, 그 특약은 유효하다.

③ X노트북을 점유하고 있는 丙은 甲에 대하여 유치권을 주장할 수 있다.

④ 丙이 乙에게 노트북을 반환하였다면, 丙은 수리대금채권에 관하여 甲에게 유치권을 주장할 수 없다.

⑤ 甲과 乙 사이에 수리비는 乙이 부담하기로 사전에 약정하였다면, X노트북을 점유하고 있는 丙은 甲에게 유치권을 주장할 수 없다.

36 민법상 동산질권에 관한 설명으로 옳지 <u>않은</u> 것은?

① 질권이 설정된 사실은 질물소유자의 처분행위를 방해하지 않는다.

② 질권설정자는 채무변제기 전의 계약으로 질권자에게 변제에 갈음하여 질물의 소유권을 취득하게 하거나 법률에 정한 방법에 의하지 아니하고 질물을 처분할 것을 약정하지 못한다.

③ 질권자가 질권설정자의 승낙 없이 그 책임으로 질물을 전질한 경우, 그는 전질하지 않았더라면 면할 수 있었을 불가항력으로 인한 손해에 대하여 책임이 있다.

④ 질권설정자가 질물을 멸실하게 한 경우, 질권자는 피담보채권의 즉시이행을 청구할 수 있지만 손해배상은 청구할 수 없다.

⑤ 질물보다 먼저 채무자의 다른 재산에 관한 배당을 실시하는 경우, 질권자는 채권 전액을 가지고 배당에 참가할 수 있다.

37 채권질권에 관한 설명으로 옳지 <u>않은</u> 것은? (다툼이 있으면 판례에 따름)

① 질권의 목적인 채권의 양도행위에는 질권자의 동의가 필요하다.

② 채권의 목적물이 금전인 때에는 질권자는 자기채권의 한도에서 직접 청구할 수 있다.

③ 채권질권의 효력은 질권의 목적이 된 채권의 지연손해금 등과 같은 부대채권에도 미친다.

④ 저당권으로 담보한 채권을 질권의 목적으로 한 때에는 그 저당권등기에 질권의 부기등기를 하여야 그 효력이 저당권에 미친다.

⑤ 제3채무자가 질권설정사실을 승낙한 후 질권설정계약이 합의해지된 경우, 질권설정자가 해지를 이유로 제3채무자에게 원래의 채권으로 대항하려면 질권자가 제3채무자에게 해지사실을 통지하여야 한다.

38 법정지상권이 인정되는 경우는? (다툼이 있는 경우에는 판례에 의함)

① 甲이 자신의 소유인 나대지에 대하여 乙에게 저당권을 설정해 준 후 乙의 승낙을 얻어 건물을 신축하였으나 乙의 저당권 실행으로 인하여 대지가 丙에게 경락된 경우

② 乙이 甲으로부터 미등기건물을 대지와 함께 매수하였으나 대지에 관하여만 소유권이전등기를 넘겨받고 대지에 대해서 저당권을 설정한 후 그 저당권이 실행되어 丙이 경락받은 경우

③ 乙이 甲으로부터 토지를 매수하여 소유권이전등기를 한 후 乙이 건물을 신축하였으나 토지매매가 무효가 된 경우

④ 甲과 乙이 1필지의 대지를 구분소유적으로 공유하던 중, 甲이 자기 몫으로 점유하던 특정부분에 건물을 신축하여 자신의 이름으로 등기하였으나, 乙이 강제경매로 대지에 관한 甲의 지분을 모두 취득한 경우

⑤ 甲, 乙, 丙이 같은 지분으로 공유하고 있는 대지 위에 甲이 乙의 동의를 얻어 건물을 신축한 후 丙이 공유물 분할을 위한 경매에서 대지 전부의 소유권을 취득한 경우

39 근저당권에 관한 설명으로 옳지 <u>않은</u> 것은? (다툼이 있는 경우에는 판례에 의함)

① 근저당권자의 경매신청으로 그 피담보채권이 확정된 경우, 확정 전에 발생한 원본채권에 관하여 확정 후에 발생하는 지연손해금채권은 근저당권으로 담보되지 않는다.

② 근저당권이 유효하기 위해서는 그 설정행위와 별도로 피담보채권을 발생하게 하는 법률행위가 있어야 한다.

③ 물상보증인이 근저당권의 피담보채무를 면책적으로 인수하고 이를 원인으로 하여 근저당권 변경의 부기등기를 마친 경우, 특별한 사정이 없으면 그 변경등기는 당초 물상보증인이 인수한 채무만을 담보 대상으로 한다.

④ 가압류등기가 기입된 부동산에 근저당권이 설정된 경우 그 근저당권등기는 가압류의 집행보전의 목적을 달성하는 데 필요한 범위 안에서 가압류채권자에 대한 관계에서만 무효이다.

⑤ 근저당권자와 근저당권을 설정한 채무자의 관계에서는 피담보채권의 총액이 근저당권의 채권최고액을 넘더라도 그 채권 전부의 변제가 있을 때까지 근저당권의 효력이 잔존채무에 미친다.

40 가등기담보 등에 관한 법률에 관한 설명으로 옳지 <u>않은</u> 것은?

① 채무자가 청산기간이 지나기 전에 한 청산금에 관한 권리의 양도나 그 밖의 처분은 이로써 후순위권리자에게 대항하지 못한다.

② 담보가등기를 마친 부동산에 강제경매의 개시결정이 있는 경우에 그 경매의 신청이 청산금을 지급하기 전에 행하여진 경우(청산금이 없는 경우에는 청산기간이 지나기 전)에는 담보가등기권리자는 그 가등기에 따라 본등기를 청구할 수 있다.

③ 채무자 등은 특별한 사정이 없는 한 청산금채권을 변제받을 때까지 그 채무액을 채권자에게 지급하고 그 채권담보의 목적으로 마친 소유권이전등기의 말소를 청구할 수 있다.

④ 담보가등기를 마친 부동산에 강제경매 등이 개시된 경우에 담보가등기권리자는 다른 채권자보다 자기 채권을 우선변제받을 권리가 있다.

⑤ 담보가등기권리자가 담보목적부동산의 소유권을 취득하기 위하여 청산금의 평가액을 통지하는 경우, 청산금이 없다고 인정되더라도 그 뜻을 통지하여야 한다.

02 제2회 민법 최종모의고사 문제

01 관습법과 관습에 관한 설명으로 옳은 것은? (다툼이 있으면 판례에 따름)

① 온천에 관한 권리는 관습법상의 물권이나 준물권이라고 볼 수 없다.

② 관습법은 사회의 거듭된 관행과 법적 확신이 없어도 성립된다.

③ 관습은 당사자의 주장·입증을 기다림이 없이 법원이 직권으로 이를 확정하여야 한다.

④ 공동선조와 성과 본을 같이하는 후손이면 미성년자라도 성별의 구별 없이 당연히 종중의 구성원이 된다.

⑤ 관습법이 사회생활규범으로 승인되었다면 사회를 지배하는 기본적 이념이나 사회질서의 변화로 인하여 그 관습법을 적용하여야 할 시점에 있어서의 전체 법질서에 부합하지 않게 되었더라도 그 법규범으로서의 효력이 인정된다.

02 신의성실의 원칙에 관한 설명으로 옳은 것을 모두 고른 것은? (다툼이 있으면 판례에 따름)

> ㄱ. 사정변경을 이유로 계약의 해제가 인정되는 경우는 계약준수원칙의 예외에 해당한다.
> ㄴ. 사용자는 근로계약에 수반되는 신의칙상의 부수의무로서 피용자가 노무를 제공하는 과정에서 건강을 해치는 일이 없도록 필요한 조치를 강구하여야 할 의무를 부담한다.
> ㄷ. 채권자가 채권을 확보하기 위하여 제3자의 부동산을 채무자에게 명의신탁하도록 한 다음 그 부동산에 대하여 강제집행을 하는 행위는 신의칙상 허용되지 않는다.
> ㄹ. 아파트분양자는 아파트단지 인근에 쓰레기매립장이 건설예정인 사실을 분양계약자에게 고지할 신의칙상 의무를 부담한다.

① ㄱ

② ㄴ, ㄷ

③ ㄷ, ㄹ

④ ㄱ, ㄴ, ㄹ

⑤ ㄱ, ㄴ, ㄷ, ㄹ

03 권리능력에 관한 설명 중 옳은 것은? (다툼이 있는 경우에는 판례에 의함)

① 불법행위로 인하여 태아가 사산된 경우, 태아의 父는 자신의 손해배상청구권과 태아의 손해배상청구권을 함께 취득한다.

② 사망의 증거가 있다면, 재난으로 인한 사망사실을 조사한 관공서의 통보가 없더라도 법원이 직권으로 사망의 사실을 인정할 수 있다.

③ 甲이 태아인 상태에서 父가 乙의 불법행위에 의해서 장애를 얻었다면, 살아서 출생한 甲은 乙에 대하여 父의 장애로 인한 자신의 정신적 손해에 대한 배상을 청구할 수 없다.

④ 태아의 母가 태아를 대리하여 증여자와 증여계약을 체결한 경우에 태아가 살아서 출생하면 증여계약상의 권리를 주장할 수 있다.

⑤ 법인의 권리능력은 설립근거가 된 법률과 정관에서 정한 목적범위 내로 제한되며, 그 목적을 수행함에 있어서 간접적으로 필요한 행위에 대해서는 권리능력이 인정되지 않는다.

04 미성년자의 법률행위에 관한 설명으로 옳은 것을 모두 고른 것은? (다툼이 있는 경우에는 판례에 의함)

ㄱ. 법정대리인의 동의 없이 계약을 체결한 미성년자는 단독으로 그 계약을 취소할 수 있다.
ㄴ. 미성년자의 법정대리인은 그를 대리하여 근로계약을 체결할 수 있다.
ㄷ. 법정대리인의 동의 없이 미성년자가 자신을 수증자로 하는 부담부 증여계약을 체결한 경우, 이는 확정적으로 유효한 법률행위이다.
ㄹ. 법정대리인이 미성년자에게 영업을 허락함에는 반드시 영업의 종류를 특정하여야 한다.
ㅁ. 혼인한 미성년자는 법정대리인의 동의 없이 확정적으로 이혼할 수 있다.

① ㄹ
② ㄱ, ㅁ
③ ㄴ, ㄷ
④ ㄱ, ㄹ, ㅁ
⑤ ㄴ, ㄷ, ㄹ

05 외국에 장기체류하고 있는 甲은 당분간 국내에 돌아올 가능성이 없다. 이에 관한 설명으로 옳지 <u>않은</u> 것은? (다툼이 있는 경우에는 판례에 의함)

① 甲의 법정대리인 乙이 甲의 재산을 관리하는 경우, 부재자의 재산관리에 관한 규정이 적용되지 않는다.

② 甲이 丙에게 자신의 재산을 관리할 것을 부탁한 때에는, 특별한 사정이 없으면 법원은 이해관계인의 청구로 새로운 재산관리인을 정할 수 없다.

③ 법원이 丁을 甲의 재산관리인으로 선임결정하기 전에 이미 甲이 사망하였음이 확인된 때에도 그 결정이 취소되지 않으면 甲의 재산에 대한 丁의 처분행위는 유효하다.

④ 법원이 선임한 재산관리인 丁이 법원의 명령으로 甲의 재산을 보전하기 위하여 필요한 처분을 한 경우, 법원은 甲의 재산으로 그 비용을 지급한다.

⑤ 법원이 선임한 甲의 재산관리인 丁이 甲의 재산에 대한 법원의 매각처분허가를 얻은 때에도 甲의 채무를 담보하기 위하여 甲의 부동산에 저당권을 설정하려면 다시 법원의 허가를 얻어야 한다.

06 법인의 불법행위책임(민법 제35조)에 관한 설명으로 옳지 <u>않은</u> 것은? (다툼이 있는 경우에는 판례에 의함)

① 법인의 불법행위책임을 인정하기 위해서는 외형상 대표기관의 직무행위라고 판단되는 행위가 있으면 족하고 일반불법행위의 요건까지 갖추어야 하는 것은 아니다.

② 법인이 대표기관의 선임·감독에 주의를 다한 경우에도 법인의 불법행위책임이 성립할 수 있다.

③ 법인의 대표자에는 그 명칭이나 대표자로 등기되었는지 여부를 불문하고 법인을 실질적으로 운영하면서 법인을 사실상 대표하여 법인의 사무를 집행하는 사람도 포함된다.

④ 종중의 대표자가 직무와 관련하여 불법행위를 한 경우, 종중이 불법행위책임을 진다.

⑤ 대표기관이 법인의 목적과 관계없이 대표기관 자신이나 제3자의 이익을 도모할 목적으로 그 권한을 남용한 것이라 할지라도 상대방이 이를 알았던 경우, 법인의 불법행위책임을 묻지 못한다.

07 물건에 관한 설명으로 옳지 <u>않은</u> 것은? (다툼이 있으면 판례에 따름)

① 사람의 유체·유골은 매장·관리·제사·공양의 대상이 될 수 있는 유체물에 해당한다.

② 관공서의 건물과 같이 국가나 공공단체의 소유로서 공적 목적에 사용되는 공용물은 불융통물의 일종이다.

③ 1필의 토지 일부는 분필을 하지 않는 한 그 일부의 토지 위에 용익물권을 설정할 수 없다.

④ 「입목에 관한 법률」에 의하여 소유권보존등기를 한 수목의 집단 위에 저당권을 설정할 수 있다.

⑤ 어느 건물이 주된 건물의 종물이기 위해서는 주된 건물의 경제적 효용을 보조하기 위하여 계속적으로 이바지하는 관계가 있어야 한다.

08 민법 제103조의 반사회적 법률행위에 해당하지 <u>않는</u> 것을 모두 고른 것은? (다툼이 있으면 판례에 따름)

> ㄱ. 강제집행을 면할 목적으로 부동산에 허위의 근저당권을 설정하는 행위
> ㄴ. 의무의 강제에 의하여 얻어지는 채권자의 이익에 비하여 과도하게 중한 위약벌의 약정
> ㄷ. 뇌물로 받은 금전을 소극적으로 은닉하기 위하여 이를 임치하는 약정
> ㄹ. 해외연수 후 그 비용과 관련하여 일정 기간 동안 소속회사에서 근무해야 한다는 사규나 약정
> ㅁ. 공무원의 직무에 관한 사항에 대하여 특별한 청탁을 하게 하고, 그에 대한 보수로 금전을 지급하기로 하는 약정

① ㄱ, ㄴ, ㄷ   ② ㄱ, ㄷ, ㄹ

③ ㄴ, ㄹ, ㅁ   ④ ㄷ, ㄹ, ㅁ

⑤ ㄱ, ㄴ, ㄷ, ㅁ

09 통정허위표시에 관한 설명으로 옳은 것을 모두 고른 것은? (다툼이 있는 경우에는 판례에 의함)

> ㄱ. 동일인 여신한도의 제한을 회피하기 위하여 실질적 주채무자 아닌 제3자가 은행에 알리지 않고 주채무자로 서명·날인하여 은행과 소비대차계약을 체결한 경우, 이 계약은 통정허위표시로서 무효이다.
> ㄴ. 통정허위표시로 무효가 된 법률행위도 채권자취소권의 대상이 될 수 있다.
> ㄷ. 차주와 통정하여 금전소비대차를 체결한 금융기관으로부터 계약을 인수한 자는 법률상 새로운 이해관계를 가지게 된 제3자에 해당한다.
> ㄹ. 통정허위표시는 반사회적 행위가 아니므로, 통정허위표시로 인한 채무를 이행한 때에도 불법원인급여가 되지 않는다.

① ㄱ, ㄴ   ② ㄱ, ㄷ

③ ㄴ, ㄷ   ④ ㄴ, ㄹ

⑤ ㄷ, ㄹ

10 착오나 사기에 의한 의사표시에 관한 설명으로 옳은 것은? (다툼이 있으면 판례에 따름)

① 동기의 착오가 상대방에 의하여 제공되거나 유발된 경우에는 착오를 이유로 취소할 수 없다.

② 법률행위 내용의 중요부분에 대한 착오를 판단할 때, 의사표시자의 경제적인 불이익 여부는 문제되지 않는다.

③ 착오를 이유로 한 취소권은 추인할 수 있는 날로부터 3년 내에, 법률행위를 한 날로부터 10년 내에 행사하여야 한다.

④ 법률행위가 사기에 의한 것으로서 취소되는 경우, 그 법률행위가 동시에 불법행위를 구성하는 때에는 취소의 효과로 생기는 부당이득반환청구권과 불법행위로 인한 손해배상청구권을 중첩적으로 행사할 수 있다.

⑤ 제3자의 사기로 인하여 계약을 체결한 경우, 그 제3자에 대하여 불법행위로 인한 손해배상을 청구하기 위해서는 먼저 그 계약을 취소해야 한다.

11 매수인 甲과 매도인 乙은 진품임을 전제로 하여 乙 소유의 그림 1점의 매매계약을 체결하였는데, 그림이 위작이라는 사실을 나중에 알게 된 甲은 중도금지급일에 중도금을 지급하지 않았다. 이에 관한 설명으로 옳지 않은 것은? (다툼이 있으면 판례에 따름)

① 위조된 그림을 진품으로 알고 매수한 것은 법률행위 내용의 중요부분의 착오에 해당한다.

② 甲은 매매계약에 따른 하자담보책임을 乙에게 물을 수 있으므로 착오를 이유로 의사표시를 취소할 수 없다.

③ 乙이 甲의 중도금 지급 채무불이행을 이유로 매매계약을 해제한 후라도 甲은 착오를 이유로 의사표시를 취소할 수 있다.

④ 乙의 기망행위로 인해 매매계약을 체결하였다면 甲은 착오를 이유로 의사표시를 취소할 수 있을 뿐만 아니라 사기를 이유로도 의사표시를 취소할 수 있다.

⑤ 甲이 그림을 진품으로 믿은 것에 중대한 과실이 있는 경우에는 착오를 이유로 의사표시를 취소할 수 없다.

12 대리권의 범위에 관한 설명 중 옳은 것은? (다툼이 있는 경우에는 판례에 의함)

① 계약체결에 관한 대리권을 수여받은 대리인이 수권된 매매계약을 체결하였다면, 그 대리인은 그 계약을 해제한다는 상대방의 의사표시를 수령할 권한도 있다.

② 매수인을 대리하여 부동산을 매수할 권한을 수여받은 대리인에게는 특별한 사정이 없는 한 그 부동산을 제3자에게 매도할 권한도 있다.

③ 부동산에 대한 매매계약의 체결과 이행에 관하여 포괄적으로 대리권을 수여받은 대리인은 특별한 사정이 없는 한 약정된 매매대금의 지급기일을 연기하여 줄 권한도 있다.

④ 예금계약의 체결을 위임받은 자가 가지는 대리권에는 당연히 그 예금을 담보로 하여 대출을 받거나 기타 이를 처분할 수 있는 권한이 포함되어 있다.

⑤ 채무담보의 목적으로 채무자를 대리하여 채무자의 부동산을 매도할 권한을 위임받은 채권자는, 그 부동산의 가치를 임의로 평가하여 자신의 채권자에게 대물변제할 권한도 있다.

13 乙은 甲의 X건물에 대하여 甲의 대리인으로서 丙과 매매계약을 체결하였는데, 乙에게는 대리권이 없었다. 이에 관한 설명으로 옳지 <u>않은</u> 것은? (다툼이 있으면 판례에 따름)

① 丙이 甲의 요구에 따라 매매대금 전부를 지급한 경우, 특별한 사정이 없는 한 丙은 甲에게 X건물의 소유권이전등기를 청구할 수 있다.

② 甲이 乙의 대리행위에 대하여 乙에게 추인의 의사표시를 한 경우, 甲은 이러한 사실을 알지 못한 丙에게 그 추인의 효력을 주장하지 못한다.

③ 乙과 丙 사이에 매매계약이 체결된 후, 甲이 X건물을 丁에게 매도하고 소유권이전등기를 해준 경우, 甲이 乙의 대리행위를 추인하더라도 丁은 유효하게 소유권을 취득한다.

④ 丙이 상당한 기간을 정하여 甲에게 추인 여부의 확답을 최고하였음에도 甲이 그 기간 내에 확답을 발하지 않은 경우, 甲은 추인을 거절한 것으로 본다.

⑤ 丙은 乙과의 매매계약 체결 당시에 乙에게 대리권 없음을 안 경우에도 甲의 추인이 있을 때까지 乙에 대하여 매매계약을 철회할 수 있다.

14 법률행위의 무효와 취소에 관한 설명으로 옳은 것은? (다툼이 있으면 판례에 따름)

① 착오가 의사표시자의 중대한 과실로 인한 경우에는 상대방이 그 착오를 알고 이를 이용하였더라도 의사표시자는 착오를 이유로 의사표시를 취소할 수 없다.

② 통정허위표시의 무효는 선의의 제3자에게 대항하지 못하며, 이때 제3자는 선의이면 족하고 무과실을 요하지 않는다.

③ 무효인 가등기를 유효한 등기로 전용할 것을 약정하였다면, 무효행위의 전환이론에 따라 무효인 가등기는 그 등기 시로 소급하여 유효로 전환된다.

④ 취소권을 행사할 수 있는 기간의 경과 여부는 당사자가 주장하여야 하므로, 법원이 이를 당연히 조사하고 고려해야 할 사항은 아니다.

⑤ 유동적 무효인 토지거래계약이 확정적으로 무효가 된 경우, 이에 대해 귀책사유가 있는 자는 계약의 무효를 주장할 수 없다.

15 취소할 수 있는 법률행위의 경우, 추인할 수 있는 날로부터 일정한 사유가 있으면(이의를 보류하지 않은 것을 전제) 추인한 것으로 보는 경우로서 옳지 <u>않은</u> 것은?

① 취소권자가 취소할 수 있는 법률행위의 상대방으로부터 이행청구를 받은 경우

② 취소권자가 채권자로서 강제집행한 경우

③ 취소권자가 채권자로서 물적 담보를 취득한 경우

④ 취소권자가 취소할 수 있는 매매계약으로부터 취득한 토지에 지상권을 설정한 경우

⑤ 취소할 수 있는 법률행위로부터 발생한 채권의 일부에 대하여 취소권자가 상대방의 이행을 수령한 경우

16 법률행위의 부관에 관한 설명으로 옳지 <u>않은</u> 것은? (다툼이 있는 경우에는 판례에 의함)

① 조건의 성취로 불이익을 받을 자가 신의성실에 반하여 조건의 성취를 방해한 경우에는 고의에 의한 방해만이 아니라 과실에 의한 경우도 여기에 포함된다.

② 신의성실에 반하여 조건성취를 방해한 경우 조건성취로 의제되는 시기는 그러한 행위가 없었더라면 조건이 성취되었으리라고 추산되는 시점이다.

③ 계약당사자가 정지조건부 기한이익 상실의 특약을 한 경우에는, 그 특약에 정한 기한이익의 상실사유가 발생하면 즉시 이행기가 도래한다.

④ 해제조건부 증여로 인한 부동산소유권이전등기를 마친 경우, 등기된 조건이 성취되기 전에 수증자가 한 처분행위는 조건성취의 효과를 제한하는 한도 내에서 무효이다.

⑤ 조건을 붙이는 것이 허용되지 않는 법률행위에 조건을 붙인 때에는 조건만을 분리하여 무효로 할 수도 있고 그 법률행위 전부를 무효로 할 수도 있다.

17 甲은 자신의 소유인 X건물에 대해서 乙과 매매계약을 체결하면서, "丙이 사망하면 매매계약의 효력이 발생하고 그때 곧바로 매매대금을 지급함과 동시에 소유권이전등기를 해 주기로 한다"는 약정을 하였다. 이에 관한 설명 중 옳은 것은?

① 甲과 乙이 체결한 매매계약은 정지조건부 계약이다.

② 丙이 사망하면 매매계약은 甲과 乙이 계약을 체결한 시점으로 소급하여 그 효력이 발생한다.

③ 甲은 丙이 사망하기 전에는 매매대금채권을 제3자에게 양도하거나 담보로 제공할 수 없다.

④ 丙이 사망하기 전에 甲이 X건물의 소유권을 제3자에게 이전한 경우에 乙은 甲에게 X건물을 취득하지 못함으로 인한 손해배상을 청구할 수 있다.

⑤ 甲이 丙의 사망사실을 알게 된 시점부터 甲의 매매대금채권의 소멸시효가 진행된다.

18 제척기간에 관한 설명으로 옳은 것은? (다툼이 있으면 판례에 따름)

① 제척기간이 경과하면 그 기산일에 소급하여 권리소멸의 효과가 발생한다.

② 제척기간은 권리자의 청구나 압류 등이 있으면 중단되고 그때까지 경과된 기간은 산입되지 않는다.

③ 점유보호청구권의 행사기간은 제척기간이기 때문에 점유보호청구권은 재판상·재판 외에서 행사할 수 있다.

④ 제척기간이 지난 후에는 당사자가 책임질 수 없는 사유로 그 기간을 준수하지 못하였더라도 추후에 보완될 수 없다.

⑤ 채권양도의 통지는 그 양도인이 채권이 양도되었다는 사실을 채무자에게 알리는 행위이므로, 채권양도의 통지만으로 제척기간의 준수에 필요한 권리의 재판 외 행사가 이루어졌다고 볼 수 있다.

19 소멸시효의 중단에 관한 설명으로 옳지 <u>않은</u> 것은? (다툼이 있으면 판례에 따름)

① 시효의 중단은 당사자 및 그 승계인 간에만 효력이 있다.

② 주채무자에 대한 시효의 중단은 보증인에 대하여도 효력이 있다.

③ 연대채무자 중 1인이 소유하는 부동산에 대한 압류에 따른 시효중단의 효력은 다른 연대채무자에게는 미치지 않는다.

④ 채권자가 피고로서 응소하여 적극적으로 권리를 주장하고 그것이 받아들여진 경우 시효중단사유인 재판상의 청구에 해당한다.

⑤ 권리자인 피고가 응소하여 권리를 주장하였으나 그 소가 취하되어 본안에서 그 권리주장에 관한 판단 없이 소송이 종료된 후 종료된 때부터 6월 내에 가압류를 하면, 권리자가 가압류를 한 때부터 시효중단의 효력이 인정된다.

20 부동산물권 변동에 관한 설명으로 옳지 <u>않은</u> 것은? (다툼이 있으면 판례에 따름)

① 소유권이전등기청구소송에서 승소판결이 확정된 경우에도 등기하여야 소유권을 취득한다.

② 전세권이 법정갱신된 경우, 전세권자는 등기 없이도 전세권설정자나 그 목적물을 취득한 제3자에 대하여 갱신된 권리를 주장할 수 있다.

③ 신축건물의 보존등기를 건물완성 전에 하였더라도 그 후 건물이 완성된 이상 그 등기는 무효가 아니다.

④ 무허가건물의 신축자는 등기 없이 소유권을 원시취득하지만 이를 양도하는 경우에는 등기 없이 인도에 의하여 소유권을 이전할 수 없다.

⑤ 공유물 분할의 소에서 공유부동산의 특정한 일부씩을 각각의 공유자에게 귀속시키는 것으로 현물분할 하는 내용의 조정이 성립하였다면, 그 조정이 성립한 때 물권변동의 효력이 발생한다.

21 甲 소유의 X토지에 乙 명의로 소유권이전청구권 보전을 위한 가등기가 설정되어 있다. 다음 설명 중 옳은 것은? (다툼이 있는 경우에는 판례에 의함)

① 乙은 가등기된 소유권이전청구권을 가등기에 대한 부기등기의 방법으로 타인에게 양도할 수 없다.

② 乙이 가등기에 기한 본등기를 하면 乙은 가등기를 경료한 때부터 X토지에 대한 소유권을 취득한다.

③ 가등기가 있으면 乙이 甲에 대한 소유권이전등기를 청구할 법률관계가 있는 것으로 추정된다.

④ 乙의 가등기보다 선순위의 담보권이나 가압류 등이 없는 경우에도 X토지가 경매절차에서 제3자에게 매각되면 가등기는 소멸한다.

⑤ 丙이 X토지의 소유권을 양도받은 후 乙 명의의 가등기가 불법으로 말소된 경우, 乙은 丙을 상대로 가등기의 회복등기청구를 하여야 한다.

22 乙은 적법한 권원 없이 甲 소유의 물건을 점유하면서 비용을 지출하였고, 그 후 甲은 乙에 대해 그 물건의 반환을 청구하였으며, 乙이 그 물건으로부터 취득한 과실은 없다. 다음 설명 중 옳지 <u>않은</u> 것은? (다툼이 있는 경우에는 판례에 의함)

① 乙이 악의의 점유자인 경우에는 지출한 필요비의 상환을 청구할 수 없다.

② 乙이 그 물건을 사용하면서 마모된 부품을 교체하는 데 비용을 지출하였다면 그 비용은 필요비에 해당한다.

③ 乙이 책임 있는 사유로 그 물건을 훼손한 경우, 乙이 악의의 점유자라면 그 손해의 전부를 배상하여야 한다.

④ 乙이 유익비를 지출한 때에는 그 가액의 증가가 현존한 경우에 한하여 甲의 선택에 따라 그 지출금액이나 증가액의 상환을 청구할 수 있다.

⑤ 만약 乙의 점유가 불법행위에 의해 개시되었다면, 乙이 지출한 유익비의 상환청구권을 기초로 하는 乙의 유치권은 인정되지 않는다.

23 乙 소유 토지에 대한 甲의 주위토지통행권에 관한 설명으로 옳지 <u>않은</u> 것은? (다툼이 있는 경우에는 판례에 의함)

① 甲에게 인정되는 주위토지통행권은 그 통행로가 항상 특정한 장소로 고정된 것은 아니다.

② 甲의 주위토지통행권에 기한 통행로의 범위는 현재의 토지의 용법에 따른 이용뿐만 아니라 장차의 이용상황까지 대비하여 정할 수 있다.

③ 乙의 주거는 사적인 생활공간이자 평온한 휴식처이기 때문에 甲이 乙의 토지를 통행하는 경우에도 이러한 주거의 자유와 평온 및 안전을 침해해서는 안 된다.

④ 乙이 기존 통행로로 이용되던 토지의 사용방법을 그 용법에 따라 바꾸었을 때에는 甲은 乙을 위하여 보다 손해가 적은 다른 장소로 옮겨 통행하여야 한다.

⑤ 乙은 甲의 허락을 얻어 사실상 통행하고 있는 자에게는 그 손해의 보상을 청구할 수 없다.

24 甲 소유의 X토지를 乙이 소유의 의사로 평온·공연하게 점유하고 있다. 이에 관한 설명으로 옳지 <u>않은</u> 것은? (다툼이 있으면 판례에 따름)

① 乙의 취득시효가 완성된 경우, 甲은 乙에 대하여 X토지에 대한 불법점유임을 이유로 X토지의 인도를 청구할 수 없다.

② 乙이 X토지를 시효취득했더라도, 乙이 시효취득 전에 X토지를 사용하여 얻은 이익은 甲에게 반환하여야 한다.

③ 乙이 취득시효 완성 후 등기하기 전에 甲이 X토지를 丙에게 매도하여 소유권이전등기를 해준 경우, 乙은 특별한 사정이 없는 한 丙에 대하여 시효취득을 이유로 등기말소를 청구할 수 없다.

④ 乙이 취득시효 완성 후 등기하기 전에 甲이 X토지를 丙에게 매도하여 소유권이전등기를 해 준 경우, 乙은 시효기간의 기산점을 임의로 선택할 수 없다.

⑤ 乙의 취득시효가 진행되는 중에 甲이 X토지를 丙에게 매도하여 소유권이전등기를 해 준 다음 시효가 완성된 경우, 乙은 丙에 대하여 시효취득 완성을 주장할 수 있다.

25 乙은 2005.1.10. 甲 소유의 X토지를 매수하고 대금을 지급한 후 X토지를 인도받았으나 소유권이전등기는 마치지 않았다. 乙은 2015.12.31. X토지를 다시 丙에게 매도하였고, 2019.2.16. 현재까지 丙 역시 미등기상태로 X토지를 점유하고 있다. 이에 관한 설명으로 옳지 <u>않은</u> 것은? (다툼이 있으면 판례에 따름)

① 甲은 丙에게 소유권에 기하여 X토지의 반환을 청구할 수 없다.

② 乙의 甲에 대한 소유권이전등기청구권의 소멸시효는 진행되지 않는다.

③ 丙은 乙의 甲에 대한 소유권이전등기청구권을 대위하여 행사할 수 있다.

④ 甲은 丙에 대해 불법점유를 이유로 임료 상당의 부당이득 반환을 청구할 수 없다.

⑤ X토지를 제3자가 불법점유하고 있다면, 丙은 제3자에 대하여 소유권에 기한 물권적 청구권을 행사할 수 있다.

26 공유에 관한 설명으로 옳지 <u>않은</u> 것은? (다툼이 있으면 판례에 따름)

① 제3자가 공유물의 이용을 방해하고 있는 경우 각 공유자는 그의 지분에 기하여 단독으로 공유물 전부에 대한 방해의 제거를 청구할 수 있다.

② 제3자가 공유물의 이용을 방해하고 있는 경우 각 공유자는 제3자에 대하여 자신의 지분의 비율에 해당하는 부분에 한하여 부당이득의 반환을 청구할 수 있다.

③ 공유물 분할의 소는 공유자 전원이 당사자로 되어야 하므로, 원고를 제외한 공유자 모두가 피고로 된다.

④ 부동산공유자의 공유지분 포기의 의사표시가 다른 공유자에게 도달하더라도 등기를 하여야 공유지분 포기에 따른 물권변동의 효력이 발생한다.

⑤ 공유자 중 1인이 다른 공유자의 동의 없이 공유토지 전부를 매도하여 타인명의로 소유권이전등기가 마쳐진 경우, 다른 공유자는 그 공유물 전부에 관해 소유권이전등기의 말소를 청구할 수 있다.

27 甲은 2010년 2월 11일에 조세포탈의 목적으로 乙과 명의신탁약정을 맺었고, 이에 따라 乙은 甲으로부터 받은 매수자금을 가지고 계약의 당사자로서 丙 소유의 부동산을 매수하고 丙으로부터 소유권이전등기를 경료받았다. 이에 관한 설명으로 옳지 <u>않은</u> 것은? (다툼이 있으면 판례에 따름)

① 丙이 계약체결 이후에 甲과 乙의 명의신탁약정사실을 알게 된 경우, 乙과의 매매계약은 소급적으로 무효가 된다.

② 丙이 甲과 乙의 명의신탁관계를 모른 경우, 그 명의신탁관계는 계약명의신탁에 해당한다.

③ 丙이 甲과 乙의 명의신탁관계를 모르고 있었던 경우, 특별한 사정이 없는 한 乙은 甲으로부터 지급받은 취득세를 甲에게 부당이득으로 반환하여야 한다.

④ 명의신탁약정의 무효로 인하여 乙은 당해 부동산 자체가 아니라 甲으로부터 제공받은 매수자금을 부당이득한 것이다.

⑤ 丙이 계약 당시 甲과 乙의 명의신탁관계를 알고 있었던 경우, 丙은 乙에게 매매계약이 무효임을 이유로 乙 명의의 등기말소를 구할 수 있다.

28 甲은 X토지의 소유자인 丙과 매매계약을 체결하고 그 대금을 지급한 후, 소유권이전등기는 자신과 명의신탁약정을 한 친구 乙에게 이전해 줄 것을 요청하여 乙 앞으로 그 등기가 경료되었다. 다음 중 옳지 않은 것은? (다툼이 있는 경우에는 판례에 의함)

① 乙에게로의 이전등기에도 불구하고 甲은 丙에 대하여 소유권이전등기청구권을 상실하지 않는다.

② 甲은 丙을 대위하여 乙 명의의 소유권이전등기의 말소를 청구할 수 있다.

③ 甲은 직접 乙을 상대로 하여 부당이득을 원인으로 하는 소유권이전등기를 청구할 수 없다.

④ 乙은 丙이 甲에게 매매대금을 반환할 때까지 丙의 소유권이전등기말소청구에 응하지 않을 수 있다.

⑤ 乙이 甲의 소유권이전등기청구에 응하여 자의로 X토지의 소유권이전등기를 하여 주었다면, 그 이전등기는 실체관계에 부합하므로 유효하다.

29 지상권에 관한 설명으로 옳은 것은? (다툼이 있으면 판례에 따름)

① 지상권은 1필 토지의 전부가 아닌 일부에 대해서는 성립할 수 없다.

② 지상권자는 존속기간이 만료한 때에 지상물이 현존하는 경우, 지상권설정자에 대해 선택적으로 지상권의 갱신청구 또는 지상물의 매수청구를 할 수 있다.

③ 지상권은 지상물의 소유를 목적으로 토지를 사용하는 권리이므로, 지상권자는 지상권을 유보한 채 지상물소유권만을 양도할 수 없다.

④ 지상권의 지료지급 연체가 토지소유권의 양도 전후에 걸쳐 이루어진 경우, 토지양수인에 대한 연체기간이 2년 이상이면 토지양수인은 지상권의 소멸을 청구할 수 있다.

⑤ 금융기관이 토지에 저당권과 함께 지료 없는 지상권을 설정받으면서 채무자의 사용수익권을 배제하지 않은 경우, 금융기관은 그 토지의 무단점유자에 대해 지상권 침해를 근거로 임료 상당의 손해배상을 청구할 수 있다.

30 乙은 등기서류를 위조하여 甲 소유의 X토지를 자신의 명의로 이전등기한 후 그 토지 위에 Y건물을 신축하였으나 소유권보존등기는 하지 않았다. 乙로부터 X토지와 Y건물을 매수한 丙은 X토지에 대한 소유권이전등기는 하였으나 Y건물은 미등기인 채로 현재까지 점유하고 있다. 다음 설명 중 옳은 것은? (다툼이 있는 경우에는 판례에 의함)

① 丙은 Y건물의 소유를 위한 관습상 법정지상권을 취득한다.

② 甲은 丙을 상대로 Y건물의 철거를 청구할 수 없다.

③ 丙이 선의·무과실인 경우에도 X토지에 대한 소유권을 선의취득할 수 없다.

④ 甲은 丙에 대하여 X토지에 대해 진정명의 회복을 위한 소유권이전등기를 청구할 수 없다.

⑤ X토지의 소유권은 특별한 사정이 없는 한 丙에게 있다.

31 지역권에 관한 설명으로 옳지 <u>않은</u> 것은? (다툼이 있으면 판례에 따름)

① 무상의 지역권 설정도 가능하다.

② 요역지의 불법점유자는 지역권을 시효취득할 수 없다.

③ 지역권자 甲이 그 소유 토지를 乙에게 매도하고 이전등기한 경우, 특별한 사정이 없는 한 乙은 지역권의 이전등기 없이는 지역권을 취득하지 못한다.

④ 지역권자는 승역지의 점유를 침탈한 제3자를 상대로 지역권에 기초하여 승역지의 반환을 청구 할 수 없다.

⑤ 요역지를 여러 사람이 공유하는 경우 공유자 중 한 사람에 대한 지역권의 소멸시효 중단은 다른 공유자를 위하여 효력이 있다.

32 전세권에 관한 설명으로 옳지 <u>않은</u> 것은? (다툼이 있으면 판례에 따름)

① 전세권설정자가 전세권자에 대하여 민법 제315조에 정한 손해배상채권 이외의 다른 채권을 가지고 있더라도 특별한 사정이 없는 한, 이를 가지고 전세금반환채권에 대하여 물상대위권을 행사한 전세권 저당권자에게 상계로 대항할 수 없다.

② X건물에 대해 1순위 저당권자 甲, 2순위 전세권자 乙, 3순위 저당권자 丙이 있고 그중 丙이 경매신청을 하여 丁에게 매각된 경우, 乙의 전세권은 소멸하되 2순위로 우선변제권을 가진다.

③ 타인의 토지에 있는 건물에 전세권을 설정한 경우, 전세권의 효력은 그 건물의 소유를 목적으로 한 지상권에 미친다.

④ 지상권을 가진 건물소유자가 그 건물에 전세권을 설정하였으나 그가 2년 이상의 지료를 지급하지 아니한 경우, 토지소유자는 전세권자의 동의 없이 지상권소멸청구를 할 수 없다.

⑤ 전세권에 저당권이 설정되어 있는 경우에도 전세권의 존속기간이 만료되면 전세권의 용익물권적 권능은 전세권설정등기의 말소등기 없이도 당연히 소멸한다.

33 물상대위에 관한 다음 설명 중 옳지 <u>않은</u> 것은? (다툼이 있는 경우에는 판례에 의함)

① 저당목적물의 소실로 저당권설정자가 취득하게 된 화재보험계약상의 보험금청구권에 대하여도 저당권자가 물상대위권을 행사할 수 있다.

② 저당목적물의 변형물인 금전 기타 물건에 대하여 이미 제3자가 압류하여 그 금전 기타 물건이 특정된 이상 저당권자는 스스로 이를 압류하지 않고서도 물상대위권을 행사할 수 있다.

③ 저당목적물의 변형물인 금전 기타 물건에 대하여 저당권자의 압류 또는 배당요구가 있기 전에 그 금전 기타 물건이 물상보증인에게 지급되었다면, 저당권자는 그 물상보증인에게 부당이득반환을 청구할 수 있다.

④ 저당목적물의 변형물인 금전 기타 물건에 대하여 이미 제3자가 압류하였다면, 저당권자가 물상대위권의 행사에 나아가지 않아도, 다른 일반채권자가 그 금전 기타 물건으로부터 얻은 이득에 대하여 부당이득반환청구를 할 수 있다.

⑤ 공동저당권의 실행에서 물상보증인 소유 부동산이 먼저 경매되어 1번 저당권자에게 대위변제를 한 물상보증인은 채무자 소유 부동산에 대한 1번 저당권을 대위취득하고, 그 물상보증인소유 부동산의 후순위저당권자는 위 1번 저당권에 기하여 물상대위를 할 수 있다.

34 민사유치권에 관한 설명으로 옳은 것은? (다툼이 있으면 판례에 따름)

① 채권자가 채무자의 직접점유를 통하여 간접점유하는 경우에는 유치권은 성립하지 않는다.

② 유치권자는 채권의 변제를 받기 위하여 유치물을 경매할 수 있고, 매각대금에서 후순위권리자보다 우선변제를 받을 수 있다.

③ 수급인이 자신의 노력과 재료를 들여 신축한 건물에 대한 소유권을 원시취득한 경우, 수급인은 공사대금을 지급받을 때까지 유치권을 행사할 수 있다.

④ 유치권의 피담보채권의 소멸시효기간이 확정판결 등에 의하여 10년으로 연장된 경우, 유치권이 성립된 부동산의 매수인은 종전의 단기소멸시효를 원용할 수 있다.

⑤ 공사대금채권에 기하여 유치권을 행사하는 자가 스스로 보존에 필요한 범위 내에서 유치물인 주택에 거주하며 사용하는 경우에도 소유자는 유치권의 소멸을 청구할 수 있다.

35 동산질권에 관한 설명으로 옳지 <u>않은</u> 것은? (다툼이 있으면 판례에 따름)

① 질물의 과실에 대해서도 질권의 효력이 미친다.

② 질권설정을 위한 인도는 현실의 인도에 한하지 않고 점유개정에 의하더라도 무방하다.

③ 질권자가 질물을 점유하고 있더라도 피담보채권의 소멸시효 진행에 영향을 미치지 않는다.

④ 건물의 임대인이 임대차에 관한 채권에 의하여 그 건물에 부속한 임차인 소유의 동산을 압류한 때에는 질권과 동일한 효력이 있다.

⑤ 질권설정자에게 처분권한이 없더라도 채권자가 평온·공연하게 선의이며 과실 없이 질권설정을 받은 경우, 채권자는 동산질권을 선의취득한다.

36 저당권의 효력이 미치는 범위 등에 관한 설명으로 옳지 <u>않은</u> 것은? (다툼이 있으면 판례에 따름)

① 저당권설정행위에서 저당권의 효력은 종물에 미치지 않는다고 약정한 경우, 이를 등기하여야 제3자에게 대항할 수 있다.

② 건물의 증축부분이 기존 건물에 부합하여 기존 건물과 분리하여서는 별개의 독립물로서 효용을 갖지 못하는 경우, 기존 건물에 대한 저당권은 부합된 증축부분에도 그 효력이 미친다.

③ 지상권자가 축조하여 소유하고 있는 건물에는 토지저당권의 효력이 미치지 않는다.

④ 저당부동산에 대한 압류가 있기 전에 저당권설정자가 그 부동산으로부터 수취한 과실에도 저당권의 효력이 미친다.

⑤ 건물소유를 목적으로 한 토지임차인이 그 토지 위에 소유하는 건물에 저당권을 설정한 때에는, 저당권의 효력이 건물뿐만 아니라 건물소유를 목적으로 한 토지의 임차권에도 미친다.

37 근저당권에 관한 설명으로 옳지 <u>않은</u> 것은? (다툼이 있으면 판례에 따름)

① 물상보증인이 근저당권채무자의 채무만을 면책적으로 인수하고 이를 원인으로 하여 근저당권 변경의 부기등기가 경료된 경우, 그 후 물상보증인이 다른 원인으로 근저당권자에 대하여 부담하게 된 새로운 채무까지 담보하는 것은 아니다.

② 근저당권에 기해 경매신청을 하면 경매신청 시에 근저당채무액이 확정되고, 경매신청에 따른 경매개시결정이 있은 후에 경매신청이 취하되더라도 채무확정의 효과가 번복되지 않는다.

③ 존속기간이나 결산기의 정함이 없는 때에는 특별한 사정이 없으면 근저당권설정자가 근저당권자를 상대로 언제든지 해지의 의사표시를 함으로써 피담보채무를 확정시킬 수 있다.

④ 근저당권설정등기가 원인 없이 말소된 이후에, 근저당목적물인 부동산에 관하여 다른 근저당권자의 신청에 따라 경매절차가 진행되어 매각허가결정이 확정되고 매수인이 매각대금을 완납하였더라도, 그 근저당권은 소멸하지 않는다.

⑤ 근저당권에 있어서 피담보채무의 이자는 최고액 중에 산입한 것으로 본다.

38 가등기담보 등에 관한 설명으로 옳지 <u>않은</u> 것은? (다툼이 있으면 판례에 따름)

① 채권자가 담보권을 실행하여 담보목적부동산의 소유권을 취득하기 위해서는 그 채권의 변제기 후에 청산금의 평가액을 채무자 등에게 통지하고, 그 통지가 채무자 등에게 도달한 날부터 2개월이 지나야 한다.

② 담보권 실행의 통지 시 담보목적부동산의 평가액이 채권액에 미달하여 청산금이 없다고 인정되는 때에는 그 뜻을 통지하여야 한다.

③ 채권자는 담보목적부동산에 관하여 이미 소유권이전등기를 마친 경우에는 청산기간이 지난 후 청산금을 채무자 등에게 지급한 때에 담보목적부동산의 소유권을 취득한다.

④ 가등기담보권자인 채권자가 청산기간이 경과하기 전에 채무자에게 청산금을 지급한 경우, 후순위권리자에게 대항할 수 있다.

⑤ 담보가등기를 마친 부동산에 대하여 강제경매 등이 행하여진 경우, 담보가등기권리는 그 부동산의 매각에 의하여 소멸한다.

39 甲은 乙에 대한 5천만 원의 채무를 담보하기 위하여 점유개정의 방법으로 甲 소유의 A기계를 乙에게 양도하였고, 甲은 丙에 대한 5천만 원의 채무를 담보하기 위하여 점유개정의 방법으로 다시 그 기계를 丙에게 양도하였다. 그 후 甲은 乙로부터 5천만 원을 추가로 빌리면서 양도담보계약에서 약정하였던 피담보채무액을 증액하였다. 이에 관한 설명으로 옳은 것을 모두 고른 것은? (다툼이 있으면 판례에 따름)

> ㄱ. 甲이 A기계에 대한 점유를 잃으면, 乙 역시 양도담보권을 상실한다.
> ㄴ. 만약 甲의 의뢰로 丁이 A기계를 수리한 경우, 丁은 乙에게 수리비 상당의 부당이득반환을 청구할 수 있다.
> ㄷ. A기계에 대해 경매절차가 진행되어 1억 원에 매각된 경우, 乙이 1억 원을 변제받게 된다.
> ㄹ. 丙이 乙에게 양도담보권이 있다는 사실을 알면서 甲으로부터 A기계를 현실인도받아 제3자에게 처분하여 제3자가 선의취득한 경우, 丙은 乙에게 불법행위책임을 진다.

① ㄱ, ㄴ
② ㄴ, ㄷ
③ ㄷ, ㄹ
④ ㄱ, ㄴ, ㄹ
⑤ ㄱ, ㄷ, ㄹ

40 집합물에 대한 양도담보권설정계약에 관한 설명으로 옳지 않은 것은? (다툼이 있는 경우에는 판례에 의함)

① 점유개정의 방법으로 동산에 대한 이중의 양도담보설정계약이 체결된 경우, 나중에 설정계약을 체결한 채권자는 양도담보권을 취득할 수 없다.

② 재고상품을 종류, 장소 또는 수량지정 등의 방법에 의하여 특정할 수 있으면, 그 집합물 전체에 대한 하나의 담보권을 설정할 수 있다.

③ 대량으로 생산·출하가 반복되는 특정돈사의 돼지들을 양도담보의 목적물로 삼은 경우, 그 돼지들을 출하하여 얻은 수익으로 새로 구입한 돼지에 대하여는 양도담보권이 미치지 않는다.

④ 유동집합물에 대한 양도담보계약의 목적물을 선의취득하지 못한 양수인이 그 목적물에 자기소유인 동종의 물건을 섞어 관리한 경우, 양도담보의 효력이 미치지 않는 물건의 존재와 범위에 대한 증명책임은 양수인에게 있다.

⑤ 대량으로 생산·출하가 반복되는 특정돈사의 돼지들을 양도담보의 목적물로 삼은 경우, 그 돼지로부터 출산시켜 얻은 새끼돼지에 대해서는 별도의 양도담보권설정계약을 맺지 않더라도 양도담보권의 효력이 미친다.

01	02	03	04	05	06	07	08	09	10	11	12	13	14	15	16	17	18	19	20
②	②	④	⑤	④	③	④	③	③	⑤	①	⑤	①	④	②	③	④	④	①	①
21	22	23	24	25	26	27	28	29	30	31	32	33	34	35	36	37	38	39	40
⑤	⑤	①	⑤	④	④	④	⑤	②	④	③	②	②	③	⑤	④	①	④	①	②

01

답 ②

┃정답해설┃

② 미등기무허가건물의 양수인이라도 그 소유권이전등기를 경료하지 않는 한 그 건물의 소유권을 취득할 수 없고, 소유권에 준하는 관습상의 물권이 있다고도 할 수 없으며, 현행법상 사실상의 소유권이라고 하는 포괄적인 권리 또는 법률상의 지위를 인정하기도 어렵다(대판 2006. 10.27. 2006다49000).

┃오답해설┃

① 관습법은 바로 법원으로서 법령과 같은 효력을 갖는 관습으로서 법령에 저촉되지 않는 한 법칙으로서의 효력이 있는 것이며, 이에 반하여 사실인 관습은 법령으로서의 효력이 없는 단순한 관행으로서 법률행위의 당사자의 의사를 보충함에 그치는 것이다(대판 1983.6.14. 80다3231).

③ 종중의 명칭사용이 비록 명칭사용에 관한 관습에 어긋난다고 하여도 그 점만 가지고 바로 그 종중의 실체를 부인할 수는 없다(대판 2002.6.28. 2001다5296).

④ 사실인 관습은 사적 자치가 인정되는 분야 즉 그 분야의 제정법이 주로 임의규정일 경우에는 법률행위의 해석기준으로서 또는 의사를 보충하는 기능으로서 이를 재판의 자료로 할 수 있을 것이나 이 이외의 즉 그 분야의 제정법이 주로 강행규정일 경우에는 그 강행규정 자체에 결함이 있거나 강행규정 스스로가 관습에 따르도록 위임한 경우 등 이외에는 법적 효력을 부여할 수 없다(대판 1983.6.14. 80다3231).

⑤ 가족의례준칙 제13조의 규정과 배치되는 사실인 관습의 효력을 인정하려면 그와 같은 관습을 인정할 수 있는 당사자의 주장과 입증이 있어야 할 뿐만 아니라 이 관습이 사적 자치가 인정되는 임의규정에 관한 것인지 여부를 심리판단하여야 한다(대판 1983.6.14. 80다3231).

02

답 ②

┃정답해설┃

ㄱ. [○] 이른바 사정변경으로 인한 계약해제는, 계약성립 당시 당사자가 예견할 수 없었던 현저한 사정의 변경이 발생하였고 그러한 사정의 변경이 해제권을 취득하는 당사자에게 책임 없는 사유로 생긴 것으로서, 계약내용대로의 구속력을 인정한다면 신의칙에 현저히 반하는 결과가 생기는 경우에 계약준수원칙의 예외로서 인정되는 것이고, 여기에서 말하는 사정이라 함은 계약의 기초가 되었던 객관적인 사정으로서, 일방당사자의 주관적 또는 개인적인 사정을 의미하는 것은 아니다. 또한, 계약의 성립에 기초가 되지 아니한 사정이 그 후 변경되어 일방당사자가 계약 당시 의도한 계약목적을 달성할 수 없게 됨으로써 손해를 입게 되었다 하더라도 특별한 사정이 없는 한 그 계약내용의 효력을 그대로 유지하는 것이 신의칙에 반한다고 볼 수도 없다(대판 2007.3.29. 2004다31302).

ㄷ. [○] 신의성실의 원칙에 반하는 것 또는 권리남용은 강행규정에 위배되는 것이므로 당사자의 주장이 없더라도 법원은 직권으로 판단할 수 있다(대판 1995.12.12. 94다42129).

┃오답해설┃

ㄴ. [×] 회사의 이사가 채무액과 변제기가 특정되어 있는 회사채무에 대하여 보증계약을 체결한 경우에는 계속적 보증이나 포괄근보증의 경우와는 달리 이사직 사임이라는 사정변경을 이유로 보증인인 이사가 일방적으로 보증계약을 해지할 수 없다(대판 1999.12.28. 99다25938).

ㄹ. [×] 강행법규에 위반한 자가 스스로 그 약정의 무효를 주장하는 것이 신의칙에 위반되는 권리의 행사라는 이유로 그 주장을 배척한다면, 이는 오히려 강행법규에 의하여 배제하려는 결과를 실현시키는 셈이 되어 입법취지를 완전히 몰각하게 되므로 달리 특별한 사정이 없는 한 위와 같은 주장은 신의칙에 반하는 것이라고 할 수 없고, 한편 신의성실의 원칙에 위배된다는 이유로 그 권리의 행사를 부정하기 위해서는 상대방에게 신의를 공여하였다거나 객관적으로 보아 상대방이 신의를 가짐이 정당한 상태에 있어야 하며, 이러한 상대방의 신의에 반하여 권리를 행사하는 것이 정의관념에 비추어 용인될 수 없는 정도의 상태에 이르러야 한다(대판 2004.6.11. 2003다1601).

┃정답해설┃

⑤ 제13조 제4항

> **제13조(피한정후견인의 행위와 동의)**
> ④ 한정후견인의 동의가 필요한 법률행위를 피한정후견인이 한정후견인의 동의 없이 하였을 때에는 그 법률행위를 취소할 수 있다. 다만, 일용품의 구입 등 일상생활에 필요하고 그 대가가 과도하지 아니한 법률행위에 대하여는 그러하지 아니하다.

┃오답해설┃

① 미성년자의 법률행위에 법정대리인의 동의를 요하도록 하는 것은 강행규정인데, 위 규정에 반하여 이루어진 신용구매계약을 미성년자 스스로 취소하는 것을 신의칙 위반을 이유로 배척한다면, 이는 오히려 위 규정에 의해 배제하려는 결과를 실현시키는 셈이 되어 미성년자제도의 입법취지를 몰각시킬 우려가 있으므로, 법정대리인의 동의 없이 신용구매계약을 체결한 미성년자가 사후에 법정대리인의 동의 없음을 사유로 들어 이를 취소하는 것이 신의칙에 위배된 것이라고 할 수 없다(대판 2007.11.16. 2005다71659 · 71666 · 71673).

② 미성년자가 법률행위를 함에 있어서 요구되는 법정대리인의 동의는 언제나 명시적이어야 하는 것은 아니고 묵시적으로도 가능한 것이며, 미성년자의 행위가 위와 같이 법정대리인의 묵시적 동의가 인정되거나 처분허락이 있는 재산의 처분 등에 해당하는 경우라면, 미성년자로서는 더 이상 행위무능력을 이유로 그 법률행위를 취소할 수 없다(대판 2007.11.16. 2005다71659 · 71666 · 71673).

③ 제10조 제4항

> **제10조(피성년후견인의 행위와 취소)**
> ④ 제1항에도 불구하고 일용품의 구입 등 일상생활에 필요하고 그 대가가 과도하지 아니한 법률행위는 성년후견인이 취소할 수 없다.

④ 미성년후견인이나 한정후견인과 달리 성년후견인에게는 동의권이 인정되지 아니한다(제10조 제항, 제17조 제2항). 따라서 성년후견 개시의 심판을 받은 자가 성년후견인의 동의 없이 취소할 수 없는 범위에 속하는 법률행위를 한 경우에도, 그 행위는 유효하다.

┃정답해설┃

① [○], ② [○], ④ [×] 의사능력이란 자신의 행위의 의미나 결과를 정상적인 인식력과 예기력을 바탕으로 합리적으로 판단할 수 있는 정신적 능력 내지는 지능을 말하는 바, 특히 어떤 법률행위가 그 일상적인 의미만을 이해하여서는 알기 어려운 특별한 법률적인 의미나 효과가 부여되어 있는 경우 의사능력이 인정되기 위하여는 그 행위의 일상적인 의미뿐만 아니라 법률적인 의미나 효과에 대하여도 이해할 수 있을 것을 요한다고 보아야 하고, 의사능력의 유무는 구체적인 법률행위와 관련하여 개별적으로 판단되어야 할 것이다(대판 2009.1.15. 2008다58367).

┃오답해설┃

③ 의사무능력자의 법률행위는 무효이다. 또한 미성년자가 법정대리인의 동의 없이 법률행위를 한 경우, 법정대리인은 미성년을 이유로, 즉 제한능력을 이유로 법률행위를 취소할 수도 있다(제5조 제2항, 제140조).

⑤ 의사무능력자의 행위에 대하여는 누구나 언제든지 무효를 주장할 수 있는데, 이 경우 그 행위의 무효를 주장하는 자가 의사능력이 없었음을 증명하여야 한다.

05

┃정답해설┃

ㄴ. [○] 제13조 제1항

> **제13조(피한정후견인의 행위와 동의)**
> ① 가정법원은 피한정후견인이 한정후견인의 동의를 받아야 하는 행위의 범위를 정할 수 있다.

ㄹ. [○] 제14조의2 제2항

> **제14조의2(특정후견의 심판)**
> ② 특정후견은 본인의 의사에 반하여 할 수 없다.

┃오답해설┃

ㄱ. [×] 가정법원은 질병, 장애, 노령, 그 밖의 사유로 인한 정신적 제약으로 사무를 처리할 능력이 부족한 사람에 대하여 본인, 배우자, 4촌 이내의 친족, 미성년후견인, 미성년후견감독인, 성년후견인, 성년후견감독인, 특정후견인, 특정후견감독인, 검사 또는 지방자치단체의 장의 청구에 의하여 한정후견 개시의 심판을 한다(제12조 제1항).

ㄷ. [×] 피특정후견인은 행위능력자로서의 행위능력이 제한되지 아니하므로, 특정후견인에게는 원칙적으로 동의권과 취소권이 인정되지 아니한다.

06
답 ③

┃정답해설┃

ㄱ. [×] 민법 제27조의 실종선고를 청구할 수 있는 이해관계인이라 함은 부재자의 법률상 사망으로 인하여 직접적으로 신분상 또는 경제상의 권리를 취득하거나 의무를 면하게 되는 사람만을 뜻한다. 따라서 부재자의 제2순위 상속인에 불과한 자는 부재자에 대한 실종선고의 여부에 따라 상속지분에 차이가 생긴다고 하더라도 이는 부재자의 사망간주시기에 따른 간접적인 영향에 불과하고 부재자의 실종선고 자체를 원인으로 한 직접적인 결과는 아니므로 부재자에 대한 실종선고를 청구할 이해관계인이 될 수 없다(대결 1986.10.10. 86스20). 따라서 제2순위 상속인에 불과한 甲의 어머니 丙은 실종선고를 청구할 수 있는 이해관계인에 해당하지 아니한다.

ㄴ. [×] 실종선고의 효력이 발생하기 전에는 실종기간이 만료된 실종자라 하여도 소송상 당사자능력을 상실하는

것은 아니므로 실종선고 확정 전에는 실종기간이 만료된 실종자를 상대로 하여 제기된 소도 적법하고 실종자를 당사자로 하여 선고된 판결도 유효하며 그 판결이 확정되면 기판력도 발생한다고 할 것이고, 이처럼 판결이 유효하게 확정되어 기판력이 발생한 경우에는 그 판결이 해제조건부로 선고되었다는 등의 특별한 사정이 없는 한 그 효력이 유지되어 당사자로서는 그 판결이 재심이나 추완항소 등에 의하여 취소되지 않는 한 그 기판력에 반하는 주장을 할 수 없는 것이 원칙이라 할 것이며, 비록 실종자를 당사자로 한 판결이 확정된 후에 실종선고가 확정되어 그 사망간주의 시점이 소제기 전으로 소급하는 경우에도 위 판결 자체가 소급하여 당사자능력이 없는 사망한 사람을 상대로 한 판결로서 무효가 된다고는 볼 수 없다(대판 1992.7.14. 92다2455).

┃오답해설┃

ㄷ. [○] 실종선고를 받은 자는 실종기간이 만료한 때에 사망한 것으로 간주되는 것이므로, 실종선고로 인하여 실종기간 만료 시를 기준으로 하여 상속이 개시된 이상 설사 이후 실종선고가 취소되어야 할 사유가 생겼다고 하더라도 실제로 실종선고가 취소되지 아니하는 한, 임의로 실종기간이 만료하여 사망한 때로 간주되는 시점과는 달리 사망시점을 정하여 이미 개시된 상속을 부정하고 이와 다른 상속관계를 인정할 수는 없다(대판 1994.9.27. 94다21542).

07
답 ④

┃정답해설┃

ㄷ. [○] 비법인사단의 경우 대표자의 행위가 직무에 관한 행위에 해당하지 아니함을 피해자 자신이 알았거나 또는 중대한 과실로 인하여 알지 못한 경우에는 비법인사단에게 손해배상책임을 물을 수 없다(대판 2003.7.25. 2002다27088).

ㄹ. [○] 주택조합과 같은 비법인사단의 대표자가 직무에 관하여 타인에게 손해를 가한 경우 그 사단은 민법 제35조 제1항의 유추적용에 의하여 그 손해를 배상할 책임이 있으며, 비법인사단의 대표자의 행위가 대표자 개인의 사리를 도모하기 위한 것이었거나 혹은 법령의 규정에 위배된 것이었다 하더라도 외관상, 객관적으로 직무에 관한 행위라고 인정할 수 있는 것이라면 민법 제35조 제1항의 직무에 관한 행위에 해당한다(대판 2003.7.25. 2002다27088).

280 감정평가사 1차 민법 기출문제집(+ 최종모의고사)

┃오답해설┃

ㄱ. [×] 비법인사단에 대하여는 사단법인에 관한 민법규정 가운데서 법인격을 전제로 하는 것을 제외하고는 이를 유추적용하여야 할 것인바, 민법 제62조의 규정에 비추어 보면 비법인사단의 대표자는 정관 또는 총회의 결의로 금지하지 아니한 사항에 한하여 타인으로 하여금 특정한 행위를 대리하게 할 수 있을 뿐 비법인사단의 제반 업무처리를 포괄적으로 위임할 수는 없다 할 것이므로, 비법인사단 대표자가 행한 타인에 대한 업무의 포괄적 위임과 그에 따른 포괄적 수임인의 대행행위는 민법 제62조의 규정에 위반된 것이어서 비법인사단에 대하여는 그 효력이 미치지 아니한다(대판 1996.9.6. 94다18522).

ㄴ. [×] 민법 제764조에서 말하는 명예라 함은 사람의 품성, 덕행, 명예, 신용 등 세상으로부터 받는 객관적인 평가를 말하는 것이고 특히 법인의 경우에는 그 사회적 명예, 신용을 가리키는 데 다름없는 것으로 명예를 훼손한다는 것은 그 사회적 평가를 침해하는 것을 말하고 이와 같은 법인의 명예가 훼손된 경우에 그 법인은 상대방에 대하여 불법행위로 인한 손해배상과 함께 명예회복에 적당한 처분을 청구할 수 있고, 종중과 같이 소송상 당사자능력이 있는 비법인사단 역시 마찬가지이다(대판 1997.10.24. 96다17851).

08 ┃답┃ ③

┃정답해설┃

③ 어느 건물이 주된 건물의 종물이기 위하여는 주물의 상용에 이바지하는 관계에 있어야 하고, 주물의 상용에 이바지한다 함은 주물 그 자체의 경제적 효용을 다하게 하는 것을 말하는 것으로서, 주물의 소유자나 이용자의 사용에 공여되고 있더라도 주물 그 자체의 효용과 직접 관계가 없는 물건은 종물이 아니다(대결 2000.11.2. 2000마3530).

┃오답해설┃

① 판례는 「낡은 가재도구 등의 보관장소로 사용되고 있는 방과 연탄창고 및 공동변소가 본채에서 떨어져 축조되어 있기는 하나 본채의 종물」이라고 보았다(대판 1991.5.14. 91다2779).

② 민법 제100조 제2항의 종물과 주물의 관계에 관한 법리는 물건 상호 간의 관계뿐 아니라 권리 상호 간에도 적용된다(대판 2006.10.26. 2006다29020).

④ 종물은 주물의 처분에 수반된다는 민법 제100조 제2항은 임의규정이므로, 당사자는 주물을 처분할 때에 특약으로 종물을 제외할 수 있고 종물만을 별도로 처분할 수도 있다(대판 2012.1.26. 2009다76546).

⑤ 제358조

> **제358조(저당권의 효력의 범위)**
> 저당권의 효력은 저당부동산에 부합된 물건과 종물에 미친다. 그러나 법률에 특별한 규정 또는 설정행위에 다른 약정이 있으면 그러하지 아니하다.

09 ┃답┃ ③

┃정답해설┃

③ 매매계약서에 계약사항에 대한 이의가 생겼을 때에는 매도인의 해석에 따른다는 조항은 법원의 법률행위해석권을 구속하는 조항이라고 볼 수 없다(대판 1974.9.24. 74다1057).

┃오답해설┃

① 법원이 진정성립이 인정되는 처분문서를 해석함에 있어서는 특별한 사정이 없는 한 그 처분문서에 기재되어 있는 문언에 따라 당사자의 의사표시가 있었던 것으로 해석하여야 하는 것이나, 그 처분문서의 기재내용과 다른 특별한 명시적, 묵시적 약정이 있는 사실이 인정될 경우에 그 기재내용의 일부를 달리 인정하거나 작성자의 법률행위를 해석함에 있어서 경험칙과 논리법칙에 어긋나지 아니하는 범위 내에서 자유로운 심증으로 판단할 수 있다(대판 2003.4.8. 2001다38593).

② 제106조

> **제106조(사실인 관습)**
> 법령 중의 선량한 풍속 기타 사회질서에 관계없는 규정과 다른 관습이 있는 경우에 당사자의 의사가 명확하지 아니한 때에는 그 관습에 의한다.

④·⑤ 계약당사자 쌍방이 모두 동일한 물건을 계약목적물로 삼았으나 계약서에는 착오로 다른 물건을 목적물로 기재한 경우 계약서에 기재된 물건이 아니라 쌍방당사자의 의사합치가 있는 물건에 관하여 계약이 성립한 것으로 보아야 한다. 이러한 법리는 계약서를 작성하면서 계약상 지위에 관하여 당사자들의 합치된 의사와 달리 착오로 잘못 기재하였는데 계약당사자들이 오류를 인지하지 못한 채 계약상 지위가 잘못 기재된 계약서에 그대로

기명날인이나 서명을 한 경우에도 동일하게 적용될 수 있다(대판 2018.7.26. 2016다242334).

10

답 ⑤

┃정답해설┃

⑤ 사기에 의한 법률행위의 의사표시를 취소하면 취소의 소급효로 인하여 그 행위의 시초부터 무효인 것으로 되는 것이요, 취소한 때에 비로소 무효로 되는 것이 아니므로 취소를 주장하는 자와 양립되지 아니하는 법률관계를 가졌던 것이 취소 이전에 있었던가 이후에 있었던가는 가릴 필요 없이 사기에 의한 의사표시 및 그 취소사실을 몰랐던 모든 제3자에 대하여는 그 의사표시의 취소를 대항하지 못한다고 보아야 할 것이고 이는 거래안전의 보호를 목적으로 하는 민법 제110조 제3항의 취지에도 합당한 해석이 된다(대판 1975.12.23. 75다533).

┃오답해설┃

① 사기에 의한 의사표시란 타인의 기망행위로 말미암아 착오에 빠지게 된 결과 어떠한 의사표시를 하게되는 경우이므로 거기에는 의사와 표시의 불일치가 있을 수 없고, 단지 의사의 형성과정 즉 의사표시의 동기에 착오가 있는 것에 불과하다(대판 2005.5.27. 2004다43824).

② 상대방의 대리인 등 상대방과 동일시할 수 있는 자는 제3자에 해당하지 아니하므로, 민법 제110조 제1항의 사기일 뿐이다.

③ 상품의 선전·광고에 있어 다소의 과장이나 허위가 수반되었다고 하더라도 일반상거래의 관행과 신의칙에 비추어 시인될 수 있는 정도의 것이라면 이를 가리켜 기망하였다고 할 수는 없고, 거래에 있어 중요한 사항에 관한 구체적 사실을 신의성실의 의무에 비추어 비난받을 정도의 방법으로 허위로 고지한 경우에는 기망행위에 해당한다(대판 2008.11.27. 2008다56118).

④ 법률행위가 사기에 의한 것으로서 취소되는 경우에 그 법률행위가 동시에 불법행위를 구성하는 때에는 취소의 효과로 생기는 부당이득반환청구권과 불법행위로 인한 손해배상청구권은 경합하여 병존하는 것이므로, 채권자는 어느 것이라도 선택하여 행사할 수 있지만 중첩적으로 행사할 수는 없다(대판 1993.4.27. 92다56087).

11

답 ①

┃정답해설┃

① 기망행위로 인하여 법률행위의 중요부분에 관하여 착오를 일으킨 경우뿐만 아니라 법률행위의 내용으로 표시되지 아니한 의사결정의 동기에 관하여 착오를 일으킨 경우에도 표의자는 그 법률행위를 사기에 의한 의사표시로서 취소할 수 있다(대판 1985.4.9. 85도167).

┃오답해설┃

② 의사표시의 상대방이 아닌 자로서 기망행위를 하였으나 민법 제110조 제2항에서 정한 제3자에 해당되지 아니한다고 볼 수 있는 자란 그 의사표시에 관한 상대방의 대리인 등 상대방과 동일시할 수 있는 자만을 의미하고, 단순히 상대방의 피용자이거나 상대방이 사용자책임을 져야 할 관계에 있는 피용자에 지나지 않는 자는 상대방과 동일시할 수는 없어 이 규정에서 말하는 제3자에 해당한다(대판 1983.1.23. 96다41496). 따라서 매도인이 피용자의 기망행위를 알았거나 알 수 있었을 경우에 한하여 매수인은 사기를 이유로 그 매매계약을 취소할 수 있다.

③ 법률행위가 사기에 의한 것으로서 취소되는 경우에 그 법률행위가 동시에 불법행위를 구성하는 때에는 취소의 효과로 생기는 부당이득반환청구권과 불법행위로 인한 손해배상청구권은 경합하여 병존하는 것이므로, 채권자는 어느 것이라도 선택하여 행사할 수 있지만 중첩적으로 행사할 수는 없다(대판 1993.4.27. 92다56087).

④ 제110조 제3항

> **제110조(사기, 강박에 의한 의사표시)**
> ③ 전 2항의 의사표시의 취소는 선의의 제삼자에게 대항하지 못한다.

⑤ 사기의 의사표시로 인한 매수인으로부터 부동산의 권리를 취득한 제3자는 특별한 사정이 없는 한 선의로 추정할 것이므로 사기로 인하여 의사표시를 한 부동산의 양도인이 제3자에 대하여 사기에 의한 의사표시의 취소를 주장하려면 제3자의 악의를 입증할 필요가 있다(대판 1970.11.24. 70다2155).

12

┃정답해설┃

⑤ 민사소송법상의 송달은 당사자나 그 밖의 소송관계인에게 소송상 서류의 내용을 알 기회를 주기 위하여 법정의 방식에 좇아 행하여지는 통지행위로서, 송달장소와 송달을 받을 사람 등에 관하여 구체적으로 법이 정하는 바에 따라 행하여지지 아니하면 부적법하여 송달로서의 효력이 발생하지 아니한다. 한편 채권양도의 통지는 채무자에게 도달됨으로써 효력이 발생하는 것이고, 여기서 도달이라 함은 사회통념상 상대방이 통지의 내용을 알 수 있는 객관적 상태에 놓여졌다고 인정되는 상태를 가리킨다. 이와 같이 도달은 보다 탄력적인 개념으로서 송달장소나 수송달자 등의 면에서 위에서 본 송달에서와 같은 엄격함은 요구되지 아니하며, 이에 송달장소 등에 관한 민사소송법의 규정을 유추적용할 것이 아니다. 따라서 채권양도의 통지는 민사소송법상의 송달에 관한 규정에서 송달장소로 정하는 채무자의 주소·거소·영업소 또는 사무소 등에 해당하지 아니하는 장소에서라도 채무자가 사회통념상 그 통지의 내용을 알 수 있는 객관적 상태에 놓여졌다고 인정됨으로써 족하다(대판 2010.4.15. 2010다57).

┃오답해설┃

① 상대방이 있는 의사표시는 상대방에게 도달한 때에 그 효력이 생긴다(제111조 제1항). 따라서 격지자 간의 해제권 행사의 의사표시 또한 상대방에게 도달한 때에 효력이 생긴다. 반면, 격지자 간의 계약은 승낙의 통지를 발송한 때에 성립한다(제531조).

② 상대방이 있는 단독행위에서 의사표시가 상대방에게 도달한 경우에는, 상대방의 신뢰보호 차원에서 원칙적으로 그 의사표시를 철회할 수 없다.

③ 의사표시자가 그 통지를 발송한 후 사망하거나 제한능력자가 되어도 의사표시의 효력에 영향을 미치지 아니한다(제111조 제2항).

④ 제한능력자의 법정대리인이 의사표시의 도달을 안 경우에는, 제한능력자 본인이 능력자로서 안 것과 동일하다 보아 표의자는 그 의사표시로써 대항할 수 있다(제112조 단서).

13

┃정답해설┃

① 복대리인은 본인의 대리인이지(제123조 제1항) 대리인의 보조자나 대리인의 대리인이 아니다.

┃오답해설┃

② 임의대리인은 원칙적으로 복임권을 갖지 못하나, 예외적으로 본인의 승낙이 있거나 부득이한 사유가 있는 때에는 복대리인을 선임할 수 있다(제120조).

③ 법정대리인은 그 책임으로 복대리인을 선임할 수 있다(제122조 본문).

④ 대리인은 행위능력자임을 요하지 아니하므로(제117조), 복대리인도 행위능력자임을 요하지 아니한다.

⑤ 갑이 채권자를 특정하지 아니한 채 부동산을 담보로 제공하여 금원을 차용해 줄 것을 을에게 위임하였고, 을은 이를 다시 병에게 위임하였으며, 병은 정에게 위 부동산을 담보로 제공하고 금원을 차용하여 을에게 교부하였다면, 을에게 위 사무를 위임한 갑의 의사에는 '복대리인 선임에 관한 승낙'이 포함되어 있다고 봄이 타당하다(대판 1993.8.27. 93다21156).

14

┃정답해설┃

④ 민법 제126조의 표현대리는 문제된 법률행위와 수여받은 대리권 사이에 아무런 관계가 없는 경우에도 적용이 있다(대판 1963.11.21. 63다418).

┃오답해설┃

① 민법 제125조의 표현대리에 해당하기 위하여는 상대방은 선의·무과실이어야 하므로 상대방에게 과실이 있다면 제125조의 표현대리를 주장할 수 없다(대판 1997.3.25. 96다51271). 따라서 甲은 선의·무과실인 丙에게 민법 제125조의 표현대리책임을 진다.

② 민법 제126조의 표현대리가 성립하기 위해서는, 무권대리인에게 법률행위에 관한 기본대리권이 있어야 한다. 민법 제125조나 제129조의 표현대리성립범위를 넘는 법률행위를 한 경우, 민법 제126조의 표현대리 성립이 인정될 수 있는지에 대하여 견해의 대립이 있으나, 판례(대판 2008.1.31. 2007다74713)는 민법 제129조의 표현대리

권한을 넘는 대리행위에 관하여 민법 제126조의 표현대리 성립이 가능하다고 보았는데, 이때 상대방이 그 대리권의 존재를 믿었고 또한 그렇게 믿은 데에 과실이 없었음을 의미하는 정당한 이유가 있어야 한다.

③ 대리인이 사자 내지 임의로 선임한 복대리인을 통하여 권한 외의 법률행위를 한 경우, 상대방이 그 행위자를 대리권을 가진 대리인으로 믿었고 또한 그렇게 믿는 데에 정당한 이유가 있는 때에는, 복대리인 선임권이 없는 대리인에 의하여 선임된 복대리인의 권한도 기본대리권이 될 수 있을 뿐만 아니라, 그 행위자가 사자라고 하더라도 대리행위의 주체가 되는 대리인이 별도로 있고 그들에게 본인으로부터 기본대리권이 수여된 이상, 민법 제126조를 적용함에 있어서 기본대리권의 흠결문제는 생기지 않는다(대판 1998.3.27. 97다48982).

⑤ 민법 제126조에서 말하는 권한을 넘은 표현대리의 효과를 주장하려면 자칭 대리인이 본인을 위한다는 의사를 명시 또는 묵시적으로 표시하거나 대리의사를 가지고 권한 외의 행위를 하는 경우에 상대방이 자칭 대리인에게 대리권이 있다고 믿고 그와 같이 믿는 데 정당한 이유가 있을 것을 요건으로 하는 것인바, 여기서 정당한 이유의 존부는 자칭 대리인의 대리행위가 행하여질 때에 존재하는 모든 사정을 객관적으로 관찰하여 판단하여야 한다(대판 2009.11.12. 2009다46828).

15 답 ②

▎정답해설▎

② 취소한 법률행위는 처음부터 무효인 것으로 간주되므로 취소할 수 있는 법률행위가 일단 취소된 이상 그 후에는 취소할 수 있는 법률행위의 추인에 의하여 이미 취소되어 무효인 것으로 간주된 당초의 의사표시를 다시 확정적으로 유효하게 할 수는 없고, 다만 무효인 법률행위의 추인의 요건과 효력으로서 추인할 수는 있으나, 무효행위의 추인은 그 무효원인이 소멸한 후에 하여야 그 효력이 있다(대판 1997.12.12. 95다38240).

▎오답해설▎

① 적법한 추인이 있으면 더 이상 취소할 수 없게 되므로, 법률행위는 확정적으로 유효가 된다.

③ 매매계약 체결 시 토지의 일정 부분을 매매대상에서 제외시키는 특약을 한 경우, 이는 매매계약의 대상토지를 특정하여 그 일정 부분에 대하여는 매매계약이 체결되지

않았음을 분명히 한 것으로써 그 부분에 대한 어떠한 법률행위가 이루어진 것으로는 볼 수 없으므로, 그 특약만을 기망에 의한 법률행위로서 취소할 수는 없다(대판 1999.3.26. 98다56607).

④ 보증계약은 보증인과 채권자 간의 계약으로 성립하므로, 수탁보증인이 보증계약을 취소할 경우에는 채권자를 상대방으로 의사표시를 하여야 한다.

⑤ 하나의 법률행위의 일부분에만 취소사유가 있다고 하더라도 그 법률행위가 가분적이거나 그 목적물의 일부가 특정될 수 있다면, 나머지 부분이라도 이를 유지하려는 당사자의 가정적 의사가 인정되는 경우 그 일부만의 취소도 가능하다고 할 것이고, 그 일부의 취소는 법률행위의 일부에 관하여 효력이 생긴다고 할 것이다(대판 2002.9.4. 2002다18435).

16 답 ③

▎정답해설▎

③ 취소한 법률행위는 처음부터 무효인 것으로 간주되므로 취소할 수 있는 법률행위가 일단 취소된 이상 그 후에는 취소할 수 있는 법률행위의 추인에 의하여 이미 취소되어 무효인 것으로 간주된 당초의 의사표시를 다시 확정적으로 유효하게 할 수는 없고, 다만 무효인 법률행위의 추인의 요건과 효력으로서 추인할 수는 있으나, 무효행위의 추인은 그 무효 원인이 소멸한 후에 하여야 그 효력이 있다(대판 1997.12.12. 95다38240). 따라서 이미 취소되어 무효인 법률행위에 대하여 당사자가 무효임을 알고 추인하면, 그때부터 새로운 법률행위를 한 것으로 간주될 뿐 소급효가 인정되지는 아니한다(제139조 단서).

▎오답해설▎

① 甲이 지능이 박약한 乙을 꾀어 돈을 빌려주어 유흥비로 쓰게 하고 실제 준 돈의 두 배 가량을 채권최고액으로 하여 자기 처인 丙 앞으로 근저당권을 설정한 경우, 근저당권설정계약은 독자적으로 존재하는 것이 아니라 금전소비대차계약과 결합하여 그 전체가 경제적, 사실적으로 일체로서 행하여진 것이고 더욱이 근저당권설정계약의 체결원인이 되었던 甲의 기망행위는 금전소비대차계약에도 미쳤으므로 甲의 기망을 이유로 한 乙의 근저당권설정계약 취소의 의사표시는 법률행위의 일부무효이론과 궤를 같이 하는 법률행위의 일부취소의 법리에 따라 소비대차계약을 포함한 전체에 대하여 취소의 효력이 있다(대판 1994.9.9. 93다31191).

② 추인은 취소권을 가지는 자가 취소원인이 종료한 후에 취소할 수 있는 행위임을 알고서 추인의 의사표시를 하거나 법정추인사유에 해당하는 행위를 행할 때에만 법률행위의 효력을 유효로 확정시키는 효력이 발생한다(대판 1997.5.30. 97다2986).

④ 취소권의 행사기간은 제척기간이지 출소기간이 아니다.

⑤ 민법 제146조는 취소권은 추인할 수 있는 날로부터 3년 내에 행사하여야 한다고 규정하고 있는바, 이때의 3년이라는 기간은 일반소멸시효기간이 아니라 제척기간으로서 제척기간이 도과하였는지 여부는 당사자의 주장에 관계없이 법원이 당연히 조사하여 고려하여야 할 사항이다(대판 1996.9.20. 96다25371).

17
답 ④

┃정답해설┃

④ 조건을 붙일 수 없는 법률행위에 조건을 붙인 경우에는, 일부무효의 법리에 따라 그 법률행위 전체가 무효가 된다.

┃오답해설┃

① 어떠한 법률행위에 불확정기한이 부관으로 붙여진 경우에는 특별한 사정이 없는 한 그 법률행위에 따른 채무는 이미 발생하여 있고 불확정기한은 그 변제기나 이행기를 유예한 것에 불과하다(대판 2014.10.15. 2012두22706).

② 기성조건이란 법률행위 당시 이미 성취되어 있는 조건을 말하는데, 기성조건이 정지조건이면 조건 없는 법률행위가 된다(제151조 제2항).

③ 조건은 법률행위의 효력의 발생 또는 소멸을 장래의 불확실한 사실의 성부에 의존케 하는 법률행위의 부관으로서 당해 법률행위를 구성하는 의사표시의 일체적인 내용을 이루는 것이므로, 의사표시의 일반원칙에 따라 조건을 붙이고자 하는 의사 즉 조건의사와 그 표시가 필요하며, 조건의사가 있더라도 그것이 외부에 표시되지 않으면 법률행위의 동기에 불과할 뿐이고 그것만으로는 법률행위의 부관으로서의 조건이 되는 것은 아니다(대판 2003.5.13. 2003다10797).

⑤ 법률행위에 붙은 부관이 조건인지 기한인지가 명확하지 않은 경우 법률행위의 해석을 통해서 이를 결정해야 한다. 부관에 표시된 사실이 발생하지 않으면 채무를 이행하지 않아도 된다고 보는 것이 합리적인 경우에는 조건으로 보아야 한다. 그러나 부관에 표시된 사실이 발생한 때에는 물론이고 반대로 발생하지 않는 것이 확정된 때에도 채무를 이행하여야 한다고 보는 것이 합리적인 경우에는 표시된 사실의 발생 여부가 확정되는 것을 불확정기한으로 정한 것으로 보아야 한다(대판 2018.6.28. 2018다201702).

18
답 ④

┃정답해설┃

④ 기간을 일, 주, 월 또는 연으로 정한 때에는 기간의 초일은 산입하지 아니하고(제157조 본문), 기간 말일의 종료로 기간이 만료한다(제159조). 따라서 2012년 2월 1일부터 기산하여 2012년 2월 말일까지 반환하면 된다.

┃오답해설┃

① 사원총회의 총회일을 뺀 3월 14일 24시(오후 12시)를 기산점(제157조)으로 하여 1주일 전인 3월 7일 24시(오후 12시)까지 소집통지를 발송하여야 한다.

② 기간의 계산은 법령, 재판상의 처분 또는 법률행위에 다른 정한 바가 없으면 본장의 규정에 의한다(제155조). 따라서 기간계산에 관하여 당사자의 약정이 있는 때에는 그에 따른다.

③ 기간을 시, 분, 초로 정한 때에는 즉시로부터 기산한다(제156조).

⑤ 연령계산에는 출생일을 산입한다(제158조). 따라서 1988년 3월 2일 출생한 사람은 만 19세가 되는 2007년 3월 1일 오후 12시가 지나면 성년이 된다.

19
답 ①

┃정답해설┃

① 점유보호청구권의 제척기간은, 반드시 그 기간 내에 소를 제기하여야 하는 이른바 출소기간으로 해석함이 상당하다(대판 2002.4.26. 2001다8097·8103).

┃오답해설┃

② 민법 제146조에 규정된 취소권의 존속기간은 제척기간이라고 보아야 할 것이지만, 그 제척기간 내에 소를 제기하는 방법으로 권리를 재판상 행사하여야만 되는 것은 아니고, 재판 외에서 의사표시를 하는 방법으로도 권리를 행사할 수 있다고 보아야 한다(대판 1993.7.27. 92다52795 등).

③ 제척기간은 권리관계를 조속히 확정시키기 위한 제도이므로, 중단이 인정되지 아니한다.

④ 제척기간은 기간의 경과로 장래를 향하여 소멸하므로, 소급효가 인정되지 아니한다.

⑤ 매도인에 대한 하자담보에 기한 손해배상청구권에 대하여는 민법 제582조의 제척기간이 적용되고, 이는 법률관계의 조속한 안정을 도모하고자 하는 데에 취지가 있다. 그런데 하자담보에 기한 매수인의 손해배상청구권은 권리의 내용·성질 및 취지에 비추어 민법 제62조 제항의 채권소멸시효의 규정이 적용되고, 민법 제582조의 제척기간규정으로 인하여 소멸시효규정의 적용이 배제된다고 볼 수 없으며, 이때 다른 특별한 사정이 없는 한 무엇보다도 매수인이 매매목적물을 인도받은 때부터 소멸시효가 진행한다고 해석함이 타당하다(대판 2011.10.13. 2011다10266).

20

 답 ①

┃ 정답해설 ┃

① 민법 제168조 제1호, 제170조 제1항에서 시효중단사유의 하나로 규정하고 있는 재판상의 청구라 함은, 통상적으로는 권리자가 원고로서 시효를 주장하는 자를 피고로 하여 소송물인 권리를 소의 형식으로 주장하는 경우를 가리키지만, 이와 반대로 시효를 주장하는 자가 원고가 되어 소를 제기한 데 대하여 피고로서 응소하여 그 소송에서 적극적으로 권리를 주장하고 그것이 받아들여진 경우도 마찬가지로 이에 포함되는 것으로 해석함이 타당하다(대판[전합] 1993.12.21. 92다47861).

┃ 오답해설 ┃

② 시효완성 전에 채무의 일부를 변제한 경우에는, 그 수액에 관하여 다툼이 없는 한 채무승인으로서의 효력이 있어 채무 전부에 대하여 시효중단의 효과가 발생한다(대판 1996.1.23. 95다39854).

③ 형사소송은 피고인에 대한 국가형벌권의 행사를 그 목적으로 하는 것이므로, 피해자가 형사소송에서 소송촉진 등에 관한 특례법에서 정한 배상명령을 신청한 경우를 제외하고는 단지 피해자가 가해자를 상대로 고소하거나 그 고소에 기하여 형사재판이 개시되어도 이를 가지고 소멸시효의 중단사유인 재판상의 청구로 볼 수는 없다(대판 1999.3.12. 98다18124).

④ 민법 제170조의 해석상 재판상의 청구는 그 소송이 취하된 경우에는 그로부터 6월 내에 다시 재판상의 청구를 하지 않는 한 시효중단의 효력이 없고 다만 재판 외의 최고의 효력만을 갖게 된다(대판 2019.3.14. 2018두56435).

⑤ 압류, 가압류 및 가처분은 시효의 이익을 받은 자에 대하여 하지 아니한 때에는 이를 그에게 통지한 후가 아니면 시효중단의 효력이 없다(제176조).

21

답 ⑤

┃ 정답해설 ┃

⑤ 민법 제185조의 법률은 국회가 제정한 형식적 의미의 법률을 의미하고, 명령이나 규칙은 포함하지 아니한다.

┃ 오답해설 ┃

① 판례는 「소유권의 핵심적 권능에 속하는 사용·수익의 권능이 소유자에 의하여 대세적으로 유효하게 포기될 수 있다고 하면, 이는 결국 처분권능만이 남는 민법이 알지 못하는 새로운 유형의 소유권을 창출하는 것으로서, 객체에 대한 전면적 지배권인 소유권을 핵심으로 하여 구축된 물권법의 체계를 현저히 교란하게 된다」고 하여 소유권의 사용·수익권능을 대세적으로 포기할 수 없다고 본다(대판 2009.3.26. 2009다228·235).

② 미등기무허가건물의 양수인이라 할지라도 그 소유권이전등기를 경료받지 않는 한 건물에 대한 소유권을 취득할 수 없고, 그러한 건물의 취득자에게 소유권에 준하는 관습상의 물권이 있다고 볼 수 없다(대판 1999.3.23. 98다59118).

③ 물권법정주의에 의하여 물권의 종류와 내용을 당사자가 자유로이 창설하는 것은 금지되나, 물권법정주의가 당사자 선택의 자유까지 제한하는 것은 아니다.

④ 판례는 「관습상의 사도통행권은 성문법과 관습법 어디에서도 근거가 없으므로, 원심이 원고들에게 관습상의 통행권이 있다고 판단하여 원고들의 통행권확인청구를 인용한 것은 물권법정주의에 관한 법리를 오해하여 판결결과에 영향을 미친 위법을 저지른 것」이라 하여 관습법상 사도통행권을 부정하였다(대판 2002.2.26. 2001다64165).

22 　답 ⑤

▌정답해설▌

⑤ 기존 건물이 멸실된 후 그곳에 새로이 건축한 건물의 물권변동에 관한 등기를 멸실된 건물의 등기부에 하여도 이는 진실에 부합하지 아니하는 것이고 비록 당사자가 멸실건물의 등기로서 신축된 건물의 등기에 갈음할 의사를 가졌다 하여도 그 등기는 무효이니 이미 멸실된 건물에 대한 근저당권설정등기에 신축된 건물에 대한 근저당권이 설정되었다고는 할 수 없으며 그 등기에 기하여 진행된 경매에서 신축된 건물을 경락받았다 하더라도 그로써 소유권 취득을 내세울 수는 없다(대판 1976.10.26. 75다2211).

▌오답해설▌

① 등기는 물권의 효력발생요건이고, 그 존속요건은 아니므로 물권에 관한 등기가 원인 없이 말소된 경우에도 그 물권의 효력에는 아무런 변동이 없다(대판 1988.12.27. 87다카2431).

② 가등기는 그 성질상 본등기의 순위보전의 효력만이 있어 후일 본등기가 경료된 때에는 본등기의 순위가 가등기한 때로 소급하는 것뿐이지 본등기에 의한 물권변동의 효력이 가등기한 때로 소급하여 발생하는 것은 아니다(대판 1992.9.25. 92다21258).

③ 부동산에 관하여 소유권이전등기가 마쳐져 있는 경우에는 그 등기명의자는 제3자에 대하여뿐 아니라 그 전 소유자에 대하여서도 적법한 등기원인에 의하여 소유권을 취득한 것으로 추정되는 것이므로 이를 다투는 측에서 그 무효사유를 주장·입증하여야 한다(대판 1994.9.13. 94다10160).

④ 부동산등기법 제3조(현행 제88조)에서 말하는 청구권이란 동법 제2조(현행 제3조)에 규정된 물권 또는 부동산임차권의 변동을 목적으로 하는 청구권을 말하는 것이라 할 것이므로 부동산등기법상의 가등기는 위와 같은 청구권을 보전하기 위해서만 가능하고 이 같은 청구권이 아닌 물권적 청구권을 보존하기 위해서는 할 수 없다(대판 1982.11.23. 81다카1110).

23 　답 ①

▌정답해설▌

① [×], ② [○] [1] 사회통념상 건물은 그 부지를 떠나서는 존재할 수 없는 것이므로 건물의 부지가 된 토지는 그 건물의 소유자가 점유하는 것으로 볼 것이고, 이 경우 건물의 소유자가 현실적으로 건물이나 그 부지를 점거하고 있지 아니하고 있더라도 그 건물의 소유를 위하여 그 부지를 점유한다고 보아야 한다. [2] 미등기 건물을 양수하여 건물에 관한 사실상의 처분권을 보유하게 됨으로써 그 양수인이 건물부지 역시 아울러 점유하고 있다고 볼 수 있는 등의 다른 특별한 사정이 없는 한 건물의 소유명의자가 아닌 자로서는 실제로 그 건물을 점유하고 있다고 하더라도 그 건물의 부지를 점유하는 자로는 볼 수 없다(대판 2003.11.13. 2002다57935).

▌오답해설▌

③ 경비원 乙은 점유보조자로서 점유자가 아니다. 따라서 점유권에 관한 여러 효력은 점유자에 대한 관계에서는 물론, 제3자에 대한 관계에서도 인정되지 아니한다.

④ 甲은 점유매개관계(임대차)로 인하여 간접점유자로서 점유권이 있다(제194조).

⑤ 소유권보존등기는 소유권이 진실하게 보존되어 있다는 사실에만 추정력이 있고, 소유권 보존 이외의 권리변동이 진실하다는 점에 관하여는 추정력이 없다(대판 1996.6.28. 96다16247).

24 　답 ⑤

▌정답해설▌

⑤ 민법 제245조 제1항의 취득시효기간의 완성만으로는 소유권 취득의 효력이 바로 생기는 것이 아니라, 다만 이를 원인으로 하여 소유권 취득을 위한 등기청구권이 발생할 뿐이고, 미등기부동산의 경우라고 하여 취득시효기간의 완성만으로 등기 없이도 점유자가 소유권을 취득한다고 볼 수 없다(대판 2006.9.28. 2006다22074·22081).

▌오답해설▌

① 자연인은 물론 법인도 시효취득을 할 수 있고(대판 1977.3.22. 76다2705·2706 참고), 권리능력 없는 사단 및 재단도 취득시효의 주체가 될 수 있다(대판 1970.2.10. 69다2013 참고).

② 취득시효 완성으로 인한 소유권 취득의 효력은 점유를 개시한 때에 소급한다(제247조 제1항).

③ 취득시효가 완성된 점유자는 점유권에 기하여 등기부상의 명의인을 상대로 점유방해의 배제를 청구할 수 있다(대판 2005.3.25. 2004다23899·23905).

④ 점유로 인한 부동산소유권의 시효취득에 있어 취득시효의 중단사유는 종래의 점유상태의 계속을 파괴하는 것으로 인정될 수 있는 사유라야 할 것인바, 취득시효기간의 완성 전에 등기부상의 소유명의가 변경되었다 하더라도 이로써 종래의 점유상태의 계속이 파괴되었다고 할 수 없으므로 이는 취득시효의 중단사유가 될 수 없다(대판 1993.5.25. 92다52764·52771[반소]).

25 답 ④

┃정답해설┃

④ 등기는 물권의 효력발생요건이고 효력존속요건이 아니므로 물권에 관한 등기가 원인 없이 말소된 경우에 그 물권의 효력에는 아무런 영향을 미치지 않는 것이므로, 등기부 취득시효가 완성된 후에 그 부동산에 관한 점유자 명의의 등기가 말소되거나 적법한 원인 없이 다른 사람 앞으로 소유권이전등기가 경료되었다 하더라도, 그 점유자는 등기부 취득시효의 완성에 의하여 취득한 소유권을 상실하는 것은 아니다(대판 2001.1.16. 98다20110).

┃오답해설┃

① 민법 제245조 제2항은 부동산의 소유자로 등기한 자가 10년간 소유의 의사로 평온·공연하게 선의이며 과실 없이 그 부동산을 점유한 때에는 소유권을 취득한다고 규정하고 있는바, 위 법조항의 '등기'는 부동산등기법 제15조가 규정한 1부동산1용지주의에 위배되지 아니한 등기를 말하므로, 어느 부동산에 관하여 등기명의인을 달리하여 소유권보존등기가 2중으로 경료된 경우 먼저 이루어진 소유권보존등기가 원인무효가 아니어서 뒤에 된 소유권보존등기가 무효로 되는 때에는, 뒤에 된 소유권보존등기나 이에 터 잡은 소유권 이전등기를 근거로 하여서는 등기부 취득시효의 완성을 주장할 수 없다(대판[전합] 1996.10.17. 96다12511).

② 부동산의 소유자로서 등기한 기간과 점유한 기간은 각각 10년 이상이어야 하고(제245조 제2항), 판례는 「등기부 취득시효에 관한 민법 제245조 제2항의 규정에 위하여 소유권을 취득하는 자는 10년간 반드시 그의 명의로

등기되어 있어야 하는 것은 아니고 앞 사람의 등기까지 아울러 그 기간 동안 부동산의 소유자로 등기되어 있으면 된다」(대판[전합] 1989.12.26. 87다카2176)라고 하여 등기의 승계를 인정하고 있다.

③·⑤ [1] 등기부 취득시효에 있어서 선의·무과실은 등기에 관한 것이 아니고, 점유취득에 관한 것으로서, 무과실은 민법 제197조에 의해 추정되지 않으므로 무과실에 대한 증명책임은 그 시효취득을 주장하는 사람에게 있다(대판 2017.12.13. 2016다248424). [2] 상속에 의하여 점유권을 취득한 경우에는 상속인은 새로운 권원에 의하여 자기의 고유의 점유를 개시하지 않는 한 피상속인의 점유를 떠나 자신만의 점유를 주장할 수 없다고 할 것이므로, 등기부 시효취득을 주장하는 당사자가 그의 부의 사망으로 토지에 대한 점유권을 상속에 의하여 취득하였고, 그의 부 역시 조부의 사망으로 그 토지에 대한 점유권을 상속에 의하여 취득한 것이라면, 특별한 사정이 없는 한 그 당사자나 그의 부는 새로운 권원에 의하여 그 점유를 개시한 것이라고 볼 수는 없다 할 것이어서 결국 그 당사자는 그의 조부가 그 토지에 대한 점유를 개시한 때에 과실이 없었음을 주장 입증하여야 한다(대판 1995.2.10. 94다22651).

26 답 ④

┃정답해설┃

ㄱ. [×], ㄷ [○] 건물의 소유자가 그 건물의 소유를 통하여 타인소유의 토지를 점유하고 있다고 하더라도 그 토지 소유자로서는 그 건물의 철거와 그 대지부분의 인도를 청구할 수 있을 뿐, 자기 소유의 건물을 점유하고 있는 자에 대하여 그 건물에서 퇴거할 것을 청구할 수는 없다(대판 1999.7.9. 98다57457·57464). 따라서 甲은 건물소유자 丙을 상대로 주택의 철거를 청구할 수 있을 뿐, 주택으로부터의 퇴거를 청구할 수는 없다.

ㄴ. [○] 이미 자기 앞으로 소유권을 표상하는 등기가 되어 있었거나 법률에 의하여 소유권을 취득한 자가 진정한 등기명의를 회복하기 위한 방법으로는 현재의 등기명의인을 상대로 그 등기의 말소를 구하는 외에 '진정한 등기 명의의 회복'을 원인으로 한 소유권이전등기절차의 이행을 직접 구하는 것도 허용되어야 한다(대판 [전합] 1990.11.27. 89다카12398).

ㄹ. [○] 건물이 그 존립을 위한 토지사용권을 갖추지 못하여 토지의 소유자가 건물의 소유자에 대하여 당해 건물의 철거 및 그 대지의 인도를 청구할 수 있는 경우에라도

건물소유자가 아닌 사람이 건물을 점유하고 있다면 토지소유자는 그 건물점유를 제거하지 아니하는 한 위의 건물철거 등을 실행할 수 없다. 따라서 그때 토지소유권은 위와 같은 점유에 의하여 그 원만한 실현을 방해당하고 있다고 할 것이므로, 토지소유자는 자신의 소유권에 기한 방해배제로서 건물점유자에 대하여 건물로부터의 퇴출을 청구할 수 있다. 그리고 이는 건물점유자가 건물소유자로부터의 임차인으로서 그 건물임차권이 이른바 대항력을 가진다고 해서 달라지지 아니한다. 건물임차권의 대항력은 기본적으로 건물에 관한 것이고 토지를 목적으로 하는 것이 아니므로 이로써 토지소유권을 제약할 수 없고, 토지에 있는 건물에 대하여 대항력 있는 임차권이 존재한다고 하여도 이를 토지소유자에 대하여 대항할 수 있는 토지사용권이라고 할 수 없다. 바꾸어 말하면, 건물에 관한 임차권이 대항력을 갖춘 후에 그 대지의 소유권을 취득한 사람은 민법 제622조 제1항이나 주택임대차보호법 제3조 제1항 등에서 그 임차권의 대항을 받는 것으로 정하여진 '제3자'에 해당한다고 할 수 없다(대판 2010.8.9. 2010다43801).

공유물의 인도를 청구할 수는 없다. [2] 공유물의 소수지분권자가 다른 공유자와 협의 없이 공유물의 전부 또는 일부를 독점적으로 점유·사용하고 있는 경우 다른 소수지분권자는 공유물의 보존행위로서 그 인도를 청구할 수는 없고, 다만 자신의 지분권에 기초하여 공유물에 대한 방해상태를 제거하거나 공동점유를 방해하는 행위의 금지 등을 청구할 수 있다(대판[전합] 2020.5.21. 2018다287522 – 다수의견).
⑤ 제268조 제1항 단서·제2항

> **제268조(공유물의 분할청구)**
> ① 공유자는 공유물의 분할을 청구할 수 있다. 그러나 5년 내의 기간으로 분할하지 아니할 것을 약정 할 수 있다.
> ② 전항의 계약을 갱신한 때에는 그 기간은 갱신한 날로부터 5년을 넘지 못한다.
> ③ 전2항의 규정은 제215조, 제239조의 공유물에는 적용하지 아니한다.

27   답 ③

┃정답해설┃

③ 공유물 분할은 협의분할을 원칙으로 하고 협의가 성립되지 아니한 때에는 재판상 분할을 청구할 수 있으므로 공유자 사이에 이미 분할에 관한 협의가 성립된 경우에는 일부 공유자가 분할에 따른 이전등기에 협조하지 않거나 분할에 관하여 다툼이 있더라도 그 분할된 부분에 대한 소유권이전등기를 청구하든가 소유권확인을 구함은 별문제이나 또다시 소로써 그 분할을 청구하거나 이미 제기한 공유물 분할의 소를 유지함은 허용되지 않는다(대판 1995.1.12. 94다30348·94다30355).

┃오답해설┃

① 공유자는 다른 공유자가 분할로 인하여 취득한 물건에 대하여 그 지분의 비율로 매도인과 동일한 담보책임이 있다(제270조).
② 공유자가 그 지분을 포기하거나 상속인 없이 사망한 때에는 그 지분은 다른 공유자에게 각 지분의 비율로 귀속한다(제267조).
④ [1] 공유물의 소수지분권자인 피고가 다른 공유자와 협의하지 않고 공유물의 전부 또는 일부를 독점적으로 점유하는 경우 다른 소수지분권자인 원고가 피고를 상대로

28   답 ⑤

┃정답해설┃

④ [○], ⑤ [×] 부동산실명법 시행(1995.7.1.) 후 이루어진 계약명의신탁의 경우, 신탁자 甲은 당해 부동산의 소유권을 취득할 수 없으므로, 그가 입은 손해는 당해 부동산 자체가 아닌 수탁자 丙에게 제공한 매수대금에 상당하는 금액이다. 따라서 신탁자 甲은 수탁자 丙에게 매수자금 5억원의 반환을 청구할 수 있다.

┃오답해설┃

①·② 사안은 계약명의신탁에서 매도인이 명의신탁약정사실에 대하여 선의인 경우에 해당하므로, 신탁자 甲과 수탁자 丙 간의 명의신탁약정은 무효이나(부동산실명법 제4조 제1항), 매매계약의 유효로 인하여 소유권은 수탁자 丙이 취득하게 된다(부동산실명법 제4조 제2항 단서).
③ 계약명의신탁에서 매도인이 명의신탁약정사실에 대하여 선의인 경우에는 매도인과 수탁자 간의 물권변동은 유효하므로(부동산실명법 제4조 제2항 단서), 수탁자 丙이 유효하게 X토지의 소유권을 취득하게 된다. 나아가 X토지의 소유자인 丙과 매매계약을 체결한 후 소유권이전등기를 마친 丁은, 비록 악의라 할지라도 특별한 사정이 없는 한 유효하게 X토지의 소유권을 취득하게 된다(부동산실명법 제4조 제3항).

29   답 ②

┃정답해설┃

② 부동산경매절차에서 부동산을 매수하려는 사람이 매수
대금을 자신이 부담하면서 다른 사람의 명의로 매각허가
결정을 받기로 그 다른 사람과 약정함에 따라 매각허가
가 이루어진 경우, 그 경매절차에서 매수인의 지위에 서
게 되는 사람은 어디까지나 그 명의인이므로, 경매목적
부동산의 소유권은 매수대금을 실질적으로 부담한 사람
이 누구인가와 상관없이 그 명의인이 취득한다. 이 경우
매수대금을 부담한 사람과 이름을 빌려준 사람 사이에는
명의신탁관계가 성립한다(대판 2008.11.27. 2008다
62687). 따라서 매도인 丙은 수탁자 乙에게 소유권이전
등기의 말소를 청구할 수 없다.

┃오답해설┃

① 사안은 명의신탁이 제한적으로 허용되는 경우(종중의 명
의신탁이나 배우자 사이의 명의신탁이 조세포탈, 강제집
행 면탈 및 법령상 제한의 회피를 목적으로 하는 것이
아닌 경우)가 아니므로, 원칙에 따라 甲과 乙 사이의 명
의신탁약정은 무효이다(부동산실명법 제4조 제1항).

③·④ 甲과 乙 사이의 명의신탁약정은 무효이나(부동산실
명법 제4조 제1항), 부동산실명법 제4조 제2항의 단서가
적용되어 수탁자 乙은 대내적·대외적을 불문하고 소유
권을 취득하게 되고, 이러한 乙로부터 매수인 丁이 X부
동산을 취득하여 등기를 하였다면, 丁은 선의·악의를
불문하고 X부동산의 소유권을 취득하게 된다.

⑤ 부동산 실권리자명의 등기에 관한 법률 제11조, 제12조
제1항과 제4조의 규정에 의하면, 같은 법 시행 전에 명
의신탁약정에 의하여 부동산에 관한 물권을 명의수탁자의
명의로 등기하도록 한 명의신탁자는 같은법 제11조에서
정한 유예기간 이내에 실명등기 등을 하여야 하고, 유예
기간이 경과한 날 이후부터 명의신탁 약정과 그에 따라
행하여진 등기에 의한 부동산에 관한 물권변동이 무효가
되므로 명의신탁자는 더 이상 명의신탁 해지를 원인으로
하는 소유권이전등기를 청구할 수 없다(대판 1999.1.26.
98다1027). 따라서 신탁자 甲은 수탁자 乙에게 명의신
탁 해지를 원인으로 하는 X부동산의 소유권이전등기를
청구할 수 없다.

30   답 ④

┃정답해설┃

④ 민법 제283조 제2항의 지상물매수청구권은, 지상권자의
갱신청구권에 대하여 지상권설정자가 계약의 갱신을 원
하지 아니하는 때에 지상권자에게 인정되는 권리이므로,
지상권자의 지료연체를 이유로 토지소유자가 그 지상권
소멸청구를 하여 이에 터 잡아 지상권이 소멸된 경우에
는 매수청구권이 인정되지 않는다(대판 1993.6.29. 93
다10781).

┃오답해설┃

① [1] 근저당권 등 담보권 설정의 당사자들이 그 목적이
된 토지 위에 차후 용익권이 설정되거나 건물 또는 공작
물이 축조·설치되는 등으로써 그 목적물의 담보가치가
저감하는 것을 막는 것을 주요한 목적으로 하여 담보권
과 아울러 지상권을 설정한 경우에 담보권이 소멸하면
등기된 지상권의 목적이나 존속기간과 관계없이 지상권
도 그 목적을 잃어 함께 소멸한다고 할 것이다. [2] 한편
토지에 관하여 담보권이 설정될 당시 담보권자를 위하여
동시에 지상권이 설정되었다고 하더라도, 담보권 설정
당시 이미 토지소유자가 그 토지상에 건물을 소유하고
있고 그 건물을 철거하기로 하는 등 특별한 사유가 없으
며 담보권의 실행으로 그 지상권도 소멸하였다면 건물을
위한 법정지상권이 발생하지 않는다고 할 수 없다(대판
2014.7.24. 2012다97871·97888).

② 토지의 점유·사용에 관하여 당사자 사이에 약정이 있는
것으로 볼 수 있는 경우에는 관습상의 법정지상권을 인
정할 까닭이 없다(대판 2008.2.15. 2005다41771·
41778). 대지와 건물의 소유자가 건물만을 양도하고 동
양수인과 대지에 대하여 임대차계약을 체결하였다면 특
별한 사정이 없는 한 동 양수인은 본건 대지에 관한 관습
상의 법정지상권을 포기하였다고 볼 것이다(대판
1968.1.31. 67다2007).

③ 민법 제283조 제1항의 갱신청구권은, 지상권이 존속기
간의 만료로 소멸한 경우에 한하여 건물 기타 공작물이
나 수목이 현존하는 때에 지상권자에게 인정되는 권리이
다(통설).

⑤ 법정지상권의 경우 당사자 사이에 지료에 관한 협의가
있었다거나 법원에 의하여 지료가 결정되었다는 아무런
입증이 없다면, 법정지상권자가 지료를 지급하지 않았다
고 하더라도 지료지급을 지체한 것으로는 볼 수 없으므로,
법정지상권자가 2년 이상의 지료를 지급하지 아니하였음
을 이유로 하는 토지소유자의 지상권소멸청구는 이유가

없고, 지료액 또는 그 지급시기 등 지료에 관한 약정은 이를 등기하여야만 제3자에게 대항할 수 있는 것이고, 법원에 의한 지료의 결정은 당사자의 지료결정청구에 의하여 형식적 형성소송인 지료결정판결로 이루어져야 제3자에게도 그 효력이 미친다(대판 2001.3.13. 99다17142).

31

답 ③

▌정답해설▌

③ A토지에 근저당권이 설정될 당시 A토지와 B건물의 소유자는 乙이었고, 근저당권의 실행으로 A토지의 소유자와 B건물의 소유자가 달라졌으므로, 乙은 B건물을 위한 법정지상권을 취득한다(제366조 참고).

▌오답해설▌

① 원소유자로부터 대지와 지상건물을 모두 매수하고 대지에 관하여만 소유권이전등기를 경료함으로써 건물의 소유명의가 매도인에게 남아 있게 된 경우라면 형식적으로는 대지와 건물의 소유명의자를 달리하게 된 것이라 하더라도 이는 대지와 건물 중 어느 하나만이 매도된 것이 아니어서 관습에 의한 법정지상권은 인정될 수 없고 이 경우 대지와 건물의 점유사용문제는 매매계약당사자 사이의 계약에 따라 해결할 것이다(대판 1983.7.26. 83다카419・420). 따라서 甲은 C건물을 위한 관습법상 법정지상권을 취득할 수 없다.

② 건물은 건물로서의 요건을 갖추고 있는 이상 무허가건물이거나 미등기건물이거나를 가리지 않고, 부지에 관하여 관습상의 법정지상권을 취득한다(대판 1988.4.12. 87다카2404 참고). 따라서 C건물이 무허가건물이라는 이유만으로 관습법상 법정지상권의 성립이 부정되지 아니한다.

④ 민법 제366조 소정의 법정지상권이 성립하려면 저당권의 설정 당시 저당권의 목적이 되는 토지 위에 건물이 존재하여야 하고, 저당권 설정 당시 건물이 존재한 이상 그 이후 건물을 개축, 증축하는 경우는 물론이고 건물이 멸실되거나 철거된 후 재축, 신축하는 경우에도 법정지상권이 성립하며, 이 경우의 법정지상권의 내용인 존속기간, 범위 등은 구 건물을 기준으로 하여 그 이용에 일반적으로 필요한 범위 내로 제한된다(대판 1991.4.26. 90다19985). 따라서 乙은 D건물을 위한 법정지상권을 취득할 수 있다.

⑤ 乙의 B건물을 위한 법정지상권을 취득하기 위하여 丁은 소유권이전등기뿐만 아니라, 지상권이전등기까지 마쳐야 한다(대판[전합] 1985.4.9. 84다카1131・1132 – 다수의견). 이와 달리 건물에 대한 저당권이 실행되어 경락인이 그 건물의 소유권을 취득하였다면 경락 후 건물을 철거한다는 등의 매각조건하에서 경매되었다는 등 특별한 사정이 없는 한 그 건물소유를 위한 지상권도 민법 제187조의 규정에 따라 등기 없이 당연히 경락인이 취득하게 된다(대판 1992.7.14. 92다527).

32

답 ②

▌정답해설▌

② 민법 제298조의 내용으로, 이는 부동산등기법 제70조 제4호의 지역권의 등기사항에 해당한다. 따라서 등기를 한 경우에만 승역지소유자의 특별승계인에게 대항할 수 있다.

▌오답해설▌

① 지역권은 승역지소유권이 아닌 요역지소유권에 부종하여 이전한다(제292조 제1항 본문).

③ 지역권은 계속되고 표현된 것에 한하여 민법 제245조의 규정을 준용하도록 되어 있으므로, 통행지역권은 요역지의 소유자가 승역지 위에 도로를 설치하여 승역지를 사용하는 객관적 상태가 민법 제245조에 규정된 기간 계속된 경우에 한하여 그 시효취득을 인정할 수 있다(대판 2010.1.28. 2009다74939・74946).

④ 공유자의 1인이 지역권을 취득한 때에는 다른 공유자도 이를 취득한다(제295조 제1항).

⑤ 요역지는 1필의 토지이어야 하나, 승역지는 반드시 1필의 토지일 것을 요하지 아니한다. 따라서 승역지의 일부 위에도 지역권을 설정할 수 있다(민법 제293조 제2항, 부동산등기법 제70조 제5호).

33

답 ②

▌정답해설▌

ㄷ. [O] 전세권의 목적물을 전전세 또는 임대한 경우에는 전세권자는 전전세 또는 임대하지 아니하였으면 면할 수 있는 불가항력으로 인한 손해에 대하여 그 책임을 부담한다(제308조).

ㄹ. [○] 전세기간 만료 이후 전세권양도계약 및 전세권 이전의 부기등기가 이루어진 것만으로는 전세금반환채권의 양도에 관하여 확정일자 있는 통지나 승낙이 있었다고 볼 수 없어 이로써 제3자인 전세금반환채권의 압류·전부채권자에게 대항할 수 없다(대판 2005.3.25. 2003다 35659).

┃오답해설┃

ㄱ. [×] 전세권자와 인접 토지소유자 간에는 상린관계규정(제216조 내지 제244조)이 준용된다(제319조).

ㄴ. [×] 전세금의 지급은 전세권 성립의 요소가 되는 것이지만 그렇다고 하여 전세금의 지급이 반드시 현실적으로 수수되어야만 하는 것은 아니고 기존의 채권으로 전세금의 지급에 갈음할 수도 있다(대판 1995.2.10. 94다 18508).

ㅁ. [×] 대지와 건물이 동일한 소유자에 속한 경우에 건물에 전세권을 설정한 때에는 그 대지소유권의 특별승계인은 전세권설정자에 대하여 지상권을 설정한 것으로 본다(제305조 제1항 본문).

34
┃답┃ ③

┃정답해설┃

③ 채무불이행에 의한 손해배상청구권은 원채권의 연장이라 보아야 할 것이므로 물건과 원채권과 사이에 견련관계가 있는 경우에는 그 손해배상채권과 그 물건과의 사이에도 견련관계가 있다 할 것으로서 손해배상채권에 관하여 유치권항변을 내세울 수 있다 할 것이다(대판 1976.9.28. 76다582).

┃오답해설┃

① 건물의 신축공사를 한 수급인이 그 건물을 점유하고 있고 또 그 건물에 관하여 생긴 공사금채권이 있다면, 수급인은 그 채권을 변제받을 때까지 건물을 유치할 권리가 있다고 할 것이나(대판1995.9.15. 95다16202·95다16219), 건물의 신축공사를 도급받은 수급인이 사회통념상 독립한 건물이라고 볼 수 없는 정착물을 토지에 설치한 상태에서 공사가 중단된 경우에 위 정착물은 토지의 부합물에 불과하여 이러한 정착물에 대하여 유치권을 행사할 수 없는 것이고, 또한 공사중단 시까지 발생한 공사금채권은 토지에 관하여 생긴 것이 아니므로 위 공사금채권에 기하여 토지에 대하여 유치권을 행사할 수도 없는 것이다(대결 2008.5.30. 2007마98).

② 부동산경매절차에서의 매수인은 민사집행법 제91조 제5항에 따라 유치권자에게 그 유치권으로 담보하는 채권을 변제할 책임이 있는 것이 원칙이나, 채무자 소유의 건물 등 부동산에 경매개시결정의 기입등기가 경료되어 압류의 효력이 발생한 후에 채무자가 위 부동산에 관한 공사대금채권자에게 그 점유를 이전함으로써 그로 하여금 유치권을 취득하게 한 경우, 그와 같은 점유의 이전은 목적물의 교환가치를 감소시킬 우려가 있는 처분행위에 해당하여 민사집행법 제92조 제1항, 제83조 제4항에 따른 압류의 처분금지효에 저촉되므로 점유자로서는 위 유치권을 내세워 그 부동산에 관한 경매절차의 매수인에게 대항할 수 없다. 그러나 이러한 법리는 경매로 인한 압류의 효력이 발생하기 전에 유치권을 취득한 경우에는 적용되지 아니하고, 유치권취득시기가 근저당권 설정 후라거나 유치권 취득 전에 설정된 근저당권에 기하여 경매절차가 개시되었다고 하여 달리 볼 것은 아니다(대판 2009.1.15. 2008다70763). 따라서 甲은 경매절차의 매수인에게 유치권을 내세워 대항할 수 없다.

④ 임대인과 임차인 사이에 건물명도 시 권리금을 반환하기로 하는 약정이 있었다 하더라도 그와 같은 권리금반환청구권은 건물에 관하여 생긴 채권이라 할 수 없으므로 그와 같은 채권을 가지고 건물에 대한 유치권을 행사할 수 없다(대판 1994.10.14. 93다62119).

⑤ 부동산매도인이 매매대금을 다 지급받지 아니한 상태에서 매수인에게 소유권이전등기를 마쳐 주어 목적물의 소유권을 매수인에게 이전한 경우에는, 매도인의 목적물인 도의무에 관하여 동시이행의 항변권 외에 물권적 권리인 유치권까지 인정할 것은 아니다. 왜냐하면 법률행위로 인한 부동산물권 변동의 요건으로 등기를 요구함으로써 물권관계의 명확화 및 거래의 안전·원활을 꾀하는 우리 민법의 기본정신에 비추어 볼 때, 만일 이를 인정한다면 매도인은 등기에 의하여 매수인에게 소유권을 이전하였음에도 매수인 또는 그의 처분에 기하여 소유권을 취득한 제3자에 대하여 소유권에 속하는 대세적인 점유의 권능을 여전히 보유하게 되는 결과가 되어 부당하기 때문이다. 또한 매도인으로서는 자신이 원래 가지는 동시이행의 항변권을 행사하지 아니하고 자신의 소유권이전의무를 선이행함으로써 매수인에게 소유권을 넘겨준 것이므로 그에 필연적으로 부수하는 위험은 스스로 감수하여야 한다. 따라서 매도인이 부동산을 점유하고 소유권을 이전받은 매수인에게서 매매대금 일부를 지급받지 못하고 있다고 하여 매매대금채권을 피담보채권으로 매수인이나 그에게서 부동산소유권을 취득한 제3자를 상대로 유치권을 주장할 수 없다(대결 2012.1.12. 2011마 2380).

35

답 ⑤

▌정답해설▐

③ [O], ⑤ [×] 甲과 乙 사이에 수리비는 乙이 부담하기로
사전에 약정하였더라도, 이는 상대적 효력만이 있을 뿐
이다. 반면, 유치권은 타인의 물건을 유치하여 점유할
수 있는 물권으로, 노트북수리계약에 기하여 乙에게 수
리대금의 지급을 청구할 수 있는 유치권자 丙은, 원칙적
으로 채권을 변제받을 때까지 누구에 대하여도 그 목적
물의 인도를 거절할 수 있다(제213조 단서).

▌오답해설▐

① 수급인 丙의 수리대금채권은 공사에 관한 채권에 해당하
므로, 3년의 단기소멸시효가 적용된다(제163조 제3호).

② 유치권은 법정담보물권이기는 하나 채권자의 이익보호
를 위한 채권담보의 수단에 불과하므로 이를 포기하는
특약은 유효하고, 유치권을 사전에 포기한 경우 다른 법
정요건이 모두 충족되더라도 유치권이 발생하지 않는 것
과 마찬가지로 유치권을 사후에 포기한 경우 곧바로 유
치권은 소멸한다고 보아야 하며, 채권자가 유치권의 소
멸 후에 그 목적물을 계속하여 점유한다고 하여 여기에
적법한 유치의 의사나 효력이 있다고 인정할 수 없고 다
른 법률상 권원이 없는 한 무단점유에 지나지 않는다(대
결 2011.5.13. 2010마1544).

④ 점유는 유치권의 성립요건인 동시에 존속요건이므로(대
판 1996.8.23. 95다8713, 대판 2009.9.24. 2009다39530
등), 유치권은 점유의 상실로 인하여 소멸한다(제328조).

36

답 ④

▌정답해설▐

④ 질권설정자인 채무자의 질물멸실행위는 기한이익상실
사유에 해당하므로(제388조 제1호), 채권자는 채무자에
게 즉시이행을 청구할 수 있고, 채무자의 이행이 없는
경우에는 질권을 실행할 수 있으며, 나아가 질권침해를
이유로 손해배상을 청구할 수도 있다(제750조).

▌오답해설▐

① 질권설정만으로는 질물소유자의 처분권이 제한되지 아
니하므로, 질권설정된 목적물의 제3자에의 양도 또한 가
능한데, 이 경우 제3자는 특별한 사정이 없는 한, 질권부
담이 있는 목적물의 소유권을 취득할 뿐이다.

② 질권설정자는 채무변제기 전의 계약으로 질권자에게 변
제에 갈음하여 질물의 소유권을 취득하게 하거나 법률에
정한 방법에 의하지 아니하고 질물을 처분할 것을 약정
하지 못한다(제339조).

③ 질권자는 그 권리의 범위 내에서 자기의 책임으로 질물
을 전질할 수 있다. 이 경우에는 전질을 하지 아니하였으
면 면할 수 있는 불가항력으로 인한 손해에 대하여도 책
임을 부담한다(제336조).

⑤ 질권자는 질물에 의하여 변제를 받지 못한 부분의 채권
에 한하여 채무자의 다른 재산으로부터 변제를 받을 수
있으나, 질물보다 먼저 다른 재산에 관한 배당을 실시하
는 경우에는, 채권 전액을 가지고 배당에 참가할 수 있다
(제340조).

37

답 ①

▌정답해설▐

① 질권의 목적인 채권의 양도행위는 민법 제352조 소정의
질권자의 이익을 해하는 변경에 해당되지 않으므로 질권
자의 동의를 요하지 아니한다(대판 2005.12.22. 2003다
55059).

▌오답해설▐

② 채권의 목적물이 금전인 때에는 질권자는 자기채권의 한
도에서 직접 청구할 수 있다(제353조 제2항).

③ 질권의 목적이 된 채권이 금전채권인 때에는 질권자는
자기채권의 한도에서 질권의 목적이 된 채권을 직접 청
구할 수 있고, 채권질권의 효력은 질권의 목적이 된 채권
의 지연손해금 등과 같은 부대채권에도 미치므로 채권질
권자는 질권의 목적이 된 채권과 그에 대한 지연손해금
채권을 피담보채권의 범위에 속하는 자기채권액에 대한
부분에 한하여 직접 추심하여 자기채권의 변제에 충당할
수 있다(대판 2005.2.25. 2003다40668).

④ 저당권으로 담보한 채권을 질권의 목적으로 한 때에는
그 저당권등기에 질권의 부기등기를 하여야 그 효력이
저당권에 미친다(제348조).

⑤ 제3채무자가 질권설정사실을 승낙한 후 질권설정계약이
합의해지된 경우 질권설정자가 해지를 이유로 제3채무
자에게 원래의 채권으로 대항하려면 질권자가 제3채무자에게
해지사실을 통지하여야 하고, 만일 질권자가 제3채무
자에게 질권설정계약의 해지사실을 통지하였다면, 설사
아직 해지가 되지 아니하였다고 하더라도 선의인 제3채
무자는 질권설정자에게 대항할 수 있는 사유로 질권자에
게 대항할 수 있다고 봄이 타당하다. 그리고 위와 같은

해지통지가 있었다면 해지사실은 추정되고, 그렇다면 해지통지를 믿은 제3채무자의 선의 또한 추정된다고 볼 것이어서 제3채무자가 악의라는 점은 선의를 다투는 질권자가 증명할 책임이 있다. 그리고 위와 같은 해지사실의 통지는 질권자가 질권설정계약이 해제되었다는 사실을 제3채무자에게 알리는 이른바 관념의 통지로서, 통지는 제3채무자에게 도달됨으로써 효력이 발생하고, 통지에 특별한 방식이 필요하지는 않다(대판 2014.4.10. 2013다76192).

38
답 ④

▌정답해설▌
④ 원고와 피고가 1필지의 대지를 공동으로 매수하여 같은 평수로 사실상 분할한 다음 각자 자기의 돈으로 자기 몫의 대지 위에 건물을 신축하여 점유하여 왔다면 비록 위 대지가 등기부상으로는 원·피고 사이의 공유로 되어 있다 하더라도 그 대지의 소유관계는 처음부터 구분소유적 공유관계에 있다 할 것이고, 따라서 피고 소유의 건물과 그 대지는 원고와의 내부관계에 있어서 피고의 단독소유로 되었다 할 것이므로 피고는 그 후 이 사건 대지의 피고 지분만을 경락취득한 원고에 대하여 그 소유의 위 건물을 위한 관습상의 법정지상권을 취득하였다고 할 것이다(대판 1990.6.26. 89다카24094).

▌오답해설▌
① 민법 제366조의 법정지상권은 저당권 설정 당시부터 저당권의 목적되는 토지 위에 건물이 존재할 경우에 한하여 인정되며, 토지에 관하여 저당권이 설정될 당시 그 지상에 토지소유자에 의한 건물의 건축이 개시되기 이전이었다면, 건물이 없는 토지에 관하여 저당권이 설정될 당시 근저당권자가 토지소유자에 의한 건물의 건축에 동의하였다고 하더라도 그러한 사정은 주관적 사항이고 공시할 수도 없는 것이어서 토지를 낙찰받는 제3자로서는 알 수 없는 것이므로 그와 같은 사정을 들어 법정지상권의 성립을 인정한다면 토지소유권을 취득하려는 제3자의 법적 안정성을 해치는 등 법률관계가 매우 불명확하게 되므로 법정지상권이 성립되지 않는다(대판 2003.9.5. 2003다26051).
② [1] 민법 제366조의 법정지상권은 저당권 설정 당시에 동일인의 소유에 속하는 토지와 건물이 저당권의 실행에 의한 경매로 인하여 각기 다른 사람의 소유에 속하게 된 경우에 건물의 소유를 위하여 인정되는 것이므로, 미등기건물을 그 대지와 함께 매수한 사람이 그 대지에 관하여만 소유권이전등기를 넘겨받고 건물에 대하여는 그 등기를 이전받지 못하고 있다가, 대지에 대하여 저당권을 설정하고 그 저당권의 실행으로 대지가 경매되어 다른 사람의 소유로 된 경우에는, 그 저당권의 설정 당시에 이미 대지와 건물이 각각 다른 사람의 소유에 속하고 있었으므로 법정지상권이 성립될 여지가 없다. [2] 관습상의 법정지상권은 동일인의 소유이던 토지와 그 지상건물이 매매 기타 원인으로 인하여 각각 소유자를 달리하게 되었으나 그 건물을 철거한다는 등의 특약이 없으면 건물소유자로 하여금 토지를 계속 사용하게 하려는 것이 당사자의 의사라고 보아 인정되는 것이므로 토지의 점유·사용에 관하여 당사자 사이에 약정이 있는 것으로 볼 수 있거나 토지소유자가 건물의 처분권까지 함께 취득한 경우에는 관습상의 법정지상권을 인정할 까닭이 없다 할 것이어서, 미등기건물을 그 대지와 함께 매도하였다면 비록 매수인에게 그 대지에 관하여만 소유권이전등기가 경료되고 건물에 관하여는 등기가 경료되지 아니하여 형식적으로 대지와 건물이 그 소유명의자를 달리하게 되었다 하더라도 매도인에게 관습상의 법정지상권을 인정할 이유가 없다(대판[전합] 2002.6.20. 2002다9660).
③ 관습상의 법정지상권의 성립요건인 해당 토지와 건물의 소유권의 동일인에의 귀속과 그 후의 각기 다른 사람에의 귀속은 법의 보호를 받을 수 있는 권리변동으로 인한 것이어야 하므로, 원래 동일인에게의 소유권 귀속이 원인무효로 이루어졌다가 그 뒤 그 원인무효임이 밝혀져 그 등기가 말소됨으로써 그 건물과 토지의 소유자가 달라지게 된 경우에는 관습상의 법정지상권을 허용할 수 없다(대판 1999.3.26. 98다64189).
⑤ 토지공유자의 한 사람이 다른 공유자의 지분 과반수의 동의를 얻어 건물을 건축한 후 토지와 건물의 소유자가 달라진 경우 토지에 관하여 관습법상의 법정지상권이 성립되는 것으로 보게 되면 이는 토지공유자의 1인으로 하여금 자신의 지분을 제외한 다른 공유자의 지분에 대하여서까지 지상권 설정의 처분행위를 허용하는 셈이 되어 부당하다. 그리고 이러한 법리는 민법 제366조의 법정지상권의 경우에도 마찬가지로 적용되고, 나아가 토지와 건물 모두가 각각 공유에 속한 경우에 토지에 관한 공유자 일부의 지분만을 목적으로 하는 근저당권이 설정되었다가 경매로 인하여 그 지분을 제3자가 취득하게 된 경우에도 마찬가지로 적용된다(대판 2014.9.4. 2011다73038·73045). 즉, 법정지상권은 성립하지 아니한다.

▌정답해설▐

① 근저당권자의 경매신청 등의 사유로 인하여 근저당권의 피담보채권이 확정되었을 경우, 확정 이후에 새로운 거래관계에서 발생한 원본채권은 그 근저당권에 의하여 담보되지 아니하지만, 확정 전에 발생한 원본채권에 관하여 확정 후에 발생하는 이자나 지연손해금채권은 채권최고액의 범위 내에서 근저당권에 의하여 여전히 담보되는 것이다(대판 2007.4.26. 2005다38300).

▌오답해설▐

② 근저당권은 그 담보할 채무의 최고액만을 정하고, 채무의 확정을 장래에 보류하여 설정하는 저당권으로서, 계속적인 거래관계로부터 발생하는 다수의 불특정채권을 장래의 결산기에서 일정한 한도까지 담보하기 위한 목적으로 설정되는 담보권이므로 근저당권설정행위와는 별도로 근저당권의 피담보채권을 성립시키는 법률행위가 있어야 한다(대판 2004.5.28. 2003다70041).

③ 물상보증인이 근저당권의 채무자의 계약상의 지위를 인수한 것이 아니라 다만 그 채무만을 면책적으로 인수하고 이를 원인으로 하여 근저당권 변경의 부기등기가 경료된 경우, 특별한 사정이 없는 한 그 변경등기는 당초 채무자가 근저당권자에 대하여 부담하고 있던 것으로서 물상보증인이 인수한 채무만을 그 대상으로 하는 것이지, 그 후 채무를 인수한 물상보증인이 다른 원인으로 근저당권자에 대하여 부담하게 된 새로운 채무까지 담보하는 것으로 볼 수는 없다(대판 1999.9.3. 98다40657).

④ 부동산에 대하여 가압류등기가 먼저 되고 나서 근저당권설정등기가 마쳐진 경우에 그 근저당권등기는 가압류에 의한 처분금지의 효력 때문에 그 집행보전의 목적을 달성하는 데 필요한 범위 안에서 가압류채권자에 대한 관계에서만 상대적으로 무효이다(대결 1994.11.29. 94마417).

⑤ 채무자의 채무액이 근저당채권최고액을 초과하는 경우에 채무자 겸 근저당권설정자가 그 채무의 일부인 채권최고액과 지연손해금 및 집행비용만을 변제하였다면 채권 전액의 변제가 있을 때까지 근저당권의 효력은 잔존채무에 미치는 것이므로 위 채무 일부의 변제로써 위 근저당권의 말소를 청구할 수 없다(대판 1981.11.10. 80다2712).

▌정답해설▐

② 담보가등기를 마친 부동산에 대하여 강제경매등의 개시결정이 있는 경우에 그 경매의 신청이 청산금을 지급하기 전에 행하여진 경우(청산금이 없는 경우에는 청산기간이 지나기 전)에는 담보가등기권리자는 그 가등기에 따른 본등기를 청구할 수 없다(가등기담보 등에 관한 법률 제14조).

▌오답해설▐

① 채무자가 청산기간이 지나기 전에 한 청산금에 관한 권리의 양도나 그 밖의 처분은 이로써 후순위권리자에게 대항하지 못한다(가등기담보 등에 관한 법률 제7조 제1항).

③ 채무자등은 청산금채권을 변제받을 때까지 그 채무액(반환할 때까지의 이자와 손해금을 포함한다)을 채권자에게 지급하고 그 채권담보의 목적으로 마친 소유권이전등기의 말소를 청구할 수 있다(가등기담보 등에 관한 법률 제11조 본문).

④ 담보가등기를 마친 부동산에 대하여 강제경매등이 개시된 경우에 담보가등기권리자는 다른 채권자보다 자기채권을 우선변제받을 권리가 있다(가등기담보 등에 관한 법률 제13조 전문).

⑤ 채권자가 담보계약에 따른 담보권을 실행하여 그 담보목적부동산의 소유권을 취득하기 위하여는 그 채권의 변제기 후에 청산금의 평가액을 채무자등에게 통지하고, 그 통지가 채무자등에게 도달한 날부터 2개월(이하 "청산기간"이라 한다)이 지나야 한다. 이 경우 청산금이 없다고 인정되는 경우에는 그 뜻을 통지하여야 한다(가등기담보 등에 관한 법률 제3조 제1항).

01	02	03	04	05	06	07	08	09	10	11	12	13	14	15	16	17	18	19	20
①	⑤	②	④	⑤	①	③	②	④	③	②	③	⑤	②	①	⑤	④	④	⑤	⑤
21	22	23	24	25	26	27	28	29	30	31	32	33	34	35	36	37	38	39	40
⑤	①	②	②	⑤	⑤	①	④	④	④	③	④	④	①	②	④	④	④	③	③

01

답 ①

┃ 정답해설 ┃

① 온천에 관한 권리는 관습상의 물권이나 준물권이라 할 수 없고 온천수는 공용수 또는 생활상 필요한 용수에 해당되지 않는다(대판 1972.8.29. 72다1243).

┃ 오답해설 ┃

② 관습법이란 사회의 거듭된 관행으로 생성한 사회생활규범이 사회의 법적 확신과 인식에 의하여 법적규범으로 승인·강행되기에 이른 것을 말하고, 사실인 관습은 사회의 관행에 의하여 발생한 사회생활규범인 점에서 관습법과 같으나 사회의 법적 확신이나 인식에 의하여 법적규범으로서 승인된 정도에 이르지 않은 것을 말한다(대판 1983.6.14. 80다3231).

③ 법령과 같은 효력을 갖는 관습법은 당사자의 주장입증을 기다림이 없이 법원이 직권으로 이를 확정하여야 하고 사실인 관습은 그 존재를 당사자가 주장입증하여야 한다(대판 1983.6.14. 80다3231).

④ 종중은 공동선조의 분묘수호와 제사 및 종원 상호 간의 친목 등을 목적으로 하여 구성되는 자연발생적인 종족집단으로 그 공동선조와 성과 본을 같이하는 후손은 그 의사와 관계없이 성년이 되면 당연히 그 구성원(종원)이 된다(대판[전합] 2005.7.21. 2002다13850).

⑤ 사회의 거듭된 관행으로 생성된 사회생활규범이 관습법으로 승인되었다고 하더라도 사회구성원들이 그러한 관행의 법적 구속력에 대하여 확신을 갖지 않게 되었다거나, 사회를 지배하는 기본적 이념이나 사회질서의 변화로 인하여 그러한 관습법을 적용하여야 할 시점에 있어서의 전체 법질서에 부합하지 않게 되었다면 그러한 관습법은 법적 규범으로서의 효력이 부정될 수밖에 없다(대판[전합] 2005.7.21. 2002다13850).

02

답 ⑤

┃ 정답해설 ┃

ㄱ. [O] 사정변경을 이유로 한 계약해제는 계약성립 당시 당사자가 예견할 수 없었던 현저한 사정의 변경이 발생하였고 그러한 사정의 변경이 해제권을 취득하는 당사자에게 책임 없는 사유로 생긴 것으로서, 계약내용대로의 구속력을 인정한다면 신의칙에 현저히 반하는 결과가 생기는 경우에 계약준수원칙의 예외로서 인정된다(대판[전합] 2013.9.26. 2012다13637).

ㄴ. [O] 사용자는 근로계약에 수반되는 신의칙상의 부수적 의무로서 피용자가 노무를 제공하는 과정에서 생명, 신체, 건강을 해치는 일이 없도록 인적·물적 환경을 정비하는 등 필요한 조치를 강구하여야 할 보호의무를 부담하고, 이러한 보호의무를 위반함으로써 피용자가 손해를 입은 경우 이를 배상할 책임이 있다(대판 2000.5.16. 99다47129).

ㄷ. [O] 채권자가 채권을 확보하기 위하여 제3자의 부동산을 채무자에게 명의신탁하도록 한 다음 동 부동산에 대하여 강제집행을 하는 따위의 행위는 신의칙에 비추어 허용할 수 없다(대판 1981.7.7. 80다2064).

ㄹ. [O] 아파트분양자는 아파트단지 인근에 쓰레기매립장이 건설예정인 사실을 분양계약자에게 고지할 신의칙상 의무를 부담한다(대판 2006.10.12. 2004다48515).

03

답 ②

정답해설

② 수난, 전란, 화재 기타 사변에 편승하여 타인의 불법행위로 사망한 경우에 있어서는 확정적인 증거의 포착이 손쉽지 않음을 예상하여 법은 인정사망, 위난실종선고 등의 제도와 그밖에도 보통실종 선고제도도 마련해 놓고 있으나 그렇다고 하여 위와 같은 자료나 제도에 의함이 없는 사망사실의 인정을 수소법원이 절대로 할 수 없다는 법리는 없다(대판 1989.1.31. 87다카2954). 따라서 사망의 증거가 있다면, 재난으로 인한 사망사실을 조사한 관공서의 통보가 없더라도 법원이 직권으로 사망의 사실을 인정할 수 있다.

오답해설

① 태아가 사산된 경우에는 정지조건설이든 해제조건설이든 태아의 권리능력은 부인된다(대판 1976.9.14. 76다1365). 따라서 태아의 불법행위에 의한 손해배상청구권은 발생할 수 없다.

③ 태아도 손해배상청구권에 관하여는 이미 출생한 것으로 보는바, 부가 교통사고로 상해를 입을 당시 태아가 출생하지 아니하였다고 하더라도 그 뒤에 출생한 이상 부의 부상으로 인하여 입게 될 정신적 고통에 대한 위자료를 청구할 수 있다(대판 1993.4.27. 93다4663).

④ 의용민법이나 구 관습하에 태아에게는 일반적으로 권리능력이 인정되지 아니하고 손해배상청구권 또는 상속 등 특별한 경우에 한하여 제한된 권리능력을 인정하였을 따름이므로 증여에 관하여는 태아의 수증능력이 인정되지 아니하였고, 또 태아인 동안에는 법정대리인이 있을 수 없으므로 법정대리인에 의한 수증행위도 할 수 없다(대판 1982.2.9. 81다534).

⑤ 법인의 권리능력 혹은 행위능력은 법인의 설립근거가 된 법률과 정관상의 목적에 의하여 제한되나, 그 목적범위 내의 행위라 함은 법률이나 정관에 명시된 목적 자체에 국한되는 것이 아니라 그 목적을 수행하는 데 있어 직접, 간접으로 필요한 행위는 모두 포함한다(대판 2007.1.26. 2004도1632).

04

답 ④

정답해설

ㄱ. [O] 취소할 수 있는 법률행위는 제한능력자, 착오로 인하거나 사기·강박에 의하여 의사표시를 한 자, 그의 대리인 또는 승계인만이 취소할 수 있다(제140조).

ㄹ. [O] 미성년자가 법정대리인으로부터 허락을 얻은 특정한 영업에 관하여는 성년자와 동일한 행위능력이 있는데(제8조 제1항), 여기서 특정한 영업이란 영업의 종류가 특정되어 있는 영업을 의미한다.

ㅁ. [O] 혼인한 미성년자는 성년자로 의제되므로, 부부는 협의에 의하여 법정대리인의 동의 없이 이혼할 수 있다(제826조의2, 제834조 참고).

오답해설

ㄴ. [×] 친권자나 후견인은 미성년자의 근로계약을 대리할 수 없다(근로기준법 제67조 제1항).

ㄷ. [×] 부담부 증여는 수증자도 그 부담범위에서 의무를 부담하므로(제561조), 미성년자가 단독으로 할 수 없다.

05

답 ⑤

정답해설

⑤ 부재자재산관리인이 매각을 허가받은 재산을 매도담보로 제공하거나 이에 저당권을 설정함에는 다시 법원의 허가를 받을 필요가 없다. 다만, 부재자재산관리인이 법원의 매각처분허가를 얻었다 하더라도 부재자와 아무런 관계가 없는 남의 채무의 담보만을 위하여 부재자재산에 근저당권을 설정하는 행위는 통상의 경우 객관적으로 부재자를 위한 처분행위로서 당연하다고는 경험칙상 볼 수 없다(대결 1976.12.21. 75마551).

오답해설

① 재산을 관리할 책임이 있는 법정대리인(친권자나 후견인 등)이 있는 경우에는 그들이 재산을 관리할 수 있으므로, 재산관리제도가 따로 적용되지 아니한다.

② 부재자가 재산관리인을 둔 경우에 그 관리인은 임의대리인에 해당하고, 법원은 원칙적으로 그 관리인의 재산관리에 간섭할 수 없다. 따라서 특별한 사정(본인의 부재 중 재산관리인의 권한이 소멸하거나, 부재자의 생사가 분명하지 아니한 경우 등)이 없으면 법원은 이해관계인의 청구로 새로운 재산관리인을 정할 수 없다(제23조 참고).

③ 법원에 의하여 일단 부재자의 재산관리인선임결정이 있었던 이상, 가령 부재자가 그 이전에 사망하였음이 위 결정 후에 확실하여졌다 하더라도 법에 정하여진 절차에 의하여 결정이 취소되지 않는 한 선임된 부재자재산관리인의 권한이 당연히는 소멸되지 아니하고, 위 결정 이후에 이르러 취소된 경우에도 그 취소의 효력은 장래에 향하여서만 생기는 것이며 그간의 그 부재자재산관리인의 적법한 권한행사의 효과는 이미 사망한 그 부재자의 재산상속인에게 미친다 할 것이다(대판 1970.1.27. 69다719).

④ 제24조 제3항·제4항

06 답 ①

┃정답해설┃

① 민법 제35조 법인의 불법행위책임은 대표기관의 행위가 민법 제750조의 일반불법행위요건을 갖출 것을 요한다.

┃오답해설┃

② 민법 제35조 법인의 불법행위책임은 사용자책임(제756조 제1항 단서)과 달리, 선임·감독상 주의의무를 다하였음을 증명하여도 면책될 수 없다.

③ 민법 제35조 제1항은 "법인은 이사 기타 대표자가 그 직무에 관하여 타인에게 가한 손해를 배상할 책임이 있다."라고 정한다. 여기서 '법인의 대표자'에는 그 명칭이나 직위 여하, 또는 대표자로 등기되었는지 여부를 불문하고 당해 법인을 실질적으로 운영하면서 법인을 사실상 대표하여 법인의 사무를 집행하는 사람을 포함한다고 해석함이 상당하다(대판 2011.4.28. 2008다15438).

④ 종중의 대표자가 종중 소유의 부동산을 개인 소유라 하여 매도하고 계약금과 중도금을 지급받은 후 잔대금 지급 이전에 매수인이 종중 소유임을 알고 항의하자 종중의 결의가 없는데도 종중대표자로서 그 이전을 약속하고 종중총회결의서 등을 위조하여 등기이전을 해 주고 잔금을 받았는데 그 후 종중이 소송으로 부동산을 되찾아간 경우 종중의 불법행위를 인정하고 매수인이 지급한 잔대금 상당액을 배상할 의무가 있다(대판 1994.4.12. 92다49300).

⑤ 법인의 대표자의 행위가 직무에 관한 행위에 해당하지 아니함을 피해자 자신이 알았거나 또는 중대한 과실로 인하여 알지 못한 경우에는 법인에게 손해배상책임을 물을 수 없다(대판 2004.3.26. 2003다34045).

07 답 ③

┃정답해설┃

③ 1필의 토지 일부는 분필을 하지 아니하여도 용익물권을 설정할 수 있다(부동산등기법 제69조 제6호 참고).

┃오답해설┃

① 사람의 유체·유골은 매장·관리·제사·공양의 대상이 될 수 있는 유체물로서, 분묘에 안치되어 있는 선조의 유체·유골은 민법 제1008조의3 소정의 제사용 재산인 분묘와 함께 그 제사주재자에게 승계되고, 피상속인 자신의 유체·유골 역시 위 제사용 재산에 준하여 그 제사주재자에게 승계된다(대판[전합] 2008.11.20. 2007다27670).

② 사법상 거래의 객체가 될 수 없는 물건을 불융통물이라고 하는데, 공용물(예 관공서의 건물이나 국공립학교의 건물 등), 공공용물(예 도로·공원·하천·항만 등) 및 금제물(예 음란한 문서나 도화·위조나 변조한 통화 등) 등이 불융통물에 속한다.

④ 입목에 관한 법률에 의하여 소유권보존등기가 경료된 수목의 집단은 입목으로서 그 토지로부터 독립된 부동산이 되고(입목에 관한 법률 제3조 제1항), 입목의 소유자는 토지와 분리하여 입목을 양도하거나 저당권의 목적으로 할 수 있다(입목에 관한 법률 제3조 제2항).

⑤ 어느 건물이 주된 건물의 종물이기 위하여는 주된 건물의 경제적 효용을 보조하기 위하여 계속적으로 이바지되어야 하는 관계가 있어야 한다(대판 1988.2.23. 87다카600).

08 답 ②

┃정답해설┃

ㄱ. [×] 강제집행을 면할 목적으로 부동산에 허위의 근저당권설정등기를 경료하는 행위는 민법 제103조의 선량한 풍속 기타 사회질서에 위반한 사항을 내용으로 하는 법률행위로 볼 수 없다(대판 2004.5.28. 2003다70041).

ㄷ. [×] 반사회적 행위에 의하여 조성된 재산인 이른바 비자금을 소극적으로 은닉하기 위하여 임치한 것은 사회질서에 반하는 법률행위로 볼 수 없다(대판 2001.4.10. 2000다49343).

ㄹ. [×] 해외파견된 근로자가 귀국일로부터 일정 기간 소속 회사에 근무하여야 한다는 사규나 약정은 민법 제103조 또는 제104조에 위반된다고 할 수 없고, 일정 기간 근무

하지 않으면 해외파견 소요 경비를 배상한다는 사규나 약정은 근로계약기간이 아니라 경비반환채무의 면제기간을 정한 것이므로 근로기준법 제21조에 위배하는 것도 아니다(대판 1982.6.22. 82다카90).

▌오답해설▐

ㄴ. [O] 위약벌의 약정은 채무의 이행을 확보하기 위해서 정해지는 것으로서 손해배상의 예정과는 그 내용이 다르므로 손해배상의 예정에 관한 민법 제398조 제2항을 유추적용하여 그 액을 감액할 수는 없으며, 다만 그 의무의 강제에 의하여 얻어지는 채권자의 이익에 비하여 약정된 벌이 과도하게 무거울 때에는 그 일부 또는 전부가 공서양속에 반하여 무효로 되는 것에 불과하다(대판 2002.4.23. 2000다56976).

ㅁ. [O] 당사자의 일방이 상대방에게 공무원의 직무에 관한 사항에 관하여 특별한 청탁을 하게 하고 그에 대한 보수로 돈을 지급할 것을 내용으로 한 약정은 사회질서에 반하는 무효의 계약이고, 따라서 민법 제746조에 의하여 그 대가의 반환을 청구할 수 없으며, 나아가 그 돈을 반환하여 주기로 한 약정도 결국 불법원인급여물의 반환을 구하는 범주에 속하는 것으로서 무효이고, 그 반환약정에 기하여 약속어음을 발행하였다 하더라도 채권자는 그 이행을 청구할 수 없다(대판 1995.7.14. 94다51994).

▌오답해설▐

ㄱ. [×] 통정허위표시가 성립하기 위하여는 의사표시의 진의와 표시가 일치하지 아니하고, 그 불일치에 관하여 상대방과 사이에 합의가 있어야 하는바, 제3자가 은행을 직접 방문하여 금전소비대차약정서에 주채무자로서 서명·날인하였다면 제3자는 자신이 당해 소비대차계약의 주채무자임을 은행에 대하여 표시한 셈이고, 제3자가 은행이 정한 동일인에 대한 여신한도 제한을 회피하여 타인으로 하여금 제3자 명의로 대출을 받아 이를 사용하도록 할 의도가 있었다거나 그 원리금을 타인의 부담으로 상환하기로 하였더라도, 특별한 사정이 없는 한 이는 소비대차계약에 따른 경제적 효과를 타인에게 귀속시키려는 의사에 불과할 뿐, 그 법률상의 효과까지도 타인에게 귀속시키려는 의사로 볼 수는 없으므로 제3자의 진의와 표시에 불일치가 있다고 보기는 어렵다(대판 1998.9.4. 98다17909).

ㄷ. [×] 구 상호신용금고법(2000.1.28. 법률 제6203호로 개정되기 전의 것) 소정의 계약이전은 금융거래에서 발생한 계약상의 지위가 이전되는 사법상의 법률효과를 가져오는 것이므로, 계약이전을 받은 금융기관은 계약이전을 요구받은 금융기관과 대출채무자 사이의 통정허위표시에 따라 형성된 법률관계를 기초로 하여 새로운 법률상 이해관계를 가지게 된 민법 제108조 제2항의 제3자에 해당하지 않는다(대판 2004.1.15. 2002다31537).

09 답 ④

▌정답해설▐

ㄴ. [O] 채무자의 법률행위가 통정허위표시인 경우에도 채권자취소권의 대상이 되고, 한편 채권자취소권의 대상으로 된 채무자의 법률행위라도 통정허위표시의 요건을 갖춘 경우에는 무효라고 할 것이다(대판 1998.2.27. 97다50985).

ㄹ. [O] 불법원인급여를 규정한 민법 제746조 소정의 '불법의 원인'이라 함은 재산을 급여한 원인이 선량한 풍속 기타 사회질서에 위반하는 경우를 가리키는 것으로서, 강제집행을 면할 목적으로 부동산의 소유자 명의를 신탁하는 것이 위와 같은 불법원인급여에 해당한다고 볼 수는 없다(대판 1994.4.15. 93다61307).

10 답 ③

▌정답해설▐

③ 취소권은 추인할 수 있는 날로부터 3년 내에 법률행위를 한 날로부터 10년 내에 행사하여야 한다(제146조).

▌오답해설▐

① 동기의 착오가 상대방의 부정한 방법에 의하여 유발되거나 상대방으로부터 제공된 경우와 같이 상대방의 보호필요성이 부정되는 때에는 동기가 표시되지 않았더라도 취소할 수 있다(대판 1970.2.24. 69누83, 대판 1990.7.10. 90다카7460).

② 착오가 법률행위내용의 중요부분에 있다고 하기 위하여는 표의자에 의하여 추구된 목적을 고려하여 합리적으로 판단하여 볼 때 표시와 의사의 불일치가 객관적으로 현저하여야 하고, 만일 그 착오로 인하여 표의자가 무슨 경제적인 불이익을 입은 것이 아니라고 한다면 이를 법률행위내용의 중요부분의 착오라고 할 수 없다(대판 1999.2.23. 98다47924).

④ 법률행위가 사기에 의한 것으로서 취소되는 경우에 그 법률행위가 동시에 불법행위를 구성하는 때에는 취소의 효과로 생기는 부당이득반환청구권과 불법행위로 인한 손해배상청구권은 경합하여 병존하는 것이므로, 채권자는 어느 것이라도 선택하여 행사할 수 있지만 중첩적으로 행사할 수는 없다(대판 1993.4.27. 92다56087).

⑤ 제3자의 사기행위로 인하여 피해자가 주택건설사와 사이에 주택에 관한 분양계약을 체결하였다고 하더라도 제3자의 사기행위 자체가 불법행위를 구성하는 이상, 제3자로서는 그 불법행위로 인하여 피해자가 입은 손해를 배상할 책임을 부담하는 것이므로, 피해자가 제3자를 상대로 손해배상청구를 하기 위하여 반드시 그 분양계약을 취소할 필요는 없다(대판 1998.3.10. 97다55829).

11
답 ②

┃정답해설┃

① [O], ② [×] 민법 제109조 제1항에 의하면 법률행위내용의 중요부분에 착오가 있는 경우 착오에 중대한 과실이 없는 표의자는 법률행위를 취소할 수 있고, 민법 제580조 제1항, 제575조 제1항에 의하면 매매의 목적물에 하자가 있는 경우 하자가 있는 사실을 과실 없이 알지 못한 매수인은 매도인에 대하여 하자담보책임을 물어 계약을 해제하거나 손해배상을 청구할 수 있다. 착오로 인한 취소제도와 매도인의 하자담보책임 제도는 취지가 서로 다르고, 요건과 효과도 구별된다. 따라서 매매계약내용의 중요부분에 착오가 있는 경우 매수인은 매도인의 하자담보책임이 성립하는지와 상관없이 착오를 이유로 매매계약을 취소할 수 있다(대판 2018.9.13. 2015다78703). 따라서 위조된 그림을 진품으로 알고 매수한 것은 법률행위내용의 중요부분의 착오에 해당하므로, 甲이 乙에게 하자담보책임을 주장할 수 있는지 여부와 상관없이 그 착오를 이유로 위 매매계약을 취소할 수 있다.

┃오답해설┃

③ 매도인이 매수인의 중도금 지급 채무불이행을 이유로 매매계약을 적법하게 해제한 후라도 매수인으로서는 상대방이 한 계약해제의 효과로서 발생하는 손해배상책임을 지거나 매매계약에 따른 계약금의 반환을 받을 수 없는 불이익을 면하기 위하여 착오를 이유로 한 취소권을 행사하여 위 매매계약 전체를 무효로 돌리게 할 수 있다(대판 1991.8.27. 91다11308).

④ 판례는 「기망행위로 인하여 법률행위의 중요부분에 관하여 착오를 일으킨 경우뿐만 아니라 법률행위의 내용으로 표시되지 아니한 의사결정의 동기에 관하여 착오를 일으킨 경우에도 표의자는 그 법률행위를 사기에 의한 의사표시로서 취소할 수 있다」(대판 1985.4.9. 85도167)고 하여 경합을 인정하고 있다.

⑤ 의사표시는 법률행위의 내용의 중요부분에 착오가 있는 때에는 취소할 수 있다. 그러나 그 착오가 표의자의 중대한 과실로 인한 때에는 취소하지 못한다(제109조 제1항).

12
답 ③

┃정답해설┃

③ 부동산의 소유자로부터 매매계약을 체결할 대리권을 수여받은 대리인은 특별한 다른 사정이 없는 한 그 매매계약에서 약정한 바에 따라 중도금이나 잔금을 수령할 수도 있다고 보아야 하고, 매매계약의 체결과 이행에 관하여 포괄적으로 대리권을 수여받은 대리인은 특별한 다른 사정이 없는 한 상대방에 대하여 약정된 매매대금지급기일을 연기하여 줄 권한도 가진다고 보아야 할 것이다(대판 1992.4.14. 91다43107).

┃오답해설┃

①·② 어떠한 계약의 체결에 관한 대리권을 수여받은 대리인이 수권된 법률행위를 하게 되면 그것으로 대리권의 원인된 법률관계는 원칙적으로 목적을 달성하여 종료하는 것이고, 법률행위에 의하여 수여된 대리권은 그 원인된 법률관계의 종료에 의하여 소멸하는 것이므로(제128조), 그 계약을 대리하여 체결하였던 대리인이 체결된 계약의 해제 등 일체의 처분권과 상대방의 의사를 수령할 권한까지 가지고 있다고 볼 수는 없다(대판 2008.6.12. 2008다11276).

④ 예금계약의 체결을 위임받은 자가 가지는 대리권에 당연히 그 예금을 담보로 대출을 받거나 이를 처분할 수 있는 대리권이 포함되어 있는 것은 아니다(대판 2002.6.14. 2000다38992).

⑤ 채권자가 채무의 담보의 목적으로 채무자를 대리하여 부동산에 관한 매매 등의 처분행위를 할 수 있는 권한을 위임받은 경우, 채권자는 채무자에 대한 채권의 회수를 위하여 선량한 관리자로서의 주의를 다하여 채무자가 직접 부동산을 처분하는 것과 같이 널리 원매자를 물색하여 부동산을 매매 등의 방법으로 적정한 시기에 매도한

다음 그 대가로 자신의 채권에 충당하고 나머지가 있으면 채무자에게 이를 정산할 의무가 있는 것이지, 자신의 개인적인 채무를 변제하기 위하여 그 채권자와의 사이에 임의로 부동산의 가치를 협의·평가하여 그 가액 상당의 채무에 대한 대물변제조로 양도할 권한이 있는 것은 아니다(대판 1997.9.9. 97다22720).

13 답 ⑤

┃정답해설┃

⑤ 상대방은 무권대리인과 체결한 계약을 본인의 추인이 있을 때까지 철회할 수 있으나, 계약 당시에 상대방이 대리권 없음을 안 때에는 철회하지 못한다(제134조).

┃오답해설┃

① 무권대리행위는 그 효력이 불확정상태에 있다가 본인의 추인 유무에 따라 본인에 대한 효력발생 여부가 결정되는 것인바, 그 추인은 무권대리행위가 있음을 알고 그 행위의 효과를 자기에게 귀속시키도록 하는 단독행위로서 그 의사표시의 방법에 관하여 일정한 방식이 요구되는 것이 아니므로 명시적이든 묵시적이든 묻지 아니한다(대판 1990.4.27. 89다카2100). 甲이 丙에게 매매대금의 지급을 청구하는 것은 명시적인 추인에 해당한다.

② 추인 또는 거절의 의사표시는 상대방에 대하여 하지 아니하면 그 상대방에 대항하지 못한다. 그러나 상대방이 그 사실을 안 때에는 그러하지 아니하다(제132조).

③ 법률행위에 의한 부동산물권 변동에는 물권행위와 등기가 필요하다(제186조). 따라서 甲이 乙의 무권대리행위를 추인하여 그 법률행위가 유효로 되더라도, 丙이 소유권이전등기를 경료하기 전에는 X건물의 소유권을 취득할 수 없다. 반면, 丁은 甲으로부터 X건물을 매수하고 소유권이전등기를 마친 자이므로, 그 소유권을 유효하게 취득한다.

④ 제131조

14 답 ②

┃정답해설┃

② 민법 제108조 제2항의 제3자는 선의이면 족하고 무과실은 요건이 아니다(대판 2004.5.28. 2003다70041).

┃오답해설┃

① 민법 제109조 제1항 단서는 의사표시의 착오가 표의자의 중대한 과실로 인한 때에는 그 의사표시를 취소하지 못한다고 규정하고 있는데, 위 단서규정은 표의자의 상대방의 이익을 보호하기 위한 것이므로, 상대방이 표의자의 착오를 알고 이를 이용한 경우에는 착오가 표의자의 중대한 과실로 인한 것이라고 하더라도 표의자는 의사표시를 취소할 수 있다(대판 2014.11.27. 2013다49794).

③ 무효인 법률행위는 당사자가 무효임을 알고 추인할 경우 새로운 법률행위를 한 것으로 간주할 뿐이고 소급효가 없는 것이므로 무효인 가등기를 유효한 등기로 전용키로 한 약정은 그때부터 유효하고 이로써 위 가등기가 소급하여 유효한 등기로 전환될 수 없다(대판 1992.5.12. 91다26546).

④ 민법 제146조는 취소권은 추인할 수 있는 날로부터 3년 내에 행사하여야 한다고 규정하고 있는바, 이때의 3년이라는 기간은 일반소멸시효기간이 아니라 제척기간으로서 제척기간이 도과하였는지 여부는 당사자의 주장에 관계없이 법원이 당연히 조사하여 고려하여야 할 사항이다(대판 1996.9.20. 96다25371).

⑤ 거래계약이 확정적으로 무효가 된 경우에는 거래계약이 확정적으로 무효로 됨에 있어서 귀책사유가 있는 자라고 하더라도 그 계약의 무효를 주장할 수 있다(대판 1997.7.25. 97다4357·4364).

15 답 ①

┃정답해설┃

① 법정추인사유로서의 '이행청구'는 취소권자가 상대방에 대하여 채무이행을 청구한 경우에 한하고, 취소권자가 상대방으로부터 이행청구를 받은 경우는 포함하지 아니한다(제145조 제2호).

┃오답해설┃

② 취소권자가 채권자로서 강제집행을 하는 경우뿐만 아니라, 채무자로서 이의 없이 강제집행을 받는 경우도 법정추인사유에 포함한다(통설).

③ 취소권자가 물적·인적 담보를 불문하고 그 담보를 제공하는 경우뿐만 아니라, 그 담보를 제공받는 경우도 법정추인사유에 포함한다.

④ 법정추인사유는 취소권자가 취소할 수 있는 행위로써 취득한 권리의 전부나 일부를 양도한 경우에 한하는데, 여기에서의 양도에는 제한적 권리(제한물권이나 임차권 등)를 설정하는 경우도 포함된다.

⑤ 법정추인사유로서의 전부나 일부의 이행에는 취소권자가 이행한 경우뿐만 아니라, 상대방의 이행을 수령한 경우도 포함된다.

> **제145조(법정추인)**
> 취소할 수 있는 법률행위에 관하여 전조의 규정에 의하여 추인할 수 있는 후에 다음 각 호의 사유가 있으면 추인한 것으로 본다. 그러나 이의를 보류한 때에는 그러하지 아니하다.
>   1. 전부나 일부의 이행
>   2. 이행의 청구
>   3. 경개
>   4. 담보의 제공
>   5. 취소할 수 있는 행위로 취득한 권리의 전부나 일부의 양도
>   6. 강제집행

③ 계약당사자 사이에 일정한 사유가 발생하면 채무자는 기한의 이익을 잃고 채권자의 별도의 의사표시가 없더라도 바로 이행기가 도래한 것과 같은 효과를 발생케 하는 이른바 정지조건부 기한이익 상실의 특약을 한 경우에는 그 특약에 정한 기한이익의 상실사유가 발생함과 동시에 기한의 이익을 상실케 하는 채권자의 의사표시가 없더라도 이행기 도래의 효과가 발생하고, 채무자는 특별한 사정이 없는 한 그때부터 이행지체의 상태에 놓이게 된다(대판 1989.9.29. 88다카14663).

④ 해제조건부 증여로 인한 부동산소유권이전등기를 마쳤다 하더라도 그 해제조건이 성취되면 그 소유권은 증여자에게 복귀한다고 할 것이고, 이 경우 당사자 간에 별단의 의사표시가 없는 한 그 조건성취의 효과는 소급하지 아니하나, 조건성취 전에 수증자가 한 처분행위는 조건성취의 효과를 제한하는 한도 내에서는 무효라고 할 것이고, 다만 그 조건이 등기되어 있지 않는 한 그 처분행위로 인하여 권리를 취득한 제3자에게 위 무효를 대항할 수 없다(대판 1992.5.22. 92다5584).

16

답 ⑤

정답해설

⑤ 조건을 붙일 수 없는 법률행위에 조건을 붙인 경우에는, 일부무효의 법리에 따라 그 법률행위 전체가 무효가 된다.

오답해설

① 상대방이 하도급받은 부분에 대한 공사를 완공하여 준공필증을 제출하는 것을 정지조건으로 하여 공사대금채무를 부담하거나 위 채무를 보증한 사람은 위 조건의 성취로 인하여 불이익을 받을 당사자의 지위에 있다고 할 것이므로, 이들이 위 공사에 필요한 시설을 해 주지 않았을 뿐만 아니라 공사장에의 출입을 통제함으로써 위 상대방으로 하여금 나머지 공사를 수행할 수 없게 하였다면, 그것이 고의에 의한 경우만이 아니라 과실에 의한 경우에도 신의성실에 반하여 조건의 성취를 방해한 때에 해당한다고 할 것이므로, 그 상대방은 민법 제150조 제1항의 규정에 의하여 위 공사대금채무자 및 보증인에 대하여 그 조건이 성취된 것으로 주장할 수 있다(대판 1998.12.22. 98다42356).

② 조건의 성취로 인하여 불이익을 받을 당사자가 신의성실에 반하여 조건의 성취를 방해한 경우, 조건이 성취된 것으로 의제되는 시점은 이러한 신의성실에 반하는 행위가 없었더라면 조건이 성취되었으리라고 추산되는 시점이다(대판 1998.12.22. 98다42356).

17

답 ④

정답해설

④ 기한부 권리의 당사자는 기한이 도래하기 전에 기한의 도래로 인하여 생길 상대방의 이익을 해하지 못한다(제154조, 제148조). 따라서 丙의 사망 전에 甲이 X건물의 소유권을 제3자에게 이전한 경우에는, 乙은 기한이 도래한 후에 이행불능을 이유로 甲에게 손해배상청구를 할 수 있다.

오답해설

① 甲과 乙이 체결한 매매계약은 불확정기한부 계약이다.

② 불확정기한부 계약의 기한도래의 효력은 소급효가 없다. 이는 절대적이며, 조건과 달리 당사자의 특약으로도 소급효가 인정되지 아니한다.

③ 제149조(조건부 권리의 처분 등)는 기한부 권리에 준용되므로(제154조), 기한이 도래하기 전인 권리의무는 일반규정에 의하여 처분, 상속, 보존 또는 담보로 할 수 있다. 따라서 甲은 丙의 사망 전이라도 매매대금채권을 제3자에게 양도하거나 담보로 제공할 수 있다.

⑤ 시기 있는 법률행위는 기한이 도래한 때로부터 그 효력이 생긴다(제152조 제1항). 따라서 丙이 사망한 날로부터 甲의 매매대금채권의 소멸시효가 진행된다.

18

답 ④

④ 제척기간은 불변기간이 아니어서 그 기간을 지난 후에는 당사자가 책임질 수 없는 사유로 그 기간을 준수하지 못하였더라도 추후에 보완될 수 없다(대결 2003.8.11. 2003스32).

① 제척기간은 기간의 경과로 장래를 향하여 소멸하므로, 소급효가 인정되지 아니한다.

② 제척기간은 권리관계를 조속히 확정시키기 위한 제도이므로, 중단이 인정되지 아니한다.

③ 점유보호청구권의 제척기간은, 반드시 그 기간 내에 소를 제기하여야 하는 이른바 출소기간으로 해석함이 상당하다(대판 2002.4.26. 2001다8097 · 8103).

⑤ 채권양도의 통지는 양도인이 채권이 양도되었다는 사실을 채무자에게 알리는 것에 그치는 행위이므로, 그것만으로 제척기간 준수에 필요한 권리의 재판 외 행사에 해당한다고 할 수 없다(대판[전합] 2012.3.22. 2010다28840 – 다수의견).

19

답 ⑤

④ [O], ⑤ [×] 민법 제168조 제1호, 제170조 제1항에서 시효중단사유의 하나로 규정하고 있는 재판상의 청구란, 통상적으로는 권리자가 원고로서 시효를 주장하는 자를 피고로 하여 소송물인 권리를 소의 형식으로 주장하는 경우를 가리키나, 이와 반대로 시효를 주장하는 자가 원고가 되어 소를 제기한 데 대하여 피고로서 응소하여 소송에서 적극적으로 권리를 주장하고 그것이 받아들여진 경우도 이에 포함되고, 위와 같은 응소행위로 인한 시효중단의 효력은 피고가 현실적으로 권리를 행사하여 응소한 때에 발생하지만, 권리자인 피고가 응소하여 권리를 주장하였으나 소가 각하되거나 취하되는 등의 사유로 본안에서 권리주장에 관한 판단 없이 소송이 종료된 경우에는 민법 제170조 제2항을 유추적용하여 그때부터 6월 이내에 재판상의 청구 등 다른 시효중단조치를 취한 경우에 한하여 응소 시에 소급하여 시효중단의 효력이 있다고 보아야 한다(대판 2012.1.12. 2011다78606).

① 시효의 중단은 당사자 및 그 승계인 간에만 효력이 있다(제169조).

② 주채무자에 대한 시효의 중단은 보증인에 대하여 그 효력이 있다(제440조).

③ 채권자의 신청에 의한 경매개시결정에 따라 연대채무자 1인의 소유 부동산이 압류된 경우, 이로써 위 채무자에 대한 채권의 소멸시효는 중단되지만, 압류에 의한 시효중단의 효력은 다른 연대채무자에게 미치지 아니하므로, 경매개시결정에 의한 시효중단의 효력을 다른 연대채무자에 대하여 주장할 수 없다(대판 2001.8.21. 2001다22840).

20

답 ⑤

⑤ 공유물 분할의 소송절차 또는 조정절차에서 공유자 사이에 공유토지에 관한 현물분할의 협의가 성립하여 그 합의사항을 조서에 기재함으로써 조정이 성립하였다고 하더라도, 그와 같은 사정만으로 재판에 의한 공유물 분할의 경우와 마찬가지로 그 즉시 공유관계가 소멸하고 각 공유자에게 그 협의에 따른 새로운 법률관계가 창설되는 것은 아니고, 공유자들이 협의한 바에 따라 토지의 분필절차를 마친 후 각 단독소유로 하기로 한 부분에 관하여 다른 공유자의 공유지분을 이전받아 등기를 마침으로써 비로소 그 부분에 대한 대세적 권리로서의 소유권을 취득하게 된다고 보아야 한다(대판[전합] 2013.11.21. 2011두1917).

① 민법 제187조의 판결은 형성판결을 의미하므로, 매매를 원인으로 한 소유권이전등기절차이행판결이 확정된 경우에는, 매수인 명의로 등기가 된 때에 비로소 소유권이전의 효력이 생긴다(제186조).

② 전세권이 법정갱신된 경우 이는 법률의 규정에 의한 물권의 변동이므로 전세권 갱신에 관한 등기를 필요로 하지 아니하고, 전세권자는 등기 없이도 전세권설정자나 그 목적물을 취득한 제3자에 대하여 갱신된 권리를 주장할 수 있다(대판 2010.3.25. 2009다35743).

③ 신축건물의 보존등기를 건물완성 전에 하였다 하더라도 그 후 건물이 곧 완성된 이상 그 등기는 무효라고 볼 수 없다(대판 1970.4.14. 70다260).

④ 무허가건물의 신축은 법률행위에 의하지 아니한 물권의 취득이므로 신축자가 등기 없이 소유권을 원시 취득한다고 할 것이지만, 이를 양도하는 경우에는 등기 없이 물권행위 및 인도에 의하여 소유권을 이전할 수 없다(대판 1997.11.28. 95다43594).

21

답 ⑤

┃정답해설┃

⑤ 말소된 등기의 회복등기절차의 이행을 구하는 소에서는 회복등기의무자에게만 피고적격이 있는바, 가등기가 이루어진 부동산에 관하여 제3취득자 앞으로 소유권이전등기가 마쳐진 후 그 가등기가 말소된 경우 그와 같이 말소된 가등기의 회복등기절차에서 회복등기의무자는 가등기가 말소될 당시의 소유인 제3취득자이므로, 그 가등기의 회복등기청구는 회복등기의무자인 제3취득자를 상대로 하여야 한다(대판 2009.10.15. 2006다43903).

┃오답해설┃

① 가등기는 원래 순위를 확보하는 데에 그 목적이 있으나, 순위보전의 대상이 되는 물권변동의 청구권은 그 성질상 양도될 수 있는 재산권일 뿐만 아니라 가등기로 인하여 그 권리가 공시되어 결과적으로 공시방법까지 마련된 셈이므로, 이를 양도한 경우에는 양도인과 양수인의 공동신청으로 그 가등기상의 권리의 이전 등기를 가등기에 대한 부기등기의 형식으로 경료할 수 있다고 보아야 한다(대판[전합] 1998.11.19. 98다24105).

② 가등기는 그 성질상 본등기의 순위보전의 효력만이 있어 후일 본등기가 경료된 때에는 본등기의 순위가 가등기한 때로 소급하는 것뿐이지 본등기에 의한 물권변동의 효력이 가등기한 때로 소급하여 발생하는 것은 아니다(대판 1992.9.25. 92다21258).

③ 소유권이전청구권 보전을 위한 가등기가 있다 하여, 소유권이전등기를 청구할 어떤 법률관계가 있다고 추정되지 아니한다(대판 1979.5.22. 79다239).

④ 부동산의 강제경매절차에서 경매목적부동산이 낙찰된 때에도 소유권이전등기청구권의 순위보전을 위한 가등기는 그보다 선순위의 담보권이나 가압류가 없는 이상 담보목적의 가등기와는 달리 말소되지 아니한 채 낙찰인에게 인수된다(대결 2003.10.6. 2003마1438).

22

답 ①

┃정답해설┃

① 점유자가 지출한 필요비와 유익비는 회복자에게는 부당이득이 되므로, 점유자는 선의·악의 내지 자주·타주를 불문하고 비용상환청구권을 행사할 수 있다(제203조).

┃오답해설┃

② 필요비란 물건을 통상 사용하면서 적합한 상태로 보존하고 관리하는 데에 지출되는 비용으로, 보존비·수선비 등을 말한다.

③ 점유물이 점유자의 책임 있는 사유로 인하여 멸실 또는 훼손한 때에는 악의의 점유자는 그 손해의 전부를 배상하여야 하며 선의의 점유자는 이익이 현존하는 한도에서 배상하여야 한다(제202조 전문).

④ 점유자가 점유물을 개량하기 위하여 지출한 금액 기타 유익비에 관하여는 그 가액의 증가가 현존한 경우에 한하여 회복자의 선택에 좇아 그 지출금액이나 증가액의 상환을 청구할 수 있다(제203조 제2항).

⑤ 유치권자의 점유는 불법행위로 취득한 것이 아니어야 한다(제320조 제2항).

23

답 ②

┃정답해설┃

② 주위토지통행권의 범위는 통행권을 가진 자에게 필요할 뿐 아니라 이로 인한 주위토지소유자의 손해가 가장 적은 장소와 방법의 범위 내에서 인정되어야 하며, 그 범위는 결국 사회통념에 비추어 쌍방 토지의 지형적, 위치적 형상 및 이용관계, 부근의 지리상황, 상린지이용자의 이해득실 기타 제반 사정을 참작한 뒤 구체적 사례에 응하여 판단하여야 하는 것인바, 통상적으로는 사람이 주택에 출입하여 다소의 물건을 공로로 운반하는 등의 일상생활을 영위하는 데 필요한 범위의 노폭까지 인정되고, 또 현재의 토지의 용법에 따른 이용의 범위에서 인정되는 것이지 더 나아가 장차의 이용상황까지 미리 대비하여 통행로를 정할 것은 아니다(대판 1996.11.29. 96다33433·33440).

① · ③ · ④ [1] 주위토지통행권은 통행을 위한 지역권과는 달리 그 통행로가 항상 특정한 장소로 고정되어 있는 것은 아니고, 주위토지통행권확인청구는 변론종결 시에 있어서의 민법 제219조에 정해진 요건에 해당하는 토지가 어느 토지인가를 확정하는 것이므로, 주위토지소유자가 그 용법에 따라 기존 통행로로 이용되던 토지의 사용방법을 바꾸었을 때에는 대지소유자는 그 주위토지소유자를 위하여 보다 손해가 적은 다른 장소로 옮겨 통행할 수밖에 없는 경우도 있다. [2] 주거는 사람의 사적인 생활공간이자 평온한 휴식처로서 인간생활에서 가장 중요한 장소라고 아니할 수 없어 우리 헌법도 주거의 자유를 보장하고 있는 바, 주위토지통행권을 행사함에 있어서도 이러한 주거의 자유와 평온 및 안전을 침해하여서는 아니 된다(대판 2009.6.11. 2008다75300·75317·75324).

⑤ 민법 제219조는 어느 토지와 공로 사이에 그 토지의 용도에 필요한 통로가 없는 경우에 그 토지소유자에게 그 주위의 토지통행권을 인정하면서 그 통행권자로 하여금 통행지소유자의 손해를 보상하도록 규정하고 있는 것이므로 통행권자의 허락을 얻어 사실상 통행하고 있는 자에게는 그 손해의 보상을 청구할 수 없다(대판 1991.9.10. 91다19623).

24 🅐 ②

■ 정답해설 ■

① [O], ② [×] 취득시효 완성으로 인한 소유권 취득의 효력은 점유를 개시한 때에 소급하므로(제247조 제1항), 甲은 乙에 대하여 X토지의 불법점유를 이유로 그 지상건물의 철거나 대지의 인도를 청구할 수 없다(대판 1988.5.10. 87다카1979). 설사 乙이 아직 소유권이전등기를 경료하지 아니한 상태였다고 하더라도, 甲은 乙을 상대로 차임 상당의 부당이득 반환을 청구할 수 없다(대판 1993.5.25. 92다51280).

■ 오답해설 ■

③ · ④ 부동산의 취득시효에 있어 시효기간의 경과를 계산하기 위한 기산점은 그 부동산에 대한 소유명의자가 동일하고 그 변동이 없는 경우가 아니라면 원칙적으로 시효취득의 기초가 되는 점유가 개시된 시점이 기산점이 되고, 당사자가 기산점을 임의로 선택할 수 없으며, 그 기산점을 기초로 취득시효가 일단 완성된 후에 제3취득자가 소유권이전등기를 마친 경우에는 그 자에 대하여 취득시효로 대항할 수 없다(대판 1992.2.12. 98다40688).

⑤ 시효기간 진행 중 제3취득자로의 이전등기는 점유상태를 파괴한 것으로 보지 아니하므로, 취득시효기간은 중단되지 아니한다. 따라서 부동산의 점유로 인한 시효취득자는 취득시효 완성 당시의 진정한 소유자에 대하여 소유권이전등기청구권을 가진다.

25 🅐 ⑤

■ 정답해설 ■

⑤ 미등기무허가건물의 양수인이라 할지라도 그 소유권이전등기를 경료받지 않는 한 그 건물에 대한 소유권을 취득할 수 없고, 그러한 상태의 건물양수인에게 소유권에 준하는 관습상의 물권이 있다고 볼 수도 없으므로, 건물을 신축하여 그 소유권을 원시취득한 자로부터 그 건물을 매수하였으나 아직 소유권이전등기를 갖추지 못한 자는 그 건물의 불법점거자에 대하여 직접 자신의 소유권 등에 기하여 명도를 청구할 수는 없다(대판 2007.6.15. 2007다11347).

■ 오답해설 ■

① · ④ 토지의 매수인이 아직 소유권이전등기를 경료받지 아니하였다 하여도 매매계약의 이행으로 그 토지를 인도받은 때에는 매매계약의 효력으로서 이를 점유·사용할 권리가 생기게 된 것으로 보아야 하고, 또 매수인으로부터 위 토지를 다시 매수한 자는 위와 같은 토지의 점유사용권을 취득한 것으로 봄이 상당하므로 매도인은 매수인으로부터 다시 위 토지를 매수한 자에 대하여 토지소유권에 기한 물권적 청구권을 행사하거나 그 점유·사용을 법률상 원인이 없는 이익이라고 하여 부당이득반환청구를 할 수는 없다(대판 2001.12.11. 2001다45355).

② 부동산의 매수인이 그 부동산을 인도받은 이상 이를 사용·수익하다가 그 부동산에 대한 보다 적극적인 권리행사의 일환으로 다른 사람에게 그 부동산을 처분하고 그 점유를 승계하여 준 경우에도 그 이전등기 청구권의 행사 여부에 관하여 그가 그 부동산을 스스로 계속 사용·수익만 하고 있는 경우와 특별히 다를 바 없으므로 위 두 어느 경우에나 이전등기청구권의 소멸시효는 진행되지 않는다고 보아야 한다(대판[전합] 1999.3.18. 98다32175 - 다수의견).

③ 미등기매수인 乙로부터 목적부동산의 점유를 양수받은 丙은, 중간생략등기의 합의가 없는 한 최초양도인 甲에 대하여 직접 소유권이전등기를 청구할 수 없고, 乙의 甲에 대한 소유권이전등기청구권을 대위행사할 수 있을 뿐이다.

26   답 ⑤

┃정답해설┃

⑤ 공유자 중 1인이 다른 공유자의 동의 없이 그 공유토지의 특정부분을 매도하여 타인명의로 소유권이전 등기가 마쳐졌다면, 그 매도부분토지에 관한 소유권이전등기는 처분공유자의 공유지분범위 내에서는 실체관계에 부합하는 유효한 등기라고 보아야 한다(대판 1994.12.2. 93다1596).

┃오답해설┃

① 건물의 공유지분권자는 동 건물 전부에 대하여 보존행위로서 방해배제청구를 할 수 있다(대판 1968.9.17. 68다1142·68다1143).

② 토지공유자는 특별한 사정이 없는 한 그 지분에 대응하는 비율의 범위 내에서만 그 차임 상당의 부당이득금 반환의 청구권을 행사할 수 있다(대판 1979.1.30. 78다2088).

③ 공물분할청구의 소는 분할을 청구하는 공유자가 원고가 되어 다른 공유자 전부를 공동피고로 하여야 하는 고유필수적 공동소송이다(대판 2014.1.29. 2013다78556).

④ 민법 제267조는 "공유자가 그 지분을 포기하거나 상속인 없이 사망한 때에는 그 지분은 다른 공유자에게 각 지분의 비율로 귀속한다."라고 규정하고 있다. 여기서 공유지분의 포기는 법률행위로서 상대방 있는 단독행위에 해당하므로, 부동산공유자의 공유지분 포기의 의사표시가 다른 공유자에게 도달하더라도 이로써 곧바로 공유지분 포기에 따른 물권변동의 효력이 발생하는 것은 아니고, 다른 공유자는 자신에게 귀속될 공유지분에 관하여 소유권이전등기청구권을 취득하며, 이후 민법 제186조에 의하여 등기를 하여야 공유지분 포기에 따른 물권변동의 효력이 발생한다(대판 2016.10.27. 2015다52978).

27   답 ①

┃정답해설┃

① 부동산 실권리자명의 등기에 관한 법률 제4조 제2항 단서는 부동산거래의 상대방을 보호하기 위한 것으로 상대방이 명의신탁약정이 있다는 사실을 알지 못한 채 물권을 취득하기 위한 계약을 체결한 경우 그 계약과 그에 따른 등기를 유효라고 한 것이다. 명의신탁자와 명의수탁자가 계약명의신탁약정을 맺고 명의수탁자가 당사자가 되어 매도인과 부동산에 관한 매매계약을 체결하는 경우 그 계약과 등기의 효력은 매매계약을 체결할 당시 매도인의 인식을 기준으로 판단해야 하고, 매도인이 계약체결 이후에 명의신탁약정사실을 알게 되었다고 하더라도 위 계약과 등기의 효력에는 영향이 없다. 매도인이 계약체결 이후 명의신탁약정사실을 알게 되었다는 우연한 사정으로 인해서 위와 같이 유효하게 성립한 매매계약이 소급적으로 무효로 된다고 볼 근거가 없다. 만일 매도인이 계약체결 이후 명의신탁약정사실을 알게 되었다는 사정을 들어 매매계약의 효력을 다툴 수 있도록 한다면 매도인의 선택에 따라서 매매계약의 효력이 좌우되는 부당한 결과를 가져올 것이다(대판 2018.4.10. 2017다257715).

┃오답해설┃

② 수탁자 乙은 계약당사자의 지위에서 매도인 丙과 매매계약을 체결하였으므로, 위 명의신탁은 계약명의신탁에 해당한다.

③·④ [1] 부동산 실권리자명의 등기에 관한 법률 제4조에 따르면 부동산에 관한 명의신탁약정과 그에 따른 부동산 물권 변동은 무효이고, 다만 부동산에 관한 물권을 취득하기 위한 계약에서 명의수탁자가 어느 한쪽 당사자가 되고 상대방 당사자는 명의신탁약정이 있다는 사실을 알지 못한 경우 명의수탁자는 부동산의 완전한 소유권을 취득하되 명의신탁자에 대하여 부당이득반환의무를 부담하게 될 뿐이다(대판 2019.6.13. 2017다246180). [2] 부동산경매절차에서 부동산을 매수하려는 사람이 다른 사람과의 명의신탁 약정 아래 그 사람의 명의로 매각허가결정을 받아 자신의 부담으로 매수대금을 완납한 경우, 경매목적부동산의 소유권은 매수대금의 부담 여부와는 관계없이 그 명의인이 취득하게 되고, 매수대금을 부담한 명의신탁자와 명의를 빌려준 명의수탁자 사이의 명의신탁약정은 부동산 실권리자명의 등기에 관한 법률 제4조 제1항에 의하여 무효이므로, 명의신탁자는 명의수탁자에 대하여 그 부동산 자체의 반환을 구할 수는 없고

명의수탁자에게 제공한 매수대금에 상당하는 금액의 부당이득반환청구권을 가질 뿐이다(대판 2009.9.10. 2006다73102).

⑤ 이른바 계약명의신탁약정을 맺고 명의수탁자가 당사자가 되어 명의신탁약정이 있다는 사실을 알고 있는 소유자와 부동산에 관한 매매계약을 체결한 후 매매계약에 따라 부동산의 소유권이전등기를 명의수탁자 명의로 마친 경우에는 부동산 실권리자명의 등기에 관한 법률(이하 '부동산실명법'이라 한다) 제4조 제2항 본문에 의하여 수탁자 명의의 소유권이전등기는 무효이고 부동산의 소유권은 매도인이 그대로 보유하게 된다(대판 2012.11.29. 2011도7361). 따라서 매도인 丙은 수탁자 乙에게 매매계약의 무효를 이유로 위 등기의 말소를 구할 수 있다.

28 답 ④

▎정답해설▎

④ 부동산실명법은 매도인과 신탁자 간의 매매계약의 효력을 부정하는 규정을 두고 있지 아니하므로, 유예기간이 경과한 후에도 그 계약은 여전히 유효하다. 따라서 매도인 丙에게 신탁자 甲에 대한 매매대금반환의 무가 인정되지 아니하므로, 수탁자 乙이 동시이행의 항변권을 행사하여 丙의 소유권이전등기말소청구를 거부할 수는 없다.

▎오답해설▎

①·② 사안은 중간생략형 명의신탁(3자 간 명의신탁)에 해당한다. 판례는 중간생략형 명의신탁에 대하여 「부동산 실권리자명의 등기에 관한 법률 소정의 유예기간 경과에 의하여 기존 명의신탁약정과 그에 의한 등기가 무효로 되면 명의신탁부동산은 매도인 소유로 복귀하므로 매도인은 명의수탁자에게 무효인 명의수탁자 명의의 등기의 말소를 구할 수 있게 되고, 한편 같은 법은 매도인과 명의신탁자 사이의 매매계약의 효력을 부정하는 규정을 두고 있지 아니하여 위 유예기간 경과 후로도 매도인과 명의신탁자 사이의 매매계약은 여전히 유효하므로, 명의신탁자는 위 매매계약에 기한 매도인에 대한 소유권이전등기청구권을 보전하기 위하여 매도인을 대위하여 명의수탁자에게 무효인 명의수탁자 명의의 등기의 말소를 구할 수 있다」고 보았다(대판 1999.9.17. 99다21738).

③ 이른바 3자간 등기명의신탁의 경우 부동산 실권리자명의 등기에 관한 법률에서 정한 유예기간 경과에 의하여 그 명의신탁약정과 그에 의한 등기가 무효로 되더라도 명의신탁자는 매도인에 대하여 매매계약에 기한 소유권이전등기청구권을 보유하고 있어 그 유예기간의 경과로 그 등기명의를 보유하지 못하는 손해를 입었다고 볼 수 없다. 또한 명의신탁부동산의 소유권이 매도인에게 복귀한 마당에 명의신탁자가 무효인 등기의 명의인인 명의수탁자를 상대로 그 이전등기를 구할 수도 없다. 결국 3자간 등기명의신탁에 있어서 명의신탁자는 명의수탁자를 상대로 부당이득 반환을 원인으로 한 소유권이전등기를 구할 수 없다(대판 2008.11.27. 2008다55290·55306).

⑤ 부실법에서 정한 유예기간의 경과로 기존 명의신탁약정과 그에 의한 명의수탁자 명의의 등기가 모두 무효로 되고, 명의신탁자는 명의신탁약정의 당사자로서 같은 법 제4조 제3항의 제3자에 해당하지 아니하므로 명의신탁자 명의의 소유권이전등기도 무효가 된다 할 것이지만, 한편 같은 법은 매도인과 명의신탁자 사이의 매매계약의 효력을 부정하는 규정을 두고 있지 아니하여 유예기간 경과 후로도 매도인과 명의신탁자 사이의 매매계약은 여전히 유효하므로, 명의신탁자는 매도인에 대하여 매매계약에 기한 소유권이전등기를 청구할 수 있고, 그 소유권이전등기청구권을 보전하기 위하여 매도인을 대위하여 명의수탁자에게 무효인 그 명의등기의 말소를 구할 수도 있으므로, 명의수탁자가 명의신탁자 앞으로 바로 경료해 준 소유권이전 등기는 결국 실체관계에 부합하는 등기로서 유효하다(대판 2004.6.25. 2004다6764).

29 답 ④

▎정답해설▎

④ 민법 제287조가 토지소유자에게 지상권소멸청구권을 부여하고 있는 이유는 지상권자가 2년 이상의 지료를 연체하는 때에는 토지소유자로 하여금 지상권의 소멸을 청구할 수 있도록 함으로써 토지소유자의 이익을 보호하려는 취지에서 나온 것이라고 할 것이므로, 지상권자가 그 권리의 목적이 된 토지의 특정한 소유자에 대하여 2년분 이상의 지료를 지불하지 아니한 경우에 그 특정의 소유자는 선택에 따라 지상권의 소멸을 청구할 수 있으나, 지상권자의 지료지급 연체가 토지소유권의 양도 전후에 걸쳐 이루어진 경우 토지 양수인에 대한 연체기간이 2년이 되지 않는다면 양수인은 지상권소멸청구를 할 수 없다(대판 2001.3.13. 99다17142).

┃오답해설┃

① 지상권은 '타인소유의 토지 위'에 '건물 기타 공작물이나 수목을 소유하기 위하여' 그 토지를 사용하는 권리로, 1필 토지의 일부라도 무방하다. 다만, 등기하여야 한다(부동산등기법 제69조 제6호).

② 지상권설정자가 계약의 갱신을 원하지 아니하는 때에는 지상권자는 상당한 가액으로 공작물이나 수목의 매수를 청구할 수 있다(제283조 제2항). 따라서 갱신청구권과 지상물매수청구권은 선택적으로 행사할 수 있는 관계에 있지 아니하다.

③ 지상권자는 지상권을 유보한 채 지상물소유권만을 양도할 수도 있고 지상물소유권을 유보한 채 지상권만을 양도할 수도 있는 것이어서 지상권자와 그 지상물의 소유권자가 반드시 일치하여야 하는 것은 아니며, 또한 지상권 설정 시에 그 지상권이 미치는 토지의 범위와 그 설정 당시 매매되는 지상물의 범위를 다르게 하는 것도 가능하다(대판 2006.6.15. 2006다6126·6133).

⑤ 금융기관이 대출금채권의 담보를 위하여 토지에 저당권과 함께 지료 없는 지상권을 설정하면서 채무자 등의 사용·수익권을 배제하지 않은 경우, 위 지상권은 근저당목적물의 담보가치를 확보하는 데 목적이 있으므로, 그 위에 도로개설·벽축조 등의 행위를 한 무단점유자에 대하여 지상권 자체의 침해를 이유로 한 임료 상당 손해배상을 구할 수 없다(대판 2008.1.17. 2006다586).

30 　　답 ③

┃정답해설┃

③ 부동산은 선의취득의 객체에 해당하지 아니한다. 즉, 선의취득의 객체는 동산소유권 및 질권 등에 한정된다(제249조).

┃오답해설┃

① 건물은 건물로서의 요건을 갖추고 있는 이상 무허가건물이거나 미등기건물이거나를 가리지 않고, 부지에 관하여 관습상의 법정지상권을 취득하나(대판 1998.4.12. 87다카2404 참고), 관습상의 법정지상권의 성립요건인 해당 토지와 건물의 소유권의 동일인에의 귀속과 그 후의 각기 다른 사람에의 귀속은 법의 보호를 받을 수 있는 권리변동으로 인한 것이어야 하므로, 원래 동일인에게의 소유권 귀속이 원인무효로 이루어졌다가 그 뒤 그 원인무효임이 밝혀져 그 등기가 말소됨으로써 그 건물과 토지의 소유자가 달라지게 된 경우에는 관습상의 법정지상권을 허용할

수 없다(대판 1999.3.26. 98다64189). 따라서 신축자 乙이 매수인 丙에게 토지와 건물을 처분한 당시를 기준으로 보면, X토지의 소유자는 甲이고 Y건물의 소유자는 乙로서 그 소유자가 동일인이 아니므로, 丙은 관습상 법정지상권을 취득할 수 없다.

② 건물철거는 그 소유권의 종국적 처분에 해당하는 사실행위이므로 원칙으로는 그 소유자(등기명의자)에게만 그 철거처분권이 있다고 할 것이나 그 건물을 매수하여 점유하고 있는 자는 등기부상 아직 소유자로서의 등기명의가 없다 하더라도 그 권리의 범위 내에서 그 점유 중인 건물에 대하여 법률상 또는 사실상 처분을 할 수 있는 지위에 있고 그 건물이 건립되어 있어 불법으로 점유를 당하고 있는 토지소유자는 위와 같은 지위에 있는 건물 점유자에게 그 철거를 구할 수 있다(대판 1986.12.23. 86다카1751). 따라서 甲은 미등기매수인 丙을 상대로 Y건물의 철거를 구할 수 있다.

④ 진정한 등기명의의 회복을 위한 소유권이전등기청구는 이미 자기 앞으로 소유권을 표상하는 등기가 되어 있었거나 법률에 따라 소유권을 취득한 자가 진정한 등기명의를 회복하기 위한 방법으로서, 현재의 등기명의인을 상대로 하여야 하고 현재의 등기명의인이 아닌 자는 피고적격이 없다(대판 2017.12.5. 2015다240645). 따라서 甲은 丙에게 X토지에 대하여 진정명의 회복을 위한 소유권이전등기를 청구할 수 있다.

⑤ 丙이 등기부 취득시효를 완성했다는 등의 특별한 사정이 없으므로, X토지는 여전히 甲의 소유이다.

31 　　답 ③

┃정답해설┃

③ 지역권은 요역지소유권에 부종하여 이전하므로(제292조 제1항 본문), 요역지소유권의 이전등기가 경료된 경우에는 지역권의 이전등기 없이도 지역권 이전의 효력이 생긴다.

┃오답해설┃

① 지역권은 유상·무상 모두 설정 가능하다.

② 위요지통행권이나 통행지역권은 모두 인접한 토지의 상호 이용의 조절에 기한 권리로서 토지의 소유자 또는 지상권자 전세권자 등 토지사용권을 가진 자에게 인정되는 권리라 할 것이므로 위와 같은 권리자가 아닌 토지의 불법점유자는 토지소유권의 상린관계로서 위요지통행권의 주장이나 통행지역권의 시효취득주장을 할 수 없다(대판 1976.10.29. 76다1694).

④ 지역권은 일정한 목적을 위하여 승역지를 자기토지(요역지)의 편익에 이용하는 권리로, 편익의 이용에 방해되는 경우에는 물권적 청구권으로서 방해제거청구권이나 방해예방청구권을 행사할 수 있으나, 승역지를 점유할 권리는 없어 반환청구권은 인정되지 아니한다는 점에 주의를 요한다.
⑤ 요역지가 수인의 공유인 경우에 그 1인에 의한 지역권소멸시효의 중단 또는 정지는 다른 공유자를 위하여 효력이 있다(제296조).

32

답 ④

┃정답해설┃

④ 지상권을 가지는 건물소유자가 그 건물에 전세권을 설정하였으나 그가 2년 이상의 지료를 지급하지 아니하였음을 이유로 지상권설정자, 즉 토지소유자의 청구로 지상권이 소멸하는 것(제287조 참조)은 전세권설정자가 전세권자의 동의 없이는 할 수 없는 민법 제304조 제2항상의 '지상권 또는 임차권을 소멸하게 하는 행위'에 해당하지 아니한다. 민법 제304조 제2항이 제한하려는 것은 포기, 기간단축약정 등 지상권 등을 소멸하게 하거나 제한하여 건물전세권자의 지위에 불이익을 미치는 전세권설정자의 임의적인 행위이고, 그것이 법률의 규정에 의하여 지상권소멸청구권의 발생요건으로 정하여졌을 뿐이 지상권자의 지료부지급 그 자체를 막으려고 한다거나 또는 지상권설정자가 취득하는 위의 지상권소멸청구권이 그의 일방적 의사표시로 행사됨으로 인하여 지상권이 소멸되는 효과를 제한하려고 하는 것이라고 할 수 없다. 따라서 전세권설정자가 건물의 존립을 위한 토지사용권을 가지지 못하여 그가 토지소유자의 건물철거 등 청구에 대항할 수 없는 경우에 민법 제304조 등을 들어 전세권자 또는 대항력 있는 임차권자가 토지소유자의 권리행사에 대항할 수 없음은 물론이다. 또한 건물에 대하여 전세권 또는 대항력 있는 임차권을 설정하여 준 지상권자가 그 지료를 지급하지 아니함을 이유로 토지소유자가 한 지상권소멸청구가 그에 대한 전세권자 또는 임차인의 동의가 없이 행하여졌다고 해도 민법 제304조 제2항에 의하여 그 효과가 제한된다고 할 수 없다(대판 2010.8.19, 2010다43801). 따라서 토지소유자는 건물전세권자의 동의 없이도 그 지상권의 소멸을 청구할 수 있다.

┃오답해설┃

① 전세금은 그 성격에 비추어 민법 제315조에 정한 전세권설정자의 전세권자에 대한 손해배상채권 외 다른 채권까지 담보한다고 볼 수 없으므로, 전세권설정자가 전세권자에 대하여 위 손해배상채권 외 다른 채권을 가지고 있더라도 다른 특별한 사정이 없는 한 이를 가지고 전세금반환채권에 대하여 물상대위권을 행사한 전세권저당권자에게 상계 등으로 대항할 수 없다(대판 2008.3.13. 2006다29372·29389).

② 경매법 제3조에 의하여, 경매의 목적인 부동산 위에 존재하는 권리로서 경매인의 권리보다 후에 등기된 권리는 경락대금의 완납으로 인하여 소멸되고, 한편 저당권의 경우는 경매인의 권리보다 먼저 등기한 것도 소멸하는 것이므로, 후순위저당권의 실행으로 목적부동산이 경락되어 그 선순위저당권이 함께 소멸한 경우라면 비록 후순위저당권자에게는 대항할 수 있는 임차권이더라도 소멸된 선순위저당권보다 뒤에 등기되었거나 대항력을 갖춘 임차권은 함께 소멸한다(민사집행법 제91조 제2항)고 해석함이 상당하고, 따라서 이와 같은 경우의 경락인은 주택임대차보호법 제3조에서 말하는 임차주택의 양수인 중에 포함되지 않는다 할 것이므로, 경락인에 대하여 그 임차권의 효력을 주장할 수 없다(대판 1987.2.24. 86다카1936). 따라서 3순위 저당권자 丙의 경매신청에 의하여 X건물이 丁에게 매각된 경우, 1순위 저당권자라 할지라도 甲의 저당권은 소멸하고, 이로써 甲보다 뒤에 등기된 2순위 전세권자 乙의 전세권도 함께 소멸하나, 전세권자는 전세금에 대한 법률상 우선변제권이 인정되므로(제303조 제1항), 乙은 여전히 2순위로 우선변제받을 수 있다.

③ 타인의 토지에 있는 건물에 전세권을 설정한 때에는 전세권의 효력은 그 건물의 소유를 목적으로 한 지상권 또는 임차권에 미친다(제304조 제1항).

⑤ 전세권설정등기를 마친 민법상의 전세권은 그 성질상 용익물권적 성격과 담보물권적 성격을 겸비한 것으로서, 전세권의 존속기간이 만료되면 전세권의 용익물권적 권능은 전세권설정등기의 말소 없이도 당연히 소멸하고 단지 전세금반환채권을 담보하는 담보물권적 권능의 범위 내에서 전세금의 반환 시까지 그 전세권설정등기의 효력이 존속하고 있다 할 것이다(대판 2005.3.25. 2003다35659).

33

▮ **정답해설** ▮

② [○], ④ [×] 민법 제370조, 제342조 단서가 저당권자는 물상대위권을 행사하기 위하여 저당권설정자가 받을 금전 기타 물건의 지급 또는 인도 전에 압류하여야 한다고 규정한 것은 물상대위의 목적인 채권의 특정성을 유지하여 그 효력을 보전함과 동시에 제3자에게 불측의 손해를 입히지 않으려는 데 있는 것이므로, 저당목적물의 변형물인 금전 기타 물건에 대하여 이미 제3자가 압류하여 그 금전 또는 물건이 특정된 이상 저당권자가 스스로 이를 압류하지 않고서도 물상대위권을 행사하여 일반채권자보다 우선변제를 받을 수 있으나, 그 행사방법으로는 민사집행법 제273조[구 민사소송법(2002.1.26. 법률 제6626호로 전단개정 되기 전의 것) 제733조]에 의하여 담보권의 존재를 증명하는 서류를 집행법원에 제출하여 채권압류 및 전부명령을 신청하는 것이거나 민사집행법 제247조 제1항[구 민사소송법(2002.1.26. 법률 제6626호로 전단개정되기 전의 것) 제580조 제1항]에 의하여 배당요구를 하는 것이므로, 이러한 물상대위권의 행사에 나아가지 아니한 채 단지 수용대상토지에 대하여 담보물권의 등기가 된 것만으로는 그 보상금으로부터 우선변제를 받을 수 없고, 저당권자가 물상대위권의 행사에 나아가지 아니하여 우선변제권을 상실한 이상 다른 채권자가 그 보상금 또는 이에 관한 변제공탁금으로부터 이득을 얻었다고 하더라도 저당권자는 이를 부당이득으로서 반환청구할 수 없다(대판 2002.10.11. 2002다33137).

▮ **오답해설** ▮

① 저당목적물이 소실되어 저당권설정자가 보험회사에 대하여 화재보험계약에 따른 보험금청구권을 취득한 경우 그 보험금청구권은 저당목적물이 가지는 가치의 변형물이라 할 것이므로 저당권자는 민법 제370조, 제342조에 의하여 저당권설정자의 보험회사에 대한 보험금청구권에 대하여 물상대위권을 행사할 수 있다(대판 2004.12.24. 2004다52798).

③ 저당권자는 저당권의 목적이 된 물건의 멸실, 훼손 또는 공용징수로 인하여 저당목적물의 소유자가 받을 저당목적물에 갈음하는 금전 기타 물건에 대하여 물상대위권을 행사할 수 있으나, 다만 그 지급 또는 인도 전에 이를 압류하여야 하며, 저당권자가 위 금전 또는 물건의 인도청구권을 압류하기 전에 저당물의 소유자가 그 인도청구권에 기하여 금전 등을 수령한 경우 저당권자는 더 이상 물상대위권을 행사할 수 없게 된다. 이 경우 저당권자는

저당권의 채권최고액범위 내에서 저당목적물의 교환가치를 지배하고 있다가 저당권을 상실하는 손해를 입게 되는 반면에, 저당목적물의 소유자는 저당권의 채권최고액범위 내에서 저당권자에게 저당목적물의 교환가치를 양보하여야 할 지위에 있다가 마치 그러한 저당권의 부담이 없었던 것과 같은 상태에서의 대가를 취득하게 되는 것이므로, 그 수령한 금액 가운데 저당권의 채권최고액을 한도로 하는 피담보채권액의 범위 내에서는 이득을 얻게 된다. 따라서 저당목적물소유자는 저당권자에게 이를 부당이득으로 반환할 의무가 있다(대판 2009.5.14. 2008다17656).

⑤ 공동저당의 목적인 채무자 소유의 부동산과 물상보증인 소유의 부동산에 각각 채권자를 달리하는 후순위저당권이 설정되어 있는 경우, 물상보증인 소유의 부동산에 대하여 먼저 경매가 이루어져 그 경매대금의 교부에 의하여 1번 저당권자가 변제를 받은 때에는 물상보증인은 채무자에 대하여 구상권을 취득함과 동시에 민법 제481조, 제482조의 규정에 의한 변제자 대위에 의하여 채무자 소유의 부동산에 대한 1번 저당권을 취득하고, 이러한 경우 물상보증인 소유의 부동산에 대한 후순위저당권자는 물상보증인에게 이전한 1번 저당권으로 우선하여 변제를 받을 수 있으며, 이러한 법리는 수인의 물상보증인이 제공한 부동산 중 일부에 대하여 경매가 실행된 경우에도 마찬가지로 적용되어야 한다(대판 2001.6.1. 2001다21854).

34

답 ①

▌정답해설▐

① 유치권의 성립요건이자 존속요건인 유치권자의 점유는 직접점유이든 간접점유이든 관계가 없으나, 다만 유치권은 목적물을 유치함으로써 채무자의 변제를 간접적으로 강제하는 것을 본체적 효력으로 하는 권리인 점 등에 비추어, 그 직접점유자가 채무자인 경우에는 유치권의 요건으로서의 점유에 해당하지 않는다(대판 2008.4.11. 2007다27236).

▌오답해설▐

② 유치권에 의한 경매도 강제경매나 담보권 실행을 위한 경매와 마찬가지로 목적부동산 위의 부담을 소멸시키는 것을 법정매각조건으로 하여 실시되고 우선채권자뿐만 아니라 일반채권자의 배당요구도 허용되며, 유치권자는 일반채권자와 동일한 순위로 배당을 받을 수 있다고 보아야 한다(대결 2011.6.15. 2010마1059). 따라서 유치권자는 채권변제를 위하여 유치물을 경매할 수는 있으나(제322조 제1항), 우선변제권이 인정되지 아니하므로 일반채권자와 동 순위로 배당받는다.

③ 유치권은 타물권인 점에 비추어 볼 때 수급인의 재료와 노력으로 건축되었고 독립한 건물에 해당되는 기성부분은 수급인의 소유라 할 것이므로 수급인은 공사대금을 지급받을 때까지 이에 대하여 유치권을 가질 수 없다(대판 1993.3.26. 91다14116).

④ 유치권이 성립된 부동산의 매수인은 피담보채권의 소멸시효가 완성되면 시효로 인하여 채무가 소멸되는 결과 직접적인 이익을 받는 자에 해당하므로 소멸시효의 완성을 원용할 수 있는 지위에 있다고 할 것이나, 매수인은 유치권자에게 채무자의 채무와는 별개의 독립된 채무를 부담하는 것이 아니라 단지 채무자의 채무를 변제할 책임을 부담하는 점 등에 비추어 보면, 유치권의 피담보채권의 소멸시효기간이 확정판결 등에 의하여 10년으로 연장된 경우 매수인은 그 채권의 소멸시효기간이 연장된 효과를 부정하고 종전의 단기소멸시효기간을 원용할 수는 없다(대판 2009.9.24. 2009다39530).

⑤ 민법 제324조에 의하면, 유치권자는 선량한 관리자의 주의로 유치물을 점유하여야 하고, 소유자의 승낙없이 유치물을 보존에 필요한 범위를 넘어 사용하거나 대여 또는 담보제공을 할 수 없으며, 소유자는 유치권자가 위 의무를 위반한 때에는 유치권의 소멸을 청구할 수 있다고 할 것인바, 공사대금채권에 기하여 유치권을 행사하는 자가 스스로 유치물인 주택에 거주하며 사용하는 것은 특별한 사정이 없는 한 유치물인 주택의 보존에 도움이 되는 행위로서 유치물의 보존에 필요한 사용에 해당한다고 할 것이다. 그리고 유치권자가 유치물의 보존에 필요한 사용을 한 경우에도 특별한 사정이 없는 한 차임에 상당한 이득을 소유자에게 반환할 의무가 있다(대판 2009.9.24. 2009다40684).

35

답 ②

▌정답해설▐

② 질권의 설정은 질권자에게 목적물을 인도함으로써 그 효력이 생기고(제330조), 질권자는 설정자로 하여금 질물의 점유를 하게 하지 못하므로(제332조), 점유개정에 의한 질권설정은 불가하다.

▌오답해설▐

① 명문의 규정은 없으나, 천연과실·법정과실을 불문하고 질권의 효력이 미치며, 과실을 취득하여 자기채권의 우선변제에 충당할 수도 있다.

③ 현행 민법 제324조는 구(舊) 민법과 달리, '유치권의 행사는 채권의 소멸시효의 진행에 영향을 미치지 아니한다'는 민법 제326조를 준용하고 있지 아니하므로, 질권자의 질물점유 시 피담보채권의 소멸시효 진행 여부와 관련하여 견해의 대립이 있으나, 통설은 유치권과 동일하게 피담보채권의 소멸시효 진행에 영향을 미치지 아니한다고 본다.

④ 건물 기타 공작물의 임대인이 임대차에 관한 채권에 의하여 그 건물 기타 공작물에 부속한 임차인 소유의 동산을 압류한 때에는 질권과 동일한 효력이 있다(제650조).

⑤ 질권설정은 처분행위이므로, 질권설정자는 처분권한이 있어야 한다. 다만, 질권설정자에게 처분권한이 없더라도, 채권자가 평온·공연하게 선의이며 과실 없이 질권설정을 받은 경우에는, 채권자는 그 동산질권을 선의취득한다(제343조, 제249조).

36

∥정답해설∥

④ 저당권의 효력은 저당부동산에 대한 압류, 즉 저당권의 실행착수가 있은 후에 저당권설정자가 그 부동산으로부터 수취한 과실 또는 수취할 수 있는 과실에 미친다(제359조 본문).

∥오답해설∥

① 저당권의 효력은 저당부동산에 부합된 물건과 종물에 미친다. 그러나 법률에 특별한 규정 또는 설정행위에 다른 약정이 있으면 그러하지 아니하다(제358조). 이 경우 다른 약정은 부동산등기법 제75조에 따라 등기하여야만 제3자에게 대항할 수 있다.

② 건물의 증축부분이 기존 건물에 부합하여 기존 건물과 분리하여서는 별개의 독립물로서의 효용을 갖지 못하는 이상 기존 건물에 대한 근저당권은 민법 제358조에 의하여 부합된 증축부분에도 효력이 미치는 것이므로 기존 건물에 대한 경매절차에서 경매목적물로 평가되지 아니하였다고 할지라도 경락인은 부합된 증축부분의 소유권을 취득한다(대판 2002.10.25. 2000다63110).

③ 토지와 건물은 별개의 물건이고, 건물은 토지의 부합물이나 종물도 아니므로, 토지에 설정된 저당권의 효력은 별개의 물건인 건물에 미치지 아니한다.

⑤ 민법 제358조 본문은 "저당권의 효력은 저당부동산에 부합된 물건과 종물에 미친다."고 규정하고 있는 바, 이 규정은 저당부동산에 종된 권리에도 유추적용되어 건물에 대한 저당권의 효력은 그 건물의 소유를 목적으로 하는 지상권에도 미친다고 보아야 할 것이다(대판 1992.7.14. 92다527).

37

∥정답해설∥

④ 부동산에 관하여 근저당권설정등기가 경료되었다가 그 등기가 위조된 등기서류에 의하여 아무런 원인없이 말소되었다는 사정만으로는 곧바로 근저당권이 소멸하는 것은 아니라고 할 것이지만, 부동산이 경매절차에서 경락되면 그 부동산에 존재하였던 근저당권은 당연히 소멸하는 것이므로, 근저당권설정등기가 원인 없이 말소된 이후에 그 근저당목적인 부동산에 관하여 다른 근저당권자 등 권리자의 경매신청에 따라 경매절차가 진행되어 경락허가결정이 확정되고 경락인이 경락대금을 완납하였다면, 원인 없이 말소된 근저당권은 이에 의하여 소멸한다(대판 1998.10.2. 98다27197).

∥오답해설∥

① 물상보증인이 근저당권의 채무자의 계약상의 지위를 인수한 것이 아니라 다만 그 채무만을 면책적으로 인수하고 이를 원인으로 하여 근저당권 변경의 부기등기가 경료된 경우, 특별한 사정이 없는 한 그 변경등기는 당초 채무자가 근저당권자에 대하여 부담하고 있던 것으로서 물상보증인이 인수한 채무만을 그 대상으로 하는 것이지, 그 후 채무를 인수한 물상보증인이 다른 원인으로 근저당권자에 대하여 부담하게 된 새로운 채무까지 담보하는 것으로 볼 수는 없다(대판 1999.9.3. 98다40657).

② 근저당권자가 피담보채무의 불이행을 이유로 경매신청을 한 경우에는 경매신청 시에 근저당채무액이 확정되고, 그 이후부터 근저당권은 부종성을 가지게 되어 보통의 저당권과 같은 취급을 받게 되는바, 위와 같이 경매신청을 하여 경매개시결정이 있은 후에 경매신청이 취하되었다고 하더라도 채무확정의 효과가 번복되는 것은 아니다(대판 2002.11.26. 2001다73022).

③ 존속기간이나 결산기의 정함이 없는 때에는 근저당권의 피담보채무의 확정방법에 관한 다른 약정이 있으면 그에 따르되 이러한 약정이 없는 경우라면 근저당권설정자가 근저당권자를 상대로 언제든지 해지의 의사표시를 함으로써 피담보채무를 확정시킬 수 있다(대판 2002.5.24. 2002다7176).

⑤ 근저당권이 설정된 경우에는 채무의 이자는 최고액 중에 산입한 것으로 본다(제357조 제2항).

38

답 ④

▮ 정답해설 ▮

④ 채권자가 청산기간이 지나기 전에 청산금을 지급한 경우에는, 이로써 후순위권리자에게 대항하지 못한다(가등기담보 등에 관한 법률 제7조 제2항).

▮ 오답해설 ▮

①·② 채권자가 담보계약에 따른 담보권을 실행하여 그 담보목적부동산의 소유권을 취득하기 위하여는 그 채권의 변제기 후에 청산금의 평가액을 채무자등에게 통지하고, 그 통지가 채무자등에게 도달한 날부터 2개월(이하 "청산기간"이라 한다)이 지나야 한다. 이 경우 청산금이 없다고 인정되는 경우에는 그 뜻을 통지하여야 한다(가등기담보 등에 관한 법률 제3조 제1항).

③ 채권자는 담보목적부동산에 관하여 이미 소유권이전등기를 마친 경우에는 청산기간이 지난 후 청산금을 채무자등에게 지급한 때에 담보목적부동산의 소유권을 취득하며, 담보가등기를 마친 경우에는 청산기간이 지나야 그 가등기에 따른 본등기를 청구할 수 있다(가등기담보 등에 관한 법률 제4조 제2항).

⑤ 담보가등기를 마친 부동산에 대하여 강제경매 등이 행하여진 경우에는 담보가등기권리는 그 부동산의 매각에 의하여 소멸한다(가등기담보 등에 관한 법률 제15조).

39

답 ③

▮ 정답해설 ▮

ㄷ. [O] 금전채무를 담보하기 위하여 채무자가 그 소유의 동산을 채권자에게 양도하되 점유개정에 의하여 채무자가 이를 계속 점유하기로 한 경우 특별한 사정이 없는 한 동산의 소유권은 신탁적으로 이전됨에 불과하여 채권자와 채무자 사이의 대내적 관계에서 채무자는 의연히 소유권을 보유하나 대외적인 관계에 있어서 채무자는 동산의 소유권을 이미 채권자에게 양도한 무권리자가 되는 것이어서 다시 다른 채권자와의 사이에 양도담보설정계약을 체결하고 점유개정의 방법으로 인도를 하더라도 선의취득이 인정되지 않는 한 나중에 설정계약을 체결한 채권자는 양도담보권을 취득할 수 없는데, 현실의 인도가 아닌 점유개정으로는 선의취득이 인정되지 아니하므로, 결국 뒤의 채권자는 양도담보권을 취득할 수 없다(대판 2004.10.28. 2003다30463). 따라서

나중에 설정계약을 체결한 후순위채권자 丙은 단순 일반채권자에 불과하므로, 채무자와 채권자의 합의로 증액된 금액 역시 양도담보권자인 채권자 乙에게 우선변제권이 있다.

ㄱ. [×] ㄹ. [O] [1] 동산에 대하여 점유개정의 방법으로 양도담보를 일단 설정한 후에는 양도담보권자나 양도담보설정자가 그 동산에 대한 점유를 상실하였다고 하더라도 그 양도담보의 효력에는 아무런 영향이 없다 할 것이고, 양도담보권 실행을 위한 환가절차에 있어서는 환가로 인한 매득금에서 환가비용을 공제한 잔액 전부를 양도담보권자의 채권변제에 우선충당하여야 하고 양도담보설정자의 다른 채권자들은 양도담보권자에 대한 관계에 있어서 안분배당을 요구할 수 없다. 따라서 양도담보설정자 甲이 A기계에 대한 점유를 잃더라도, 양도담보권자인 채권자 乙은 그 양도담보권을 상실하지 아니한다. [2] 동산에 대하여 점유개정의 방법으로 이중양도담보를 설정한 경우 원래의 양도담보권자는 뒤의 양도담보권자에 대하여 배타적으로 자기의 담보권을 주장할 수 있으므로, 뒤의 양도담보권자가 양도담보의 목적물을 처분함으로써 원래의 양도담보권자로 하여금 양도담보권을 실행할 수 없도록 하는 행위는, 이중양도담보설정행위가 횡령죄나 배임죄를 구성하는지 여부나 뒤의 양도담보권자가 이중양도담보설정행위에 적극적으로 가담하였는지 여부와 관계없이, 원래의 양도담보권자의 양도담보권을 침해하는 위법한 행위이다(대판 2000.6.23. 99다65066).

▮ 오답해설 ▮

ㄴ. [×] 계약상의 급부가 계약의 상대방뿐만 아니라 제3자의 이익으로 된 경우에 급부를 한 계약당사자가 계약상 대방에 대하여 계약상의 반대급부를 청구할 수 있는 이외에 그 제3자에 대하여 직접 부당이득반환청구를 할 수 있다고 보면, 자기책임하에 체결된 계약에 따른 위험부담을 제3자에게 전가시키는 것이 되어 계약법의 기본원리에 반하는 결과를 초래할 뿐만 아니라, 채권자인 계약당사자가 채무자인 계약상대방의 일반채권자에 비하여 우대받는 결과가 되어 일반채권자의 이익을 해치게 되고, 수익자인 제3자가 계약상대방에 대하여 가지는 항변권 등을 침해하게 되어 부당하므로, 위와 같은 경우 계약상의 급부를 한 계약당사자는 이익의 귀속주체인 제3자에 대하여 직접 부당이득 반환을 청구할 수는 없다고 보아야 한다(대판 2002.8.23. 99다66564·66571). 이와 같이 판례는 전용물소권을 부정하고 있으므로, 丁은 계약상대방인 甲이 아닌 제3자 乙에게 수리비 상당의 부당이득 반환을 청구할 수 없다.

답 ③

정답해설

③ [×], ④ [○] [1] 돈사에서 대량으로 사육되는 돼지를 집합물에 대한 양도담보의 목적물로 삼은 경우, 그 돼지는 번식, 사망, 판매, 구입 등의 요인에 의하여 증감변동하기 마련이므로 양도담보권자가 그때마다 별도의 양도담보권설정계약을 맺거나 점유개정의 표시를 하지 않더라도 하나의 집합물로서 동일성을 잃지 아니한 채 양도담보권의 효력은 항상 현재의 집합물 위에 미치게 되고, 양도담보설정자로부터 위 목적물을 양수한 자가 이를 선의취득하지 못하였다면 위 양도담보권의 부담을 그대로 인수하게 된다. [2] 돈사에서 대량으로 사육되는 돼지를 집합물에 대한 양도담보의 목적물로 삼은 경우, 위 양도담보권의 효력은 양도담보설정자로부터 이를 양수한 양수인이 당초 양수한 돈사 내에 있던 돼지들 및 통상적인 양돈방식에 따라 그 돼지들을 사육·관리하면서 돼지를 출하하여 얻은 수익으로 새로 구입하거나 그 돼지와 교환한 돼지 또는 그 돼지로부터 출산시켜 얻은 새끼돼지에 한하여 미치는 것이지 양수인이 별도의 자금을 투입하여 반입한 돼지에까지는 미치지 않는다. [3] 유동집합물에 대한 양도담보계약의 목적물을 선의취득하지 못한 양수인이 그 양도담보의 효력이 미치는 목적물에다 자기 소유인 동종의 물건을 섞어 관리함으로써 당초의 양도담보의 효력이 미치는 목적물의 범위를 불명확하게 한 경우에는 양수인으로 하여금 그 양도담보의 효력이 미치지 아니하는 물건의 존재와 범위를 입증하도록 하는 것이 공평의 원칙에 부합한다(대판 2004.11.12. 2004다22858).

오답해설

① 금전채무를 담보하기 위하여 채무자가 그 소유의 동산을 채권자에게 양도하되 점유개정에 의하여 채무자가 이를 계속 점유하기로 한 경우 특별한 사정이 없는 한 동산의 소유권은 신탁적으로 이전됨에 불과하여 채권자와 채무자 사이의 대내적 관계에서 채무자는 의연히 소유권을 보유하나 대외적인 관계에 있어서 채무자는 동산의 소유권을 이미 채권자에게 양도한 무권리자가 되는 것이어서 다시 다른 채권자와의 사이에 양도담보설정계약을 체결하고 점유개정의 방법으로 인도를 하더라도 선의취득이 인정되지 않는 한 나중에 설정계약을 체결한 채권자는 양도담보권을 취득할 수 없는데, 현실의 인도가 아닌 점유개정으로는 선의취득이 인정되지 아니하므로, 결국 뒤의 채권자는 양도담보권을 취득할 수 없다(대판 2004.10.28. 2003다30463).

②·⑤ 재고상품, 제품, 원자재 등과 같은 집합물을 하나의 물건으로 보아 일정 기간 계속하여 채권담보의 목적으로 삼으려는 이른바 집합물에 대한 양도담보권설정계약에서는 담보목적인 집합물을 종류, 장소 또는 수량지정 등의 방법에 의하여 특정할 수 있으면 집합물 전체를 하나의 재산권객체로 하는 담보권의 설정이 가능하므로, 그에 대한 양도담보권설정계약이 이루어지면 집합물을 구성하는 개개의 물건이 변동되거나 변형되더라도 한 개의 물건으로서의 동일성을 잃지 아니한 채 양도담보권의 효력은 항상 현재의 집합물 위에 미치고, 따라서 그러한 경우에 양도담보권자가 점유개정의 방법으로 양도담보권설정계약 당시 존재하는 집합물의 점유를 취득하면 그 후 양도담보권설정자가 집합물을 이루는 개개의 물건을 반입하였더라도 별도의 양도담보권설정계약을 맺거나 점유개정의 표시를 하지 않더라도 양도담보권의 효력이 나중에 반입된 물건에도 미친다. 다만 양도담보권설정자가 양도담보권설정계약에서 정한 종류·수량에 포함되는 물건을 계약에서 정한 장소에 반입하였더라도 그 물건이 제3자의 소유라면 담보목적인 집합물의 구성부분이 될 수 없고 따라서 그 물건에는 양도담보권의 효력이 미치지 않는다(대판 2016.4.28. 2012다19659).

2025 SD에듀 감정평가사 1차 민법 기출문제집 (+최종모의고사)

개정1판1쇄 발행	2024년 05월 10일(인쇄 2024년 04월 30일)
초 판 발 행	2023년 02월 06일(인쇄 2023년 01월 27일)
발 행 인	박영일
책 임 편 집	이해욱
편 저	SD감정평가연구소
편 집 진 행	석지연
표 지 디 자 인	박종우
편 집 디 자 인	김민설 · 채현주
발 행 처	(주)시대고시기획
출 판 등 록	제10-1521호
주 소	서울시 마포구 큰우물로 75 [도화동 538 성지 B/D] 9F
전 화	1600-3600
팩 스	02-701-8823
홈 페 이 지	www.sdedu.co.kr
I S B N	979-11-383-7055-4 (13360)
정 가	21,000원

자신의 능력을 믿어야 한다.

그리고 끝까지 굳게 밀고 나가라.

– 로잘린 카터 –